21世纪法学规划教材

中国民族法学

Chinese National Law

｜第二版｜

主　编｜吴宗金　张晓辉

撰稿人｜王允武　吴大华
（以姓氏笔画为序）｜吴宗金　张文山
｜张晓辉

法 律 出 版 社

始创于1954年·北京

www.lawpress.com.cn

好书，同好老师和好学生分享

作者简介

（以姓氏笔画为序）

王允武　男，汉族，1958年8月生，陕西省略阳县人。1983年毕业于西北政法学院。现任西南民族大学民族法学研究所所长、西南民族大学法学院教授、硕士研究生导师；中国法学会民族法学研究会常务理事；四川省民族法学研究会常务理事、副秘书长等。主要民族法学著作：《民族区域自治与社会主义市场经济》（个人专著）、《中国民族立法理论与实践》（合著）、《完善民族区域自治法问题研究》（合著）、《中国民族法概论》（日文版/合著）等。曾获西南民族学院优秀教师奖、四川省普通高等学校教学管理先进个人奖。

吴大华　男，侗族，1963年7月生，湖南省新晃县人。1999年毕业于中国人民大学法学院，法学博士，2002年进入中国社会科学院法学研究所博士后流动站做博士后研究项目。现任贵州民族学院院长、法学教授，中国法学会理事、中国法学会民族法学研究会常务理事、贵州省法学会副会长。主要民族法学著作：《民族与法律》（个人专著）、《民族法学通论》（个人专著）、《中国民族法概论》（日文版/合著）、《民族法学讲座》（主编）、《西部大开发的法律保障》、《外国开发不发达地区法律法规汇编》（合译）等。2002年被评为全国杰出专业技术人才和全国第三届十大杰出中青年法学家。

吴宗金　男，侗族，1952年4月生，贵州省锦屏县人。1985年毕业于中央民族大学。现任中央民族大学民族法学研究所研究员；云南大学、西南民族大学等特聘教授；中国民族法学及其学科倡导者和创建人之一，中国法学会民族法学研究会筹备组主要成员、副秘书长、副会长等；中央民族大学民族法学博士点论证建设人。主要民族法学著作：《民族法制的理论与实践》（个人专著）、《民族法学导论》（主编）、《中国民族立法理论与实践》（主编）、《中国民族法概论》（日文版主编/中文版《中国民族法学》主编）、《民族区域自治法学》（主编）、《中国民族法学研究》（主编）等。1992年被评为中国法学会系统先进个人。

张文山　男，汉族，1951年3月生，山西省忻州市人。1982年毕业于内蒙古师范大学，现任广西大学东南亚研究中心副主任、法学院教授、法学研究所所长、硕士研究生导师；中国劳动法研究会常务理事、中国法学会民族法学研究会理事、广西民族法研究会副会长、广西法理学研究会副会长等。主要民族法学著作：《自治权法论》（个人专著）、《论中国民族法律体系的构架》、《试论我国民族宗教法律制度》、《论自治权的不可分割性》、《论自治权的法理基础》、《自治权钩沉》等。2003年被评为广西壮族自治区杰出法学家。

张晓辉　男，汉族，1955年10月生，云南省昆明市人。1986年毕业于中国政法大学，法学硕士，现任云南大学法学院教授、副院长、（民族法）博士研究生导师，中国法学会理事、中国法学会民族法学研究会常务理事、云南省法学会常务理事。主要民族法学著作：《中国法律在少数民族地区的实施》（主编）、《少数民族习惯法研究》（主编之一）、《少数民族村寨调查——傣族》（主编）、《少数民族村寨调查——仡佬族》（主编）、《中国民族法概论》（日文版/中文版《中国民族法学》副主编）等。

出 版 说 明

二十多年前，当中国改革开放开始勃兴，法律和法律教育开始再度崛起之时，法律出版社便以精诚态度和极大力度服务于中国的法律教育。针对不同阶段的读者，本社陆续推出多种系列的法学教材，迄今已达数百种。高等学校教材、教学参考书为其中主要部分。而历年来逐步推出的"八五""九五"及正在推出的"十五"国家级规划教材，更为重点。长期以来，"法律版"的众多教材，颇受学林瞩目。在此，我们深深感谢读者和作者对我们的信任。

进入21世纪以来，中国法律教育在取得长足发展的同时，也积极酝酿和展开改革举措，培养高素质的现代法律人才成为法律教育的重要目标。为此，本社应时而动，力求从教材的品种上、内容上、形式上实现更大突破，为新一代法律人学取专业知识提供更好读本。

就高等学校教材而言，我们立足两种进路：全面革新既有教材，或推出全新教材。革新既有教材，意在选取已出版教材尤其是"八五""九五"规划教材中的精品，从内容到形式全面更新、修订，重新整合，使这些长盛不衰的法律教育财富，以崭新面目，继续服务于新读者。推出全新教材，则或为推出"十五"规划教材，或约请优秀作者撰写新作，精阐原理，结合实践，关注前沿，努力创造出新世纪的新经典。优秀作者，或为老一辈与盛年名家，或为新生代才俊。或革新，或全新，这些教材在21世纪呈现崭新风采，并同享规划教材之盛，因之统为一名："21世纪法学规划教材。"

我们深信，中国的法律教育事业将在改革和发展中不断壮大；我们承诺，本套"21世纪法学规划教材"，以及本社所有法律教育图书都将在发展中不断更新和超越。本着竭诚为法律和法律教育服务的发展服务，竭诚为读者服务之宗旨，我们愿更加敬业，与广大读者和作者一起，共同创造法治事业及法律教育事业的美好未来。

法律出版社
2004年1月

第二版编写说明

1997年《中国民族法学》教材出版后，得到了读者和社会的好评。同时也得到了国际学界的关注，1998年日本成文堂出版了这部教材的日文译版《中国民族法概论》。

《中国民族法学》第二版是以1997年由吴宗金主编、张晓辉副主编的《中国民族法学》（原司法部法学教材编辑部编审）基础上修订的。第二版的编写工作，主要基于以下原因：

一是建设法治国家依法治国的民族法制建设环境提出了新的要求。譬如，2001年2月28日，第九届全国人民代表大会常务委员会第二十次会议通过了《关于修改〈中华人民共和国民族区域自治法〉的决定》，并由国家主席颁布。修正后的《民族区域自治法》充满了时代特征。作为国家三大基本政治制度之一的民族区域自治，作为国家基本法律制度之一的民族区域自治法，作为调整民族关系最基本的一部民族法典，为我们重新编写这部教材，注入了全新的活力。此外，数百计的中央和地方的民族区域自治法规、散居少数民族权益保障法规、少数民族文化教育等方方面面的专门法规，以及所有法律法规的有关民族问题规定，同样为这部教材的重新编写提供了十分丰富的基础资料。民族法制实践对民族法学理论提出了更高的法制社会时代的需求。

二是民族法学科的迅速发展即民族法学博士点建立的教学需求。2003年中央民族大学和云南大学民族法学博士点建立，民族法学高等教育进入了一个全新的阶段。同时对民族法学教材的知识更新和理论深化也同样是提出了新的要求。为了满足民族法学教学市场的需求，我们有必要对《中国民族法学》教材进行重新编写。而且，随着民族法制建设的不断深入，民族法学研究也在不断深化，这部教材在编写过程中大量汲收了法学等相关学科研究的最新成果。并特别注意市场经济、西部大开发、WTO和可持续发展问题，以及依法行政民族事务管理法治化问题等的重大法制课题。特别是，一方面民族法学研究努力为法制建设服务；另一方面，中华民族的民族法史文化和各少数民族的传统法文化，以及世界民族约法尤其是联合国种族民族约法，将民族法学文化引入了更为广泛的学科知识领域。

第二版的编写工作，每位作者已经尽了自己的努力，囿于专业水平有限和对众多资料数据的取舍有一定的难度,所以没能达到应有的要求,疏漏和不妥之处在所难免,敬请读者谅解并希望给我们提出批评指正意见。

第二版原则上基本保持第一版的编章结构,但对节做了全面调整,大部分内容已经重新编写,并大量地吸收了相关的最新研究成果。2004 年 3 月,在云南大学法学院举行的《中国民族法学》《中国民族区域自治法学》教材第二版修订工作会上,法律出版社丁小宣主任在会上对两本教材的修订编写提出了总体要求。在此,特致谢忱。

第二版作者及撰写分工(以撰写章节排序):

吴宗金:第一章、第四章、第六章、第十七章;

张文山:第二章、第十四章、第十八章、第十九章;

吴大华:第三章、第九章、第十三章、第二十章;

张晓辉:第五章、第七章、第八章、第十章;

王允武:第十一章、第十二章、第十五章、第十六章;

德全英:第十七章(第一版合作者)。

本书由吴宗金、张晓辉担任主编。全书由主编统稿、修改定稿。

目　　录

上篇　导　　论

中篇　总　　论

下篇 分 论

上篇　导　　论

《中国民族法学》主要是概述中国社会主义民族法制基本理论、中国社会主义民族法律制度建设及其基本内容以及与之相关知识的教科书。

“导论”部分乃“民族法学科”的“基本知识”和相关的“基础知识”。所以，首先需要阐述和了解以下问题和内容：

一、中国社会主义民族法制建设和中国民族法学科建设

（一）多元一体的多民族国家

中国民族法根植于“多民族国家”。社会主义的中国是一个多元一体的多民族国家。中国《宪法》序言规定：“中华人民共和国是全国各族人民共同缔造的统一的多民族国家。”“中国是世界上历史最悠久的国家之一。中国各族人民共同创造了光辉灿烂的文化，具有光荣的革命传统。”这是中国的一种基本国情，需要我们对这个基本国情有一个深刻的认识和基本的了解。中国社会主义的民族法制建设，只能而且必须建立在这个基本国情基础之上。

（二）中国民族法的指导思想

人类社会从来没有停息过对民族、民族问题、民族生存、民族发展、民族与国家、国家与民族、民族与法律、法律与民族、民族与社会、社会与民族等问题的思想论争，包括民族法制问题。因此，中国社会主义民族法制建设和民族法学研究，需要和坚持一种基本的指导思想。即便是“百家争鸣”“百花齐放”，也需要统一和围绕在这个基本指导思想的框架内。因为这是一个多民族国家的基本内涵问题，即政治法律问题。这个基本指导思想就是马克思主义、毛泽东思想、邓小平理论、“三个代表”重要思想的民族法律观。

（三）中国特色民族法制建设

以法治国建设法治国家，建设多民族国家的“民族法律制度”，是法制社会的基本要求和基本内容。1992 年 1 月中央民族工作会议提出：“到本世纪末，要形成比较完备的社会主义民族法规体系和监督机制。”中国共产党领导建设的中国社会主义民族法律制度和民族法律法规体系，已经初步形成。其基本原则正如宪法

序言规定的:“平等、团结、互助的社会主义民族关系已经确立,并将继续加强。在维护民族团结的斗争中,要反对大民族主义,主要是大汉族主义,也要反对地方民族主义。国家尽一切努力,促进全国各民族的共同繁荣。”宪法第4条规定:“中华人民共和国各民族一律平等。国家保障各少数民族的合法的权利和利益,维护和发展各民族的平等、团结、互助关系。禁止对任何民族的歧视和压迫,禁止破坏民族团结和制造民族分裂的行为。国家根据各少数民族的特点和需要,帮助各少数民族地区加速经济和文化的发展。各少数民族聚居的地方实行区域自治,设立自治机关,行使自治权。各民族自治地方都是中华人民共和国不可分离的部分。各民族都有使用和发展自己的语言文字的自由,都有保持或者改革自己的风俗习惯的自由。”这一系列民族法制建设纲领、民族工作法制化问题,都在向法律制度化和法律规范化纵深迈进。

(四)中国的民族法学科建设

《中国民族法学》是中国民族法学科建设和发展的一个缩影。民族法制建设离不开和需要民族法学文化的繁荣。譬如,1991年“中国法学会民族法学研究会”成立,是其中的一个重要标志;再如,2003年国家批准建设中央民族大学和云南大学“民族法学博士点”,又是其中的又一个重要标志;又如,1998年《中国民族法学》第一版在日本译成日文《中国民族法概论》出版,证明了中国民族法学在国际社会的影响和地位。由于民族法学是一门新兴学科,民族法学科建设还面临着一系列的重大理论课题,包括自身理论体系和民族法制建设实践的诸多理论课题,还需要学界继续深入探讨和努力耕耘与付出。

二、相关基础知识

(一)中国民族法历史沿革

新中国建立的民族法律制度,并非“空中楼阁”,它是针对并废除旧中国的民族法,为解决历史上遗留下来的民族问题,同时又为正确调处现实社会的民族问题而建置的。任何事物的存在与发展,都有历史与现实的关联,都不是孤立的存在。中国是一个具有历史悠久的法发源地,中国古代的民族法是最古老的一种法,中国古代的民族法有它的很大特点。“中国民族法制度史”是中国法制史即中华法系的重要组成部分。也是我们学习研究现行民族法律制度不可缺少的重要基础知识。历史并辩证地客观评价和研究民族法,是法学界特别是民族法学界和法制史学界的共同责任和任务。客观评析不同历史时期的民族法的主要形式和内容,以及历史作用和影响,是完全必要的。譬如,中国古代民族法由来及特点、中国奴隶社会民族法、中国封建社会民族法、中国半殖民地半封建社会民族法等的基础知识是学习和研究现行民族法的其中“导论”内容之一。

(二)中国少数民族习惯法与民族法制

中国古代民族法的产生和发展,与中国各民族的习惯法有着直接的渊源关系;

中国社会主义民族法制建设，与中国少数民族的习惯法也有着某些的间接关系。虽然少数民族习惯法是法的历史文化范畴且与国家制定的民族法不同类别，但少数民族习惯法对国家的民族法制建设和国家法律在民族地区的贯彻实施，仍然存在某种关系和影响。例如，《立法法》等法律规定的民族自治地方的自治条例和单行条例可以变通国家法律法规，应当属于其中的"有某种联系"。所以，在导论部分概述"中国少数民族习惯法与民族法制"的关系问题，介绍民族习惯法的由来、形式和内容、历史作用与现实意义的基础知识，也是非常必要的。中国各少数民族，都有它们的习惯法文化，有的少数民族的习惯法自成体系，独具特色。中国少数民族习惯法文化，是中华民族的民族民间传统文化之一，应当给予相应的保护。它们作为一种法的历史文化，一种传统文化，很值得挖掘和研究。

（三）外国民族法概要

不仅中国是一个多民族国家，世界上的200多个国家和地区，聚居和散杂居着2200多个民族（或3000多个民族）。一方面，在多民族的国家里，都有一个用法律规范和调整民族关系的法律问题，这种法律应当是民族法。在不同的地区和国家，民族法的产生发展都有它们的特点。了解世界上多民族国家民族法的特点，对学习中国民族法有一定的帮助。另一方面，民族和民族问题，不仅有区域性，而且有国际性，了解和研究国外多民族国家的民族法，借鉴一些相关的经验教训，对中国民族法制建设会有帮助。可以说，世界上的民族法律制度，形形色色，斑斓多姿。我们在导论部分把外国民族法概述介绍，旨在使学生"立足中国，放眼世界"；民族法不仅中国有，世界上多民族国家都有，这是民族社会的一个共同现象，是民族社会不可缺少的一种法律规范。但是，外国的民族法，浩如瀚海，丰富多彩，我们这里仅作抛砖引玉。

第一章 绪 论

民族法是以民族关系为主要调整对象的法律部门。从而决定了民族法学是以民族法、民族法律、民族关系法律现象为主要研究对象的一门法律学科。

纵观古今中外的民族法律制度，有什么样性质的民族关系就有什么样性质的民族法律。民族法律制度是建立在民族和民族问题以及民族关系问题的基础之上。

学习民族法，进行民族法学研究，须得了解有关民族法方面一些相关知识的基本概念。譬如，什么是民族和民族问题及其一般的发展规律；什么是民族关系及其表现形式；中华民族的基本含义，汉族和少数民族及其关系；中国社会主义民族法的基本指导思想；等等。只有在了解这些基本概念的基础上，才能对中国社会主义的民族法制建设及其学科建设和发展有一个比较正确的理解和认识。

第一节 多元一体的多民族国家

我国现行宪法序言规定："中华人民共和国是全国各族人民共同缔造的统一的多民族国家。""中国是世界上历史悠久的国家之一。中国各族人民共同创造了光辉灿烂的文化，具有光荣的革命传统。"这些规定，从根本上肯定了中国各民族的历史事实，特别是肯定了少数民族的平等地位和历史贡献。

一、中华民族

什么是"中华民族"？中华民族是指具有中国国家象征、由中国各民族共同组成的、多元一体的多民族共同体。

中华民族与中国同义。中国，是一个拥有960万平方公里疆域的主权国家，是由56个民族组成的、载有占全世界人口五分之一的文明古国。

"中华民族""中国"的专称，从清末开始流行。但中华民族，早就形成于秦国建立多民族统一的、中央集权制国家的时期。也就是说，中华民族和世界其他民族一样，有她的产生、形成和发展的历史过程，有她的特定内涵。

毛泽东曾经对中华民族的发展作过这样的阐述："中华民族的发展（这里说的

主要地是汉族的发展),和世界上别的许多民族同样,曾经经过了若干万年的无阶级的原始公社的生活。而从原始公社崩溃,社会生活转入阶级生活那个时代开始,经过奴隶社会、封建社会,直到现在,已有了大约四千年之久。"[1]在这里,毛泽东特别强调了"汉族"的发展过程,同时也包括了少数民族的发展过程。毛泽东在他撰写的《中国革命与中国共产党》一文的第一节"中华民族"中指出:中华民族自古就劳动、生息、繁衍于中国这块广大的土地上。"在这四亿五千万人口中,十分之九以上为汉人。此外,还有……数十种少数民族,虽然文化发展的程度不同,但是都已有长久的历史。中国是一个由多数民族结合而成的拥有广大人口的国家。"[2]毛泽东还指出:"中华民族的各族人民都反对外来民族的压迫,都要用反抗的手段解除这种压迫。他们赞成平等的联合,而不赞成互相压迫。"[3]正如费孝通先生所描述的那样:"中华民族多元一体格局的形成过程,它的主流是由许许多多分散孤立存在的民族单位,经过接触、混杂、联结和融合,同时也有分裂和消亡,形成一个你来我去、我来你去,我中有你、你中有我,而又各具个性的多元统一体。这也许是世界各地民族形成的共同过程。"[4]

中国人对中华民族内涵的认识,经历了一个逐渐深入、逐渐明确的过程。主要是在中国的近代史期。也就是在中华民族遭受国外列强蹂躏时,"中华民族"得到了逐渐的觉醒。例如,伟大的革命先行者孙中山先生,曾经对中华民族的含义作了不少的论述,但对其所涵盖的内容,也还未能予以明确的概括。只有中国共产党在领导中国各族人民的抗日斗争中,毛泽东思想才对中华民族的含义作了明确的概括。

中华民族所包容的含义非常深刻。它充分地证明了汉族和少数民族自古以来就你中有我、我中有你,谁也离不开谁。正是基于这种基础,中华民族才得以她的雄姿屹立在世界东方。

当今的中华民族即中华人民共和国已经成为世界影响的、世界和平的大国强国之一。中国各民族的平等团结互助关系,中国的民族法制建设,为之做出了积极的贡献。

二、汉族和少数民族

汉族是中国的主体民族。说汉族是中国的主体民族,是因为汉族的人口占全国总人口的90%以上。即在建国前夕汉族人口占全国总人口的94%;2000年全国第五次人口普查汉族人口占全国人口总数的91.59%。

而少数民族称谓,是由于人口少而得名。在中华人民共和国成立前夕少数民

---

〔1〕《毛泽东选集》(第2卷),第585页。

〔2〕《毛泽东选集》(第2卷),第622页。

〔3〕《毛泽东选集》(第2卷),第623页。

〔4〕费孝通等:《中华民族多元一体格局》,中央民族学院出版社1989年版,第1页。

族人口只占全国总人口的6%。目前，根据国家统计局公布的2000年第五次人口普查第一、二号公报的主要数据，祖国大陆31个省、自治区、直辖市和现役军人少数民族人口为10643万人，占全国总人口126583万人的8.41%(比1990年第四次人口普查提高了0.40个百分点)。故此，称之为“少数民族”。所以，一般地说，中国的民族关系，主要反映在汉族和少数民族的问题上。

汉族不仅是中国人口最多的民族，也是世界上拥有人口最多的民族。然而，汉族的形成也是有她的历史发展过程。

汉族，乃原初的“华夏族”；华夏族由夏族、商族、周族与戎、狄、蛮、夷的一些成分，经过夏商周至春秋战国、秦汉时期互相融合而形成；汉朝以后演变为汉族。费孝通先生指出：“汉作为一个族名是汉代和其后中原的人和四围外族人接触中产生的。”[5]“而夏商周三代正是汉族前身华夏这个民族集团从多元形成一体的历史过程。”[6]

汉族作为中国的主体民族，在中国历史上一直起着主导的地位。由于汉族地处中原，处于国家政治、经济、文化中心。所以，汉族在政治、经济、文化等各方面都比少数民族先进。譬如：汉文化，在先秦已有辉煌的发展，也出现过“百家争鸣”的生动活泼局面。秦汉确立的政治制度，在中国古代是历代制度的基础；汉武帝时确立儒家学说为统治思想，一直到清代都是中国历代王朝定制、立法、道德规范的理论基础；汉文文学和汉人科学技术的发展，自先秦两汉以来一直在中国处于领先地位。历史上无论是汉人贵族为统治民族还是其他少数民族贵族为统治民族，汉文化都起着主导和凝聚吸收各民族文化的作用，是中华民族文化发展的主流，对其他各民族都有很大的吸引力。对世界文化的发展作了卓越的贡献。[7]

中国各少数民族的形成和发展，同样也是有她们的历史进化过程。对她们的确认，也是经过了一个复杂的过程。即大多数少数民族的族称，是在新中国建立以后才予以确定的。20世纪50年代初，中国共产党和中央人民政府，运用马克思主义的民族原理结合中国的民族实际，组织了1000多人的民族调查团，开展了空前的、大规模的民族社会调查和民族识别工作，确立了汉族以外的55个少数民族。这55个少数民族是：蒙古、回、藏、维吾尔、苗、彝、壮、布依、朝鲜、满、侗、瑶、白、土家、哈尼、哈萨克、黎、傣、傈僳、佤、畲、高山、拉祜、水、东乡、纳西、景颇、柯尔克孜、土、达斡尔、仫佬、羌、布朗、撒拉、毛南、仡佬、锡伯、阿昌、普米、塔吉克、怒、乌孜别克、俄罗斯、鄂温克、德昂、保安、裕固、京、塔塔尔、独龙、鄂伦春、赫哲、门巴、珞巴、基诺。此外，还有待于识别的少数民族成分。在这些少数民族中，人口最多的壮族

[5] 费孝通等：《中华民族多元一体格局》，中央民族学院出版社1989年版，第1页。

[6] 费孝通等：《中华民族多元一体格局》，中央民族学院出版社1989年版，第6页。

[7] 江平等主编：《中国民族问题的理论与实践》，中央党校出版社1994年版，第29～30页。

也只有1500万多人(1990年人口普查统计),人口最少的珞巴族仅有2300多人。其中:人口在百万以上的有18个民族(壮、蒙古、回、藏、维吾尔、苗、彝、布依、朝鲜、满、侗、瑶、白、土家、哈尼、哈萨克、傣、黎);人口在100万以下10万以上的有15个民族(傈僳、畲、拉祜、佤、水、东乡、纳西、景颇、土、柯尔克孜、羌、达斡尔、仫佬、仡佬、锡伯);人口在10万以下1万以上的有15个民族(撒拉、布朗、毛南、塔吉克、普米、怒、阿昌、鄂温克、基诺、俄罗斯、保安、乌孜别克、京、德昂、裕固);人口在1万以下的有7个民族(门巴、独龙、鄂伦春、塔塔尔、珞巴、高山、赫哲)。而在2000年的全国第五次人口普查中,数据稍微发生一些变化。主要如,流动人口增多了,大城市少数民族人口增多了,有的少数民族人口增长了(如壮族人口达到1600多万人。但百万人口以上的民族18个、不到1万人的民族7个的状况基本没变)等。

中国少数民族的历史发展,有根有源,情况复杂。须从远古略考才能说出大概。费孝通先生说:中国这块大陆应是人类起源的中心之一。这是因为在中华大地上已陆续发现了人类从直立人(猿人)、早期智人(古人)、晚期智人(新人)各进化阶段的人体化石,可以建立较完整的序列。[8] 故有学者[9]根据有关著作对中国原始组织的演进及其分布作了如下的简要描述:大约到四五万年前左右,中国境内的原始人群已逐步向母系氏族社会转变。直到公元前四五千年前后,也即新石器时代(距今11000—7500年)晚期,随着农业共同体的兴起,中国文明的直接祖先开始以黄河流域一带为其活动中心。这时,母系氏族开始衰退,父系氏族日趋兴盛,到原始社会的末期,父系氏族已经过胞族、部落的发展,演变到比部落更高一层的共同体——部落。部落又称为部落联盟或部落集团。中国史前时期,炎黄族、东夷族、苗蛮族以及吴越族,都是这种类型的族的共同体。而这些部族的具体分布情况是:在黄河流域的是炎帝、黄帝部族。传说最早的炎帝,号神农氏,有4支后裔:一是烈山氏部族,二是共工部族,三是四岳部族,剩余一支在汾水流域,后来残存的有沈、姒、蓐、黄4个分部族;黄帝部落原来在北方,后南下到黄河流域,发展到有25个氏族,12个胞族,变为庞大的黄帝部族;在南方有三苗部族,可能有3个部落。其中一个首领叫“欢兜”,战败后被流放于崇山。另一个部落被迫迁到敦煌一带,还有一个部落可能向东南逃跑了;东方淮河流域一带,有少皞-蚩尤部族。传说少皞以“鸟名官”,共有风鸟、玄鸟、青鸟等24个氏族。蚩尤是九黎的首领,共81个氏族,9个部落;西部和北部则分别有西戎和北狄游牧部族。

这些原始组织,为后来的民族形成产生了很大的影响,同时也是形成中华民族的重要基础。也就是说,中国的大多数民族自古以来就是中国的世居民族。现代的各个民族都是由古代民族发展演变而形成的,都可以追溯各自的民族来源。除

〔8〕 费孝通等:《中华民族多元一体格局》,中央民族学院出版社1989年版,第3页。

〔9〕 张中秋:《中西法律文化比较研究》,南京大学出版社1991年版,第2~3页。

了前面讲到的汉族以外,如蒙古族与唐代的“蒙兀室韦”、宋代以后的“萌古”、“朦骨”、“蒙古里”等有密切的关系;满族与2000多年前商、周时代的“肃慎”、汉晋时代的“挹娄”、南北朝隋唐的“勿吉”、辽代的“女真”、明代的“建州女真”等有密切的渊源关系;藏族是由西藏土著“雅隆”人与羌族融合而成的;壮族、布依族和秦汉时代的越人、魏晋南北朝时的“乌浒”“俚”“僚”有渊源关系;维吾尔族以汉代的“丁零”和唐代的“回纥”为主要渊源,融合了汉人、契丹人、蒙古人而形成的;彝族与远古时代的氐、羌人有渊源关系,与公元七世纪的“乌蛮”关系最为密切等。又如有的古代民族,同我国现代不少民族有渊源关系,如“百越”族不仅是壮族、布依族的先民,同时也是侗、水、黎等族的先民。总之,历史上各民族的渊源关系十分复杂,加上在漫长的历史长河中,由于种种原因和各民族的密切联系,使形成各民族单位众多,支系繁杂,族称殊异的复杂情况。[10]

历史上,中国各少数民族的发展很不平衡。其原因,主要是受剥削制度和民族压迫等各种因素的制约。加上历史造成的少数民族基本上都坐落在边疆和山区,自然环境恶劣。所以,长期处于落后状态。尽管如此,各少数民族有她们自己的优良传统文化,如毛泽东所说的:“各少数民族对中国的历史都作过贡献。”[11]虽然少数民族人口较少,但她们比较集中地聚居在内蒙古、新疆、宁夏、广西、西藏、云南、贵州、青海等省、自治区,地域广阔,约占国土总面积的64%以上。少数民族地区所占的陆地边防线,从东北的鸭绿江、乌苏里江到黑龙江,从内蒙古到新疆、西藏、云南、广西,有21000多公里,是国家边防的重要屏障。少数民族地区还蕴藏有丰富的物产资源,它们是我国进行四个现代化、市场经济建设的重要宝贵财富。

民族学,是国家一级学科,知识浩瀚。这里的“民族知识”,只能涉及点滴。

总之,中华民族的伟大,中国各民族同样的伟大。

第二节 中国民族法的指导思想

民族,属于历史范畴。就世界范围来说,民族已经历了原始民族、古代民族、现代民族等几个发展阶段。所以,关于民族观和民族法律观的问题,古今中外,无论是政治家或专家学者,都各自站在不同的立场和研究角度提出自己的见解。

---

〔10〕 江平等主编:《中国民族问题的理论与实践》,中央党校出版社1994年版。

〔11〕《毛泽东选集》(第5卷),人民出版社1977年版,第278页。

一、马克思列宁主义、中国共产党关于民族和民族问题的世界观

马克思列宁主义的民族和民族问题学说,是在继承前人研究成果的基础上,用历史的和辩证的唯物主义观点提出的科学理论。

什么是民族,马克思列宁主义认为:“民族是人们在历史上形成的有共同语言、共同地域、共同经济生活以及表现于共同的民族文化特点上的共同心理素质这四个基本特征的稳定的共同体。”[12] 斯大林关于民族的概念,虽然是就现代民族提出来的,但也适用于以前的民族。不论是哪个时代的民族,都应具有这几个特征。斯大林提出的民族概念,一直在引起不同的争论。这就足以证明这个概念提出后的不同凡响。总之,对民族概念的理解,要有历史的、辩证的、发展的世界观和方法论。

关于民族的产生和消亡问题,马克思主义认为,民族同阶级和国家一样,都有一个产生、形成、发展和消亡的客观规律性。虽然它们属于不同的概念和范畴,但它们之间有着密切的联系。马克思和恩格斯指出:“物质劳动和精神劳动的最大的一次分工,就是城市和乡村的分离。城乡之间的对立是随着野蛮向文明的过渡、部落制度向国家的过渡,地方局限性向民族的过渡而开始的”。[13] 史实说明,民族先产生于阶级和国家。但民族的消亡,即毛泽东所指出的:首先是阶级消亡,而后是国家消亡,而后是民族消亡,全世界都是如此。这是普遍的规律。也就是说,民族的消亡,是有一个长期的、渐进的、自然的历史过程。

有民族的存在,就必然有民族问题的存在。

什么是民族问题,马克思列宁主义认为,民族问题是社会总问题的一部分,必须联系世界社会问题来观察。民族问题产生的根源,与民族的特征和民族的性质相联系。民族问题表现在民族的经济、政治、文化、语言、生活方式、风俗习惯、宗教信仰等社会生活的各个方面。主要是表现在民族的不平等与平等和民族差别的矛盾问题上。总之,民族问题是一个长期性的社会矛盾问题。多民族国家必须重视民族问题和正确处理民族问题。

二、马克思列宁主义民族法律观

中国社会主义民族法制建设和民族法学理论,遵循的是马克思列宁主义的民族法律观。特别是对研究和概括民族法产生发展的一般规律性问题上,更需要用马克思列宁主义的观点和方法作指导。因为,马克思列宁主义创建了民族平等的法律世界观。马克思列宁主义的民族法律观是建立在马克思列宁主义的民族和民族问题世界观的基础上。因此,我们把马克思列宁主义的民族法律思想或理论称为“马克思列宁主义的民族法律观”。鉴此,马克思列宁主义的民族观、法律观,不

---

〔12〕《斯大林全集》(第11卷),第286页。

〔13〕《马克思恩格斯选集》(第1卷),第56页。

仅是建立社会主义民族法律制度的基本准则，而且是社会主义民族法学研究的基本指导思想。

马克思列宁主义的民族法律观，其核心是在民主主义的国家中，通过制定颁布全国性的法律，保障民族平等、联合与团结，保障少数民族的一切合法权益。其理论，仍具普遍意义。它不仅是当时马克思、恩格斯，以及后来列宁领导工人阶级革命夺取政权的行动纲领，同时是20世纪上半叶无产阶级革命和社会主义高潮时期的民族行动指南，而且在民族消亡之前还有相应的指导意义。

马克思列宁主义认为，解决民族问题和调整民族关系，用法律的方式和手段来保障民族平等，是一个重要的方面。马克思列宁主义的民族理论包含着民族平等权利的法律保障问题。这一思想一直贯穿在马克思、恩格斯关于民族、阶级、国家、法律等方面的论述中。

列宁继承马克思、恩格斯民族法律思想，在领导俄国“十月革命”和“苏联”早期的民族工作中，可以说是开创了民族平等法制的又一新时代。

“十月革命”前，列宁就注重从用法律保障各少数民族权利的出发点来宣传推翻旧政权的革命纲领。早在1895年至1896年起草的第一个党纲草案中，列宁就列入了保障各民族一律平等的条文。列宁在领导“十月革命”的斗争中，十分重视和强调对少数民族权利的法律保障。一方面，努力向俄国资产阶级政府要求颁布法律保护少数民族的权利，如列宁在《关于民族平等的法律草案》中指出的：“俄国社会民主党工人党团决定向第四届国家杜马指出关于废止犹太人和其他‘异族人’的权利限制的法律草案。……当然，我们也不指望民族主义和普利什凯维奇的第四届杜马会废止犹太人和其他‘异族人’的限制，但是工人阶级应该发表自己的意见。俄国工人反对民族压迫的呼声特别响亮。”〔14〕列宁在《民族问题提纲》一文中又强调指出：“社会民主党要求颁布全国性的法律，以保护国内任何地方的任何少数民族的权利……”〔15〕另一方面，列宁在领导革命的斗争中，针对当时的斗争形势觉察到并明确提出：“保障少数民族权利的问题，只有在不背离平等原则的彻底的民主国家中，通过颁布全国性的法律才能解决。”〔16〕列宁早就指出：“如果在资本主义世界还能谈到解决民族问题的话，那就只能有一种解决办法，就是实行彻底的民主主义。”〔17〕

民族平等需要法律保障。这是列宁的一个重要思想。

列宁在他领导的“十月革命”和“苏联”早期社会主义的过程中，始终贯彻了

---

〔14〕《列宁论民族问题》(上)，民族出版社1987年版，第374页。

〔15〕《列宁论民族问题》(上)，民族出版社1987年版，第196页。

〔16〕《列宁论民族问题》(上)，民族出版社1987年版，第246页。

〔17〕《列宁论民族问题》(上)，民族出版社1987年版，第242页。

"居住在俄国境内的一切民族的公民在法律面前一律平等。"[18]"有关民族平等的全国性的法律,完全可以在各地区议会、各城市、各地方自治局,各村庄等等的专门法令和决议中详细地加以规定和发展。"[19]"颁布全国性的法律,根据这一法律,任何一种措施(地方自治局的、市的、村庄的等等)只要是给某一民族以特权(无论什么特权),只要是破坏民族平等或侵犯少数民族的权利,都应当被宣布为非法的和无效的。"[20]"并在宪法中加进一项基本法律,宣布某一民族的任何特权和对少数民族权利的任何侵犯都是无效的。"[21]这一系列民族法制原则,为后来建立的民族法律制度奠定了良好的基础。从"十月革命"胜利到1924年"苏联"宪法的颁布,有关保障少数民族权利,特别是保护各民族平等的法律有280多件。从这些法律文件中可以看出,当时制定的一些原则,至今仍有一定的积极意义。例如,全俄中央执行委员会1922年7月27日通过的《关于民族事务人民委员部的法令》12条,是一部具有代表性的民族法律文献,是民族法律实施组织保证的重要法律规范。

列宁的民族法制思想,体现和反映在他的一系列论著中,如由他亲自起草的《1913年俄国社会民主工党中央委员会和党的工作者夏季会议》关于民族问题的决议中,在他1913年12月6日和1914年5月19日给斯·格·邵武勉的信中,在1914年所著《需要实行义务国语吗?》、《关于民族平等的法律草案》和《关于民族平等和保护少数民族权利的法律草案》等,都有许多深刻的论述。

三、中国共产党的民族法律观

马克思列宁主义的民族法律观,是发展的民族法律观。马克思列宁主义在中国的运用,正如江泽民同志在中国共产党第十五次全国代表大会的报告中所指出的那样:"中国共产党是非常重视理论指导的党。中国人民找到了马克思列宁主义,中国革命的面貌为之一新。……党从诞生之日起,就把马克思列宁主义确立为自己的指导思想。"因为,"马克思主义是科学,它始终严格地以客观事实为根据。而实际生活总是在不停的变动中,这种变动的剧烈和深刻,近一百多年来达到了前人难以想象的程度。因此,马克思主义必定随着时代、实践和科学的发展而不断发展,不可能一成不变。对待马克思主义,有个学风问题:究竟是从本本出发,还是用马克思主义的立场观点方法来研究和解决中国的现实问题。毛泽东在延安整风时就强调:'应确立以研究中国革命实际问题为中心,以马克思列宁主义基本原则为指导的方针,废除静止地孤立地研究马克思列宁主义的方法。'……离开本国实际

---

〔18〕《列宁论民族问题》(上),民族出版社1987年版,第375页。

〔19〕《列宁论民族问题》(上),民族出版社1987年版,第246页。

〔20〕《列宁论民族问题》(上),民族出版社1987年版,第213页。

〔21〕《列宁论民族问题》(上),民族出版社1987年版,第218页。

和时代发展来谈马克思主义,没有意义。静止地孤立地研究马克思主义,把马克思主义同它在现实生活中的生动发展割裂开来、对立起来,没有出路。在当代中国,马克思列宁主义、毛泽东思想、邓小平理论,是一脉相承的统一的科学体系。"江泽民同志在报告中还指出:"实践证明,作为毛泽东思想的继承和发展的邓小平理论,……形成了新的建设有中国特色社会主义理论的科学体系。……它是贯通哲学、政治经济学、科学社会主义等领域,涵盖经济、政治、科技、教育、文化、民族、军事、外交、统一战线、党的建设等方面比较完备的科学体系,又是需要从各方面进一步丰富发展的科学体系。"[22]

譬如,在民族问题上,中国共产党自1921诞生之日起,就给予极度的关注和重视,并把民族问题作为解决中国社会问题的一部分,特别是运用马克思列宁主义结合中国实际解决相关问题。正如中国《宪法》序言(2004年修正)规定的:"中国新民主主义革命的胜利和社会主义事业的成就,是中国共产党领导中国各族人民,在马克思列宁主义、毛泽东思想的指引下,坚持真理,修正错误,战胜许多艰难险阻而取得的。我国将长期处于社会主义初级阶段。国家的根本任务是,沿着中国特色社会主义道路,集中力量进行社会主义现代化建设。中国各族人民将继续在中国共产党领导下,在马克思列宁主义、毛泽东思想、邓小平理论和'三个代表'重要思想指引下,坚持人民民主专政,坚持社会主义道路,坚持改革开放,不断完善社会主义的各项制度,发展社会主义市场经济,发展社会主义民主,健全社会主义法制,自力更生,艰苦奋斗,逐步实现工业、农业、国防和科学技术的现代化,推动物质文明、政治文明和精神文明协调发展,把我国建设成为富强、民主、文明的社会主义国家。"中国《民族区域自治法》序言规定:"民族区域自治是中国共产党运用马克思列宁主义解决我国民族问题的基本政策,是国家的一项基本政治制度。"中国共产党人经过几代中央领导集体带领全国各族人民共同努力,在对待和处理民族问题以致民族法制建设的问题上,探索出了一系列的基本观点并采取了相应的政策法律措施。以下列举的都充分地体现在宪法、民族区域自治法和其他法律法规之中。而且以后的民族政策和民族法律,都需要贯彻这些原则。

——民族一律平等。各民族不分人口多少、历史长短、社会发展阶段高低,都认为他们对祖国的历史和文明做出了贡献,都要实行一律平等。并强调要保障少数民族的平等权利、合法权利和利益。

——中华民族是多民族统一的国家。中国历来是一个统一的多民族国家,中华民族有悠久的历史文化,具有光荣的革命传统。中华民族是由各民族共同组成的,只有中华民族的强大,才有各民族的发展。各民族必须维护国家的统一。

---

〔22〕《中国共产党第十五次全国代表大会文件汇编》,人民出版社1997年版,第9~14页。

——民族有它发展和消亡的客观规律性。民族产生、发展、直到消亡,是一个渐进的、漫长的过程;民族的消亡,只有在阶级、国家消亡之后才能消亡。

——民族问题具有长期性和复杂性。只要民族存在,民族问题将长期存在。在社会历史发展的长河中,民族问题对过去、现在、未来的社会,都有重大的影响。民族问题往往同现实问题和历史问题交织在一起,与政治、经济、文化、语言、文字、宗教、习俗等问题交织在一起,相互作用,相互影响。各民族都有使用和发展自己的语言文字的自由,都有保持或者改革自己的风俗习惯的自由。

——民族问题是社会总问题的一部分。民族问题不仅是多民族国家中普遍存在的一个复杂而又敏感的社会问题,而且是关系着多民族国家的前途和命运的重大问题。我国的民族关系,已经基本上是各族劳动人民之间的关系。民族之间的关系是人民内部矛盾的问题。所以,处理民族关系和解决民族问题,要在社会经济发展的过程中,根据各个时期的特点,制定相应的政策和法律合理地调整。

——各民族共同繁荣。社会主义阶段是各民族共同发展和共同繁荣的历史阶段,而不是民族融合和消亡的历史阶段。因此,民族差异、民族特点也将长期存在。民族政策、民族法律要考虑民族地区和少数民族的特点,从民族实际出发。科学技术是第一生产力,必须大力提高各族人民科学技术和文化的素质,要把解放和发展生产力作为民族工作的重要任务。

——民族区域自治。民族区域自治是中国共产党运用马克思列宁主义解决我国民族问题的基本政策,是国家的一项基本政治制度,必须坚定不移地完善民族区域自治制度,完备民族区域自治的法制建设。主要是做好:加速发展民族经济;发展民族教育事业;大力培养民族干部。培养和造就少数民族干部队伍,是做好民族工作、解决民族问题的关键。

——平等、团结、互助的社会主义民族关系。平等、团结、互助的社会主义民族关系已经确立,并将继续加强。在维护民族团结的斗争中,要反对大民族主义,主要是大汉族主义,也要反对地方民族方义。大民族主义和地方民族主义都不利于民族团结。大民族主义和地方民族主义都属于人民内部矛盾,重在教育。要把一般民族主义和民族分裂主义区别开来。禁止对任何民族的歧视和压迫,禁止破坏民族团结和制造民族分裂的行为。

——民族与宗教有密切的联系。民族问题和宗教问题在一些地方往往交织在一起,在处理民族问题时,还要注意全面地正确贯彻落实党的宗教政策。

——共产党的领导是民族的希望。中国共产党的领导,是民族解放和民族繁荣的根本保证。各民族和民族地区要坚持四项基本原则,把党和国家利益放在第一位。

(一)第一代中央领导集体民族法制思想

“毛泽东思想”,是以毛泽东为代表的第一代中央领导集体的智慧的结晶。所以,“第一代中央领导集体民族法制思想”实际上就是“毛泽东思想民族法律观”同一概念。

中国共产党一直把中国的民族问题当作中国的前途命运来看待。以毛泽东为代表的党的第一代中央领导集体,在对待中国民族与法律问题上,毛泽东、周恩来等一批共产党领导人,在革命战争中,为寻求解决中国民族问题的道路探索了几十年。尤其是对近代中国的民族问题看得比较清晰,即对外反对帝国主义的压迫,求得中华民族的解放;对内推翻封建主义的压迫,实行各民族一律平等。并把它们作为解决中国近代时期民族问题的基本内容。从而在20世纪30年代颁布了如《关于中国境内少数民族问题的决议案》、20世纪40年代制定的如关于内蒙古自治政府若干法令等一系列民族法规等。所提出的解决中国民族问题的一系列纲领和措施,激励着中国各族人民推翻了长期压迫中国各族人民头上的“三座大山”。

公元1949年,中华人民共和国的成立,彻底废除了一切旧的民族法律制度,开始了创建新的民族平等的民族法律制度的工作。如《共同纲领》中的一系列民族问题规定,就是其中的重要体现。

在中华人民共和国成立以后,中国共产党和中央人民政府根据以往的经验,针对历史上遗留下来的民族问题,运用马克思主义的民族原理结合中国的民族实际,在不同的社会发展阶段制定了相应的民族政策和民族法律。

1952年,制定了《民族区域自治实施纲要》等一系列民族法律法规。1954年宪法,对民族问题作了一系列的纲领性规定。其他法律也对民族问题作了许多的相关规定。

1954年,中共中央在《关于过去几年内党在少数民族中进行工作的主要经验总结》中指出:“在中华人民共和国成立,国内各民族获得解放,因而民族压迫根本消除之后,党在民族问题方面的任务是什么呢?这就是:巩固祖国的统一和各民族的团结,共同来建设伟大祖国的大家庭;在统一的祖国大家庭内,保障各民族在一切权利方面的平等,实行民族区域自治;在祖国的共同事业的发展中,与祖国的建设密切结合起来,逐步发展各民族的政治、经济、文化(其中包含稳步的和必要的社会改革在内),消灭历史上遗留下来的各民族间事实上的不平等,使落后的民族得以跻于先进民族的行列,过渡到社会主义社会。”这就把社会主义建设时期民族问题的基本内容和民族工作任务明确地提了出来。

概言之,运用马克思列宁主义民族法律观,从中国各民族的历史和现状出发,是毛泽东思想民族法制思想的精髓和特征。它们主要体现在以下几个方面:

重视民族问题的法制建设。无论是在革命时期和建设时期,以毛泽东为代表,对毛泽东思想的形成和发展作出贡献的中国共产党的杰出领袖都很重视民族问题。譬如,中华人民共和国成立时制定的《共同纲领》和其后制定的宪法,都把民族问题摆在相当突出的位置上。毛泽东曾指出,所谓“中国地大物博,人口众多”,

实际上是汉族人口众多,少数民族"地大物博",至少地下资源很可能是少数民族"物博"。[23] 从而特别强调:"国家的统一,人民的团结,国内各民族的团结,这是我们的事业必定要胜利的基本保证。"[24] 这无疑就是毛泽东重视民族法制的思想基础。所以他在《关于中华人民共和国宪法草案》的讲话中,对制宪中的民族特点问题做了明确的肯定。还特别关心立法中的民族自治权问题。例如,在《论十大关系》的关于财政和经济管理权限问题时郑重提出:"在少数民族地区,经济管理体制和财政管理体制,究竟怎样才适合,要好好研究一下。"[25] 正是由于他的指示,颁布了国务院报请全国人大常委会批准的《关于民族自治地方财政管理暂行办法》。此外,毛泽东对少数民族地区特别关注,在强调西藏的社会改革问题上,再三嘱咐要"按照中国和西藏地方政府的十七条协议"实行。[26]

注重民族工作经验总结的民族政策制度化和法律化。一方面,毛泽东思想的重要法制思想乃立法是政策的固定化、法律化。毛泽东论述1954年宪法草案时说,这个草案就是"把人民民主和社会主义原则固定下来,使全国人民有一条清楚的轨道,使全国人民感到有一条清楚的明确的和正确的道路可走"。[27] 另一方面,把成熟的政策法律化,看作一种历史经验总结。即把从长期历史发展经验中符合历史发展方向的规律,作为人们行为的规范化。毛泽东曾说,1954年宪法草案总结了清末以来的国内外历史经验,主要是党领导革命斗争的经验。刘少奇还特别指出:"中华人民共和国成立以来,已经废除了民族压迫制度,建立了国内各民族平等友爱互助的新关系,各少数民族地区的政治、经济和文化事业开始逐步发展,人民生活开始逐步改善,我国已经成为自由平等的民族大家庭。宪法草案总结了这方面的经验,对于民族区域自治、经济、文化,作了比共同纲领更进一步的规定。"[28]

强调民族法制之民族特点的特性与共性。民族问题既有共同性,又有特殊性。毛泽东关于1954年宪法草案的讲话中着重阐明了这一点,并把它作为原则性和灵活性相结合的立法原则的主要论据。毛泽东强调:"还有少数民族问题,它有共同性,也有特殊性。共同的就适用共同的条文,特殊的就适用特殊的条文。"还再三强调:少数民族政治、经济、文化都有自己的特点,少数民族经济关系具有多样性。要按照民族特点立法,注意原则性和灵活性相结合。[29] 刘少奇也指出:"各民族有

---

〔23〕《毛泽东著作选读》(下册),第732页。

〔24〕《毛泽东著作选读》(下册),第757页。

〔25〕《毛泽东著作选读》(下册),第732页。

〔26〕《毛泽东著作选读》(下册),第782页。

〔27〕《毛泽东著作选读》(下册),第711页。

〔28〕《毛泽东选读》(下册),第710页;刘少奇:《关于中华人民共和国宪法草案的报告》。

〔29〕《毛泽东著作选读》(下册),第709页。

不同的历史条件，决不能认为国内各民族都会在同一时间、用同样的方式进入社会主义。”在民族团结问题上，应当对汉族和少数民族做出不同的要求。前者要首先克服大汉族主义，给少数民族以真诚的帮助；后者也要克服地方民族主义，要求进步。[30] 1956 年，董必武在中国共产党第八次全国代表大会上指出：“我们的人民民主法制，还有因时制宜和因地制宜的特点，它照顾了各兄弟民族地区的特殊情况，在不抵触宪法的原则下，各自治区完全可以制定符合于他们意志的自治条例和单行条例。”[31] 这一系列论述，充分说明了党的第一代中央领导集体在民族法制问题上的智慧和力量。

中国共产党第一代中央领导集体，在民族法制思想方面非常丰富，是中国民族法制建设的重要财富，需要认真的进一步的总结和概括。

（二）第二代中央领导集体民族法制思想

“邓小平理论”，是以邓小平为代表的第二代中央领导集体的智慧和结晶。所以，“第二代中央领导集体民族法制思想”实际上是“邓小平理论民族法律观”同一概念。

邓小平既是作为第二代中央领导集体的核心代表，也是第一代中央领导集体的成员。所以，在 20 世纪 50 年代初他就系统地论述了西南地区的民族问题。深刻指出：“从西南的情况来说，单就国防问题考虑，也应把少数民族工作摆在很高的位置。”并且全面地阐述了在西南区落实《共同纲领》民族政策的各项原则措施。[32] 邓小平还曾指出：“我们对少数民族地区确定了一个原则，就是在汉族地区实行的各方面的政策，包括经济政策，不能照搬到少数民族地区去，要区别哪些能用，哪些修改才能用，哪些不能用。”[33] 这些民族法制原则，当时得到了很好的贯彻和实施。

邓小平理论的民族区域自治法制思想，更充分地体现在中国共产党第十一届三中全会以后。特别是为民族区域自治法制建设走向制度化和规范化，奠定了良好的基础。譬如，1987 年 10 月 13 日，邓小平在会见匈牙利社会主义工党总书记卡达尔时指出：“解决民族问题，中国采取的不是民族共和国联邦的制度，而是民族区域自治的制度，我们认为这个制度比较好，适合中国的情况。”[34] 再如，1981 年的《中国共产党中央委员会关于建国以来党的若干历史问题的决议》中指出：“必须坚持实行民族区域自治，加强民族区域自治的法制建设，保障各少数民族地区根据本地实际情况贯彻执行党和国家政策的自主权。”[35] 又如，1981 年五届全国人

---

〔30〕 刘少奇：《关于中华人民共和国宪法草案的报告》。

〔31〕《董必武选集》，第 411 ~ 412 页。

〔32〕《邓小平文选》（1938—1965），第 616 ~ 171 页。

〔33〕《邓小平文选》（1938—1965），第 166 ~ 167 页。

〔34〕《邓小平文选》（第 3 卷），第 257 页。

〔35〕《三中全会以来重要文献选编》（下），人民出版社 1982 年版，第 843 页。

大四次会议提出:“要加快民族区域自治法等民族立法工作。”[36] 等等一系列的重要论述、指示和决议,为1984年5月31日《民族区域自治法》的顺利颁布实施,以及之后制定发布实施的一系列配套法规,使民族区域自治法律法规初步形成体系打下了坚实的基础。从而,民族区域自治法制建设进入了一个崭新的阶段和辉煌时期的前期。

以邓小平为代表制定的1982年宪法,充分地体现了邓小平理论的民族法制思想。邓小平为“邓小平理论民族法律观”的民族法制建设和发展作了重要贡献。党中央重申:要提高全党对民族问题的认识;并进一步指出“民族团结、民族平等和各民族的共同繁荣,对于我们这个多民族国家来说,是一个关系到国家命运的重大问题”。[37] 在1982年宪法修改草案提出前,邓小平让彭真抓宪法修改工作,确定了四点原则:一写四个坚持,二写人民民主专政,三写民主集中制,四写民族区域自治。[38] 1982年宪法把“民族区域自治法”列入了条文,就是这个指导思想的反映。叶剑英和彭真在主持全国人大常委会工作期间,在民族立法上认真地贯彻了邓小平的这些思想。彭真指出:“人大民委的职责就是研究、审议、拟订有关民族的议案,主要是协助全国人大和人大常委会进行民族立法工作,把指导工作的一些经过实践证明比较成熟的重要方针政策,用法律的形式固定下来。”[39] 彭真又一再强调:“要深入各民族调查研究,把民族之间的问题,民族内部的问题,民族地区的问题摸清楚,这是做好一切工作的基础。”彭真对1982年宪法草案中关于民族方面的规定做了这样的说明:“实现各民族平等、团结和共同繁荣,是中国共产党和我们国家奉行的基本原则。建国三十多年来在这方面取得的成就是巨大的。其间也曾犯过‘左’的错误,特别是‘文化大革命’中党和国家的民族政策被歪曲和破坏;许多少数民族干部和群众受到伤害,是一个严重的教训。这次修改宪法,高度重视总结这方面的历史经验,吸取近八年民族工作拨乱反正的重大成果。”

在改革开放的法制建设中,民族法制建设和其他法制建设一样,充分体现了建设有中国特色的社会主义理论和党在新时期的基本路线。“一个中心”和“两个基本点”始终是法制建设所贯穿的一条主线。邓小平指出:“为了保障人民民主,必须加强法制。必须使民主制度化、法律化,使这种制度和法律不因领导人的看法和注意力的改变而改变。”[40] 并强调必须做到“有法可依、有法必依、执法必严、违法必究”的法制环境。

---

〔36〕 1981年12月13日第五届全国人大第四次会议《关于全国人民代表大会常务委员会工作报告的决议》。

〔37〕 胡耀邦:《全面开创社会主义现代化的新局面》。

〔38〕 彭真:《论新时期的社会主义民主与法制建设》,第116页。

〔39〕 彭真:《论新时期的社会主义民主与法制建设》,第321页。

〔40〕 《邓小平文选》(1975—1982),第126~137页。

在建设有中国特色社会主义阶段,建立社会主义市场经济体制,新时期的民族问题比较集中地表现在少数民族和民族地区迫切要求加快经济文化发展问题上。所以,新时期民族问题的基本内容,就是完善民族区域自治制度,团结各民族为实现国家的社会主义现代化而奋斗,并在国家的社会主义现代化建设中,使各民族逐步摆脱贫穷落后的状态,达到共同富裕、共同繁荣。新时期的民族法制建设,是以1982年宪法的民族问题规定和民族基本法之一的《民族区域自治法》为主干的民族法体系框架初步形成为标志的。

这一时期的民族法制建设成就,主要体现和反映在以下方面:

一是宪法关于民族问题的规定逐步完善。1982年宪法从序言到各章节,有专节、专段、专条、专款规定民族问题,在正文中有28条或是全部或是部分写的是民族问题。

二是一系列的民族法律制度构成了初步形成的民族法体系。根据宪法的有关规定和我国的民族实际,在贯彻实施宪法的民族规定中,我国建立了相应的民族法律制度,从而初步形成了民族法体系。

三是其他法律部门的立法都重视民族问题的规定。有的是对有关问题直接规定,有的是专条规定授权民族自治地方制定变通规定或者补充规定等。

(三)第三代中央领导集体民族法制思想

“三个代表”重要思想,是以江泽民为核心和为代表的第三代中央领导集体的智慧和结晶。所以,“第三代中央领导集体民族法制思想”和“三个代表”重要思想民族法律观同一概念。

“三个代表”重要思想的法制思想,集中地体现在“依法治国,建设法治国家。”而在民族法制建设方面,则主要体现在完备民族法规体系和监督机制建设的问题上。

以江泽民为核心的党的第三代领导集体,关于民族问题、民族区域自治制度建设与完善、全面贯彻实施和完善民族区域自治法制方面,在不断丰富和完善邓小平理论的继续。

江泽民指出:“各民族的大团结是维护祖国统一,实现社会主义现代化的重要保证。”“坚持和完善民族区域自治制度,全面贯彻民族区域自治法,必须建立和健全同实施民族区域自治法配套的法规体系,使民族区域自治法在建设有中国特色社会主义事业中更好地发挥作用。”其中,有两个特别重要的里程碑。

一是1992年“中央民族工作会议”,江泽民总书记在会议上的重要讲话中,关于完善民族区域自治法制建设问题,作了精辟的论述。并对整个民族法制建设提出了具体的要求,即“到本世纪末,要形成比较完备的社会主义民族法规体系和监督机制”。其中特别强调指出:“中央有关部门和各级政府都要制定实施自治法的规定或措施。涉及少数民族和民族地区的政策、法规,要体现自治法的精神,有助于自治法的实施。要抓紧制定自治条例和单行条例。已制定的要认真总结,不断完善。国家和没有自治地方的省、市,要制定保障杂居散居少数民族权利的法规。"[41]

二是2001年通过的《民族区域自治法》修正案,是以江泽民为核心的党的第三代领导集体领导修正的。不仅把民族区域自治制度从国家的一项重要政治制度提升到国家的基本政治制度,还把若干的人们普遍关注的问题从法律规范上加以完善。如把"上级国家机关的领导和帮助"修改为"上级国家机关的职责"等。特别是对经济领域的诸多问题作了恰当的修正。其中,第73条规定:"国务院及其有关部门应当在职权范围内,为实施本法分别制定行政法规、规章、具体措施和办法。自治区和辖有自治州、自治县的省、直辖市的人民代表大会及其常务委员会结合当地实际情况,制定实施本法的具体办法。"这是一个重大的突破和进步。

民族法制建设是和国家整体法制建设同步进行的。1997年9月,江泽民同志在中国共产党第十五次全国代表大会的报告中提出:"我国经济体制改革的深入和社会主义现代化建设跨越世纪的发展,要求我们在坚持四项基本原则的前提下,继续推进政治体制改革,进一步扩大社会主义民主,健全社会主义法制,依法治国,建设社会主义法治国家。"[42]并强调:"加强法制建设,坚持有法可依、有法必依、执法必严、违法必究,是党和国家事业顺利发展的必然要求。加强立法工作,提高立法质量,到2010年形成有中国特色社会主义法律体系。"[43]其中的民族法体系就是这个法律体系的重要组成部分。

民族法制建设,是"建设社会主义法治国家"的重要内容。而其重要的指导思想,就是马克思主义、毛泽东思想、邓小平理论、"三个代表"重要思想的民族法制理论。

第三节　中国特色民族法制建设

一、建设中国特色社会主义民族法制的历史因素和社会背景

中国社会主义的民族法制建设,是在中华人民共和国成立时宣布废止旧的民族法律制度而建立起来的。它是从中国的民族实际出发,既针对中国的现实民族

---

〔41〕《民族工作文献选编》(1990—2002),中央文献出版社2003年版,第35页。

〔42〕江泽民:《高举邓小平理论伟大旗帜,把建设有中国特色社会主义事业全面推向二十一世纪》,载《中国共产党第十五次全国代表大会文件汇编》,人民出版社1997年版,第31页。

〔43〕《中国共产党第十五次全国代表大会文件汇编》,人民出版社1997年版,第32~33页。

问题,又考虑了中国历史上的某些因素。也就是说,任何法律都有它的一定的历史因素或继承性问题。通过透视法史沿革,一是看历史的发展轨迹,二是总结历史的经验教训。

中国是世界上法的发源地之一。中国古代民族法的产生,源于民族习惯,成于部族征战。古籍记载:"法,刑也。"[44]"刑也者,始于兵而终于礼者也。"[45]"因天讨而作五刑,大刑用甲兵。"[46]古代的"族刑",大概也就源于此。所以,出现了"德以柔中国,刑以威四夷""用刑以治野人"[47]的早期民族法律形式。何谓"野人",即班固所说的:"是以《春秋》内诸夏而外夷狄,……夷狄……被发左衽,……饮食不同,言语不通,群居北垂寒露之野,逐草随畜,射猎为生。"[48]可想而知,所谓的"夏有乱政,而作禹刑;商有乱政,而作汤刑;周有乱政,而作九刑。"[49]其"作刑",是基于"非我族类,其心必异"[50]和以"尊王攘夷"为指导思想。这大概就是中国古代民族关系及其法律的真实写照。

战国时代后期"七雄"之一的秦国统一中国后,不仅把少数民族地区以"道"为行政建制,而且制定了中国历史上第一部的成文民族法典——《属邦律》。秦朝建立的封建制的民族法律制度,即建立在民族统治、民族压迫和民族剥削的民族不平等法律制度,一直影响和延续了两千多年。到清代的《理藩院则例》等封建制的民族法律制度,已经相当完善。可以这样说,清朝建立了一套比较完备的封建制民族法规体系。

"中华法系"乃世界五大法系之一。民族问题法制自古以来在多民族国家一直存在。只是重视程度与建设发展状况不同罢了。多民族国家的概念,虽然有以一定人口比例划分,有以世居民族与外来民族划分,但就不同民族人员的结构,在当今的200多个国家和地区,纯粹的单一民族的国家已不存在。因此,无论是民族文化的多元性、政治经济领域民族权利的分配与保障,在法治国家都有一个法律调整的问题。所以,有关民族问题的立法,往往有以"世居民族"或"土著民族"的原则划分。有的还以世居民族与外来民族兼顾的原则。"多元法律文化"模式,是时代潮流的选择与趋势。

民族法制原则,不仅在多民族国家引起重视,而且在国际社会也已形成了"少数民族权利的国际保护"法则。在多民族国家,一般主要体现在对少数民族权利

---

〔44〕 东汉许慎:《说文解字》。

〔45〕《辽史·刑法志》。

〔46〕《汉书·刑法志》。

〔47〕《左传·僖公二十五年》。

〔48〕《汉书·匈奴传》。

〔49〕《左传·昭公六年》。

〔50〕《左传·成公四年》。

和利益的特殊保护;在国际社会,主要体现在对少数民族权利的国际保护原则。主要是体现在人权方面的保护原则。第一、二次世界大战期间及大战结束后,少数民族的国际保护约法骤然兴起。特别是国际组织的联合国,在这方面采取了许多积极的措施,形成了一系列的少数民族权利保护的国际约法。这一举措,推动和促进了民族社会的进步发展。

第一次世界大战后的1920年10月25日,国联(国际联盟)通过了一项设立“少数民族委员会”的决议案,专职调查对少数民族造成的损害情况。这是为第二次世界大战后建立联合国并对保护少数民族人权问题的开展打下了基础。《联合国宪章》的签订,开创了少数民族人权国际保护制度的新时期。如1948年12月10日联合国大会通过的题为“少数民族命运”的决议,形成了国际社会的一项共同行为准则。后来的国际人权宪章的一系列约法,比较充分地体现了保护少数民族权利的基本范围。联合国成立以来,制定了约有上百个国际人权法律文献。其中既有专门的有关保护少数民族人权的条款,又有专门的关于对保护少数民族人权方面的重要约法。如《关于消除一切形式种族歧视宣言》《消除一切形式种族歧视国际公约》《禁止并惩治种族隔离罪行国际公约》《在民族或种族、宗教和语文上属于少数人的权利宣言》,等等。

中国“民族法制”的专有名词,创见于20世纪80年代初期。但它不是偶然的。而是在废除旧中国民族法律制度并基于旧中国遗留的民族问题而建立的新型的民族法律制度,是反映和体现中国社会主义民族关系并规范和调整这种民族关系的法制,是社会主义民族法类型中具有中国特色的法制。它在不同的历史时期起到和发挥了重要的积极作用。

例如,在民主革命时期,中国共产党就把中国的民族问题作为中国革命问题的一部分。中国共产党领导下的革命政权,针对中国的实际,在制定相应民族政策的同时制定了相应的民族法律,如在革命根据地和解放区制定实施的民族法律,团结和激发了少数民族的革命和解放热情,夺取全国的抗日战争和解放战争的伟大胜利。

又如在中华人民共和国成立后的社会主义建设时期,中国共产党和中央人民政府针对少数民族和民族地区的实际,及时和正确地确立了民族平等关系的一系列民族原则。譬如,在政治生活方面,保障少数民族的政治权利主要是参与管理国家事务的民主权利,实行民族区域自治政治制度,培养和使用少数民族干部,纠正和落实族籍权问题等;在经济生活方面,主要是从民族地区特点出发,一是从物力和财力上救济、帮助少数民族和民族地区发展生产,二是在经济政策方面如对民族地区的土地改革、林牧业和农业方面,制定了有别于汉族地区的一些具体优惠政策和措施、法律和法规;在文化生活方面,制定了尊重并保障少数民族的语言文字、风俗习惯、宗教信仰等方面的自由权利,以及继承和发扬优良的民族传统文化的政策和法律法规;等等。

尽管在几十多年的风风雨雨中，民族政策和民族法律曾一度遭到破坏和践踏，而从中国共产党第十一届三中全会以后，通过拨乱反正，1982 年宪法对民族问题作了全面的规定，1984 年民族区域自治法颁布实施，随着民族法制建设的不断加强，民族法体系的框架初步形成。1992 年 1 月中央民族工作会议提出：到本世纪末，要形成一个比较完备的民族法规体系和监督机制。它昭示着中国社会主义的民族法制建设，将把民族问题全面纳入法制化和规范化。特别是在市场经济条件下的民族法制建设，又将以市场经济的规律和特点，把民族法制建设得更有特色。

二、中国社会主义宪法与民族问题

中国社会主义特色的民族法制建设，首先体现在宪法上，这是中国民族法的最主要特色。

（一）宪法与民族问题的历史发展

宪法与民族问题的社会政治现象，是近现代社会以来国家宪政制度的一项重要内容。早期的国家法律，是诸法合体。宪法的近代意义，是法律分门别类的法律部门出现才开始的。虽然“民族法”早已有之，但与传统的刑法、民法不能伦比。然而，刑民不分的法律文化十分悠久。人类社会进入近代时期，国家管理活动的宪法地位才日益突出。尤其是多民族国家，宪法与民族问题，即宪法关于民族问题的原则规定，成为国家政治制度和经济制度的一项重要内容。正如毛泽东所说：“世界上历来的宪政，不论是英国、法国、美国，或者是苏联，都是在革命成功有了民主事实之后，颁布一个根本大法，去承认它，这就是宪法。”〔51〕由于宪法必须规定国家的根本制度、权力划分、权利保障，尤其是多民族国家的国家结构形式问题，而其主要内容又是国家制度和社会制度的基本问题，所以，“宪法就是一个总章程，是根本大法”。〔52〕由于宪法具有最高的法律效力，宪法的这种至高无上的地位，决定了国家和政党的一切活动都必须在宪法的范围内进行，所有的其他立法都得以宪法为依据，民族工作和民族立法更得如此。

基于民族问题是多民族国家的一个重大社会问题，所以自从近代宪法制度以来，多民族国家都把国内的民族问题在宪法中作出纲领性的原则规定。即对民族法制原则问题首先在宪法中作出安排。考察和综合多民族国家近代宪政制度的民族纲领，可以看出两个特点：一是推行强制同化手段，二是采取多元文化方式。

推行强制民族同化手段，是近代社会资产阶级革命的产物。即脱胎于封建专制的资产阶级革命，以虚掩实的“人人生而平等”和“民族平等”口号，推动了资产阶级革命的胜利。地主资产阶级政权一旦确立，就自诩为是优秀的民族，其他的是劣等民族，所以继续推行民族歧视和种族歧视的政策和法律。先是采取灭绝和隔

〔51〕《毛泽东选集》合订本，1964 年版，第 729 页。

〔52〕《毛泽东选集》（第 5 卷），第 129 页。

离的种族歧视办法消灭他们,限制他们的发展;或用武力把土著民族迁徙"画地为牢",不承认他们的特点和文化,给予非人待遇等。然后是通过直接或间接地制造一些使被压迫民族处于难以忍受的生活条件,或驱逐排斥在外,或以经济和文化条件剥夺他们的政治权利,不承认他们的公民权。

进入现代社会,由于经济发展原因和社会政治矛盾,"多元文化"方式在多数的多民族国家兴起。民族多元文化法制,是民族社会民族发展的一个不可逾越的必然阶段,而且是一个相当长的历史时期,这个历史时期就是民族自然融合和民族自然同化的发展过程,也就是各民族共同进步和共同繁荣的历史过程。如果违背了这个规律,就要受到历史的惩罚。

在社会主义国家,不仅执行民族多元文化,而且采取了全面的民族平等、团结、互助的民族关系法制。社会主义国家的宪法特别注意和强调民族法制的建设问题。

由于民族问题首先是由宪法安排的,所以宪法对民族问题的安排如何,以及宪法规定的民族原则贯彻实施状况如何,将对民族社会产生重大的影响。

(二)中国社会主义宪法中的民族问题

在中国,虽然历史上也曾有"宪法"词语,但一般是指法、法典、制度而言。中国近代意义上的宪法概念,到清末才有。但是,旧中国的宪政制度对民族问题,即清朝末年和中华民国时期制宪的宪法文件中,在民族问题上,有的只字不提,有的只作了一些相关的提及,如《中华民国宪法》中有"中华民国各族一律平等"之条款。但其中对少数民族的总称,有提"各族""种族";在边疆的提"各民族";在内地的提"生活习惯特殊之国民"(指回族)。总之,并没形成真正的宪法的民族问题之概念。

中华人民共和国的成立,中国社会主义宪法关于民族问题给予了极大重视并趋于完善。

1. 宪法关于民族问题的规定。宪法的民族问题规定,比较集中地体现和反映在1954年宪法和1982年宪法,主要又是1982年宪法。

(1)1954年宪法关于民族问题的规定。1954年宪法,是中华人民共和国成立后的第一部宪法,它对民族问题的规定,其特点不仅在中国,就是在世界上也是空前的。其主要内容:第一,在序言中规定了我国各民族已经团结成为一个自由平等的民族大家庭。第二,在总纲第3条规定了中华人民共和国是统一的多民族国家。第三,在国家机构一章中规定各级国家机关的民族管理职责。并规定了"民族自治地方的自治机关"专节。还在人民法院和人民检察院一节中规定了保障各民族公民都有用本民族语言文字进行诉讼的权利。第四,在公民的基本权利和义务一章中规定了凡年满十八岁的公民,不分民族、种族,都有选举权和被选举权等。这些民族规定,基于马克思主义的民族理论;基于新民主主义革命的民族问题实践;基于旧中国的民族问题历史遗留;基于1949年《共同纲领》关于民族问题的初步经验;基于新中国的民族社会发展。

(2)1982 年宪法关于民族问题的规定。1982 年宪法是现行宪法。1982 年宪法关于民族问题的规定,是我国宪法史上最为完善的一部。它对民族问题规定的完善,又是基于这么一些情形:一是对新中国三十多年的民族问题经验教训的总结,特别是"文化大革命"的经验教训;二是针对 1975 年宪法、1978 年宪法对民族问题的"精简",包括对 1954 年宪法的被践踏;三是根据中国共产党第十一届三中全会以后在民族问题上的拨乱反正;四是结合民族地区的实际情况和改革开放的需要等等。总之,1982 年宪法关于民族问题的规定,是在 1954 年宪法关于民族问题的规定的基础上的进一步完善。

2. 新时期民族法制建设的宪法原则。宪法全面规定了民族法制原则,宪法为民族法制奠定了理论基础和体系依据等问题。

(1)宪法规定的民族原则。宪法对民族方面的基本原则是十分明确和具体的。主要有:

坚持民族平等的原则。宪法序言规定:中华人民共和国是全国各族人民共同缔造的统一的多民族国家,中国各族人民共同创造了光辉灿烂的文化。《宪法》第 4 条还规定:中华人民共和国各民族一律平等。禁止对任何民族的歧视和压迫。

维护社会主义民族关系的原则。《宪法》序言和第 4 条规定:我国平等、团结、互助的社会主义民族关系已经确立,并将继续加强。国家维护和发展各民族的平等、团结、互助关系。在维护民族团结的斗争中,要反对大民族主义,主要是大汉族主义,也要反对地方民族主义。禁止破坏民族团结和制造民族分裂的行为。《宪法》第 52 条还规定:中华人民共和国公民有维护国家统一和全国各民族团结的义务。

保障各少数民族的合法权利和利益的原则。《宪法》第 4 条规定:国家保障各少数民族的合法权利和利益。《宪法》第 34 条规定:中华人民共和国年满十八周岁的公民,不分民族、种族……都有选举权和被选举权。《宪法》第 59 条规定:全国人民代表大会由包括自治区选出的代表组成,各少数民族都应当有适当名额的代表。《宪法》第 65 条规定:全国人民代表大会常务委员会组成人员中,应当有适当名额的少数民族代表。《宪法》第 70 条规定:全国人民代表大会设立民族委员会,在全国人民代表大会和全国人民代表大会常务委员会领导下,研究、审议和拟订有关议案。《宪法》第 89 条规定:国务院行使领导和管理民族事务,保障少数民族的平等权利和民族自治地方的自治权利。《宪法》第 107 条规定:县级以上地方各级人民政府依照法律规定的权限,管理本行政区域内的民族事务。

实行民族区域自治的原则。《宪法》第 4 条规定:各少数民族聚居的地方实行区域自治,设立自治机关,行使自治权。各民族自治地方都是中华人民共和国不可分离的部分。《宪法》第 30 条规定:中华人民共和国的行政区域划分,有自治区、自治州、自治县。自治区、自治州、自治县都是民族自治地方。《宪法》第 62 条规定:全国人民代表大会批准自治区的建置。《宪法》第 89 条规定:国务院批准自治区的区域划分,批准自治州、自治县的建置和区域划分。并专列第六节从第 112 条至第 122 条规定了"民族自治地方的自治机关"的若干问题,包括自治机关的组织原则、自治权、国家和上级国家机关的职责等问题。并且在其中明确规定了制定和依照民族区域自治法行使自治权的问题。此外,《宪法》第 30 条规定:中华人民共和国的行政区域划分有民族乡。《宪法》第 99 条规定:民族乡的人民代表大会可以依照法律规定的权限采取适合民族特点的具体措施。《宪法》第 107 条规定:省、直辖市的人民政府决定民族乡的建置和区域划分。

各民族都有使用和发展自己的语言文字自由的原则。《宪法》第 4 条规定:各民族都有使用和发展自己的语言文字的自由。《宪法》第 134 条规定:各民族公民都有用本民族语言文字进行诉讼的权利。人民法院和人民检察院对于不通晓当地通用的语言文字的诉讼参与人,应当为他们翻译。在少数民族聚居或者多民族共同居住的地区,应当用当地通用的语言进行审理;起诉书、判决书、布告和其他文书应当根据实际需要使用当地通用的一种或者几种文字。

各民族都有保持或者改革自己的风俗习惯自由的原则。《宪法》第 4 条规定:各民族都有保持或者改革自己的风俗习惯的自由。

促进各民族共同繁荣的原则。宪法序言规定:国家尽一切努力,促进全国各民族的共同繁荣。《宪法》第 4 条规定:国家根据各少数民族的特点和需要,帮助各少数民族地区加速经济和文化的发展。《宪法》第 118 条规定:国家在民族自治地方开发资源,建设企业的时候,应当照顾民族自治地方的利益。《宪法》第 122 条规定:国家从财政、物资、技术等方面帮助少数民族加速经济建设和文化建设事业。国家帮助民族自治地方从当地民族中大量培养各级干部、各种专业人才和技术工人。

(2)宪法规定的民族原则是民族法制建设的根本依据。民族法制建设的依据和原则,即法律依据是宪法的有关规定,即客观依据也是宪法规定的"依照当地民族特点"。

宪法确立了民族法制建设的法律体系问题。我们从宪法有关民族问题规定的内容范围来看,可以设立系列民族法律制度的法规体系及其立法规划,也就是建立民族法体系的具体问题。

宪法确立了民族法调整的对象和任务。民族法调整的对象,即社会关系中的民族关系。法律调整社会关系,实质上就是确定社会关系中的权利义务。宪法明确规定,维护社会主义民族关系、保障少数民族的合法权利和利益、帮助少数民族地区加速经济和文化发展。

宪法对民族问题作出一系列的明确规定,是党和国家对民族问题的高度重视,表明了民族法在宪法和我国法律体系中的重要位置。事实表明,自 1982 年宪法颁布以来,世界范围的民族问题风云变幻,浪潮迭起。而中华人民共和国民族团结、社会政治稳定、经济建设高速发展,这不能不说是宪法对民族规定的必要与正确,民族法制建设价值取向的正确,宪法和民族法正确贯彻实施的结果。

三、中国社会主义部门法律与民族问题

中国155多个民族自治地方的面积占全国总面积的64%以上,仅基于此,各部门法律的民族问题规定无疑是中国社会主义民族法制建设的重要特色。

(一)部门法律与民族问题的关系

部门法律与民族问题的关系,简单地说,就是法律与民族的关系。是指国家立法对民族问题的体现和反映,是法律在民族问题上的共同责任问题。

研究部门法律与民族问题,需要了解有关法律的不同分类问题。即从立法体制(主体)、法律效力等级、效力范围方面上看,法律形式有宪法、法律、行政法规、地方法规、民族法规。如果从法的不同名称、不同技术特征角度上看,有宪法、法律、条例、决议、决定、规定、办法、实施细则等。如果从法律调整的社会关系的内容和方法的不同角度上看,有宪法、民法、刑法、行政法、经济法、诉讼法、婚姻法、劳动法、社会福利法、自然资源法、环境保护法、科教文法、军事法、民族法等。一般地说,后一种指的就是部门法律或"部门法"。

部门法律与民族问题的关系,在上面分列的法律形式中,不只是后一种即部门法律,而是这些类别都有互相交叉。也就是说,这几种法律形式的立法,都有一个民族方面的规定问题。

部门法律与民族问题的关系,应从两方面去看:

一方面,是部门法律贯彻实施宪法关于民族问题的原则规定。虽然有专门的民族法律法规按照宪法规定的原则建立相应的民族法规体系,规范基本的民族关系问题。这是民族法自身的属性所在,是民族法必须贯彻宪法关于民族问题的主要方面。但是,民族法本身由于民族问题的涉及面广,即涉及在政治、经济、文化和社会生活的各个领域和各个方面,不可能把所有的社会问题都作全面的具体规定,也不可能把与其他法律相关的问题都规范在内。所以,要求其他法律部门要把有关民族问题作出相应的规范。这是宪法规定的一项基本原则。

另一方面,其他部门法律也要全面考虑民族地区的特殊问题。民族问题,主要是反映在少数民族和少数民族地区迫切要求发展经济文化的问题上。我国的155多个民族自治地方,占全国面积的64%以上。还有1200多个民族乡也占有一定的疆土比例。这既说明了国家社会经济管理的区域管辖问题,也说明了对少数民族聚居地方特点和民族特点的兼顾问题。我国宪法明确规定,民族自治地方是国家不可分割的一部分。所以要求其他部门法律,也要考虑民族问题。譬如,在民族问题上的刑事法律问题,需要刑法作出规定等。

(二)我国法律关于民族问题规定

我国新时期的立法工作,都比较注重对民族问题的规定。从现行法律法规有

关民族方面的规定来看,大致有以下几种情形:

规范性规定。所谓规范性规定,是指法律对有关民族问题作出明确具体的规定。例如,《刑事诉讼法》第6条、《民事诉讼法》第11条、《行政诉讼法》第8条对民族语言文字的诉讼权利和司法文书问题的具体规定;新《刑法》第249、250、251条对煽动民族仇恨、民族歧视,在出版物中刊载歧视、侮辱少数民族的内容,以及侵犯少数民族风俗习惯、宗教信仰的犯罪及其刑罚的规定;《著作权法》第22条第11项关于将已经发表的汉族文字作品翻译成少数民族文字在国内出版发行的,可以在使用作品时,不经著作权人许可,不向其支付报酬,只须指明作者姓名和作品名称的规定;《商标法》第8条第7项对商标不得使用带有民族歧视性的文字和图形的规定;《消费者权益保护法》第14条关于消费者在购买、使用商品和接受服务时享有其人格尊严、民族风俗习惯得到尊重的权利的规定;《文物保护法》第2条对在中华人民共和国境内具有历史、艺术、科学价值的各民族社会制度的代表性实物受国家保护的规定;《行政诉讼法》第52条关于人民法院审理民族自治地方的行政案件,并以该民族自治地方的自治条例和单行条例为依据的规定;《全国和地方人民代表大会代表法》第38条关于对少数民族代表执行代表职务时,有关部门应当在语言文字、生活习惯等方面给予必要的帮助和照顾的规定;《教育法》第8条第3项和第21条分别规定:教师应当履行对学生进行民族团结的教育的义务,各级人民政府应当采取措施为少数民族地区和边远贫困地区培养、培训教师;《广告法》第7条第7项规定:广告不得含有民族、种族等歧视内容的情形;《教育法》第56条规定:国务院及县级以上地方各级人民政府应当设立教育专项资金,重点扶持边远贫困地区、少数民族地区实施义务教育;等等。

原则性规定。原则性规定是指法律对民族问题,基于宏观角度和民族特点方面而作出的原则性规定。例如,《关于刑事等案件办案期限的补充规定》第2条规定:交通十分不便的边远地区的重大复杂的刑事案件,可以依法延长办案期限;《森林法》第7条规定:国家和省、自治区人民政府,对民族自治地方的林业生产建设,依照国家对民族自治地方自治权的规定,在森林开发、木材分配和林业基金使用方面,给予比一般地区更多的自主权和经济利益;《矿产资源法》第33条规定:国家在民族自治地方开采矿产资源,应当照顾民族自治地方的利益,作出有利于民族自治地方经济建设的安排,照顾当地少数民族群众的生产和生活。民族自治地方的自治机关根据法律规定和国家的统一规划,对可以由本地方开发的矿产资源,优先合理开发利用;《义务教育法》第6条规定:招收少数民族学生为主的学校,可以用少数民族通用的语言文字教学;《烟草专卖法》第6条规定:国家在民族自治地方实行烟草专卖管理,应当依照本法和民族区域自治法的有关规定,照顾民族自治地方的利益,对民族自治地方的烟叶种植和烟草制品生产给予照顾;《科学技术进步法》第8条规定:国家帮助少数民族地区、边远贫困地区加速发展科学技术事业;《预算法》第77条规定:民族自治地方的预算管理,依照民族自治法的有关规定执行,民族区域自治法没有规定的,依照本法和国务院的有关规定执行;《教育法》第10条和第12条规定:国家根据各少数民族的特点和需要,帮助各少数民族地区发展教育事业;《企业所得税暂行条例》第8条规定:对民族自治地方的企业,需要照顾和鼓励的,经省级人民政府批准,可以实行定期减税或者免税的税收优惠政策;《固定资产投资方向调节税暂行条例》第15条规定:少数民族地区投资方向调节税的优惠办法另行规定;等等。

特殊性规定。特殊性规定是指法律条文明确,由民族自治地方的人民代表大会或其常务委员会依法制定变通或者补充的规定,并报批生效的一种特殊制度。在这些规定中:有的法律规定自治区的国家权力机关行使该权力;有的法律规定民族自治地方的人民代表大会行使该权力,有的法律规定民族自治地方的人民代表大会和它的常务委员会都可行使该权力;有的法律规定自治区的报全国人大常委会批准,有的则规定备案。现行法律对这方面的规定主要有如:新《刑法》第90条、新《婚姻法》第50条、《民事诉讼法》第17条、《森林法》第41条、《继承法》第35条、《妇女权益保障法》第53条、《民法通则》第151条、《收养法》第31条、《全民所有制工业企业法》第68条等。特别是《立法法》的有关民族立法问题规定,更为明确和具体。

此外,在各种各级组织法、选举法、代表法等法律中,关于民族问题的规定,条款和内容很多。如在地方组织法中的国家机关对保障少数民族权利的职责义务和培养少数民族干部等问题、选举法中的少数民族人员名额比例和少数民族语言文字等问题等。

四、中国社会主义特色的民族法律法规体系初步形成

依据宪法建设的中国特色社会主义民族法律法规体系,已经初步形成。其民族法体系的民族法律制度主要是:民族区域自治法律制度、散居少数民族权益保障法律制度、少数民族语言文字法律制度、少数民族经济法律制度、少数民族文化法律制度、少数民族教育法律制度、少数民族干部法律制度、少数民族风俗习惯法律制度、少数民族宗教法律制度等。也就是说,根据民族实际和宪法的规定,需要通过规划和步骤制定一系列的民族法律法规,建设相对独立的系列民族法律制度,形成特色的部门民族法体系。本书“下篇分论”部分将概述相关的内容。

第四节 中国的民族法学科建设

一、中国民族法学科建设与发展

中国共产党第十一届三中全会以来,在以经济建设为中心的物质文明建设和

精神文明建设"两手抓"方针中,"加强民主与法制建设"得到了历史性的进展;特别是中国共产党第十五次全国代表大会提出:"我国经济体制改革的深入和社会主义现代化建设跨越世纪的发展,要求我们在坚持四项基本原则的前提下,继续推进政治体制改革,进一步扩大社会主义民主,健全社会主义法制,依法治国,建设社会主义法治国家。"并强调:"加强立法工作,提高立法质量,到2010年形成有中国特色社会主义法律体系。"[53]从而,目前初步形成全面发展的法律体系并向网络化迈进。其法制建设成就,推动了法学研究的全面发展和繁荣。

法学是为法制和法治建设服务的。我国法学在依法治国建设社会主义法治国家的方略下,正在全面纵深发展。其中的"民族法学",在国家民族法制建设的环境下,已经取得了可喜的成就。民族法学的发展与繁荣,是民族法制建设发展与不断完善的写照。特别是国家民族立法进展不断深入的体现。

民主法制,依法治国,建设法治国家,对于多民族的中国来说,建立和健全民族法制尤为重要。1982年12月五届全国人大五次会议通过的《全国人大常委会工作报告》中指出:"加强和推动民族立法工作,是我国社会主义法制建设的一个重要方面。"[54]在1992年1月的中央民族工作会议上,江泽民同志在讲话中提出:"到本世纪末,要形成比较完备的社会主义民族法规体系和监督机制。"[55]在这种民族法制背景下,具有中国特色社会主义的民族法体系已经初步形成。这些,为民族法学研究提供和展现了广阔的舞台。

其实,民族法学形态,早在中国历史上就已呈现。虽然在中国奴隶社会比较完整的民族法资料很难查证,但封建社会早期的秦朝《属邦律》,就足以说明当时的民族法学思想而产生的民族法。并且,在几千年的封建社会中,《属邦律》的民族法制原则一直影响并贯穿在历代王朝。如元朝和清朝,特别是清朝完备的民族法体系,使中国封建社会的民族法制发展到了一个非常成熟的时期。正因为有这种民族法制思想,才有中华民族统一大业的延续。正因为有这种民族法制的历史背景,才有今天民族法制的辉煌。

诚然,今天的民族法制辉煌,最直接、最特别的原因,主要是1957年以后直至"文化大革命"的长期"无法制社会"的疾患而光临。譬如一些重要动态:

第六届全国人民代表大会常务委员会委员长彭真为全国人民代表大会民族委员会主办的《民族法制通讯》题字。新时期的民族立法工作,自中国共产党第十一届三中全会以后,就列上了国家立法的议事日程。全国人大民族委员会为推动民

---

[53]《中国共产党第十五次全国代表大会文件汇编》,人民出版社1997年版,第31、33~34页。

[54]《中华人民共和国第五届全国人民代表大会第五次会议文件》,人民出版社1983年版,第210页。

[55]《民族工作文献选编》(1990—2002年),中央文献出版社2003年版,第35~36页。

族立法工作、为提高民族立法质量和探讨民族法制理论，于 1987 年创办了《民族法制通讯》刊物。它标志着我国的民族法制建设和民族法学研究步入了一个重要的发展时期。目前，《民族法学评论》《民族法学论丛》等特刊，已定期不定期地出版发行。

1991 年 6 月“中国法学会民族法学研究会”在京成立。“中国法学会民族法学研究会筹备组”经多年的筹备工作，最终经中国法学会于 1990 年 3 月 24 日批准：“同意成立民族法学研究会，定名中国法学会民族法学研究会，为中国法学会所属的一个分支学科研究会，挂靠在国家民族事务委员会。”1991 年 6 月中旬，中国法学会民族法学研究会成立大会暨第一次民族法学理论讨论会在北京召开。随后，地方的民族法学研究会也在陆续建立。如 1992 年贵州省民族法学研究会成立，1996 年四川省民族法学研究会成立，1997 年云南省民族法学研究会成立，等等。中国各级“民族法学研究会”的依法建立，这在世界上是第一次。它表明了在统一的多民族中华人民共和国，既重视和加强社会主义的民族法制建设，同时也重视和加强民族法学的研究工作。

建立了一批民族法学研究机构。随着民族法制建设和民族法学研究工作的不断深入发展，有关高等院校相继成立了一批民族法教研机构。如中央民族大学于 1987 年设立了民族法教研室，并于 1992 年成立了民族法学研究所；1992 年西南政法大学成立了民族法研究室；随后，云南大学、贵州民族学院、西南民族大学、中南民族大学等高等院校，相继成立了民族法学研究所。

民族法教育列入高等院校法律专业课程。譬如，《民族区域自治法》颁布后，中央有关部委发出通知，高等民族院校和民族地区高等院校的法律专业要把民族区域自治法列为必修课，其他高等院校的法律专业要把民族区域自治法列为选修课。司法部法学教材编辑部于 1994 年至 1997 年，分别组织有关专家教授编写出版了《民族区域自治法教程》和《中国民族法学》（本教材被译成日文《中国民族法概论》在日本出版）的高等学校法学统编教材。有关高等学校还合作编写了若干的民族法学教材。1996 年 8 月，司法部和国家民委在贵阳举办了首届民族法师资培训班。

民族法学硕士学位、博士学位授予权研究生点相继建立。2003 年 4 月至 5 月，国务院学位办先后批准中央民族大学和云南大学为民族法学博士学位授予单位。在这之前，北京大学法律系曾在 20 世纪 80 年代末培养了第一个民族法研究方向研究生。云南大学（法学院）和西南民族大学法学院曾多年招收培养民族法研究方向的博士和硕士研究生。

国家把民族法列为全国普法的基本内容之一。从 1987 年 4 月起，中宣部和司法部发出关于普及法律常识教育中组织学习《民族区域自治法》的通知后，民族法被列入了全国普法的基本内容之一。国家民委组织编写了几本民族法普法教材和读物，如《中国民族法制讲话》《民族法制教程》等。

国家和有关单位设立民族法学研究项目资助形成制度。民族法制建设,需要加强民族法学研究工作。为此,中央和地方一直设立民族法研究项目基金资助,用以推动民族法制建设步伐,促进民族法学研究的深入。这些课题项目成果,不仅有一部分获得国家和省部级优秀成果奖,而且为民族立法和民族法贯彻实施工作,起到了积极的服务作用。

民族法学研究取得了丰硕的成果。据我们搜集整理,有关民族法方面的研究成果:1949 年以前已散见有零星文章;自 1949 年起直至中国共产党的十一届三中全会之前,关于民族法方面的文章约有数百篇,但专著很少;大量的研究成果主要是在 20 世纪 80 年代的中期以后。目前,民族法学专著、民族法律法规图书、民族法学文章,其数已经很难准确统计。而且,在中国和国外的各级图书馆,都能在书架上和电脑中查阅到中国的许多民族法学图书。民族法学的迅速发展,是在全国和地方的民族法学研究会成立以后,若干民族法学研究所(室)成立以后,同时建立和形成了一支民族法学研究和教学的专业队伍,才初步显示出民族法学研究文化的繁荣景象。对民族法学研究具有针对性和组织性,由于起步较晚,同其他法学科和民族学科相比,显得还很落后,还有很大的差距。但前途十分、非常的广阔。

中国社会主义民族法学研究范围不断扩大。民族法学研究起步时的主要内容,是宪法有关民族问题的规定,其后是民族区域自治法颁布实施等有关内容。随着民族法学科问题的不断探究,即从民族法学研究成果的情况来看,其研究领域和范围,有少数民族法文化方面的,有外国民族法和世界民族约法方面的,有民族法制史方面的,有民族法比较研究方面的,有现行民族法律制度方面的,有民族法学理论基础方面的。特别是基础理论研究不断走向深入,理论与实际的联系趋于紧密。就从民族法基础理论体系角度上说,起码取得了下列的进展和共识:

第一,马克思主义、毛泽东思想、邓小平理论、“三个代表”重要思想的民族法律观是中国社会主义民族法制建设和民族法学研究的基本指导思想。离开了这种基本指导思想,中国社会主义的民族法理论就无从谈起,或者说就没有中国社会主义的民族法学理论。如宪法规定:“国家维护和发展平等、团结、互助的社会主义民族关系”,“国家保障各少数民族的合法权利和利益”。这些民族法律原则和法律规范,就是马克思主义、毛泽东思想、邓小平理论、“三个代表”重要思想的民族法律观的重要体现。

第二,认为中国是民族法的发源地之一。中国古代民族法律制度特别是封建制的民族法律制度,有它的体系和特点。也就是说,只要有民族存在,就有民族问题的存在,有民族问题的存在,就有民族法律的存在。中国社会主义的民族法律制度,在某种意义上说,是针对旧中国不平等的民族法律制度而建立的。而且,初期的民族国家法律是以民族习惯法为基点的。就是在国家的社会里,民族习惯法文化还顽强地存在着。例如,原中华人民共和国司法部部长蔡诚在为《凉山彝族奴隶社会法律制度研究》一书序中写道:“凉山彝族奴隶社会的习惯法内容丰富,涉及其社会生活的各个方面,既对重大的、有关全局性的事情作了规定,也对基于社会成员之间人身权利、财产权利引起的各类社会关系作了系统的具体规定。有惩罚妨害社会秩序的杀人、盗窃、抢劫、奸淫幼女等犯罪行为的习惯法,还有保护奴隶主阶级土地、财产私有权以及借贷、租佃、典当、继承、婚姻家庭等民事方面的习惯法。不仅如此,彝族奴隶社会习惯法有关调解纠纷,处理重大案件程序方面的内容也是比较详细的。这些习惯法在彝族社会已推行了两千多年,在彝族群众中至今仍有一定的影响。无论是从历史或从事法学研究的学者、专家,都一致认为它的完整性、逻辑性可以与古代其他奴隶制国家的成文法媲美。”[56] 当今的彝族地区还流行有“国家法律管一时,家支法规管一世”的谚语。

第三,民族法是由多民族国家制定和认可的调整国内民族关系的法律规范的总称。中国现阶段的民族法律关系,反映和体现的是中国社会主义的民族关系。中国的民族关系,比较集中地表现为汉族与少数民族的关系,其次是各民族之间的权利义务关系的问题。中国社会主义民族关系的特点和性质,是各民族平等、团结、互助和共同繁荣,是劳动人民之间的关系。中国社会主义的民族法制建设,一方面是为维护各民族特别是少数民族的合法权利和利益,主要又是少数民族的自治权利;另一方面,是为推动和促进少数民族和民族地区的经济、政治和文化的迅速发展,维护国家统一和社会安定。

第四,民族法是根据时代社会经济发展需要而发展起来的新兴部门法。部门法的发展,是由社会经济政治发展所决定;部门法的划分,除了专门调整一定的社会关系外,再就是以现代社会分工和管理职能为标准。所以,部门民族法学是由民族法的特殊作用和地位所决定的。中国社会主义的民族法体系,是国家法律体系中的特殊支系。尤其是民族自治地方的自治法规,它在我国的法规体系中,独具地位和特色(这是由法律如《立法法》明确规定了的)。

二、民族法学研究的对象和范围

任何部门法学,都有自己的特定研究对象和范围,都有自己学科的特殊历史使命。民族法学同样如此。

(一)民族法学研究的对象

民族法学是一门新兴的法学学科。是一门交叉性极强的边缘学科。恩格斯曾经指出:“随着立法发展成为复杂和广泛的整体,出现了新的社会分工的必要性:一个职业法学者阶层形成起来了,同时也就产生了法学。法学在其进一步发展中

---

〔56〕 杨怀英主编:《凉山彝族奴隶社会法律制度研究》,四川民族出版社 1994 年版。其研究成果是课题组承担司法部《凉山彝族奴隶社会法律制度研究》的研究项目。该项目从开始深入实地调查研究到出版,花了 9 个年头的时间;且又是在搜集 400 多万字资料的基础上撰写而成的。

把各民族和各时代的法权体系互相加以比较，……并把它们视为本身包含有自己根据的体系。”[57]民族法学也不例外。而且特别具有各民族和各时代的法权体系根据。由此，民族法学研究的对象主要表现在以下几个方面：

民族法学是以民族法律为主要研究对象的法律学科。民族法学随着民族立法的肇始而兴起，随着民族法的实施而发展；民族法学科随着民族法的正规教育而创立。

民族法学以民族法律为主要研究对象的法律科学，可分为静态民族法学和动态民族法学。静态民族法学，是对民族法、民族法律关系产生发展的一般规律性，以及对民族法律规范的本质、功能、内容和形式，进行理论概括的科学。而动态民族法学则研究民族法律的立法、贯彻实施、监督机制等一系列的理论性问题、技术性问题、程序性问题等一系列的实际课题。譬如，在民族工作事务领域的有法可依、有法必依、执法必严、违法必究的民族法制环境问题。包括民族工作法制化、法治化、规范化和程序化等现实问题。

民族法学是以民族关系法律现象为其主要研究任务的一门法学。民族关系、民族关系法律现象、民族法律关系等诸多问题，是民族法学的基本任务。概言之，民族法学是以多民族的国家调整国内民族关系的民族法律为其主要研究任务的学科。

民族法是以国内民族关系为其调整对象的特殊的基本法律部门。这一定论，是指民族法在维护多民族国家统一、民族团结和社会稳定方面，具有特殊的功能。因此，民族立法首先得研究民族关系。然而，民族关系是一个很复杂的社会关系。在民族关系中，不一定是将所有的民族关系都得纳入法律的调整，有的民族关系只宜需要法律以外的其他手段来调整。即依法治国和以德治国并举。只有需要法律调整的那一部分民族关系，才能纳入法律调整的范围。这一部分的民族关系，即民族关系法律现象。并为民族法学的主要研究对象。

什么是民族关系的法律现象？概括地说，就是民族关系中的权利主体和义务主体的法律规范问题。当然，民族权利和民族义务在不同的多民族国家和不同的社会制度里，有其不同的内容。这主要是由其民族关系所决定的。然而，民族关系在不同的社会制度和不同的历史时期，又有其不同的性质与内容。从而，不同内容的民族权利和民族义务，则是建立在不同性质的民族关系基础之上。简言之，民族关系是在不断发展变化的，民族法律也是在随着不断变化的民族关系而不断发展变化。因此，民族法学研究对象的内容也在不断的发展变化。

民族法学是以民族与法律、法律与民族的相关问题为其研究范围的一门社会科学。民族关系是一种复杂的社会关系。法是使社会关系有序的一种重要工具。

---

〔57〕《马克思恩格斯选集》（第2卷），人民出版社1972年版，第539页。

民族与法律，不仅是多民族国家产生时就有的民族立法问题，而且也是当今多民族国家十分关注之问题。即法律与民族之国家立法中的有关民族问题。民族法学对民族与法律或法律与民族，或多或少地起着相应影响的作用。因此，民族法学的研究范围，将涉及和渗透在民族社会的各个层面。包括民族与法律和法律与民族的思想理论、社会实践等一切领域。如马克思主义的民族法律观、毛泽东思想的民族法制理论，特别是邓小平理论和"三个代表"重要思想中的民族与民族问题理论等。

（二）民族法学研究的范围

法学研究虽然主要是为法制建设服务的。但其研究范围和内容是十分广泛的。从广义民族法学上说，它不仅是狭义上的现行民族法律制度，还包括相关原始的、历史的、国际和外国的有关民族法问题。包括它的研究任务、研究范围、研究内容、研究问题等。

1. 民族法产生、形成和发展的一般规律性。主要包括这么几个问题：

第一，民族法的由来。民族法是古老的一种法。民族法的由来，应当从两个方面去理解。一种是建立在氏族、部落、民族基础上的"民族法"。这种属于本民族内部的行为规约。国外称之为"法人类学"或"法民族学"。中国学者称之为"民族习惯法学"。这是"民族法"的源泉和基础，但它只是一种历史上的法文化。另一种是建立在多民族国家基础上的国家制定的调整民族关系的民族法。这种民族法的由来，与多民族国家直接相关。民族法学研究的最根本的任务，应当是这一领域。然而，民族，属于历史范畴问题。法律，属于社会特殊现象。按照唯物史观，法律这种特殊的社会现象，随着国家的产生而产生。我们从民族、阶级、国家、法律等这些概念的历史发展考察，民族与法律的关系，也就是民族法的产生，是多民族国家用法律调整民族关系的结果。法是建立在一定的经济基础之上的上层建筑，因此民族法是由一定的国家政治因素和经济因素所决定的。而后来的法律与民族的关系，是在民族国家的民族社会发展中，多民族国家在除了制定专门的民族法律法规之外，还在其他所有的法律法规立法中，需要涉及民族问题的条文和条款。由此，又丰富了民族法学研究的"民族法由来"的延续性和继承性等课题。

第二，民族法的产生。古代民族法的产生，主要有两种形式：(1)由于民族杂居而产生的民族法。这是恩格斯的"民族法"产生观点。"民族法"一词应当是恩格斯首先提出来的。恩格斯在分析雅典民族法产生问题上有精辟的论述。[58] 并论述了法律产生的前提。恩格斯指出："在社会发展某个很早的阶段，产生了这样的一种需要：把每天重复着的生产、分配和交换产品的行为用一个共同规则概括起来，设法使个人服从生产和交换的一般条件。这个规则首先表现为习惯，后来便成

---

〔58〕《马克思恩格斯选集》(第4卷)，人民出版社1972年版，第105～106页。

了法律。”[59]这种习惯,无疑是原始社会氏族部落的习惯;这种法律,也无疑是氏族部落习惯法基础上的法律。恩格斯又指出:“随着法律的产生,就必然产生出以维护法律为职责的机关——公共权力,即国家。”[60]“国家是直接地和主要地从氏族社会本身内部发展起来的阶级对立中产生的。”[61]可见,民族法的产生与民族的形成有直接的关系。这是恩格斯在分析古代欧洲民族法产生于民族杂居的一种状况,而且是由于经济发展导致民族杂居所产生和必须的、一种保障散杂居少数民族的合法权利和利益的法律现象。这种法律现象,对后来的民族社会法律发展起到了很大的影响。就是对当今社会法制建设,也有一定的意义。由于民族杂居而产生民族法,是一个普遍真理。它对当今建设保障散居少数民族权益法律制度具有特殊的意义。就中国目前而言,20世纪90年代初全国人口“四普”时,拥有56个民族的地区只有北京市1个,而10年后的“五普”时,居住着所有56个民族的地区增至11个地区[62]。民族居住人口流动和分布的普遍增加,对要求加快建设散居少数民族权益保障法律制度步伐提出了新的要求。这个发展趋势,在全世界都是如此。(2)由于民族战争而产生的民族法。这种民族法,既有民族征战中的特殊内容,又有民族战争胜败后的特殊内容。由于民族战争而产生的古代法,实际上就是早期的民族法。民族法即国家法,国家法即民族法。因为,那时的战争,纯粹是民族集团的战争;那时的法律,锋芒直接指向异族;那时的民族关系,是绝对的民族关系。最具有代表性的,是古巴比伦王国的两河流域的法律,即战胜民族建立国家后把本民族和战败民族的习惯法上升为国家法律。一方面,法律条文主要记录着战胜民族与战败民族的主奴关系和各种不平等的地位;另一方面,使原来的民族习惯法趋向国家调整民族关系方面转化。中国的古代法,属于这种状况。远古的中国,在原始社会向奴隶社会的过渡时期,民族集团纷争不断。尤其是在奴隶社会向封建社会进化时期,民族纷争更为激烈。所以,中国古代法的起源,主要是来源于战争法,也就是中国的法是在战争中产生的。因此可见,中国的民族法和军事法,是中国古代法律的主要法源。这种法,除了在战争中产生以外,再就是战胜的民族集团,利用本民族或他民族的习惯法,确定统治民族的民族特权,规定统治民族与其他民族的不平等关系。即规定归附民族的纳贡义务及其首领的特权等。然而,虽然历史上的民族法调整相应的民族关系这一对象十分明确,但把民族法的概念明确界定为调整国内民族关系的一种法律,是在20世纪的80年代前后,是在中国的这块古老而又人口众多的多民族国度里产生的。它将表明中国民族法学研究不

---

〔59〕《马克思恩格斯选集》(第2卷),人民出版社1972年版,第538~539页。

〔60〕《马克思恩格斯选集》(第2卷),人民出版社1972年版,第539页。

〔61〕《马克思恩格斯选集》(第4卷),人民出版社1972年版,第165页。

〔62〕载《中国民族》2003年第9期。

断走向成熟的未来。

第三,民族法的发展。一般地说,民族法与多民族国家同时产生。只要有民族的存在,就有民族关系问题的存在,只要有民族关系问题的存在,就有民族法的存在。而且,有什么样的民族关系,就有什么样的民族法律。也就是说,民族关系问题,在一定的社会制度中,受一定的社会政治制度和经济制度等社会因素所制约,即由国家的经济制度和政治制度所决定。纵观世界多民族国家的民族法概况,民族法的发展,一般具有两个特点:(1)基于民族利益而制定的民族法。这是中世纪的社会现象。列宁指出:"法律就是取得胜利、掌握国家政权的阶级的意志的表现。"[63]中世纪之前的民族法所反映和体现的民族利益,首先是统治民族的共同利益,然后是统治民族的阶级利益。但是这种民族利益,已由古代的民族奴役关系向社会生活关系转化,包括在政治生活领域、经济生活领域和文化生活领域的不平等待遇,民族压迫和民族剥削占主导地位。这种社会现象,在近现代社会的一些多民族国家,仍然还延续着。这种民族法现象,反映着民族矛盾斗争的尖锐性。(2)基于国家利益而制定的民族法。随着社会进步和发展,民族斗争关系着国家利益和稳定。为了国家利益和社会安定,民族法的发展在逐步走向协调民族间和区域间的关系。主要是国家经济关系在起影响和决定作用。这是近现代社会以来的一种基本趋向。也就是说,多民族国家都在注意把民族问题放在宪政制度的必要位置,并建立相应的法律制度来调控。当然,这种现象,建立在以公有制为基础上的多民族国家与建立在以私有制为主的多民族国家的民族法律制度具有很大的差别。总之,从民族法的产生和发展的一般规律看来,有什么样的民族关系就有什么样的民族法律制度,民族法律制度同民族关系相适应。这是民族法发展的基本客观规律。可见,考察世界多民族国家的民族法律制度史,可称得上是一部民族关系史。它从一个侧面记载和反映着一国的民族关系发展史。它鲜明地烙印着历史上的民族征战与奴役、民族歧视与强化、民族斗争与解放、民族团结与平等的种种社会痕迹。这种民族法律文献,是最有效的历史证据,是最有说服力的历史证言。

第四,民族法的类型。民族法在其历史发展的过程中,已产生多种类型的民族法。从社会发展来看,已有奴隶制民族法、封建制民族法、资本主义民族法、社会主义民族法。而且,在同一类型的民族法中,在不同的国家,又有其不同的内容特点。无论是哪种社会制度和类型的民族法,在本质上只有两种,即按照"平等"与"不平等"的标准来划分。(1)民族平等法律制度。即建立在彻底的民族平等关系基础上的、规范和调整以民族平等关系为基点的民族法律制度。这种民族法律制度,一般只有在社会主义的国家才能建立。诚然,任何民族法的民族利益调整,都有一个首先是国家利益,而后才是有关民族集团利益的基本原则问题。我们所说的"民

---

〔63〕《列宁全集》(第13卷),第304页。

族平等法律制度”,是指一国全面性的包括在政治、经济、文化和社会等各个领域和各个方面的调整民族关系法律中贯穿一律平等原则。而非基于民族矛盾的利害关系的某些措施,如“多元文化”的单项法律保护。世界民族平等,需要全面的“多元化”环境。(2)民族不平等法律制度。即建立在民族不平等关系基础上的、以规定民族不平等关系为基点的民族法律制度。这种民族法律的主要特点,一般是公开声明搞民族特权,推行的是民族歧视或民族同化政策,实行的是民族压迫和民族剥削。在奴隶社会和封建社会,就是这种民族法律制度。在当今的一些国家,也还有这种民族法律制度。当然,随着人类社会逐步走向文明进步,这种民族法律将逐渐被淘汰。

第五,民族法的适用。不同性质、不同时期的民族法,在属人属地原则上是有区别的。历史上,有的民族法是针对某一民族制定的,有的是针对某一民族地区制定的,所以在适用对象与范围上是有严格区别的。譬如,奴隶、封建社会的民族特权法维护的是民族特权、民族压迫法指向被压迫民族;而社会主义的民族法则保障少数民族的合法权益。

2. 民族习惯法文化及其现代影响和意义。民族习惯法与国家制定的民族法是两个不同的法系列。一般地说,国家制定的民族法体系中不包括少数民族习惯法。我国当今的民族法制,也没有对少数民族“习惯法”的直接“认可”一说。其有关的民族自治地方制定的《变通规定》或是《补充规定》,虽然具有“变通”和“补充”法律与“改革”民族风俗习惯的某种特点,但与少数民族历史上的“习惯法”完全是两码事。其按传统的“习惯法”说法,“少数民族习惯法”不具有国家法律的属性。即不是由国家制定的。但也不能因为少数民族习惯法不具有国家属性,而否定它法的功能。总之,民族习惯法与国家制定的法律不完全是同一属性的概念。

我们从挖掘历史上的少数民族习惯法的特点来看,虽然少数民族习惯法的实施没有国家强制力作保障的特点,但它们同样具有“强制”的社会属性。也就是说,少数民族习惯法是在特定环境条件下产生的一种人们的行为规范。它是国家法律之前就已存在,并且在国家法律的运行状态下还能起到它们的独特作用。

虽然少数民族习惯法不具有国家法律的作用,但它在民族还存在的民族社会中,它的传统观念与国家的民族法制建设有着特殊的联系。即民族传统文化是当今民族法制建设的一个参考因素。或者说民族传统文化对当今的民族法制建设有着某种因素的影响。

3. 民族法制史对现今民族法制建设的借鉴。了解和研究中国历史上的民族法是非常必要的。有历史才有今天。研究历史,是为了解历史。历史是为了让我们更好地发展今天和明天。虽然今天的中国社会主义民族法律制度,与中国历史上的民族法律制度,有着本质上的区别。但今天的民族法制建设,从某种意义上说,还负载有调整与解决历史上遗留下来的民族问题的某些任务。

研究中国历史上的民族法，主要是为了了解中国历史上民族法的价值与取向。或是探究中国古代民族法的产生发展规律、特点及作用等问题。正如中国社会主义民族法制建设是以马克思主义、毛泽东思想、邓小平理论、“三个代表”重要思想的民族平等法律观为指导的理论基础一样，中国历史上的民族法也是有它一定的指导思想为理论基础，即民族不平等的统治民族特权思想与民族抚和和民族怀柔政策。

任何国家的民族法的产生，或是一个国家不同历史时期不同性质的民族法发展，都有其社会政治、经济和文化的背景。其价值和取向都是十分明显的。中国古代民族法，充分地体现和反映了当时社会民族关系的法律现象。即有什么样的民族关系，就有适应其性质的民族法律制度。

中国古代民族法，是世界上最古老的民族法之一。其产生发展的主要轨迹和特点是：

远古民族习惯法是中国古代民族法产生形成的重要基础。在“中华法系”尚未形成之前，甚至于在中国奴隶社会尚未形成之初，“民族法”就已有萌芽出现。这是因为，中国原本就是一个多民族并存的复杂社会关系。其萌芽，乃是各民族的习惯法。中国远古时代的各民族习惯法，为建立中国民族法即中国奴隶制民族法，起到了重大的影响。或是说从各民族习惯法基础上建立形成起来的。那时的“民族法”，不是我们现在所说的在国家法律体系中有独立体系的民族法，而是一种畸型的“族刑”法。即是，在民族形成的过程中，或是在民族社会发展之初，各民族集团为了生存需要，经常采取民族集团间的掠夺性残杀，从而产生了中国远古“法”，即“族刑”。中国古代法的起源即刑，刑始于兵。“族刑”就在“民族习惯法”和“部族征战法”的基础和结合上发育起来的。后来随着社会的发展，“族刑”一直在中国大地上演变了几千年。即从一种纯粹的部族关系的特殊法律形式：以“刑”治异族、以“刑”为臣服、以“刑”使奴役，演化为“株连九族”、民族特别法权等种种形式的政治刑法和民族不平等的社会制度。

古代民族法乃“中华法系”的重要组成部分。说中国是一个具有历史悠久的多民族的文明古国，其中包含着中国是世界上最早产生法的地区之一。也就是说，在奴隶社会向封建社会过渡时期，“民族法”在民族社会的发展过程中发生了重大的演化。即在“中华法系”逐步形成的过程中，华夏族的形成，中央集权制的建立，“民族法”成为中华法系的重要组成部分。“中华法系”以它独自的特点，在这块土地上封闭地孕育和发展了几千年。然而，中华法律文化肇始之初，法律的创制就与少数民族有关。据史料可考，在中华法系的源尾，民族法具有一定的特殊性；尤其是到其后期，基本形成了封建制的民族法体系。可以说，封建社会的民族法，已发展成为主要规范和调整汉族与少数民族的关系，主要表现为中央王朝与少数民族地区的关系。实质上就是以维护国家统一的民族地区归属关系，统治民族与被统治民族之间不平等的法律关系。

中国古代的民族法是一种民族不平等的法律制度,但它为维系中华民族的统一发挥了重大的作用。中国当今的民族法,与中国古代民族法的异同点是:异在维护的民族权利不同。即古代民族法维护的民族权利,是统治民族的特权,施行民族不平等法律制度。而当今中国的民族法,是为维护各民族一律平等的民族权利和利益。并特别保障各少数民族的合法权利和利益。同在维护祖国的统一。从秦朝起,虽有地方民族政权的存在,但无论是汉族或是少数民族的统治阶级改朝换代,在民族法制方面,都有为维护祖国的统一为原则。就这一点来说,中国民族法制的继承性是相通的。当"中华法系"在清末被外来法文化的冲击解体后,在半封建半殖民地和国民党政府的民族法中,还是能体现出强调维护中华民族统一的法律原则。中国共产党不仅领导中国各族人民用生命和鲜血搬掉了"三座大山",捍卫了中国领土的完整和祖国的统一;而且,在革命政权地区建立了新民主主义革命时期的民族法制建设。从而为新中国的社会主义民族法制建设奠定了良好和坚实的基础。

中国古代民族法与西方古代民族法在民族权利的价值取向方面是基本一致的。中国古代民族法,主要是为维护和保障奴隶制、封建制的民族统治阶级集团利益为出发点。同期的西方国家的民族法,在本质上也是一样的。但稍有不同的是,在个人本位与集团本位上的权利取向上有则重。但而今,西方国家的民族法,形式上宣称民族平等,实质上由于阶级利益不同,其民族法的民族权利保障作用,仍然是为统治民族的阶级利益服务的。只是在手法上有所变异而已。

总之,当今中国的"多元一体格局",除了她的时代特点外,还有它的历史基因。"多元",是指各民族传统文化与现代民族文化共同繁荣的多元性,包括各民族传统法律文化的多样性。"一体",主要是指中华民族社会主义政治制度和经济制度的一体化,以及以汉语言文字为基础的全国普通话的文化象征。当然,主要是以各民族语言文字的基本特征为象征。仅此,中国历史上的民族法制,中国社会主义的民族法制,都体现和反映着中华民族"多元一体格局"的形式与内容。

4. 国际民族约法和外国民族法与中国民族法制建设。民族属于历史范畴,民族法具有继承性和世界性。有多民族国家的存在,就必然有民族法的存在。不管其国家承认与不承认是多民族国家,而在他们的政治生活和社会生活中,也就是在他们的政策法律中,必然涉及民族方面的问题。尤其是在世界民族的大家庭里,特别是有联合国组织对少数民族人权保护的世界性共同约法,使研究世界各国的民族法制及其经验教训显得更为重要和更有意义。现代的多民族国家,与古代民族国家的概念有很大的不同。本来,人类进入阶级的国家社会,就活动生存在一定的国度空间。人类的进化就是从部落民族走进民族国家的。而国家又是政权的象征。政权则靠国家机器的保障。所以,国家属性总是第一位。而民族属性只能是第二位。如果颠倒两者的位置,国家就不能安宁。因为,一旦民族主义被利用,国家会可能出现动乱。所以,民族法对维护国家统一与安定的作用是巨大的。尤其是现代社会,民族散杂居犹如集市一般,这就更需要民族法的规范与调整。同时需要研究世界多民族国家民族法的得与失。然而,研究世界各国的民族法,目前处于开创性的工作。由于民族法在过去年代的政治原因,所以造成有关资料欠缺与研究工作落后,特别是对古代民族法资料的搜集困难更大。研究世界多民族国家民族法制的经验与教训,是一项非常有意义的事情。它不仅是对世界民族法律文化的积累与繁荣,而且是对促进和推动世界民族的平等团结和进步发展,意义非常重大。

5. 中国社会主义民族法制建设的一系列问题。首先,民族法的概念,从表面上说,乃有关民族的法律,是建立在民族基础之上。因此,研究民族法的概念问题,不仅要研究法的概念,而且要研究民族的概念,虽然研究民族法不是以研究民族概念为主要任务,但是如果离开民族的基本问题而谈民族法,将是无本之木。并且,由于民族概念与国家、法律的概念不可分离,所以,“民族与法律”“法律与民族”的关系,归根到底还是民族与国家的关系,即国家法律对民族问题的规范关系。国家法律规范民族问题,要受国家意志的支配,如民族平等的工人阶级意志,劳动人民之间的关系等,这就是马克思主义的民族法律观。坚持马克思主义的民族法律观,是建设中国特色社会主义民族法体系的基本指导思想。法律的基本特性和功能,主要是体现在它的调整对象即规范一定社会关系的问题上。由此而产生的如民族法、民族法律关系产生发展的一般规律性问题,以及民族法的类型与适用等问题,就是民族法学研究的一项基本任务。中国社会主义的民族法学,主要是对中国社会主义民族法的理论概括。其次,民族法制的概念,实质上就是民族问题及其法制建设的问题。在民族问题与民族法制的关系问题上,民族问题是多民族国家面临的一个重大的社会问题;民族法制是多民族国家解决国内民族问题、规范民族关系的一种法律制度。这是一个普遍的民族社会法律现象。透视这种民族法律现象,将归结为:宪法与民族问题、部门法律与民族问题、法律在民族地区贯彻实施与适用问题、市场经济条件下的民族法制建设问题,等等。这是一方面。另一方面,是关于民族法体系、民族法规、民族立法、民族法监督机制体系中的民族法律责任与制裁、民族纠纷的处理与诉讼等问题。这些问题关系到民族法制建设的价值取向。民族法和民族法制的价值取向问题,不只是现代社会的民族法制课题,而在古代的民族法,甚至是少数民族习惯法,都是不可回避的问题。

(三)民族法学研究的使命

民族法学研究的范围是指导民族法学领域的所有相关问题,而民族法学使命主要是体现在现今民族法制建设的重要部位研究。虽然民族法学研究对现今民族法制建设研究已经取得了一定的成就,但离民族法制建设的基本要求还相差很远。如目前有关的重大课题任务十分繁重,需要加强其研究力度。

民族法制建设即民族法律制度的完备与完善研究。1992 年 1 月,江泽民同志在中央民族工作会议上曾经提出:到 20 世纪末,要形成比较完备的社会主义民族法规体系和监督机制。中国共产党第十五次全国代表大会提出:到 2010 年形成有中国特色社会主义法律体系。目标十分明确。任务十分艰巨。建设比较完备的民族法规体系和监督机制,是一个宏大的系统工程。需要有关各界特别是民族法律界和民族法学界,要进行有计划有系统的组织协作与配合,形成集体攻关态势,使民族立法的规划与技术问题、民族法律贯彻实施的监督机制等问题的研究有所突破和进展。譬如,就民族区域自治方面的法律制度完善问题,除了民族自治地方制定和完善自治条例和单行条例外,2001 年 2 月通过修正的《民族区域自治法》第 73 条,明确规定了制定一系列的配套法规的具体要求。还有散居少数民族权益保障方面的法律制度的建设与完善,任务就更为艰巨。民族法学如何为之作出努力和贡献,需要有组织有步骤有计划的运行。

"依法行政"的民族工作法制化与法治化环境问题研究。民族法制建设,其中有很大部分的内容是属于政府职能转变方面的问题,即民族工作"依法行政"领域的民族工作法制化与法治化,甚至法律规范化、制度化和程序化。最为突出和特别的,如民族区域自治法的贯彻实施,与其他法律就有很大的不同。它既具有其基本法的综合性功能,又有与各种各级国家机关特别是政府机关贯彻实施的特殊性。所以,成立"民族区域自治法实施监督委员会"对全面贯彻实施自治法就具有特别的意义。

民族法学基本理论的深化研究。民族法学基本理论,有一个形成和不断发展的过程。民族法制的发展与完备,将促进民族法基础理论的研究。民族法基础理论的丰富与发展,将影响或导向民族法制的完善。比如,民族法律关系的基本概念,将直接关系和影响到立法质量,更关系到相关权利和利益的法律规范。民族法基本理论研究,目前更为迫切的是完善"科学和逻辑的民族法学体系"问题。这个体系需要一系列的合理理论予以论证,并要求具有很强的说服力。

市场经济和 WTO 环境对民族法制建设及其法律法规实施特点研究。民族法的发展要与经济发展相协调。这是经济基础决定上层建筑的基本要求。一定的经济体制决定相应的法律制度。民族法学研究不可能也不允许脱离实际的"理论创意"。市场经济和 WTO 环境下的民族法制建设,既是机遇,也是挑战,关键在于把握。譬如,对民族区域自治法的贯彻实施问题,在计划经济体制下需要上下左右和条条块块的反复协商和协调,在市场经济和 WTO 环境下这种方式将对一个基本法贯彻实施带来什么样的后果和影响;对基本法的贯彻实施是否需要讨价还价的协调、妥协、让步,才能作出一些相应的"政策性"规定,等等。如果这样,国家职能何在,法律权威何在,基本法何在。看来,对基本法律的认识和观念更新,还需要付出艰辛的努力。

民族法学的使命,真可谓“路漫漫兮而求索”。

(四)民族法学的交叉边缘关系

民族法学是一门综合性和交叉性的边缘学科。民族关系和民族法律关系的特点决定了民族法学与其他社会学科的分工与协作。民族法学与其他学科的联系,主要是与有关法学科和民族学科的关系。当然也包括如政治学、社会学、人类学等学科的相互关联。

1. 民族法学与宪法学和其他法学科,是一种相对独立而又密切联系的关系。民族法学是法学体系中的一门分支学科。民族法学在法学体系中,既是独立的,且又与其他法学科有密切的联系。关系最为密切的是宪法学,其次是行政法学和所有的部门法学。

民族法学与宪法学的密切关系,主要表现在:宪法是根本大法,民族法是次于宪法的二级基本法。宪法的民族原则是制定民族法的主要法律依据。其他的所有民族立法,都不得与宪法相抵触和相违背。宪法明确规定了许多的民族问题条款,它们不仅是所有有关民族立法的根据,而且还是民族法基本内容的重要组成部分。法律上的民族权利是由宪法和法律法规直接规定与分配的。如果没有宪法和法律法规的直接规定,民族权利是得不到实现的。所谓的国家民族法也是不可能存在的。所谓的民族权利也是得不到任何法律保障的。宪法学的民族问题研究,主要是体现在国家关于民族问题和民族权利问题的基本原则。而民族法学则是将宪法民族原则如何进行规范化的具体研究。如《宪法》第 4 条规定:“国家保障各少数民族的合法权利和利益,维护和发展各民族的平等、团结、互助关系。”至于哪些是合法的权利和利益,哪些是不合法的权利和利益,如何维护和发展各民族的平等、团结、互助关系,就得需要民族法学进行具体的详细研究。

由于民族问题涉及政治、经济、文化和社会生活等各个领域的特殊性,所以除了专门的民族立法外,其他立法也要涉及许多的民族方面的问题。即“法律与民族”的关系问题。所以,在许多法律中,除了规定有关的民族条款外,还特别规定民族自治地方的国家权力机关有权依法制定变通规定或者补充规定的基本法则。这决定了民族法学与诸如民法学、刑法学、经济法学、行政法学等法学科的分工与协作的问题。这种现象表明了民族法学与其他法学科的关系,犹如汉族和少数民族谁也离不开谁的道理一样。

需要特别指出的是,民族法的大部分内容是属于行政法内容,即民族事务的民族工作“依法行政”,或“民族工作行政依法”等问题,就是行政民族法范畴。鉴于民族行政工作的特殊性,民族行政法将有其特殊一面需要区别对待。如民族事务机关的执法职能问题,执法程序问题,将如何履行其职能。特别是在处理民族纠纷的法律制度上,将采取哪些裁决方式,行政复议方式是否适合民族纠纷处理程序,等等。这就需要行政法学和民族法学的密切合作。

此外,民族法学还有一种特殊的法学现象。即民族法学与少数民族习惯法学[64]的特殊关系问题,是一种历史渊源与现实作用的相互关系。狭义上的民族法学,是关于多民族国家制定和调整国内民族关系的法律规范的学说。广义上的民族法学,包括少数民族习惯法学。所以,两者之间有很大的差异与区别。但是,民族法学与少数民族习惯法学的关系,从法律本身而言有一定的渊源关系,即早期国家制定的民族法在很大程度上是以民族习惯法为基础的。而当今的民族法制建设,主要是在少数民族地区适用国家法律的问题上,也还需要考虑少数民族习惯法传统文化观念的某些因素。其方式是通过法律特别规定,授权制定相关的变通规定等办法来实现。其中主要是体现在人身权利和财产权利方面的内容。同时,在刑事法律和诉讼法律方面也作了同样的相应规定。

2. 民族法学与其他民族学科的关系,是一种"鱼水"关系。民族人类学、民族社会学等学科的研究成果,是研究民族法律关系基础的基础。民族理论和民族政策学科,即政策是法律的基础这一原理,就更为透彻。简言之,民族学科以民族问题为源泉,民族法律同样是以民族特点和民族问题为依托。民族权利的确定与保护,乃根植于民族问题的深层。所以,民族法学,无疑是法学学科,当然也可纳入民族学科的研究范围。如民族经济法律制度、民族教育法律制度的建设与其法学理论,与民族经济学和民族教育学在一定程度上有互相吸收营养的必然联系。虽然民族法学与其他民族学科的逻辑形式和归纳方法不尽一致,但从一定的意义上说,如果没有民族学科的基础就没有民族法学的丰满。

民族法学,有纯民族文化学说一面。而更主要的还是属于应用学科。其应用程度如何,将取决于民族法制环境,主要是民族立法的质量。所以,民族立法质量问题,是当前民族法学所面临的重大课题和重大难题。

可见,民族法学与相关学科的联系与协作的使命,任重而道远。

---

〔64〕 我国学者所称谓的"少数民族习惯法学",是指关于我国少数民族历史上特定条件下形成的、用以调整本民族内部关系的"族规"的学说。在国外,英美学者叫作"法人类学",欧陆学者称作"法民族学",是专门研究单纯的民族集团或土著民族的"约法"、"原始法律"或"初民的法律"的学说。有学者认为,英国学者梅因的《古代法》(1861 年)及其《早期制度史》(1875 年)、《早期法律和习惯》(1883 年)等一系列的研究成果,是创立法律人类学的基础。也有学者认为,德国是法律民族学的诞生地,杰出代表有波斯特等人。"法律民族学"(ethnologie juridigue)术语的正式出现,是在 1890 年波斯特(post)撰写的《民族法律学大纲》中,其代表作也是波斯特的《民族法律学概论》(1894—1895 年)等。而创制(adatrecht)"习惯法"的专门术语,也是这个时期的荷兰学者胡尔赫罗涅,他把印尼土著民族的习惯法与宗教法和王侯之法区别开来。

三、民族法学研究的思想和方法

法学研究，是社会科学研究。社会科学领域的不同学科，其研究方法具有一定的共性，也有自己的个性。在法学研究领域，除了法学研究方法的共性以外，各法学学科还有自己的特点。民族法学研究方法的个性即特殊性，主要是表现为民族法律关系中的民族特点，并由民族特点决定民族法学研究的思想和方法。

（一）民族法学研究的指导思想

民族法学研究，首先需要解决的问题是思想方法问题，即需要一种正确的思维模式。这种思维模式：

必须遵守《宪法》的有关规定。宪法一系列民族问题规定，中华人民共和国每个公民和各级组织必须遵守和遵循。这是一个基本原则。是民族法学研究必须遵循的最基本准则和思想路线。

遵循“辩证唯物主义和历史唯物主义的世界观和方法论”。尊重氏族、部落、民族、阶级、国家、法律等社会历史发展客观规律。这是研究民族法发展规律的最基本要求。民族法研究，不得脱离民族实际，包括历史的、现实的实际，特别是各民族的传统文化，如语言文字、风俗习惯、宗教信仰，尤其是习惯法文化等。

坚持马克思主义、毛泽东思想、邓小平理论、“三个代表”重要思想的民族法律观。不同的民族法律观，决定和产生不同的民族法学研究方向及其成果，并影响国家民族立法和民族关系的发展。马克思主义、毛泽东思想、邓小平理论、“三个代表”重要思想的民族法律观，是建立在民族平等、民族团结、民族互助和各民族共同繁荣的基础之上，是维护各民族特别是少数民族的合法权利和利益的基点之上。持这种思想观点和方法的，无论是对民族法制建设、还是对民族法理研究，都将产生积极的社会效应。否则，将否定民族存在，否定民族问题存在，否定民族法文化存在。从而将导致破坏现行的民族法律关系和民族社会秩序。

（二）民族法学研究的基本方法

一门学科的生命力，其独特的研究方法占据重要的位置。民族法学研究的独特方法，有两种方法需要特别注意：

特别方法。在民族法学研究领域，其研究方法是多方面和多视角的。但有一点需要注意和掌握的，即民族法学研究的特别方法。所谓民族法学的特别方法，是指民族法学要立足于民族特点即少数民族和民族地区的特点。这种特点是包括少数民族和民族地区的政治、经济、文化等方面的特殊因素，并把这些因素贯穿在民族法制的各个环节之中。民族法学研究的特别方法，也是由民族法的特点所决定。民族法的特点表现为，民族法调整民族关系的方法特殊，民族法律关系中的权利主体特殊等。

一般方法。民族法学研究的一般方法，是集法学研究和民族学研究的常用方法，包括传统的方法和现代的方法。如传统法学研究的历史分析和规范分析等方法,传统民族学研究的田野调查、直接观察和历史叙述等方法,以及现代的法学和民族学所采用的方法,如实证调查、相关分析、统计分析、回归分析、跟踪分析、比较分析等方法都是常用的比较科学的研究方法。在现代高科技信息社会里,数据库方法和网络搜索法,已经成为最时尚和最捷径的科研手段之一。

无论是特别的或是一般的研究方法,都必须坚持马克思主义、毛泽东思想、邓小平理论、"三个代表"重要思想的民族法律观。只有在这种思想方法指导下,用开放和改革的眼光,把理论研究与对策研究结合起来,把历史研究与现实研究结合起来,把综合研究与具体研究结合起来,把一般研究与特殊研究结合起来,把规范研究与运行研究结合起来,把制度研究与程序研究结合起来,使民族法学研究形成自己的特色。

此外,还须特别强调指出,由于民族法学属于交叉和边缘学科的特点,要求其研究人员起码具备相应的条件和要求。一要具备马克思主义、毛泽东思想、邓小平理论、"三个代表"重要思想的民族法律观。如果偏离这些最基本的指导思想,就不可能产生积极的思维模式。二要具备基础扎实的法学专业知识和民族学专业知识(指广义上的民族学专业知识)。两者缺一不可。由于民族法学是一门综合性的交叉边缘学科,所以它还要求研究人员应当具备相关专业的基础知识,如社会学、史学、政治学、行政学等。三要具备治学严谨和过硬的心理素质。走捷径和急功近利,都不可能实现和达到基本的期望。

第二章　中国民族法历史沿革

第一节　中国古代民族法由来及特点

一、中国古代民族法的由来

所谓古代民族法，是指中国奴隶社会与封建社会时期，国家为了行使权力而制定和形成的一种调整民族关系的法律规范的总称。在理解这一概念时，还不能完全用现代“法律”的含义去理解。

一般地说，法律是和国家产生于同一历史进程。法律作为一种社会现象，有其自身产生、发展演变的轨迹。从逻辑上说，古代民族法是伴随着多民族国家形式的出现而产生的。因为，民族关系是发生于多民族国家共同体中的一种族际关系。在单一民族的国家中，就没有民族关系的概念，国家政权也无须制定调整民族关系的法律规范。

从文字记载的历史看，中国从出现“国家”的时候起，就是一个多民族国家。各民族共同缔造祖国，开创灿烂的悠久文化，始终是中华民族发展、壮大的主线。史载周武王讨伐纣王时，是由华夏的“八百诸侯”与庸、蜀、差、微、卢、彭、濮等许多少数民族共同进行的。《左传·昭公九年》载周景王使詹桓伯对晋国国君说：“及武王克商，蒲姑、商、奄、吾东土也；巴、濮、楚、邓、吾南土也；肃慎、燕亳、吾北土也。”这说明周朝已经是一个多民族的国家共同体。西周晚期，周边各民族纷纷内徙，迁入黄河中下游一带。到春秋时期，中原地区已出现各民族交侵错处的局面。战国时，已形成“中国”与“四夷”五方之民共为“天下”，同居“四海”的整体观念，即统一的多民族国家的观念。在以后的改朝换代中，无论是秦、汉、隋、唐、宋、元、明、清等全国统一的国家政权；还是匈奴、鲜卑、吐蕃、回纥、突厥、契丹、女真等少数民族建立的地方割据政权，无一不是多民族共存、多元一体的政权结构，历史典籍中还没有任何一个单一民族构成政权的记载。民族关系呈现出十分复杂的状况，无论哪个朝代，统治者都面临着一个共同的问题：民族团结，则国泰民安；民族分裂，则国败家亡。这是中国古代民族法产生、发展、完善的历史背景。

《左传》记载鲁闵公元年（前661年）狄人伐邢，管仲对齐桓公提出“戎狄豺狼，不可厌也，诸夏亲慝，不可弃也”的主张。成书于战国时期的《禹贡》可以说是我国历史上最早的“民族法”。因为《禹贡》首次打破各诸侯国界限,把“中国”统一划分为“九州”。又根据各地民族远近及社会特点分为“五服”。从而创造了以各地区土壤好坏与物产不同来确定赋税等级;以民族特点来确定管辖区域的政策,使“声教讫于四海”,用赋税多少来调整中央政权与周边少数民族的关系。人们长期以来只认为《禹贡》是我国最早的一部地理著作,却忽视了它通过地域划分与赋税形式来规范民族关系的实质。它规定中原民族与周边民族是民族关系的主体,把民族间关系问题纳入为国家内的一种法律关系。

在漫长的中国古代社会中,时而汉族统一中原地区并逐步向周边发展建立比较强大的国家政权;时而少数民族分别统一了北方、西北方、东北方、西南方和南方一些地区,与中原王朝分庭抗礼,如汉朝与匈奴、唐朝与突厥、北宋与辽国等;时而则形成藩属或朝聘关系,使臣来往,授予和接受封号,但实际上并无正式的隶属关系,如唐朝与南昭,北宋与大理等。一些少数民族虽然始终没有建立过完整意义上的国家,但在聚居地区也独自形成一套社会体系与社会制度。当中原王朝强大时,纷纷“内附”,中央政府则在这些民族地区置都督府和州,任命各民族首领为都督或刺史等官职,并且子孙世袭,在本民族内部自主统治,对中央政府有按期纳贡和出兵助战的义务。对于内地或接近内地的少数民族,中央政府则一直以郡县制直接统治。因此,历代王朝都制定并形成一套既有共性又有时代特点的调整民族关系的法规与制度,这对长期以来,统一多民族国家的形成、巩固起到一定的作用。

二、中国古代民族法的特点

纵观中国古代民族法,上启夏商、下讫明清上下四千余年,虽然不同的朝代,不同的时期,国家政权调整民族关系的背景不同,情况各异,民族关系又十分复杂。因而各个朝代民族法有同有异,其主要特点是:

(一)大一统的国家观

在中国历史上,中央集权制统一的多民族国家的形成,始于秦汉时期。但是,在夏、商、周三朝时期,就已形成了松散的多民族国家的雏形。据远古的传说,夏、商、周三族始祖和祖先崇拜虽然各异,可他们都把不同来源的祖先汇聚成以黄帝为始祖的大系统,都承认自己是黄帝的后裔。这无非是将大部落联盟的缔造者奉为共同象征,表明三支不同来源的人们已具有共同的民族意识。《春秋左传正义》卷五十八载有:“禹合诸侯于涂山,执玉帛者万国。”这万国之说是言其多,未必真有一万个诸侯国,但众多的诸侯国聚集在禹的周围是无疑的。后来,长期兼并,国数日趋减少。《后汉书·郡国志》所言,汤武时有三千余国,而周时有一千七百七十三国,春秋时有一千二百国,战国时仅存十余国。这其中绝大多数是由少数民族建立的,夏、商、周的天子是所属众多诸侯的共主,“溥(普)天之下,莫非王土;率土之滨，莫非王臣”。[1] 在以后的长期发展过程中，无论是哪个民族的政权实现了全国的统一，也无论是哪个民族建立割据政权，都把自己作为中国当然、合法的主人，都以中国的正统自居。因此，在他们当政时，维护国家的统一、政权的完整，是调整民族利益，处理民族关系的首要前提。无论是兴起于汉代的“和亲政策”；还是汉唐时期“羁縻统治”，让少数民族首领“复长其民”，“恩惠抚和”的方针。无论是在少数民族地区设立中央派出机构；还是“西和诸戎，南抚夷越”。无论是强迫同化；还是分而治之，甚至武力征伐。总之，封建王朝都把处理好民族关系，联合各民族力量放在国家统一的重大战略地位上，这是中国古代民族立法的一条十分鲜明的主线。

（二）汉夷两制、分而治之

对于难于同化的较大的少数民族，或处于统治边缘范围、控制力衰减的地区的少数民族，历代王朝则实行“汉夷两制”分而治之的原则。从汉朝开始的“羁縻统治”，就其本质讲，是一种间接统治形式。即中央政府通过授予少数民族首领各种官职，甚至封王封侯，使其“复长其民”，“齐其政，不易其宜；改其教，不易其俗”，以实现对这些民族的统治。辽代采取了“以国制治契丹，以汉制待汉人”的分制政策。后来，发展成为明、清时期的土司制度，盟旗制度，伯克制度，达赖、班禅和噶厦制度，这是分制政策的制度化、法制化。同时，中央政府还设立专门的管理民族事务的职能机构——宣政院、理蕃院，并制定专门适用于少数民族的法律，如清朝的《回律》《番律》《蒙古律》《苗律》等。

（三）民族不平等和强制同化

在中国古代民族法中，无论是汉族统治者对待少数民族，还是少数民族统治者对待汉族和其他少数民族，其民族立法的基本出发点就是民族不平等与强制同化，这是阶级社会国家政权的本质所决定的。汉代对少数民族的武力征服，南北朝政权更迭时的民族仇杀，元朝公开宣布各民族人民在法律地位上的不平等，把全国各民族人民的身份地位分为蒙古人、色目人、汉人、南人四等，不同身份地位的民族在权利义务方面是不平等的。伴随民族不平等的是强制同化。鲜卑族统治者建立北魏政权后，为了巩固其统治，大力推行强制汉化政策。孝文帝时，强迫鲜卑人改汉姓，禁止鲜卑官吏讲鲜卑语、穿鲜卑服饰，提倡鲜卑贵族与汉族地主通婚，实行自上而下的强制同化。清军入关后，强迫汉族和其他少数民族一律剃发留辫，穿满族式衣冠等，都是这一立法原则的体现。

---

〔1〕《诗经·小雅·北山》。

第二节　中国奴隶社会民族法

一、奴隶社会民族法的产生

大约在公元前21世纪,黄河流域各民族部落先后告别了“天下为公”的时代,演进为粗具国家形态的邦国,建立起第一个奴隶制国家夏朝。其后经商朝的发展到西周,奴隶制国家进入全盛时期。

恩格斯指出:“从部落发展成了民族和国家。”〔2〕随着夏朝国家的形成,夏以前的部落联盟与酋邦也就形成了我国古代最早的民族。史载禹伐三苗,在涂山(今安徽省境内)召开大会,执玉帛者万国,以为朝贡之礼。由此可见,夏朝建立就是一个多民族国家。当然古代民族不能与近代民族等量齐观。那么,如何调整华夏族与其他众多民族的关系,也就成为夏朝统治者面临的首要任务,尤其是在巩固政权的初期。夏朝建立后,有扈氏不服,被夏国王启消灭,于是“天下咸服”。〔3〕所谓“天下咸服”,不仅是通过武力镇压使国家得到巩固,也是夏朝实施“民族法”调整国内民族关系的结果。诚然,奴隶制民族法是不能与现代法律制度等量齐观的。因为,中国奴隶社会的民族法是通过统治者调整民族关系的方针、措施和国家的典章制度来体现的。虽然后人有《禹刑》的记载,但具体内容已无从考证了。

如果说法律是伴随国家的产生而产生的,而奴隶社会民族法是伴随多民族的奴隶制国家形成而产生的。夏朝是在诸酋邦的基础上建立起来的,包括受夏统辖的具有相当独立性的诸侯。启夺取政权之后,曾有所谓“钧台之享”。即通过政治会盟的形式,才取得众多酋邦与部落的承认,争取到夏王朝的合法地位。这就是奴隶社会民族法的背景。

二、奴隶社会民族法的形式和内容

中国奴隶社会民族法的主要形式和内容,可以划分为礼、刑与五服制。

(一)礼

奴隶社会的礼,是由民族习惯演化而成的,具有规范性与强制性,故称礼法。所谓礼,最初就是“盛玉以奉神人之器谓之若丰。推之而奉神人之酒礼亦谓礼。又推之而奉神人之事通谓之礼”。〔4〕王国维对礼的解释得到学术界的认同。礼原来是祭神灵和祭人鬼的器具,盛有两块玉石。后来供祭的酒也叫礼。以后凡进行

---

〔2〕《恩格斯自然辩证法》,载《马克思恩格斯选集》(第3卷),人民出版社1972年版,第515页。

〔3〕《史记·夏本纪》。

〔4〕王国维:《观堂集林·卷六·释礼》。

祭祀的一切活动都叫礼。这种祭祀活动是氏族或部落的一种习俗,并日益规范化、程序化。礼有一定的仪式,因为礼最初的含义是为祭祀而举行的仪式,是人们自觉自愿遵循的习惯。能否参加氏族祭祖的仪式,是区别是否属于这个氏族的基本条件。随着社会生产力的发展,后来贵族垄断了祭祀的主祭权,也意味着控制了萌芽状态中政治权利。这一转变,使政权与神权合二而一了,原始状态的礼也逐渐由民族的习惯演化而具有法的性质和作用了。原来用以区别血缘关系、亲疏尊卑的礼同时成了确定各民族人民在国家组织中等级地位的法。在这里,亲贵合一,礼法难分,成为调整早期民族关系的规范。《尚书·大禹谟》说:"无怠无荒,四夷来王。"在《淮南子·原道训》中也有关于大禹"施之以德,海外宾伏,四夷纳职"的记载。所谓"四夷",就当时居住在华夏族四周的夷人,是周边各民族共同体的泛称。到了西周,在夏礼和商礼的基础上,以"亲亲""尊尊"原则为基准,强调"德"的要求,进行全面调整,形成了包括宗法制、分封制和国家活动等方面的典章制度,以及人们的行为规范与婚、表、冠、祭等活动的周礼。西周的礼既是国家的大法,又是国家机关的组织法、行政法和刑事、民事、民族、经济等方面的法则。《诗经·大雅·荡》:"文王曰咨,咨女殷商,女于中国,敛怨以为德。"又说:"内于中国,覃及鬼言。"毛苌《诗经诂训传》:"怒也。""鬼方,远方也。"郑《毛诗笺》:"此言时人忧于恶,虽有不醉犹怒也。"这是西周末诗人引述周文王以殷商嗜酒失德,使"中国"怨怒,以至远方各族也怨怒的告诫,来警刺周南王。正因为周文王能以礼来调整民族关系,才出现了西周多民族大一统的状况"溥(普)天之下,莫非王土;率土之滨,莫非王臣"。

(二)刑

刑起于兵,兵即战争。刑出于兵,是说刑与战争分不开。所谓"大刑用甲兵",就是最严厉的刑罚,是实施军事讨伐。刑也就是奴隶社会民族法的重要形式与内容。禹即位后,三苗不服,即大举征伐,最后三苗逃窜被消灭。《尚书·舜典》说他"窜三苗于三危"。商朝对北方少数民族大举征战,才被征服的各民族在政治上承认了商王的"共主"地位,并接受了商王的封号,处于臣服地位。此外,卜辞中还有不少关于"征夷方","征尸方","正人方","我尸方"等记载。周朝与四方夷、蛮、戎、狄时有联合,时有战争。周成王时,东方的徐、奄、蒲姑曾助武庚叛周,严重威胁着周朝的统一,周公遂出兵二次东征,战争持续两年之久,最后控制了东方各民族的政治、军事重镇。而且史籍对周朝向各民族"大刑用甲兵"的记载腑拾皆是。

(三)划分五服

西周时,为了对周边的夷、蛮、戎、狄等民族进行有效统治。周王朝规定,凡属王畿外围的地方,以百里为率,视距离的远近分为五等,称为五服,即甸服、侯服、绥服、要服、荒服。其中划分:"蛮夷要服,戎狄荒服。"[5]明确规定,"要服者贡,荒服

---

〔5〕《尚书·禹贡》。

者王”。意思是要服者必须向周天子贡纳物品,荒服者无论是在位或继位都必须承认周天子的统治地位,履行朝见。不贡不朝者,经过“修名”“修德”后仍然执意违悖要服或荒服,就要“修刑”,或以武力讨伐。[6]

第三节　中国封建社会民族法

一、封建社会民族法的形式、主要内容和特点

(一)封建社会民族法的形式

中国统一的多民族国家的形成,是从秦朝开始的。公元前221年,秦始皇消灭六国,统一了中国,建立了多民族的专制主义的中央集权制的封建国家。秦朝在少数民族地区设置了郡县,对少数民族进行直接统治。在东北地区设置辽东郡、辽西郡;在北方阴山山脉一带设置三十四个县和九原郡;在西北地区设置陇西郡、北地郡;在岭南地区设置象郡、桂林郡、南海郡;在东南地区设置闽郡、会稽郡。

西汉时期,是我国统一的多民族国家发展的重要时期,民族管理制度也日臻成熟,汉朝在华北、东北地区设置“幽州刺史部”,管辖渤海、上谷、渔阳、辽东、辽西等郡。在西域设置“西域都护府”,管辖巴尔喀什湖以东以南及今天的新疆地区。在西北羌族聚居区和北方的乌桓聚居区设置“护羌校尉”与“乌桓校尉”专理民族事务,统一管辖羌地和乌桓地区。北方统一了南奴匈后,设置“朔方刺史部”,管辖朔方、五原、河西、上郡等北方少数民族地区。汉武帝平定南越后,在南越及邻近地区建立儋耳、珠崖、南海、苍梧、合浦、交趾、九真、日南等九郡,将南方少数民族纳入汉朝的管辖范围内。

隋唐是结束了南北割据局面,进一步巩固和发展统一的多民族国家的时期,也是中国封建社会的鼎盛时期。在民族法形式上,唐朝开创了在统一多民族国家中,不同民族适用不同法律管辖的先河。《唐律疏议·名例》规定:“诸化外人,同类自相犯者,各依本俗法,异类相犯者,以法律论。”就是说,不在州县管辖之内的“诸蕃”,本族人相犯,即依他们固有习惯法处理,若不同民族或蕃国之间相犯,就按《唐律》处理。这为辽代形成二元法律体制奠定基础。

另外,唐朝对边疆少数民族实行“恩惠抚和”的措施,使众多的少数民族相继内附,在少数民族地区广设“羁縻府、州、县”达856个,中央政府统一册府少数民族首领为世袭的都督、刺史等官职,成为唐朝的地方一级政府。

元、明、清时期,基本形成了我国现在多民族格局。元朝设置宣政院,直接管辖

---

〔6〕《史记·周本纪》。

西藏事务。在东南沿海地区设置澎湖巡检司,管理澎湖列岛和台湾。清朝最后奠定了各民族的分布范围。

纵观整个封建社会时期,正好是古代民族法逐步完备,立法技术日趋成熟的时期,民族法由习惯法到制定法的过程。封建社会民族法的主要形成是:封建国家有关少数民族地区组织、管理方面的规定,皇帝的旨意与行政法规和国家制定的民族法律。

(二)封建社会民族法的主要内容

第一,在少数民族地区建立地方政权机构。秦统一六国后,在秦军所到达的少数民族地区先后建立郡县制使,使当地各民族处在秦的直接管辖之下。汉朝开始在少数民族地区设置中央派出机构,全面管理当地事务。公元前119年,设置"护乌桓校尉";公元前60年,设置"西域都护府";公元前36年设置"护羌校尉"。同时,实行"羁縻统治",即中央政府通过授予各少数民族首领以各种官职,甚至封王封侯,使之成为汉朝管辖下的地方政权机构的长官,在其地实行自治。如汉武帝灭了滇国后,设置了益州郡,并授予滇王金印,使其"复长其民"。滇王成为汉朝序列的官员,当地的生产方式和社会制度保留不变,这可能是中国历史上最早实行的"一国两制"。对这一制度,当时的解释是:"齐其政,不易其宜;改其教,不易其俗。"三国时,诸葛亮对西南少数民族也是承袭此法。因此,至今诸葛亮在西南少数民族地区仍被当作神来供奉。唐朝在少数民族地区广设羁縻府州856个,达历史之最。成功地推行这种民族自治办法,由中央授予官职的少数民族首领管理其民族内部事务,中央政府一般不进行干预。元、明、清民族地方自治逐步制度化、法律化。清朝一方面在少数民族地区设置高级派出机构,如驻藏大臣、伊犁将军、盛京将军、乌里雅苏台将军;在内地只要有少数民族,各总督衙门也有专职官员办理民族事务。另一方面,将一些少数民族原有的政治制度合法化,使之成为地方一级政权机构,如蒙古地区的盟旗制,维吾尔地区的伯克制,西藏地区的达赖、班禅和噶厦制,西南少数民族地区的土司制。

第二,和亲笼络。秦汉时期,北方强族匈奴进入全盛时期,汉高祖武力征伐失败,被围平城,接受了大臣娄敬提出的"和亲"政策。他对刘邦说:以汉女出嫁匈奴,生子必为太子代单于,"……冒顿在,固为子婿。死,外孙为单于,岂闻外孙敢与太父无礼哉?可毋战以渐臣也"。[7] 由此,才有千古流传的"昭君出塞"。南北朝时,匈奴人刘渊建立汉政权(304—329年)。刘渊之所以姓刘,是由于"初,汉高祖以宗女为公主,以妻冒顿,约为兄弟,故其子孙遂冒姓刘氏"。[8] 唐代继续"和亲",历史上才能文成公主和金城公主入藏联姻的业绩。唐太宗在位时公开说:"自古皆贵中

---

〔7〕《汉书·卷四十六》。

〔8〕《晋书·刘元海载记》。

华,贱夷狄,朕独爱之如一。"[9]提出了"恩惠抚和"的政策。清朝不但给蒙古王公以种种特权,并世代与之结姻亲。总之,和亲联姻是中国古代民族法的重要内容。

第三,分而治之与二元法律制度。三国时期,诸葛亮征服云南后,把云南彝族中最强悍的一万余家移往蜀地,又把参加反叛的彝族武士配给名家大姓为家奴。同时,把一些著名的少数民族首领调到成都,参加中央政权,使之脱离开自己的民族群体,达到分而治之的目的。清朝,内外蒙古均实行盟旗制,但内蒙古王公掌握兵权,外蒙古王公则不能掌握兵权。准噶尔部蒙古人被清军打败后,将其分别迁往新疆、青海和内蒙古等广大地区。另外,汉朝开始的屯军、移民制度和后来清朝积极倡导喇嘛教在蒙古族中盛行,也是分而治之的一种方法。正如魏源所说,"以黄教柔训蒙古,中国之上计也"。始于唐代的不同民族按不同法律管辖的办法,在辽代形成二元法律制度。即以契丹固有的习惯法治理以契丹为代表的游牧民族,以《唐律》治理以汉人为代表的农业民族。[10]

第四,武力征服。当其他方法和政策达不到维护统一的目的时,就首选武力征服。秦始皇用武力统一六国。汉朝用武达五十年之久,北破匈奴,南灭南越,西域征服三十六城邦国家,西南战败滇国和夜郎,建立起一个东西九千三百多里,南北一万三千多里,统治人口达六千万之多的大帝国。唐朝征高丽攻突厥,元朝的四面出击,明朝的南北对峙,清朝康熙平定准噶尔部蒙古人的叛乱,都是这种"武力征服"政策的继续。

第五,设置管理少数民族事务的中央机构。元朝以前,中央政府没有专门负责民族事务的机构,只是由"典客""大鸿胪"等官员兼理民族事务。元朝开始设置宣政院,清朝设置理藩院,成为封建社会专管民族事务的中央常设机关,是中央政府的重要部门之一,为处理民族事务的法制化、规范化奠定了组织保证。

第六,制定法。最早的成文民族法,是秦朝的《属邦律》。到了清朝民族立法进一步完善,除了《大清律例》之外,制定了适用于少数民族的单行法律《回律》《番律》《蒙古律》《苗律》《番律条款》等。在《光绪会典》也汇编有关适用于少数民族的诉讼、审判、定罪、量刑等单行法规。这些标志着中国古代民族立法的成熟。

(三)封建社会民族法的特点

在漫长的中国封建社会,时而是国家统一,时而是分裂割据;时而是汉族统治者的家天下,时而又是少数民族统治者君临华夏。但是,各个朝代都是多民族构成,都面临着民族关系问题。只不过是有时尖锐,有时缓和而已。虽然背景不同,各朝代所制定的民族法内容各有差异。但就整体而言,封建社会民族法的特点是十分突出的。主要表现在:

---

〔9〕《资治通鉴》卷198。

〔10〕《辽史·刑法志上》。

第一，维护多民族国家的统一完整是封建社会民族法的立法精神与原则。这是贯穿各个朝代民族法的一条主线。三国时蜀国丞相诸葛亮早在《隆中对策》中就明确提出“西和诸戎，南抚夷越”的目的是“北抗曹魏，以图中原”。[11] 十六国时，匈奴人赫连勃勃建立了割据政权大夏国，自认为是夏禹的后代，要立志恢复夏禹的统一大业。鲜卑人拓跋氏统一了中国北方建立了北魏，拓跋氏自称是黄帝的后裔，怀有统一中国的强烈愿望。清朝圣祖康熙皇帝在祭祖诗中写道：“卜世周垂历，开基汉启疆”，[12] 表明大清是继承了西周和汉朝的正统。因此，历史各封建王朝，不论是武力征服镇压，还是和亲联姻；不论是广设羁縻府州、朝贡纳赋，还是保留盟旗制度、伯克制度、土司制度和达赖、班禅与噶厦制度；实行民族自治；无论是在民族地区设置中央派出机构，还是明、清的改土归流，都是这一立法精神的具体体现。

第二，立法技术日臻成熟，民族法制体系逐步健全。一方面，在封建社会前期，各朝在中央政府内并无专门管辖民族事务和制定民族法规的部门。只是由“典客”“大鸿胪”一类官员兼理民族事务，民族立法多出于皇帝的诏令。元朝开始设置“宣政院”，清朝设置“理藩院”，出现了封建社会专门管辖民族事务的中央常设机构，成为中央政府的重要部门之一。使管理民族事务，逐步制度化、法制化。如为了对达赖、班禅及藏、康、青各大寺院呼图克图（活佛）的呼毕勒罕（化身）的确认，起到重要的监督保证作用，确立了“金瓶掣签”的制度，使之法制化。还有蒙、回诸番部王公、土司等官员的封袭、年班、进贡、随围、宴赏、给俸等事项的制度化、法制化。另外，制定适用于少数民族的法律、参加审理民族地区的刑事案件，也是理藩院的一次重要管辖内部。另一方面，从秦朝制定的《属邦律》开始，至清朝在保证《土清律例》统一适用的前提下，兼顾各少数民族的特殊性，分别制定了《钦定西藏章程》、《回律》、《蒙古律》、《西宁番子治罪条例》（简称《番律》）、《苗律》等，从而将国内各少数民族的行为纳入清朝的法制体系之中，这是封建社会民族立法技术成熟，民族法制体系健全的表现。

第三，封建社会民族法的适用范围逐步扩大，少数民族享有一定的司法自主权。随着多民族国家疆域不断扩大，封建社会民族法的适用范围不断扩大。主要表现在：一是适用地区与民族不断扩大。从汉武帝征战五十年，北破匈奴，南灭南越，西域服三十六城邦国家，西南在滇国和夜郎地置郡开始。唐朝“突厥、回纥、党项、吐谷浑隶麸关内道者为府二十九、州九十。突厥之别部及奚、契丹、高丽隶河北道者为府十四、州四十六。突厥、回纥、党项、吐谷浑之别部及龟兹、于阗、焉耆、疏勒、河西内属诸胡，西域十六国隶陇右者为府五十一、州百九十八。羌、蛮隶剑南者

---

〔11〕《三国志·诸葛亮传》。

〔12〕《康熙御制文》一集 36 卷。

为州九十二。又有党项州二十四,不知其属。大凡府州八百五十六,号为羁縻云。"[13]元朝中央政府直接管理西藏、澎湖、台湾,并创设"行省"制度。这奠定了今天中国以省为地方行政区划的基础。清朝盛世时的疆域十分辽阔,东北至外兴安岭、乌第河和库页岛,北达恰克图,西北到巴尔喀什湖和葱岭,南及南沙群岛、西沙群岛,东抬台湾及其附属岛屿钓鱼岛,基本上确立56个民族的祖国大家庭的格局。二是封建社会民族法的司法管辖内容从日常的处理蒙、回、诸番部王公、土司官员的封袭、年班、进贡、随围、宴赏、给俸等事项,扩大到管辖、办理满、蒙联姻事务,处理宗教事务,主持管理蒙古各旗会盟、划界、驿道及商业贸易及有关外交、外贸事宜。

第四,各民族在法律上的不平等。民族不平等是封建社会民族法的又一显著特点。无论是汉族统治者对少数民族,还是少数民族统治者对汉族和其他少数民族,民族不平等的立法原则都是贯彻始终的。从秦朝制度的《属邦律》就规定对少数民族采取在秦官吏监督下的自治政策。保证少数民族首领享有法律特权,是为了对其所属民族的有效统治。秦律规定:"臣邦人不安其主长而欲去夏者,勿许"。[14] 元朝公开宣布各民族人民在法律上的不平等地位,将全国各民族人民的身份划分为四等:蒙古人、色目人、汉人、南人(南宋统治下的汉族与其他民族),维护蒙古族贵族的特权。清朝以《大清律》的法律形式,确认、维护满族特权和严格的界限,满族人犯罪不由一般司法机关处理,在刑罚、量刑方面也享有特权。而且对其他少数民族实行怀柔政策,大兴文字狱,借以打击不满清朝统治的汉族知识分子。其思想文化专制统治的残酷,达到封建社会的最高峰。

二、秦代《属邦律》的主要内容及其影响

秦始皇建立了中国历史第一个中央集权制的统一的多民族国家,以秦律为基础,参照六国刑律,制定了适用于全国的法律。由于秦统一的时间较短,加上以后楚汉相争的战火殃及,使秦代大量典籍包括法律文献毁于一旦。我们在史书上只能看到"汉承秦制"的字样,只能从汉制去推论、窥视秦制,使秦律成为一个历史的悬案。然而,1975年12月考古工作者,在湖北省云梦县睡虎地发掘了十二座战国末至秦代的墓葬,其中十一号墓出土大量秦代竹简,这是首次发现的秦简,总计一千一百五十五支,内容大部分是法律、文书,不仅有秦律,而且有解释律文的问答和有关治狱的文书程式,再现了战国晚期到秦始皇时期秦律的部分内容。这次发掘揭开了尘封几千年的秦律面貌,为秦代法律研究提供极为丰富的第一手资料。其中,尤为引人注目的是《秦律十八种》中的《属邦律》,这是我国迄今为止发现最早的成文民族法。内容是:

---

〔13〕《新唐书·地理志》。

〔14〕《睡虎地秦墓竹简》,文物出版社1978年版,第226页。

“道官相输隶臣妾、收人，必署其已禀年日月，受衣未受，有妻毋（无）有。受者以律续食衣之。属邦。”

秦地处西戎，在秦穆公时就“益国十二，开地千里”。〔15〕战国时，已用武力征服了蜀、苴、巴、义渠等民族。为了管理归附和征服的民族，秦在中央政府中设置了典客、典属邦，为管理归附的各民族的机构，并制定《属邦律》作为属邦实施管理的法律依据。可惜的是，秦简是抄录者根据自己的公务需要，仅抄录其中转送人犯的有关规定，很难窥见这项法律的全貌。从秦简《法律答问》中的几则问答，也可以知道《属邦律》的一些内容。〔16〕

对少数民族采取在秦官监督下的自治政策。秦征服蜀、巴以后，封其首领为侯或君长，仍然要他们对本民族进行统治。同时，在民族地区设置秦官，进行监督。还用通婚手段加以笼络，《后汉书·巴郡南蛮传》记载：“蛮夷君长，世尚秦女。”即使这些被封侯的少数民族首领进行叛乱，在平叛之后，仍然在其上层人选中进行封侯，继续维持对本民族进行的统治。秦律规定：“臣邦人不安其主长而欲去诸夏者，勿许。”〔17〕这是对不满本民族首领统治的人，要求离境而采取的法律限制。这实际上是对少数民族首领统治权的维护和法律支持，使其自治得以实施。

保障少数民族首领享有获得爵位的法律特权。《法律答问》有：“臣邦真戎君长，爵当上造以上，有罪当赎，其为群盗，令赎鬼薪鋈足；其有腐罪，赎宫。其他罪比群盗者亦如此。”〔18〕这是说，臣邦真戎君长享有上造爵位以上人的赎刑的特权，即使是犯了群盗的重罪，也可以“赎鬼薪鋈足”，犯了宫刑的重罪，也可以“赎宫”。

秦在法律上保障对少数民族实行同化的政策。《法律答问》记有：“真臣邦君公有罪，致耐罪以上，令赎。可（何）谓‘真’？臣邦父母产子及产它邦而是谓‘真’。可（何）谓‘夏子’？臣邦父、秦母谓殹（也）。”〔19〕这里所说“真”是指父母均为少数民族，他们所生子女当然是少数民族，即使是出生在其他国，血统也没有改变。如果父亲是少数民族，母亲是秦女，所生的子女，就不再是少数民族了，在法律被认定为“夏子”。由此可以推定，为什么秦提倡少数民族与秦人通婚？是因为秦人与少数民族通婚以后，所生子女就不再是少数民族人口了，而成为法律上承认的“夏子”。这一法律反映了立法者急切实行民族同化的愿望和意志。

秦律《属邦律》，开创了封建社会民族立法的先河，它的制定、实施对整个封建社会民族法有着十分深远的影响。因为“汉承秦制”，然后，魏、北魏、隋、唐、宋、元、

〔15〕《史记·秦本纪》。

〔16〕粟劲：《秦律通论》，山东人民出版社1985年版，第396～398页。

〔17〕《睡虎地秦墓竹简》，文物出版社1978年版，第226页。

〔18〕《睡虎地秦墓竹简》，文物出版社1978年版，第226页。

〔19〕《睡虎地秦墓竹简》，文物出版社1978年版，第226页。

明、清中华法制一脉相传。而且,《属邦律》中确定的法律原则,如和亲通婚、民族自治、维护少数民族上层首领的特权与民族同化等,成为以后历代封建王朝制定民族法、调整民族关系所遵循的基本原则与精神。

三、清代民族法体系及其特点

清朝是中国最后一个封建王朝,而且是由少数民族统治者建立的,疆域辽阔,巩固的统一多民族国家。清朝制定的一系列民族法规,是整个清朝立法中的重要组成部分。无论在数量上,还是立法内容上都达到了中国封建社会民族法的顶峰。而且,对少数民族地区的司法管辖非常深入。《大清律》"化外人有犯"条规定:凡属中华民族大家庭中的少数民族一律适用大清律。以示国家法制的统一。同时,对一些风俗习惯不同的少数民族,在不违背《大清律》的法律原则下,又分别制定适用于少数民族聚居区的单行法。形成了以《大清律》为母法和适用于蒙古、西藏、回疆、[20]青海、苗疆[21]的单行法及《理藩院则例》为子法的清朝民族法体系。

清朝民族法发轫于关外时期,形成于入关以后。顺治十五年(公元1658)九月降旨议政王贝勒大臣等议定理藩院大辟条例,成为以后制定《蒙古条例》和《理藩院则例》的原型。乾隆五十四年(公元1789),制定《蒙古条例》,共十二章209条,是一部适用蒙古地区的涉及行政、民事、刑事、军事、司法程序各方面的一部单行民族法,这是清朝民族立法迈向系统化的产物,为《理藩院则例》的制定打下了重要的基础。

嘉庆十六年(公元1811),编纂《理藩院则例》,于嘉庆二十二年(公元1817)正式颁布。《理藩院则例》713条,分《通例》上下和《旗分》等六十二门。适用对象是蒙古族与藏族,适用地区是蒙古、西藏与青海。《理藩院则例》在内容上是诸法并存,包罗详备。是清朝开国以来民族立法之大成。后虽经道光、光绪二朝修改,但体例不变,只是增加了《捐输》一门,条文增至956条,既以《蒙古律例》为基础,又是《蒙古律例》的重要发展,详细规定了蒙古贵族与清朝中央政府间的权利义务。成为清政府以后调整与其他少数民族关系的准则,也反映了清朝民族立法因族制宜,援俗为治的特点。

清朝适用于西藏地区的民族法,主要是制定颁布的六部单行法规。即乾隆十六年(公元1751)制定的《酌定西藏善后章程》13条;乾隆五十四年(公元1789)制定的《设站定界事宜》19条;乾隆五十五年(公元1790)制定的《酌议藏中各事宜》10条;乾隆五十八年(公元1793)制定的《藏内善后章程》29条;道光二十四年(公元1844)制定的《酌拟裁禁商上积弊章程》28条;光绪三十三年(公元1907)制定的《新治藏政策大纲》19条。其中最重要的是《藏内善后章程》,是根据乾隆的授意,

---

〔20〕 这里的回疆,是指今新疆及西北信仰伊斯兰教的民族地区。

〔21〕 这里的苗疆,是指今西南少数民族地区。

由大将军福康安等人会同达赖、班禅等人共同拟定并经乾隆批准,故又称《钦定西藏章程》。其主要内容是:一是创立了达赖、班禅等活佛转世灵童的"金瓶掣签"制度,使活佛的继承人制度法律化,加强了清政府对西藏的控制。二是强化了驻藏大臣的职权。章程第十条规定:"驻藏大臣督办藏内事务,应与达赖、班禅额尔德尼平等,共同协商处理政事,所有噶伦以下的首脑及办事人员以至活佛,皆是隶属关系,无论大小都得服从驻藏大臣。扎什伦布的一切事务,在班禅额尔德尼年幼时,由索本堪布负责处理,但为求得公平合理,应将一切特殊事务,事先呈报驻藏大臣,以便驻藏大臣出巡到该地时加以处理"。〔22〕 三是集中了对西藏政府官员的任命权。西藏政府的高级官员噶伦和代本,经呈请皇帝任命,中下级官员由驻藏大臣和达赖喇嘛任命,并发给满、汉、藏三种文字的执照。为了防止贵族垄断官职,特别规定普通士兵如有智能和战功亦可升任定本、代本。贵族子弟经年满十八岁,方可派任小秘书、小宗本。四是统一了西藏地方的币制和税收。五是加强了清政府对西藏地方的司法管辖,对犯罪者的惩罚包括没收财产,均须经驻藏大臣审批。"今后无论公私人员,如有诉讼事务,均须依法公平处理,噶伦中如有依仗权势,无端侵占人民财产者,一经查出,除将噶伦职务革除及没收财产外,并将所侵占的财产,全部退还本人,以儆效尤。"〔23〕六是确认了西藏政教合一的政治体制。

《钦定西藏章程》强化了清政府对西藏地方政府的全面管理,稳定了西藏地方的政治局面,是清朝对西藏地区立法成就的代表作,对以后西藏的发展产生了深远的影响。

《回疆则例》是适用于新疆维吾尔族地区的单行法。于嘉庆十九年(公元1814)理藩院制定,道光二十三年(公元1843)颁布。《回疆则例》继承了清朝在统一回疆初期立法中确认的"伯克"制度、货币制度,并根据形势的发展,作了补充规定。如详列维族地区职官的设置、职掌、品秩、承袭、任用、休致等规定。其中体现了清政府因俗设官,因地制宜的原则。对于维族上层晋封王、贝勒、贝子、公者,其服色、坐褥准照蒙古王公例设置,借以加强满、维贵族集团的联盟。同时严格维护清朝皇帝在任用维族地方职官的最高决定权。另外,对于维族地区的宗教管理制度和刑事案件的管辖制度,也作了具体规定。

《回疆则例》作为适用于维吾尔族的专门立法,对于治理回部,稳定边疆,具有重要的历史意义。

光绪三年(公元1877年),清军消灭了分裂中国领土的阿古柏汗国以后,为了加强清政权对新疆的管辖,立法建制,推行郡县制度。光绪九年(公元1883),正式以疆为行省,普遍设道、府(厅)、州、县各级,废除了维族原有的伯克制度,基层建

〔22〕 牙含章:《达赖喇嘛传》,人民出版社1984年版,第66页。

〔23〕 牙含章:《达赖喇嘛传》,人民出版社1984年版,第66页。

立保甲,从而使清政府对回疆地区的统辖得到加强。

雍正二年(公元1724),清军在青海平叛后,颁布了适用于青海少数民族地区的单行法规《青海善后事宜十三条》。主要内容是仿照漠南蒙古与漠北蒙古的行政体制,在青海蒙古地区实行札萨克制度。雍正十一年(公元1730),又制定颁布了《西宁青海番夷成例》(又称“番例条款”)68条,是作为适用内地律例之前的过渡性法规。是清政府根据青海民族地区的特殊情况制定的专门法规。

清朝时的苗疆地区,是泛指云、贵、川、广、湖南各省苗民聚居地区。所谓苗民是指苗、瑶、壮、彝、黎等少数民族。适用于苗疆地区的民族法由两部分构成:一是经清政府确认具有法律效力的苗、瑶、壮、彝等少数民族的传统习惯法,即所谓“苗例”;二是清朝制定的条例、禁苗条约和善后章程。其中编纂在《大清律例》中,有关调整苗疆地区的条例有36条。特别是雍正时期,随着在苗疆地区推行大规模的改土归流,急需借助法律的力量加以贯彻。因此,在云贵、湖广、川陕等省都颁布了适用于苗疆的章程,成为苗疆地区的主要法律形式。内容涉及调整行政规划、确定苗疆地方官员的职责,以及对于户籍、土地、赋税、兵器等各项管理制度。在审判制度方面,规定苗民劫杀重案由文武官员会同审理,苗疆地区苗人之间争讼,根据苗例审结,苗汉之间的诉讼,按大清律治罪。雍正时期的苗疆立法,是清朝苗疆立法最有成就的时期。

清代民族法具有三个明显的特点:一是在继承封建社会民族法的基础上,使民族立法的体系更为完整、内容更为规范、制度更为详备、作用更为鲜明,是中国古代民族法发展的最高峰。二是贯彻因地制宜,缘俗为治的原则,不同地区、不同民族、不同时期的立法,各有明确的针对性,因而各具特点。三是以维护国家统一,加强中央集权为主线,用法律形式深化清政府对少数民族地区的行政管辖、军事管辖、司法管辖,将中央与地方的权利义务,纳入法制的轨道。

第四节　中国半殖民地半封建社会民族法

一、北洋军阀政权时期的民族法

北洋政府是打着“中华民国”旗号,由北洋军阀控制的政府。在北洋政府统治时期,其法律制度具有封建性、买办性的特点。因此,民族立法毫无建树。尽管制定了一些法律及法规,但主要是为袁世凯的独裁与“复辟”服务的。只有1912年8月10日颁布的《中华民国国会组织法》规定:参议院由各省省议会、蒙古、西藏、青海选举会、中华学会和华侨选举会选出议员组成。这是继承《中华民国临时约法》的条款,这样从法律上肯定了少数民族居住的内外蒙古、西藏、青海都是中华民国领土不可分割的部分。但又承认它们具有与一般省不同的特殊性,规定蒙古、西藏、青海共40名参议员,参加管理国家的活动。

另外,清政府颁布的一些民族法规,仍具法律效力。

二、国民政府的民族法

国民政府是蒋介石独霸北伐战争的胜利成果,于1927年4月18日建立的国民党一党专政的政权。

1927年,国民党改组派联合阎锡山、冯玉祥,在北平召开会议,决定成立国民政府,与蒋介石分庭抗礼,并以制定约法为反蒋武器。不久宣布了《中华民国约法草案》。草案在国内民族问题上,独特之处是写上了"民族自决权"。其第4条规定:国民政府的民族主义就是"对于国内之弱小民族,政府当扶植之,使之能自决自治"。第162条规定:"外蒙古、西藏等未设省之地方,其制度应参照其宗教风俗习惯另以法律定之。"

1946年11月,"国民大会"制定了《中华民国宪法》,其中关于民族问题的条款主要表现在以下几点:一是承认了除汉、满、蒙、回、藏之外其他少数民族的合法地位。在规定国民大会组织的条款中,除了蒙古、西藏选出代表外,还特别规定"各族在边疆地区"也须选出自己的代表。在关于选举条例中说明,专门指出所谓"边疆地区各民族"是指"四川、西康、云南、贵州、广西、湖南六省之西南边疆民族"。另外,又指出"内地生活习惯特殊之国民",也须选出代表。这是指散居于全国各地的回族。二是对蒙古各盟旗地方自治制度、西藏自治制度,要"予以保障"。(第119条和第120条)。三是"国家对于边疆地区各民族之地位,应予以合法之保障,并于其地方自治事业,特别予以扶植"。(第168条)"国家对边疆各民族之教育、文化、交通、水利、卫生及其他经济、社会事业,应积极举办,并扶植其发展,对于土地使用,应依其气候,土壤性质,及人民生活习惯之所宜,予以保障及发展。"(第169条)

三、人民革命政权的民族法

1927年,大革命失败后,中国共产党深入农村,进行土地革命,坚持武装斗争,创建了革命根据地,并在根据地建立了人民革命政权。

从中国共产党成立,到第一个人民革命政权的建立,马克思主义关于无产阶级解决民族问题的总原则,就是人民政权制定民族法的指导思想。1931年11月7日,在江西瑞金召开的第一次全国苏维埃代表大会上,通过了《中华苏维埃共和国宪法大纲》,其中第14条规定:"中华苏维埃政权承认中国境内少数民族的民族自决权,一直承认到各弱小民族有同中国脱离,自己成立独立的国家的权利。蒙古、回、藏、苗、黎、高丽人等,凡是居住在中国境内,他们有完全自决权:加入或脱离中国苏维埃联邦,或建立自己的自治区域。中国苏维埃政权在现在要努力帮助这些弱小民族脱离帝国主义国民党军阀王公喇嘛土司等的压迫统治而得到完全自由,苏维埃政权更要在这些民族中发展他们自己的民族文化和民族语言。"

同时,大会还通过了一个《关于境内少数民族问题决议案》,其内容是根据《宪法大纲》而制定,共分六个部分。在20世纪30年代,工农民主政权颁布的其他民族法规有:1939年1月,陕甘宁边区第一届参议会通过的《陕甘宁边区抗战时期施政纲领》其中"民族政策"条款规定:"同工农民主革命时期一样,实行民族平等原则,尊重少数民族的宗教信仰和风俗习惯。"

1946年4月23日,陕甘宁边区第三届参议会第一次代表大会通过了《陕甘宁边区宪法原则》,第9条规定:"边区各少数民族,在居住集中地区,得划成民族区,组织民族自治组织在不与省宪抵触原则下,得订立自治法规。"

1948年8月,华北临时人民代表大会讨论通过公布的《华北人民政府施政方针》规定:"民族平等,保障居住在华北解放区内的蒙古及其他少数民族,在政治、经济、文化上和汉族享有平等的权利。"

1947年4月,内蒙古人民代表会议通过的《内蒙古自治政府施政纲领》,这是我国第一个民族地方区域纲领。在少数民族聚居的地方实行民族区域自治,是中国共产党解决国内民族问题的基本政策,内蒙古自治政府的成立便是实现民族区域自治的范例。《内蒙古自治政府施政纲领》中规定的有关民族区域自治的条款,主要内容有:一是内蒙古自治区域是我们伟大祖国的组成部分。二是内蒙古自治政府是内蒙古区域内各民族实行高度自治的区域性的民主政府。三是内蒙古自治区域内蒙、汉、回等各民族团结一致,坚决粉碎帝国主义及封建买办法西斯大汉族主义者对内蒙古蒙古民族及各民族人民的侵略压迫。四是内蒙古自治区域内蒙、汉、回等各民族一律平等。五是普及国民教育,增设学校,开办内蒙古军政大学及各种技术学校,培养人才,推广蒙文报纸及书籍,研究蒙古历史,蒙古学校普及蒙文教科书,发展蒙古文化。六是实行信教自由与政教分立。

解放战争时期,在解放区革命政权管辖下的少数民族,充分享受到民族平等的权利。各个解放区的施政纲领中,都对此做了明确的规定。例如,1945年9月26日公布《晋察冀边区行政委员会施政要端》,1945年12月31日公布《苏皖边区临时行政委员会施政纲领》,1946年8月11日东北各省代表联席会议通过《东北各省市(特别市)民主政府共同施政纲领》等,都作了有关民族平等、自治的规定。

1949年9月21日至30日,中国人民政治协商会议第一届全体会议通过的《中国人民政治协商会议共同纲领》,第一章"总纲"第9条规定:"中华人民共和国境内各民族,均有平等的权利和义务。"第六章专门写"民族政策",包括从第50条到第53条。内容如下:

第50条,中华人民共和国境内各民族一律平等,实行团结互助,反对帝国主义和各民族内部的人民公敌,使中华人民共和国成为各民族友爱合作的大家庭。反对大民族主义和狭隘民族主义,禁止民族间歧视,压迫和分裂各民族团结的行为。

第 51 条，各少数民族聚居的地区，应实行民族的区域自治，按照民族聚居的人口多少和区域大小，分别建立各种民族自治机关。凡各民族杂居的地方及民族自治区内，各民族在当地政权机关均应有相当名额的代表。

第 52 条，中华人民共和国境内各少数民族，均有按照统一的国家军事制度，参加人民解放军及组织地方人民公安部队的权利。

第 53 条，各少数民族均有发展其语言文字、保持或改革其风俗习惯及宗教信仰的自由。人民政府应帮助各少数民族的人民大众发展其政治、经济、文化、教育的建设事业。

《中国人民政治协商会议共同纲领》关于少数民族应建立什么样的政权，和如何实现少数民族的民主权利的规定，是中国共产党领导少数民族进行民族解放斗争几十年历程的科学总结，这为后来的民族立法奠定了坚实的基础。

第三章 中国少数民族习惯法概述

中国少数民族习惯法是中国少数民族为满足生产生活需要，经过长期的发展形成的。最早的少数民族习惯法，产生于生产与婚姻领域。[1] 在长期的历史发展过程中，习惯法在维护民族地区社会稳定，保障人民的生命财产安全，使劳动生产能正常进行等方面，起过一定的积极作用。研究中国少数民族习惯法，对于我国的民族法制建设具有一定的参考、借鉴作用。

民族习惯法是由古代少数民族或民族地区的社会组织约定的一种民族性、区域性的人们的行为规范。根据我国台湾学者杨仁寿先生的考察，成文法、习惯与法理，为法律之三大渊源。在18世纪以前，各国均以习惯法为主要法源。[2] 这意味着，过去一段时间内，习惯法曾经是主要的行为规范。作为民间法，民族习惯法不具有国家法性质，但具有法的某些特有功能，其形式内容、实施和程序等方面，别具独特性。一般来讲，民族习惯法的特点包括：(1)诸法一体，民刑合一；(2)欠缺成文法规，不成体系；(3)司法人员多为民族内部的首领或有威望的老人；(4)司法程序遵循口传的惯例，具有一定任意性；(5)限于本民族或相对有限的民族村寨内。习惯法是一种古老的社会规范，在我国，主要以民族习惯法为主，故可以通过研究少数民族习惯法来了解习惯法的概念、内容、形式、功能等。

第一节 民族习惯法的概念

关于民族习惯法，有不同的称谓。有的叫规约，有的叫款约，有的叫章程，有的叫古法，有的叫榔规，有的叫民法，有的叫规矩，有的叫料条（规条），有的叫阿佤理。“习惯法”一词，是近代西方法学、民族学等传入我国后采用的。

一、民族习惯法的诸种定义

习惯法，英文为 Customary Law，美国的《韦伯斯特词典》（1923 年出版）解释

---

〔1〕 高其才：《中国少数民族习惯法研究》，清华大学出版社 2003 年版，第 18 页。

〔2〕 杨仁寿：《法学方法论》，中国政法大学出版社 2000 年版，第 205～209 页。

为:“习惯法是成立已久的习惯,是不成文法,因公认既久,遂致发生效力。”美国的《牛津词典》(1970 年再版)解释:“习惯法是一种已获得法律权力的成立已久的习惯,特别是某一特定地区、贸易、国家等等所成立的习惯。”

目前我国对习惯法的解释和定义,主要有以下几种观点:

第一种认为,“所谓习惯法就是在阶级社会以前,符合着社会全体成员的要求,为社会全体成员所‘制定’,所认可的一种历史形成的习惯约束力量。它没有用文字规定下来,它是对社会成员一视同仁而没有偏向,它为社会全体成员遵守着”。〔3〕

第二种认为,“在原始社会,公共的联系、社会本身、纪律以及劳动规则是靠传统的习惯力量(或称习惯道德规范)来维持的。解放前,西盟佤族的母系氏族早已不存在了,父系氏族也解体,处于原始社会最后一个公社形态,原始农村公社的发展阶段,亦即从原始社会向阶级社会过渡的阶段。在这一阶段,强迫他人意志服从的暴力的手段是不存在的。佤族社会仍然依靠长期的历史形成的习惯和传统,来调整人们之间的各种关系,维持社会的秩序。佤族没有文字,这些传统习惯和道德规范,没有用文字固定或记录下来,所以也可称为习惯法”。〔4〕

第三种认为,“鄂伦春人在长期的原始共产主义生活中,很自然地形成了一整套的传统习惯,也就是我们所说的不成文的习惯法。他们世世代代即依据这些来维持社会秩序和调整社会成员之间的关系”。〔5〕

第四种认为,在原始社会,“作为阶级专政暴力工具的国家与法律,在那时是不存在的,也没有凌驾于群众之上的统治者,一切按照传统的、具有普遍约束力的习惯行事,古籍中的许多记载,描绘了原始民主制和习俗统治的图景”。〔6〕

第五种认为,“在人类历史上,曾长期存在过没有阶级的原始公社社会。那时候,没有国家,也没有法律。但仍然有着一定的社会秩序,人们必须按照一定的规则办事。这些规则就是代表集体意志和集体利益的习惯,也是礼仪和风俗的要求,同时又是宗教的戒条”。〔7〕

第六种认为,“原始社会就存在法。”〔8〕理由是:(1)法和法律是两个完全不同的概念;法律的产生、发展是一个复杂的孕育、演化过程,不能以国家作为法产生的“分水岭”而进行简单的一刀两断。(2)禁忌是原始社会最早的法,法律的源头。

---

〔3〕 云南调查组:《云南西盟佤族的社会经济情况和社会主义改造中的一些问题》,载《民族研究工作的跃进》,科学出版社 1958 年版,第 163 页。

〔4〕 田继周、罗之基:《西盟佤族社会形态》,云南人民出版社 1980 年版,第 98 ~ 99 页。

〔5〕 张晋藩等编著:《中国法制史》(第 1 卷),中国人民大学出版社 1981 年版,第 16 页。

〔6〕 秋浦:《鄂伦春社会的发展》,上海人民出版社 1978 年版,第 202 页。

〔7〕 陈春龙等编著:《法学通论》,吉林人民出版社 1981 年版,第 16 ~ 17 页。

〔8〕 田成有:《原始法探析——从禁忌、习惯到法起源的运动》,载《法学研究》1994 年第 4 期。

(3)习惯是原始社会基本的法,现代法律的前身和萌芽。

上述六种说法的共同点是,习惯法产生于没有阶级的原始社会,是不成文的。分歧是,有的人认为,只有维持社会秩序和调整社会成员之间关系的习惯约束力量,才能称为习惯法;另一些人认为,凡原始社会的习惯、传统习惯或道德规范,都可以称为习惯法。这就产生习惯与习惯法是否一样,没有差别,可以当一个词或一回事来使用、处理的问题。由于习惯与习惯法的界限不清,甚至混淆在一起,因此,在一些少数民族的论著、调查报告中,往往把氏族的名称、禁忌等当成习惯法或法规来处理。我们认为,习惯与习惯法是不一样的。古代"法"字的含义是定罪判刑的准绳。习惯或风俗习惯包括的范围很广,有衣、食、住、行、婚姻、丧葬、节日、禁忌等。但衣、食、住、行方面的习惯,并不会妨碍别人的生活,也不会扰乱社会秩序。习惯是本民族全体成员共同自觉遵守的规则。习惯法则是民族内部或民族之间为了维护社会秩序,调整、处理人们的相互关系,由社会成员共同确认的,适用于一定区域的行为规范,它的实质是惩处破坏社会秩序的法则。显然,习惯和习惯法是不相同的。我们所理解的习惯法是相对于国家制定法而言的,依靠某种社会组织、社会权威而实施的具有一定强制性的行为规范。这种理解一定意义上与"民间法"〔9〕"固有法"〔10〕和"原始法"〔11〕是在同一意义上使用的。它是独立于国家制定法以外的,依据特定社会组织和权威,以习惯权力和习惯义务为内容的,具有一定强制性、惩罚性的行为规范的总称。少数民族习惯法的形成原因既有自然地理、生活环境、经济状况、风俗习惯的因素,也有文化发展、历史传统不同的因素。〔12〕习惯法作为国家制定法的另一端,弥补着国家法留下的空隙,对于少数民族地区秩序的维持起到了重要作用。

二、民族习惯法的由来

我国的少数民族,大都没有文字。早期的习惯法,由于没有文字记载,我们无法确定它是何时产生的。但从理论上说,早期的原始社会,人们与大自然、猛兽的斗争是主要矛盾,人们共同采集、共同狩猎、共同分配。人与人的关系是平等的。这时的习惯还没有构成法。到了原始社会末期,出现私有制,产生剥削,阶级萌芽,人与人的关系不平等,人与人之间的关系复杂,正常的社会秩序遇到破坏时,才会产生习惯法。解放后处于原始社会末期或原始社会残余较多的鄂伦春、独龙、怒、傈僳、景颇、佤等民族,都有习惯法。

---

〔9〕 苏力:《法治及其本土资源》,中国政法大学出版社1996年版,第61~66页;张晓辉等:《云南少数民族民间法在现代社会中的变迁与作用》,载《跨世纪的思考——民族调查专题研究》,云南大学出版社2001年版,第161页。

〔10〕 周勇:《法律民族志的方法和问题》,载《人类学与西南民族》,云南大学出版社1998年版。

〔11〕 田成有:《原始法探析——从禁忌、习惯到法起源的运动》,载《法学研究》1994年第6期。

〔12〕 高其才:《中国少数民族习惯法研究》,清华大学出版社2003年版,第12页。

原始社会末期出现习惯法，并不是说其他社会形态就不会出现、存在习惯法。事实表明，解放前处于奴隶社会发展阶段的彝族就有符合他们民族、社会的习惯法，处于封建社会发展阶段的苗、瑶、侗、壮、维吾尔等民族，也有自己的习惯法，而且往往是与乡约条规结合起来的，并且有文字记载。如宋时洪迈所著《容斋随笔·四笔·渠阳蛮俗》中说："靖州之地（今湖南、贵州交界的靖县、通道侗族自治县、锦屏、黎平、天柱等地）……其风俗寅与中州异。……男丁受田于酋长，不输租而服其役，有罪则听其所载，谓之草断。"元时脱脱等撰《宋史·西南溪峒诸蛮下》说："（嘉定）七年，臣僚复上言：'辰、沅、靖三州之地……山瑶、峒丁……立法行事，悉有定制'。"明时沈痒的《贵州图经新志》卷七《黎平府·风俗》记有："洞人……有所争不知讼理，惟宰牲聚众。"苗族的"团规"，"联团合约"（即埋岩会议规约），在清代以前已经产生，直到民国时还有，并且是用文字订立的。侗族的"款"，现今能看到的用文字记录下来的"款条"，是清朝时订立的，直到现在还保存着，并起相应作用。侗族聚居的从江县信地乡，他们利用"款"的形式，1979 年立有款碑"信地新规"，在序言中说，"国有律，寨有规"。订立了维护社会秩序的 16 条规约。瑶族的"石碑制"，有文字条文，建于明代。1940 年，国民党政府用武力"开化"大瑶山，才摧毁了"石碑制"，虽然用文字规定的条文没有了，但习惯法仍沿袭着。壮族也有用文字订立的习惯法，我们还可以看到从清代至民国时订的条款。

在阶级社会里，由于剥削阶级在经济、文化上占优势，在政治上居统治地位。因此，习惯法虽然具有维护社会秩序的全民性质，有些习惯法会为剥削阶级掌握，搀入为他们私利服务的成分。

恩格斯对习惯法有过论述，他在谈到商品、货币、商人之后说："在用货币购买商品之后，继之而出现的是金钱贷借，随着金钱贷借而出现的是利息与高利贷。后世的立法，没有一个像古代希腊及罗马的立法那么残酷而无挽救希望地把债务者投在高利贷债权者底脚下。这两种立法，像习惯法一样，都是专在经济强制的压力之下而自发地发生的。"[13] 经济强制是剥削者以纯粹的经济手段来实现对劳动者的统治和剥削。恩格斯在此是针对高利贷的习惯法而言的。显然这种社会早已跨进私有制的门槛了。

少数民族习惯法在民族地区的传承，是特殊的地理环境、独特的亚文化圈和特殊的民族主体使然。之所以能在少数民族地区沿袭下来，具体而言是因为：

（一）统治者鞭长莫及

过去，把少数民族地区视为"蛮荒""化外"之地，少数民族对官府、朝廷的民族压迫持警惕的态度。少数民族虽然都生活在中国的领土上，但与官府、朝廷仍有一定距离，所以有羁縻制、土司制。封建朝廷鞭长莫及，所谓"听调不听宣"。由于社

〔13〕 恩格斯：《家庭、私有制和国家的起源》，人民出版社 1955 年版，第 160 页。

会发展水平不同,风俗习惯不同,封建朝廷的法制即或传到了少数民族地区,有的并不能奏效,史籍往往记载说:“绳之以法,则群然以哗。”“大抵人物犷悍,风俗荒怪,不可尽以中国教法绳治,姑羁縻之而已。”〔14〕“蛮夷之俗,不知礼法,与中国诚不同”,〔15〕“不必绳以官法”。

(二)法制不健全

在我国的封建法典中关于钱债、田土、户籍、婚姻等方面的民事法律条文少而又简陋,即法制不完善,致使所起的作用不大。而习惯法和儒家的礼,却起很大的调节作用。历代的官府衙门森严,判官借机敲诈勒索,人民“怕官如怕虎”,所以有“官司打一场,不死也是伤”的谚语。少数民族多居住在边远地区,他们有事也就不愿长途跋涉、翻山越岭奔告官府,反而愿意就地请本民族的头人断处。有些民族地区,头人为控制本民族人民,也严禁“私自奔告”官府,如果万不得已,只得由头人“代告”或“带告”。

(三)朝廷王法与民族习惯法相辅相成

在中国法制史上,少数民族法制有一个很大的特点,即依法实行少数民族地区“自治”。这种状况,早就存在于秦统一中国之前。当时的行政区域实行“道”制。如秦律中的《属邦律》,记载了这一法制的历史事实。在漫长的中国社会发展的历史长河中,也曾经有过朝廷王法与民族约法相互援用的现象。这是民族习惯法与国家民族法并存的历史阶段。由于民族地区社会发展比较缓慢和中央王朝法制建设的相对落后,往往对少数民族地区鞭长莫及,从而使少数民族的习惯法有一个长期存在的客观条件。

第二节　民族习惯法的形式

民族习惯法的形式即是它的表现形式。在中华人民共和国成立以前,我国的少数民族分别处于不同的历史阶段。原始社会色彩较深厚的有独龙、怒、傈僳、德昂、阿昌、佤、景颇、拉祜、纳西、基诺、黎、布朗、鄂伦春、鄂温克、赫哲15个民族或这些民族的部分地区。处于奴隶社会的有大小凉山的彝族。处于封建社会中后期的有壮、布依、侗、苗、瑶、土家、畲、白、回、维吾尔、蒙古、满等30多个民族。由于各民族所处的社会历史发展阶段的不同,因而它们的习惯法表现形式也是不同的。限于篇幅,这里仅对几个处于不同历史阶段的民族习惯法作一简介。

---

〔14〕《文献通考》卷330。

〔15〕《续资治通鉴长篇》卷480。

一、独龙族的习惯法

独龙族居住在云南西北部峡谷地带的贡山独龙族怒族自治县的独龙江地区。独龙族在1950年约有2000人(到1990年已有5800人,到2000年达7400多人)。它是中国保存原始社会末期父系家族公社特点较多的民族。独龙族的习惯法较简单,条款不多,主要有:

(一)家族是以血缘亲族关系及一定数量的土地共有为基础

每个家族所占有的土地、猎区都是比较明确而固定的。例如,到另一家族的土地上种地、砍树,须征得对方家族的同意。

(二)每个家族都有一个"卡桑"(独龙语)

意为家族长,一般由年长、富有经验、能说会道的人担任。这是自然形成的,不经选举产生,但已向世袭方向发展。"卡桑"的职责是收集供物给外族的土司,管理本村寨事务,调解纠纷,批准外人入寨。"卡桑"是习惯法的主要解释者,帮助男女青年解决婚姻问题。

(三)财产所有方面

习惯法严禁财产流出本家族以外;余粮内接济缺粮户,不要报酬;过往客人不论是否认识,都可以进某家吃宿,不要付报酬;家里的男女走动,甚至来客,吃饭吃菜都是平均分配;个人杀猪宰羊,要分给同寨的人吃。

(四)婚姻家庭方面

家族内有互相帮助的义务。如年老、伤残以及孤儿等,由族内近亲赡养或抚育;家族内部,在间隔三代以后才可以通婚;家族内男子婚后可以"火塘分居",成为大家庭中的"火塘"小家庭。

二、佤族的习惯法

佤族处于家长奴役制即从原始社会向阶级社会过渡的历史形态。佤族称习惯法为"阿佤俚"。佤族各村寨都有世袭或选举出来的头人,其条件是能说会道,生活经验丰富,善于调解纠纷,作战英勇或是打猎英雄、家境富裕者。数小寨组成的大寨,涉及全大寨的事和处理重大纠纷,头人不能专断,要由全寨群众商议决定。头人的职责之一是调解纠纷,巫师"魔巴"是解释习惯法的权威人物。抄家是佤族习惯法中最强有力的手段,用以保障习惯法的实施。

三、彝族的习惯法

彝族奴隶社会长期适用习惯法。在典型的凉山彝族社会中,虽然没有出现国家这样的政权组织,但是,作为民族机关的家支却起着政权的作用。家支用以维护其统治秩序的法律依据是习惯法。彝语称为"节忽儿",有规矩、制度之意。诺(彝语称为"楚西"或"楚加",指依据共同的父系血缘及其远近,以同姓为单位,以父子联名为谱系,划成若干叫"家"的单位)引谚说:"这是祖上留下的规矩,诺的儿孙要遵守,曲诺的儿孙更要服从。"彝族习惯法多不成文,多以"尔比尔吉"即格言谚语之类的方式表达。著名的彝文经典《玛木特衣》就是以格言谚语的方式表达的奴隶主阶级的道德规范和某些法权观点的著作。当然它远不是法典。习惯法以成例可援的办法在各地流行。据1959年在四川省美姑县巴普地区的调查,习惯法大约有120种,内容主要包括人身权利、继承权、债法、租佃、家庭婚姻以及刑事诉讼等,基本上能够代表各地习惯法的主要内容。

四、傣族的习惯法

聚居在我国滇西南边疆的傣族,处于封建农奴的历史阶段,长期使用本民族的习惯法。“刑名无律,不知鞭挞,轻罪则罚,重罪则死”,“其刑法三条,杀人者死,犯奸者死,偷盗者全部处死,为贼者一村皆死”。随着社会的发展,到12世纪,首领叭真统一各部建立孟泐政权。历代统治者宣慰司和勐级土司为维护封建领主地位,颁布了一系列封建法典,如西双版纳傣族的《民刑法规》、《礼仪规程》和《孟连宣抚司法规》等。这些法规体系完备,内容非常丰富,有关于财产所有权、债权方面、婚姻家庭、继承方面的规定,也有犯罪和刑罚及诉讼方面的规定。其中以《民刑法规》最具代表性。

五、苗族的习惯法

传说苗族西迁时,每个宗支队伍,都置有一个木鼓,敲鼓以作联系。迁到新地方后,就按宗支重新建立自己的社会组织,叫作“立鼓为社”。各鼓社均有自己的民主议事制度,根据古理和传统习惯,制定规约。这就是后来发展的“议榔”制度。“议榔”在湘西称“合款”,云南叫“丛会”,黔东南称“议榔”。榔规款约就是苗族的习惯法。苗族习惯法的表现形式多种多样。过去都是口头传诵榔规,民国前后则用汉文记载于石碑、木牌上,立于寨旁路口,然后杀一头牛或猪。牛拴在坪地中央,人们围在四周,寨老念毕《议榔词》后,把牛杀掉,每户分一块肉,表示牢记榔规。饮血酒盟誓,表示遵守。

对苗族习惯法的称谓,各地也不尽相同。贵州省从江县加勉乡苗族立有专门管理农业生产事宜的“发财岩”,专门管治偷盗事宜的“禁盗岩”,专管婚姻纠纷的“女男岩”。从江县孔明乡则称刻有习惯法条款的石碑为“民法”。广西苗族通过“埋岩会议”,把一块平整的石碑的1/3埋入土中,碑上刻有大家商定的条规,违反何条受何处分,轻者罚款,戴高帽游街,重者活埋。

明清时期,苗疆各民族的习惯法经过长期的演化,逐渐丰富成为具有普遍约束力的《苗例》。经过中央王朝的认可,《苗例》在苗疆地区长期使用。《大清律例》就明确规定:“苗人与苗人相争讼之事俱照苗例归结,不必绳以官法,以滋扰累”[16]。据一些资料所载,《苗例》所调整的范围相当广泛,涉及刑事民事诉讼程序各个方面。例如,清朝贵州布政司冯光裕在其奏折中说:“其苗例杀人伤人赔牛十条、数

〔16〕 乾隆《大清律例》卷三七,条例。

条而已，弱肉强食，得谷十余石数石而止。”[17]又据民国《贵州通志・土民志》：“苗有不明者，只依《苗例》，请人讲理。”对苗疆地区司法审判中的神明裁判作了详细的记载。

六、侗族的习惯法

侗族虽处于封建地主经济的发展阶段，却尚存在原始社会的明显痕迹。例如，在处理社会内部事务上，仍普遍存在村社会议制度的残余，这是由侗族历史上存在的带有农村公社性质的称为“款”的社会组织演变残存下来的。因此，侗族习惯法具有历史跨度较大、内容丰富的特点。

侗族的习惯法，源本为侗族《约法款》。《约法款》的形式主要表现为“款条”，而款条又分别表现为两种形式：

（一）款碑条

款碑是早期款组织起款时树立的一种特定石碑。这种碑一般都立在款坪中，日后的讲款仪式和执法仪式都在碑前进行。款碑有成文和不成文两种。一般来说，凡是建有款组织的侗寨，都有一个神圣的象征物——款碑。早期的款碑不刻文字，属于不成文法的象征。汉字传入侗族地区后，才以汉字刻入。这种款碑属于成文法。

（二）款词条

款词条是侗族习惯法的主要形式。原始的款词条由款首聚众共商，款首当众发布并付诸实施。它是一种立石为碑的盟诅要约，故有人称之为“石头法”。这种“石头法”最初比较简单，也没有什么固定的表述形式。由于当时侗族没有本民族的文字，无法将有关条款用文字记录下来，不利于款众掌握。款首们为了便于款众记忆及在发布时使款众兴奋，于是采用词话形式，把约法编成歌词，日夜吟唱，世代相传。后来侗族文人将这些约法款词用汉字记录音的方法记录下来，给后人留下了许多“手抄本”，这些手抄本就成了侗族习惯法中的主要成文法。广西三江侗族自治县程阳马安寨老款师陈永彰保存有一部款书手抄本，该书迄今已有150多年历史。该书对款规款约的记载较全，其中约法规定有18条，共756句。近年来，在抢救民族古籍的工作中，湖南、广西、贵州等地均已整理出版流传于当地的约法款词。这些书籍和资料，对研究侗族习惯法具有重要的参考价值。

---

〔17〕 中国第一历史档案馆《朱批奏折》民族类、胶片编号70。

第三节 民族习惯法的内容

民族习惯法内容丰富,涵盖现有的各个法律部门:选举法、组织法、民法、刑法、婚姻法、诉讼法等门类。习惯法并没有如同现代法律体系一样,具有明显的分工,而是民刑不分,诸法一体。以下,简略对少数民族习惯法中的刑法、民法、婚姻法、社会组织法加以介绍。

一、民族习惯法中的刑法

少数民族刑事习惯法详细而全面地规定了故意杀人、过失杀人、殴斗伤害、强奸、损毁财产等各种犯罪行为,以及相应的处罚,为维护民族地区正常的社会秩序,促进社会发展起到了积极的作用。概括而言,少数民族习惯法中规定的犯罪主要为以下几种:

(一)侵犯人身权利罪

包括故意杀人、过失杀人、殴斗伤害、强奸等。对于故意杀人,少数民族习惯法一般规定严厉的处罚,根据杀人的手段、后果、杀人者身份与被害者身份规定处死、肉体刑或赔命价的处罚。对于民族内部、本族与外族的械斗中,导致杀死人命的,一般向对方赔偿命金或付抚恤金;但对因出于个人利益的仇杀、抢劫杀人等故意杀人罪,如珞巴、怒、傈僳等民族中,会造成血亲复仇的武装械斗,处理上是一命偿一命,或赔命金。需要详细探讨的是赔命价,赔命价是由于少数民族地处偏僻,生存条件恶劣,人口增长缓慢,故对生命极为珍惜,如景颇、哈萨克族的习惯法中就曾规定致死人命并不处死而是要求偿付赔命价。

(二)侵犯财产罪

主要是偷盗、抢劫和损毁财产类犯罪。各民族非常重视财产权的保护,在习惯法中都严厉规定禁止偷盗、抢劫和损毁财产的行为。侗族《违约款》规定:“偷了圆角黄牯,盗走扁角水牛”,并杀死卖掉的,要处以一处葬、一坑埋的死刑;对“挖池破塘,钻箱撬柜,盗楼上谷米,偷地下金银”者,处以游乡示众,赶走他乡,其父不准再住寨中,其母不准再进寨里。佤族习惯法曾规定:偷盗本族成员的财物有罪,偷盗甚至抢劫外族的财物无罪。壮族习惯法曾因偷盗对象的不同作出不同规定:偷牛马的,责令退回赃物或按价赔偿,视家当处以罚款或送官府监禁;偷谷物的,责令退回赃物,视家当处以罚款或当众批评或罚作公家工若干时间;偷衣物或其他农作物的,责令退回赃物并当众严加批评。

(三)性犯罪

性犯罪,包括强奸、通奸等。妇女不仅被视为自身人身权利的载体,更被视为夫权家长权的象征。习惯法因人而异。苗族习惯法中,男子强奸妇女,强奸者不仅受批评,还受"羊酒服理"的处罚;未婚男子强奸已婚妇女,对强奸者处以"裸体杖",并罚"请酒服理"。侗族习惯法中,对强奸者处罚是,有钱出钱,无钱者戴高帽子游寨。在部分少数民族习惯法中,通奸被视为影响社会秩序给予处罚。在壮族习惯法中,通奸怀孕有私生子后,女方必须承认和谁通奸,否则被拿去五马分尸,如果承认出来,则可免受极刑,但也送回娘家守寡,奸夫受到原夫方集队前往杀牛、猪坐食的惩罚,并视其家当加以重罚。藏族牧民男子与头人的女儿恋爱、通奸,妇女婚后与人私通都被视为严重罪行,要罚长期苦役、没身为奴或处死。

对于少数民族习惯法中规定的犯罪,一般规定如下数类刑罚:(1)罚款;(2)逐除;(3)囚禁;(4)肉刑;(5)抄家;(6)死刑。在各类刑罚种类中,存在不同形式,但总体说来,少数民族的刑罚较为严酷,以死刑而言,便有活埋、淹死、烧死、五马分尸、刀砍、枪杀等种类。

二、民族习惯法中的民法

民法是最古老的法律之一,涉及所有权、债权、人身权等多方面。少数民族习惯法中关于民法的规定非常广泛,而且规定的非常详细。比如,侗、瑶、汉等族,如有人在山野里要垦一块地、发现了一窝蜂、砍倒了一棵树、要捡脬牛粪,为标明此物已有主,就用草打一个结子,插在地或物上,这叫打草标。他人见了草标,就不会再来占有。类似的民事习惯法,都为各民族人们恪守。总体看来,尽管各族在民事习惯法上有不同,但集中规定为如下几方面:

(一)生产与分配

少数民族重视保护生产和促进公益事业。每当生产季节开始时,头人就会提醒、号令本村寨的人,要注意看管牲畜,如春耕时不要使牲畜糟踏禾苗,秋收时不要使牲畜吃了成熟的庄稼。对于修桥铺路、建楼堂庙所等公益事业,要求在规定的时间,按规定出工,如一户出一劳动力,违反者要受到惩罚。猎获物分配上,习惯法对分配原则、范围、数量作了规范,比如,赫哲族习惯法规定,无论猎获物多少,出猎者都平均分得一份。有如,赫哲族习惯法还规定,捕获猎物后,如果已将猎物背起来,后来者将无权要求分配,如果是赶上来时,猎物尚未背起来,则应当分一部分给追兽的人。

(二)所有权

各民族均有标记以示占有的习惯法,比如瑶族的"打标为记",即砍伐的竹木柴火,捕获的猎物等,只要在上面放下一个茅草打的活结,就表示物件有主;又如,傣族的号占,即在打算砍伐的一片柴林处,将一棵树的皮砍去,以示占有。土地如果遇到外族、外人的侵入、占用,一般先劝告,不能解决,由头人调解,再不能解决,就会引起纠纷、械斗。有的民族有借地、借牛的习惯法,在限额以下免送礼,在限客以上略赠薄礼,如系近亲而经济又困难者,薄礼也可免送。有些民族共同开垦的土地和几户共有的土地,每户平均出一劳动力,收获平均分配,不论劳动力的强弱,他们认为,今天你有困难,可以出弱劳动力;明天可能我也会有困难,也会出弱劳动力,谁家没有老小,要互相帮助。有的民族,土地买卖只限于家族内,如绝后,才能卖给近亲。

(三)债权

债权习惯法是伴随私有制、商品货币的产生而兴起的,各民族习惯法中对土地买卖、土地典当、租佃、雇佣、借贷都有规定。比如,苗族习惯法中,家族买卖土地有优先权,即使外族买主确定了田价,只要家族内有人要,田价不必外人低,仍然让家族人员买,且买卖田产可不立契约。又如,瑶族地区的土地租佃,"山丁"向"山主"批租山地时,按习惯法要经过立写契约和请酒等手续,地租形式有实物、货币或劳役等。习惯法规定借债必须还清。但不少民族中,借债不需写借据。有的民族,不仅可以借债还可以借地,如向近亲借,不要利息。有的民族,短期借贷免息,长期借贷要利息。如果债务到期还不清,利滚利,这代人还不清,要下一代还,有的四代、五代子孙还在还,有的民族还不清债,就将子女抵债或沦为奴、或出卖,有的被抄没家产,有的要近亲代还。

(四)人身权

社会历史形态的不同直接影响到人身权保护的程度。一般来说,处于奴隶制、封建农奴制社会历史阶段的民族,其人身权利比处于封建社会历史形态的民族要少得多。比如凉山彝族奴隶社会的习惯法,确认等级划分,只有兹莫和诺才是具有完全权利的自由民,并根据严格的血缘关系来确保其无比尊严的贵族统治地位;曲诺等级是具有一定人身权利的被统治者,须承担居于人身隶属关系的一定负担;阿加等级都是没有人身权利的,他们自己连同全家都是主子的财产,主子可以拷打、屠杀、出卖;呷西是毫无人身权利的,可被其上任何等级占有,终身从事牛马般的奴隶劳动。买卖、屠杀一任主子所为,不受任何限制。

三、婚姻家庭习惯法

我国少数民族的婚姻形态是复杂多样的,有时同一个民族内虽以一种婚姻形态为主,但同时也并存着其他几种次要的婚姻形态,都为习惯法所容许。从这些习惯法来看,不乏一些科学的规定,比如严禁近亲通婚,规定同姓不婚,甚至氏族内不能通婚。有些民族习惯法中存在封建等级制度的残余:贵族与平民不能通婚,或贵族可娶平民的子女,但贵族的子女不嫁平民。

一夫一妻制是我国少数民族的主要婚姻形态,但在具体内容上相当复杂:有的婚前,男女可以自由社交,婚后妻子要严守贞操;有的婚后有不落夫家或坐家的规定,即婚后妻子要立即返回娘家,待怀孕或生了第一个孩子之后,才到夫家定居;有的婚后,丈夫要到妻子家居住,劳动数年,妻子和丈夫才能回到丈夫家居住生活。除一夫一妻制外,还有一夫多妻制、一妻多夫制,甚至存在原始的初期对偶婚制。

如云南省宁蒗彝族自治县永宁地区的纳西族，只要男女双方同意，男女双方平时各自生活、劳动在母家，到了夜晚，男子到女子家过夜。清早，男子又回到自己的母家。男不娶，女不嫁。过夜的男女对象不是稳定的，时间的长短视双方的感情，短的仅几天，长的可几年。结婚形式上，表现多样，比如傣族习惯法规定的结婚形式：男子娶妻、男子从妻居、男子偷婚、抢婚。景颇族习惯法中盛行"公房制度"，未婚男女性关系自由，怀孕后可以指腹认父，被指的男子要到女方家中献鬼，感情好则可结婚。同样，习惯法规定了离婚的程序、条件、手续等。比如，苗族习惯法中，双方家长在寨老参与下共同协商，调解不成则作出离婚处理：如一方不愿离异，则坚持离异者就赔偿对方结婚时费用，赔礼必须加一倍交付对方，作为酬谢寨老的开支，宴请寨老的费用也由主动提出方承担。白族习惯法规定离婚要打木刻或立字据，离婚后女方回娘家去住，只要不改嫁，可以不退还彩礼，改嫁时退还彩礼由新夫承担。

四、民族习惯法中的社会组织法

各民族的社会结构维持、头领的产生、秩序的遵守都需要社会组织法。在长期的历史发展过程中，各个少数民族形成头领维持基本秩序的习惯法。通常，各民族的头领即头人、村老、寨老，民族谚语说："乡有乡老，寨有寨头"，或"家有家长，寨有寨老"，就是这个意思。头人的产生有如下几种方法：[18]（1）平时能说会道，精明能干，办事不徇私情，公正合理，有魄力，为群众信服；（2）由年纪最长的老人或建寨时最早来的年长者担任；（3）由经过考验证明体力、智力过人的人担任；（4）世袭的；（5）由会舞文弄墨的人担任；（6）轮流担任；（7）官府任命。不仅如此，各民族还形成了系统的头人推举制度：壮族寨老制、苗族议榔制、瑶族石牌制、侗族会款制、傣族村社制、景颇族山官制等。[19] 通过产生头人，依靠他们的威望和已经形成的习惯法规，维持着民族地区的秩序。

五、民族习惯法中的程序

少数民族习惯法最初是靠精神力量贯彻执行的，没有公检法机关，也没有固定的流线型的操作流程。一切由头人掌握和推动习惯的适用，这样会产生一些弊端，如无力周密调查研究，主观判断，受贿后歪曲是非等。随着社会的发展，私有观念的增强，习惯法单靠精神力量来保证贯彻执行，已显得软弱无力，习惯法不断遭到破坏。有的案子缺乏人证和物证，例如家内的财物不翼而飞，只好喊村，即失主向全村高喊丢失了什么东西，命偷窃者在限定的时间内，放在某处，逾期不交出，查出后就要加倍惩罚。喊村无效，就告到头人处，用联保法解决，互相保证没有偷窃东

---

〔18〕 范宏贵：《我国少数民族的习惯法》，载广西民族学院民族研究所编：《民族研究集刊》，1985年第1期。

〔19〕 高其才：《中国少数民族习惯法研究》，清华大学出版社2003年版，第40～59页。

西,如某户没有联保,便是偷窃者。如全村寨的各家各户都有联保,案子便不了了之,或待以后查出偷窃者,再加倍惩罚担保户。目前的方法是调解后作出处理和神判。

调解后处理的一般情形是,当违反习惯法的事情发生后,原告向头人起诉,对一般纠纷,由头人断决即可;有的民族,头人会召来原告和被告当面听取申诉,有的民族则是头人奔走于当事人双方之间,先听取原告的起诉,再到被告人处转达原告的话,听取被告的申诉后,又再到原告人处来转达。至于"神判",是在同等的条件下,让被告和原告做某件事情,观察其结果来判断是非。或让众多的被怀疑者做某件事,看结果来判断是非。比如,凉山彝族习惯法中的"神判",当重大案件引起诬陷,双方可请"毕摩"念咒后,由嫌疑犯赤手端烧红的铧口、石头或伸进烧开的水中抓蛋以及嚼米等,视其是否被烫伤或口中之米是否带血来判定偷盗与否。又如,捞油锅是很多民族有过的习惯法,清人余庆远纂《维西见闻纪》在记载傈僳族的情况中有一段说:"借贷刻木为契,负约则延巫祝。置膏于釜,烈火熬沸,对誓置手膏内,不沃烂者,为受诬。失物令卜其人,亦以此法明焉。"壮、侗、瑶等民族也有此法。傣族社会里也有类似的习惯法,如某寨子发生偷盗案,不知谁是犯罪者,头人便命全寨的人围成圆圈坐在佛寺里,用一条火绳把簸箕吊挂在屋梁上,头人点燃火绳,绳断簸箕滚到谁面前,谁就是小偷。瑶族则用睡庙的方法解决,在头人的监督下,几个被告到庙里睡一定的天数,谁生病,谁就是偷盗者。或用砍鸡头的方法解决,瑶人信神,几个被告中,谁敢对神发誓,然后砍掉鸡头,谁就不是罪犯,不敢砍者是罪犯。调解后处理的方法尚可,神判方法则弊病显而易见,容易冤枉好人,放纵真正的罪犯。

第四节 民族习惯法的功能

习惯法既是法律规范,对人们具有强制的法律效力;同时习惯法又是道德规范。相对于国家制定法而言,习惯法不由国家制定、认可和强制执行,她是在一定地域一定社会组织中自发形成和约定俗成的,对具有民间色彩的社会关系进行调解。民族习惯法是少数民族社会物质生活条件的反映,在这些民族的形成和发展过程中产生和发展,又为这些民族的生存、发展和繁荣服务。民族习惯法是少数民族的社会意识形态之一,是上层建筑主要组成部分,具有其独特的历史作用。

一、裁判功能

道德法律评价的裁判作用是通过社会舆论、传统习惯和内心信念对行为进行善恶判断,从而认可某种行为是否道德和是否合法。

民族习惯法的裁判功能是很明显的。在侗族《款的起源》中,叙述了立款的目的是裁判纠纷,款词中说:在很古的时候,“舅王争天为大,汉王争地为重,二王相争,刀枪相杀,死伤无数,胜负难分,……于是舅王断事在岩洞,汉王断事在岩上”,各讲各理,断事三年不成,最后“写书请客,奉牌请人”,倒牛合款,制定款约。侗款《永世芳规》写道:“盖设禁碑流传,以挽颓风,而同昌古道。事照得人有善恶之悬殊,倒有轻重之各异,……朝廷制律以平四海,而安九洲。草野立条以和宗族,而睦乡里。……臻于盛世,则世食旧德,农服先畴工而居,疑商贸易,俾我等人人各安于本分,户户讲仁义而型仁。此善条维微,岂非千古不朽,章程未尽修斋,门例条规于后。”还规定:“衙门一切公务,应宜同心即办,不可违误。半途盗劫,务要齐团送官治罪。”对一切的违反习惯法行为要严加惩处。

由上可见,民族习惯法的裁判功能是很大的。少数民族的广大人民群众,通过榔规、款约等习惯法肯定善行,否定恶行,通过善恶褒贬以培养人们良好道德品质,为树立良好社会风尚起到了较大作用。

二、教育功能

民族习惯法的教育功能是指帮助人们正确认识个人与他人,个人与社会的关系,明确自己的责任与义务,让人们懂得区分什么是善,什么是恶,学会做人的道德。

以苗族、侗族的榔规、款约为例。苗族在举行大议榔活动时,要用一头牯牛系于坪地中央,人群围于两边,寨老在中央,庄严肃穆地念着榔词榔规,念毕把牛杀掉。议榔会议确定的榔规,人人都得遵守,不能违背,否则,轻者认罪、罚款,重者吊打以致处以火烧或投河的死刑。至于侗族款组织活动在教育方面更有特色。为了使款众能自觉遵守款规、规约,各个基层组织的款首,每年都要向款众宣讲款词、款约,名曰“讲款”。讲款时,集众于各坪,举行庄严的形式,如黎平县的《六洞议款条规》开头讲:“今天老少都到款堂里来了,一个挨一个坐,人多很拥挤,请大家听我讲话,讲古人的道理……一片树林,总有一根要长得高些,一个班辈的人,总有一个来承头,古人过世了,我们后人来继班,代代来相替。”每当款首讲完一段款词,群众便齐声应和:“是呀!”侗族对款规、规约的宣传与理论工作,除了“讲款”这一主要形式外,民间艺人或一些村庄的芦笙队在本村寨或到其他村寨演出时,也有演讲款词的义务,《侗款》中规定的“鸡尾的款”,就是芦笙队到其他村庄作客时演讲的“法规阴阳款”。

苗族的议榔和侗族的款组织正是通过这经常不断的榔规、款词的演讲活动,把本民族的习惯法观念灌输到广大人民群众之中,让他们懂得怎样做人的道理。榔规、款约的教育作用表现在以下几个方面:

第一,它教育人们认识榔规、款词在道德生活中的重要地位。款规说:“汉家有朝廷,侗家有岜规,坡上的活路有十二样,大家都要来管好。”款规规定:“侗族的社会运转,都得按最高款规(即《九十九公款约》)的规定办事。""种田要符合九十九公才熟谷,处世要符合九十九公才成理。"

第二,教育大家团结互助,宣传朴素的集体主义思想。侗族的款词说:"根据我们祖公的道理,祖父的道理,像溪水归河一样合成一条心,大家一起来合款,把两股水汇集拢来才有力量。"苗族的榔规讲:"我们地方要团结,我们人民要齐心,我们走一条路,我们过一座桥,头靠在一起,手甩在一边,脚步整齐才能跳舞,手指一致,才能吹芦笙。"在生活方面,救济扶贫是同一村寨或同宗族人的义务。在节庆时,有共同的娱乐场所,村寨或四周的人还要互相请酒饭和唱歌或举行"添我"(打平伙)。同村寨或四周的人如有婚表喜庆之事,要请"满寨酒",从而加强了互相之间的团结。

第三,教育人们之间遵守民族成员之间的人伦关系,防止乱伦行为发生。榔规说:"为了十五寨的道理,为了十六寨的规矩,勾久才来议榔,务记才来议榔。上节是谷子,下节是道杆,上面是龙鳞,下面是鱼鳞。公公是公公,婆婆是婆婆,父亲是父亲,母亲是母亲,丈夫是丈夫,妻子是妻子……各人是各人,伦理不能乱。要有区分才有体统,要有区分才亲切和睦。谁要如鸡狗,大家把他揪,拉来杀在石碑脚,教乖十五村,警戒十六寨。"

第四,教育人们的行为符合"理"的原则,提倡道德修养。认为"理学没多重,千人抬不动","深山树木数不清,款碑理数说不尽"。要求人们加强道德修养,提倡为人要正直。"要学谷仓那样正,要像禾晾那样直。""是好人,就要行正道。"认为人与人之间的关系应该是团结友爱,助人为乐。"见人落水要扯,见人倒地要扶","会做人栽甜瓜,不会做人栽苦瓜"。坚决反对品行不正,弄虚作假的行为。对那种"当面讲八百,背后讲八千""穿钉鞋踩人家肩"的可耻行为,要造成强大的道德舆论加以谴责和制止,必要时辅以刑罚手段。

三、调节功能

刑事习惯法的调节功能可概括为12个字:倡导善行,排通障碍,制止恶行。具体来说,又表现在以下几个方面:

第一,组织管理生产,防止和惩处破坏生产的违规犯罪行为。苗族《议榔词》说:"为粮食满仓而议榔,为酒满缸而议榔,在羊子躁庄稼的地方而议榔,议榔庄稼才有收成,议榔寨子才有吃穿。"早期的《议榔词》还对全年的生产活动作了明确的处罚规定:"剪人家田里的谷穗,盗人家田里的庄稼,轻罚白银六两,重罚白银十二两,不准拉别人家的牛,不准扛别人家的猪,谁违犯了,轻者罚银十二两,重罚白银四十八两"。各地的榔规都有若干管理和维护生产的规定,如规定生产的季节和每个月的具体耕作时间,规定了封山育林,禁止偷盗砍伐的条款。这说明榔规款约在组织广大群众进行生产劳动,维护正常的生活秩序,创造日益增多的社会财富,为本民族的生存和发展方面都起到了重要的调节作用。

第二,加强社会治安,惩治坏人坏事。各民族社会组织的最重要的作用是加强自治联防,维护社会治安。侗族款词说,为了解决"内部不和肇事多,外串侵来祸难息"的不安定局面,要求做到"村脚着人管,村头着人守"。"村村有人把守,寨寨有鸡报时,事事有人处理。"为了保证村寨的安全,各寨联成大款,共同抵御外敌,倘若某村寨受到外敌入侵,就擂鼓,吹牛角,点燃烽火报警,火速向联款各寨求援,发出鸡毛炭木牌,鸡血沾几根鸡毛在木牌上,表示要飞速传信。加上火炭,表示十万火急,倘若接到木牌的村寨不履行应援的义务,事后就要按习惯法加以严惩,开除款籍,各村寨都会孤立这个村寨,对于危害社会治安者,"务要一呼百应,把他抓到手,擂他七成死"。对杀人犯"要用铜锣焙脸,铜镜砸脑,三十束麻线做头发,五十两蚕丝做肚肠……"

第三,维护恋爱自由,调解婚姻家庭纠纷。大多数民族在恋爱婚姻习俗上历来主张恋爱自由、婚姻自主。认为青年男女谈情说受是很自然的,不必约束过紧,就像牛不受绳牵一样。但对越轨行为是不允许的。"如果男无信手,女无把凭,一身许两个,一脸贴两人……被我们抓住了,用手就拉,用绳就捆",对"脱姑娘的花裹腿,揭女人花头帕……"的道德败坏者,"就拿来千个石头,万塘水,把他沉放水里头"。在处理婚姻家庭问题上,榔规、款约也作了具体规定。例如,黎平肇洞的《六堂议款条规》规定:"男不要女,罚十二串钱,婚已过门,男弃女嫌,各罚十二串钱。吵回、打架、各罚钱五串。"也有的民族习惯法规定:女方提出离婚,付给男方白银八两,男方提出离婚,付给女方白银十六两。通过这些规定,使少数民族的恋爱自由,婚姻自主的传统习俗得到了保障,并进一步调节了婚姻家庭关系。

除以上的调节表现形式外,习惯法的调节作用还表现在保护集体和私人财产,协调民族之间的纠纷等方面。

第四章　外国民族法概要

第一节　外国民族法概述

一、外国民族法概念

外国民族法,是指世界多民族国家关于民族事务管理、规范和调整国内民族关系的一种法律制度的泛称。

目前,全世界约有200多个国家和地区,居住着2200(有的资料为3000)多个人口多少不等的大小民族。从世界民族的多民族国家情况看,有的国家有几个民族,有的国家有十几个民族,有的国家有几十个民族,有的国家有百十个民族。当然,对一国多少民族的界定和统计问题,有不同的标准和界限。

总之,世界范围的民族概念是很明确的。即使在一些国家不以民族概念称之,但也是以语言集团及其聚居状况进行政策和法律上的调整。可以说,绝大多数的国家和地区,是多民族的杂居或聚居。在当今世界开放的环境条件下,纯粹单一的民族国家已不存在。这种多民族国家的概念及其法律,反映了民族法制价值取向的一方面;另一方面,是指传统的多民族国家的概念,即国内世居民族聚居与散杂居的民族关系及其法律调整问题。

有民族存在,就有民族问题的存在。民族问题对过去、现在和将来,都有重大的社会影响。即影响着一国的政治、经济和文化的发展问题,影响着社会安定与国家管理的重大问题。在有的国家,已把它看作关系到国家的前途命运的重大课题。事实说明,世界局部范围的民族战争,有国内的,有国际的,都是因为民族利益而引起。一些国家和地区的民族冲突不断,战乱不已,社会动荡,难民涌流。这种现象,对一国或世界的和平与发展,都是有害无益。然而,这种社会现象还不可避免。为了尽量减少这种民族冲突的发生,减少对社会和平的危害,加强国内和国际的民族法制建设无疑是一条可取的道路与方式。对此,历史上有成功的经验,有深刻的沉痛教训。

通过透视国外多民族国家民族法制的经验教训,它给我们这样一些启示:

凡是实行民族特权法律制度的,即采取民族歧视、民族不平等原则,在一国实行多种民族不平等的各种不同的民族权利义务。结果,其法律本身在制造社会混乱和民族分裂,势必民族纷争,冲突不断,社会动荡,经济文化遭受严重破坏和损失。

凡是实行多元民族文化政策,尊重他民族的风俗习惯、宗教信仰、语言文字自由,并采取相应的措施帮助和扶持落后民族的共同发展,民族社会矛盾就逐渐减少,从而促进民族社会的向前推进。

虽然随着社会的向前发展,民族交往增加,自然性的民族融化发展成为必然,民族意识的总趋势在逐渐淡化,但也有某些方面的民族意识的增强。因此,应用相应的民族法律关系进行有效的调节,这将是当今社会科技文化发展的民族繁荣景象。只要是经济发展了,民族平等的法律秩序将会在世界范围内形成起来。即使是还存在极端民族主义分子和思潮的存在,但其市场在民族平等法律制度的环境条件下,在国际社会的制约下,会得到一定的抑制。

考察一国或多国的民族法,或是世界各国的民族法的得失,不仅要看它的政策法律口号和相应的法条,更重要的是要看其实质内容和社会效果。即多民族国家的各民族的政治、经济和文化的发展状况如何,是衡量和检验其民族法制运行的重要尺度。由于当今世界各国的社会形态不同,经济基础有差异,社会发展制约着民族关系的发展。所以,分析研究各国的民族法制,要从多种角度和综合各种因素进行比较,才能得出比较恰当的结论。

世界多民族国家的民族法律制度,不可能有同一的标准与尺度。因为,社会制度的不同,如民族压迫和民族剥削的民族不平等国家,统治民族为了贵族的阶级利益,所制定的民族法在性质上与主张和实行民族平等所制定的民族法,其原则就不一样。所以,外国民族法呈现出形形色色的法律现象。当然,也有它们同一类型的共同规律可循。

二、外国民族法发展特点

古代至现代的世界民族法的发展,都有其产生、形成和发展的一般客观规律,并具有它们的相应特点。这无论是在一个国家、一个地区、一种社会形态、一定社会时期,都是如此。

(　)古代奴隶社会外国民族法的发展特点

古代民族国家的产生,同时产生了民族法。一般的规律是,这种民族法基本上是在原始部落民族的习惯法的基础上、根据国家统治的需要而确立统治与被统治的民族关系的法律规范。最具有代表性的:在“亚非”地区是古巴比伦民族法和古印度民族法;在欧洲地区,是古希腊民族法和古罗马民族法。即古巴比伦民族法和古印度民族法是奴隶制早期阶段社会经济、阶级结构和民族关系特点的反映;古希腊民族法和古罗马民族法则反映其从早期阶段进入奴隶制发达时期经济关系、阶级结构和民族关系的特点。古代社会的任何法律制度,都是确认和反映当时民族的政治关系、经济关系的基本问题。当时的法律条文非常简单明了,标明了统治民族与被统治民族的主奴对立关系。法律上的等级及其权利划分,都是以民族界限为标准。从古代民族法的产生情况来看,除了恩格斯描述的“雅典民族法”产生的特殊情况以外,其他的所有民族法都是记录着部落民族征战的血淋斑斑的“战绩”。这充分地反映和表现出早期奴隶社会民族法产生的民族掠夺和奴役的关系。在奴隶社会的发展过程中或是整个的奴隶社会时期,奴隶制民族法的本质特点,虽然在不同的国家和地区在形式上有所变化,但其本质始终不变。其本质特点一直延续和影响到后来的封建社会,甚至是资本主义社会。

(二)中世纪封建社会外国民族法的发展特点

不同社会制度的民族法反映和体现其经济、政治、文化和民族的基本特点和时代特征。中世纪即封建社会的民族法,最大的特点就是维护着封建制度的生产关系和统治民族的贵族利益。脱胎于奴隶社会的封建社会民族法,虽然在民族法的形式内容上已经有所变化,但反映在民族关系的奴隶与奴役问题上,仍依然存在。由于世界各民族的历史发展极不平衡,即各民族进入封建社会的时间不同,其民族法在不同国家和不同时期的表现形式,也是有很大的差异性。如有的民族根本就不曾有过农民的农奴制依附地位;有的民族在氏族部落制度解体后,不曾经过奴隶制,直接进入了封建社会,这就使封建社会的民族法呈现出光怪陆离的现象和特点。最具有代表性的即最具有时代特征的民族法,乃盛行在欧洲地区的如西欧封建制的“蛮族法典”和与民族紧密联系的教会法,以及亚洲的伊斯兰法等。在封建社会的民族管理制度,突出地表现为民族奴役与地位权利不平等的社会状态。虽然封建统治阶级在民族管理问题上,已比奴隶制社会有所进步,但管制的手段和策略上更为“高明”,为资本主义社会的民族法的产生创造了理论依据和社会条件。

(三)近代资本主义社会外国民族法的发展特点

资产阶级革命是以“公民在法律面前人人平等”的口号,推翻取代了封建社会,而进入了资本主义社会。即奴隶制和封建制的民族法,是以公开的民族不平等为其本质特征。而资产阶级在民族管制方面,却采取了民族矛盾形式上的适当缓和、而在本质上的即民族歧视、民族压迫和民族剥削不变的隐蔽手段的新花招。当然,其新花招,在不同的国家和地区有其不同的表现形式。有的仍然保留着奴隶制的残余,允许主奴关系的合法化。有的制造民族种类智能差异理论,进行民族掠夺残杀,如殖民领地的不同种族和民族的法律制度,即对印第安人和黑人的极不平等的法律制度。这比奴隶社会过之而无不及。当然,随着民族社会的发展,社会利益的摩擦与冲突,国家整体利益的需要,某些民族权利的重新调整与分配的法律问题,在资本主义社会逐步得到缓解。

(四)现代多种社会制度并存的外国民族法发展特点

资本主义近现代社会的政治、经济和文化发展具有连续性。

一般称国外的现代历史,是指从1917年的俄国“十月革命”为起点。“十月革命”的胜利，陆续建立了“苏联”及东欧、亚洲东部的一批社会主义国家。同时建立了社会主义的民族法律制度。社会主义的民族法律制度，是以马克思主义的民族平等原理建立起来的，是人类社会历史上的大变革。从而推动了民族社会的大发展。

然而，现代资本主义社会经济已经发展到了一定的程度。不同的社会制度和经济制度，在民族管理问题上，即在民族关系问题的法律调整上，发生了相应的变化。就资本主义国家而言，由于法律文化的向前发展，即法律部门的逐步规范化，奴隶封建社会的民族习惯法形式已不予存在。只是作为司法实践的一些客观因素考虑。民族管理的法制规则，表现出在第一、二次世界大战的对少数民族的国际约法保护、对国内不同民族的法律待遇和管理上的区别对待等问题。主要是反映在像“美大”地区的民族法的变化发展，如对土著民族和黑人的残酷的法律制度继续施行。当全面推行民族强制同化的政策和法律遭受失败后，适当调整了民族多元文化的政策与法律。但在一些国家中，民族特权的极度民族不平等的法律现象仍很严重。有的多民族国家根本不认为是多民族国家，全面推行强制的民族同化。而像 1991 年以前的南非，其种族隔离法律制度，其种族法律特点，是国外现代社会民族法制“之最”。

（五）外国民族法发展的宪法原则

近现代民族法产生发展的一个重要原因，是资产阶级宪政制度的产生与发展。同样，社会主义国家的建立和社会主义宪法的产生，也为民族法的产生与发展，起到了重大的积极作用与影响。例如，“苏联”的民族法律制度，就是根据“苏联”宪法的原则建立起来的。这是现代民族法产生发展在历史上的根本性转变。

诚然，宪法的特性，决定了它不只是对民族方面的安排，而是所有的国家政治、经济和文化等各方面的安排，包括其他部门法的原则的安排。也就是说，近代民族法的产生，是在资产阶级宪政制度的产生，民族法首先由宪法安排而建立起来的。但是，资产阶级宪政的民族安排，正如斯大林所指出的那样：“资产阶级宪法暗中从以下的前提出发：各民族和种族彼此不能平等，有享受完备权利的民族，也有享受不完备权利的民族；此外，还有第三种民族或种族，例如在殖民地，他们享受的权利要比享受不完备权利的民族更少。这就是说，所有这些宪法基本上是民族主义的宪法，即统治民族的宪法。”[1]在西方国家中，最具有代表性的是世界近代时期的英国和美国。

近现代民族关系的宪法安排，是近现代宪法对民族问题的一种法律手段。根据宪法规定，概括之主要有两种情形：

强制同化。强制手段是宪法以前的在民族不平等问题上的继续。虽然手法上较之奴隶封建社会有了很大变化，但本质上不变。强制的手段方法颇多，如通过直

---

〔1〕 斯大林：《列宁主义问题》，人民出版社 1964 年版，第 609 页。

接或者间接地制造难以忍受的生活条件,驱逐少数民族,把少数民族排斥在外,画地为牢,甚至采取灭绝种族的办法消灭他们。在政治领域,限制少数民族政治势力的主要手段是选举的操纵。主要是剥夺一些有势力的选举权;除名剥夺;条件限制;或学历和收入二者兼之的限制。更甚者还通过法律授权,把少数民族人口迁到一个不会形成威胁的地方去。在经济领域更是残酷,有的从财产上予以法律化,有的少数民族成员被限制在狭窄的劳务范围内,有的国家的金钱只被用来为一个特定的民族及其成员发展项目或提供补贴等。在文化领域,多民族国家中,集中反映在语言、教育以及文化习俗和传统方面,富有爆炸性的问题,而且政治纷争不断,这方面带有普遍性的矛盾冲突。还有就是合法暴力,即政治上占绝对优势的民族,往往都是采取合法的暴力手段压制其他少数民族。不满者,采用“借刀杀人”之法。

在“同化”的问题上,是指不相同的事物逐渐变得相近或相同。它是在强制手段极端化后的另一方式。这一方法的目的,是否定各集团(民族)之间、个人之间在待遇上的差别,即法律不承认待遇上的差别,实质上不承认少数民族的特点和某些优待。同化的原则,是所谓的“待遇平等”。即不能用少数民族文化、语言来表达,结果是使少数民族逐渐在政治上失去意义。其事实是,在同化主义的社会中,长远趋势是政治上、文化上消除少数民族。

多元文化。多元文化方式是现代宪法发展的基本趋势。是逐步反映人类社会民族和平发展的自然要求。在多元文化方式方面,各国宪法有不同程度的原则。有的是比较全面的,有的只是某些方面的。应当肯定的是,这种做法的目的,是承认和保护少数民族的特殊利益。主要是尊重各民族的传统文化,尽可能地帮助少数民族发展经济和文化。

多元文化方式是社会主义国家宪法的共同准则。而在资本主义国家,如在“美大”地区,由于世界民族风云变幻,加之在强制措施与民族同化失败而影响经济发展等原因,采取了一些改良措施而为之。其基本做法是,把联邦制作为解决和缓和民族矛盾的政治途径,如基于地域原则的民族自治。有的采取地方分治或分权,赋予选举权和行政管理的参与。或是行政措施的必要保护,如对移民的保护等。

第二节　欧洲地区民族法

一、欧洲地区民族法概述

欧洲是一个多民族国家的地区,目前约有 50 多个国家和地区,居住有 160 多个民族。

民族法在欧洲地区源远流长。例如,恩格斯论述的远古时代的“雅典民族法”,就是欧洲地区最早的民族法之一。但世代法学家们在探讨希腊(雅典)法的产生与形成的时候,往往多是仅从国家与法的角度去理解和论述,而很少从恩格斯提出的“雅典民族法”的这个角度去论证。诚然,恩格斯论述的“雅典民族法”虽然是从国家与法的角度进行阐述,但其中有一个很重要的因素,即国家的产生和国家与法律的产生的背景,乃民族和民族习惯法这个客观事实。

在古代社会的欧洲地区,古希腊的民族法与古罗马的民族法最为典型。

古代古希腊包括希腊半岛、爱琴海诸岛、爱奥尼亚群岛以及小亚细亚的西部沿岸。它是欧洲最先进入阶级社会和产生奴隶制国家和法的地区。这一时期,历史上习惯称为“荷马时代”或“英雄时代”。初期,希腊人仍保留着氏族、胞族、部落的组织,土地、牧场和基本生产资料都属于农村公社所有,各氏族、部落仅有管理公共事务的社会组织和人们共同遵守的习惯。末期,伴随希腊各地经济的迅速发展,进一步加速了氏族制度的崩溃和阶级分化的过程,在阶级矛盾不断加剧的情况下,城邦国家和法终于陆续产生。其中影响较大的,一是奴隶制贵族政体的典型——斯巴达,二是奴隶制民主制的典型——雅典。后来世人把斯巴达的法和雅典的法称为古希腊的法律制度。

斯巴达法律制度的基本内容,主要是居民的法律地位及其财产、婚姻家庭、财产继承、犯罪和刑罚及诉讼等问题。反映在民族问题上的法律,如原为部落居民后被斯巴达征服沦为奴隶并被称为希洛的人,斯巴达国家把压迫和剥削其作为一切政策的出发点,进行任意宰割。又如庇里爱克人,在政治上没有公民权,只是法律上的一种自由人。而斯巴达公民,享有比希洛人和庇里爱克人不同的政治权利、财产权利和其他权利。统治民族与被统治民族在法律上界限分明,罪罚严宽不等。

“雅典民族法”产生的特点与其他国家民族法产生的特点所不同的是,“一方面,因为它的产生非常纯粹,没有受到任何外来的或内部的暴力干涉,……另一方面,因为在这里,高度发展的国家形态,民主共和国,是直接从氏族社会中产生”。[2] 也就是说,“雅典民族法”的产生,是因为雅典原四个氏族部落由于氏族、部落内部的经济发展和进一步分工,氏族、胞族和部落的成员很快杂居起来,引起了氏族管理上的空白和危机,于是实行了提修斯改革,于是产生了凌驾于各个部落和氏族的法权习惯(即民族习惯法)之上的一般的“雅典民族法”。虽然“雅典民族法”现已无从考证,但它确曾存在过。从史料关于“德拉古立法”的记载可以看出,由于提修斯改革仅仅是迈出了打破血缘氏族关系的第一步,此后在法权方面矛盾更加尖锐,才出现了“德拉古立法”。然而,“德拉古立法”以其残酷、严峻闻名于世,曾被称为“德拉古的法律不是用墨水写的,而是用血写的”。也就是说,雅典氏族贵族,一方面秘密适用习惯法,常常随意按照自己的意愿去理解法律,庇护同族,

---

〔2〕《马克思恩格斯选集》(第4卷),第115页。

迫害平民;另一方面对奴隶民族可以任意买卖,对他们的刑罚十分严酷。

早期的罗马法的形成,同样说明了"罗马民族法"的特点。罗马人属于印欧语系民族的一支——拉丁族。罗马奴隶制国家是古代世界最大的国家。罗马法是奴隶制社会最发达、最完备的法律体系,对后世欧洲的封建制法律、资本主义时期法律产生了很大的影响。它是"简单商品生产即资本主义前的商品生产的完善的法"。[3] 但它还有一个突出的特点即民族法,是指在罗马法的产生、形成和发展过程中,其最著名的《国法大全》(又名《民法大全》)和《十二铜表法》的诞生,都充分说明了早期的国家法律就是阶级矛盾和民族矛盾的产物。例如,在罗马共和国建立(公元前509年)之前,早在"王政时期",罗马原始公社共有300个氏族,30个胞族(每10个氏族组成一个胞族,称为"库里亚"),3个部落(每10个胞族组成一个部落,称为"特里贝")。制约和调整各氏族组织及人们之间相互关系的规则是原始的习惯法。其习惯法大部分是长期形成的,部分是由氏族大会讨论产生的。法虽然得由氏族公民大会通过,但并不意味着氏族之间是平等的。正因为存在不平等,才出现了"塞维阿·塔里阿改革"。虽然改革废除了原始的3个血缘部落,取消了原来的氏族、部落界限,但还是又重建了新的四个区域部落组织,16个乡村地域部落。由于当时的法律仍然是习惯法,而习惯法的特点就是含糊,便利贵族法官操断和滥用,在这种尖锐矛盾的情况下,才产生了《十二铜表法》。其法条几乎完全是世俗的私法内容,维护私有财产;然又基于罗马习惯法,非罗马人的"平民",仍不能享有罗马公民的权利。后来的意为"各民族共有"的法律——《万民法》,其来源之一,仍是跟罗马人发生联系的其他各民族的原有规范。

有学者认为,雅典和罗马早期的法律主要是用来调整社会内部各阶层(特别是平民与贵族)关系的,而不是专门对付异族的。[4] 这种说法是不完全的,仅是从单一角度描述的。

进入中世纪,欧洲地区的民族法,在封建制的法律制度史上,西欧占有重要地位。如早期阶段的"蛮族"(即日耳曼人,罗马人把居住在罗马帝国北方的外族部落称为"蛮族")国家的"蛮族法典"和"民族宗教法"(教会法)又是欧洲地区民族法的一个特点。

"蛮族"国家的"蛮族法典",主要是指用习惯法写成文字的《撒利法典》《盎格鲁·撒克逊法典》等。它们是氏族习惯衰落的见证,如《撒利法典》,它是法兰西王国的主要法律渊源,也是日耳曼法具有代表性的文献。法兰西王国是日耳曼人最早建立的国家之一,其法律条文记录着6世纪时法兰克社会成员地位不平等的情形。

---

〔3〕《马克思恩格斯全集》(第36卷),第168页。

〔4〕张中秋:《中西法律文化比较研究》,南京大学出版社1991年版,第32页。

公元813年,法兰克王国分裂为三个独立王国,其中法兰西王国成为中世纪西欧封建制度的中心。典型的法律形式表现为成文法地区和习惯法地区。习惯法来源于日耳曼法。著名的习惯法汇编是公元1270—1275年由莫赛编撰的《诺曼底大习惯法》。复杂的法律制度规范着复杂的不平等的民族地位,如法律规定统治民族贵族的证言是完善的证据,被统治和被压迫的民族——"低贱人"的证言,是不完善的证据。

盎格鲁、撒克逊法典是日耳曼法的组成部分,是英吉利王国的法律渊源之一。英吉利王国的普通法是封建社会初期在盎格鲁·撒克逊习惯法的基础上发展起来的。英吉利王国是原盎格鲁撒克逊人的王国。

日耳曼法的基本特点:一是个人权利的行使要受家庭、民族、公社的约束,它区别于以个人为中心、尊重个人意志自由,严格保护私有财产的罗马法。二是即所谓的"属人主义"。日耳曼人迁居罗马之后,各日耳曼王国仍保留着这个原则,即对本族人实行原有习惯法,对被征服的罗马人则实行罗马法,两种法律发生冲突时以日耳曼法为准。三是和其他古代法律一样,在日耳曼法中没有规定一般抽象的法规,只针对具体生活关系规定具体案件的规则。人们按前辈沿袭下来的惯例生活,审理案件按氏族长老记忆的定制判决。一个判决不仅解决了当时发生的纠纷,而且成为日后判决同类案件的根据。这些判例搜集汇编起来,就构成蛮族法典。

中世纪欧洲地区法律的一个显著特点,是贯彻了教会的一些原则和要求。虽然民族与宗教是两个不同的概念,但它们却经常交织在一起。仅就世界三大宗教而论,它们的教义、教规、教法,都浸透着各自发源地的民族的历史传说、神话故事、伦理观念、生活习俗、价值标准等,这些原本都是人间的东西,一经成为宗教信仰,就变成了神圣的东西,就被涂上了浓厚的神圣色彩。因此,教会法在欧洲地区有的成为统治阶级专政的利用工具。

教会法产生于基督教教会的形成和演变过程中,是随着教会神职人员司法权的扩大而逐步发展。而基督教是产生于公元1世纪古罗马奴隶制帝国统治下的亚洲西部的巴勒斯坦,在欧洲进入封建社会过程中,传播到欧洲各国。则基督教产生的主要原因,是被压迫的民族为争取摆脱困境而寻求精神上的解放的安慰。其宣扬上帝面前人类普遍平等、蔑视富人和仇恨统治者的反抗精神,吸引了广大受压迫的奴隶民族和民众,到公元2世纪初,逐渐形成了教会组织。后来教会与封建政教合体,教会信条成了政治信条,大主教和主教成为官吏。由于教会法具有一种特殊的权能作用和社会作用,教会法汇编成为中世纪欧洲各国通用的法典。实际上,被压迫民族的人们所倡建的教会,反而成为教会法所控制的被专政对象。

进入近代社会,资产阶级的宪政运动,"公民在法律面前人人平等"的口号,与奴隶制、封建制社会以公开的民族不平等为主要特征的民族法律制度相比,它在维护统治民族的资产阶级利益、剥削和压迫异族人民的手段,大部分采取了更为隐蔽的形式。例如,1679 年,曾被作为人权保护“奠基石”的英国《人身保护法》,似乎打破了奴隶制和封建制公开的民族不平等的法律制度;然而,到第一次世界大战前夕(1914 年),英殖民地面积已增至 3350 万平方公里,成为世界最大的殖民帝国。不列颠领土的“白人领地”(或称“移民领地”,包括加拿大、澳大利亚、新西兰以及从荷兰手中夺取的南非殖民地等)与“有色人领地”的法律制度,使许许多多的弱小民族遭受了巨大的灾难。

1917 年的俄国“十月革命”的胜利,社会主义的民族平等法律制度又首先在欧洲地区崛起。例如,列宁领导的早期“苏联”民族法制建设和铁托领导的早期“南斯拉夫”的民族法制建设,使其各族人民获得了前所未有的民主、自由和平等的各种权利。与此同时,在欧洲地区的一些多民族国家,如奥地利和瑞士,在民族与法律的问题的处理上比较恰当,列宁曾经赞扬。

欧洲地区的民族法,其中社会主义的民族法在世界上产生了很大的影响。但是,在 20 世纪 80 年代末 90 年代初,由于“苏联”民族解体,“南斯拉夫”民族内战,欧洲地区的社会主义民族法制建设毁之一旦,教训非常深刻。

二、欧洲地区“社会主义”民族法制的教训

(一)“苏联”的民族法制概要与教训

虽然“苏联”已经解体,但“苏联”曾经是一个开创和重视社会主义民族法制建设的多民族国家,曾经是一度的社会主义大国。它给世界社会发展史留下了重要的篇章。

“苏联”的民族法制建设,是由列宁领导创制的。它的历史意义在于,“十月革命”及“苏联”的民族法律制度,是针对和破废“苏联”以前的沙俄帝国的“民族牢狱”及其法律制度而建立起来的。

沙俄帝国的“民族牢狱”,曾是闻名于世。俄罗斯开始成为沙皇统治下的一个多民族国家,是在伊凡四世在位期间(1533—1584 年)。俄罗斯称为帝国,则又是彼得一世即位之后(1682—1725 年)。而借编纂《俄罗斯帝国法律全书》的法律手段巩固封建专制和农奴制,又是在尼古拉一世继承皇位后(1825—1855 年),于 1833 年完成,1835 年 1 月 1 日在俄罗斯帝国生效的。《全书》的编纂形成,集《俄罗斯真理》、1497 年《律书》、1550 年《律书》和 1649 年《会典》之大成。大致是:

公元 6 世纪至 8 世纪,东斯拉夫人的氏族社会开始解体。公元 8 世纪至 9 世纪,许多东斯拉夫人的部落联盟发展成为国家,称为公国,即于公元 882 年最后建立的“基辅罗斯”为统治中心的国家。原斯拉夫人分东、西、南三支,其中东斯拉夫人人数最多,分布在辽阔的东欧平原上,罗斯国家就是他们所建立的。罗斯国家产生的同时也产生了法,但主要是习惯法。公元 10 世纪至 11 世纪,统治者把习惯法和建国后制定的法规整理合并,汇编成为《罗斯真理》。至 1613 年,罗曼诺夫王朝统治开始后,为加强中央集权,先后颁布 1497 年《律书》、1550 年《律书》和 1649 年《会典》等重要法律。

沙皇俄国是依靠武力和权术把许多非俄罗斯民族强行统一到一起的。近百个非俄罗斯民族的当时人口约占全国人口的47%以上,面积占全俄的64%左右。他们主要聚居在边疆、沿海及重要的经济区。由于民族压迫和民族剥削的灾难,爆发了"十月革命",推翻了沙皇的统治。面对当时这种复杂的民族关系,采取什么样的形式来建立"苏联"、采取什么样的办法来处理这种民族问题,将关系到国家的前途和命运。列宁从当时的实际出发,亲自主持民族平等的民族法制建设。采取了:一方面制定具体的法律保障各民族的权利和利益;另一方面主张用法律形式规定实行民族自决,即确定实行各非俄罗斯民族有权分立为独立国家,可自愿联盟,也可自由分离的法律原则。据"苏联"文献记载,从1917年11月2日到1924年5月27日的7年间,有关民族法律、法令就有285件。主要内容包括:一是宪法性的法律文件;二是具体体现民族自决原则,允许一些民族分离成为独立国家的法律文献;三是俄罗斯苏维埃联邦社会主义共和国内部建立自治共和国与自治省的法律文献;四是各非俄罗斯民族自行决定建立民族政权的法律文献;五是各民族的苏维埃政府决定互相建立联盟关系,形成苏维埃社会主义共和国联盟的法律文献;六是关于民族人民委员会的工作的法令文献。[5]"苏联"的民族法律体系已初步形成。

"苏联"解体,有多种原因。究其主要原因,民族问题是一个很主要的方面。如"苏联"在不断发展强大的进程中,一是极大地强调中央集权,联邦宪法规定的民族纲领得不到切实的保证和贯彻,原有的民族法律形同虚设;二是错误地推行民族虚无主义,即只强调"苏联民族",认为百来个民族已经全面融合;三是对历史上遗留下来的民族问题没能认真地加以解决,忽视了少数民族和散杂居民族应有的合法权利和利益。这些问题,在政局稳定的情况下,一般不成为重大问题。但是,这些问题只要是在经济失调、政局不稳的状态下,就可能成为被权力斗争所利用的一种工具。

"苏联"解体在民族问题上的主要教训,"民族问题"起到了相应的作用,即大俄罗斯主义和地方民族主义泛滥,从而引发局部性的民族内战甚至民族分裂。在"苏联"解体之前,即在1990年前后,当局试图通过加强民族法制建设来缓解民族矛盾,如制定了"苏联"和联邦主体权限划分法、苏联共和国经济关系基本原则、退出联盟法、地方自治和地方经济法、散居民族权利保障法、民族语言法等一系列的民族法律,但终究抵挡不住解体的发展趋势,因为有些民族问题已经潜伏多年,使运行了70多年的"苏联"国家在世上消失。

(二)"南斯拉夫"的民族法制概况与教训

"南斯拉夫"是欧洲地区的多民族国家之一,有36个民族。"南斯拉夫"作为一个统一国家的历史,是在巴尔干战争胜利和第一次世界大战的结束,即摆脱了被

---

〔5〕 史筠:《民族法制研究》,北京大学出版社1986年版,第1~4页。

蹂躏和统治长达500多年,于1918年12月才开始的。在民族解放战争和人民革命时期之前,“南斯拉夫”王国的君主法西斯专政,使各民族之间的经济、文化、政治等各方面的问题和矛盾日益严重和尖锐。“南斯拉夫”各族人民解放后,实行了联邦制的法律原则。在铁托领导下,致力于民族法制建设,使历部宪法的民族纲领基本上得到了有效的实施(如1946年宪法、1953年宪法、1963年宪法、1974年宪法等)。在走出“斯大林模式”而建立的自治社会主义道路的过程中,充分地提高和突出了各民族的各种地位,把规范和调整各民族关系、发展各民族的经济和文化放在首位,而且在实践中取得了较大的成就。据有关资料统计,从1947年到1981年社会总产值每11年翻一番;1980年人均国民总收入已达到2600美元。已经达到了中等发达国家水平。

“南斯拉夫”的民族法制原则,一方面,遵循分权原则和协商制度,加强民族平等。采取缩小联邦权力,扩大各共和国和自治省的权力;另一方面,为帮助落后的民族地区发展经济、文化、教育事业,采取了一系列的民族法律措施,使落后地区加快了发展的步伐,如联邦设立了加快发展经济不发达共和国和自治省提供贷款的“联邦基金”。从各共和国按“社会产品”(即国民收入+折旧)提取1.86%,由联邦按一定比例分给经济落后的3个共和国和科索沃省。落后地区用这一基金以优惠条件提供贷款(年利息为5%,科索沃更低)。还为不发达地区的社会部门设立专项预算开支,用于发展这些地区的教育和卫生事业。还有其他间接的经济鼓励如财政的优惠、原材料和关税的优待等,都为加快落后地区的发展,改善民族关系,实现各民族事实上的平等,起到了一定的积极作用。但是,自铁托逝世以后,由于采取了在民族方面的某些国家权力的“轮流执政”,从而降低和削落了联邦的民族管理权力,造成宏观上的失调和失控,酿成地方民族主义日益抬头,使各民族在联邦权力的分配矛盾突出;加上历史上遗留的一些民族问题得不到应有的重视和解决,甚至忽视了对部分少数民族的合法权利和利益的保障;在国际环境动荡和国内秩序混乱的交织下,由于民族矛盾激化,发生了民族内战,造成“南斯拉夫”民族分裂。

(三)欧洲地区“社会主义”民族法制的教训

民族法制问题,在社会发展的过程中,在每一个多民族国家里,如果都能按照民族发展的规律行事,民族矛盾就会得到化解,国家就能安定富强。民族法律的作用,应该是按照民族发展的规律而设定的。从法的发展规律来看,法律也是随着社会经济和民主政治的发展而发展。民族法律也是随着民族的发展而发展。因为民族的发展是在随着社会经济的发展而不断发展的。从世界民族发展的角度可以看出,在民族发展和民族管理史上,多民族国家对民族问题的认识是在不断深化的。特别是民族平等、民族团结、民族进步和民族繁荣的共同社会问题,对一个多民族国家的稳定与发展来说,都将起到举足轻重的影响与作用,所以在当今的文明时代，民族关系问题都将不断地得到进一步的改善，这是人类追求平等和平的一种社会发展趋势。对于每一个多民族国家来说，基本上都经历了这么一种阵痛。在不同的国家制度里面，有的国家处理得好，有的国家还没有找到比较恰当的办法，即对本国的民族问题还没有足够的认识。总之，民族问题及其法制的经验教训是非常丰富的，既有失败的惨痛教训，也有成功经验可供借鉴。

对欧洲地区"社会主义"民族法制教训应当全面分析，因为民族问题不是一个单纯孤立的东西，民族问题涉及在社会政治、经济和文化的各个方面，民族法律也是反映这些各个方面的民族基本现象。例如，"苏联"的民族法制问题，集中地反映了法律原则与操作管理上的矛盾，当民族发展繁荣时人为地淡化民族意识和民族法制的作用，背离民族消亡规律；而"南斯拉夫"则集中地表现出法治与人治的矛盾，民族法律的效力原来是建立在个人威望的基础之上，一旦这种威望消失，原有的民族法律就失去意义，甚至荡然无存。也就是说，这种民族法律秩序还没有完全进入真正的法制轨道。诚然，欧洲地区的"社会主义"的民族法制，有它成功和积极的一面，也有它不足和失败的一面。

第三节　"美大"地区民族法

一、"美大"地区民族法概述

"美大"地区是指美洲地区和大洋洲地区的简称。"美大"地区的国家，大多数是多民族国家。目前，美洲约有 50 左右的国家和地区，约有 500 多个民族；大洋洲约有 20 多个国家和地区，约有 100 多个民族。

把美洲地区和大洋洲地区的民族法联系在一起，是因为这两洲地区的具有代表性的民族法的发展情况大体相似。"美大"地区民族法的特点，主要表现在以下几个方面：一是从近代到现代，入侵统治民族对土著民族主要是印第安人以及黑人的种族歧视法律制度，包括对其他民族移民的民族歧视法律制度；二是在 20 世纪 70 年代初，加、澳、美等国先后建立起来的民族多元文化法律制度；三是如墨西哥对主体民族之外的土著民族在某些方面采取的"民族平等"法律制度。

从"美大"地区的民族法的特点看来，其民族法的历史发展，也就是"美大"地区多民族国家对民族和民族问题的意识与政策和法律的调整，经历了一个不断认识的渐进过程，即从民族压迫和民族剥削的民族强制同化时期到当今采取民族多元文化法制的阶段。

"美大"地区的美国、加拿大、澳大利亚等国，不仅是这一地区经济发展比较发达的国家，也是当今世界比较先进的国家；它们的民族法的形式和内容，在这个地区、在近现代和当代,基本上都是相似的。但是,经济发达并不等于没有民族问题的矛盾存在,而只是表现的形式和存在的程度有所不同罢了。而且,有时暴露得十分尖锐。

二、"美大"地区多民族国家民族法

(一)美国民族法概述

美国是一个移民的国家,所有居民都是移民的后裔。如最早的土著印第安人也是一万多年以前由亚洲通过白令海峡进入现今美国的。由不同民族组成的民族国家——美国,现有100多个民族集团,非白种人32个。

美国民族法的发展轨迹,主要有三个阶段的三种内容:一是美国殖民时期至美国独立后的第一个25年,即到18世纪后期的民族同化法律;二是从1909年到本世纪70年代初的民族熔炉法律;三是20世纪70年代以后的民族多元文化法律。下面略举三例:

1. 所谓的"民族平等"。美国的《独立宣言》中关于公民基本权利和自由的宣示,在宪法的七条文本中没有得到反映。而是承认了南方的蓄奴制度,把黑人视为私有财产,排除在美国公民之外,违背了《独立宣言》中关于"人人生而平等""天赋人权"的庄严宣告。被称为《人权法案》的前十条宪法修正案通过后,虽然具有一定进步意义,但法案仍然没有废除奴隶制度,种族歧视依然存在。直至"第二次革命"的南北战争,资本主义制度战胜了奴隶制度,相应地通过了第13条(规定禁止蓄奴)、第14条和第15条(规定不得因种族、肤色或曾为奴隶,拒绝或剥夺合众国公民的投票权)。然而,正如恩格斯所指出的,"所以表明这种人权的特殊资产阶级性质的是美国宪法,它是先承认了人权,同时确认了存在于美国的有色人种奴隶制:阶级特权被置于法律保护之外,种族特权被神圣化了"。[6]

2. 对印第安人的法律制度。美国对印第安人的法律手段,先后主要采取了三种形式:早期主要是驱赶,不从则杀;其次是消灭其文化;后来才是承认其某些权利。

第一,北美洲原是古老的荷兰殖民者,首先对印第安人进行了种族灭绝政策。以致在美国建国前后,曾一度颁布施行灭绝印第安人的若干法律。例如,美国建国前,1641年荷兰人在北美所建的新尼德兰当局和1923年马萨诸塞殖民当局都曾颁布了悬赏戮杀印第安人的条例。前者规定上缴一个带发头盖皮赏20枚珠宝,后者规定给付100英镑。又如美国建国后,1787年宪法规定:印第安人不纳税即无公民权,不计算在各州人口之内。1814年还颁布过捕杀印第安人的奖励条例。规定上缴一个带发头盖皮的奖金50—100美元。更甚者,曾把40个印第安人妇女的带发头皮织成被单使用。

第二,为了发展经济的劳力因素,从19世纪20年代至19世纪80年代,把印

〔6〕《马克思恩格斯选集》(第3卷),第145~146页。

第安人圈集在267个部落“保留地”内。如1830年国会通过《印第安人迁移法案》，把幸存的30万印第安人，由印第安事务署以武力从密西西比河东岸押解到西岸的路易斯安娜的“保留地”。到1924年印第安人才被宣布为公民。

第三，从19世纪到20世纪30年代，不承认印第安人的语言和文化，隔离子女，强迫接受英美文化。从20世纪40年代到60年代，推行“印第安人都市化”。从20世纪70—80年代，印第安人才得到某种权利。如1975年1月，国会通过了印第安人自决和教育援助的法案；20世纪80年代，里根政府曾指望通过鼓励印第安人自治和吸收私人投资来改变保留地不景气的问题。并设法让他们与白人融合。

3. 对黑人的法律制度。美国黑人是三百多年前被欧洲殖民主义者从非洲贩运到美洲大陆来的奴隶。黑人的奴隶地位一直延续到1863年。美国对黑奴在刑法上特别残酷。例如，为加强对黑奴的镇压，曾于1805年通过了《逃奴追缉法》，由最高法院设置专门委员会和执行官到北部各州去协助搜捕逃亡奴隶；再如1836年，国会通过《言论钳制案》，宣布终止讨论一切有关取消奴隶制度的议案；又如1857年，最高法院又作出蛮横的“司考特判例”，公开指出黑人是奴隶主的财产，不是美国的公民。奴隶主残害黑人的私刑在美国刑法中成为一种习惯法。即使在1863年取消了奴隶地位，但脱胎于《奴隶法典》的《黑人法典》，仍以让黑人学习手艺和训练黑人过自由生活为托词，使主人占有黑人劳动和对黑人使用“有节制的体罚”等特权合法化。

美国是世界上最早把种族隔离规定在法律上的国家。到1954年，才从法律上取消对黑人的种族隔离。在20世纪50年代以前，美国宪法不禁止各州通过的无数的种族主义法律。它们的形式和内容主要有：(1)火车隔离法。规定黑人不能同白人共车厢。白人车厢与黑人车厢待遇差别。先是1875年和1881年田纳西州的两次制订。后是1887年佛罗里达州、1889年得克萨斯州、1891年亚拉巴马州、1898年南卡罗来纳州、1900年弗吉尼亚州、1907年俄克拉何马州等，相继制定了此类法律，蔓延了整个南部。(2)电车隔离法。1891年，佐治亚州率先制定了电车上实行种族隔离的法律，规定黑人只能必须乘坐专为黑人准备的电车。其他州也相继制定了同样的法律，使黑人在城市交通中也受到了限制。(3)学校隔离法。有21个州和哥伦比亚区正式规定要实行隔离，有11个州准许隔离。(4)婚姻隔离法。有30个州在法律上禁止白人与有色人——黑人、印第安人、蒙古利亚种人通婚，违者刑罚治罪。(5)居住隔离法。搞“限制性的住宅合同”，甚至首都华盛顿1948年的隔离法规定：“竖立了肤色界碑的狗的坟地禁止埋葬属于有色人种的狗。”还有工厂出入口、领工资的出纳处、水龙头和厕所隔离等。

现今的美国，虽然已经废除种族隔离制度，但在实际生活中，即使在民族多元主义环境下，如采取了对黑人和奇卡诺人在就业、上大学、招工等方面的许多照顾，但是,种族和民族歧视现象事件时有发生,种族摩擦难免。例如,1992 年 4 月 29 日,美国洛杉矶爆发了大规模的反对种族歧视的暴力冲突,引起了国际社会对美国存在种族歧视的普遍谴责。

(二)加拿大民族法概述

加拿大国土广大,是世界上民族较多的一个国家。加拿大学者认为约有 140 多个民族。居民主要是英国和法国移民后裔。印第安人和爱斯基摩人占有相当比例。英语和法语为官方语言。

加拿大的现行民族法,即多元文化法律制度。这种法律制度是在以往施行“民族同化”“民族熔炉”法律制度失败后建立起来的(1971 年 10 月 8 日,加拿大总理特鲁多宣布联邦政府推行“多元文化主义政策”)。1982 年把多元文化主义政策写入了加拿大宪法。1988 年 7 月 12 日,众议院通过了《加拿大多元文化法》。

加拿大多元文化法的主要内容有:(1)规定消除种族歧视,禁止任何以种族、民族或民族文化起源、肤色、宗教和其他因素为由的歧视。各级“人权委员会”接受种族歧视的个人投诉,情节严重者向法院起诉。(2)规定要提高传统语言的地位,保护加拿大的传统语言,承认多语言的文化。政府拨款资助民族语言教育。(3)规定要保护和提高文化的多样性,帮助提高传统文化。设立民族文化项目,加强民族研究和出版历史书籍。(4)规定设立专项费用,帮助和改善不发达的民族状况,支持移民等的一体化。(5)规定在各级政府设立多元文化事务机构。(6)规定要尊重民族风俗习惯。(7)规定要重点保护印第安人的语言文化和各种权利(1986 年颁布自治政府法)。印第安人有 6 种语言用于诉讼(加拿大印第安人操有 50 多种语言)。

加拿大的民族多元文化政策形成法律制度,这是加拿大社会发展的一个重大进步。它为加拿大的民族矛盾的缓和和社会经济的发展,起到了一定的积极促进作用。但是,加拿大的民族问题仍很突出,民族矛盾有时也是很尖锐的。例如,1992 年 4 月 29 日美国洛杉矶爆发大规模反对种族歧视的暴力冲突事件发生之后,在加拿大的一些地区同样出现了强大的“援震”运动;1992 年 10 月魁北克就其未来地位举行公民投票以至全国有关问题的修宪公民投票;华人集会要求实现保守党政府 1988 年竞选时承诺的解决人头税和排华法的历史冤案等问题。

(三)澳大利亚民族法概述

澳大利亚的民族法,基本上同美国和加拿大相似,属于同一类型。澳大利亚的民族法的历史发展,有三个不同的时期及其内容:一是霸占与屠杀(1788—1925 年);二是同化与歧视(1926—1971 年);三是推行一体化(从 1972 年起)。大致是:

土著民族是澳大利亚大陆的世居民族,至少有四万年以上的历史。但从 1788 年起,土著民族祸从天降,即被欧洲白人殖民者从北半球以武力占领了南大陆的大片土地,开始了对南大陆土著民族的进行驱赶和压迫;直至 1900 年 7 月 9 日,英国议会通过澳大利亚联邦宪法，宣告澳大利亚联邦政府建立，这种情形才起新的转机。在这100多年期间，种族关系不仅是一直十分紧张，而是处于一种毫无人性的残暴。殖民者颁布各种法令，一方面将土著人的土地宣布为王室所有；另一方面，搞所谓的对土著民族的“保护”，实乃霸占与屠杀。致使土著民族人口比例降至百分之几，白种人占绝对多数。白种人中，大部分是英国移民的后裔。

1931年，英国议会通过《威斯敏斯特法案》，给予澳大利亚内政、外交独立自主权。联邦政府在民族问题上，采取了同化和歧视的政策（源于1926年），加强了对土著人和混血儿的法律控制。即在20世纪30年代制定了一系列的压迫和剥削土著人的法律，如1933年和1936年的北部地区条例、1936年的西澳大利亚条例、1934年和1939年的昆士兰条例、1939年的南澳大利亚条例等。其主要内容：采取隔离土著民族；推行土著妇女绝育；限制种族间的婚姻和性关系；限制土著人饮酒；规定21岁以下的混血儿不能由父母抚养（目的在于根除土著文化）等的法律手段。

土著人为取消土著法的控制，进行了顽强的斗争。由于民族斗争激烈，20世纪60年代联合国通过了一系列的取消种族歧视法案，才迫使澳大利亚当局对歧视土著人的限制性法律和行政体系的废除。1972年以后，才开始施行一体化的政策和法律。其特点是承认土著民族有权决定他们的未来，有权保留他们的种族特点，有权保留他们的独特社会等。这些新举，无疑对缓和民族矛盾、促进土著人和全澳的社会经济发展起到了一定的积极作用。但是，由于社会经济制度的性质决定了民族问题的长期性、复杂性和矛盾性。

（四）墨西哥民族法概述

墨西哥是一个多民族的国家。其民族概念是指不包括该国主体民族即白人、白人和土著民族混血后代，而是特指纯血统的印第安各族（有56族）。

墨西哥民族法的一个重要特点，是基于1917年宪法规定的“村社的公有土地归还印第安人集体所有”的原则。经过70多年的反复变化，形成了目前民族法的基本内容：规定各民族平等，鼓励维护和发展各民族的经济、文化、教育、医疗卫生和尊重传统的风俗习惯的基本原则。并且采取了一系列的具体措施帮助土著民族发展经济，帮助土著民族发展教育和卫生事业等。

第四节 “亚非”地区民族法

一、“亚非”地区民族法概述

“亚非”地区是指亚洲地区和非洲地区的简称。亚、非两大洲，是世界上最大的地区。两洲面积合占全球陆地面积的49%,国家和地区约占世界总数的一半,人口约占世界总人口的67%,居住着世界上各个人种。目前亚洲约有1000多个民族,非洲有500多个民族。由于“亚非”地区民族多,国家多,而且大部分国家历史上曾被沦为西方殖民地或半殖民地,所以遗留下许多的民族矛盾和民族问题。

“亚非”地区的民族法,尤其是亚洲的民族法,不仅源远流长,而且颇具特色。如亚洲的古代西亚幼发拉底河和底格里斯河的两河流域,是最早形成国家和法的地区之一。即在公元前2113—2096年用苏美尔文字写成的《乌尔纳姆法典》,是历史上最早的一部成文法典;公元前18世纪(1792—1750年)的《汉穆拉比法典》,是世界上最早的一部比较完整的成文法典。这些法律的产生和形成,与欧洲古希腊法和古罗马法的产生与形成,有一个共同的特点,即都是以民族习惯法为基点;所不同的是,亚洲的民族法还具有以民族征战法为基点相结合的特征。

例如,《乌尔纳姆法典》的产生与形成,记录了世代民族的血迹。也就是在公元前4000年末期,两河流域南部的苏美尔人,随着农业和冶铜等手工业的发展,氏族部落内部发生剧烈的社会分化,奴隶制度逐渐形成。在公元前3000年初期,相继产生了一些城市国家,著名的有拉格什乌鲁克、尔尔、尼普尔和基什等。由于这些民族国家经常性的为争夺土地和财产而互相征战,强大的民族集团走向统一王国。胜者为了巩固自己的统治地位,以习惯法为基础,先后编纂了一系列的法典。法律十分严峻和残酷。

再如,《汉穆拉比法典》的产生与形成,是在两河流域小国之间的不断征战走向统一,重新统一的任务完成于古巴比伦第六代国王汉穆拉比统治时期。他根据国内的社会经济关系,根据国内存在着各种不同的文化、语言和习惯给国家的统治带来的困难,并在各国原有奴隶制法典的基础上,结合阿摩利人氏族部落的习惯制定出来的。它以清晰的文字记载着古代美索不达米亚平原的特有的奴隶占有制关系,对以后西亚及其他地区法律制度的形成和发展,有巨大影响。虽然这些法典内容较广,但实质上,都是为维护统治民族的统治阶级利益,把异族人作为奴隶和私有财产,可以任意处死和买卖,民族奴役残忍至极。法典规定,如果伤害了奴隶眼睛,仅以奴隶的一半买价偿还原主。这同伤害一头牛的眼睛也可以该牛的半价赔偿原主是同等看待的(第199.247条)。倘奴隶被打死,凶手无须偿命,给奴隶的主人赔以20舍克勒(古巴比伦的计量单位,每舍克勒约8.4公分)的银块即可。

又如,闻名于世的古代印度的《摩奴法典》(编纂于公元前2世纪)的“种姓制度”,是反映古代民族关系最为典型的一种法律制度。它把远古年代的惯例寓于强烈的宗教感,以“神的旨意”把民族划分为不同的社会等级,享有不同的政治权利和经济利益。例如,把被统治的民族即属于或出生于被雅利安人征服的落后部落,视为最下等的人,是一种“不可接触的贱民”。古印度种姓制度的法律化,有它产生的历史根源。即在公元前3000年前,印度河流域土著居民达罗毗荼人创建了哈拉帕文化,后来有了早期文字(至今无法阅读)。约在公元前20世纪中叶,属于印欧语系的白种游牧部落雅利安人,从中亚草原进入印度河、恒河上游,毁灭了达罗毗荼城市,当地居民沦为奴隶。他们用瓦尔那(梵文)把白肤色的雅利安人和黑肤色的土著居民区别开来。当时只有雅利安瓦尔那和达萨瓦尔那(雅利安人称奴隶为"达萨"或"达休",原义为敌人,后成了奴隶的同义语)。统治者为长期统治和压迫被征服民族制造理论,即用神意把印度社会分为四个瓦尔那:婆罗门;刹帝利;吠舍;首陀罗。《法典》(1,31)说:婆罗门是从梵天神的口中生出来的,刹帝利是从他的双手生出来的,吠舍是从他的双腿生出来的,首陀罗是从他的双脚生出来的。神决定了前两者为统治者,后两者为奴隶也。首陀罗是社会最低层的奴隶,无权参加宗教生活,即使听一听或看一看婆罗门教的圣典《吠陀》也被禁止。《摩奴法典》记述(10,51—56)是:须住在村外,不许和他们以外的人来往;婚姻只能在他们自己的范围内进行;他们须穿死人的衣服;只能用被人家遗弃了的破容器吃饭;带着铁的装饰品;入夜不得在村落和城市周围走动;白天工作时须依国王的命令带着标志行走等。中国东晋高僧法显曾述:"旃荼罗名为恶人,与人别居;若入城市,则击木以自异;人则识而避之,不相唐突。"[7]他们不但没有社会地位和各种权利,而且在刑罚上,打死一个首陀罗人的罚金只和打死一条狗的赔偿数相等;首陀罗人如有对婆罗门说侮辱语言,可以割掉其舌头;首陀罗人如有对高等级的人举拐杖,要砍掉其手;首陀罗人怒踢婆罗门,要砍掉其脚等不平等的酷刑。

中世纪的"亚非"地区的民族法,如阿拉伯地区的民族宗教法——伊斯兰法(又称回教法),它形成一个独立的法系,在世界法制史坛上占有特殊的地位。如中世纪欧洲地区盛行的"教会法",是由"伊斯兰法"的传入所影响的。而且一直在影响着后世的各种法律,即宗教问题成为各国宪法的一项法则。伊斯兰法是阿拉伯封建国家的法律,是每一个穆斯所应遵守的生活规则。它的产生和发展,是同伊斯兰教的产生和发展密不可分的,并贯穿着阶级斗争的全过程,包括部落贵族间、封建贵族与广大牧民、农民之间,征服民族与被征服民族地区间的斗争。例如,其《古兰经》就肯定了阿拉伯封建社会的阶级关系和等级关系,保留了许多氏族部落制度的残余,反映了游牧经济生活的特点。伊斯兰法的主要渊源,是阿拉伯原有的习惯。民族习惯法已被披上宗教法的外衣,成为民族压迫的法律工具。

与放射性的伊斯兰法相反的,是封闭性的"中华法系"在独自地运动着。中国封建制的民族法律制度已趋于完备。"亚非"地区进入近代以后,弱小民族灾难深重。不仅遭受外地区列强的掠夺,沦为殖民地和半殖民地,而且还遭受本地区的"强食弱肉"。内"法"外"法"交加,使广大各族群众处在水深火热、饥寒交迫的境地之中。是"十月革命"号角,把马克思列宁主义吹入亚非地区,一大批共产党人

---

〔7〕《晋书·法显传》。

率领各民族人民赶走了入侵者,建立了一批社会主义国家。“二战”结束后,使现代的“亚非”地区,各种类型的民族法律制度并存。

总之,在“亚非”地区,民族问题“五彩缤纷”。如有飘扬着中国社会主义特色的民族法制的旗帜;有承认自己是多民族国家而施行大民族主义的“主体民族执政”,表现出一种大民族沙文主义,对少数民族执行的是强制同化政策;有的国家少数民族人口占全国总数的35%以上,却没有设立任何机构专门负责民族事务,少数民族在各方面都处于十分落后;有被称为“世界民族博物馆”,但又不承认是多民族的国家;还有世界上少有的多如牛毛的种族主义的法律制度等。

二、“亚非”地区多民族国家民族法

由于“亚非”地区小民族多、小国家多,尤其是非洲地区,有的国家形成时间历史不长,各方面都还比较落后。经济文化落后,法制也就固然落后。下面择其三个国家的不同类型民族法进行个案简介。

(一)马来西亚民族特权法

马来西亚是由30多个民族组成的民族国家。其中马来人约占全国人口的47%,其他民族人口约占53%。现代马来西亚的民族法可概括为:民族特权法。其民族特权法的施行,有它的历史原因和经济关系的因素。18世纪初,西马和东马沦为英殖民地达100多年。1942年至1945年被日本侵占。1945年日降英又复其统治。直至1957年,马来西亚才获得独立。独立后的马来西亚,一切政策和法律都从马来人的特殊利益出发,制定了许多维护马来人利益的特权法。如规定最高元首只能由马来人担任,马来人享有在政府部门的高额比例职位。国家为马来语教学免费,非马来语教学不予资助等。其《宪法》第153条规定:“为马来人保留一定比例的奖学金、助学金或其他教育上和训练上的特权及特殊方便。”

(二)尼日利亚民族语文法

尼日利亚是非洲的古国之一,人口最多,是西非最有影响的国家,是全非名列前茅的强国之一。全国民族达250个以上。其中主体民族有3个,即北部的豪萨族、西部的约鲁巴族、东部的伊博族。他们都有自己的语言文字。尼日利亚的“强大”和加强民族语文法建设,是基于尼日利亚在1960年10月1日独立前被沦为英殖民地,独立后政府主要力行经济和文化教育的发展,增强了必须加强发展民族文化、增加知识分子数量的意识。为尽快改变政府行政部门官员和科学技术方面人才的民族成分,改变白人控制一切的殖民状况,采取了相应的法律措施。例如,1977年至1978年,规定“全国免费普及小学教育”。又如1981年5月,规定用三大主体民族语言为全尼日利亚各级教育语言,并且将它们提高到“国语”地位,从而开始扭转了殖民者语言绝对化的状态,并在全国高校设立“民族系”等。

(三)南非种族隔离法

南非施行种族政策已有300多年。自1910年南非联邦政府成立以来,特别是

1948 年国民党执政后,多如牛毛的种族隔离法律形成系统化。它是世界上最完备、最典型的一种种族法律制度。其门类之多,内容之广泛,世上不多见。南非的种族法律制度,一直延续到 20 世纪 90 年代初,即在国际社会的强大压力下,于 1991 年 6 月才开始作出废除如《土地法》、《集团住居法》和《人口登记法》。长期的国家混乱、国际制裁,给南非的各族人民带来了巨大的灾难。下面仅就其法律制度举目简介:

1. 保留地法。主要有 1913 年颁布的《土著土地法》,建立了约有 100 多个黑人保留地,黑人保留地制度形成。1936 年又通过黑人《土著赎购土地法》,使这一制度更加完善。

2. 班图“自治”和“黑人家园”法。主要有如:1951 年颁布《班图权利法》;1959 年 6 月制定《班图自治法》;1970 年通过《班图斯坦国籍权利法》。按部落在一块小小保留地组成 10 个“黑人家园”,搞所谓的“独立的国家”,“自治的国家”。

3. 集团住区法。主要有如:1923 年颁布《土著人城市住区法》;1945 年颁布《土著人〈市区〉法》;1950 年通过、1951 年 3 月公布实施《集团住区法》(或译《种族隔离法》),按肤色分为白种人、有色人、非洲人的集团,分别居住,每一种人有划定的地区,即白人居住地(400 多万人口)占总面积的 87.4%,非白人居住地(人口 1800 多万,占总人口 71%)只占总面积的 12.6%。

4. 通行证法。主要有如:《通行证法》,它是 1806 年英对南非的种族隔离的第一个法律;1950 年又通过《人口登记法》;1952 年又开始实施新的《通行证法》,规定凡年满 16 岁的非白人必须随身携带每月经雇主签署的身份证等多种证件,否则加以逮捕,或罚款,或送矿山、农场强迫劳动。

5. 肤色壁垒法。主要有如:1911 年通过《煤矿和工厂法》;1924 年通过《文明劳动法》;1926 年拟定《有色壁垒法》;1944 年通过《学徒法》《土著建筑工人法》;1956 年通过《工业调整法》,用以限制非白种人的各种权利。

此外,还有如《杂婚法》(或称《缺德婚姻法》)《严格检查书刊法》、《班图教育法》等。

中篇　总　　论

中国社会主义的民族法，是根据中国的民族实际建立起来的具有中国特色的部门法。中国社会主义的部门民族法理论，是马克思主义、毛泽东思想、邓小平理论、“三个代表”重要思想的民族法律观的结晶。中国社会主义民族法的基本理论，不仅在中国适用，而且将是放之四海而皆准的社会科学理论。因为其理论核心:是以中国宪法规定的“维护和发展平等、团结、互助的民族关系”和“国家保障各少数民族的合法的权利和利益”为基本原则的民族法律关系。

民族法的基本理论，是中国社会主义民族法制建设基本原则的阐释。中国社会主义民族法制建设在半个多世纪的理论建设与社会实践中，即民族立法和民族司法的经验与教训，是我们进行民族法理论概括的重要依据。依据宪法关于民族问题法制的基本原则，决定了建立民族法体系构架，健全民族立法体制，确定民族法调整对象，创建和规范科学的民族法律关系，完善民族法律规范，建置可行的民族法律责任制度，都是围绕着民族管理与民族权利而进行，即建立健全民族管理的法制秩序、规范和保障少数民族的合法权利和利益;从而在对民族纠纷的管辖与处理的问题上，处理的原则与方法上，或者是在侵犯民族权利的诉讼与制裁上，包括对民族法的宣传普及、贯彻实施的监督机制等问题上，形成一套科学的民族法理论体系。随着依法治国建设法治国家的法制社会理论实践的不断完善，民族法的理论也将随之更加完善。理论创新推动制度创新，制度创新促进理论发展。理论创新伴随制度创新而完善。民族管理制度的创新必然产生民族法制理论的完善。

世界上任何一种法律制度的建立，任何一种法律理论的创新，都是在社会发展和社会实际中、经过一定的历史时期、逐步形成和发展起来的。根据社会发展和人类进步的需要，在建立新的部门法的问题上，只要有利于民族进步和社会发展，就可以创立。当然，部门法的建立，部门法理论体系的确立，都必须是建立在一定的部门法客观事实存在的基础上，如果创造一种虚构的部门法及其理论体系，那既是违反科学而又没有生命力。如果社会发展需要一个部门法的存在和客观存在而人为棒杀，那也是违反社会科学的。譬如，数码信息产业时代的法律问题及其法律关系,给法律和法学提出了强烈的挑战。总之,实践是检验真理的唯一标准。

民族法的基本理论,要想在世界上建立一个认同的体系,那是不可能的,也是根本办不到的。因为,自从有阶级社会以来,一直就有民族不平等的法律制度的存在,这种法律制度从古到今一直在发挥着“消极”或“积极”的作用。像中国这样的建立在民族完全平等基础上的社会主义民族法律制度及其体系,目前世界上还不多见。更何况,“民族”思想理论潮流千姿百态,众说纷纭。《中国民族法学》原版能在国外翻译出版,从这个角度的意义上说,中国社会主义的民族法体系及其基本理论,将会在世界上不断产生不可估量的影响。尽管它还不是那么完善,但它毕竟是一门科学,一门学科。它将伴随着中国的民族法制建设的步履在前进!伴随着人类社会的进步和文明即人们向往和追求的法制社会在前进!

第五章　民族法概述

第一节　民族法的概念与特征

一、民族法的概念

"民族法"一词很早就出现在马克思主义的经典著作中。恩格斯在1884年发表的《家庭·私有制和国家的起源》一书中,对雅典国家最早的法律制度作了这样的描述:"相邻的各部落的单纯的联盟,已经由这些部落融合为统一的民族[Volk]所代替了,于是就产生了凌驾于各个部落和氏族的法权习惯之上的一般的雅典民族法;只要是雅典的公民,即使在非自己部落的地区,也取得了确定的权利和新的法律保护。但这样一来就跨出了摧毁民族制度的第一步,因为这是后来容许不属于全阿提卡任何部落并且始终都完全处于雅典氏族制度以外的人也成为公民的第一步。"[1]雅典民族法是雅典的国家法,是国家形成的标志之一。根据恩格斯的描述,雅典民族法具有这样几个特征:其一,雅典民族法是民族和部落融合的产物,正是由于民族与部落的融合,打破了民族与部落之间的界限,使雅典形成了一个统一的民族,而这样一个统一的民族需要一部代表整体民族利益的法律。其二,雅典民族法是凌驾于部落与民族法权习惯之上的国家法,在雅典国家形成之初,民族与部落的法权习惯仍然存在,并且还具有一定的约束力,这种旧的法权与新的统一民族的发展相冲突,为了维护民族的统一和国家的权威,雅典民族法以国家法律的形式重新确立新的社会关系和社会秩序,使雅典社会和雅典公民得以摆脱氏族与部落法权习惯的控制,不分部落与民族而享有权利和受法律保护。其三,雅典民族法是摧毁旧的民族制度,巩固国家形式的重要手段。雅典民族法所代表的新秩序凭借国家的强制力,在雅典地区取代着旧的民族制度,从而为新生的雅典民族和雅典国家的巩固与发展奠定了基础。

从上面的分析中不难看出,雅典民族法作为一种氏族制度向国家制度过渡过程中出现的社会规范,具备了国家法律的许多特征,是法律起源的一种模式。

---

〔1〕《马克思恩格斯选集》(第4卷),第106页。

然而,恩格斯描述的雅典民族法是已经融合为单一民族的雅典民族国家法律,在这里民族的特征表现为与其他民族国家的区别,以及与原来的民族、部落的区别。法律的这种民族性是各国法律的重要的文化特征,也是各国法律之间形成差异的重要原因。世界共有50多亿人口,均分属于不同的民族,生活在不同的国家,而不同国家的民族由于生存条件,历史发展、经济状况的差异,往往有不同的民族特征;即使是相同的民族,如果分布在不同的国家,也会由于生存条件和社会条件的不同而且有不同的民族特征。这些特征反映在法律上就形成了法律的民族性;以法律的民族性来划分各国的法律,便有了类似雅典国家法这样的民族法。

本书所讲的民族法并不是上述意义的民族法,而是指多民族国家内部调整民族关系的法律。区分两种不同意义的民族法,对于明确本书所讲的民族法概念是十分重要的。比较上述两种民族法,我们不难看出它们之间的几点区别;第一,恩格斯所讲的民族法是一个国家法律的总称,而本书所讲的民族法是一个国家法律体系中的一个特殊的法律部门。第二,恩格斯所讲的民族法以国家的民族特征作为分类标准,而本书所讲的民族法以法律调整的对象作为分类标准。第三,恩格斯所讲的民族法存在于单一民族或多种民族组成的国家中,而本书所讲的民族法只存在于多民族国家中,因为只有多民族国家才有不同民族之间的关系需要法律调整。

在由多种民族组成的国家中,用法律调整国内各民族之间的关系,历来是多民族国家处理民族关系的一种必要而有效的手段。在法律的分类上,法律家们往往根据法律调整的社会关系的不同,把法律划分为不同的部门法,如刑法、民法、经济法、行政法等。按照这样的分类标准,我们自然可以将调整民族关系的法律作为一个独立的部门法,并以其调整对象的特征为依据,将它命名为"民族法",以区别于法律体系中的其他部门法。

民族法是一个历史范畴。随着国家的形成,国家的地域性特征,使世界上大多数国家属于由多种民族组成的国家,在这类国家中,只要民族尚未消亡或者生存于该国度的各民族尚未被融合、同化为单一民族,便会有调整民族关系的法律存在。由于社会发展的阶段不同,民族法在不同的社会形态中,也表现出不同的性质,这种不同性质的民族法反映着不同社会形态中民族关系所具有的性质和特征,而且,归根结底是由它们赖以存在的经济基础决定的。由于不同社会形态的民族法所调整的民族关系不同,所以,不同社会形态的民族法在调整民族关系上也会采用不同的手段;甚至,在同一社会形态中,民族关系的变化往往会导致民族法在内容和调整手段上的变化。在中外历史上,这类的例子举不胜举。按照社会形态的不同,一般可以将民族法分为奴隶制国家的民族法、封建制国家的民族法、资本主义国家的民族法、社会主义国家的民族法等几种历史类型。除了社会主义国家的民族法之外,其他历史类型的民族法所调整的民族关系是处于对抗状态中的占统治地位的民族与被统治民族之间的关系,民族法优先保护占统治地位民族的权利,而对被统治民族采用以镇压为主,安抚为辅的策略。社会主义国家的民族法建立在民族平等的基础上,它调整的是各民族之间平等、团结、共同发展的民族关系,严厉禁止一切歧视异种民族的观念和行为。在多民族组成的社会主义国家,用法律手段妥善地处理民族关系,不断改善各民族之间的关系,促进各民族之间的团结与发展,是每一个社会发展阶段都必须关注的重大国事。社会主义国家如果在处理民族问题上出现严重失误,势必会导致民族矛盾激化,造成民族分裂和国家动乱的严重后果。在这个问题上,苏联解体的深刻教训是值得汲取的。中华人民共和国成立后,党和政府一直十分重视民族工作,制定了一系列民族政策和民族法规。尤其是自1978年12月党的十一届三中全会以来,民族法制建设提到了国家重要议事日程上,我国各级立法机关总结以往民族工作的经验教训,针对新时期社会主义革命和建设中民族工作的特点与任务,制定了大量的民族法,初步建立了具有中国特色的民族法体系,有效地维护了国家的稳定、民族的团结,促进了全国和民族地区经济的发展。

二、民族法的特征

调整民族关系的民族法具有如下一些基本特征:

(一)民族法是国家法律的一个重要组成部分

我国是一个统一的多民族国家,历史上便形成了具有不同文化特征的众多的民族群体,直至今日,56个民族共同生活在祖国的大家庭中,仍然是一个无法回避的现实。由于有众多的民族存在,也由于历史的、文化的、自然环境等因素造成的各民族发展的不平衡和民族特征上的差异,使我国的社会关系中包含着民族关系这一特殊的内容。调整民族关系的手段多种多样,中华人民共和国成立以来的很长一段时间,我国调整民族关系的主要手段是依靠党的政策和深入细致的民族工作。在1949年至1978年这一时期,我国虽然有一些调整民族关系的法规,但由于这些法规数量较少,无论在规模和内容上都未形成体系或者一个独立的法律部门。党的十一届三中全会以后,随着民主与法制建设的深入,党的民族政策通过立法程序,由国家立法机关制定为法律,一些具有立法权的地方立法机关,也依据宪法和法律的规定,结合本地区本民族的实际情况,颁布了许多调整民族关系的地方法规。这些调整民族关系的法律的出台,标志着我国调整民族关系的主要手段开始由政策手段转变为法律手段,也标志着一个独立的部门法——民族法逐渐地形成并走向成熟。

衡量民族法是否具有部门法的地位,我们可以从民族法的调整对象、自身体系、基本原则的特点来予以分析。

民族法的调整对象是民族关系,这一调整对象的特殊性决定了民族法与其他部门法在分类上的差别,也奠定了民族法成为独立部门法的现实基础。然而,如果仅仅是客观上存在需要用特殊法律调整的社会关系,而没有相应的法律存在并形成一定的规模和体系,这种调整特殊社会关系的法律部门也不能成立。我国的民族法尽管可以追溯其历史上的渊源,然而,作为一个独立的法律部门,却仅仅是在1979年以后开始形成的。因为,1979年开始的民主与法制建设的进程和依法治国的需要,推动着中国各级立法机关制定了一大批调整民族关系的法律法规,从而使民族法在立法体例上有了现实的法律基础。确立民族法为独立部门法还有一个重要因素,那就是民族法在其基本原则上的独创性。我国民族法的基本原则是依据我党的民族政策和长期的民族工作经验予以制定的,这些基本原则是调整我国民族关系的指导思想和基本观点,与我国的民族关系的特点吻合,具有鲜明的中国特色,又不与其他部门法的基本原则相雷同。

由此可见,民族法是一个独立的法律部门,它和其他部门法共同组成中国完善的法律体系。值得指出的是,由于民族关系事关国家的统一,民族的团结,社会的稳定,因此,民族法在我国的法律体系中具有十分重要的地位。

(二)民族法所调整的对象是民族关系

民族关系是一种社会关系,是各民族在政治、经济、文化交往和共同活动中所形成的以生产关系为基础的相互关系,涉及范围十分广泛。在多民族国家中,由于不同民族在人口、地域、政治形态、经济发展、文化传统等方面存在或大或小的差距,从而形成了较为复杂的民族关系。从世界发展的历史看,在人类历史相当长的时期中,整个世界的民族关系基本上是建立在一种奴役、剥削、压迫基础上的关系,因为民族关系紧张而引发的民族矛盾、民族纠纷和民族间的战争时有发生,极大地影响着国家的统一和社会的发展。直到现代,世界范围内由于民族关系调控失当而导致的民族分离、民族纠纷、民族仇杀仍然是当代世界政治风云的突出特点。人类社会的历史和现实都昭示着这样的规律:在由不同民族组成的国家中,妥善地处理和调整民族关系,改革现时的政治、经济、文化结构,创造平衡各民族利益的社会环境,维护各民族平等的生存权、发展权和参与社会生活的权利,是人类和平与发展的基本条件。

中国现有的56个民族在历史上共同创造了优秀的中华民族文化,组成了以中华人民共和国为象征的民族大家庭。中华人民共和国成立以来,我国各民族在社会主义生产关系的基础上,建立了民族平等、民族团结、各民族共同繁荣的新型民族关系,为中国的社会主义革命和建设奠定了可靠的基础,也为世界各国处理民族关系提供了宝贵的经验。

然而民族关系是一种动态的社会关系,它随着社会政治、经济、文化的变化而变化,因此,对于民族关系的处理和调整不是一劳永逸的事,而是国家活动中的一项长期而经常的事务。民族关系的调整可以有多种方法,政治、军事、经济、文化诸多方面都能采取若干措施,但是,倘若这些方法不走上法制的轨道,则会使民族关系的调整处于一种不稳定的、随意的无序状态中。

民族关系所具有的广泛性、复杂性和动态性的特点，也必然反映在民族法的内容上。民族法的内容十分广泛，它涉及政治、经济、文化、军事、自然环境等方面，因为，无论政治权力的分配、经济持续而平衡的发展、文化的继承与创新、军事力量的调配、自然环境的保护与资源的利用都涉及各民族之间的利益，都需要用法律的手段加以调整。

由于民族关系的复杂性，民族法在调整民族关系时也采取了一系列特殊的方法。例如，采用慎重稳进的策略推行新的法律和制度，允许各民族依照宪法和法律规定权限，自主地处理本地区本民族的事务，在资源分配上对民族地区予以照顾，努力缩小地区间发展的不平衡现象，在处罚力度上适当减轻对少数民族群众违法犯罪的处罚，在民族法的制定与实施中，以有利于民族团结、社会发展、边疆稳定为指导思想，如此等等，不一而足。这些特殊的方法适应民族关系的复杂性，有利于化解民族矛盾，预防民族纠纷，将民族关系的调整纳入法律程序的轨道。除了调整方法之外，面对复杂的民族关系，民族法将各民族内部与外部的关系上升为法律上的权利与义务的关系，以此来规范国家、地方、民族自治地方和各民族群众的行为，使民族关系及处理民族关系的方法、程序法制化，从而实现依法治国、依法处理民族关系的目标。

民族法具有一定的稳定性，这是由于法律的制定程序和运作规律所决定的。稳定的民族法和变化的民族关系往往会发生一些矛盾，当出现这种矛盾时，法律家要考虑的不是民族关系如何适应民族法的问题，而是要考虑如何使民族法适应变化了的民族关系的问题。解决民族法与变化着的民族关系之间可能出现的矛盾，一般来说有三种方法：其一，在立法时使法律具有一定的超前性，使它能够适应将来可能变化的民族关系。法的超前性必须建立在对现时的和将来的民族关系的科学分析之上，而且还必须把握适当的尺度，否则，超前的立法不仅可能破坏现时的法律秩序，还有可能不适应将来变化的现实。其二，及时地制定适应变化的民族关系的政策或司法解释，以便在法律调整滞后或出现空白的时候，能够依据政策或是司法解释灵活地适用法律来处理新的民族关系。其三，注意加强民族法的可操作性和适用法律上的灵活性，面对动态的民族关系，以往我国的民族立法往往采取较为原则的规定，以致一些民族法律法规实施中难以切实执行，形成有法难依的状况。因此，民族法的可操作性事关法律的权威和依法调整民族关系的效率，必须在立法中就予以解决，至于可操作性强的民族法与动态的民族关系之间的矛盾，则可以在民族法的实施中坚持灵活性的原则和公平与效率的评判标准予以解决。

（三）民族法是民族文化的独立性在法律上的反映

我国的民族法的根基在于各民族文化的独立性，在多元文化并存的社会中，作为国家意志的民族法在维护中华民族共同体的整体利益的同时，还必须维护以不同民族文化为特征的各民族的利益。离开了民族文化的这种多元性的特征，我国的民族法便失去了存在的价值。在这个意义上,民族法是一个历史范畴的文化现象。

民族的风俗习惯、历史传统、宗教信仰、生存条件及其与之相关的文化观念,对民族法的影响是非常巨大的。法国著名思想家卢梭曾指出:除了根本法、公民法和刑事法之外,还存在第四种法,而且是最重要的法;它既没有铭刻在大理石上,也没有铭刻在铜表上,而是铭刻在公民的内心里;它是国家真正的宪法;它每天都在获得新的力量;当其他法律过时或消亡时,它会使它们恢复活力或代替他们,它会维持人民的法律意识,逐渐用习惯的力量取代权威的力量。我们说的就是风俗、习惯,尤其是舆论;这是我们的政治家所不认识的部分,但其他所有部分的成功却依赖于它。它正是伟大的立法家在似乎局限于制定具体规章时内心所注意的部分。具体规章不过是拱顶上的拱梁,而缓慢诞生的风俗习惯才是拱顶上难以撼动的基石。[2] 这段话深刻地揭示了作为文化内容和文化观念的民族风俗习惯及其以舆论为表现形式的民族价值评价对立法和司法所产生的重大影响。在中外法制史上,民族文化对法律发生影响的例子比比皆是。英美法系与大陆法系是以法律渊源不同为主要特征来区分的两大法系,而形成不同法律渊源的原因,首当其冲地要追溯到大陆法系国家与英美法系国家各民族在文化上的差异。时至今日,两大法系尽管出现了互相融合的趋势,但表现不同民族文化的基本差别仍然十分鲜明。因此,一些研究者把两大法系称之为英美法文化和大陆法文化。[3] 就中国的历史来看,在元、清两个少数民族政权时期所颁布的元律、清律中,尽管保留了蒙古族成满族法律文化的一些内容,但绝大部分内容仍然袭用唐律。这一实例说明,虽然在民族关系上,汉民族在元、清两代处于被统治民族的地位,但汉文化仍是占主导地位的文化,它影响着异族统治者的法律意识及其制定的法律制度。除了占主导地位的文化对法律的影响外,社会中占非主导地位的少数民族文化对法律的影响也是显而易见的,在中国历史上存在过的"羁縻政策",便是最明显的例子。在现实社会中,民族平等是我国宪法的重要原则,所以,即使汉文化是社会中的主流文化,仍然不能以汉文化代替少数民族文化,或者忽视、歧视少数民族文化。与汉文化长期并存,具有独立性的少数民族文化,是中华民族文化的重要内容,也是我国立法和司法活动的重要文化资源。

民族法作为调整民族关系的法律,它最直接地反映着充斥于民族关系之中的民族文化的气息,民族文化的特殊性和民族文化的内容为民族法的制定和实施提供着历史的和现实的依据。在我国这样一个多民族的国家中,之所以要在建立民族法的体系,并且在其他法律中注意考虑民族的特点,归根结底是由于各民族具有

---

〔2〕 卢梭:《社会契约论》,商务印书馆1980年版,第73页。

〔3〕 [美]诺尔曼:《比较法律文化》,贺卫方等译,三联书店1990年版,第24~41页。

不同的文化传统，不考虑各民族文化传统的立法和司法，势必会产生民族间的文化冲突，引发诸种民族矛盾。

第二节　民族法的调整对象

一、确立民族法调整对象的依据

民族法调整对象的确立，关系到民族法在整个法律体系中的地位和民族法的适用范围，因此，弄清确立民族法调整对象的依据是十分必要的。

在民族法的概念中，我们把民族法的调整对象概括为民族关系，其依据在于：

（一）民族法调整的社会关系应当属于民族关系的范畴

民族法，顾名思义，是与民族有关的法律，然而，我国的所有法律都与中华民族有关，都深深地烙印着中华民族的文化特点，如果把具有民族特点的社会关系作为民族法的调整对象，便会令其失之宽泛，不能把握民族法的特点。民族法的调整对象应当是民族之间的关系，这种民族关系是涉及中华民族整体利益而与各民族利益相关的社会关系和各民族之间在社会生活中发生的社会关系。值得指出的是，不能把民族法调整的对象仅仅理解为少数民族之间的相互关系或是国家与少数民族之间的关系，实际上，作为主体民族的汉族与其他民族之间的关系，也是我国民族法调整的重要对象之一。关于各民族内部的社会关系是否属于民族关系的范畴，这是一个有争议的问题。一般来说，民族关系指的是各民族之间的相互关系和代表中华民族整体利益的国家与各民族之间的关系。民族内部的社会关系是一个民族内部成员之间的关系，它不涉及民族与民族之间的相互关系，因此，不属于民族关系的范畴，不能作为民族法的调整对象。当然，民族内部的社会关系也有需要用法律或法规来调整的内容，但这类调整民族内部社会关系的法律法规如果不涉及其他民族，还是应当把它们归类于一般的法律法规的范畴。至于单一民族组成的自治地方或多民族聚居的民族自治地方制定的处理本地方单一民族或某一民族内部社会关系的法规，则由于国家权利分配所形成的自治权具有国家权力的性质，所以，这类自治法规调整的社会关系实际上是作为国家权力机关的自治机关与单一民族或诸民族中某一民族之间的社会关系，仍然属于调整民族关系的范畴。

（二）民族法的调整对象应当是必须用法律手段调整的民族关系

用法律调整民族关系固然是现代社会依法治国的要求，但是，并不是所有的民族关系都有用法律调整的必要。这里的原因是：其一，民族关系的调整手段有许多，如政策手段、道德手段、舆论手段等，法律手段只是调整民族关系诸种手段中的一种手段，不能过分地强调法律手段的功能，忽视其他调整手段的作用；其二，作为调整民族关系的手段,法律也有一定的局限性,尤其是对于民族关系中属于思想、认识、信仰或纯粹的民族内部事务方面的问题,如果采用法律手段强行干预、限制、禁止,不仅不能改善民族关系,而且往往导致民族矛盾的产生。因此,在处理民族关系的时候,应当正确地选择调整手段,区分法律手段与非法律手段的调整对象,才能使各种调整手段相互协调,发挥最佳效率。需要用法律调整的民族关系一般是指各民族相互关系中涉及政治、经济、文化、自然环境等方面的权益关系的非思想范畴的事务。

(三)民族法调整的对象应当具有法律依据

在法的制定中,民族法中基本法的调整对象应当根据我国宪法确定的原则和精神来加以确立;民族法中的单行法、地方法、自治地方的自治条例和单行条例的调整对象,又应当以宪法和民族基本法的原则和规定加以确定。同时,在民族法的实施中,民族法的调整对象只能依照有关民族法来确定。可见,确定民族法调整对象还应当有相应的法律依据。强调民族法调整对象的确立应当有法律依据,有利于维护民族法的权威性,排除处理民族问题中任意立法或任意司法的现象,保障法律体系和执法活动的统一性。

上述确立民族法调整对象的三个依据是一个统一的有机体,三个条件缺一不可,符合三个条件的社会关系,才能作为民族法的调整对象规定于民族法之中。

二、民族法的调整对象

民族法的调整对象是指属于民族关系范畴并由法律规定用法律手段予以调整的社会关系。民族法的调整对象有如下一些民族关系:

(一)国家与民族自治地方的相互关系

在我国,处理国家与聚居的少数民族之间的关系的基本国策是实行民族区域自治制度。民族区域自治制度的基本含义是:在国家的领导下,各少数民族聚居的地方实行区域自治,设立自治机关,行使自治权,国家充分尊重和保障各民族管理本民族内部事务的权利。

民族区域自治是我国政治制度的重要组成部分,是我国解决民族问题的一项基本政治制度和法律原则。根据民族区域自治制度,我国设立了155个民族自治地方,从而形成了一种特殊的国家与地方之间的关系,即国家与享有自治权的民族自治地方的权力分配与权利义务关系。

国家与民族自治地方的相互关系具有下列特征:

1. 国家与民族自治地方之间是一种权力上的隶属关系。在这种隶属关系中,国家权力机关、行政机关和司法机关对民族自治地方的自治机关具有命令、指导、监督的权力;而民族自治地方的自治机关具有接受和服从国家权力机关、行政机关和司法机关职权活动的责任。这种权力上的隶属关系体现了中华民族共同体整体利益的需要,是维护国家统一、领土完整,实现国家主权的保障。

2. 民族自治地方享有一定的自治权。民族区域自治制度的核心是国家允许并保障聚居的少数民族除享有参加国家管理活动的权利之外,还享有自己管理本地区以及本民族内部事务的权力。因此,要以法律的形式设定民族自治地方的自治权及其适用范围,以保障民族自治地方的自治权得以实现。

3. 民族自治地方的自治权是一种有限的自治权。民族自治地方是中华人民共和国不可分割的部分,为了维护国家的统一,自治权必须根据宪法和法律的规定,在一定的范围和程度上予以设立和行使,因此,自治权的设立和行使受宪法和法律的限制。

(二)国家与散杂居少数民族之间的相互关系

我国少数民族的分布具有大杂居、小聚居、相互交错居住的特点,除了聚居的少数民族之外,还有许多少数民族散居或与其他民族杂居在城市和乡村。据统计,目前中国散杂居的少数民族人口有2400多万人,占全国少数民族总人口的四分之一。随着社会的发展,民族聚居地区的民族人口也由于上学、求职、婚姻、谋生等因素,时而流向非本民族聚居的地区,逐渐地提高着散杂居少数民族人口的数量,使民族散杂居的现象越来越普遍。因此,国家在处理民族关系的事务中,还面临着如何处理国家与散杂居少数民族之间关系的问题。

为了切实地贯彻民族平等、民族团结的原则,我国十分重视对散杂居少数民族权利的保障,中华人民共和国成立之初,就于1952年颁布了《关于保障一切散居少数民族成分享有民族平等权利的决定》,其后,又在一些法律中规定了保护散杂居少数民族权利的具体措施。1993年国务院批准颁布的《城市民族工作条例》和《民族乡行政工作条例》,是我国处理国家与散杂居少数民族之间相互关系的重要法律。

国家与散杂居少数民族关系的特征:

1. 散杂居少数民族享有民族平等的权利。散杂居少数民族是中华民族的组成部分,同时也属于不同族别的民族集团,作为中国公民,散杂居少数民族享有中国公民的权利;作为少数民族群体中的成员,散杂居少数民族又享有法律规定的少数民族的特殊权利。因此,散杂居的少数民族与聚居地区的少数民族一样,按照民族平等的原则,享有平等的权利。

2. 民族的基本权利不因居住环境和人数多寡而改变。在我国,国家与少数民族之间的相互关系虽然在调整方法上会因少数民族的居住环境,人口分布而有所差异,但是,国家赋予少数民族的基本权利,却不因居住环境和民族人数的多寡、民族人口的分布状况而改变。我国的散杂居少数民族无论居住在中国领域内的任何地方,也无论是分散的、杂居的或是小规模聚居的少数民族,都在法律上与其他民族一样享有平等的权利,并且能够保持其民族成分和本民族的风俗习惯、宗教信仰、语言文字等具有民族特征的文化传统。

3. 国家承担保护散杂居少数民族权利的责任。在国家与散杂居少数民族的关系中,国家确立了以民族乡的行政建制作为民族区域自治的必要补充,并建立了解决农村中的国家与散杂居少数民族之间关系的重要法律制度;国家还确立了把城市民族工作作为全国民族工作的重要组成部分的原则,大力加强城市民族工作的指导和管理,以解决城市中的国家与散杂居少数民族之间的相互关系。这些制度的建立和工作的开展,意味着国家承担了全面保障散杂居少数民族权利的责任。

(三)各民族之间的相互关系

在我国,各民族之间的关系包括汉民族与各少数民族之间的关系、各少数民族之间的关系。如果从地域的角度来说,各民族之间的关系又包括民族自治地方与非民族自治地方之间的关系、民族自治地方内部各民族之间的关系以及在非民族自治地方所居住的各民族之间的关系。

对于我国这样一个由多民族组成的国家来说,各民族之间的和睦相处、团结互助是我国的立国之本和社会主义事业成功的基础。在长期的历史发展过程中,我国各民族在文化上形成了你中有我,我中有你,你来我往,我往你来的文化格局,并且在人口分布上呈现出大分散、小聚居的特点,各民族之间的往来频繁,交流广泛,利益相关,唇齿相依。因此,处理好各民族之间的关系不但有利于民族的团结、社会的稳定,也有利于中国经济的持续而平衡发展,消除地区间的发展不平衡。

处理各民族之间的相互关系是民族法的重要内容。在我国的宪法、民族区域自治法和其他法律法规之中,确立了一系列处理我国各民族相互关系的原则和具体规定,为我们处理各民族之间的相互关系提供了法律依据。

各民族之间相互关系的特征:

1. 各民族之间的关系是一种建立在相互平等、相互尊重基础上的社会关系。我国各民族都是中华民族大家庭中的重要成员,各民族在历史上都为中华民族的形成与发展做出了杰出的贡献。在社会主义制度下,各民族在政治、经济、文化上享有平等的权利,禁止任何形式的民族歧视。

2. 各民族之间的关系是一种相互团结的社会关系。我国各民族在历史上共同开发疆域、共同维护祖国的统一,共同创造和发展中华民族文化,形成了具有强大内聚力的中华民族。新中国成立后,废除了旧中国长期奉行的民族歧视、民族压迫的政策,把加强民族团结,维护国家统一视为我国的立国之本和社会主义事业成功的基础。

3. 各民族之间的关系是一种互相扶助、共同繁荣的社会关系。我国各民族在自身发展的进程中,由于历史的原因、社会的原因和自然条件的原因,形成了发展不平衡的状况。然而,社会主义中国的繁荣是居住在中国境内的56个民族的共同繁荣,我国的社会主义制度和民族之间平等、团结的关系,为各民族互相扶助,共同发展奠定了坚实的基础。

(四)各民族内部的关系

各民族内部的关系是各民族自己管理的内部事务,它的内容包括民族成员的相互关系，本民族的经济、文化、教育等事务的管理等，随着社会的发展，在民族自治地方民族内部的关系也逐渐纳入了法律调整的范围，成为民族自治地方（特别是单一民族的自治地方）的自治法规的重要内容。各民族内部的关系具有如下特点：

1. 各民族的内部关系是各民族自己管理的内部事务。民族内部事务由本民族自己进行管理，是民族自治的一项重要内容，它体现了民族平等和相互尊重的精神，有利于维护民族内部的团结和民族之间的团结。

2. 各民族的内部关系是各民族自身发展的重要基础。各民族的发展除了依靠其他民族的帮助外，重要的是依靠自己的努力，管理好自己的内部事务，提高本民族的整体素质，增强本民族的竞争意识和竞争能力。

3. 各民族的内部关系是中华民族内部关系的一个层次。作为中华民族大家庭的一员，各民族的内部关系是中华民族内部关系的重要组成部分。因此，各民族内部关系的调整不但要符合本民族发展的利益。也要符合中华民族共同体发展的利益，要杜绝和反对为了本民族的局部利益，损害其他民族利益或整个中华民族利益的现象。

三、民族法在调整民族关系中的作用

民族法通过规范国家立法、司法、行政机关的活动和各民族公民的行为来调整我国的民族关系，它对于维护国家统一、民族团结和社会进步具有重要的作用。

第一，民族法能够确立各民族在政治、经济、文化领域的权利。民族法所确认的民族权利是社会经济关系的一种法律形式，它反映着各民族在生存和发展中的利益。民族法对民族权利的确认，意味着各民族在政治、经济、文化上的地位和相互关系的确立，这有利于建立稳定的民族关系，协调各民族的利益，有效地制止损害民族利益的行为。另外，民族法在确认民族权利的同时所设立的保障民族权利实现的义务，也为民族权利的享有提供了法律的和社会的保障。

第二，民族法能够建立调整民族关系的程序。民族关系的调整是通过立法、司法、行政的手段来实现的，无论哪一种手段的采用，都必须按照程序来进行。民族法的实在性不仅在于对权利与义务的确认，而且在于建立一套完整而合理的实施民族法的程序，以保证公正、平等、正义的法律精神在民族法的适用中不被人力地扭曲。民族关系的调整涉及各民族的利益，其背景条件是互有差异的民族文化，相对于其他社会关系的调整来说，更具有复杂性和敏感性。因此，必须通过民族法建立完善而合理的调整民族关系的程序，使调整民族关系的立法、司法、行政活动符合法律运行规律，体现公正、平等、正义精神，摒弃恣意行为，在高效而制度化模式和渠道中进行，确保调整民族关系活动的合法性和排除错误机制的有效性。

第三，民族法能够强化调整民族关系规范的效力。调整民族关系的规范有道德的、习惯的规范，这些规范的效力依赖于人们内在的信心，依赖于外在社会舆论、文化传统、领袖的权威。因此，调整民族关系的道德和习惯虽然具有普遍性的意义,但其效力不足以建立一种稳定的、全体国家机关和公民都必须遵守的秩序。民族法弥补了道德和习惯的缺陷,法律的普遍性使民族法规范可以在一个国家或地区具有普遍而相同的价值,而跨越民族的界限;法律的制裁性使民族法规范依赖于国家的强制力而具有强大的、不容置疑的约束力。调整民族关系的规范效力,直接影响着民族关系的稳定性,在现代社会中,没有国家强制力的保障即赋予规范法律效力,则很难有力地制裁破坏民族关系的行为。

第四,民族法能够使调整民族关系的行为选择准则化。我国民族众多,客观上决定了民族关系的多元性,即民族间的相互关系、经济状况、自然环境、价值观念都有较大的差别,因此,调整民族关系的具体行为也是多样化的。但是,多样化不是随意化,而是依照一定的准则,灵活地将调整民族关系的民族法应用于具体事务的处理中。要避免国家机关和公民在处理民族关系上的随意性,就必须以民族法的形式规定国家与公民的行为准则和行为选择的余地,只有这样,调整民族关系的行为才能在合法的基础上,合理而灵活地进行选择适用,也才能将调整民族关系的行为置于法律和民众的监督之下。

第五,民族法能够有效地组织国家调整民族关系的活动。民族关系的调整主要依靠的是国家的权力机关,司法机关和行政机关,而关于这些机关的组成、职责、活动范围等事务,只能在民族法中加以明确和设定。民族法对上述机关的组成、职责、活动范围的规定,保证了调整民族关系的活动能够在各机关职责明确、分工合作、互相监督的状态下正常进行,维护了该项工作的统一性和效率性。一旦发生民族关系调整的失误或民族内外部的纠纷,均可在依照民族法组织的上述机关中得以妥善的解决,而上述机关在民族法授予的职权范围内活动,方能有效地、及时地对现时的民族关系进行调整,以实现国家在处理民族关系上的目标。

第三节　民族法的渊源和适用范围

一、民族法的渊源

民族法的渊源是指民族法的效力来源,即民族法得以体现的法律形式。我国民族法的渊源是国家机关依据法定职权制定的调整民族关系的各种规范性文件,是以制定法为主的法律形式。

由于民族法的制定机关、调整对象、适用范围的不同,民族法在渊源上可以分为不同的层次;又由于民族法所调整的社会关系与其他法律存在重合的现象,民族法在渊源上又与其他部门法有着难以分割的关系。所以,民族法的渊源在结构上形成一个上下有序、相互衔接、左右交叉的格局。所谓上下有序是指民族法在层次上有地位高低、效力大小的排列，例如，宪法中关于调整民族关系的规定、民族区域自治法、地方或民族自治地方的法规等，它们都属于民族法的范畴，但在结构上却处于不同的层次，在对应的相互关系上是上位法与下位法的关系。所谓相互衔接是指民族法在体系上形成国家法律、地方法规，基本法与单行法规相互联系、互相配合的内外部协调一致的规范体系，既能保证某一民族法律规范的效力，又能发挥民族法的整体效力。所谓左右交叉是指民族法与其他法律之间的相互重合，民族关系的广泛性和复杂性，使民族法的调整对象和调整方法涉及民事、刑事、行政法律，而民事、刑事、行政法律在处理民族关系的事项时，也必须依照民族法的基本原则，由此便形成了民族法与其他部门法相互交叉的关系。

民族法的渊源主要有以下几种法律形式：

（一）宪法

我国宪法是国家的根本法，具有最高的法律地位和权威。宪法中确立的调整民族关系的基本原则和基本制度是民族法的重要渊源，也是其他层次的民族法的立法依据。

（二）民族区域自治法

我国的《民族区域自治法》是处理国内民族关系的基本法，它具体规定了民族区域自治制度的基本原则、民族自治地方的建立和自治机关的组成、自治机关的自治权、民族自治地方的人民法院和人民检察院、民族自治地方内的民族关系、上级国家机关与民族自治地方的关系。

（三）其他包含调整民族关系内容的基本法和法律

在我国法律中，由于法律的适用范围囊括了民族地区在内有中华人民共和国的领域，许多法律都面临着处理民族关系的任务，因此，在国家制定的基本法和法律之中，都规定了处理民族问题的规范，例如，刑法、民法、程序法、婚姻法、草原法、森林法等都规定了关于民族自治地方的变通权或保护少数民族权利的内容，这些规定也是民族法的渊源之一。

（四）关于调整民族关系的行政法规

国务院制定的行政法规是国家最高行政机关管理国家事务的规范性文件，其中涉及处理民族关系的行政法规，是民族法的重要渊源。属于民族法范畴的行政法规包括：

1. 国务院制定的调整民族关系的行政法规。如《国务院关于进一步贯彻实施〈中华人民共和国和国民族区域自治法〉若干问题的通知》、《国务院关于建立民族乡问题的通知》等。

2. 国务院批准的调整民族关系的行政法规。如《西藏自治区关于发展对邻国贸易的暂行规定》、《民族乡行政工作条例》、《城市民族工作条例》等。

3. 国务院所属部委在各自权限内所发布的调整民族关系的规范性命令、指示和规章。如民政部和国家民委颁发的《关于不要强迫回族实行火葬问题的通知》、国家民委《关于慎重对待少数民族风俗习惯问题通知》等。国务院所属部委在法定权限内制定发布的规范性文件,虽然在法律的地位和效力上低于国务院行政法规,但仍然是法律的渊源之一。

(五)自治法规

自治法规是指民族自治地方的自治机关依法制定自治条例和单行条例,由于这些法规的立法依据与非民族地区的地方法规来源不同,故是一种区别于非民族地区地方法规的法律形式。据统计,目前共有133个自治地方制定了自治条例,民族自治地方颁布的单行条例共336件,变通规定和补充规定67件。民族自治地方的自治条例和单行条例都是以处理民族关系和民族自治地方社会发展问题为内容的法规,是民族法的重要渊源。

(六)有关调整民族关系的地方法规

地方法规是指各省、直辖市、自治区以及省、自治区人民政府所在的城市和经国务院批准的较大市的人民代表大会制定的规范性文件,其中关于调整民族关系的法规,在民族法的渊源中占有重要的地位。例如,福建省人大常委会批准的《关于少数民族计划生育的暂行规定》。

(七)国际条约中关于处理民族关系的规定

随着我国对外开放政策的深入贯彻和我国在国际社会中交往的频繁以及地位的提高,我国同外国缔结的双边和多边条约、协定和其他具有条约、协定性的文件逐渐增多。在这些国际条约中,就有一些是关于处理民族关系的规范性文件,例如,我国先后参加和签署了《国际人权宣言》《消除一切形式种族歧视国际公约》《禁止并惩治种族隔离罪行国际公约》《经济、社会及文化权利国际公约》《公民权利和政治权利国际公约》等。根据我国的刑法、民法通则、刑事诉讼法、民事诉讼法、行政诉讼法的规定和全国人民代表大会关于批准加入相关国际公约的决定,中华人民共和国缔结或参加的国际条约在中华人民共和国境内具有法律效力,国家在所承担条约义务的范围内履行保证条约在国内实施的责任。

二、民族法的效力范围

民族法的效力范围是指民族法对人的效力、空间效力和时间效力;即民族法对什么人、在什么地方和什么时间适用的效力。

(一)民族法对人的效力

民族法的对人效力是指民族法适用于哪些人。由于民族法调整的民族关系涉及面广,这里所指的“人”,除了自然人外,还包括法律上拟制的人,即机关、团体、公司、企业、事业单位和其他组织。

民族法对人的效力是一个十分复杂的问题,其复杂性来自民族法的渊源具有多样性,也来自在大多数民族法中并没有专门规定对人的效力。民族法是调整民族关系的法律,而民族关系实际上是一种分属于不同民族集团的人之间的关系,因此,民族法必须确定对人的效力范围。

从民族法的渊源来看,不同层次的民族法有不同的对人的效力。宪法、基本法和法律中关于调整民族关系的规定,在对人的效力上采用以属地原则为主,与属人原则、保护原则相结合,即凡是在中国领域内的中国人和外国人都应当遵守我国法律的规定,一律适用中国的法律;中国公民在外国,原则上仍受中国法律的保护,同时也有遵守中国法律的义务;外国人在外国对中华人民共和国或中国公民的违法行为,在一定条件下仍然可以适用中国法律。

调整民族关系的行政法规的对人的效力可以分为两种情况:一是处理全国性民族事务的行政法规,它对人的效力应当与国家法律对人的效力相一致;二是处理局部性民族事务的行政法规,它对人的效力则只能是该法确立的局部地区的人或与该局部地区发生关系的人。这种情况与属地原则的精神相类似。

地方性民族法规(包括地方性法规和自治法规)对人的效力应当采用类似属地原则的方法来解决,即只有对于属于该地方法规制定机关管辖范围的人和与该地方发生关系的人才有效力。

(二)民族法的空间效力

民族法的空间效力是指民族法在什么地域范围内发生效力。由于制定机关和民族法内容的不同,不同层次的民族法往往具有不相同的空间效力。

1. 在全国范围内有效的民族法。如宪法、法律和行政法规中关于调整民族关系的规定。

2. 在民族自治地方有效的民族法。如民族自治机关颁布的自治条例和单行条例,它们只在制定该自治条例和单行条例的特定的民族自治地方有效。

3. 在某一地区有效的民族法。如有立法权的地方立法机关制定的地方法规,在该立法机关管辖的地区(包括非民族地区或民族自治地方)有效。

(三)民族法的时间效力

民族法的时间效力是指民族法的生效时间和失效时间。

民族法的生效时间一般由民族法明确加以规定。我国民族法中关于民族法生效时间的规定大致有以下几种:

1. 颁布之日即为生效之日。例如,《国务院关于进一步贯彻实施〈中华人民共和国民族区域自治法〉若干问题的通知》。

2. 颁布日期与生效日期不一致。例如,《民族区域自治法》于 1984 年 5 月 31 日颁布,自 1984 年 10 月 1 日生效。

3. 由于立法程序和该项法律的特别规定,通过日期、批准日期、生效日期均不一致,自治条例、单行法规大多属于这种情况。例如,《延边朝鲜族自治州自治条例》于 1985 年 4 月 24 日通过,1985 年 7 月 31 日批准,1985 年 10 月 1 日生效。

4. 由于立法程序的特别规定,通过日期在前,而批准日期与生效日期一致。例如,《云南省西双版纳傣族自治州城镇市容和环境卫生管理条例》于1993年3月21日通过,1993年4月7日批准并生效。

民族法终止生效是指民族法效力的消灭,也称为民族法的失效或废止。民族法的终止生效一般有两种做法:一是明示的废止,即在新法或其他法令中以明文规定,对旧的民族法予以废止;二是默示的废止,即在司法实践中认定新法与旧法相冲突,因而实际上终止旧法的效力。我国目前采用的是明示的废止,例如,1987年11月24日通过的《全国人民代表大会常务委员会关于批准法制工作委员会对1978年年底以前颁布的法律进行清理情况和意见报告的意见》中,对已经失效或已有新法代替的一些民族法律法规予以了废止。

第六章　民族法的基本原则

基本上所有的法律在立法时都需要确立并在其总则部分规定“基本原则”。法律的基本原则是贯穿在一个法律的立法、执法、司法、守法等各个环节的活动之中。在司法实践中,法律的基本原则起到具体法律规范的作用。即法律规范不完备时,得遵循和依照法律基本原则处理相应的法律关系。可见,法律基本原则是提纲挈领的地位和作用。

民族法的基本原则由民族法的任务和调整对象所决定,是指在国家法制统一的基本原则的前提下,根据民族法的特点而确立的民族法本身所特有的一些基本原则。民族法由若干的民族法律法规组成,单个民族法律法规在民族法总的基本原则下还有各自相应的基本原则。如《民族区域自治法》《散居少数民族权益保障法》在贯彻民族法总的基本原则的前提下,还有他们特定的基本原则。

由于民族问题是一个综合性的、复杂性的社会问题,决定了民族法的基本原则的多样化。所以,本章叙述的“民族法基本原则”,是所有民族法律法规共同遵循和贯彻的基本原则。从我国社会主义民族法制建设上看,民族法的基本原则主要是:各民族一律平等的原则、保障少数民族合法权利和利益的原则、各民族共同繁荣的原则、维护民族团结和国家统一的原则等。

第一节　各民族一律平等

一、民族平等的概念

民族平等是我国社会主义民族关系中最基本的一个内容。这是宪法所规定了的。即《宪法》第4条规定:“中华人民共和国各民族一律平等。”宪法序言还规定:“平等、团结、互助的社会主义民族关系已经确立,并将继续加强。”所谓的民族平等,是指民族不分人口多少、历史长短、先进与落后,他们在国家的政治、经济、文化和社会生活等各个方面都须一律平等。包括在国际社会中也须是一律平等。所以,民族平等是确定和衡量民族法律关系的根本准则。

人类社会是由数千个民族共同体所组成。民族平等,是人类民族所共同享有的基本权利,是民族生存和民族发展的基本条件,是人类社会文明的一个重要标志,是人权法制社会的一个标尺。

人类社会在历史发展的进程中,先是经过了原始社会无阶级的平等阶段;当人类社会进入阶级社会以后,民族不平等的丑恶现象持续了几千年;在当今的世界氛围中,仍有民族不平等的社会现象和社会制度的存在。有民族不平等的存在,就有民族的反抗和斗争;民族不平等,是世界动荡或地区不安宁的一个主要因素。但是,我们已经看到,世界人类的发展趋势是在朝着民族平等自由的方向发展和迈进,民族平等已经成为国际社会的一个共同准则。这是一个主流。

民族平等,不只是一种口号,而是多民族国家保证实施的一项政治制度和法律制度的基本内容。民族的平等,它必须体现在国家的政治生活、经济生活、文化生活和社会生活的各个方面,并通过国家的法律制度予以保障。因为,民族平等是国家民族工作的根本基础,是实现民族团结和民族互助的基本前提,是民族进步、民族发展和各民族共同繁荣的先决条件。

我国是由56个民族组成的统一的多民族国家,中国共产党和中国人民政府一向实行的民族政策和民族法律是:在中国民族大家庭内,民族不分人口多少、历史长短、先进或落后,都一律平等对待,实行一律平等的法制原则。并把它形成法律制度化。

中国社会主义制度的建立,消灭了民族对立和民族不平等的社会法律制度。既然在中国社会主义已经不存在民族不平等的问题,为什么还要在宪法上规定"中华人民共和国各民族一律平等"的基本原则呢,为什么还要在宪法和组织法中规定国家各级人民政府行使"保障少数民族的平等权利"的职权呢,为什么我们还要通过民族法制建设来调整民族平等关系的问题呢!这是因为,旧中国给新中国遗留下来了民族间事实上的不平等问题。也就是说,社会主义制度的建立,虽然各民族实现了在法律原则上的完全平等和在社会政治生活中的基本平等,但在经济文化发展上各民族之间还存在很大的差距。就解决经济文化差距的问题而言,需要经过长期的工作和努力,可以说是将在社会主义初级阶段的历史过程;加上历史上遗留下来的大民族主义和地方民族主义的思想或某些不良现象在社会主义初级阶段有时还存在、还可能发生。所以,民族平等原则不只是民族工作和民族法制建设的一个基本原则,也是党和国家一切工作的出发点和基本准则。

在民族平等的问题上,社会上还存有缺乏对民族平等含义的基本认识。认为,在少数民族地区或者汉族地区,同样存在经济和文化上的差异的事实上不平等,所以提出民族间事实上的不平等问题是不妥当的;规定对少数民族的某些照顾如学生考分的照顾,是一种民族不平等的做法,是对汉族的歧视等。民族差别与地区差别是两个不同的概念和范畴。民族差别是因历史上的社会政治制度和政治行为所造成的,而地区差别主要是因为人文地理经济条件等因素。对少数民族的某些照顾,是基于历史原因和社会主义制度的政策性问题。本来少数民族和少数民族地区由于历史原因,与汉族地区的差距已经很大,如果再让这种状况继续下去,差距会越拉越大,就会失去民族平等的意义。譬如,在就学上对少数民族考生的适当分数照顾问题,如果从深层透视那几分照顾是很不够的,只是政策法律上的安慰而已。因为,在边远的少数民族地区,还有一个小学一个教师的状况,教学设备和学生受到的教育和所处的环境,与城镇与比较发达的汉族地区是天壤之别,同龄同级的学生不是处在一个同等的起跑线上,而摆在他们面前的所有"考卷"是一样的"平等"。不平等的受教育状况而平等的竞争模式,其微弱的照顾作用是很有限的。即使他们比城里人百倍的付出,考上了学校也由于经济困难而却步。

在社会主义市场经济的条件下,我们既要鼓励和支持少数民族和民族地区积极投入竞争的环境,又要注意协调和坚持民族平等关系在经济发展方面的基本原则问题。

二、民族平等的内容

民族平等的内容是指民族平等问题所涉及的范围。一般地说,民族平等主要是体现在政治、经济和文化的方面。

(一)政治上的平等问题

政治上的民族平等,主要是指各民族在国家政治制度和国家政治生活即各民族在共同管理国家事务上的平等权利问题。它主要表现在:

第一,我国宪法规定,中华人民共和国是人民民主专政的社会主义国家,中华人民共和国的一切权力属于人民,人民行使国家权力的机关是全国人民代表大会和地方各级人民代表大会。各级人民代表大会的各民族的人民代表,是各民族人民共同管理国家事务的一个重要体现。对此,我国宪法、组织法、选举法等法律作出了明确和具体的规定。并且在关于各级党和国家机关、事业和企业单位的少数民族干部的配备、培养和使用等问题上,也都作了相应的规定。从而形成了培养和使用少数民族干部的法律制度。如宪法规定的:国家帮助民族自治地方从当地民族中大量培养各级干部、各种专业人才和技术工人。

第二,我国法律规定,民族区域自治是解决我国民族问题的基本政策,民族区域自治是国家的一项基本政治制度。我们已经建立了民族区域自治法律制度。在民族区域自治法律制度中,不仅体现了少数民族管理国家事务的权利,同时也充分地体现了国家尊重各少数民族自主地管理本民族内部事务权利的精神;各少数民族享有建立民族自治地方的平等权利,各民族自治地方的自治机关享有行使自治权的权利和权力。

总之,国家为各民族和各民族公民在国家的政治领域提供和保证了完全平等的法律地位,还特别注意保障各少数民族的平等权利,并且在不断地完善和加强。

(二)经济上的平等问题

经济上的民族平等是指各民族在经济生活领域中的完全平等。相对地说,解决民族政治上的平等比解决民族经济上的平等要容易得多。事实上,不可能有、也绝对没有经济生活上的完全绝对平等。但是,政治上的平等是经济上平等的一个重要基础和条件,如果没有政治上的平等,就不可能有经济等其他方面的平等。各民族在经济上的平等,除了政治平等条件之外,还须有一个国民经济基础的问题。国家富强,民族地区就能很快地富裕;民族地区努力自力更生富裕,国家也就更加富强。这是一个辩证的问题。西部开发战略充分体现了这一辩证关系。

党和国家在对待和处理经济方面的民族平等问题上,一向是非常重视的。首先,我国宪法规定了国家根据各少数民族的特点和需要,帮助各少数民族地区加速经济的发展;国家从财政、物资、技术等方面帮助各少数民族加速发展经济建设事业等的基本原则。其次,建立了民族经济法律制度。建立和健全民族经济法律制度,是解决和实现各民族在经济上的相对平等的一个重要手段。在建立市场经济体制之前,国家在民族经济法律制度方面作了很大的努力,为逐步实现各民族在经济上的平等起到了很大的积极推动作用。同样,在市场经济体制的今天,仍需要继续完善民族经济法律制度,即完备市场经济条件下的民族经济法律制度。此外,党和国家在制定国民经济发展战略和方针政策的时候,仍需要注意加强宏观调控,对少数民族和少数民族地区给予适当的倾斜和照顾。

逐步实现经济上的民族平等问题,还有一个很关键的重要措施,即横向的民族帮助和协作。指的是先进的地区协助和帮助后进的民族地区。在改革开放时期以来,这方面的工作取得了很大的成绩,并相应地形成了一定的法律制度。市场经济,需要互相竞争,更需要对民族地区的协作与帮助。因为,民族地区原本经济基础薄弱,自然条件恶劣,在市场经济竞争中相对地处于被动和劣势的地位;虽然市场经济的竞争机制,已经把民族地区从原来的在一定程度上有依赖的状况改变了观念,但是,改变观念不等于就能马上改观经济状况,改变观念不能离开有良好的经济基础条件为前进和发展作奠基。所以,在经济方面的民族平等问题上,仅有平等的法律主体是不够的,还需要有平等的经济基础条件,才具有民族平等的实际意义。

(三)文化上的平等问题

文化的概念非常广泛。民族文化一般是指各民族的传统文化。主要是指各民族在历史上发展形成的语言文字、风俗习惯、文学艺术、教育科技、医药卫生、体育及宗教等方面的基本概念。民族传统文化,是成为其民族之基本特征之一。所以,民族文化上的平等,也就是各民族的传统文化的一律平等。我国宪法规定了各民族传统文化的一律平等,并特别规定了国家帮助各少数民族发展文化建设事业的基本原则。如各民族都有使用和发展自己的语言文字的自由、都有保持或者改革自己的风俗习惯的自由；国家根据各少数民族的特点和需要，帮助各少数民族地区加速文化的发展，国家从财政、物资、技术等方面帮助各少数民族加速发展文化建设事业等。多年来，我国已经初步形成了民族语言文字法律制度、民族风俗习惯法律制度、民族文化法律制度、民族教育法律制度、民族宗教法律制度等。

文化上的民族平等问题，不只是确定民族传统文化的一律平等原则，而是在坚持民族传统文化平等的原则基础上，发展现代的民族文化。特别是帮助各少数民族发展现代文化的建设事业。中华民族文化，包容了各民族的文化。正如宪法所规定的：中国各族人民共同创造了光辉灿烂的文化。中国各族文化在历史发展过程中，都是互相吸收、互相融合、共同发展的。汉族文化一直在起着主导作用。未来的中国文化，是逐步走向统一的发展趋势。而且世界民族也是如此。但在很长的时期内，仍需要保持一体多元的文化格局。民族文化的平等原则，仍需通过法律制度的调整和强化。

三、民族平等的保障

民族平等的保障，其保障制度、保障方式、保障方法、保障措施是多方面的。如有政治制度方面的、经济制度方面的、财政制度方面的、文化制度方面的，等等。而最主要和最重要的是法律制度和民族政策的保障。其中法律制度的保障，可以包括其他方面保障的基本内容。在法律制度保障方面，也有它的法律的形式和内容问题。

（一）宪法的保障

宪法是国家的根本大法，是国家的总章程。民族平等的保障，首先须有宪法保障的有关规定。我国宪法对民族平等的保障原则是很充分的。如《宪法》第4条规定了“中华人民共和国各民族一律平等”的基本原则以外，还从多方面规定了保障民族平等关系的一般原则问题。如国家维护和发展各民族的平等关系，禁止对任何民族的歧视和压迫，国家从财政、物资、技术等方面帮助各少数民族加速发展经济建设和文化建设事业等若干问题的原则规定。并且从“人权”角度给予保障。

（二）民族法律制度的保障

民族法律制度是保障民族平等的最主要的法律规范。也就是说，民族法律制度的建立，包括民族立法、民族执法、民族司法等的民族法制的各个环节，都是以民族平等这个基本原则为根本的出发点，都是以民族平等这个基本原则去确定民族法律规范。并根据民族平等的基本原则，建立一系列具体的民族法律制度，如民族区域自治法律制度、民族经济法律制度等。即从政治的、经济的、文化的各个方面，全面保障各民族的一律平等。

（三）其他法律的保障

民族平等的内容范围与民族问题的内容范围基本上相同。民族问题涉及在政治、经济、文化和社会关系的各个方面，固然，民族平等的法律保障也就与所有的法律都有关。我国现行的所有法律,除了民族法外,其他的法律基本上都有有关民族问题的规定,这些有关民族问题的规定,都与民族平等的问题有关,都是调整和协调民族平等关系问题的。

第二节 保障各民族合法权益

一、少数民族的合法权利和利益的概念

我国《宪法》第4条规定:"国家保障各少数民族的合法权利和利益。"哪些是少数民族的合法权利和利益,哪些是少数民族的不合法的权利和利益,目前从理论研究或立法上还没有一个比较明确的界定。从一般意义上讲,所谓各少数民族的合法权利和利益是指法律具体明确规定的少数民族的合法权利和利益。法律没有具体明确规定的乃为暂且不是合法的权利和利益。因为,从法律的原则或意义上说,法律是规范权利和义务的一种重要工具。法律没有规定的,即使是合理的权利和利益,往往是得不到法律的支持和保障的。只有法律的具体规范或原则规定,其民族权利才具有法律上的实际意义。

可以看出,少数民族的合法权利和利益,在法律还没有规定之前,它是一个抽象的概念;一旦法律作出规定,它就是一个具体而又明确的、具有实际意义和实质内容的概念。

民族权利,属于人权范畴。在民族不平等的制度下,民族权利需要恩赐;在民族平等制度下,不存在恩赐问题。但是,少数民族的民族权利的取得,在社会历史的发展过程中,有时却成了一种权力斗争的附属物。在民族不平等的民族歧视和民族压迫的国度里,某种民族权利的取得需要经过流血斗争才能得到,而且有时还处于一种没有物质保障的虚名。

在民族平等的民主法制的国家制度中,它是通过民主法制建设得以保障和实现。也就是说,即使在民族平等的民主法制国家中,对少数民族的合法权利和利益的界定,还有一个复杂而又繁杂的过程。因为在民族权利问题上,既有现实因素和历史因素的结合问题,又有政治因素和经济因素的结合问题,还有民族因素和区域因素的结合问题。所以,民族权利和利益的法律制定,不仅是要经过一系列的复杂和繁杂的法定程序,而且首先需要经过一定时期的论证和检验。有的是需要或者经过反复的实践才得以形成的。由于民族属于历史范畴,"民族"附作用还会在社会生活的某些领域隐约出现。虽然政治制度上的"民族歧视"已经消灭,但由于市场经济条件下的某些利益驱动,新的如就业歧视、就学歧视、就餐歧视、就宿歧视、待遇歧视等,还不时地出现在部分少数民族人员身上。这里,政策和法律上的相应

保障措施是十分必要的。

对少数民族的合法权利和利益的保障,不是民族特权的问题。民族特权是指统治民族通过法律规定将统治民族的特殊权利形成合法化。

二、少数民族的合法权利和利益的内容

少数民族的民族权利,其内容是十分广泛的。如果从不同的角度划分,从其权利的属性上看,有应有的民族权利和实有的民族权利;从其权利的性质上看,有平等的民族权利和不平等的民族权利;从其权利的法律上看,有合法的民族权利或不合法的民族权利;从其权利的类型上看,有政治上的、经济上的和文化上的权利等。就少数民族的合法权利和利益的内容上说,主要有:

——民族平等权利和利益。民族平等权是一个最基本的民族权利。它是指各民族在一律平等的基本原则的基础上,在一切领域和各方面,都既享有平等权和平等权利,又有在平等权和平等权利的前提下所产生的利益。

——民族发展权利和利益。民族发展权利也是一个基本的民族权利。它是民族平等权利的延续。如果一个民族连发展的权利都没有或者没有得到保障,那么,民族社会就是极度的不正常。

——民族自治权利和利益。民族自治权利是各民族自主地管理本民族内部事务的一种特有权利。作为自治权力,它是在国家政权管理的制度下得到法律的保障;作为自治权利,它由法律规定一系列的自治权和通过行使自治权而产生的利益。就我国而言,民族自治权利是指聚居的少数民族享有的一种法定权利。与此相对应的乃是散杂居少数民族的合法权利和利益的法律保障制度。

——民族综合权利和利益。民族平等权利、民族发展权利、民族自治权利,是民族权利中最基本的和最为重要的民族权利。在这些权利得到切实的保障下,民族综合权利才能得到应有的体现。所谓的民族综合权利,是指各民族在国家和社会生活中所应有的合法权利和利益,如民族政治权利、民族经济权利、民族文化权利、民族教育权利、民族语言文字权利、民族风俗习惯权利、民族宗教信仰权利,等等。

三、少数民族的合法权利和利益的保障

对少数民族的合法权利和利益的保障,应是全方位的。即除了法律的保障以外,还有政治的、经济的、行政的各种手段和措施。然而,不管是政治的、经济的或是行政的,都必须纳入法制的轨道。

(一)法律保障

我国宪法对少数民族的合法权利和利益的保障,确定了一系列的基本原则。目前,对宪法所确定的有关基本原则的贯彻实施还有一定的差距。如在民族法律制度方面,目前除了民族区域自治法律制度比较完善以外,其他的民族法律制度还没有形成系统的法律规范。又如在其他的法律制度中,对少数民族和少数民族地区的合法权利和利益的规范和保障也是还很不完善的。法律的保障,包括从立法、执法、司法等方面都要有一定的力度。但目前还是一个比较薄弱的环节,还需要进一步的加强。比如说,法律设定的少数民族的合法权利和利益,在侵权行为发生时,应当如何确定和处理,目前尚缺乏相应的法律规范和法律程序。显然,对少数民族的合法权利和利益的保障的法制建设,任务还十分艰巨。

(二)政治保障

少数民族的合法权利和利益的政治保障,是指在国家政治制度中的所有体现和反映。其中的法律保障只是一个重要的方面。还有诸如政策方面的保障。因为,法律的保障,法律本身往往存有滞后性,法律的贯彻实施有时还可能受到政治体制方面的影响和制约,这就需要不时的政策方面的及时补充。如在政治体制改革措施出台的时候,就需要对民族方面的应有考虑。

(三)经济保障

经济方面的保障,主要是物质和财力方面的保障措施。虽然,在法律制度中已有一定的反映和体现。但是,经济体制的改革,即建立市场经济体制,决定着政治制度的完善和法律制度的完善。如在建立市场经济体制的法制建设中,如财政和税收体制改革的法律出台,这方面的保障就显得有点逊色。诚然,多年来,国家对少数民族和少数民族地区在经济主要是财政方面给予了巨大的帮助和照顾。在市场经济体制条件下,同样还需要根据少数民族和少数民族地区的特点继续坚持给予帮助和照顾的原则。

(四)行政保障

行政保障是国家行政管理的重要职能在民族方面的主要体现。国家的民族行政管理,在国家的行政管理工作中,占有很重要的位置。行政法律制度的民族方面规范,也是一个很重要的内容。建立和健全民族方面的行政管理制度和法律,并使民族行政管理形成制度化和法律化,是对少数民族的合法权利和利益保障的一个重要方面。

第三节 促进各民族共同繁荣

一、各民族共同繁荣的概念

在社会主义阶段,尤其是在社会主义的初级阶段,是各民族全面发展、团结进步和共同繁荣的历史时期。这是中国共产党的一个基本的民族观。所谓的民族繁荣,是指包括建设高度的物质文明和精神文明两个部分。即在建设高度的物质文明方面,就是要解放生产力,发展生产力,消灭剥削,消除两极分化,最终达到各民族的共同富裕;而在建设高度的精神文明方面,就是要大力发展民族的文化教育、科学技术、卫生体育等民族精神文明建设事业，提高全民族的思想、道德和科学文化素质，弘扬民族优秀的传统文化，繁荣和发展社会主义内容和民族形式相结合的社会主义新文化。以增强各民族人民的中华民族意识和社会主义思想，使我国各民族人民成为既有理想、有道德、有文化、有纪律，又能过上共同富裕和共同繁荣的社会主义小康生活。

（一）社会主义阶段是各民族共同繁荣的时期

我国各民族进入社会主义，表明了民族的融合前进了一大步。也就是说，在社会主义大家庭里，各民族在社会生活交往中，互相学习，互相影响，共同的因素增多了，民族融合在不断地推进。但是，社会主义时期，还不是民族融合的历史时期，而是民族发展繁荣的历史时期。民族的融合，是有客观条件和自然规律的，不是靠强迫的。正如江泽民同志在中央民族工作会议上的报告中所说："社会主义阶段是各民族繁荣兴旺的时期，各民族间的共同因素在不断增多，但民族特点、民族差异将继续存在。"江泽民同志在报告中还指出："少数民族和民族地区的经济社会发展，直接关系到我们整个现代化建设目标的顺利实现，民族地区的现代化同全国其他地区的现代化，少数民族的振兴同整个中华民族的振兴，不仅是个经济问题，而且是个政治问题。"

（二）各民族共同繁荣是我国民族政策的根本立场

周恩来曾经指出："我们对各民族既要平等，又要使大家繁荣。各民族繁荣是我们社会主义在民族政策上的根本立场。"[1]这就是说，各民族的共同繁荣，是党和国家在处理民族问题和制定方针政策中所必须坚持的一项基本原则。当然也是国家法律制度中所遵循的一个原则。所以，把各民族共同繁荣作为民族法的一个基本原则是非常必要的。新中国的建立，党和国家就一直把各民族的共同繁荣作为民族工作的基本任务和奋斗目标。而且，几十年来一直坚持不懈。从民族的特点和民族发展规律出发，各民族的共同繁荣作为民族法的基本原则，将持续在社会主义的整个历史阶段。

二、各民族共同繁荣的条件

各民族共同繁荣，既是一个基本原则，又是一个任务和目标。它作为一个基本原则，是因为民族问题的长期性和民族特点所在。它作为一个任务和目标，即实现各民族的共同繁荣，是须要有一定的条件或者必须具备一定的条件。既要有一定的硬件，又要有一定的软件，并且还要达到一定的量化。就各民族共同繁荣的条件而言，应该是：

（一）要达到一定高度的物质文明程度

我国实现现代化建设的目标，是全面建设小康社会。少数民族和少数民族地

---

〔1〕《周恩来选集》（下卷），人民出版社1984年版，第263页。

区的小康水平标准如何,是否能和全国甚至发达地区的标准一样,其中又需要哪些程序来实现,需要相应长的时间过程。目前,在少数民族地区,有20%左右的人们还没摆脱贫困,即年收入还在300元人民币以下,温饱问题都还得到根本解决。他们何时能够达到小康水平,所以当前,解决温饱,摆脱贫穷,消灭贫困,是少数民族地区部分群众走上共同繁荣之路的第一步。同时,在各民族共同繁荣的基本原则下,采取一些必要的措施,如政策和法律的、经济和行政的手段,逐步缩小少数民族地区与比较发达先进地区的差别;帮助少数民族地区,一方面改善改革开放环境如引进外资环境,另一方面培育市场经济体制的竞争市场,这是少数民族和民族地区走向各民族共同繁荣之路的第二步。经过各民族的共同团结、共同发展、共同进步、共同富裕,并共同努力在边远的少数民族地区都建立和实现乡村都市化,基本达到小康水平,这就是各民族实现共同繁荣的基本条件。这一步的实现,需要一个很长时间的努力和奋斗。

(二)要达到一定高度的精神文明程度

国家为各民族的共同繁荣提供了制度上和法律上的原则保障,在物质方面也提供了很多的便利。但是,少数民族和少数民族地区的经济发展速度,从纵向上看虽然发展较快,但从横向上看,相比先进地区还很落后。由于经济落后,文化的发展也就相对落后。虽然经过几十年的努力,少数民族和少数民族地区的文盲率还是很高。有的少数民族地区的文盲率还保留在百分之三四十的比例状态。而且,适龄儿童的失学率和中小学生的辍学率的比例也是很高。由于少数民族和少数民族地区在文化教育、科学技术等方面的落后状况,影响了少数民族地区经济建设的发展速度。这就是少数民族在实现各民族共同繁荣途径中的一个主要障碍。民族繁荣,首先需要民族经济的繁荣,同时也需要民族文化的繁荣,两者缺一不可。所以,需要大力发展民族文化,即一方面既要继承和发扬优秀的民族文化,另一方面又要建设现代文明的民族文化。建设现代文明的民族文化,除了需要现代的民族法律制度作保障外,再就是要加速发展民族经济,而加速民族经济和民族文化建设事业,就需要有一大批的、各方面的高级专门人才。而且还需要全民族的文化素质的提高。要使少数民族和少数民族地区乃至在全国范围内达到一定高度的精神文明程度,首先,须在少数民族和少数民族地区消灭文盲,建立和健全民族教育体系,培养少数民族的各种专业人才,普及和提高科学文化水平,这是一方面;另一方面,要具备一定的现代文明的文化设施,改变少数民族和少数民族地区文化设施的落后状况。

三、各民族共同繁荣的法律保障

各民族的共同繁荣,是我国宪法的一项重要原则。我国宪法规定:“国家尽一切努力,促进全国各民族的共同繁荣。”如何贯彻落实宪法确立的各民族共同繁荣的原则,这是我国法制建设的一项重要任务。如建立和完善民族法律制度。但这只是一个重要的方面。而目前民族法律制度在这方面的建设和规范是很不完善的。就宪法规定的原则而言，国家应从哪些方面去尽一切的努力，又应从哪些方面去促进呢，如在法律方面应是如何考虑和安排呢。也就是说，这个原则还带有原则性的、口号式的状态，还缺乏切实运行的具体规划和具体计划措施。要把这个原则形成一系列的具体措施，还需要进行认真的研究和赋予实际的运行。

随着我国市场经济体制的建立和发展，市场经济就是法制经济，市场经济竞争与各民族的共同繁荣问题，或者说市场经济与民族法制建设问题，已经成为我国市场经济法制建设和民族经济法制建设的新课题。如果不重视这个问题，如果不研究这个问题，如果不解决这个问题，各民族共同繁荣的宪法原则就会在市场经济的竞争大潮中被淡化，被削弱。譬如说，民族地区改革试验区的法制建设、民族地区的边境贸易法制建设、民族地区的自然资源法制建设等，都需要进行认真的研究和纳入正常的法制轨道。

第四节　维护民族团结和国家统一

一、民族团结的概念

民族团结，简要地说就是中华民族的凝聚力。是指全国各族人民同心同德、齐心协力地为维护祖国的统一完整而并肩战斗、为建设中国特色的社会主义现代化而同甘共苦的革命奉献精神。民族团结的内涵非常丰富。

（一）民族团结是中国社会主义民族关系的一个重要内容

我国宪法规定，我国的社会主义的民族关系是一种平等、团结、互助的关系。这就是说，民族团结的前提，首先是要有民族平等作基础。如果没有民族的平等，就没有民族的团结。没有民族的团结，就没有民族的互助和各民族的共同繁荣。团结就是力量，这是中华民族的实践检验的一条真理。为此，国家一方面强调民族团结工作制度化，如有不少的地方确定了“民族团结教育月”“民族团结宣传月”“民族团结表彰活动月”，并且几十年常抓不懈。把民族团结表彰活动、民族团结教育和宣传活动形成制度化；另一方面，把民族团结问题纳入法制轨道。其中的民族法制建设，就是贯彻实施宪法规定的民族团结原则的具体化和规范化。民族法就是调整民族团结关系的主要法律之一。

（二）维护民族团结要反对大民族主义，也要反对地方民族主义

我国宪法规定：“在维护民族团结的斗争中，要反对大民族主义，主要是大汉族主义，也要反对地方民族主义。”什么是民族主义，为什么要反对民族主义，在我国为什么要反对大汉族主义和地方民族主义，这都需要各民族人民对这些问题有

一个比较正确的认识。

"民族主义"的世界观在民族问题上集中地表现为:一是把民族分成"优等"和"劣等",认为"优等"民族和"劣等"民族生来就是不平等。前者是主人,后者是奴仆。"民族主义"奉行民族压迫和民族分裂政策,或制造民族矛盾,或实行排外和民族孤立主义等。刘少奇在《国际主义与民族主义》一文中指出:"资产阶级的民族主义关于民族问题的纲领和政策,就是:在自己国内,要使整个人民的利益服从于它这一阶级的利益,把它这一阶级或其中某一上层阶层的利益,放在全国人民的利益之上,并企图由他们垄断'民族'这个名义,宣布自己是本民族的代表或本民族利益的保护人,以作为欺骗人民的工具;同时,在国外,则把自己民族(实质上是指它的上层阶级)和其他民族的利益对立起来,企图把自己民族放在其他民族之上,在可能的时候,就去压迫和剥削其他民族,以其他民族的利益为牺牲,并从国外的掠夺中分出一部分以收买国内一部分人,去和缓与分裂本国人民对它的反对。"

中国共产党从它成立之日起,就坚持实行民族平等团结政策。中华人民共和国成立后,把它作为一项法律原则规定了下来。我国宪法规定的反对大民族主义即大汉族主义与地方民族主义,是针对我国历史上遗留下来的民族问题提出来的。即指历史上遗留下来的大民族主义特别是大汉族主义和地方民族主义思想残余仍然存在。但又明确指出了大民族主义与地方民族主义的矛盾是人民内部的矛盾。

为什么要反对大民族主义和地方民族主义,因为大民族主义思想和地方民族主义思想都是危害民族团结的主要根源。大民族主义思想的主要表现是:不能正确对待少数民族的平等权利和自治权利;不能以平等的态度对待少数民族;不信任或者怀疑少数民族的干部和群众,歧视甚至侮辱少数民族;无视少数民族的特点和民族地区的特点,搞"一般化"和"一刀切";忽视民族差别、民族特点和民族问题存在的长期性,不尊重少数民族的语言文字和风俗习惯等。而地方民族主义思想则主要表现为:忽视民族团结在祖国统一大家庭中的重要性;忽视国家的整体利益,过分强调本民族的特殊性和局部利益;故步自封,保守排外,不能正确看待只有社会主义现代化才能实现各民族的共同繁荣等。

我们在反对两个民族主义的斗争中,已经取得了很大的成效。既有成功的经验,同时也有失败的教训。其教训就是不能随意地乱扣帽子,动辄大民族主义或地方民族主义,要把民族感情和民族意识与民族主义严格地区别开来。

(三)维护民族团结和国家统一是全国各民族公民的一项法律义务

我国宪法规定:"中华人民共和国公民有维护国家统一和全国各民族团结的义务。""禁止对任何民族的歧视和压迫,禁止破坏民族团结和制造民族分裂的行为。"维护民族团结和国家统一的法律规范贯穿在宪法、民族法、刑法等法律之中。但目前仍只是一般的法制原则,具体的法律规范尚待进一步的完善。通过法律规范,确定大民族主义与地方民族主义的违法行为和法责制裁;确定破坏民族团结和制造民族分裂的危害行为和法律责任;严格区分严重破坏民族团结和制造民族分裂与一般的民族纠纷的行为界限。因为,民族分裂乃国家分裂,制造民族分裂和破坏国家统一是一种严重的危害国家安全的行为,必须严惩。而破坏民族团结则可能是一般的违法行为或是一般的犯罪行为。如果是一般的民族纠纷,就只能按一般的民族纠纷来处理。不能把本该不属于民族问题的案件当作民族问题来处理,也不能把本来就是民族方面的问题则当作一般的民事纠纷去处理。

二、民族团结与国家统一的关系

民族团结,国家统一;民族不团结,国家统一有危机。这是世界民族和一些多民族国家的重要经验教训。如"苏联"解体和东欧一些多民族国家的民族内战和分化,充分地说明了这个道理。毛泽东曾经指出:"国家的统一,人民的团结,国内各民族的团结,这是我们的事业必定要胜利的基本保证。"〔2〕各民族的团结,是国家长久统一的基础;国家的统一,需要各民族的精诚团结。所以,维护民族团结和国家统一,需要建立一定的法律制度和形成相应的法律规范。维护这种关系,仅靠民族法律制度是不够的,还需要其他法律作出相应的规定。但民族法律制度是很关键的一环。无论是民族法律制度建设还是整个的国家法制建设,都要坚持民族团结和国家统一的原则。

(一)民族团结是国家统一的重要基础

中国近代史证明,中华民族的解放和新中国各民族的空前统一,是中国共产党领导各民族紧密团结的结晶。民族团结,国家就兴旺富强;民族不团结,国家就走向衰败。帝国主义侵略中国,企图分裂和瓜分中国,这就是例证。中国共产党自她诞生之日起,就把民族团结和国家统一的问题放在革命的首位。无论是在革命战争时期或是在社会主义建设时期,一向如是。中华人民共和国成立不久,毛泽东就指出:"我们要和各民族讲团结,不论大的民族小的民族都要团结。例如鄂伦春族还不到两千人,我们也要和他们团结。"〔3〕正是在这种基础上,民族团结的事业才蒸蒸日上,为国家的更加统一和繁荣富强奠定了坚实的基础。为什么说维护民族团结是巩固国家统一的一个重要基础,其中很重要的一个因素就是,我国主要的少数民族聚居地区都在祖国的边陲。正如毛泽东所说的:"我们说中国地大物博,人口众多,实际上是汉族'人口众多',少数民族'地大物博',至少地下资源很可能是少数民族'物博'。"〔4〕毛泽东还说:"中国没有少数民族是不行的。中国有几十种民族。少数民族居住的地方比汉族居住的地方面积要宽,那里蕴藏着的各种物质

〔2〕 毛泽东:《关于正确处理人民内部矛盾的问题》。

〔3〕 毛泽东:《对西藏问题的指示》,载《新华月报》1954 年 7 月号。

〔4〕 《毛泽东著作选读》(下册),第 732 页。

财富多得很。我们国民经济没有少数民族的经济是不行的。"[5]也可以说,汉族与少数民族的优势相结合,可以加深各民族大团结,可以使国家统一更加稳固。

(二)国家统一是民族团结的重要保障

国家统一富强,是民族团结和各民族共同繁荣的重要保障。也就是说,国家的统一和各民族的团结,是中华民族和各民族的共同利益所在,是建设中国特色的社会主义现代化的需要;没有国家的统一,就没有各民族团结的事业,就没有各民族的发展兴旺,就没有各民族繁荣的景象,就没有中华民族的振兴。我们要把维护民族团结和国家统一像爱护自己的眼睛一样去爱护她。这就是把维护民族团结和国家统一作为民族法的一个重要的基本原则所在。

---

〔5〕《毛泽东选集》(第5卷),第214页。

第七章　民 族 立 法

第一节　民族立法的指导思想和基本原则

一、民族立法的概念

民族立法也叫民族法的制定,它是指具有立法权的国家机关依照法定程序,在法定职权的范围内制定、修改、废止有关处理民族关系的法律和其他规范性文件的活动。

民族立法的主体是具有立法权的国家机关,包括拥有立法权的国家机关,如全国人民代表大会及其常务委员会等;也包括被授予立法权的国家机关,如国务院和省、市、自治地方的人民代表大会及其常务委员会等。

民族立法只能在职权范围内进行,我国的各级立法机关在立法的职权上是不一致的,由于职权的不同,不同的立法机关制定的民族立法在内容、法律地位、适用范围上都有差别,立法的职权是由法律规定的,所以,民族立法只能在国家机关的法定职权范围内进行,否则就是违法而无效的立法。

民族立法必须按照一定的程序来进行。立法程序是保证民族立法科学性和合理性的重要手段,我国法律对立法的程序作了严格规定,民族立法必须严格地按照程序来进行,否则,也是违法而无效的立法。

民族立法的内容是关于处理民族关系的法律或规范性文件,这是民族立法区别于调整其他社会关系立法的重要特点。民族法的存在形式可以是独立的法律,如民族区域自治法和民族自治地方制定的自治法规等,也可以是非独立而与其他法律合一的调整民族关系的法律条文,如存在于宪法、民法、刑法、行政法、诉讼法中的有关调整民族关系的法律条文。民族立法包括对民族法的废、改、立一系列的专门活动。

概括地说,通过民族立法,国家依照各族人民的意志和我国各民族的特点,将各民族的共同利益和少数民族的特殊利益按一定的程序和方式上升为国家意志,制定为法律。在多民族组成的国家中,民族立法是处理国内民族关系的一项重要的国家活动。

二、民族立法的指导思想

民族立法的指导思想是指支配民族立法的思想意识和理论依据。民族立法的指导思想是一种客观存在,无论社会是否承认民族立法指导思想的存在,民族立法的立法者总是自觉或不自觉地受一定的思想意识和理论学说所支配。民族立法的指导思想不是立法者个人的思想意识或理论,而是一种在社会中占主导地位的,代表统治阶级意志的思想意识或理论,民族立法的制定者只是以其个人对占主导地位的统治阶级意志的认识及其能力,将民族立法指导思想以规范的形式表述出来。民族立法的指导思想有其历史的、政治的、经济的和文化的渊源,但归根结底是由社会的经济基础所决定的,一定的经济基础决定了民族立法指导思想的价值取向。

民族立法史上,无论是中国还是外国,在人类历史的很长时期,民族立法的指导思想都是以民族压迫、民族歧视、民族剥削为主要内容的,直至今日,在一些国家的民族立法中,仍然以民族压迫、民族歧视、民族剥削为指导思想。在这种民族立法指导思想下制定的民族法,确认的是民族压迫、民族歧视、民族剥削的社会现实,维护的是占统治地位的民族的利益,这样的民族法只会加深民族矛盾,并导致民族矛盾的激化和社会的动乱。这是值得汲取的历史教训。

我国是一个多民族的、统一的社会主义国家,国家实行的社会主义制度,奠定了我国确立社会主义民族立法指导思想的经济基础;马克思主义、毛泽东思想关于民族平等、民族团结和民族共同繁荣的观点,是我国民族立法指导思想的理论依据;我国各民族在社会主义社会和睦相处、荣辱与共、利益相关的民族关系,是我国民族立法指导思想得以确立的社会条件。我国宪法在序言中对我国处理民族关系的主张作了这样的概括:“中华人民共和国是全国各族人民共同缔造的统一的多民族的国家。平等、团结、互助的社会主义民族关系已经确立,并将继续加强。在维护民族团结的斗争中,要反对大民族主义,主要是大汉族主义,也要反对地方民族主义。国家尽一切努力,促进全国各民族的共同繁荣。”这样的概括既是对我国民族关系的基本认识,也是民族立法指导思想在法律上的表现。

我国民族立法指导思想包括以下几个方面的内容:

(一)关于中华人民共和国是全国各族人民共同缔造的多民族国家的意识

1. 我国是一个多民族的国家。多种民族在同一个国家的地域内居住、生活,是我国最基本的国情之一。由于我国的56种民族在历史、经济、文化发展上的不平衡性,客观上决定了我国社会中存在各民族在利益要求上的差别,这种差别必然会反映到以保障民族利益为宗旨的民族立法活动中。作为多民族的社会主义国家,应当在民族立法中正视多民族的现实,以法律的手段确认和保障各民族正当、合理的利益。

2. 我国是一个统一的国家。多民族的现实并不影响我国在国家形式上的统一性,自秦以来,我国一直是一个统一的多民族国家。我国在国家的形式上的统一性具有深刻的文化基础和地域基础。从文化基础来看,尽管中国文化发展在历史中表现出以汉文化为主体文化的格局,但却从来不是单一民族的文化,汉文化在其发展中吸取各民族的文化,而各民族文化在保留自己文化特性的过程中,也不同程度地受到汉文化的影响,这种文化上各民族之间的相互影响和渗透,最终形成了影响民族立法的、具有多元一体性特征的中华文化,中华文化体现着中国境内各民族的共同利益,是我国确立国家形式的文化基础。从地域上看,国家是一个地域性的政治实体,一个国家所辖的地域并不以民族分布的地域为依据。在民族分布特点上,中国的少数民族大多居住在边疆地区,这些地区与内地山水相连,在长期的发展中,成为内地御敌入侵,保卫疆土的屏障,也成为内地与周边国家乃至世界各地进行政治、经济往来的通道,还成为内地经济发展的资源基地和重要市场。这种发展中形成的政治、经济、文化的不可分性,导致了地缘上打破民族界限的国家观念和各民族对祖国的认同感,这就是我国选择国家形式的地缘基础。

3. 我国是由各民族共同缔造的国家。中华人民共和国的缔造有着深刻的文化背景和复杂的历史过程。中华人民共和国所继承的中华文化传统,是我国各族人民共同创造的。在创造中华文明的过程中,我国各民族不分人口多少、历史长短、发展程度高低,都对祖国的文明做出了贡献。中华人民共和国的创立,也是我国各族人民在中国共产党的领导下,经过长期的艰难曲折的武装斗争和其他形式的斗争以后,推翻帝国主义、封建主义和官僚资本主义的统治而建立的各族人民的国家政权;我国各族人民在社会主义革命和建设中的伟大实践,也有力地巩固了中华人民共和国的国家政权。

4. 我国的民族问题是社会总问题的一部分。民族问题是一个长期存在的社会问题,只有当民族消亡之后,民族问题才会从社会中消失。民族问题不是一个孤立的社会问题,它是社会的政治、经济、文化领域中存在的矛盾和利益在民族关系上的反映,因此,民族问题只有在解决整个社会问题的过程中才能逐步解决,我国现阶段的民族问题只有在建设社会主义的共同事业中才能逐步解决。[1]

(二)关于确立和加强平等、团结、互助的社会主义民族关系的观点

平等、团结、互助的民族关系是多民族国家维护国家统一、社会发展的基本社会条件。但是,这种基本社会的条件,只能在中国这样的社会主义国家才是可能存在的。平等、团结、互助的民族关系以民族平等为民族关系的基础,以民族团结为联系各民族的纽带,以民族间的互助为保障平等、增进团结的动力。马克思主义的理论中,对社会主义国家建立平等、团结、互助的民族关系有许多重要的论述。这些论述的要点是:

1. 民族平等是以消除人对人的剥削、民族对民族的剥削和民族内部的阶级对立为前提的;[2]

---

〔1〕 李瑞环:《关于新形势下民族、宗教工作的若干问题》,载《求是》1995 年第 7 期。

〔2〕《马克思恩格斯选集》(第 1 卷),第 270 页。

2. 民族平等应当在国家领域和社会的、经济的领域得到实际的实行;[3]

3. 承认各民族享有平等的生存权和发展权;[4]

4. 稳固的民族团结是社会进步、经济发展、政治稳定的重要保证;[5]

5. 各民族应当互相帮助,共同发展。[6]

我国建立的社会主义制度,为确立和巩固平等、团结、互助的民族关系奠定了可靠的政治、经济、文化上的保障。在政治上,我国确立了各民族的平等地位,建立了民族区域自治制度和散杂居少数民族的权利保障制度;在经济上,我国一方面允许各民族以平等主体的身份参加经济活动,另一方面又从各民族发展不平衡的实际情况出发,为民族地区和少数民族的经济发展提供了优惠的政策和物质的扶助;在文化上,我国尊重各民族的文化,并鼓励和帮助少数民族发展自己的民族文化。正是由于我国消除了民族间的压迫关系和社会中的人剥削人的关系,实行社会主义制度,才使我国确立了平等、团结、互助的关系。巩固和加强这种新型的社会主义民族关系,需要采取政治、经济、文化的手段,但是用立法的形式巩固和加强我国社会主义的民族关系,是诸种手段中的一种重要手段。

(三)关于维护民族团结的立场

民族团结事关国家的统一和社会的稳定发展,历来是我国政治生活中的重大问题。由于历史上形成的民族隔阂和民族之间在发展上存在的事实上的不平等尚未能彻底地消除,我国的一些机关、社会组织和个人还存在一些有害于民族团结的思想观念,如大民族主义的思想和地方民族主义的思想。如果不加以警惕,这些思想将会影响我国的民族工作(包括民族立法),导致危害国家统一、民族团结、社会稳定的恶果。因此,民族立法在指导思想上要坚持维护民族团结的立场。

从历史的经验看,坚持维护民族团结的立场,既要注意反对大民族主义,主要是大汉族主义,又要注意反对地方民族主义。大民族主义是民族不平等在思想上的反映,它表现为强烈的民族优越感和歧视其他民族的态度。持有这种感情和态度的人在行为上也往往有种种破坏民族团结的表现。地方民族主义是一种不顾国家整体利益和其他民族利益,带有地方色彩的民族保守思想,地方民族主义的极度膨胀便会导致民族分裂和危害国家统一的恶果。因此,在民族立法上要坚持维护民族团结的立场,用法律规范各民族的行为,制裁大民族主义和地方民族主义的行为。

(四)关于促进各民族共同繁荣的价值取向

我国各民族在自身发展的进程中,由于历史原因、社会条件和自然条件的原

---

〔3〕《马克思恩格斯选集》(第3卷),第146页。

〔4〕斯大林:《马克思主义与民族殖民地问题》,人民出版社1961年版,第328页。

〔5〕《江泽民在中央民族工作会议上的讲话》,载《人民日报》1992年1月15日。

〔6〕《周恩来选集》(下卷),第26页。

因，形成了发展不平衡的状况。概括地说，中国长达数千年的封建制度和历代反动统治阶级奉行的民族歧视政策，以及近代以来帝国主义的掠夺、侵略，是造成各民族发展不平衡的历史原因；各民族在进入社会主义制度之前存在着的社会形态的和生产力水平的差异是形成各民族发展不平衡的社会条件；各民族所处的自然环境优劣则是影响各民族发展不平衡的自然条件。我国幅员辽阔，各民族的经济文化状况差距很大，发展不平衡，尤其是少数民族地区较内地和沿海地区而言，处于比较落后的地位，仅国家确定的国家级贫困县中，民族地区就有143个。改革开放政策实行以来，我国民族地区的落后面貌有所改变，但从全国的发展来看，许多民族地区与内地和沿海发达地区的差距还有继续拉大的趋势。我国各民族在经济、文化发展上的不平衡，是我国确定经济文化政策的依据，而消除这种不平衡，则是建设社会主义事业的必然要求，也是各民族共同追求的价值取向。我国的民族地区占全国领土的64%左右，少数民族人口达10643万人，[7]这样广泛的地区和众多人口决定了中国的繁荣不能舍弃民族地区的繁荣，也决定了实现中国繁荣的重要方面是创造条件，促进民族地区的繁荣。只有实现各民族的共同繁荣，消除各民族经济文化发展上的不平衡，才能奠定法律上民族平等的物质文化基础，保障各民族真实地享有法律上赋予的各项权利，巩固各民族的团结。

中华人民共和国成立以来，特别是改革开放以来，我国民族地区政治、经济、文化的发展取得了举世瞩目的成就，加快民族地区的发展，实现各民族的共同繁荣，已经成为各民族的共识。我国的社会主义制度和国家的宪法与法律，为各民族的共同繁荣提供了社会的和法律的保障；我国政府加快民族地区发展，把解决东西部发展的差距的问题确立为“九五”期间和下世纪初关系全局的重大问题，并制定了一系列政策和措施，为民族地区的发展提供了优惠的条件；民族地区解放思想，大胆改革，艰苦奋斗，使民族地区增强了自我发展的能力。所有这些，都是我国各民族共同繁荣的价值取向在社会发展中的表现，在这样的条件下，我国实现各民族的共同繁荣，不仅具有现实的可能性，而且具有必然性。因此，通过民族立法来表现这种价值取向，当然是民族立法的重要责任。

三、民族立法的原则

民族立法的原则与民族法的基本原则具有密切的关系。一般来说，民族法的基本原则贯穿于民族法的制定、实施之中，它们当然是民族立法的基本原则。但是，由于民族立法是一种特殊的法律活动，有其自身的规律性，因此，在民族法基本原则和民族立法指导思想的指导下，民族立法也有自身的一些特殊原则，这些原则是保证民族立法实现社会功能的条件。

民族立法的指导思想与民族立法的原则也具有密切的联系。民族立法思想是

---

〔7〕 国家统计局：《第五次全国人口普查主要数据公报（第一号）》，2001年3月28日。

确立民族立法原则的依据,它是一种抽象的观念形态的思想意识和理论观点,主要作用于立法者的思想观念,而民族立法原则是民族立法指导思想的体现和具体化,它是一种表现为具体规范形态的立法指导思想,作用于立法者的立法行为。

民族立法是国家立法活动的重要内容,应当遵守国家立法制度所确立的一般立法原则。但是,民族立法又是国家立法活动中以制定、修改、废止调整国内民族关系法律法规为内容的一项专门立法活动,和一般立法活动相比,民族法在指导思想、立法内容、立法程序和适用地域都具有特殊性,因此,民族立法除了遵守《中华人民共和国立法法》规定的一般立法原则之外,还应当遵守民族立法的特别原则。[8]

总结我国民族立法的实践,我国民族立法的原则主要包括以下几项:

(一)立法统一的原则

立法统一的原则包括两个方面:一是制定民族法的统一,二是民族法在解释上的统一。

制定民族法的统一是指国家在立法上应当由统一的机关掌握民族立法权,以保证民族立法的统一性和权威性,防止在民族立法上令出多门,互相矛盾,使国家最高权力旁落。民族立法是国家权力的表现,也是处理民族关系的国家权力法律化的必由之路,只有建立统一的立法机关,制定具有全国效力的法律(包括民族法),才能将国家权力的内容法律化,才能保证国家的民族法与其他法律不相冲突,并在全国范围内有效实施。按照立法法的规定,民族法中的法律不能与宪法相抵触;民族法中的行政法规不得与宪法和法律相抵触;民族法中的地方性立法不得与宪法、法律、行政法规相抵触;民族立法中的自治条例和单行条例不得与宪法相抵触,其中的变通规定不得违背法律或者行政法规的基本原则,不得对宪法和民族区域自治法的规定以及其他有关法律、行政法规专门就民族自治地方所作的规定作出变通规定;民族法中的规章不得同宪法、法律、行政法规以及上级和本级地方性法规、自治法规。正是有了这样的限制,我国的民族立法才具有普遍性和统一性。当然立法统一并不排除民族自治地方和其他非民族自治地方依照法定权限和程序享有民族立法的权力。

民族法解释的统一是指立法解释和司法解释应当与其解释的法律相一致;立法解释中下位法的立法解释不得与上位法的立法解释相抵触;同一阶位层次上的立法解释不能相互冲突;司法解释不能与相关法律的立法解释相抵触;对同一法律的司法解释不能相互冲突。一部民族法颁布后,如何理解法律的精神和条文的含义便是民族法适用必须解决的问题,由于民族法制定过程中因立法技术的限制,民

---

[8]《中华人民共和国立法法》第1章"总则"第3条至第6条规定了4项立法原则,即立法的政治原则、法治原则、民主原则和科学原则。

族法往往会出现稳定性与社会变动、原则性与操作性、简化条文与理解歧义等矛盾，因此，要保证民族法的准确运用，有必要对民族法的精神和条文作出权威性的解释。民族法的解释必须由立法机关或立法机关授权的部门制作，才能维护民族立法的统一性，否则，民族法是统一的，解释却是多样的，就会造成民族立法的不统一。[9]

（二）从我国民族关系实际出发的原则

立法不是立法者的随意性活动，而是对客观现实和建立特定法律秩序要求的一种表述活动。因此，民族立法必须以我国民族关系的实际情况为依据，才能从立法上反映所调整的民族关系的特点和发展趋势，建立符合我国实际情况和民族特点，指导我国民族关系发展方向的民族法律秩序。

民族立法要从民族关系的实际出发的原则包括两个方面的内容：其一，民族立法要符合民族地区的实际情况。国家的民族立法要从全国的角度，认真考察各民族地区的情况，使国家的民族立法符合民族地区的实际情况，具有能普遍适用的特点；地方（包括民族自治地方）的民族立法要从本地区的政治、经济、文化发展的实际出发，制定符合本地区实际情况，有利于本地区社会发展的民族法。其二，民族立法要符合我国民族的特点。国家的民族立法要从中华民族的一体性出发，兼顾各民族在发展中存在的多元特点，既维护全体中华民族的共同利益，又维护各民族的特殊利益。地方（包括民族自治地方）的立法既要反映本地区各民族的共同特点，也要反映不同民族的自身特点，民族自治地方的立法则更要注意反映自治民族的特点，同时注意照顾其他非自治民族的特点。

民族立法要做到准确地反映民族关系的实际，就要求立法者深入民族地区和少数民族群众中进行深入的调查研究，全面地把握我国或某一地区在民族关系上存在的问题，总结我国民族政策和民族法的实施经验，提出对民族关系发展前景的科学预测，这样才能正确地处理现实与未来的关系，制定出科学的，符合民族关系现状和发展的民族法。

（三）民主立法的原则

立法民主化是我国立法工作的重要经验和所坚持的原则，在民族立法中，由于民族立法影响国家或地方社会发展的大局，且涉及各民族的利益，事关重大，敏感性强，因此，更需要坚持民主立法的原则。

民主立法原则包括这样一些内容：一是民族法的制定要由立法机关充分讨论，民主决定，要认真考虑不同意见，让参与立法的人畅所欲言，以民主的方式决定立法意见的取舍；二是要坚持群众路线，采取协商的方法征求少数民族地区和少数民

---

〔9〕 全国人大常委会：《关于加强法律解释工作的决议》（1981 年），载《中华人民共和国法律汇编》（1979—1984），人民出版社 1985 年版，第 274 页。

族群众的意见,特别是要听取民族工作的专家和法律专家的意见,使各民族的利益在立法上得到正当、合理的反映;三是各立法机关要分工协作、密切配合、互通信息、交换意见,以便各立法机关能掌握全面的情况,跳出地方或部门利益的圈子;四是对于宪法中涉及民族关系规定的修改,依照宪法的规定,要进行全民讨论。

民族法制定中的民主立法原则有利于调动专门立法机关和各民族群众参加或参与国家立法活动的积极性,它在肯定专门立法机关的领导组织作用和决定立法的权力的同时,又体现了我国社会主义法律的本质特征,有利于解决立法中的民族矛盾,协调国家与民族地区以及各民族之间的利益关系。

(四)立法的效率原则

民族立法必须讲求效率,即注重民族法的可行性、可操作性,可见成效性和立法资源的可节约性。民族法在制定过程中讲求效率,才能提高民族法的社会价值,保障民族法的有效实施。

民族法的可行性是指制定民族法要充分考虑立法的主观客条件、民族法的宽严程度、民族法的内外协调,使民族法不但符合我国和民族地区的实际情况、民族特点,而且能够切实地在社会上施行,恰到好处地处理民族关系。清代思想家魏源曾生动地描述了法的不可行给法的实施所带来的危害,他指出:"强人之所不能,法必不立;禁人之所必犯,法必不行。虽然,立能行之法,禁能革之事,而求治太速,疾恶太严,革弊太尽,亦有激而反之者矣;用人太骤,所言太轻,处已太峻,亦有能发不能收之者矣。"〔10〕

民族法的可操作性是指在民族立法中要考虑法律便于适用,能够处理具体的民族问题,既要考虑原则性与灵活性相结合,更要注重处理具体民族问题的标准、界限和适用民族法的力度,避免法律内部或法律与法律之间的矛盾和冲突,为民族法的实施奠定良好的基础。

民族法的可见成效性是指在民族立法要注意发挥民族法在促进民族地区社会进步和改善我国民族关系方面的作用,最大限度地使民族法调整民族关系的功能得以实现。要使民族法具有可见成效性,还要注意民族立法的及时性和针对性,如果民族立法不及时,总是滞后于民族关系的发展,这样的民族立法将会导致社会的混乱;如果民族立法无的放矢,只追求形式,不注重效果,那么,这种民族立法也将是一纸空文,不会产生实际的社会效果。

民族立法资源的可节约性是指在立法过程中要注意节约立法成本,减少立法过程中经费、物资、人力等方面的浪费;同时,在立法中讲求科学性,在民族法的具体规定中也体现节约资源的精神,可以避免民族法实施中的资源浪费。

---

〔10〕《魏源集》,载《默觚下·治篇三》,中华书局1976年版,第45页。

第二节 民族立法的程序

一、民族立法程序的概念和意义

民族立法程序是指民族法的制定、修改、废除的法定步骤和方式。民族立法程序是由法律规定的,在我国《宪法》《民族区域自治法》《立法法》和有关立法机关工作程序的规范性文件中,对法律的拟定、提出、审议、讨论、表决、批准、公布、备案的具体规定和原则,均适用于民族立法。

民族立法程序是保证民族立法科学化、规范化、合法化,减少和避免民族立法随意性,保持民族立法的连续性、稳定性和权威性的重要手段,应当予以高度的重视。

二、民族立法的机构和权限

民族立法是由具有立法权的国家机关来承担的,不同的立法机关根据法律的规定,具有不同的立法权限。

(一)全国性民族法的立法机构和权限

全国性民族法是指在全国具有效力的民族法。这类民族法的立法机关有:

1. 全国人民代表大会。全国人民代表大会是我国最高的立法机关,根据宪法的规定,它享有制定宪法、基本法律的权力。我国宪法和其他基本法律中有关民族关系的规定和《民族区域自治法》,都是由全国人民代表大会制定的。

2. 全国人民代表大会常务委员会。全国人民代表大会常务委员会享有解释宪法和法律、补充、修改法律,制定除应由全国人民代表大会制定的法律以外的其他法律,撤销与宪法、法律相抵触的行政法规、决定、命令和地方性法规、决议,批准民族自治区的自治条例和单行法规,决定同外国缔结条约和重要协定的批准和废除的权力。

3. 国务院。国务院享有根据宪法和法律,规定行政措施,制定行政法规,发布决定和命令;改变或撤销各部、各委员会发布的不适当的命令、指示和规章,改变或撤销地方各级行政机关的不适当的决定和命令。我国许多重要的全国性民族法都是由国务院制定的,如《民族乡行政工作条例》《城市民族工作条例》等。

4. 国务院各部、委员会、中国人民银行、审计署和具有行政管理职能的直属机构。上述机构享有根据法律和国务院的行政法规、决定、命令,在部门的权限范围内制定规章的权利,部门规章规定的事项应当属于执行法律或者国务院的行政法规、决定、命令的事项。例如,1986 年,国家民委颁发的《关于慎重对待少数民族风俗习惯问题的通知》等。

5. 最高人民院院和最高人民检察院。根据 1981 年全国人大常委会通过的

《关于加强法律解释工作的决议》,全国人民代表大会常务委员会授权最高人民法院和最高人民检察院享有法律的解释权,凡属法院审判工作中具体应用法律、法令的问题,由最高人民法院进行解释;凡属检察院检察工作中具体运用法律的问题,由最高人民检察院进行解释;不属于审判和检察工作中的其他法律、法令如何具体适用的问题,由国务院及主管部门进行解释。根据该决议,审判和检察工作中具体适用民族法的解释,是属于最高人民法院和最高人民检察院的职权。

(二)地方性民族法的立法机构和权限

地方性民族法是指具有地方地域效力的民族法。这类民族法的立法机关有:

1. 省、直辖市、自治区以及省、自治区人民政府所在地的市、经济特区所在地的市和经国务院批准的较大市的人民代表大会及其常务委员会。上述立法机构有权根据宪法、法律和上级立法机关制定的其他法律法规,制定地方法规,并享有批准下级立法机关地方立法的权利。我国民族立法中比重较大的民族法均是由上述机关制定的地方法规。

2. 民族自治地方的人民代表大会。民族自治区、自治州、自治县的人民代表大会有权依照当地民族的政治、经济和文化的特点,制定自治条例和单行条例,并对国家法律制定变通或补充规定。

三、民族立法的具体程序

(一)提出立法议案程序

提出民族法的立法议案标志着民族立法程序的开始,它指依法享有提出民族法立法议案权限的机关和个人向立法机关提出的关于制定、修改、废除某项民族法的法律案。按照我国法律的规定,宪法的修改议案,由全国人民代表大会常务委员会或者五分之一以上的全国人民代表大会的代表提出;国家基本法律的法律案,可以由全国人民代表大会主席团、常务委员会、国务院、中央军事委员会、最高人民法院、最高人民检察院、全国人民代表大会各专门委员会,以及全国人民代表大会一个代表团或者30名以上代表联名提出;国家其他法律的法律案,可以由全国人民代表大会常务委员会委员长、国务院、中央军事委员会、最高人民法院、最高人民检察院、全国人民代表大会各专门委员会,以及全国人民代表大会常务委员会常务委员10人以上联名提出;行政法规由国务院组织起草,国务院有关部门认为需要制定行政法规的,应当向国务院报请立项;地方立法(包括自治法规)的立法案,由地方人民代表大会的主席团、常务委员会、专门委员会、同级人民政府、同级人民法院、人民检察院以及同级人民代表大会代表10人以上或常务委员会组成人员5人以上提出。提出法律法规的立法案,应当同时提出法律法规草案文本及其说明,并提供必要的资料;法律法规草案的说明应当包括制定该法律法规的必要性和主要内容。

符合法定条件的民族法立法议案提出后,即由法定的机关予以受理。一般来说,向人民代表大会提出的立法议案由人民代表大会的主席团受理;向人民代表大会常务委员会提出的立法议案由委员会议或主任会议受理,再按照《立法法》规定的程序由有关机关决定是否列入会议议程或先交有关专门委员会审议,提出意见,再决定是否列入会议议程。

(二)审议立法议案程序

审议民族法草案是民族立法的第二道程序,它指立法机关对已经列入人民代表大会及其常务委员会会议议程的民族法草案正式进行审查和讨论。根据《立法法》的规定,法律的立法审议制度有以下几种:

1. 分组审议制。即由全国人民代表大会各代表团或者全国人民代表大会常务委员会的委员分组会议对法律案进行审议。

2. 专门委员会审议制。即有关专门委员会对列入全国人民代表大会会议议程的法律案进行审议,向主席团提出审议意见,并印发会议。

3. 统一审议制。即全国人民代表大会法律委员会负责对列入全国人民代表大会或者常务委员会会议议程的法律案进行统一审议,并提出审议结果报告和法律草案修改稿。

4. 联组审议制。即全国人民代表大会或者常务委员会在审议法律案时,根据需要,主席团常务主席可以召开各代表团团长会议或者各代表团推选的有关代表会议,常务委员会可以召开联组会议或者全体会议,就法律案中的重大问题进行讨论。

5. 三次审议制。即列入全国人民代表大会常务委员会会议议程的法律案,一般应当经三次常务委员会会议审议后再交付表决;但是,对于各方面意见比较一致的法律案,可以经两次常务委员会会议审议后交付表决;部分修改的法律案,各方面的意见比较一致的,也可以经一次常务委员会会议审议即交付表决。

这些立法审议制度有助于贯彻立法民主化的原则,保证立法的科学性和合理性。

地方性法规和自治条例、单行条例的立法审议程序一般由地方性立法或自治条例予以规定。民族立法的审议也应当遵循这些制度,主要审查民族立法草案是否符合宪法或法律的基本精神和原则,是否符合我国或民族地方的具体情况和实际需要,民族法草案的结构、体例、法律用语是否准确,法律条文是否规范。

(三)民族立法的通过程序

民族立法的通过程序是指立法机关对民族立法草案予以表决的法定形式。这一程序是全部立法程序中最具决定性的程序。

依照我国法律的规定,宪法的修改需经全国人民代表大会全体代表2/3以上多数的通过;基本法律由全国人民代表大会全体代表的过半数通过;其他法律由全国人民代表大会常务委员会全体组成人员的过半数通过;地方法规的制定、修改、废止由地方人民代表大会全体代表的过半数通过或同级地方人民代表大会常务委员会全体组成人员的过半数通过。

(四)民族立法的批准程序

对于民族自治地方的自治条例和单行法规来说,我国法律还规定了一个特别的程序,即民族自治法规的批准程序。当自治条例和单行法规得以通过后,按照宪法、民族区域自治法和立法法的规定,还要上报上级人民代表大会的常务委员会批准后,方可生效。民族自治区制定的自治条例和单行条例,须报全国人民代表大会常务委员会批准,自治州、自治县的自治条例和单行条例,须报省、自治区、直辖市的人民代表大会常务委员会批准。

(五)民族法的公布程序

民族法的公布是指立法机关或国家元首将已经通过或批准的民族法,以一定的形式予以正式公布,以便全社会或特定的地区遵照执行的程序。民族法一经公布,便于民族法确定实施的日期开始生效。

民族法的公布依照不同的法定权限和规定,有不同的作法。属于宪法或法律的民族法,由中华人民共和国主席予以公布;行政法规类的民族法由国务院公布;部门规章类的民族法由部门首长签署命令予以公布,地方政府规章由省长、自治区主席、市长签署命令予以公布;地方性法规和自治法规类的民族法由制定地方法规或自治法规的人民代表大会主席团或常务委员会公布。法律签署公布后,应当及时在全国人民代表大会常务委员会公报和在全国范围内发行的报纸上刊登;行政法规签署公布后,应当及时在国务院公报和在全国范围内发行的报纸上刊登;部门规章签署公布后,应当及时在国务院公报、部门公报和在全国范围内发行的报纸上刊登;地方政府规章签署公布后,应当及时在地方本级人民政府公报和在本行政区域范围内发行的报纸上刊登。在各种公报上刊登的法律、法规和规章文本为标准文本。

(六)民族法的备案

根据《立法法》的规定,行政法规、地方性法规、自治条例和单行条例、规章应当在公布后的30日内报有关机关备案。

行政法规报全国人民代表大会常务委员会备案;省、自治区、直辖市的代表大会及其常务委员会制定的地方性法规,报全国人民代表大会常务委员会和国务院备案;较大的市的人民代表大会及其常务委员会制定的地方性法规,由省、自治区的人民代表大会常务委员会报全国人民代表大会常务委员会和国务院备案;自治州、自治县制定的自治条例和单行条例,由省、自治区、直辖市的人民代表大会常务委员会报全国人民代表大会常务委员会和国务院备案;部门规章和地方政府规章报国务院备案;地方政府规章应当同时报本级人民代表大会常务委员会备案;较大的市的人民政府制定的规章应当同时报省、自治区的人民代表大会常务委员会和人民政府备案；根据授权制定的法规应当报授权决定规定的机关备案。

（七）民族法的审查

民族法的审查是指根据法定国家机关的要求或者其他国家机关、社会团体、企业事业组织以及公民的建议，对于已经公布和生效的民族法进行审查，以确定民族法是否同宪法或者法律相抵触。

根据《立法法》的规定，全国人民代表大会常务委员会对行政法规、地方性法规、自治条例和单行条例的违法性审查程序，可以由法定的国家机关书面提出的审查要求引起，也可以由其他国家机关、社会团体、企业事业组织以及公民书面提出的审查建议引起。违法性审查由全国人民代表大会有关的专门委员会或者法律委员会负责，专门委员会在审查中认为行政法规、地方性法规、自治条例和单行条例同宪法和法律相抵触的，可以向制定机关提出书面审查意见，也可以由法律委员会与有关专门委员会召开联合审查会议，要求制定机关到会说明情况，再向制定机关提出书面审查意见；制定机关应当在两个月内研究提出是否修改的意见，并向法律委员会和有关的专门委员会反馈；制定机关不以修改的，法律委员会和有关的专门委员会可以向委员长会议提出书面审查意见和予以撤消的议案，由委员长会议决定是否提请常务委员会会议审查决定。其他接受备案的机关也可以规定对报送备案的地方性法规、自治条例和单行条例、规章的审查程序。

第三节 我国民族立法的完善

中华人民共和国建立以来，民族立法工作经历了曲折的历程，也取得了举世瞩目的立法成果，积累了丰富的立法经验。但是，由于民族立法起步晚，任务重，所面对的立法问题较为复杂，我国的民族立法还存在一些不尽如人意的缺憾，总结我国有关民族立法和民族地区实施民族法的经验，以民族地区政治、经济、文化发展的特点为依据，我国各级立法机关在民族立法的工作中，还应当采取下列一些完善民族立法的措施：

一、建立中央与地方、地方与自治区域多层次的立法体制

我国幅员辽阔，在国家管理上实行地域性的分级管理，由此形成中央与地方、地方与辖区在立法、司法、行政上的职权划分。就立法而论，根据我国宪法的规定，我国有立法权的机关可依立法权限范围的大小依次排列为：全国人民代表大会及其常务委员会，国务院，省、自治区、直辖市人民代表大会及其常务委员会，较大的市的人民代表大会及其常务委员会、民族自治地方（自治州、县）的人民代表大会。这些机关便构成我国由中央到地方，由地方到民族自治区域的立法体制。尽管立

法机关之间的法律关系不存在领导关系,只有监督关系,但从立法权限的范围来看,不同级别的立法机关有不同的立法范围。完善立法体制,一方面是建立和完善各级立法机关,另一方面则是确定各级立法机关的工作重点、立法范围,以保证立法工作卓有成效的开展。目前,我国立法体制中的薄弱环节是民族自治地方的立法机关,相对于其他立法机关而言,民族自治地方的立法活动不甚活跃,尤其是自治县一级的人民代表大会更为突出,有的县多年来仅制定过一部自治条例。改变立法体制中这一薄弱环节的途径,除了中央和地方的立法机关加强指导,提供具体帮助外,重要的是自治地方的立法机关要解放思想,强化法制观念,加强调查研究工作,提高法律理论水平,制作缜密的立法计划,把立法工作当作中心工作来抓紧落实。越是经济落后的民族自治地方,越应当根据当地的民族特点和政治、经济特点,加强立法,利用法律手段促进本地区的发展。

二、改善法律、地方性法规、自治法规的内在统一性

恩格斯在致康·施米特的一封信中,对法律的内容和结构的关系作了这样的描述:“在现代国家中,法不仅必须适应总的经济状况,不仅必须是它的表现,而且还必须是不因内在矛盾而自己推翻自己的内部和谐一致的表现。”[11]法律与其赖以存在的经济基础相适应,是法律有效实施的重要条件,而法律内部的和谐统一则是法律实施的可靠保证,二者不可偏废。只注重法律内部的和谐统一,忽视法律与经济基础相适应,会使法律的实施成为阻碍或破坏社会发展的活动;相反,只注重法律与经济基础相适应,忽视法律内部的和谐统一,会使法律实施陷于自相矛盾、各行其是的境地,破坏法律的权威。由于我国实行由多级立法机关组成的立法体制,必然产生法律、行政法规、地方性法规、自治法规的衔接与统一的问题。从在民族地区实施法律的角度看,法律、地方性法规、自治法规的内在统一性是国家统一法制的保障,也是维护法律权威,克服地方主义的重要措施。坚持法律、行政法规、地方性法规、自治法规的内在统一性,要做到以下几点:首先,同一级立法机关制定的法律、法规应当和谐统一,不互相抵触;其次,上级立法机关在制定全国或本地区的法律、法规时,要考虑民族地区的特殊性,为民族自治地方的立法留有余地,或以弹性条款处理对民族自治地方的有关规定;最后,民族自治地方在制定自治法规时,要以国家的宪法和法律为依据;隶属于省、自治区的民族自治地方的立法机关,在制定自治法规时还要参照上级立法机关制定的地方法规,不能以民族地区的特殊性为由,以立法的形式改变或抵制国家法律或行政法规中不允许变通或补充的规定。

三、统一立法技术,强化立法程序

在制定民族法中需要采用的语言修辞、描述方法、结构编排、相互衔接、制裁种

---

〔11〕《马克思恩格斯选集》(第4卷),人民出版社1972年版,第483页。

类、力度等立法技术对于法律的实施具有重大的意义,如果民族立法所采用的立法技术不统一,将会造成民族法实施中的困惑和混乱。例如,对某种法律行为的描述在不同的法律、法规中采用不同的词语,对同一法律程序的规定在不同的法律法规中有次序的颠倒等,就必然会引起理解上的歧义,执法中的争执。立法技术是法制统一的技术保证,它属于方法论的范畴,并不以地区特点为适用局限,因此,我国的立法机关应当加强立法技术的培训,统一各级立法机关的立法技术,避免因为立法技术不统一或运用不当造成民族法的实施困难。立法程序严格说也属于立法技术的范围,这里将它独立出来,乃是由于立法程序作为立法机关在立法中所要遵守的程序,对于保证民族法表现经济基础的特征、实现内部的和谐统一、充分反映人民的意志具有重要的意义。尤其是民族自治地方的情况复杂,大部分地方都存在多民族杂居的情况,只有强化立法程序,通过科学化的程序,才能保证所制定的自治法规适应本地区民族经济、文化的发展,有利于增强民族团结,从而提高法律的权威性,为自治法规的实施奠定良好的基础。

四、增强法律、行政法规、地方性法规、自治法规的操作性和针对性

在过去很长一段时间中,我国的立法机关为了解决法律的稳定性与改革开放中激剧变化的现实之间的矛盾,在立法上采取了宜粗不宜细和超前的措施。这些措施的采用客观上加强了法律的稳定性,原则性地建构了变革中的政治、经济、文化生活的行为准则,但也带来了原则性规定缺乏可操作性,超前性规定缺乏针对性的弊端。法律的可操作性和针对性对法律实施影响甚大,一般来说,越是操作性、针对性强的法律、法规,越便于有效适用,因为法律、法规的价值是在实施中实现,而法律、法规的实施又都是具体地将法律、法规适用于具体的法律事实和法律的过程。当前,我国的立法机关和理论界应当重新认识法律的稳定性与变化的现实之间的矛盾,改变过多采用粗线条或超前立法的指导思想,把立法的指导思想放在保证法律有效实施,为调整现实社会生活服务上来,增强法律、地方法规、自治法规的可操作性和针对性。就调整民族关系的立法和自治法规而言,现阶段应当加紧《民族区域自治法》和各自治地方自治条例的配套立法,使《民族区域自治法》的操作性和针对性增强,从而得到全面的落实。各民族自治地方在制定自治法规时,要研究本地区的实际,有针对性地立法,使制定的自治条例和单行条例通过后,即能在实施中促进民族地区政治、经济、文化的发展。要树立这样的观点:一部法律只有得到具体的实施,才具有真正的效力,法律的具体实施是法律真实性和有效性的保证,不能实施的法律只是一纸空文,不会产生任何实际的良好的社会效应。因此,在立法中切莫忽视法律的可操作性和针对性。

五、注意立法与民族文化的协调

立法与民族文化的协调问题,在我国宪法和一些基本法律中已经通过确立民族平等、相互尊重和保障少数民族的基本权利的规定得到了解决。这里所提出的立法与民族文化的协调,是指地方性法规和自治法规与民族文化的协调,这种协调不仅是与少数民族文化的结合,而且是发扬、倡导、保护少数民族优秀文化,将少数民族的优秀文化法律化的过程。任何一个立法者都生存于一定民族的文化环境中,民族的价值观念,生存条件、风俗习惯对立法者的立法行为发生着潜移默化的影响,构成了立法者的民族文化观。由于各民族之间的文化传统和现实政治、经济情况的差异,民族文化观也有民族性的差别。任何社会都无法要求立法者完全放弃特定的民族文化观而保持中立,要么是鼓励他坚持某种民族的文化观,要么是让他兼容数种民族的文化观,只有这样立法者才能实现自己的生存价值,选择自己的行为。承认立法者具有民族文化观的同时,还必须注意民族地区的文化特质与立法者的文化观念的协调。我国实行的民族区域自治制度,承认和保护民族地区各民族传统文化的存在和发展。因此,民族自治地方的立法者只有达到将自己的文化观与民族地区的民族文化相协调的境界,才能在思想上,行动上自觉地热爱当地的民族和自然环境,并通过立法活动将民族文化法律化。应当看到少数民族的传统文化为保障民族法在民族地区实施创造了诸多有利条件。例如,在许多少数民族的民间传说中都有汉族与少数民族同源出、同根生、共同建设家园的故事;在许多民族地区都流传着汉族帮助兄弟民族开发边疆、保卫边疆的历史故事,这些故事反映了中华文化的融合性和各民族文化交流的历史传统,为现代法律文化引入民族地区提供了文化背景和心理基础。又比如,少数民族传统法律文化中保护生态环境,抵制破坏生活、生产和社会秩序的行为、尊老爱幼等观念和行为规则,对于实施民族法具有积极的辅助作用。因此,学习、借鉴、吸收少数民族的优秀文化,通过立法活动使之法律化,能够丰富有关调整民族关系的法律和自治法规的内容,并使法律、法规贴切于民族文化,减少法律实施的阻力,增加法律实施的效用。

六、避免在立法中滥设惩罚性条款

惩罚性条款属于法律责任的范畴,它是法律的重要组成部分,是国家强制力的重要表现形式,如果没有惩罚性条文的威慑力,法律法规中的一些内容将不能很好地得以实施。然而,在一些地区(包括非民族自治地区)的一些立法部门,片面地理解惩罚性条文的作用,盲目地增加地方法规和自治法规中的惩罚性条款。这种作法形式上好像增强了法规的权威力度,其实则不然。法律法规中的惩罚性条文过多,会引起以下一些消极的作用:首先,淡化民族法在组织社会生活中的作用,使民族法在民众的心目中成为单纯的消防机和事故处理机;其次,忽视了民族法的宣传教育群众的作用,使丰富生动的民族法实施活动变为一种简单的惩罚,而不能变为民众的自觉行为;最后,增加民众的负担,引发社会矛盾,由于增设的惩罚性条款多为经济上的处罚，如罚款、罚物等，势必给民众的生活负担加重。[12] 上述消极作用对法律目的实现和社会主义法制建设有较大的危害，应当引起重视。以惩罚为内容的民族法条文是法律的重要部分，但不是保证民族法实施唯一条件，民族法的有效实施，更需要的是民族法的真实性、客观性和科学性，以及民众对民族法的信心和理解。法律的威慑力只是一种警戒和实际的制裁，它的对象毕竟是民众中的少数人。因此，立法机关不能把民族立法的落脚点放在设置惩罚性条款上。

---

〔12〕 笔者在诸多地区调查时，曾耳闻目睹过较多行为人的家庭经济不堪承担过重经济惩罚的实例。

第八章　民族权利与民族权利的法律保障

第一节　民 族 权 利

一、民族权利的概念

2004年3月14日第十届全国人民代表大会第二次会议通过的《中华人民共和国宪法修正案》第24条对《宪法》第33条做了修正，在该条中增加了第3款：“国家尊重和保护人权。”我国公民享有广泛的人权，民族权利是人权的重要内容。民族权利是指由法律规定和确认并体现在民族法律关系中的，我国各民族为实现和满足民族利益而拥有或采取的，以其他人的法定义务为保障的法律手段。我国法律所规定和确认的民族权利是包括汉族在内的56种中国各民族享有的有关民族利益的权利，为了强调对少数民族权利的保障，本书所讲的民族权利主要是指国家与少数民族关系中和各民族相互关系中的少数民族权利。

在法律上，民族权利有如下一些特点：

（一）民族权利是由法律规定和确认的权利

民族权利是一个具有多重含义的概念，宽泛的民族权利可以从道德的意义、社会学的意义和法律的意义上获得多种解释。例如，各民族追求生存和自由权利，追求高质量的物质生活的权利，便是各民族在道德意义上的权利；而各民族在社会生活中的相互交往、文化传承、价值取向的选择，又属于社会学意义上的权利。法律上的民族权利与其他意义上的民族权利的区别，最重要的一点就是法律上的民族权利是由法律规范所规定和确认的权利，并由国家权力保障其实现。道德意义或社会学意义上的民族权利比法律上的民族权利更广泛，它们与法律上的民族权利有着密切的联系，并在一定的条件下可以相互转化。在法律的形成和发展过程中，道德上或在社会学意义上的民族权利经常被确认为法律上的民族权利；随着社会情况的变动，原来被法律所规定和确认的民族权力，也会转化为道德上或社会学意义上的民族权利。可见，民族权利是一个历史范畴，并不是永恒不变的事物或观念，一定历史时期存在的法律上的民族权利，必须以当时的法律规范为依据。

（二）民族权利是一种集体权利

民族是人类社会的一个普遍现象，世间任何人都是作为某一民族的成员存在的。在民族形成和发展的历史中,民族总是作为一个共同体,或者说一个社会集体存在于社会之中,从而形成民族的整体利益。法律所规定和确认的是民族的集体权利,它并不规定某一个具体的民族成员所享有的权利,而是规定各个民族所享有的权利。这种集体权利是一个民族相对于其他民族或是各民族相对于其组成的多民族国家而言在法律上享有的权利。把民族权利定义为集体权利,并不否定各民族的成员所享有的权利,相反,集体权利的确立是为了保障民族成员的个人权利得到充分实现。民族权利既是一个民族集体享有的权利,也是作为民族集体中的民族成员个人享有的权利。作为集体权利,民族权利的实现要求国家和其他民族承担一定的义务;作为个人权利,民族权利的实现则要求国家和他人承担一定的义务。可以这样说,每个民族所享有的集体权利是其民族成员个人权利的前提,而民族成员个人权利的保障和实现,是民族集体权利得以保障和实现的基础。

(三)民族权利的权利主体是中国境内的各民族

法律上的权利存在于一定的法律关系中,我国法律关于处理民族关系的规定,以法律的形式设定了一种民族法律关系,在这个法律关系中的权利主体当然应当是我国境内的56个民族及其各民族的成员。我国56个民族的成员既是中华人民共和国的成员,享有中国公民的平等权利,又是不同民族的成员,享有相同的民族权利。需要指出的是,由于我国是以汉民族为主体的多民族国家,少数民族人口只占全国总人口的8.41%,〔1〕再加上中国历史上历代统治者推行的民族歧视和压迫政策,因此,重视和保障少数民族的权利成为中华人民共和国成立以来,保障民族权利的主要内容。

(四)民族权利是与民族义务相统一的法律范畴

民族义务是指由法律规定和确认并体现在法律关系中的,国家和各民族应当按照民族权利主体的要求从事一定的作为或不作为,以满足民族权利主体的利益的法律手段。根据我国法律的规定和精神,民族权利与民族义务是相对而言的,没有无民族义务的民族权利,也没有无民族权利的民族义务。民族权利和民族义务的一致性体现在两个方面:其一,民族权利的实现依赖于民族义务主体承担相应的义务,如果民族义务的主体不承担义务,民族权利就不能实现。例如,民族区域自治权是民族聚居地方的少数民族享有的管理本地区本民族内部事务的权利,它的实现依赖于国家履行尊重和保障依法授予的民族自治地方的自治权的义务以及领导和帮助民族自治地方实现自治权的义务。其二,作为民族权利主体的各民族也是民族义务的重要主体。一般来说,作为民族权利主体的各民族承担着双重义务,一方面,民族权利主体作为一个国家的社会集团和公民群体,必须履行遵守法律,维护国家统一,民族团结,促进社会进步的基本义务,这一义务是与民族权利主体

〔1〕 国家统计局:《第五次全国人口普查主要数据公报(第一号)》,2001年3月28日。

享有的要求国家以作为或不作为保障各民族实现民族利益的权利相对应的。另一方面,在民族之间的相互关系中,每一个民族相对于其他民族来说,它的权利意味着其他民族所应当承担的义务,而其他民族享有的权利,也依赖于这个民族对其承担义务的履行。例如,某一民族的平等权利的实现,依赖于其他民族对其平等权利所承担的不侵权的义务,同时,该民族也承担着不侵犯其他民族的平等权的义务。

(五)民族权利的内容是确定民族权利主体从事法律所允许的行为范围

法律上的民族权利有着明确的范围,这一范围所涉及的民族权利主体满足自己利益的行为,是民族权利的内容。确定民族权利的依据有三个因素:一是我国各民族的共同利益,二是我国现阶段的物质生活条件和文化发展水平;三是民族义务主体的承受能力。因此,对于违反我国各民族共同利益,不符合我国现阶段物质生活条件和文化发展水平所提供的可能,超出民族义务主体承担义务的能力的权利主张,便不能由法律确定为我国民族权利的内容。民族权利的范围在法律上得到科学、合理、适当的确定,有利于国家的稳定、民族的团结和社会的发展;反之,则会带来社会动荡、民族纷争、延缓社会进步的危害后果。

(六)民族权利是一种法律手段而不是目的

民族权利是民族利益在法律上的表现,对于国家和各个民族来说,因法律的形式确定各民族在社会的政治、经济、文化生活中所享有的权力,只是将法律规定和确认的民族权利作为争取和实现本民族或国内全体民族的利益的一种手段。利用这种手段,国家能够通过民族利益的分配与负担,解决国内的民族问题,维护国家和中华民族共同体的利益;利用这种手段,各民族及其所属的民族成员也能够借助国家强制力的保护,实现本民族或民族成员在社会的政治、经济、文化上的利益。因此,民族权利只是一种法律手段,这种法律手段的目的是实现国家利益、中华民族整体利益、各民族及其所属民族成员的自身利益。

(七)民族权利是人权的重要内容

人权一般泛指作为人应当享有的权利,它首先表现为道德和社会意义上的权利,作为一种人类的理想或社会改革主张而提出。法律上的权利是人权的重要内容,但不是人权的全部。因为,法律所确认的人权在国内法中要受国家意志的阶级性和国内社会生活各种条件的限制,在国际法中要受国家之间关系、国际组织和国际政治格局的影响。民族权利是现代人权所关注的重要问题,在联合国的许多重要文件以及国家间的其他国际条约中,都规定有将民族权利列为人权加以保护的内容,尤其是自第二次世界大战以来,民族权利作为一种基本人权被国际法和许多国家的国内法所承认。我国历来重视保护作为基本人权的民族权利,我国的宪法和其他法律明确规定了我国各民族在政治、经济、文化和其他社会生活中的权利,并在法律的实施中切实地予以保障,从而在民族权利的保障上取得了令人瞩目的成绩。在中国政府 1991 年 11 月发表的《中国的人权状况》、1992 年 9 月发表的

《西藏的主权与人权状况》、1995 年 12 月发表的《中国人权事业的进展》、1997 年 10 月发表的《中国的宗教信仰自由状况》、1998 年 5 月发表的《西藏自治区人权事业的新进展》和 1999 年 9 月发表的《中国的少数民族政策及其实践》等白皮书中，都详尽地报告了中国少数民族权利的保障情况，用大量的事实和数据论证了中国政府充分尊重和保障少数民族依法享有的各项权利，重视和支持民族自治地方的政治、经济、文化的发展所取得的成绩。

二、民族权利的分类

在我国，各民族享有广泛的民族权利，这些权利可以根据不同的标准分为不同的种类。

以法律关系的性质来划分民族权利，民族权利可以分为数种类型。在一般法律关系中的民族权利是各民族作为平等主体而享有的权利，每一个民族都有相同的法律地位，享有平等的权利；每一个民族都尊重和维护其他民族的权利，并具有不妨碍其他民族行使民族权利的义务。大多数涉及各民族之间相互关系的民族权利都是一般法律关系中的民族权利。在绝对法律关系中的民族权利是各民族为了实现本民族的利益而从事某种积极行为的权利，这是一种绝对权，作为民族权利主体的各民族在行使这类民族权利时，不需要其他民族从事积极的行为，只需要他们承担消极不作为的义务。各民族保持和改革自己的风俗习惯的权利便是绝对法律关系中的民族权利。在相对法律关系中的民族权利是民族权利主体享有请求民族法律关系中的其他主体完成某种行为的权利。这种民族权利的实现不仅依靠民族权利主体的积极行为，也依靠民族权利义务主体的积极行为，所以，这种权利也叫请求权。民族自治地方要求得到上级国家机关的领导和帮助的权利、少数民族诉讼中的语言文字权利等属于相对法律关系中的民族权利。在保护性法律关系中，民族权利通过国家对侵犯民族权利的行为予以法律制裁得以表现。国家作为民族权利主体的保护力量，行使制裁侵犯民族权利的违法行为，国家的这种制裁权是民族权利得以实现的有力保障。在隶属性法律关系中的民族权利主要表现为民族自治地方的自治机关及其工作人员的职权上，民族自治机关既是地方国家机关，又是自治民族的管理机关，具有贯彻国家法律法令，管理本地区本民族内部事务的职权。〔2〕

按照权利学说的理论，〔3〕民族权利还可以从不同的角度来进行分类。根据民族权利所体现的社会内容的重要程度，民族权利可以分为基本民族权利和普通民族权利；根据民族权利对人的效力范围，民族权利可以分为一般民族权利和特殊民

---

〔2〕　这种分类的理论依据参见沈宗灵主编：《法理学》，高等教育出版社 1994 年版，第 387 ~ 389 页。

〔3〕　张文显：《法学基本范畴研究》，中国政法大学出版社 1993 年版，第 99 ~ 106 页。

族权利;根据民族权利之间的因果关系,民族权利可以分为原有权利和补救权利;根据民族权利主体依法实现其利益的方式,民族权利可以分为行动权利和接受权利;根据民族权利主体的性质,民族权利可以分为集体权利和民族成员的个体权利。这些不同的分类,有利于认识民族权利的特点、功能和社会价值。

为了较详细地描述民族权利的种类和内容,我们还是按照传统的分类标准,根据民族权利所涉及的社会领域,把民族权利分为三大类,即民族的政治权利、经济权利、文化权利。上述每一类民族权利中,包含若干具体的民族权利,这些具体的民族权利,构成了我国法律上的民族权利体系。

(一)民族的政治权利

1. 民族的平等权。民族平等既是民族法的一项基本原则,也是我国各民族的一项宪法权利。民族平等权也是一项综合权利,它体现在政治、经济、文化等方面,其基本含义是:中华人民共和国各民族一律平等,各民族(无论是聚居或是杂散居的民族)在法律上享有平等的政治权利和平等地发展本民族经济文化事业的权利。

民族平等权的核心内容是各民族在政治上的平等权。政治权利平等是各民族经济、文化平等的要求和保证,它表现为在法律上规定和确认各民族参与国家管理活动和自主管理民族地方事务的权利,确认各民族平等地享有或承担法律赋予的一切权利和义务。除了政治上的平等权利之外,我国各民族还享有在经济和文化上的平等权利。民族平等权是我国民族权利中最基本的权利,其他民族权利均是以民族平等权为依据引申出来的权利。为了维护民族平等,国家承担着保障各民族的合法利益和权利,禁止民族间的歧视与压迫的责任。

2. 民族区域自治权。民族区域自治权是我国法律赋予聚居少数民族的一项重要的政治权利,是我国民族区域自治制度的核心内容。民族区域自治权的行使机关是依法建立的民族自治地方的自治机关,国家保障民族区域自治权的实现。

民族区域自治权是一项综合性的权利,它既可以表述为民族自治地方的自治民族自主管理本民族内部事务和地方性事务的权利,又可以分解为自治地方自治机关享有的在政治、经济、文化等社会领域中的权利。例如,立法权、法律变通权、自治机关的组织权、自治地方的行政管理权和其他组织自治地方政治、经济、文化活动的权利。

自治权是一种地方国家机关的职权,是隶属性法律关系中的权利。民族自治地方的自治机关必须依照法律行使自治权,不得放弃也不得转让,否则就是失职和违法行为。民族自治地方的自治机关还应当用好自治权,促进民族自治地方各项事业的发展。

3. 各民族的参政权。各民族的参政权是民族平等权派生出来的一项重要的民族权利,即各民族参与国家管理活动的权利。

各民族的参政权是我国在国家管理活动中消除民族压迫和歧视,确立各民族在决定国家重大事务上的平等地位的重要权利。只有在国家管理活动中赋予各民族平等参与共同治理国家的政治权利，才能保证在国家活动中全面地反映各民族的利益，确立各民族在国家活动中的主人翁地位，从根本上维护国家的统一。

我国法律对各民族（特别是少数民族）的参政权及其保障制度做了明确的规定。中国各民族的成员作为中国公民有平等的选举权；中国各民族不论大小或民族经济社会发展程度的高低，都有选举本民族的成员作为人民代表参加全国人民代表大会或地方的各级人民代表大会的权利，国家依法保障国内各少数民族在全国人民代表大会均有适当名额的代表，保障居住在某一行政区域内的民族在当地人民代表大会中适当的名额，保障民族自治地方的自治民族和其他居住在民族自治地方行政区域内的杂散居民族在民族自治地方人民代表大会中有适当的代表名额。例如，1993 年第八届全国人民代表大会中，少数民族的代表共有 439 名，占代表总数的 14.7%，大大超过当时少数民族占全国人口 8.04% 的比例。1998 年第九届全国人民代表大会中，少数民族代表共有 428 人，占代表总数的 14.37%，比同期少数民族人口占全国总人口的比例高出 5 个百分点。2002 年第十届全国人民代表大会中，少数民族代表 415 名，占代表总数的 13.91%。

4. 担任国家机关公职的权利。担任国家机关公职是一项政治权利。为了保证各少数民族实现参与国家管理活动的权利和民族自治地方的自治民族自主地管理本民族内部或地方性的事务，我国法律专门规定了少数民族担任国家机关公职的特殊权利。例如，《民族区域自治法》的规定，民族自治地方的人民代表大会常务委员会中应当有实行区域自治的民族的公民担任主任或者副主任；自治区主席、自治州州长、自治县县长由实行区域自治的民族的公民担任；民族自治地方的人民法院和人民检察院的领导成员和工作人员中，应当有实行区域自治的民族的人员。2004 年 5 月 28 日云南省人民代表大会常务委员会通过的《云南省实施〈中华人民共和国民族区域自治法〉办法》第 43 条规定："省人民政府的组成部门和直属机关的领导成员中应当各配备 1 名以上的少数民族领导干部。人口在 5000 人以上的少数民族应当各有 1 名以上的干部在省级机关担任厅级领导。"

（二）民族的经济权利

1. 民族发展权。发展权是国际人权中的重要权利。1986 年联合国大会通过的《发展权利宣言》中指出：发展权是一项不可剥夺的人权，由于这种权利，每个人和所有的各国人民均有权利参与、促进并享受所有人权和基本自由都获得充分实现的经济、社会、文化和政治的发展。发展权的重点是要求发展机会均等，它既是一种国家权利，也是一种民族或个人的权利。

民族发展权是我国法律确立的一项重要的民族权利，它涉及民族的经济、文化、社会等领域，指我国各民族享有发展本民族或民族地区经济、文化和其他社会事业，享受发展成果的权利。在我国的宪法和民族区域自治法中，对民族的发展权均有明确的规定。

民族发展权中的核心内容是民族在经济上的发展权利。发展经济是其他社会事业得以发展的基础,对于民族地区和各少数民族来说,要充分地、全面地实现法律赋予的各项权利,维护自己的民族个性,最重要的是加快民族地区和少数民族经济的发展,为民族地区和各少数民族在文化和其他事业上的发展奠定良好的基础。我国十分重视对民族地区和少数民族经济发展权利的保护和帮助,我国宪法和其他法律把帮助民族地区加速经济和文化的发展作为国家的责任予以规定。在实践中,我国政府把各民族的生存权和发展权摆在中国人权事业的首要位置,坚定不移地推行以经济建设为中心,在发展经济的基础上不断改善各族人民的生存权和发展权的基本政策,使我国各族人民的生存权和发展权有了明显改善。

2. 获得国家帮助权。我国大多数民族地区位于中国的中西部,由于历史的原因和自然环境的原因,大多数民族地区尚未得到充分的发展和开发,与我国的东部沿海地区和中部地区相比,在经济发展程度上存在着较大的差距。然而,民族地区的丰富资源又是我国的一笔很有价值的财富,是我国东部和中部发达地区持续发展的基础和保障。因此,民族地区与非民族地区都是祖国的领土,各民族都是祖国大家庭的兄弟,帮助民族地区迅速发展经济是国家和非民族地区的责任。

获得国家帮助是我国法律明确规定的一项民族权利。在我国法律中,一般以规定国家责任的形式赋予各少数民族享有获得国家帮助的权利。例如,《民族区域自治法》第 8 条规定:"上级国家机关保障民族自治地方的自治机关行使自治权,并且依据民族自治地方的特点和需要,努力帮助民族自治地方加速发展社会主义建设事业。"《民族区域自治法》第六章"上级国家机关的职责"专门规定了民族自治地方的上级国家机关承担的帮助民族自治地方政治、经济、社会发展的法定责任。

我国民族地区在经济、文化的发展上长期得到国家的帮助,这些帮助包括实行优惠政策,提供资金、技术、人才等方面的支援。1991 年 12 月,国务院下达文件,要求各级政府增加对民族自治地方的投入,推进经济发达地区与民族地区的对口支援;要求各级各类银行适当照顾对民族自治地方固定资产投资项目贷款;各项扶贫资金和物资要更多地用于少数民族贫困地区。为了帮助少数民族地区的经济建设,国家设立了多种专用资金项目,如"边境和少数民族地区教育补助费"(1951 年设立)、"边境建设事业补助费"(1977 年设立)、"支援不发达地区发展资金"(1980 年设立)、"少数民族贫困地区温饱基金"(1990 年设立)、"支援四川'三州'建设资金"(1991 年设立)、"西藏援建项目"(1994 年)等。2000 年 10 月国务院颁布了《关于实施西部大开发若干政策措施的通知》,确定了针对 12 个省、自治区、直辖市的西部开发政策,这些政策分为 4 类 16 项。关于资金投入的政策有:加大建设资金投入力度,优先安排建设项目,加大财政转移支付力度,加大金融信贷支持。

关于改善投资环境的政策有:大力改善投资的软环境,实行税收优惠政策,实行土地和矿产资源优惠政策,运用价格和收费机制进行调节。关于扩大对外对内开放的政策有:进一步扩大外商投资领域,进一步拓宽利用外资渠道,大力发展对外积极贸易,推进地区协作与对口支援。关于吸引人才和发展科技教育的政策有:吸引和用好人才,发挥科技主导作用,增加教育投入,加强文化卫生建设。2001 年 8 月国务院西部开发办根据该通知的精神,制定了《关于西部大开发若干政策措施的实施意见》,对上述各项政策做出了更加细化的具体规定。

3. 民族自治地方的财经贸管理权。民族自治地方的财经贸管理权是民族区域自治权的重要内容,也是民族经济权利的一项重要权利,因此,它既可以归类于自治权的范围,也可以归类于民族经济权利的范围。民族自治地方的财经贸管理权是指民族自治地方的自治机关享有的自主管理本地方财政、经济、贸易事务的权利。这项权利的内容十分丰富,包括自主安排地方财政、享受优惠政策、依法实行减免税;自主安排本地区的经济活动和经济管理体制、保护民族地区的生态环境和资源;自主安排民族用品的生产和贸易、依法开展对外贸易等内容。

民族自治地方的财经贸管理权为发展民族地区的经济提供了重要的条件,西部大开发战略的实施,为民族地区利用财经贸自治权创造了新的机遇,在民族地区今后的发展中,财经贸自治权将发挥更大的作用。

(三)民族的文化权利

1. 民族语言文字权利。民族语言文字权利是世界各国公认的一项基本人权,也是我国法律所确认的一项重要的民族权利。民族语言文字权利是指各民族都有使用和发展本民族语言文字的权利,各少数民族享有用本民族的语言或文字参与国家管理,进行案件诉讼、文化教育、日常交往以及处理事务的权利。

我国的民族语言文字呈现出较为复杂的情况,56 个民族中有 54 个民族使用着不同的民族语言(回、满族通用汉语),语言数目在 80 种以上,有 20 个少数民族文字,各少数民族以本民族的语言或文字为母语对事物进行认知、思维和日常交际。这种现实决定了我国法律在坚持民族平等的原则下,必须确认各民族在语言文字上的平等权利,才能保障各民族使用本民族的语言文字来实现法律赋予的权利和义务,促进中华民族的团结与进步。

规定的民族语言文字权利主要有以下几个方面:其一,各民族在参政、议政活动中使用本民族语言文字的权利。其二,各民族在法律实施中使用本民族语言文字的权利,如用本民族语言进行诉讼的权利;民族自治地方的自治机关在执行公务活动中使用民族语言文字的权利等。其三,各民族在文化教育和相互交往中使用和发展本民族语言文字的权利。[4]

---

〔4〕 张晓辉主编:《中国法律在少数民族地区的实施》,云南大学出版社 1994 年版,第 58～59 页。

2. 保持或改革民族风俗习惯的权利。保持或改革民族风俗习惯的权利是我国宪法规定的一项民族文化权利,并体现在许多法律的规定中,它指各民族都有保持本民族风俗习惯的自由权利。

根据我国宪法和其他法律的规定,保持或改革民族风俗习惯的权利有如下两方面的内容:其一,各民族有保持本民族风俗习惯的自由权。民族风俗习惯的范围十分广泛,它涉及一个民族的居住、饮食、服饰、婚姻、丧葬、节日、礼仪、生产活动、宗教信仰等物质文化生活的各个方面,反映着一个民族的历史文化传统和民族情感,以及生产生活方式,是民族文化和民族特点的集中表现,因此,各民族保持本民族风俗习惯的自由权是关系到一个民族维护民族性和本民族团结的敏感问题,是处理民族关系中的必须坚决予以维护的民族权利。其二,各民族有改革本民族风俗习惯的自由权。民族风俗习惯既然是一种历史文化,其内容就不会完全适应社会进步的要求,因此,少数民族的风俗习惯也有一个通过改革除旧布新的过程。但是,民族风俗习惯的发展或保持,是各民族的内部事务,也是各民族依法享有的权利,应当由各民族根据自己的意愿来进行,不能由其他民族或个人越俎代庖。

3. 开发、利用和保护民族文化的权利。随着民族地区社会经济的发展,民族文化成为民族地区发展的重要资源被开发、利用和保护。民族文化的开发、利用和保护是民族自治地方自治机关的一项重要的自治权,《民族区域自治法》第 38 条规定:民族自治地方的自治机关自主地发展具有民族形式和民族特点的文学、艺术、新闻、出版、广播、电影、电视等民族文化事业,加大对文化事业的投入,加强文化设施建设,加快各项文化事业的发展。民族自治地方的自治机关组织、支持有关单位和部门收集、整理、翻译和出版民族历史文化书籍,保护民族的名胜古迹、珍贵文物和其他重要历史文化遗产,继承和发展优秀的民族传统文化。一些省、自治区还通过了专门保护民族民间传统文化的地方性法规,对民族民间传统文化实施特殊的法律保护。[5] 民族文化的开发、利用和保护也是创造和拥有民族文化的少数民族的集体权利。民族文化是少数民族在其长期的生产、生活实践中创造和保存的知识成果,也是少数民族群众的一种知识系统和生活方式,根据《宪法》和《民族区域自治法》关于民族语言文字权利和民族风俗习惯权利的规定,少数民族当然地享有对本民族文化的开发、利用和保护的权利。因此,在少数民族文化的开发、利用和保护方面,应当尊重少数民族的意愿和要求,合理地开发和利用民族文化,

---

〔5〕 例如,2000 年 5 月,云南省第九届人民代表大会常务委员会通过的《云南省民族民间传统文化保护条例》。

并依法保护少数民族的文化权利，制止非法剽窃、歪曲、丑化民族文化的行为。[6]

民族权利体系中的民族权利种类很多，它表现了我国各民族依法享有广泛的民族权利，上述所提到的各民族在政治、经济、文化上的权利，仅是民族权利中的一些主要的或基本的权利。

第二节　民族权利的法律保障

民族权利是各民族在社会生活中的重大利益在法律上的反映，它的设立和实现都与法律有着紧密的联系，法律以其特有的属性——国家强制性和规范性，将民族权利规定于法律之中，并保障民族权利得以实现。民族权利的实现依靠很多条件的成就，如政治的条件、经济的条件和其他一些社会条件，然而，在这些种种条件中，法律保障是实现民族权利的最重要的条件之一。民族权利的法律保障通过立法、司法、行政和国际法的手段，建立一套完善的权利保障机制，从而促进其他社会条件的成就，使民族权利得以实现。

一、民族权利的立法保障

民族权利的立法保障是指通过立法活动确立民族权利的法律地位和保障机制，为民族权利的实现创造规范上的和法理上的保障条件。

（一）我国在立法上对民族权利的保障

我国的立法机关十分重视从立法上确立民族权利的法律地位和保障机制，自

---

〔6〕 2003年12月19日，北京市第二中级人民法院民五庭收到了黑龙江省饶河县赫哲族乡政府赠送的“保护民间艺术，执法功在千秋”的锦旗。据悉，这是赫哲族乡政府为表达对二中院公正审判而赠送的。2002年12月，二中院对黑龙江省饶河县四排赫哲族乡政府诉郭颂、中央电视台、北京北辰购物中心侵犯民间文学艺术作品著作权纠纷，做出认定《乌苏里船歌》系根据赫哲族民间曲调改编而成的一审判决，被告不服，上诉到北京市高级人民法院。北京市高级人民法院作出了维持一审判决的终审判决。该案是全国首例涉及民间文学艺术作品的著作权侵权纠纷案件，二中院依据宪法和民事诉讼法的相关规定妥善地解决了诉讼主体问题，使民间文学艺术作品权利主体“虚位”问题得以明确化。依据著作权法及民法的基本原则对该案做出了判决，以判例的形式填补了立法的空白。该案受到了全国人民代表大会法律工作委员会和教科文卫委员会、国务院法制办、文化部、国家版权局的高度关注，一致认为该案对于我国制定民间文学艺术作品保护的法律法规极具参考价值，曾多次邀请二中院有关法官参加相关立法工作，征求立法建议。另外，该案在知识产权理论界和文化艺术界也引起了很大反响，有力地推动了知识产权理论在民间文学艺术作品这一领域的扩展和深化，并在一定程度上使民间文学艺术“采风”活动在法律上进一步规范化。由于2003年在多哈举行的世界贸易组织的部长级会谈中，保护传统文化是其中的重要内容之一，因此，该案还受到了世界知识产权组织的高度重视。文化部收集了二中院对该案做出的判决书，以备在该会谈中使用。转引自高志海、冯刚：《赫哲人最终赢得〈乌苏里船歌〉著作权》，载中国法院网：2003年12月22日访问。

中华人民共和国成立以来,颁布了一系列调整民族关系的法律法规,建立了一个以保障民族权利为中心的民族法体系。总结我国关于民族权利立法的经验和实践,我国民族权利在立法保障上有如下一些特点:

1. 将各民族的基本权利规定于宪法之中,使民族权利在法律体系中处于重要的地位,并为其他法律法规的制定提供了宪法依据。我国宪法在序言、总纲及其他专门章节中确立了处理我国民族关系的原则,各民族的基本权利和民族权利的保障机制;其他宪法性文件,如《地方各级人民代表大会组织法》《选举法》等,也对各民族的政治权利及其保障予以规定,这些规定使我国各民族的基本权利具有了宪法性权利的特点。

2. 在确立民族权利为法律权利的过程中,我国立法机关注意处理政策与法律的关系,积极、稳妥地将过去依靠政策调整的民族权利法律化。我国法律中规定的民族权利最初是以党的民族政策的形式确认的,党的民族政策为民族权利的立法提供了丰富的立法资料,创造了使民族权利法律化的条件。民族权利在政策上和法律上的这种历史渊源,使民族权利的很多内容都既表现为法律上的权利,也表现为政策上的权利,形成对民族权利在政策上和法律上的双重保障机制。

3. 在确立民族权利的同时规定民族权利的保障措施,使民族权利的实现有可靠的法律保障。民族权利的实现不仅仅是在法律中确立民族权利的内容和范围,而更重要的是在法律中设立保证民族权利实现的法律机制。我国宪法和法律对民族权利的保障措施明确加以规定,设定了国家在保障民族权利实现过程中的种种职责。

4. 建立由中央到地方的立法机制,使民族权利体现在各级立法机关制定的民族法规之中,并通过各级立法机关的立法活动,在法律上建立完备而和谐统一的民族权利保障机制。我国的立法机关包括中央与地方立法机关,中央立法与地方立法在建立法制体系中均具有重要的作用。在民族权利的保护上,通过立法确立民族权利和民族权利的保障机制,不仅是中央立法机关的职责,也是地方立法机关的职责。

(二)我国民族权利立法保障的完善

民族权利的保障在立法上是一个长期的过程。当民族权利的立法条件改变时,立法机关应当在立法上进行适当的调整,以便民族权利的立法能够适应新的条件;另外,随着社会的发展,民族权利的范围也会发生变化,对民族权利的保障还会提出更高的要求;由于历史条件的限制和立法经验的不足,我国目前关于民族权利及其保障的立法还存在一些需要改进的方面,因此,完善我国民族权利的立法保障是目前和今后在民族立法工作中的重要任务。

根据我国目前有关民族权利立法的现状,完善民族权利的立法保障需要注意以下几方面的工作:

1. 加快民族立法工作，尽快建立完备的民族法体系。民族权利是由法律规定的权利，它存在于民族法的规定当中。目前，尽管我国在宪法和法律中规定了民族权利，但是，有关民族权利的保障立法还不尽完备，尚未形成一个完备且完善的保障民族权利的法律体系，这种现状使我国的民族权利的保障在一些方面还存在缺乏法律依据的问题，因此，加快民族立法工作，建立和健全民族权利的法律保障立法仍然是我国各级立法机关面临的任务。

2. 加强民族权利立法的可操作性，增强民族权利保障的法律功能。我国法律虽然确立和规定了民族权利，但在许多民族权利的保障权规定中，往往使用一些原则性的或弹性较大的词汇，以致减弱了保障民族权利法律法规的可操作性。例如，《民族区域自治法》中"上级国家机关的职责"一章是关于实施民族区域自治制度中的国家责任规定，但在这些规定中，有许多"帮助""扶持"的条款，而如何帮助、扶持都无具体规定，也缺少相配套的法律法规，这就使这些规定在实施中不便执行，缺乏约束性。因此，在今后的民族立法中，要加强民族法规范的可操作性，加快制定实施《民族区域自治法》法规、规章、措施和具体办法，使民族权利的保障落在实处。

3. 建立侵犯民族权利行为的制裁体制，维护民族权利立法的权威。目前，我国法律体系中关于侵犯民族权利行为的制裁规定为数不多，一旦发生侵犯民族权利的行为，往往缺少法律上的救济，客观上削弱了民族权利保障的法律实效。因此，有必要在立法上规定侵犯民族权利的法律责任，利用国家强制力打击侵犯民族权利的违法行为。

4. 制定适应市场经济规律的民族权利保障立法。建立和健全社会主义的市场经济体制，是我国目前和今后一个时期的重要工作。在由原来的产品经济向市场经济转轨的过程中，有关民族权利保障的立法也会因为生产关系的变化而发生变化。我国现有的民族立法大多是在产品经济时期制定的，尽管其中关于民族权利的规定并不因为经济体制的改变而发生变化，但是随着市场经济的建立，民族权利的范围将会扩大，同时，在新的经济体制条件下如何保障民族权利的实现，也给立法提出了许多新的问题，因此，根据市场经济的情况，制定新的民族权利的保障立法，修改原有的有关民族权利的法律法规，是我国各级立法机关面临的重大课题。

二、民族权利的司法保障

民族权利的司法保障是指通过司法活动建立民族权利的司法保障机制，以保证少数民族的诉讼权利的实现和以诉讼的形式处理民族纠纷或不履行民族义务的违法行为，使被侵害的民族权利得到法律上的保护和救济。

（一）我国在司法活动中对民族权利的保障

我国司法机关根据宪法和其他法律的规定，在民族权利的司法保障方面做了

大量的工作,建立了有效的民族权利司法保障机制。我国民族权利的司法保障有以下一些特点:

1. 培养少数民族司法干部。少数民族司法干部是民族地区司法机关不可缺少的人才资源,他们对于在少数民族地区实施法律,维护民族权利,保证案件侦查、起诉、审判及其他司法活动的质量,消除执法过程中出现的民族间的心理隔阂具有重大的意义。因此,我国的《民族区域自治法》规定,在民族自治地方的人民法院和人民检察院的领导成员和工作人员中,应当有实行区域自治的民族的成员。我国司法机关历来重视对民族司法干部的培养,在实际工作中对少数民族司法干部采取"扶上马,送一程"的工作方法,大胆启用民族干部,并要求在民族地区工作的有经验的汉族干部帮助和支持民族司法干部的工作。

2. 保护少数民族的诉讼权利。少数民族的诉讼权利是维护民族合法权益,保证司法活动公正、平等,真正实现法律目的的重要条件。我国司法机关在司法活动中不仅依法保护少数民族享有的一般公民的诉讼权利,而且注意保护少数民族参与诉讼所享有的使用民族语言、文字的诉讼权利。在许多民族自治地方,人民法院和人民检察院的法律文书都使用当地通用的民族文字,一些有条件的民族自治地方还专门建立了使用民族语言进行诉讼活动的民语法庭。

3. 运用司法手段处理民族纠纷,制止和打击侵犯民族权利的行为。司法活动在保护民族权利方面发挥着重要的作用,具有以诉讼功能处理民族纠纷,恢复或重建民族法律关系的特点。我国司法机关在司法活动中处理了大量的民族纠纷,并对侵犯民族权利的行为予以法律救济和法律制裁,有效地保障了民族权利的实现。尤其是在处理一些具有全国性影响的案件中,司法机关依照法律对损害民族权利的行为追究法律责任,得到了少数民族群众的赞扬。

4. 积极为自治地方的立法提供实践经验。司法实践是立法的依据之一,民族地区要制定符合本地区政治、经济、文化特点的自治法规或对国家法律的变通或补充规定,不能不依靠司法实践。民族地区司法机关在实施法律的实践活动中,可以为民族地区的立法活动提供司法经验,以便更好地维护少数民族的合法权益。很多民族地区的司法机关,根据本部门处理的案件情况,分析问题,总结经验,以司法建议的形式上报当地立法机关,为立法机关了解情况,制定保护民族权利的法规奠定了良好的基础。还有一些民族地区的司法机关发挥司法活动反应快的特点,根据当地民族的特点,制定了一些维护少数民族权利的内部规定和办法,妥善地处理了国家法律规定与少数民族权利之间的矛盾,也为地方立法提供了丰富的实践经验。

(二)我国民族权利司法保障的完善

随着社会的发展和民族意识的增强,我国各少数民族群众对通过司法活动保障民族权利的要求将会越来越普遍,因此,完善民族权利的司法保障的机制是一项十分重要的工作。从我国现阶段民族权利的司法保障的情况来看,完善民族权利的司法保障机制，应当做好以下几方面的工作。

1. 大力加强民族司法干部队伍的培养。尽管过去曾进行过许多卓有成效的培养少数民族司法干部队伍的工作，但目前少数民族司法干部队伍的数量和质量都还不适应在少数民族地区实施法律，保护民族权利的需要。因此，迅速增加少数民族司法干部的数量，通过各种教育途径提高少数民族司法干部的素质，将是保证民族权利在民族地区得以实现的重要措施。培养一批熟悉民族文化，有较高法律业务水平的少数民族司法干部的工作是一项长期的工作，需要民族工作部门和司法机关与学校通力配合，解决干部选拔、经费筹措、课程设置等问题，并建立培养民族司法干部的特殊途径，使之固定化、制度化。

2. 改善民族地区司法机关的执法条件。民族地区普遍存在着经济不发达、财政收入不多的情况，影响着民族地区司法机关执法条件的改善，许多地区司法部门所拥有的落后且数量少的交通工具、通信设备以及简陋的办公用房、职工宿舍，较严重地影响着保护民族权利工作的效率和质量。民族地区大多在山区或边远地区，人口分散、地理环境复杂，生活和工作条件较内地艰苦，客观上需要比较先进的设施和工具来解决自然环境给司法活动带来的困难，适应保护民族权利的要求。民族地区司法机关改善执法条件的经费除地方筹措外，中央、省、自治区及上级业务部门也应当为之积极筹措经费，这样才能加快民族地区执法条件改善的进程。

3. 强化保护少数民族诉讼权利的观念。少数民族的诉讼权利与一般公民的诉讼权利基本没有差别，但是由于语言文字的障碍和地理环境、文化传统的影响，少数民族的诉讼权利往往难以行使。例如，如果在不用民族语言而又无翻译的情况下，语言障碍将使少数民族当事人无法行使参与法庭调查和法庭辩论等基本诉讼权利；在交通不便的民族地区没有派出法庭，告状难的问题将使少数民族进行和参与诉讼困难重重。因此，司法机关要强化保护少数民族诉讼权利的观念，特别是保护少数民族诉讼上的语言文字权利，才能从民族地区的实际出发，自觉创造条件，保障少数民族充分行使诉讼权利，使少数民族当事人与其他民族的当事人在平等、公正的条件下进行诉讼活动，维护少数民族的民族权利和其他合法权利。

三、民族权利的行政保障

民族权利的行政保障是指通过行政管理活动建立民族权利的行政保障机制，以保证少数民族的权利在社会活动的各个方面得以实现。

（一）我国在行政管理活动中对民族权利的保障

行政管理活动是国家行政机关行使宪法和法律赋予的行政管理权管理社会公共事务的专门管理活动。行政管理活动的涉及面十分广泛，包括政治、经济、文化、外交、国防、教育、科技、民政、公安等方面的各种事务，因此，它与民族权利的保护有直接的联系，并担负着保障民族权利实现的重任。我国民族权利的行政保障机制具有如下特点：

1. 坚持实行民族区域自治制度。民族区域自治制度的核心是民族自治机关的自治权,而自治权的核心内容则是民族自治地方政府的行政管理权。我国政府一贯坚持和贯彻民族区域自治制度,通过行政立法的形式明确民族自治地方政府的权限、职责,积极鼓励民族自治地方政府运用行政管理上的自治权管理本地方的事务;民族自治地方政府也在实践中不断总结发挥行政管理自治权作用的经验教训,不断提高民族地区行政管理的水平,在行政工作中切实维护本地区各民族的合法权利。这些工作有力地促进了民族地区各项事业的顺利发展。

2. 切实地保护少数民族的合法权利。保护少数民族的合法权利是我国政府的一项经常性的重要工作。在这方面,我国政府采取了很多行之有效的措施,例如,将促进少数民族地区的经济发展作为国家"九五"计划、"十五计划"和2010年远景目标以及西部大开发战略的工作重点;把解决少数民族群众的温饱作为我国扶贫工作的重点;对民族地区的各项事业的发展实行优惠政策;支持和帮助少数民族保持和发展传统文化,如民族语言文字、民族教育、民族医药、民族体育、民族文艺等;维护少数民族的宗教信仰自由权利等,这些工作的开展,保证了少数民族享有的广泛民族权利的实现。

3. 及时处理民族纠纷,改善民族关系,为民族权利的实现创造稳定的社会环境。在我国,大量的民族纠纷是通过非诉讼的方法由政府部门解决的。我国各级人民政府十分慎重地处理了历史上遗留下来的民族矛盾和民族间的隔阂,在实际工作中,努力贯彻执行党的民族政策和国家的民族法律法规,及时处理各地发生的民族纠纷,积极维护民族的合法权利,为实现民族权利创造了稳定的社会环境。

4. 建立保护民族权利的行政法制体系。中华人民共和国成立以来,我国行政管理机关根据国家法律和党的民族政策,制定了一系列保护民族权利的行政法规和政府规章,初步形成了保护民族权利的行政法制体系,使政府部门保护民族权利的工作有法可依,有规可循,提高了政府工作的效率。

(二)民族权利行政保障的完善

民族权利的行政保障涉及面广,工作复杂、任务繁重,从我国各级行政管理机关在保护民族权利方面的职责来看,民族权利的行政保障还需要从以下几个方面加以完善:

1. 充分发挥民族区域自治制度在行政管理上的作用。民族自治地方的政府机构具有与其他地方性行政机关相同的职权,也具有宪法和民族区域自治法赋予的管理本地区行政事务的自治权。目前,我国民族自治地方的政府机构在主动行使自治权管理地方事务方面还存在一些问题,民族自治地方的行政管理活动与非民族地方的行政管理基本上是一个模式,缺乏民族地方的特点和自治的优势。同时,在整个国家和地方的管理活动中,缺乏对行政管理方面自治权的内容、标准、限度的研究,行政权统得太死或向下侵权、越俎代庖的现象在上级机关还时有发生。

这些现象在一定程度上削弱了民族自治地方行政管理的自治权，影响了民族区域自治制度优越性的发挥。因此，在民族自治地方的行政管理自治权的保障上，要做好三项工作：一是从政府行为的宏观调控上，深入研究民族自治地方行政管理自治权的具体内容、范围、标准及限度，在国务院和上级地方政府的领导和适度调控下，大胆放权，落实各项自治权和优惠措施，使民族自治地方的政府在运用自治权管理地方行政事务方面，有较大的余地和充分的自主性。二是民族自治地方的政府机构要提高行使自治权的自觉性和能力。民族自治地方的政府机构应当深刻理解宪法和民族区域自治法的有关规定，深入调查研究，把握民族地区的民族特点和实际情况，大力加强政府性的规章制定工作，使自治权的行使纳入政府法制的范畴，促进各政府部门合法地、大胆地、十分善于地行使管理地方事务的自治权。三是提高民族自治地方政府工作人员的素质，花大力气培养少数民族干部，“既要在数量上有计划地扩大，更要在提高素质，改善结构上下功夫；既要注意从少数民族中选任一批能在90年代起骨干作用的干部，更要注意选任一批跨世纪的优秀中青年干部”。〔7〕

2. 根据民族地区的需要改革民族自治地方的政府机构，提高保护民族权利的行政效率。经济基础薄弱与政府机构臃肿的矛盾，是民族地区普遍存在的问题，往往是中央或上级政府部门有什么机构，民族自治地方也设置什么机构，甚至有机构重叠，权限不明，互相摩擦，牵制行政效率的现象；除此之外，较庞大的行政机构所需的经费也使本来就弱小的地方财政不堪负重，削弱了支持地方经济建设和文化教育事业发展的能力，不利于对民族权利的充分保护。就目前的情况而言，民族自治地方行政经费主要依靠本地区的财政收入，要将有限的财政收入最大限度地用于地方经济、文化教育事业的发展，充分维护本地区各民族的合法权利，重要的是缩减行政开支，精减政府机构，进行行政编制改革，提高工作效率。

3. 加强政府法制工作，建立和完善保护民族权利的行政法和行政规章体系。尽管我国各级行政管理机关依照权限制定了大量涉及保护民族权利的行政法和行政规章，但这些行政法和行政规章存在着分散、缺乏统一性的弱点，而且，随着社会情况的变化，在保护民族权利方面，越来越要求政府机构依法行政，需要制定和完善有关的行政法和政府规章。我国各级行政机关应当把制定和完善保护少数民族权利的行政法和政府规章作为政府法制工作的大事来抓，根据国家有关民族法的规定和党的民族政策，制定切实可行的行政法规和政府规章，以保证民族法的实施，保证民族权利的实现。

四、民族权利的国际保护

民族权利的国际保护是指国际社会根据国际法建立民族权利的国际保护机

---

〔7〕《江泽民在中央民族工作会议上的讲话》，载《人民日报》1992年1月15日。

制,以约束各国政府的行为,保证民族权利的实现。

少数民族的权利保护是国际社会关注的一个重要的人权问题。尤其是在第二次世界大战以后,世界各国人民对法西斯迫害和灭绝犹太人的暴行深恶痛绝,而各殖民地国家人民争取解放的斗争使许多第三世界国家脱离了宗主国对它们的民族压迫和剥削,成为了独立的国家,这些国家也要求在国际社会中维护弱小民族的利益。而民族矛盾和忽视少数民族、弱小民族的保护所引发的国家间或一国内的战争、动乱、仇杀,对世界的和平、国家的统一、民族的发展产生了深刻的影响。因此,在国际社会中维护弱小民族国家的利益,在国内社会中维护少数民族的利益,成为国际社会人权保护的一项重要活动内容。

在少数民族权利保护方面,联合国在其制定、通过的一系列国际法文件中都做了宣言式的或专门的规定,例如,《联合国宪章》(1945 年)、《世界人权宣言》(1948 年)、《联合国消除一切种族歧视宣言》(1963 年)、《公民权利和政治权利的国际公约》及其任意协定书(1966 年)、《经济、社会及文化权利国际公约》(1966 年)、《消除一切形式种族歧视国际公约》(1966 年)、《禁止并惩治种族隔离罪行国际公约》(1973 年);联合国的一些专门会议也通过了一些保护民族权利的国际法文件,例如,1989 年联合国第八届预防犯罪和罪犯待遇大会通过的《防止侵犯各民族动产形式文化遗产罪行示范条约》;一些地区间的国际组织也制定和通过了处理地区间民族权利保护事务的国际法文件,例如,《非洲人权和民族权宣言》(1981 年)等。

上述这些国际法文件的主要内容是强调国际社会和缔约国在处理民族关系上必须坚持"平等待遇"的原则和"不歧视"的原则,即给予各民族在享受权利上的平等待遇的原则和使各民族及其成员得到平等而有效的保护,禁止任何形式的民族歧视的原则;同时要求国际社会和缔约国采取特殊的、积极的、具体的措施保护少数民族的权利,使少数民族在法律上和事实上享有与主体民族相当的平等权利。

联合国通过的少数民族权利保护的国际法文件,不但确立了少数民族享有的广泛权利,而且还为少数民族权利的保护提供了有效的保护方式。这些保护方式主要有四种:报告制度、国家控告制度、决议谴责、制裁。[8] 这些保护方式对国际社会和世界各国具有一定的约束力,它保证了世界性的少数民族人权在各国的实现,也反映了日益增加的国际合作在维护少数民族人权方面的作用。

我国分别于 1982 年和 1983 年加入了《消除一切形式种族歧视国际公约》和《禁止并惩治种族隔离罪行国际公约》,并根据联合国的要求,每隔两年向联合国有关公约的专门委员会报告本国执行公约的情况,并在接受审议中进行答辩。1997 年 10 月,我国成为签署了《经济、社会及文化权利国际公约》,2001 年 2 月 28 日,第九届全国人民代表大会常务委员会批准了该公约。1998 年 10 月,我国签署

〔8〕 杨侯第、李小林:《中国少数民族人权问题访谈录》,载《民族团结》1995 年第 4 期。

了《公民权利和政治权利国际公约》。目前,中国已经缔结和参加了约 20 个国际人权公约,这对于促进我国国内人权事业的发展,健全和完善我国的人权保障法律机制,参加国际人权事务将有积极的意义。

第三节　侵犯民族权利的行为及其法律责任

一、侵犯民族权利的行为及其构成要件

民族权利是一种受国家强制力保护的法定权利,从法律的角度来说,民族权利的主体依法享有法律赋予的权利,国家禁止一切侵犯民族权利行为的发生。然而,由于经济发展的不充分、民族间在社会生活中的利益冲突、狭隘的民族主义思想、工作失误以及行为人的自身素质、法律观念等方面的缺陷,侵犯民族权利的行为还会在我国社会中发生。因此,弄清侵犯民族权利行为的概念、种类、构成要件,对于追究此类行为的法律责任,保护民族权利具有重要的意义。

(一)侵犯民族权利行为的概念

所谓侵犯民族权利的行为是指违反有关民族法的规定,以作为或不作为的形式侵害民族权利,具有一定社会危害性,应当承担法律责任的行为。

第一,侵犯民族权利的行为具有社会危害性。民族权利是我国法律在调整民族关系的过程中赋予民族权利主体的政治、经济、文化等方面的权利,这些权利对于国家的统一、民族的团结和社会的稳定具有重要的意义。因此,一旦这些权利遭到人为的侵害,便会破坏我国平等、团结、互助的民族关系,给国家、民族及其个人带来危害。侵犯民族权利行为所具有的社会危害性,是此类行为承担法律责任的本质条件。倘若某种行为不具有破坏民族关系的危害后果,则不能认定该行为侵害了民族权利。

第二,侵犯民族权利的行为是具有违法性的行为。民族权利是一种法律上的权利,它由国家制定的民族法所规定和确认,因此,凡是侵犯民族权利的行为都违反了我国民族法有关民族权利保护的规定,背弃民族法设定的义务,具有违法的性质。如果某种行为虽然破坏了民族关系,但不具有违反民族法的性质,则这种行为不是法律意义上的侵犯民族权利行为,它可能是道德意义或社会学意义上的侵犯民族权利行为。

第三,侵犯民族权利的行为具有应当承担法律责任的性质。法律责任是民族法对具有社会危害性的侵犯民族权利行为的一种否定的价值评价,也是侵犯民族权利行为引起的法律后果。通过对侵犯民族权利行为追究法律责任,民族法才能恢复被破坏的民族法律关系,对被侵害的民族权利给予法律上的救济;才能运用国

家的强制力,建立民族法的权威,预防和打击侵犯民族权利的行为。

上述三个特征是侵犯民族权利行为在法律上的一般特征,也是判断侵犯民族权利行为与非侵犯民族权利的基本标准。侵犯民族权利行为的三个特征是有机的统一体,缺少其中的任何一个特征,都不能认定该行为是侵犯民族权利的行为。

(二)侵犯民族权利行为的种类

侵犯民族权利的行为可以根据不同的标准分为若干种类。

1. 根据侵犯民族权利行为所违反的法律性质。可以把侵犯民族权利的行为分为违宪行为,刑事违法行为、民事违法行为和行政违法行为。之所以可以这么来划分,是因为对民族权利的规定和保护民族权利的规定存在于各种法律之中,因此,违反不同法律的侵犯民事权利的行为,当然也是违反某一部门法的行为。同时,由于属于数个部门法的法律同时对民族关系进行调整,因此,侵犯民族权利的行为可能同时违反数个部门法的规定,同时构成不同性质的违法行为。例如,由国家工作人员实施的侵犯少数民族风俗习惯的行为,可能同时构成违宪行为,民事侵犯行为,刑事犯罪行为和行政违法行为。

2. 根据侵犯民族权利行为违反义务的性质。可以把侵犯民族权利的行为划分为不履行不作为义务的侵犯民族权利行为和不履行作为义务的侵犯民族权利行为。

3. 根据侵犯民族权利行为所侵害的民族权利的内容。可以把侵犯民族权利的行为划分侵犯民族政治权利的行为、侵犯民族经济权利的行为、侵犯民族文化权利的行为以及侵犯民族其他社会权利的行为。

在上述各类侵犯民族权利的行为中,还包括各种侵犯不同的、具体的民族权利的行为,如侵犯民族平等权利的行为、侵犯民族自治权的行为、侵犯民族风俗习惯的行为等。

(三)侵犯民族权利行为的构成要件

侵犯民族权利行为的构成要件是指民族法规定的,能够证明侵犯民族权利行为社会危害性的诸客观和主观要件的总和。

首先,侵犯民族权利行为的构成要件是由民族法规定的,而不是任意确定的。民族法一方面规定和确定了民族权利的主体和民族权利的内容,另一方面也规定了侵犯民族权利行为的构成条件,只有符合这些条件的行为,才能构成侵犯民族权利行为。其次,侵犯民族权利的构成要件包括主观条件和客观条件,只有同时具备主观和客观条件的行为,才能构成侵犯民族权利行为。最后,侵犯民族权利行为构成要件中的主客观要件,是指那些能够证明侵犯民族权利行为社会危害性的主客观要件,而不是指案件中的一切事实。

一般来说,侵犯民族权利行为的构成要件由以下四个要素构成,缺少其中任何一个,就不能称为侵犯民族权利行为:

第一,侵犯民族权利行为必须是损害民族关系的行为。民族关系是民族法所保护的社会关系,而民族权利则是民族关系中的重要内容,因此,侵犯民族权利必然会造成民族关系的损害。是否损害民族关系是区别侵犯民族权利行为与非侵犯民族权利行为的关键,如果一行为侵害的是法律所保护的其他社会关系,那么该行为将构成其他法律意义上的侵权行为;如果一行为没有损害民族关系或其他法律上保护的社会关系,该行为就不构成违法。另外,侵害民族权利的程度,往往是衡量侵犯民族权利行为应当承担何种法律责任的依据。

第二,侵犯民族权利的行为必须由作为或不作为的形式构成。正是由于行为人实施了这种表现为作为或不作为的行为,才在客观上导致了损害民族关系的社会危害后果的存在。如果没有行为的实施,便不会发生损害民族关系的侵权行为。

第三,侵犯民族权利行为必须在主观上表现为故意或过失的心理状态。行为是受意识支配的,只有受意识支配的行为,在法律上才具有可责性。因此,如果是由于不能预见或不能抗拒的意外事件造成的侵害民族权利的事实,就不能构成侵犯民族权利行为。

第四,侵犯民族权利行为的实施者必须具备法定的责任能力或法定的行为能力。

二、侵犯民族权利行为的法律责任

侵犯民族权利行为的法律责任是指依照法律规定,侵犯民族权利行为应当承受的某种法律后果。

侵犯民族权利行为的法律责任可以根据法律的规定和侵权行为的程度及性质分为民事责任、刑事责任、行政责任和违宪责任。

(一)侵犯民族权利行为的民事责任

侵犯民族权利行为的民事责任是指民族义务的承担人(包括自然人和法人)违反民事法律中的民族法规定,侵害受民事法律保护的民族权利而应当承担的法律责任。侵犯民族权利行为的民事责任旨在保护民族法和民法所承认的民族利益不受侵害。例如,以民族歧视的方式侵犯公民名誉权的行为,便是一种既侵害民族平等权利,又侵害公民人身权利的行为,依照民法的规定,应当承担民事侵权责任。

承担侵犯民族权利行为的民事责任的主要方式有:停止侵害、排除妨碍、消除危险、返还财产、恢复原状、赔偿损失、消除影响、恢复名誉、赔礼道歉等,还可以对行为人责令具结悔过或予以训诫,处以罚款、拘留、收缴进行非法活动的财物和非法所得。

(二)侵犯民族权利行为的刑事责任

侵犯民族权利行为的刑事责任是指民族义务的承担人(仅指自然人)违反刑事法律的规定,侵害受刑事法律保护的民族权利,已经达到犯罪程度而应当承担的法律责任。侵犯民族权利行为的刑事责任是诸种法律责任中最为严厉的一种,它是使用刑罚手段让侵犯民族权利的犯罪人承受剥夺或限制人身自由、剥夺部分或全部财产权利、剥夺政治权利的法律后果。我国《刑法》在分则第四章“侵犯公民民主权利、人身权利罪”中规定了4种侵犯民族权利的犯罪,即煽动民族仇恨、民族歧视罪,出版歧视、侮辱少数民族作品罪,非法剥夺公民宗教信仰自由罪,侵犯少数民族风俗习惯罪,并规定了这些犯罪的刑事责任。

在追究侵犯民族权利的犯罪人的刑事责任的同时,还可以根据刑事诉讼法和民法的有关规定,提起刑事附带民事诉讼,追究犯罪人的民事责任。

(三)侵犯民族权利行为的行政责任

侵犯民族权利的行政责任是指民族义务的承担人(包括自然人和法人)违反行政法中有关民族法的规定,侵害行政法保护的民族权利而应当承担的法律责任。

承担行政责任的侵犯民族权利的行为一般有几类,一是自然人或法人违反保护民族权利的行政管理法规的行为;二是承担无过错行政责任的行为,例如,对民族地区的生态环境造成破坏的行为,无论是否有过错(故意或过失),都应承担行政责任;三是行政机关工作人员侵害民族权利的失职行为。

根据我国的《行政处罚法》,承担行政责任的方式有警告、罚款、没收违法所得、没收非法财物、责令停产停业、暂扣或吊销许可证、暂扣或吊销执照、行政拘留、法律、行政法规规定的其他行政处罚。

(四)侵犯民族权利的违宪责任

侵犯民族权利的违宪责任是指民族义务承担人(包括自然人或法人)违反《宪法》关于民族权利的规定,损害民族权利而应当承担的法律责任。

应当指出的是,尽管我国各民族享有的基本民族权利都载于《宪法》之中,但《宪法》并没有规定侵犯基本民族权利的违宪行为应当承担的违宪责任。这一缺陷是我国以后在完善宪法的工作中应当注意弥补的。因为侵犯民族权利行为的民事、刑事、行政责任都不能代替违宪责任。以侵犯民族自治地方自治机关的自治权的行为而论,该侵犯行为即是一种违宪行为,如果不追究违宪责任,仅追究具体工作人员的行政责任,是不能切实维护宪法权威,保证自治权有效行使的。

第九章　民族纠纷的处理

我国社会现阶段，民族内部、民族与民族之间仍然存在某些对抗和矛盾激化现象。民族关系发展过程中新问题、新情况层出不穷。因经济利益冲突、媒体伤害少数民族感情、侵犯少数民族权益引发的问题不断发生。不应否认，民族之间因文化差异而产生纠纷乃至冲突是社会主义初级阶段的必然现象。如何处理这些纠纷与冲突，是我们解决民族问题、促进民族团结必须处理好的问题。要促进民族地区的经济发展和文化繁荣，则必须处理好民族纠纷，使各民族平等、团结、互助原则落到实处，将改革、发展、稳定协调统筹好，巩固和发展好社会主义民族关系。

第一节　民族纠纷概述

一、民族纠纷的概念

民族纠纷是指因民族问题而引起的民族与民族之间的争议和争端。它是民族问题的恶化表现，实践中妨碍民族政策的贯彻与实施，妨碍民族区域自治制度的实行。民族是一个历史的产物，它将长期存在。只要有民族存在，就会有民族差异；有民族差异就会产生民族问题，也必然会产生民族纠纷。民族纠纷既可能发生民族与民族之间，也可能发生在同一民族的不同群体之间。比较普遍的有边界、草场、山林、水利等自然资源权属纠纷引起的纠纷，还有宗教和民族风俗习惯方面的摩擦引起的冲突。总之，民族纠纷的情况比较复杂，民族纠纷给民族关系和民族工作带来的危害性较大。民族纠纷以及由此引起的群众性械斗的大量存在和不断发生，严重地制约着民族地区的经济发展，影响了民族地区的团结和社会稳定。因此，研究民族矛盾的由来和民族纠纷发生的原因，寻求解决问题的办法，对于搞好民族工作是十分必要的。

当前，我国社会中存在的民族纠纷问题，一般说来属于人民内部矛盾。但是，如果受外来势力的策动和影响，或者因我们处置不当，也可能形成或者转化为敌我矛盾，或者造成较大的危害。当前导致民族纠纷产生的原因大致有以下几方面：

(一)因人民内部矛盾引起的民族纠纷

党的十一届三中全会后,我们党彻底否定了社会主义时期"民族问题的实质是阶级问题"的错误理论,进一步明确了现阶段我国的民族关系基本上是劳动人民之间的关系,各民族之间的矛盾,是在根本利益一致基础上的劳动人民之间的矛盾。但是阶级斗争还在一定范围内存在。坚持这样一些重要观点,认清这个新特点,就可以避免在民族工作上犯"左"或右的错误。

当前民族方面人民内部矛盾的基本表现形式主要有五个方面:

一是因经济利益冲突引起的矛盾。在深化改革、扩大开放、建立和完善社会主义市场经济体制的过程中,广大人民群众根本利益一致,但局部利益、直接利益和眼前利益是多元的,甚至是存在冲突的。改革发展过程中,许多经济关系、利益关系需要调整,将产生不少新的矛盾,比如局部利益与全局利益的矛盾,眼前利益与长远利益的矛盾,经济发展不平衡的矛盾,不同地区、不同民族、不同社会成员之间因收入分配方面的差别产生矛盾,等等。这些矛盾不能都看做是民族问题,也不能动不动都与民族关系挂钩,但有些问题有可能会通过一定形式反映到民族关系上来,如果处理不好,还会酿成事端,影响民族团结和社会稳定。比如,一些企业受利益驱动,对回族等10个少数民族职工不落实发放副食补贴和休假的政策,部分外资、独资企业剧照少数民族职工等,都可能导致民族纠纷的产生。

二是因出版物(包括一些影视作品)违反民族宗教政策,伤害少数民族和信教群众的感情而引发的矛盾。1987年以来,因书刊、广播、电视、电视节目宣传不当伤害了群众的民族宗教感情,引起不满情绪的多起,其中引发闹事的若干起。1989年发生的《性风俗》事件,引发18个省、市一些民族群众上街游行。由于少数人借机煽动,新疆乌鲁木齐和甘肃兰州发生了一部分群众冲击党政机关、打伤武警和公安干警、砸毁汽车的严重打砸抢事件。1993年发生的《脑筋急转弯》一书伤害穆斯林群众民族宗教感情的事件。尽管四川省委、省政府及时对有关责任者作出了处理,但极少数人串联煽动,使事态波及7、8个省区市;后有许多穆斯林群众上街游行。青海西宁地区闹事骨干分子占扰清真寺,成立非法组织,策动非法游行,冲击党政机关,阻断交通,并组织千余群众赴京上访请愿,使西宁地区的社会秩序受到严重破坏。又如,2002年天津市《今晚报》转载《广西文学》关于"人性寓言"的杂文,引起穆斯林群众的强烈不满。

三是由于文化差异、语言不同和风俗习惯、宗教信仰及民族心理的不同,民族之间缺少相互了解和应有的尊重。在现实生活中往往产生某些误解,因此也带来一些矛盾。这些矛盾如果处理不好或被坏人利用,还会造成对立情绪,甚至酿成民族之间、村落之间的械斗和流血事件。

四是随着改革开放深化和市场经济的发展,打破了民族之间、地区之间的壁垒,各民族的交往越来越频繁,流动人口也日益增多,这种必然趋势对民族地区的发展是有利的，但由此也引起一些摩擦和矛盾。这类问题近年来在一些大中城市和民族散杂居地区也时有发生。

五是因治安、民事纠纷引发的民族纠纷。主要发生在一些民族散杂居地区，大多是偶然发生的个别事件，但往往引发部分群众械斗、闹事，有的造成较大损失。这些事件反映出一部分群众的法制观念相当薄弱，有关部门执法比较困难；也反映出一些基层党政组织缺乏战斗力，思想政治工作薄弱，不能很好地宣传教育群众。这种现象伴随流动人口的增加，异地迁徙过来的民族与本地原住的民族会因摩擦导致民族纠纷。

（二）西方敌对势力和境外民族分裂主义的渗透、分裂、颠覆和破坏活动

他们打着人权旗号，在国际上对我施压，企图使西藏、新疆等问题“国际化”，干涉我国内政，以民族宗教问题为突破口，妄图达到搞乱、分裂我国的目的。他们公开将西藏称为“被占领的国家”，为达赖集团提供经费、装备，培训骨干人员，利用“美国之音”藏语广播和到藏区活动的境外人员在我境内煽动民族分裂。他们通过认定转世活佛，控制藏区寺庙，策动境内的分裂主义分子以多种形式挑起事端，制造闹事事件。一批激进分子还在策划搞“武装斗争”。艾沙集团等新疆境外民族分裂主义势力在西方敌对势力策动下加紧勾结，召开“东土耳其斯坦民族代表大会”，并拼凑所谓“流亡政府”。他们声称要“武力解决新疆问题”，已专门成立组织，招募人员，策划在我境内实施暴力破坏活动。西方敌对势力还支持俄罗斯布里亚特自治共和国和蒙古共和国的一些极端民族主义组织搞所谓“三蒙统一”，在我内蒙古地区策动分裂活动。韩国的一些组织，也利用各种形式，在对我朝鲜族聚居地区进行“大韩民族统一”和扩张领土的宣传煽动，竭力对我进行渗透。

在境外民族分裂主义势力的煽动影响下，西藏、新疆等地相继发生了一些暴乱、骚乱和游行闹事事件。1987 年以来，西藏拉萨先后发生了几次严重骚乱和几十次非法游行和闹事事件。这几次骚乱都是在达赖集团的策动和影响下，旨在分裂祖国的严重事件。骚乱过程中发生了打、砸、抢、烧等暴力犯罪活动，使正常的社会秩序和群众的生产生活秩序遭到严重破坏，给人民财产造成巨大损失。

（三）因宗教问题引起矛盾和纠纷

因要求落实宗教政策而引发的矛盾。1978 年以来，各地在落实宗教政策方面做了大量工作，但由于情况复杂等原因，仍有一些遗留问题。如甘肃积石山县的藏乡部分群众要求归还被占用的清真寺原址，后发展到强占乡政府和卫生院非法修建清真寺。当地政府派出公安武警试图拆除，被群众拦阻，公安武警被打伤若干人。1993 年 4 月，甘肃省有关部门经同群众协商，迁出卫生院另建，再划出部分乡政府占地给群众建清真寺，问题才得到解决。

二、民族纠纷的特点

从民族纠纷的历史和现状看，虽然它在不同的历史阶段和不同的地区中具有

不同的表现形态,带有一定时代性和区域性的特点,但从中也反映出了一些共同一致的问题。分析这些问题,对于处理好民族纠纷有着一定的积极意义。民族纠纷的共同性主要表现在以下几个方面:

(一)普遍性

我国自古以来是一个多民族的国家,无论是解放前,还是解放后,每一个时期每一个地区,无论民族内部,还是民族与民族之间,几乎都有民族纠纷发生过。因此,它并不是一个局部问题,而是关系到整个国家的安定,关系到每一个公民的日常生活和切身利益。

(二)严重性

在过去,民族纠纷往往是引发民族之间或民族地区之间械斗的导火索。各民族、各地区为保护自己的利益,往往发生武力冲突。一些大的民族械斗中,造成的人员伤亡、财产损失是惊人的。在当代,民族纠纷往往伴随着民族群众性动乱事件的发生,即便在社会主义国家尚未发生重大社会冲突现象时,就是当社会出现某种局部性的矛盾对抗或冲突现象、或暂时性的经济困难时,或者当民族群众的一些社会要求得不到满足时,或者当官僚主义和党政机关工作人员的腐败行为严重侵犯人民利益,又尚未得到及时解决时,或者当错误思想占上风的民族群众受到极少数人的煽动时,……所致使的民族群众性冲突事件,如罢工、罢课、罢市、示威等。民族群众性动乱是一种客观存在的社会现象,是多民族的社会主义国家人民内部矛盾激化、出现对抗现象的表现。在这里,我们所说的民族群众性动乱同极少数的旨在反党反社会主义的阴谋政治活动是有区别的,同少数坏人搞打砸抢烧的违法破坏活动是有区别的。民族群众性动乱能够引起程度不同的社会动荡,造成某种程度的社会不安定局面,破坏社会生活的正常秩序,影响社会经济的迅速发展。严重的群众性动乱能够使社会矛盾变得尖锐化、敌对化,致使社会经济陷入困境,直接威胁国家政权的安危。

(三)历史性

纵观民族纠纷的由来,细究其发生的原因,我们不难发现,民族纠纷的产生具有两个明显特征:一是累积性。即民族方面的矛盾,往往是各种情绪、意见的累积,各种小摩擦、小纠纷的累积,量大面广。量的累积,到一定程度,就会引起质的变化。二是沉淀性。即民族纠纷发展到一定程度后,靠说服教育的手段又难以奏效,不得不动用行政手段解决。结果表现上矛盾处理了,缓解了,其实沉淀到更深层次的民族心理或心中去了,成为潜意识的民族隔阂,累积起来,为以后矛盾的再度爆发或以其他形式爆发悄悄地做准备。因此,民族纠纷既是一个历史问题,又是一个现实问题。以草原纠纷为例,历史上的草原纠纷之所以成为今天再起纠纷的原因,就是因为解放后旧的地域界定虽被打破,但旧地域观念却未能彻底根除,这在一定程度上成为今天纠纷再起的原因所在。这一历史的和现实的有关草场归属权问题的争议、纠纷的存在与发生，迫使我们不得不面对现实，以寻求新的解决办法。但从总体上来说，草原争议由来已久，它基本上是历史遗留下来的，解决这类问题，不得不去研究历史，所以它具有一定的历史性。

(四)宗教性

民族与宗教不能等同，但具有千丝万缕的联系。作为一种社会意识形态，宗教对许多民族的历史文化等方面都产生过不同程度的影响，我们在处理民族问题，往往能感觉到宗教问题的潜在影响。我国的宗教状况，经过解放后社会经济制度的深刻变革和宗教制度的重大改革，已经起了根本的变化，宗教问题上的矛盾已经主要是属于人民内部矛盾。当前宗教方面的人民内部矛盾，以围绕管理问题发生的争执和冲突最为复杂最为突出。

人民内部矛盾，是根本利益一致基础上的具体利益不一致的矛盾。民族问题如此，宗教问题也如此。围绕宗教活动场所发生的种种纠纷，无论是落实政策的遗留问题，宗教与园林、文化、旅游部门之争，还是城市房地产开发引起的新问题，都是利益冲突的表现。一些出版物屡屡引发伤害宗教感情的事端，大都是有关的作者和出版单位为了靠猎奇或哗众取宠来吸引读者而赚钱谋利。但一般来说，宗教作为人们的信仰问题，作为远离经济基础的意识形态，其中的利益矛盾往往以更为曲折、复杂的形式表现出来，当前，这类矛盾比较集中地、大量地表现为围绕要不要依法管理宗教事务、怎样管理等问题而发生的意见分歧、争执，乃至具体涉及宗教场所、宗教人员、宗教活动管理而发生的冲突。

(五)突发性

偶然的小事，星点的火花，或因互不相让迅速升级，或因官僚主义处置不当激化矛盾，或因意见不统一，当报不报、当断不断而贻误时机，很快由小事变成大事，由大事酿成乱子，民族纠纷极易酿成群众性械斗和打砸抢事件。突发性还表现在民族纠纷的激化来势迅猛上。实践中大多数危害大、受灾惨的纠纷，都以迅雷不及掩耳之势仅在半小时或几小时、几天之内，就将受害方的房屋、财产、牧畜全部损毁或抢走，受害方为了报复，也往往在数小时内，集结本房族及相邻村寨，向致害方进行复仇。

(六)扩展性

民族意识和宗教信仰，在一定范围内具有其特殊的凝聚力、号召力，而且特别敏感，传播快速。一旦有事，民族意识或宗教信仰中的自我保护心理，会很快蔓延开来，煽动一种抗争的激情或盲目的热情。信息社会中的大众传播手段，更有助于加速这一扩展的进程。实践中民族纠纷一旦发生，涉及面广，人数多，声势大。纠纷不仅涉及当事人之间，往往扩大到民族与民族、地域与地域之间。

第二节 民族纠纷的处理原则

这几年处理民族纠纷的实践,使我们体会到:必须坚持高举维护法制、维护民族团结、维护社会稳定的旗帜;必须坚持抵制渗透,反对分裂,制止非法,保护合法的指导方针;必须坚持在党委、政府的统一领导下,各有关部门协调配合,综合治理。

一、坚决、慎重地予以处理

要善于区分和处理两类不同性质的矛盾。早在1951年,毛泽东同志就对进藏部队指示:“你们在西藏考虑任何问题,首先要想到民族和宗教问题这两件事,一切工作必须慎重稳进。”1990年,江泽民同志在西藏指出:“在稳定局势工作中,一定要正确处理两类不同性质的矛盾,严格执行党和国家的有关政策、法令。要把分裂祖国的问题同民族和宗教问题严格区别开来。既要坚决地同分裂主义势力作斗争,又要尊重群众的民族感情和信教群众的宗教感情。既要严厉打击顽固坚持反动立场的少数分裂主义分子和严重刑事犯罪分子,又要团结一切可以团结的人,调动一切积极因素。”[1]对西方敌对势力和境外民族分裂主义势力的渗透、颠覆、分裂、破坏活动,要旗帜鲜明,立场坚定,针锋相对,坚决揭露,坚决斗争;对在境内建立反革命集团,公开进行民族分裂主义的宣传煽动,策划组织暴乱、骚乱和进行打砸抢等犯罪活动,必须坚决打击,依法惩处。同时,又要严格掌握政策,慎重从事。“民族分裂”是一个十分敏感的政治概念,有其特定的含义和内容。特别是在处理参与民族分裂活动人员的问题上,政策性非常强。既要严格依法办事,坚决打击首恶;又要充分考虑民族地区的特殊情况,认真贯彻执行党的民族政策。切不可把那些思想模糊、立场动摇的人,推到敌人那边去。要立足于拉,多做教育争取工作。

二、实事求是,区别对待

民族宗教矛盾是错综复杂的,要具体情况具体分析,要注意区分民族分裂活动与民族宗教情绪的界限;刑事犯罪与民族宗教问题的界限;是什么问题就按什么问题处理。对民族分裂活动,必须坚决斗争,但是要把其中受蒙蔽和裹胁参与活动的群众与为首骨干分子区分开。民族地区的严重刑事犯罪活动既不是民族问题,也不是宗教问题,必须坚决打击。如云南平远地区极少数人大肆贩枪贩毒,形成了对抗法律、对抗政府的“土围子”。1992年8月,云南省在平远地区开展“严打”斗争,

---

〔1〕《江泽民同志在西藏自治区党员领导干部及地、市、县委和区直单位负责同志大会上的讲话》。

有效地维护了当地的社会稳定和群众的生产生活秩序。在处置民族纠纷问题、宗教内部教派斗争问题，主要是宣传教育，化解制止。但是当别有用心的人利用这些矛盾，制造事端，进行严重违法犯罪活动时，就要将其与民族宗教问题区分开，坚决依法打击违法犯罪活动。

三、依靠群众，以教育疏导为主

处理民族纠纷，扩大事态和平息事态的焦点，都在于争取群众。民族宗教方面闹事，往往是少数别有用心的人，利用民族宗教感情，蒙蔽裹胁一部分不明真相的群众参与闹事。我们处理这方面的闹事问题，就要着眼于最大限度地把群众争取过来，以孤立极少数别有用心的人，使事态从根本上得以解决。要重视经常性的群众工作，要加强基层政权建设，依靠基层做好群众工作。要尊重民族地区群众的宗教信仰和风俗习惯，为群众多办实事。

处理教派纷争，群众的民族宗教感情受到伤害、群众要求落实政策以及因民族之间矛盾纠纷引发的闹事，要以教育疏导为主，在当地党委、政府领导下，组织有关部门，深入群众和事件现场，宣传法律，宣传民族宗教政策。对群众的合理要求，要认真解决；对不合理的要求，要做耐心劝导工作。有些事件，参与群众较多，又有涉及群众合理要求的一面，即使有过激行为，甚至违法行为，但在坏人没有充分暴露的情况下，动用警力需要十分慎重。切忌在思想工作尚不深入，大多数群众思想认识尚未转变过来的情况下，把公安武警摆到第一线，形成与群众的对立，激化矛盾，造成被动。

但是，当发生威胁群众生命财产安全、严重破坏正常生产生活秩序的骚乱闹事；犯罪分子以民族宗教为掩护，操纵一部分基层政权和教权，拥有大量武器，从事严重刑事犯罪活动；或者在局部地区出现坏人煽动大批群众，国家法律不能得到正常实施，事态急剧恶化，采取一般的方法不足以控制局势；在这种情况下，必须适时派出足够的公安、武警力量，进入现场，维护秩序，形成强大的政治宣传攻势和威慑力量是十分必要的。

四、抓住苗头、及时处置

“月晕知风，础润知雨。”一般而言，凡事都有一个酝酿、发生、发展的过程。对民族地区可能发生的一些闹事苗头，要提高敏感性，及时发现，及时报警，及时采取措施做好工作，把问题解决在萌芽状态，这也是近年来各地维护民族地区稳定的一条十分重要的经验。如 1993 年，天津等一些地方也有极少数人想借《脑筋急转弯》一书煽动群众闹事，由于当地公安机关和有关部门事先掌握了策划闹事的情况，及时报告党委和政府，采取有针对性的措施，使这些活动都在策划过程中就被制止了，从而维护了当地的稳定。再如，新闻出版部门，对有伤害民族宗教感情内容的刊物，一经发现，及时处理，争取主动，从而避免了可能引起的一些闹事。从已经发生的一些民族纠纷的处理来看，是宜快不宜慢、宜早不宜迟，争取将民族矛盾与纠纷控制在萌芽状态,不使事态扩大。

五、讲究斗争策略和处理方式

当前,民族分裂主义分子往往采取多种手法蒙骗群众。比如打着宗教旗号煽动民族分裂,借研究历史、文化宣扬极端民族主义思想,利用群众关心的热点问题制造事端等。在民族分裂主义活动尚未完全查清、在民族分裂活动与其他非法活动交织在一起、少数坏人裹胁群众进行活动的情况下,我们主张采取低调处理和"冷处理"的方式,少说多做或只做不说。在抓紧侦察调查工作的同时,先按治安、刑事犯罪问题,从维护社会秩序的角度去做工作,以利于争取群众。比如一个地区连续发生暴力犯罪等恶性案性,严重影响民族团结和社会稳定的情况下,公安机关首先应当高举保护人民、维护法律尊严的旗帜,充分发动和依靠各族人民群众,全力侦破,坚决打击严重暴力犯罪活动,为经济建设和群众生活提供一个安定的社会环境。这样做,能较好地取得群众的支持和社会的同情,更有利于孤立和打击民族分裂主义活动。

六、重视照顾广大少数民族农牧民的利益

在处理民族纠纷过程中,注意调整民族政策的具体实施办法,妥善处理好民族之间在经济、文化以及政治方面的权益关系,特别是要重视照顾广大少数民族农牧民的利益。长期以来,中国共产党和人民政府处理国家行政部门与各少数民族和民族自治地方在经济文化上的利益关系方面,坚持民族平等,承认差距,实行优惠政策;在各民族之间,贯彻实行互相尊重,互相帮助,各显优势,共同发展的方针。在这样的原则方针指导下,尽管在某些方面还有不尽如人意的地方,但在大多数情况下,还是比较妥善地解决了国家与民族自治地方、各少数民族之间的经济利益矛盾、地区边界争议、草场争议以及投资分配、扶贫、招工、招生等方面的实际问题,做到既有利于国家全局利益,又照顾了少数民族的利益,巩固了民族团结。从大局角度看,重视照顾少数民族农牧民的利益是实践"三个代表"重要思想的要求,因为在少数民族地区,"三个代表"中的"维护最广大人民的根本利益"落实下来就是少数民族的根本利益。因此,民族纠纷的一条重要原则就是维护好、发展好、实现好少数民族的根本利益。

第三节　民族纠纷的处理方法

一、立足于搞好民族团结

在处理民族纠纷时,要从民族团结的立场出发,积极深入、持久经常地开展马克思列宁主义民族观、中国共产党民族政策和民族团结的宣传教育。这种宣传教育，既要在少数民族地区进行，也要在汉族地区进行。在宣传教育的对象上，对少数民族要教育，对汉族也要教育；对群众要教育，对干部更要教育；尤其要把对各级领导干部的教育作为重点，而那些新走上领导岗位，过去未受过系统民族政策和民族团结教育的各级领导干部更是重点中之重点；还要抓好对青少年的教育，使民族团结的思想在各族青少年中扎根，让民族团结之花一代代地开下去。宣传教育要结合不同地区、不同民族的实际来进行，做到生动活泼、讲求实效，入心入脑。宣传教育要结合民族特点，采取各种形式，要把经常性的教育与特定时间内的集中教育结合起来，把学校、单位的"科班"教育与社会教育结合起来，特别是要充分利用好报刊、广播、影视等多种宣传媒介。

二、处理民族纠纷与解决具体问题相结合

在处理民族纠纷时，要和检查民族政策的执行情况相结合，为少数民族多办实事，及时解决民族工作中的思想认识问题和具体问题，在解决具体问题中进行思想教育。要让各族人民群众了解，中国各民族共同缔造了伟大祖国，共同创造了祖国悠久的历史和灿烂的文化，推进了中华各民族的进步；了解新中国社会主义建设的一切成就都是各民族同心同德共同奋斗获得的丰硕成果；了解各民族自治地方的经济文化建设成就，都是在国家的大力扶持帮助和各民族并肩拼搏、开拓创业取得的结果；了解汉族和少数民族谁也离不开谁。要用各民族共同的理想、共同的愿望为纽带来调动各族干部和群众更加紧密地团结携手、并肩奋进。要大力宣传典型榜样，各民族地区在社会主义现代化建设过程中，不断涌现民族团结进步的模范人物和先进单位，以他们的先进模范事迹为榜样，鼓励人们自觉维护民族团结，推动全社会树立以民族团结进步为荣的新风尚。

对少数民族要有更多的"感情投入"。由于历史原因造成的民族隔阂，又由于过去一个时期"左"的错误和"文化大革命"所造成的灾难，以及各民族共同发展前进中还存在的汉族先进地区与少数民族地区拉大差距和改变这种落后局面尚需长期的工作等实际状况，使少数民族在思想感情上受到的创伤比汉族深一些，在心理上的负担比汉族重一些，在民族关系上，其敏感程度比汉族强一些。因此，要细腻地体会少数民族的民族感情、民族意识和民族自尊心，设身处地地理解他们，体谅他们，尊重他们。有了这种感情的"投入"，才能更有利于消除各民族干部、群众之间的隔阂，才能真正地从思想感情上增进各民族团结，特别是汉族和少数民族的团结。

三、提高各级领导干部的政策水平和处理问题的能力

正确处理民族纠纷，各级领导干部要一切从实际出发，把握住问题的性质，坚持各民族之间的关系基本上是劳动人民之间的关系的观点，按照解决人民内部矛盾的途径，运用批评与自我批评、学习和疏导的方法，从有利于民族团结的原则出发，处理民族关系中存在的问题。面对所发生的问题，要坚持实事求是的原则，是什么问题就是什么问题,不要把什么问题都说成是民族问题。要把一般的民族、宗教问题与国内外敌对势力或少数分裂主义分子利用民族、宗教名义进行的破坏和分裂言行区分开来,正确处理两类不同性质的矛盾。对前者,应按人民内部矛盾来处理,防止矛盾激化,影响社会安定;而对后者则属于敌我矛盾,必须予以坚决打击。

在处理民族之间出现的隔阂和裂痕时,要有层次地做好工作。一是平时就应注意民族关系之间的潜在矛盾,把问题解决在萌芽状态,做到防患于未然。二是问题一旦出现后,把问题解决在教育、正面疏导的方法,把个别人的问题同多数群众的问题区别开来,各民族干部要站在党性的原则上和中国共产党的民族政策的立场上多做群众工作。三是问题解决后,要及时总结经验教训,亡羊补牢,从各方面做好弥补裂痕、增进团结的工作。

四、各民族干部的团结是处理好民族纠纷的关键

民族团结的核心问题,是中国共产党内的团结,中国共产党内外各民族干部的团结,特别是各民族主要领导干部之间的团结。只要各民族的领导干部都能站在马克思主义民族观、中国共产党的政策的立场上和从国家全局的角度出发来看待或处置问题,那么很多问题就可以迎刃而解。即使群众由于认识水平不高,不了解政策,不了解全局情况,提出一些不切实际的要求或片面意见,各民族的领导干部如果敢于出面讲清情况,群众也往往能通情达理,服从团结的大局,不致使简单的问题复杂化。处理好民族关系,搞好民族团结,关键是汉族干部要信任和尊重少数民族干部,大民族干部要尊重和信任小民族干部,各民族干部之间要互相信任,互相尊重,互相爱护,互相支持,互相帮助,互相谅解,互相学习。

五、注意团结依靠民族宗教上层人士做工作

少数民族地区多存在宗教信仰,有的民族是整个民族信仰同一宗教。宗教人士在少数民族群众中享有一定的威望,是少数民族内部事务的裁决者和管理者。因此,处理民族纠纷,应当选择有正义感、能坚持原则且双方民族都能接受的人员(比如回族中的阿訇、寺管会主任、乡佬等)作为裁决人。由此归结出民族纠纷中的一条处理原则,即充分发挥民族宗教人士的作用,领会党的方针政策,领会政府的法令、法规,疏导教育群众,缓和化解矛盾。司法实践中,应当依靠爱国教会组织,把民族地区的宗教活动引导到爱国守法的正确轨道上来,使宗教与社会主义社会相适应。要依靠爱国、爱教的宗教职业人员,管好寺庙,稳定寺庙,团结群众,维护民族地区的稳定。比如,1999 年 12 月,发生的一起来厦门贩卖葡萄干的新疆少数民族 57 人集体到市政府上访的突发事件,通过请市伊协的阿訇到场帮助疏导,才有效防止了矛盾的激化。同时,对个别上层人士违背国家政策法律的言行,要严肃批评教育,努力化消极因素为积极因素。

六、健全社会主义法律体制,使民族纠纷的处理法律化、制度化

邓小平同志指出:“如果有人搞得我们总是不安宁,也不能排除使用某种专政手段,使用纪律、法律手段。"[2]善于用法律手段解决问题,是社会进步的一个标志,比过去那种抓阶级斗争的方法更能争取、教育群众,孤立、打击敌人。其实,法律本身就已经是阶级专政的职能在社会管理办法中的具体体现。依法办事,严格执法,规则十分明确。这可以避免处理民族纠纷时乱整一气、乱打一气的"运动式"的搞法,避免以乱治乱,乱上添乱。靠人治来处理民族纠纷,难免会出现混淆两类不同性质矛盾的错误,法制才是正确处理民族纠纷的根本保障。因此健全和完善社会主义法律体系,使之成为解决民族纠纷的一般程序和途径,对于防止和解决民族内部矛盾的激化现象具有极为重要的意义。

第四节　民族群体性事件的处理

在我国民族矛盾和纠纷的各类表现形式中,群体性事件占据一定比例,集中反映了民族纠纷,严重影响了民族团结和社会进步。1989 年的"性风俗"事件,1993 年的"脑筋急转弯事件"和 2000 年的山东"阳信事件",都导致了较为恶劣的社会影响,因此,总结民族突发性事件的处理经验和教训,能为处理民族纠纷提供启示。

一、民族群体性事件的概念与特征

民族群体性事件是指发生在民族地区,因各种利益冲突引起的民族纠纷的集中反映,常常表现为民族群众的集体上访、游行示威甚至杜塞交通要道,影响社会秩序。其原因各种各样,既可能因经济权益引发、媒体违反民族政策引发、不尊重少数民族风俗习惯和宗教信仰引发、人员流动引发、还可能因为历史原因、宗教因素、民事纠纷引发。总体看来,民族群体性事件的特征表现为:

(一)危害性

民族群体性事件危害非常之大,既有社会政治影响,也有经济损失;既有国家集体的利益的损害,又有个人利益的损害。一些民族问题或民族纠纷,如果处理不当,就会导致矛盾激化,形成群体性行为。这种危害性会因为民族或者宗教的同质因素而迅速扩散,形成"涟漪"效应。以山东"阳信事件"为例,2000 年 12 月 8 日,山东省阳信县河流镇发生一起违反民族政策,伤害回族群众感情的事件。12 月 12 日,在少数人的串联、组织下,河北省孟村回族自治县数百名回族群众乘车前往阳信县,在阳信县境内与劝阻民警发生冲突。冲突中,有 6 名群众死亡,19 人受伤,13 名民警受伤。这些都远非个体之间的民族矛盾或纠纷所能比拟。

[2]《邓小平选集》(第 3 卷),第 211 页。

(二)群体性

民族群体性事件,一般以数十逾百人出现,波及面广,参与人数多。受某些民族风俗习惯的支配,民族往往是以村落、族姓为单位,或杜塞交通要道,或静坐政府门前,造成恶劣的社会影响,同时带来重大的经济损失。尤其在一些涉及宗教的民族群体性事件中,群体表现为更为紧密的团结,对共同目标的一致追求。比如,回族、维吾尔族对自身宗教信仰的重视,一旦认为有人侵犯其宗教信仰,自然很容易地产生民族纠纷,引发群体性事件。

(三)复杂性

无论是从表象上来看,还是从原因来看,民族群体性事件都非常复杂。民族突发性事件,或者历史遗留问题,或者是新型问题,或者是问题跨度大协调难;引发民族群体性事件,既有其伴随民族差异存在的必然性,也有社会结构变迁和民族宣传教育放松、民族关系问题处理不妥的因素。这种多因素的局面为处理民族突发性事件带来了难度,民族群体性事件的复杂要求我们充分认识民族问题的复杂,不断积累民族工作的经验。

二、处理民族群体性事件的措施与方法

(一)应当借鉴枫桥经验

20世纪60年代,浙江省诸暨市枫桥的干部群众在社会主义教育运动中创造了“发动和依靠群众,坚持矛盾不上交,就地解决,实现捕人少、治安好”的“枫桥经验”。这一经验为毛泽东同志所注意。1963年11月,毛泽东同志亲自批示:“要各地仿效,经过试点,推广去做。”由此,“枫桥经验”成为一面旗帜。民族自治地方是少数民族与汉族杂居在一起,自然因风俗习惯等缠身矛盾纠纷,引发群体性事件。

在新的形势下,不断丰富和发展“枫桥经验”,赋予其新的时代内涵,使“枫桥经验”与时俱进,才能为民族地区的稳定创造条件。创新“枫桥经验”,必须从民族地区的实际出发,树立全面、协调、可持续的发展观,促进经济社会和人的全面发展,而且,创新“枫桥经验”必须营造法治环境,在依法治国中取得明显成效,把加强党的领导、人民当家作主和实行依法治国有机结合起来,最广泛地动员和组织人民群众依法管理国家和社会事务,管理经济和文化事业,维护和实现人民群众的根本利益。创新“枫桥经验”,必须相信和依靠群众,走群众路线,立党为公、执政为民,矛盾不上交就地消化,在执政为民中践行根本宗旨。

(二)处理民族群体性事件的措施

一是坚持“四个维护”,及时掌握动态,并迅速做出反应。维护法律尊严、维护人民利益、维护祖国统一,维护民族团结,这是一个大的原则问题。在处理民族群体性事件过程中,应当由民族工作部门协助有关政府部门准确把握动态,及时向政府、党委和上级主管部门汇报。在反应上,民族工作部门应当与政府其他部门协作,将群体性事件的萌芽控制住。

二是做好群众思想工作，避免矛盾激化。在山东“阳信事件”，最初仅仅是一起侵犯民族权益的事件，但后来群众与劝阻民警发生冲突。冲突中，造成数名群众死亡、数十群众和民警受伤。民族工作的核心问题是民族团结。应当坚持用江泽民同志关于“三个离不开”的论述统一思想，加强爱国主义教育，树立中华民族的整体意识，互相尊重、互相学习、互相帮助、求同存异、共同进步。

第十章 民族法的实施与监督

第一节 民族法的遵守与普及

一、民族法的遵守

民族法的遵守是指一切国家机关、企事业单位、人民团体以及其他社会组织和全体公民依照民族法的规定,行使民族权利或履行民族义务,民族法允许的范围进行活动。

(一)遵守民族法的主体

遵守民族法的主体范围十分广泛,包括一切国家机关、企事业单位、人民团体以及其他社会组织和全体公民。遵守民族法的主体所具有的这一特点,是与民族法调整对象的特点相关的。我国民族众多,每个公民都属于某个民族团体的成员,除汉族外,我国的55个少数民族在分布上的小聚居、大分散的特点,使我国各民族及其成员在政治、经济、文化方面交往密切,利害相关,民族间的相互关系是公民日常生活及公民在各个领域的活动中所经常需要直接面对的社会关系,而在处理民族关系的时候,每个公民都应当遵守民族法的规定。

企事业单位、人民团体或其他社会组织是由人组成的不同性质的机构,无论它们的性质如何,它们的成员中往往有不同的民族成分,有不同数量的属于少数民族人口的成员。因此,在这些机构组织内部,便存在有不同民族成员之间的关系,需要依照民族法的规定妥善地予以处理。企事业单位、人民团体或其他社会组织的活动具有社会性,在这些机构和组织的外部活动中,也会经常发生与民族地区或少数民族群众利益相互的活动,这也需要遵守民族法,依法调整上述机构和组织的行为。

遵守民族法的一个重要主体是国家机关、国家机关包括一般国家机关和民族自治地方的自治机关。对于一般国家机关而言,遵守民族法主要是履行民族法规定的国家机关的职责,而对于民族自治地方的自治机关来讲,遵守民族法一方面是依法行使自治权,另一方面是履行民族法所规定的职责。国家机关在保障民族权利中处于重要的地位,遵守民族法是国家机关依法治国的一个重要内容。民族关系是一种敏感性强、影响范围大的社会关系,倘若在国家机关的活动中不遵守民族法,将导致损害国家利益、民族利益的严重危害后果。

(二)遵守民族法的含义

遵守民族法不仅需求民族法律关系的主体履行民族法规定的义务,而且要求民族法律关系的主体行使民族法规定的权利。

行使民族权利是遵守民族法的重要内容,我国民族法规定了各民族享有广泛的民族权利,这些有关权利的规定,是民族法的重要内容,也是建立平等、团结、互助的民族关系的依据。只有行使民族法规定的民族权利,才能有效地维护国家统一、民族团结和社会稳定与进步。

遵守民族法,要求各民族及其成员和民族自治机关自觉地、认真地、主动地行使民族权利。所谓自觉行使民族权利,是指民族权利的主体增强权利意识,敢于和善于主张自己享有的合法权利。认真行使民族权利是指民族权利的主体正确地依照民族法的规定行使民族权利,既不超出法律规定的民族权利的限度,也不随意地放弃民族权利或缩小民族权利的限度。尤其是民族自治地方的自治机关不应该放弃职责性的民族权利,否则便构成失职性的违法。主动行使民族权利是指民族权利的主体积极行使民族法赋予的权利,在法定范围内为实现民族的利益而充分地享有表现意志,做出选择、从事一定活动的自由,而不是被动地依靠他人的帮助来行使民族权利。

履行民族义务也是遵守民族法的重要内容。我国民族法为保障民族权利的实现规定了与民族权利相关的种种民族义务和承担民族义务的主体。履行民族法规定的民族义务是实现民族权利的基本保障,一般来说,不履行民族法规定民族义务,往往会造成对民族权利的侵害。因为,我国民族法规定的许多民族权利是以承担民族义务的主体尊重民族权利,不作出某种行为或作出某种行为的义务为保证的,如果承担民族义务的主体作出民族法禁止的行为或不作出民族法要求作出的行为,便使民族权利处于被侵害的状态之中,使民族权利的实现丧失条件,从而导致破坏民族关系的危害后果。因此,遵守民族法规定,认真履行民族义务,是承担民族义务的主体不能任意放弃或选择的法律责任,一旦承担民族义务的主体不履行民族法规定的义务,将遭受法律的制裁。

(三)遵守民族法的意识

遵守民族法的意识是指人们对待依照民族法处理民族关系的现象和行为的思想、观点和心理。遵守民族法的意识是民族法意识的重要内容,它关系到民族法律关系的主体行使民族权利或履行民族义务的态度、方法和要求。如果人们遵守民族法的意识强,那么,就会对民族法的遵守持积极的、自觉的态度,就会想方设法为实现或行使民族权利或履行民族义务创造条件或争取条件,就会对行使民族权利或履行民族义务的质量和程度提出较高的标准和请求。可见,提高遵守民族法的意识,对于维护民族利益,实现民族权利及其保障条件具有重要的作用。

遵守民族法的动机有主动与被动之分,有的人是自愿地遵守民族法,有的人是被迫地遵守民族法。对于前一种人来说,动机的主动性来自于对民族法的认同和支持;而对于后一种人来说,动机的被动性来自对民族法的心理抗拒,他们之所以遵守民族法是由于害怕违反民族法的行为将给他们带来法律的制裁或其他利益的损害。由于民族法的种类多,涉及面广,因此,上述两种人的界限可能是模糊的。例如,有的人对某些民族法的遵守持自愿的动机,而对另一些民族法持非自愿、被迫服从的动机。国家提倡所有的公民自愿地遵守民族法,并采取多种形式对公民予以教育,以便增加在动机上对民族法持自愿遵守动机的人群比例,维护社会的安定。

遵守民族法的意识在结构上有群体与个体意识之分。我国的民族法所代表的是表现各民族利益的民族整体意志,与这种整体意志相协调的是中华民族在整体上遵守民族法的群体意识。除了中华民族的群体意识之外,由于各民族的历史、经济、文化条件的差异,在遵守民族法上还会有以不同民族为代表的民族群体意识和以地区为代表的某一地区民众的群体意识。遵守民族法的群体意识一般来说是自愿遵守民族法的意识,但是,在一定条件下,由于反映整体民族的利益或多个民族利益的民族法与个别民族或某一社区民众的群体利益不相一致,民族或社区遵守民族法的群体意识也会表现为非自愿的,被迫的、勉强的情况。个体遵守民族法的意识虽然在一般情况下不代表群体遵守民族法的意识,但是,群体是由个体组成的,一旦个体遵守民族法的意识倾向性在比例上增大,则一部分个体遵守民族法的意识即是某个群体遵守民族法意识的内容。我国是实行民族平等、团结、互助的社会主义国家,经过长期的民族政策和民族法的普及和实施,依靠我国各族人民在社会主义革命和建设中形成的和睦友好的相互关系,在我国遵守民族法的群体意识和个体意识具有积极、自愿遵守民族法的一致性,这是我国遵守民族法意识的特点。当然这种基本特点并不排除在一定条件下群体之间或个体与群体之间在遵守民族法中可能出现的差别。

二、民族法的普及

民族法的普及是指在全社会加强民族法的宣传教育工作,普及民族法的常识,使国家机关、企事业单位、人民团体、其他社会组织和全体公民知法、守法,树立民族法制观念,正确地行使民族权利和履行民族义务,保障各民族的合法利益,维护民族法的实施。

(一)普及民族法的意义

在我国这样一个多民族的国家中,民族法在国家法律体系中居于重要的地位,因此,普及民族法是我国法制建设中的一项重要任务,具有重大的意义。

1. 普及民族法有利于民族权利的行使。民族权利是民族法规定的各民族(尤其是少数民族)在社会的政治、经济、文化生活中的特殊权利。民族权利既然是由民族法规定的，就必须依照民族法来行使。行使民族权利，首先就应当知道民族权利的内容、范围及其限度，否则，行使民族权利便是一句空话。在我国的民族法中，具体规定了民族权利的内容、范围和限度，民族法是行使民族权利的依据，也是行使民族权利的指导。因此，只有普及民族法，使各民族自治地方自治机关的工作人员和各民族群众懂得民族法，民族权利才能得到正确、认真、主动的行使。

2. 民族法的普及有利于保障民族权利的实现。普及民族法的重点是增强履行民族义务的观念，切实保障民族权利的实现。我国民族法对国家机关、企事业单位、人民团体、其他社会组织和各民族群众设定了维护民族关系的义务，这些义务的履行，是保障民族权利实现的重要条件。民族法的普及有利于增强民族义务承担者的义务观念，让他们知道所承担的民族义务的内容、履行方式、法律责任，自觉地履行民族义务，从而使民族权利的实现有了可靠的保障。

3. 民族法的普及有利于民族团结和社会稳定。民族法确立了我国各民族的平等法律地位及其处理各民族之间相互关系的基本原则和行为准则，从而为我国各民族的团结和全社会的稳定提供了法律保障。经过民族法的普及，能够使全社会树立正确的民族观，自觉地依照民族法的规定处理民族关系，维护各民族的合法利益，这就能够使民族法发挥行为准则的作用，避免和处理民族纠纷和民族矛盾，使社会在民族法规定的正常秩序中运行，从而增强民族团结，保证社会的稳定。

4. 民族法的普及有利于民族地区的经济发展。民族法中规定的许多有关发展民族地区经济的优惠条件和民族地区在经济发展中的自治权，使民族地区在经济发展上有了较大的自主权和更大的选择余地。我国目前正在建立和健全市场经济体制，民族地区一方面要运用市场经济的法则，加快本地区经济的发展；另一方面则要运用民族法赋予民族地区在经济发展上的特殊权利，消除或减少与发达地区存在的不平等竞争现象，努力发展本地区的经济。民族法的普及，对于民族地区把握机遇，用好民族法规定的经济权利，改变民族地区在资源分配上的劣势，促进民族地区经济的发展是十分重要的。

5. 民族法的普及有利于建立民族法治环境。在很长一段时期，我国主要是依照民族政策处理民族关系，尽管民族政策在建立平等、团结、互助的民族关系中发挥了重大的作用，但与民族法相比，还缺少强制性和规范性。随着我国法治进程的发展，民族政策逐步法律化，上升为法律的民族政策更具有稳定性、规范性和强制力，这种现象标志着我国现阶段在处理民族关系上逐步走上了法治的道路。民族法的普及，使全社会了解民族法，增强民族法的观念，自觉地维护民族法的权威，这就为依法调整民族关系奠定了思想基础和群众基础，从而促进我国民族法治环境的建立与完善。

(二)普及民族法的条件

普及民族法是一项长期的任务,也是一项宏大的社会工程,它的完成需要具备一些基本条件:

1. 普及民族法的资料。普及民族法以民族法为宣传教育的内容,因此,普及民族法的前提条件就是国家制定较完备且完善的民族法,并提供必要的民族法资料。

2. 较充足的普法经费。民族法的普及涉及面广,且以民族地区为重点普法的地区,没有较充足的普法经费,便不能适应普及民族法的要求,难以克服普法中面临的实际困难(如大众传播媒介的运用,必要的普法设备和资料的购买等)。因此,较充足的普法经费是普及民族法的物质基础。

3. 合格的普法人员。民族法的普及需要一批既了解民族文化,又懂得民族政策,具有较扎实的民族法知识的人员。普及民族法人员的选择,要注意上级机关的人员与地方基层人员的结合,专家与一般宣讲人员的结合,以保证普及民族法的质量。同时,还要注意选择少数民族干部和少数民族群众担任宣讲人员,以便于普法人员与少数民族群众在感情上的交流,提高普及民族法的效果。

4. 政府部门的重视。普及民族法是各级政府的职责,需要政府有关部门的精心组织。因此,各级政府应当提高对民族法的认识,加强组织领导,讲究方法步骤,动员一切社会力量,积极创造普法的条件,注重普及民族法的实效。

(三)普及民族法的方法与步骤

普及民族法的方法和步骤与普法的效果有密切的关系,方法、步骤运用得当,才能达到普及民族法的目的,取得好的效果。由于普及民族法的对象在知识结构、居住条件、职业类别、语言文字的使用等方面的差异,普及民族法的方法、步骤往往要针对不同的对象而灵活的采用。

1. 国家机关中普及民族法的方法、步骤。国家机关承担着实施民族法,保障各民族合法利益的职责,是普及民族法的重点。国家机关的工作人员相对来说是有较高的知识结构,在普及民族法的方法上,可以采取宣讲与自学相结合的方法,并注意强调联系工作实践进行宣传教育。在普法的步骤上,可以采取领导干部先学、与工作职责相关的先学的步骤,使领导干部首先成为学习民族法、掌握民族法、依照民族法办事的表率,使各级国家机关在业务活动中认真贯彻民族法。民族自治地区的自治机关是普及民族法的重点,自治机关置身于民族地区,处理民族关系是其日常工作的主要内容,而且自治机关肩负着行使自治权和保障本地区各族人民实现民族权利的职责,如果自治机关的工作人员不懂得民族法,便不能处理好本地区的民族关系,不能顺利地开展民族地区的立法、司法和行政工作。因此,民族自治地方自治机关的工作人员更需要懂得民族法。

2. 在非民族地区群众中普及民族法的方法、步骤。非民族地区指的是民族自治区域之外的地区。这些地区有散杂居的少数民族,同时,这些地区也与民族地区有着广泛的经济与文化上的联系,因此,在非民族地区普及民族法,也是十分必要的。非民族地区普及民族法的方法,城镇可以采取面授为主,大众传播媒介辅之宣传的方法,在乡村可以采取扫盲与普及民族法相结合的方法,在步骤上可以采取先城镇后农村的步骤。

3. 在民族地区群众中普及民族法的方法、步骤。民族地区的各族人民群众是普及民族法的重要对象,由于民族地区的政治、经济、文化情况具有一定的特殊性,因此,在普及民族法的方法、步骤上也要采取一些特殊的做法。在方法上,一般采取以事论法、以案说法、通俗易懂、由浅入深的方法,尽量使用当地通用的民族语言文字或宣传对象的民族语言文字进行民族法的宣传;在步骤上仍然采取先城镇,后农村的安排。

第二节 民族法的实施

民族法的实施是民族法制建设的重要环节。如果把民族法的目标视为建立民族平等、团结、互助的民族关系和与之相适应的社会秩序,那么,民族法的实施便是建立这种民族关系和社会秩序的必要手段。"徒法不能以自行",[1]即便是符合社会发展要求的民族法,如果不能有效的实施,也只是一纸空文,没有任何社会价值。从这个意义来讲,民族法的价值不仅在于制定民族法,而在于通过民族法的实施,使社会在规则体系的控制下,按照立法者的意志,在一定的秩序中运行。

一、民族文化对民族法实施的影响

相对于法律制定来说,民族文化对民族法实施的影响更为直接、广泛和复杂。因为,在多民族国家中,民族法意味着要面对多种民族成分的民众、直接处理民族地区、民族群体或个体的事务和纠纷,在不同民族文化的地域和人群中建立由法律确认的统一秩序。为了进一步说明这一问题,有必要从民族文化中的几个主要因素——民族价值观念、民族风俗习惯、民族经济状态入手,具体地分析民族文化影响民族法实施的直接性和深刻性。

民族价值观念是由各民族的生活条件所决定的思想观念,其内容是从维护民族生存与发展的认识出发,对行为性质的判断和对行为的取舍标准。这不是个别民族成员的价值观念的翻版,而是经过整合升华,表现为整体民族意志的群体观

---

〔1〕《孟子·离娄上》。

念。在民族的生存和发展中,民族的价值观念是规范民族行为,增强民族团结,统一民族意志的精神支柱。由于各民族所处的地理环境、经济生活方式、风俗习惯和其他文化因素的差异,不同民族的价值观念会表现出鲜明的民族性和差异性。由国家主权派生出来的法制统一原则,使国家在民族立法上只能考虑全体民族的共同利益,自治地方自治民族的共同利益,不能为境内各民族制定充分反映民族差异的法律。但是,在民族法实施中充分地考虑民族价值观的差异性及其影响,灵活地适用民族法,便有可能弥补立法的不足,使民族法在具有不同价值观的民族中得到有效的实施。

民族风俗习惯是各民族在其历史发展过程中逐渐形成并长期保存下来的行为准则,也属于行为规范的范畴,在一定程度上调整着各民族内部及外部的关系。在现代社会中保留并实行的一部分风俗习惯,甚至是旧时代中部族或某一民族区域内实行的法律,只是由于时代的变迁,强制力的削弱,才沦为依靠舆论和民间惩罚得以实施的风俗习惯。风俗习惯具有强大的生命力,带有鲜明的民族特征,并由一个民族普遍遵守、代代相传,即使是法律统一的国度内,各民族在遵守国家法律的同时,还必须遵守本民族的风俗习惯,一旦有违反,便会遭到来自本民族内部的谴责或惩罚。例如,中国境内的哈尼族是一个禁忌较多的民族,禁忌涉及该民族的生产、生活各个方面,浩繁多样,一年365天,有100多天的忌日。这些禁忌在现代哈尼社会中仍是一种重要的社会规范,在规范本族群众的行为、维护传统文化和正常生活秩序方面起着重要的作用。在中国的许多民族乡村,民族的风俗习俗往往构成了乡(村)规民约的主要内容。对于与民族法相吻合的民族风俗习惯来说,风俗习惯的实施必然给民族法的实施提供诸种便利。然而,风俗习惯作为一种历史文化,不可能与现代民族法全面吻合,现存的与民族法相抵触的风俗习惯,势必给民族法的实施造成一定的障碍。在这种情况下,多民族国家的选择不外有三:其一,根据法律实施的情况,给予少数民族地区适用法律上的例外,即以制定法或判例的形式对风俗习惯予以认可,使风俗习惯成为法律的一部分,避免法律与风俗习惯的冲突;其二,在法律实施中,通过灵活的政策或方法,引导少数民族改革与法律相抵触的风俗习惯,使法律被少数民族所认同;其三,在法律实施中,以国家强制力消除与法律相抵触的风俗习惯,或是强行实施与风俗习惯相抵触的法律。前两种方法是处理多民族国家的法律实施与民族风俗习惯冲突的明智之举,它的缓和性和尊重各民族风俗习惯的精神,能使法律实施成为增进民族团结的有效途径。而第三种方法则是民族沙文主义的表现,它必然破坏民族团结,造成少数民族对民族法实施的对抗,使民族法不能在民族地区有效实施和自觉遵守。

民族经济状态是指各民族赖以生存的物质条件和生活条件,它包括民族地区的自然条件,各民族的生产方式、生产力发展程度以及与外部经济的联系,属于物质文化的范畴。对于先进的民族来说,经济发展水平与国家民族法律制度相适应,民族法实施的障碍较少，尤其是经济方面的民族法可以得到全面实施。但是对于经济发展较为落后的民族地区来说，国家民族法在一定程度上并不能与它们的经济状态相适应。因此，对于落后的民族地区，国家民族法的实施应当有选择地、逐步地进行，重要的是根据本地区的实际情况和民族特点制定自治法规，并把民族法实施的重点放在促进民族地区经济发展方面，帮助落后地区的少数民族走上繁荣富裕的道路，为民族法和其他法律的全面实施创造物质文化条件。

总之，民族文化对民族法实施的影响是多民族国家面对的现实，只有在尊重各民族的文化传统，承认民族文化的差异性，维护民族平等、民族团结和国家统一的前提下，采取灵活的策略，进行艰苦细致的工作，才能解决民族法在实施过程中与民族文化的冲突，保障民族法在多民族国家有效实施。

二、民族法实施的语言文字条件

民族法作为一种普遍遵守的行为规范，总是在一定的人群或社区范围内存在，它必须表现为某种民族的语言或文字，才有可能被了解、执行、遵守。无论是在不成文法的社会还是成文法的社会，没有某种民族语言或文字为载体，民族法就只能是停留在少数人头脑里的观念，而不可能成为一种现实。在这个意义上，民族的语言文字是一种思维的现实，是一个国家或民族表现其国家和民族意志，制定和实施民族法的必不可少的工具。

语言文字的创造和发展总是带有深刻的民族烙印，反映着使用某种语言文字的民族的历史、文化、自然环境及生产、生活方式的特点，世界上的大多数民族都在本民族的发展史中创造了具有鲜明特征的民族语言或文字。作为一种文化现象，民族语言文字具有相当强的稳定性，它能通过文化的传承得以长期保留和运用，除非发生民族同化或殖民化的现象，民族语言文字才会发生质的变化。作为一种社会现象，民族语言文字具有普遍性，能在一个民族或群体中广泛使用，并随着民族的迁徙和民族间的交流而扩大其使用范围。民族语言文字的稳定性和普遍性，促进了民族成员间的认同感和民族感情的交流。

语言文字的民族性必然造成不同民族语言文字的差异性，在一个由多民族组成的国家中，多种民族语言或文字的现象，使多民族国家面临着实施民族法上的语言障碍，即以主体民族语言义字为文本的法律在多语言的民族地区实施时，由于语言文字的差异而引起的对法律和法律事实的认知和思维障碍。这些障碍直接影响着在多语言的民族地区的法律运作，也关系到少数民族的语言文字权利和其他权利的承认和保障。因为，作为以本民族的语言或文字作为母语的民族来说，他们对事物的认知和思维是以母语进行的，母语是他们认知法律及法律事实、进行思维判断、表述真实意愿的工具，倘若不允许或是客观上使他们不能使用母语为工具去理解法律或处理法律事务的话，非使用主体民族语言文字的少数民族便在法律上处于一种事实上的不平等地位，不能很好地运用民族法保障自己的合法权益。然而，倘若承认少数民族的语言文字权利,允许少数民族用本民族的语言文字处理法律事务的话,民族法的实施便应当用非法律文本中的语言文字进行运作,或是为少数民族用本民族语言文字处理法律事务提供必要的语言文字保障。无论如何去做,在民族法实施中都不能改变少数民族用母语对民族法及法律事实进行认知和思维的现实。

在20世纪中叶以前的人类历史中,大多数多语或双语的多民族国家总是强制推行主体民族或占统治地位民族的语言文字,对少数民族和被压迫民族的语言文字采取歧视的政策。这种行径阻碍了民族文化的发展,同时也导致法律实施中践踏民族语言文字权利和其他权利,加剧民族矛盾的恶果。尤其是16世纪开始的欧洲资本主义国家对海外的侵略,使欧洲民族语言文字和法律制度征服了亚、非、拉美的许多国家,形成影响至今的语言文字和法律殖民化的现象。欧洲民族的语言文字取代了这些国家土著民族的语言文字而成为官方的和法律的语言文字,欧洲的法律体系取代了这些国家的法律传统,使这些国家分别跨入罗马日耳曼法系或普通法系的范畴,随之而来的后果便是殖民地国家传统文化的灭绝或衰落。第二次世界大战以后,随着联合国的成立和世界范围内民族解放运动的兴起,民族语言文字受到了广泛的重视,成为世界各国公认的一项基本人权。1948年联合国宪章所规定的“全体人类之人权及基本自由之普遍尊重和遵守,不分种族、性别、语言、或宗教”的精神,体现在以后的一系列国际法文件中,促进各国政府在法律及其实施上对民族语言文字权利的保障。许多取得民族独立的原殖民地国家,也纷纷采取立法、行政、司法和教育措施,使民族语言文字得到极大的发展。尽管这样,多语区的民族语言文字所造成的法律实施的障碍仍然是当今多民族国家法制建设中所面临的难题。

在承认和尊重少数民族语言文字权利的前提下,多民族国家要保障民族法在多民族多语言的地区实施,必须充分考虑各民族用母语对民族法和法律事实进行认知和思维的现实,采取必要的立法、行政、司法和教育措施来克服民族法实施中的语言障碍。在立法上,多民族国家应当在民族法中明确规定各民族有使用和发展本民族语言文字自由的权利,并确立该项自由权利的保障制度,在实行民族自治的地区应当赋予自治民族有用本民族的语言文字进行立法的权利。对于以单一民族或数种主体民族的语言文字制作的民族法,应当创造条件制作其他少数民族语言文字的译文本。为了保证民族语言文字的译文本与法律原文本的一致性和不同文本法律的权威性,制作少数民族语言文字译文本应纳入立法机关的权限范围内,并确立不同法律文本冲突时的准据文本。在行政管理上,要提倡用少数民族地区通用的民族语言文字处理少数民族事务的作法,保证各民族使用本民族的语言或文字参加国家和地方管理活动。要通过宣讲、培养骨干、建立健全行政机构的方法,用民族语言或文字普及民族法,为民族法的实施创造良好的民众基础和行政保障系统。在司法上,要树立维护和保障诉讼中民族语言文字权利的观念,注意培养民族司法人员和翻译人员,为少数民族用本民族语言文字进行诉讼创造条件。在有条件的民族地区,还应当依靠民族司法人员和翻译人员,建立专门用民族语言文字处理民族法律事务的司法机构。既熟悉当地民族语言文字和文化传统,又具备专门法律知识的民族司法人员和翻译人员,能够用民族语言文字进行法律的运作,有效地贯彻诉讼中的民族语言文字原则,保障民族法的实施。在教育上,要在少数民族地区加强双语教育,培养双语人才,使少数民族掌握母语以外的主体民族语言文字或当地通用的民族语言文字,以便少数民族通过母语以外的第二种语言文字了解民族法,与其他民族进行法律交往。双语教育是多民族国家实施民族法,克服民族间语言障碍的必要措施。

三、民族法实施的措施

在由不同民族组成的国家中,妥善地处理和调整民族关系,改革现存的政治、经济、文化结构,创造平衡各民族利益的关系,维护各民族平等的生存权、发展权和参与社会政治、经济、文化生活的权利,是人类和平与发展的基本条件。处理和调整民族关系是国家活动中的一项长期而经常的事务,在政治、军事、经济和文化诸多方面都可以采取若干措施。但是倘若这些措施不纳入法制的轨道,则可能导致民族关系的处理和调整处于一种不稳定的、随意的无序状态中。因此,在现代社会中,通过民族法的制定和实施来调整民族关系是多民族国家现代化进程的必由之路。作为一个统一的多民族国家,我国已经建立了基本完善的调整民族关系民族法律体系。然而,如何保障这一法律体系的切实有效地实施,仍然是现在和今后很长时期内我国法律建设的重要任务。所以,有必要从理论上和实践上深入细致地研究在具有不同语言文字和历史文化的民族地区实施民族法的途径与方法。

(一)民族法实施的立法措施

把立法措施作为民族地区实施民族法的实施提供依据,而且还为民族法的实施创造技术上的、法理上的保障条件。假若民族法体系缺之内在的和谐统一,民族法条文简陋残缺,民族法适用程序不尽完善,那么民族法的实施必将流于形式,执法者将无所适从。为了保障民族法的实施,我国的民族立法应当建立合理的立法体制,注意民族法的内在统一性,统一立法技术,强化立法程序,增强民族法的可操作性和针对性,这样才能为民族法的有效实施奠定立法的基础。

(二)民族法实施的司法措施

司法工作是民族法实施的重要环节,在司法工作中采取一些必要的措施,对于提高民族地区实施民族法的质量,是十分有价值的。从民族法实施的角度看,我国的司法工作应当把保障民族法实施的重点放在民族地区,加强少数民族司法干部队伍的培养、改善民族地区司法机关的执法条件,切实地保护少数民族的诉讼权利,有针对性地开展专项治理的司法活动,充分发挥民族法的教育功能,减轻惩罚性条文的适用力度,这样才能使适用民族法的司法活动在处理民族关系的过程中发挥更大的作用。

(三)民族法实施的行政措施

国家的各级行政管理机关是实施民族法的主要国家机关,由于民族法具有特殊的内容、对象和目标,因此,在实施民族法的过程中,国家行政管理机关应当针对民族地区的实际情况,提高政府工作中的民族法制观念,严格依法行政,保障民族自治地方的政府机构行使自治权,发挥民族区域自治制度的作用;改革民族地区的政府机构,提高行政效率,加强对民族地区经济的法制管理,加速发展民族地区的经济建设;依法管理宗教事务,使各民族的宗教活动在宣传和法律的范围内进行。

第三节　民族法实施的监督

一、民族法监督的含义

民族法监督也称民族法实施的监督,它是指由所有的国家机关、社会组织和公民对民族法实施活动的合法性所进行的监察和督导。

(一)民族法监督的意义

民族法监督是民族法制建设的重要内容,也是实施民族法,保障民族权利的必要手段和重要保障。随着各民族权利意识的增强和我国依法治国的方针的贯彻,民族法监督的重要性日益为人们所重视。尤其是从现在的情况来看,民族法在实施过程中还存在着许多问题和困难,因此,充分认识民族法监督的意义,建立必要而完善的民族法监督机制,对于实施民族法具有十分重要的意义。

民族法监督的意义主要表现在以下几个方面:

1. 民族法监督是民族法制不可缺少的重要组成部分。民族法制由民族立法,民族法实施,民族法遵守,民族法监督等部分组成。民族法监督在民族法制的各个环节中具有一定的超然性,它一方面渗透到民族立法,民族法实施,民族法遵守的法制内容中,对上述民族法制活动予以监察、督导;另一方面,它又凌驾于民族立法、民族法实施、民族法遵守之上,用更广泛的法律准则来评价上述活动的合法性。在现代社会中,如果不能建立完善的民族法监督机制,就不能保证民族法制的真正建立。

2. 民族法监督是维护法制统一的重要措施。民族法是我国法律体系中的一个法律部门,它所调整的民族关系的广泛性和复杂性,使民族法在实施过程中必须有一定的灵活性,才能保证民族法在具有不同的民族历史、经济、文化的地区得以有效实施。然而,民族法在实施上的灵活性必须与宪法和法律规定的基本原则相一致,才能保证我国的法制统一。而法制的统一,对于多民族国家来说,又是维护国家统一的重要原则。因此,民族法监督的一个重要内容就是对民族法在立法,实施和遵守过程中,是否符合我国宪法和法律的基本原则进行监督,以保证民族法内部以及民族法与其他法律之间的和谐一致,保证我国法制统一原则的实现。

3. 民族法监督是维护民族法权威性的重要保障。民族法一经颁布施行,就具有法律的权威性,民族法的这种权威性通过民族法的实施得以加强,也通过民族法的监督得以保障。民族法的监督一方面使民族法的实施严格地依照民族法的规定运行,另一方面又使法律实施中出现的违法现象及时地被发现和处理,以保障各民族合法权益的实现。

(二)民族法监督的构成

按照法理学的理论,法律监督的基本构成要素包括法律监督的主体、客体和内容。[2] 民族法监督的构成也包括一般法律监督的三个要素,只是由于民族法调整的民族关系具有一定的特殊性,所以民族法监督的各个要素也有一些特点。

1. 民族法监督的主体。民族法监督的主体有三种,即国家机关、社会组织和各民族群众。这三种主体的法律地位及法律责任不一样,所以,三种主体的监督效力也不一样。国家机关的监督是依法监督民族法的实施,具有法律上的效力,而社会组织、各民族群众的监督虽然不具有法律效力,但它们可以依靠组织的力量、舆论的影响等手段,发挥监督的效力。尽管三种主体在民族法的监督上有若干的区别,但三种主体实施监督的目标是一致的,即保障民族法的正确而有效的实施。

2. 民族法监督的客体。民族法监督的对象是国家机关及其工作人员的处理民族关系的活动,包括一般国家机关和民族自治地方的自治机关。一般国家机关承担着保障民族权利实现的法定义务,而民族自治地方的自治机关承担着行使民族自治权和保障民族权利实现的双重职责。国家机关在处理民族关系中依法承担的职责既不能放弃,也不能滥用或玩忽职守。因此,需要对国家机关及其工作人员调整民族关系的活动予以法律监督,促使国家机关及其工作人员严格依照民族法的规定,正确处理民族关系,履行法定的职责。至于各民族成员实施民族法的活动和违反民族法行为的制裁,这属于行使民族权利,履行民族义务,承担法律责任的法的适用问题,不属于民族法监督的范畴。

3. 民族法监督的内容。民族法监督的内容包括:一是对立法的监督。一方面监督

---

[2] 沈宗灵主编:《法理学》,高等教育出版社 1994 年版,第 448 页。

民族法的立法是否违背宪法和其他法律的规定;另一方面监督其他法律法规的制定是否违背宪法和民族区域自治法的有关规定。除宪法外,相对于立法活动所依据的法律来说,制定民族法和其他法律的活动也是法律实施的一个方面,应当纳入监督的内容中。二是对司法、行政的监督。其指对司法、行政机关处理民族关系事务活动的监督,包括对司法、行政机关制定或颁布的涉及民族关系的规范性文件合法性的监督,也包括对司法、行政机关处理具体的民族事务或涉及少数民族的案件的监督。

二、建立健全民族法监督机制

我国初步建立了民族法的法律体系,并在法律体系中建立了民族法的监督机制,然而,就目前的情况看,民族法的监督机制尚不完善,致使民族法的有效实施受到了很大影响。因此,建立和健全我国的民族法监督机制是民族法制建设中的一项重要的任务。

(一)国家机关的民族法监督机制

我国现行的民族法,对民族法的监督机制作了一些规定,其主要内容是:

1. 国家权力机关。国家权利机关对民族法的监督表现在两个方面,一是对民族立法的监督,二是对司法、行政机关处理民族关系活动的监督。这两方面监督是依靠人民代表大会及其常务委员会的工作来实现的。

在对民族立法的监督上,我国《宪法》、《民族区域自治法》和《立法法》规定和确认了少数民族的基本权利和各级民族立法机关的职责和立法原则,并建立了民族立法的审查监督机制,以维护各族人民的利益和国家法制统一原则。民族立法的审查监督机制属于纵向的监督,根据《立法法》的规定的立法机关的权限,通过立法监督,以下机关可以改变或者撤消含有民族法内容的法律、行政法规、地方性法规、自治条例和单行条例、规章:(1)全国人民代表大会有权改变或者撤销全国人民代表大会常务委员会制定的不适当的法律,有权撤销全国人民代表大会常务委员会批准的违背宪法和《立法法》有关法律变通限制规定的自治条例和单行条例;(2)全国人民代表大会常务委员会有权撤销同宪法、法律相抵触的行政法规,有权撤销同宪法、法律和行政法规相抵触的地方性法规,有权撤销省、自治区、直辖市的人民代表大会常务委员会批准的违背宪法和《立法法》有关法律变通限制规定的自治条例和单行条例;(3)国务院有权改变或者撤销不适当的部门规章和地方政府规章;(4)省、自治区、直辖市的人民代表大会有权改变或者撤销它的常务委员会制定的和批准的不适当的地方性法规;(5)地方人民代表大会常务委员会有权撤销本级人民政府制定的不适当的规章;(6)省、自治区的人民政府有权改变或者撤销下一级人民政府制定的不适当的规章;(7)授权机关有权撤销被授权机关制定的超越授权范围或者违背授权目的的法规,必要时可以撤销授权。

国家权力机关对司法、行政工作的民族法监督,主要是指对民族法实施活动的监督,这种监督主要是通过听取和审议司法、行政机关的工作报告,向有关机关提出质询案、对重大问题进行调查处理等形式,督促司法、行政机关认真执行民族法,帮助司法、行政机关纠正工作中出现的违反民族法的问题,对司法、行政机关的权力起到制约与监督的作用。国家权力机关对司法、行政机关工作的民族法监督可以在人民代表大会期间或闭会后进行。

2. 司法机关的监督。司法机关的民族法监督包括纵向监督和平行监督两种情况。纵向监督是指上级司法部门对下级部门处理民族关系活动的监督,平行监督是指人民检察院和人民法院的相互制约。根据法律的规定,上级人民法院或上级人民检察院对下级人民法院或检察院的工作具有监督和指导的职权,对于下级人民法院在审判工作中违反民族法的裁判或决定,上级人民法院可以通过上诉审或再审程序予以撤销或改变。对于下级人民检察院在侦查、起诉工作中违反民族法的决定或文件,上级人民检察院可以通过复议或审查制度予以撤销或改变。

人民法院和人民检察院之间又有互相制约的关系,对于人民法院在审判工作中违反民族法的活动或司法文书,人民检察院可以进行抗诉,对于人民检察院在侦查、起诉工作中违反民族法的活动或司法文书,人民法院可以通过审判程序予以撤销或改变。

3. 行政机关的监督。行政机关的民族法监督是指上级行政机关对下级行政机关执行民族法活动的监督,这种监督是依行政管理权限和行政隶属关系产生的,是行使行政管理权的一种手段。

行政机关的民族法监督主要有以下内容:(1)国务院领导和管理民族事务,保障少数民族的平等权利和民族自治地方的自治权利;(2)国务院有权改变或者撤销各部、各委员会发布的不适当的有关民族问题的命令、指示和规章;(3)国务院有权改变或撤销地方各级国家行政机关颁布的不适当的有关民族问题的决定和命令;(4)县级以上的地方各级人民政府有权改变或者撤销所属各工作部门和下级人民政府的不适当的有关民族问题的决定。

(二)民族法的社会监督机制

民族法的社会监督机制是社会组织和人民群众对民族法实施的监督,它虽然不是国家机关的监督,但这种监督能在很大程度上引起国家有关监督机关的重视,因此,它是国家机关民族法监督机制的必要补充。另外,民族法的社会监督所依靠的社会组织和人民群众在社会中具有广泛性,它扩大了民族法监督的广度,有利于保障民族法的实施。

民族法的社会监督主要包括以下几个方面:

1. 社会组织的监督。社会组织的监督包括中国共产党的监督、人民政协及其他民主党派、社会团体的监督,上述社会组织通过对本组织成员的纪律约束或组织的纲领、章程及其参政议政的活动,对国家机关及其工作人员实施民族法的活动进行监督。

2. 社会舆论的监督。社会舆论的监督是指利用大众传播媒介对民族法实施情况的报道来督促民族法的遵守和实施,由于社会舆论具有快速、客观、影响面广的特点,因此,社会舆论对民族法实施情况的报道能引起社会的关注,形成对国家机关的舆论压力,促使国家机关依照民族法积极工作,改正错误。

3. 人民群众的监督。人民群众的监督指人民群众通过提出批评、建议或申诉、控告、检举的方式,对国家机关实施民族法进行监督,人民群众的民族法监督是我国监察机制中的重要环节,也是我国各民族群众的一项公民权利。

(三)民族法监督机制的完善

考察我国的民族法监督机制,不难发现这样一个问题:立法监督机制的完善与其他监督机制的薄弱形成很大的反差。立法监督机制的完善是由于法制的统一性和法律的权威性得到国家各级立法机关的高度重视,并且具有严格和详细的规定,体现了以程序保证监督效力的特点。而其他民族法的监督机制则存在着法律规定粗放、操作性不强,程序约束弱的弱点,以至于在一些地区或一些监督环节上出现监督流于形式,监督措施不得力的状况。因此,完善我国民族法实施中的司法、行政、社会监督机制,是保证我国民族法有效实施的关键问题之一。完善我国民族法的监督机制,应当注意以下几个问题:

1. 健全民族法的监督系统。目前,我国的监督机制中,专门的民族法监督机关是人民代表大会的民族委员会和政府机构中的民族事务委员会,但是这两个机关在实施民族法监督职能的权限上存在职权不明确,分工不具体的情况,难以制约其他机关的行为。在司法机关的监督职能中,对涉及民族法实施的违法情况,由于职责、权限的不明确和所面对的民族问题的复杂性,缺乏保证民族法实施的监督功能。因此,健全民族法的监督机制要以立法的形式确立人大的民族委员会和政府的民族事务委员会的监督权限,使这两个委员会真正担负起民族法的监督职能。在民族地区的司法机关,要加强对政府行为中实施民族法情况的监督,以诉讼的形式,处理违反民族法的各类案件,充分发挥司法监督的功能。

2. 确立明确的监督标准。我国民族法的规定存在着操作性不强,责任不明确的弱点,这一弱点直接导致在民族法的监督中缺乏明确的监督标准。例如,如何判断国家机关对民族地方的"职责"及"领导与帮助"?何谓"努力"与"不努力"?这些事关民族义务履行的重大标准,均无判断依据,自然也谈不到对履行这些民族义务的监督了。因此,确立民族法的监督标准,当务之急是采取立法的形式,增强民族法的操作性,明确不履行民族义务的责任标准,以便为民族法的监督提供必要的法律依据。

3. 增强接受监督的观念。我国的国家机关及其工作人员接受监督的观念,直接影响我国监督体制的建立和监督效果的发挥。由于我国监督制度的建立在建国后历经坎坷，党的十一届三中全会之后才走上顺利发展的道路，因此，一些国家机关及其工作人员自觉接受监督的意识不强。应该在民族法的实施中，加强对国家机关及其工作人员的教育，提高他们接受民族法监督的意识，从而形成监督者与被监督者在实施民族法上的合力，保证民族法的实施。

下篇　分　　论

中国社会主义民族法体系，是由一系列民族法律制度所构成。这些民族法律制度的建立，是由宪法规定的基本原则为依据。有的已有国家制定颁布的基本民族法，如《中华人民共和国民族区域自治法》、《政务院关于保障一切散居的少数民族成分享有民族平等权利的规定》(《中华人民共和国散居少数民族权利保障法〈草案〉》已多易其稿)。总之，凡是能够或者已经形成相应的法律规范并能构成一定的民族法律制度，或者应当根据宪法规定的基本原则和民族工作实际需要建立的民族法律制度，我们都将予以研究和概述。

中国社会主义的民族法，是一部综合性的比较特殊的部门法，这是由中国的民族特点所决定。从一系列的各项民族法律制度来看，主要是从两个角度进行设计的：一方面，一是根据占国土总面积64%以上的155个民族自治地方而建立的民族区域自治法律制度，二是根据散杂居在全国各地的少数民族公民而建立的散居少数民族权利保障法律制度，这是民族法制建设的主要方面，国家将以基本民族法运行。如民族区域自治法序言就规定了"《中华人民共和国民族区域自治法》是实施宪法规定的民族区域自治制度的基本法律"；另一方面，由于民族问题涉及在政治、经济、文化和民族社会生活的各个方面，国家为了加速少数民族和民族地区的经济、政治和文化的发展，从而建立了与之相适应的各项民族法律制度，如培养和使用少数民族干部法律制度、民族经济科技法律制度、民族语言文字法律制度、民族教育法律制度、民族文化法律制度、民族风俗习惯法律制度、民族宗教法律制度、依据少数民族特点变通补充法律制度，等等。这些民族法律制度，既有它们的自成体系和特点，又与其他的部门法有一定的联系。这就是具有中国特色的社会主义民族法体系。

我们对这些民族法律制度的研究与概括，是从新中国半个多世纪以来对这些民族法律制度的建设、贯彻实施中的理论问题进行多视角的叙述，也试图从健全和完善这些民族法律制度的立法、司法，特别是对法律责任和诉讼制裁等重要问题进行一些必要的探讨。我们期待这些民族法律制度的进一步立法完备和司法完善。

民族法律制度或者民族法律规范,它有一些特殊性,既有的民族法律规范不可能实现像民法、刑法那样的法律规范,但它也不能像政策纲领那样缺乏法律的属性,这是国家立法机关应重点考虑和研究的问题。因为,依法治国建设法治国家,实现法制社会,即民族工作法制社会化,需要完备和完善的民族法律规范,需要完备和完善的民族法律制度。

第十一章　民族区域自治法律制度

第一节　民族区域自治法律制度概述

一、民族区域自治与民族区域自治法

民族区域自治是中国共产党把马克思列宁主义与中国实际情况相结合,用以解决我国民族问题的一项基本政策,是国家的一项基本政治制度。《民族区域自治法》序言明确规定:“民族区域自治是中国共产党运用马克思列宁主义解决我国民族问题的基本政策。”我国的民族区域自治是在国家统一领导下,各少数民族聚居的地方实行区域自治,设立自治机关,行使自治权。“《中华人民共和国民族区域自治法》是实施宪法规定的民族区域自治制度的基本法律。”

实行民族区域自治是我国解决民族问题的一项基本政策。近代中国民族问题的显著特征是民族压迫,即帝国主义列强以及代表国内封建势力的官僚和军阀压迫中华各民族,引发了反帝反封建的民族民主革命运动。“十月革命”的胜利,“五·四”运动的爆发,使这一运动向新民主主义革命运动发展。为了解决新民主主义革命时期的民族问题,中国共产党及其领导下的政权组织对民族问题进行了积极的探索,经历了由联邦制下的自决到单一制国家下的民族区域自治的认识过程。1922 年 7 月通过的《中国共产党第二次全国代表大会宣言》指出:“用自由联邦制,统一中国本部、蒙古、西藏、回疆,建立中华联邦共和国”,“蒙古、西藏、回疆三部实行自治,成为民主自治邦”。1923 年 7 月,《中国共产党党纲草案》提出了“民族自决的主张”,1928 年 7 月在莫斯科召开的第六次代表大会《政治决议案》仍然认为:“统一中国,承认民族自决权。”1931 年 11 月 7 日召开的中华工农苏维埃政府第一次全国代表大会上通过的《中华苏维埃共和国宪法大纲》和《关于中国境内少数民族问题的决议案》中,规定了各民族一律平等,以及各民族的自决权。并在其后的有关法律中体现了这些精神。这个时期虽然也曾提出过民族区域自治,如《关于中国境内少数民族问题决议案》中提出,“蒙古、西藏、新疆、云南、贵州等一定区域内,居住的人民有某种非汉族而人口占大多数的民族,都由当地这种民族的劳苦群众自己去决定:他们是否愿意加入苏维埃联邦或在中华苏维埃共和国之内成立自治区域”。但关于民族区域自治的内容和形式都尚未作过明确的表述,

在政策和法规中也没有具体的规定。然而,这个时期关于少数民族与汉族的权利在法律上平等,应用少数民族语言文字,培养民族干部等主张,是在理论和法律上进行民族区域自治的初步尝试。1935 年 1 月 17 日召开的"遵义会议",中国共产党克服了"左"和右的错误,从中国实际出发来认识中国革命的总问题和民族问题,在认清新民主主义革命的性质和任务的前提下处理国内的民族问题,因而初步形成了民族区域自治理论,制定了一些有关区域自治的法规。这个时期中国共产党关于民族区域自治的理论较前有了很大的发展,包括民族平等的思想;在少数民族地区建立自治地方,管理少数民族自己内部事务的思想;使用少数民族语言文字的思想;对少数民族实行优待的思想;在政府机关设立专门机构协调民族关系的思想;保障少数民族宗教信仰自由,尊重少数民族风俗习惯的思想;培养和任用少数民族干部的思想;发展少数民族经济文化的思想等。

民族区域自治理论的发展,促进了民族区域自治政策的完善,民族区域自治政策的制度化又促进了民族区域自治制度的形成,而民族区域自治法律制度是民族区域自治制度的法律规范化。随着我国社会的发展,民族问题的解决和民族区域自治地方的建立,我国的民族区域自治法律制度经历了由产生而完善的发展过程。我国第一个民族自治法规是 1936 年 10 月成立的"预海县回民自治政府"制定的《预海县回民自治政府条例》,但关于"自治法规"概念的表述,则始见于 1946 年 4 月 23 日,陕甘宁边区第三届参议会第一次大会通过的《陕甘宁边区宪法原则》。其中规定,"边区各少数民族,在居住集中地区,得划成民族区,组织民族自治政权,在不与省宪抵触原则下,得订立自治法规"。[1] 以"自治法"命名的法规,早在革命根据地时期就曾颁布过,《解放日报》1946 年 8 月 14 日以《保障回族自由民主生活,渤海颁布回族自治法》为题,曾报道了"山东渤海行署颁布回民自治办法"的史实。1947 年 5 月 1 日,我国第一个民族区域自治政府内蒙古自治区政府成立,届时召开的内蒙古人民代表会议上通过了《内蒙古自治政府施政纲领》和《内蒙古自治政府暂行组织大纲》,这是我国最早的省级自治法规。中华人民共和国成立前夕,《中国人民政治协商会议共同纲领》以临时宪法的形式对民族区域自治制度确立和建立作了相应规定。1952 年 2 月 22 日,政务院第 125 次政务会议通过的《民族区域自治实施纲要》对民族区域自治的有关问题进行了具体的规定:关于各民族自治区与整个国家的关系,自治机关与中央人民政府和上级人民政府的关系,自治机关与中央人民政府和上级人民政府的关系,及其有关原则;关于建立民族自治区的原则和区域划分问题;关于自治机关的组成和隶属关系的规定;关于自治机关自治的权利的规定;关于调整民族自治区内的民族关系的原则;关于上级人民政府对民族自治区的领导原则等。我国第一部宪法 1954 年宪法,在上述规定的基础

〔1〕《宪法资料选编》(第 2 辑),北京大学出版社 1982 年版,第 192 页。

上,对民族自治制度进行了完善,如明确了民族自治地方的主体体制,在原制定自治单行法规的基础上,规定为制定自治条例和单行条例等。我国现行宪法1982年宪法,根据新时期民族问题的特点,并针对1975年和1978年宪法的不足,全面恢复1954年宪法的一些重要原则,在总结我国实行民族区域自治正反两方面经验的基础上,作了一系列新的规定。1984年5月31日六届人大二次会议通过,同年10月1日施行的《民族区域自治法》,标志着我国民族区域自治法制建设走向新的历史阶段,同时说明我国民族区域自治制度已达到相当完善的程度。1991年12月8日国务院发布了《关于进一步贯彻实施〈中华人民共和国民族区域自治法〉若干问题的通知》。同时,各民族自治地方也制定了自治条例和单行条例及变通规定等一系列的民族区域自治法规及其他规范性文件。民族区域自治法颁布实施以来,出现了许多新的情况和问题。首先,我国的情况已经发生了重大变化,主要表现在我国的经济体制由传统计划经济体制向社会主义市场经济体制转变。其次,1982年宪法已作了几次修改。有些内容直接关系到民族区域自治法,为与宪法保持一致,民族区域自治法不能不作相应的修改。再次,全国人大代表多次提案要求修改民族区域自治法。从1988年第七届人大第一次会议至2000年第九届全国人大第三次会议,共有全国人大代表提出的32件议案要求修改民族区域自治法。最后,民族自治地方迫切要求加快经济和社会发展。改革开放以来,民族自治地方的经济文化得到快速发展,但由于自然条件和社会历史等方面原因,民族地方的发展与沿海地区还存在很大的差距,缩小这种差距也正是民族区域自治法修改的题中之意〔2〕。在广泛征求各方面意见的基础上,2001年2月28日,第九届全国人大常委第二十次会议表决通过了《关于修改〈中华人民共和国民族区域自治法〉的决定》。至此,我国的民族区域自治法制建设,经历了从建立到完善的过程,目前已基本形成了我国的民族区域自治法律体系。

民族区域自治制度的形成推动了民族区域自治法律制度的建立和完善,民族区域自治法制建设又促进了民族区域自治制度的发展。特别是民族区域自治法律制度的实施,使我国实现了真正的民族平等,保障了少数民族各项自治权的实现,促进了少数民族地区经济和社会的全面发展,维护了祖国统一,巩固了边防,加强了全国各民族的团结,推动了共同繁荣。

二、民族区域自治法的基本内容

民族区域自治法是指调整民族关系和民族区域自治关系的法律规范的总称。

民族区域自治法有广义和狭义两方面的含义。广义上的民族区域自治法包括民族区域自治法典(在我国即指《民族区域自治法》)及关于民族区域自治方面的所有规范性文件。如宪法中有关民族区域自治的规定及由中央国家行政机关制定

〔2〕 敖俊德:《中华人民共和国民族区域自治法释义》,民族出版社2001年版,第11~13页。

的、地方国家权力机关和行政机关制定的关于贯彻实施民族区域自治法的行政法规、地方性法规和规章,民族自治地方的自治机关制定的自治条例和单行条例等。从这个意义上讲,民族区域自治法的法律渊源,有宪法及宪法性文件中的民族区域自治条款,《民族区域自治法》,自治条例和单行条例,其他法律和法规中关于民族区域自治的条款、专门的民族区域自治的行政法规和规章。狭义的民族区域自治法就是指《民族区域自治法》,它作为调整我国民族关系和民族区域自治关系的基本法律,是仅次于宪法的二级基本法,它具体规定了我国民族区域自治的基本制度。有学者将之概括为三个基本,即基本政策、基本政治制度和基本法律。[3] 正如序言规定的那样,"《民族区域自治法》是实施宪法规定的民族区域自治制度的基本法律"。

《民族区域自治法》除"序言"外,共七章 74 条。在"序言"之后,第一章"总则",第二章"民族区域自治地方的建立和自治机关的组成",第三章"自治机关的自治权",第四章"民族自治地方的人民法院和人民检察院",第五章"民族自治地方内的民族关系",第六章"上级国家机关的职责",第七章"附则"。民族区域自治法的基本内容就是关于民族区域自治制度的实施,即自治权问题。从有利于少数民族地区的经济和社会发展,有利于加强民族团结促进共同繁荣出发,民族区域自治法对民族自治权进行了具体规定,包括立法方面的自治权的规定、人事管理的自治权的规定、财经贸管理的自治权的规定、教科文卫自治权的规定、使用语言文字的自治权的规定、管理其他事务自治权的规定和国家对民族地区的领导与帮助的规定等。

第二节　建立民族自治地方条件和程序

一、民族自治地方建立的条件和程序

《民族区域自治法》第 12 条规定:"少数民族聚居的地方,根据当地民族关系、经济发展等条件,并参酌历史情况,可以建立一个或几个少数民族聚居区为基础的自治地方。"这里所讲的"自治地方"即"民族自治地方"。

民族自治地方在我国是指一个或多个少数民族在其聚居地方依法实行区域自治的行政区域。我国的民族自治地方按行政区域划分,有自治区、自治州和自治县三级。自治区是与省、直辖市平行级别的行政区域单位,自治州是与设县的市平行级别的一级行政区域单位,自治县(旗)是与县平行级别的一级行政区域单位。目

---

[3] 敖俊德:《基本政策·基本政治制度·基本法律——论民族区域自治在我国的法律地位》,载《西南民族学院学报》(哲学社会科学版)2002 年第 7 期。

前,我国共有5个自治区,30个自治州,120个自治县(旗),共155个民族自治地方。

民族自治地方是我国一定级别的行政区域,是国家统一行政区域不可分割的组成部分,但又是不同于一般行政区域的特殊行政区域,即依法行使"自治权"。由此,民族自治地方的建立必须符合法定条件和程序。

(一)民族自治地方的建立条件

建立民族自治地方必须同时具备三个条件:

第一,以少数民族聚居区为基础。这是我国民族区域自治法规定的建立民族自治地方的基本条件。这表明,民族自治地方的建立,既不是用单纯的民族为标准,也不是按某一少数民族人口多少来划分,而是与我国各民族的居住状况和人口状况相联系的。一个民族一般有自己或大或小的聚居区,虽然由于民族间的交往、交流会使一个民族的一些成员离开本民族的传统聚居区,形成散居情况。我国各民族经过千百年来的传承、交流形成了大杂居、小聚居的状况,55个少数民族都有其相对集中的聚居区。当然,以少数民族聚居区为基础,并不是说所有少数民族的聚居区都能建立民族自治地方,建立民族自治地方的少数民族聚居区还必须具有一定的规模。规模太小的少数民族聚居区不能建立民族自治地区。如中华人民共和国成立初期我国建立的许多相当于乡、镇、村行政级别的民族自治地方,由于规模很小,实际上无法履行法律规定的自治权利。基于此,1954年宪法把民族自治地方的最小级别规定为县级。建立一个民族自治地方,是以一个少数民族聚居区为基础还是以几个少数民族聚居区为基础,要根据实际情况而定。实践中,一个申请建立民族自治地方的区域,往往不仅包含一个或几个少数民族聚居区,而且还包含其他少数民族人口和汉族人员。因此,申请实行区域自治的民族的人口占区域内总人口的比例和区域内少数民族人口占区域内包括汉族人口在内的总人口的比例,成为是否建立民族自治地方的重要参考数据。一般地讲,申请实行区域自治的民族的人口占区域内总人口的比例大于50%,或者申请实行区域自治的民族的人口占区域内少数民族总人口的半数以上,而且区域内少数民族人口占区域内总人口的比例大于50%的地方,适宜建立民族自治地方。但人口比例不是一个法定条件,只是一个参考因素。

第二,有利于处理民族关系和当地经济的发展。在少数民族聚居的地方,是建立以一个少数民族为主体的自治地方,还是建立几个少数民族为主体的联合的自治地方,主要是根据当地民族关系、经济发展等条件来决定的。民族关系条件,指民族聚居区的民族构成、民族特点,特别是聚居各民族间的相互关系,即表现在政治、经济、文化、语言和风俗习惯等社会生活各个方面的关系。我国各民族在大杂居、小聚居的格局中形成你中有我、我中有你的分布特点,一个少数民族聚居区内往往有不同数量的其他少数民族的人口,一个人口较多的少数民族聚居区有时又分布着若干其他少数民族的小聚居区,在有些情况下,两个或多个少数民族聚居区重合交叉、紧密联系在一起。这样,以哪个或哪些少数民族聚居区为基础建立何种类型的民族自治地方,应当充分考虑到聚居区内的民族关系的发展,巩固已经形成的平等、团结、互助的社会主义民族关系。经济条件,是指建立民族自治地方确定它的区域界线时,要认真考虑当地的经济联系、地理环境、资源分布、交通运输、生产要素等因素。做到:有利于发挥当地的经济优势和经济要素的互补性、经济布局的合理性,有利于当地少数民族人民的生产、生活,有利于当地经济的发展。

第三,参酌历史情况。建立民族自治地方时,要从我国各民族在漫长的历史发展过程中,逐步形成了相对稳定的政治、社会联系及共同的经济活动区域的现状出发,尊重各民族世代相沿俗成、彼此认可的合理的生活、生产区域和权益分配格局,使业已形成的在一定区域内共同劳动,共同生产,联系紧密的各民族关系在经济、政治和文化上的相互接触、相互帮助得到进一步的发展。

(二)民族自治地方的建立程序

《民族区域自治法》第14条规定:"民族自治地方的建立、区域界线的划分、名称的组成,由上级国家机关会同有关地方的国家机关,和有关民族的代表充分协商拟定,按照法律规定的程序报请批准。""民族自治地方一经建立,未经法定程序,不得撤销或者合并;民族自治地方的区域界线一经确立,未经法定程序,不得变动;确需要撤销、合并或者变动的,由上级国家机关的有关部门和民族自治地方的自治机关充分协商拟定,按照法定程序报请批准。"据此,建立民族自治地方的程序,一是协商拟定,二是报请批准。

第一,协商拟定。建立民族自治地方是当地各族人民政治生活中的一件大事,它不仅关系着国家政权的建设,而且直接关系到当地少数民族当家作主管理本地方内部事务的权利,关系到当地各族人民的切身利益。因此,有关重大问题,都必须同当地有关民族的代表充分协商,征求他们的意见,取得各民族的自愿,然后才能做出决定。协商拟定的一般做法是:在上级国家机关和有关地方的国家机关的主持下,让各民族代表充分讨论协商,各方在进行认真的调查分析、科学论证、研究合理可行的方案的基础上,通过畅所欲言、反复讨论,就建立民族自治地方和建立哪一种民族自治地方的各种论据和条件,该民族自治地方区域界线的范围,该民族自治地方的名称,成立的时间,首府的所在地等事宜求得一致的看法,拟定出具体方案。

第二,报请批准。建立民族自治地方的具体方案拟定后,"根据法律规定的程序报请批准"。根据《宪法》第62条和第89条规定,自治区的建立,需报全国人民代表大会批准,自治州、自治县(旗)的建立,需报国务院批准。民族自治地方的建立必须履行"协商拟定"和"报请批准"两道程序,这充分体现了民族自治地方的建立是件极为严肃的事情,必须依法进行。民族自治地方的区域界线一经确定后,必须保持相对的稳定性,不得轻易变动,如果需要变动,同样需要履行"充分协商拟定”和“报请批准”(报国务院批准)两道程序。

二、民族自治地方的类型

民族自治地方,可以从不同角度划分为不同的类型。

(一)以“民族数量”划分

从一个民族自治地方的自治民族数量上进行划分,可将民族自治地方分为:

第一,以一个少数民族聚居区为基础建立的单一民族自治地方。如宁夏回族自治区是以回族聚居区为基础建立的,四川省凉山彝族自治州是以彝族聚居区为基础建立的,河北省孟村回族自治县是以回族聚居区为基础建立的。这类民族自治地方的显著特点是,虽然区域内也包括了相当一部分汉族或者其他少数民族,但只有一个少数民族为实行区域自治的自治民族。

第二,以两个或者两个以上的少数民族聚居区为基础联合建立的多个民族联合实行区域自治的民族自治地方。如四川省阿坝藏族羌族自治州是藏族羌族联合建立的自治地方,甘肃省积石山保安族东乡族撒拉族自治县是保安族、东乡族和撒拉族三个民族联合建立的自治地方。这类自治地方,除自治民族聚居外,一般也有其他少数民族和汉族人口居住。

(二)以“区域构成”划分

从民族自治地方内的区域构成上进行划分,可将民族自治地方划分为:

第一,在一个自治区域内不含有其他少数民族的自治地方。如宁夏回族自治区,西藏自治区。

第二,在一个自治区域内含有其他一个或几个少数民族建立的民族自治地方。如广西壮族自治区,有都安瑶族自治县、融水苗族自治县、隆林各民族自治县等其他少数民族建立的自治地方;在内蒙古自治区,有鄂伦春自治旗,鄂温克族自治旗;在四川省凉山彝族自治州,有木里藏族自治县等。

民族自治地方,无论属于哪一种类型或哪一级别,都是以少数民族聚居区为基础建立起来的,都是建立在一定的管辖区域之上的。由于各少数民族聚居区的分布状况不同,有的民族有一个聚居区,有的民族则有多个大小不等的聚居区。因此,有的民族建立了一个自治地方,如达斡尔族只在内蒙古自治区莫力达瓦这个聚居区建立了一个自治地方;而有多个聚居区的民族则在全国建立了多个民族自治地方,如回族在全国多个聚居区建立了多个自治地方。

民族自治地方无论其属于哪种类型,它的名称的确定都应依法进行。根据《民族区域自治法》第13条规定,民族自治地方的名称,除特殊情况外,按照地方名称、民族名称、行政地位的顺序组成。这种命名方式既体现了其科学性和民族区域自治制度的优越性,又充分反映了不同名称下民族自治地方的类型。

三、民族自治地方的建立

我国民族自治地方的建立,不是想建就建,而是根据我国的国情和当时革命形势需要和社会经济发展的需要决定的。大致情况有：

第一，根据形势需要。实行民族区域自治的民族经过长期争取解放的斗争，最后在中国共产党的领导下，本民族的革命分子团结广大群众，粉碎了分裂主义者的阴谋，在全国革命胜利的高潮中，建立了民族自治地方。这种方式以内蒙古自治区最为典型。

第二，根据发展需要。全国解放后，为了满足聚居的少数民族建立有利于经济文化发展的较大的民族自治地方的愿望，党中央和国务院在做出相应决策的同时，广泛宣传党的民族自治政策，耐心细致地做好各民族干部群众的工作，顺利建立民族自治地方。这种情况比较普遍，但以广西壮族自治区最为典型。

第三，根据特殊需要。如西藏自治区和内地联系较少，境内人口绝大多数是藏族，那里的农奴主阶级建立了一套特殊的地方政权，帝国主义长期插手其中。1951年，中央人民政府和西藏地方政府达成协议，其中规定：驱逐帝国主义侵略势力出西藏；西藏的社会制度必须进行改革；在中央人民政府的领导下，西藏实行民族区域自治。〔4〕

第三节　民族自治地方自治机关和司法机关

一、民族自治地方自治机关

(一)自治机关的概念

自治机关是指在民族自治地方设立的、依法行使同级地方国家机关职权并同时行使自治权的一级地方政权机关。根据《民族区域自治法》规定，自治区、自治州、自治县的人民代表大会和人民政府是自治机关。由此，我们可看出：自治机关是国家的一级政权机关，是民族自治地方的国家机关，行使民族区域自治权力的机关，而且只能是民族自治地方的人民代表大会和人民政府。自治机关，包括民族自治地方的国家权力机关人民代表大会和民族自治地方的国家行政机关人民政府，与一般地方的国家权力机关和国家行政机关相比，在产生、任期、职能、组织与活动原则等大体相同，但自治机关的设立具有专属性、组成具有民族性、职权具有双重性。

(二)自治机关组成的原则

《民族区域自治法》第15条规定，民族自治地方的自治机关的组织和工作，根据宪法和法律，由民族自治地方的自治条例或者单行条例规定。这对民族自治机关的组成作了原则规定。由于自治机关既是一级地方政权机关又是自治机关，有

---

〔4〕　周伟：《宪法学》，四川大学出版社2002年版，第199页。

其特殊性,因而自治机关的组成应坚持下列原则:

第一,法定的各民族代表的广泛性。根据《民族区域自治法》第16条规定:"民族自治地方的人民代表大会中,除实行区域自治的民族代表外,其他居住在本行政区域内的民族也应当有适当名额的代表。""民族自治地方的人民代表大会中,实行区域自治的民族和其也少数民族代表的名额和比例根据法律规定的原则,由省、自治区、直辖市的人民代表大会常务委员会决定,并报全国人民代表大会常务委员会备案。"另据《全国人民代表大会和地方各级人民代表大会选举法》(下称《选举法》)第18条规定:"有少数民族聚居的地方,每一聚居的少数民族都应有代表参加当地的人民代表大会。聚居境内同一少数民族的总人口数占境内总人口数30%以上的,每一代表所代表的人口数应相当于当地人民代表大会每一代表所代表的人口数。聚居境内同一少数民族的总人口数不足境内总人口数15%,每位代表所代表的人口数可以适当少于当地人民代表大会每位代表所代表的人口数,但不得少于二分之一;实行区域自治的民族人口特少的自治县,经省、自治区的人民代表大会常务委员会决定,可以少于二分之一。人口特少的其他聚居民族,至少应有代表一人。聚居境内同一少数民族的总人口数占境内总人口数15%以上、不足30%的,每位代表所代表的人口数,可以适当少于当地人民代表大会每位代表所代表的人口数,但分配给该少数民族的应选代表名额不得超过总名额的30%。同时,该法还规定自治区、自治州、自治县的人民代表大会,对于聚居在境内的其他少数民族和汉族代表的选举,适用上述规定;散居在自治区、自治州、自治县的其他少数民族和汉族应选当地人民代表大会的代表,每位代表所代表的人数可以少于当地人民代表大会每位代表所代表的人口数;自治县的人民代表大会代表的产生,按照当地的民族关系和居住状况确定,居住在境内的其他少数民族和汉族选民可以单独选举或者联合选举。"

第二,自治机关的主要领导人由实行区域自治的民族的公民担任。《民族区域自治法》第16条和第17条规定:民族自治地方的人民代表大会常务委员会中应当有实行区域自治的民族的公民担任主任或者副主任;自治区主席、自治州州长、自治县县长由实行区域自治的民族的公民担任;民族自治地方的人民政府实行自治区主席、自治州州长、自治县县长负责制,分别主持本级人民政府的工作。这些规定从法律上为少数民族在自治地方当家作主和管理本民族内部事务提供了组织上的保证。它不仅能够更好地体现少数民族区域自治的真实性,而且能够使少数民族感受到党和国家对他们的充分信任和热切关怀;而且,规定由实行区域自治的民族的公民担任自治机关的主要领导人,既能得到各族人民的拥护,也有利于在自治地方有效地贯彻执行国家的法律和政策。实践已经证明了这些规定的正确性。这是我国民族区域自治制度实施中组织人事制度历史经验的总结。目前,各民族自治地方自治机关的组成,基本实现了法律上的规定,促进了民族自治地方的经济和文化事业的迅速发展。需要指出的是,自治机关的主要领导人由实行区域自治的公民担任,并不是说他们只代表实行区域自治的民族的利益,他们代表的是国家的利益,自治地方内各族人民的利益。

第三,在自治地方的人民政府的其他组成人员中和自治机关所属工作部门的干部中,应当合理配备实行区域自治的民族和其他少数民族的人员。自治法的这一规定,不仅是为体现突出自治机关的特点,而且是为更好地发挥少数民族干部联系少数民族群众的桥梁和纽带的作用,有利于开展各项工作。

二、民族自治地方的司法机关

民族自治地方的司法机关在性质上不同于民族自治地方的自治机关。依据我国宪法所确立的司法统一原则,民族自治地方的司法机关与其他普通行政区域的司法机关一样。《民族区域自治法》第46条规定:民族自治地方的人民法院和人民检察院对本级人民代表大会负责。民族自治地方的人民检察院并对上级人民检察院负责。民族自治地方人民法院的审判工作,受最高人民法院和上级人民法院监督。民族自治地方的人民检察院的工作,受最高人民检察院和上级人民检察院领导。

但是,它们又有自己的特殊之处。表现在两个方面:一是组成人员上。《民族区域自治法》第46条规定:"民族区域自治地方的人民法院和人民检察院的领导成员和工作人员中,应当有实行民族区域自治的民族的人员。"二是对当事人的诉权保护上。《民族区域自治法》第47条规定:"民族自治地方的人民法院和人民检察院应当用当地通用的语言审理和检察案件,并合理配备通晓当地通用的少数民族语言文字的人员。对于不通晓当地通用的语言文字的诉讼参与人,应当为他们提供翻译。法律文书应当根据实际需要,使用当地通用的一种或者几种文字。保障各民族公民都有使用本民族语言文字进行诉讼的权利。"

第四节　自治机关的自治权及职责

一、自治机关自治权的概念和基本内容

(一)自治机关自治权的概念

自治机关的自治权,是指自治机关依照宪法和法律的规定,根据当地民族的政治、经济和文化的特点,自主地管理本地方、本民族内部事务的一种特定权利。自治权由行使自治权的主体(自治机关)、法定的自治权内容和实施自治权的客体(行为、物质和内部事务)三个要素构成。自治权是民族区域自治的核心,这是由民族区域自治制度所决定的。我国的民族区域自治,是在国家统一领导下,各少数

民族聚居的地方实行区域自治,设立自治机关,行使自治权。在我国,自治机关的自治权是民族自治与区域自治结合的产物,是政治权利和其他权利统一的体现,是统一性与自主性相融合的结果。因此,自治权是自治机关的一种特定的自主权,它是权利与职责的有机统一,同时自治权既具有广泛性又具有局限性。

(二)自治机关自治权的基本内容

《民族区域自治法》从第19条到第45条对自治机关的自治权作了规定,从不同的角度可作不同的分类。有学者分为八类[5]:政治法律方面的自治权;经济建设方面的自治权;财政方面的自治权;使用少数民族语言文字的自治权;发展少数民族教育、文化科学技术、医疗卫生、体育等事业的自治权;制定管理流动人口的办法和计划生育的办法;保护和改善生活环境和生态环境;组织本地方维护社会治安的公安部队等。大体上,可分为政治方面的自治权,经济管理自治权,教科文卫体管理自治权。

第一,政治方面的自治权。包括以下方面:(1)相应"立法"自治权。立法自治权是指自治机关按照法定程序行使的一种特定权力。具体包括:一是制定自治条例和单行条例的自治权。民族自治地方的人民代表大会有权依照当地民族的政治、经济和文化的特点,制定自治条例和单行条例。自治区的自治条例和单行条例,报全国人民代表大会常务委员会批准后生效。自治州、自治县的自治条例和单行条例,报省或者自治区的人民代表大会常务委员会批准后生效,并报全国人民代表大会常务委员会备案。二是变通执行或者停止执行上级国家机关的决议、决定、命令和指示的自治权。自治机关对上级国家机关的决议、决定、命令和指示,如有不适合民族自治地方实际情况的,可报经上级国家机关批准,变通执行或者停止执行。另外,法律明确授权的,即可依法制定"变通规定"或者"补充规定"。这属于宪法规定的依照法律行使其他自治权的"立法"范围。(2)人事管理自治权。主要内容有三个方面:一是采取各种措施培养当地民族人才的自治权。自治机关根据需要,有权采取各种措施从当地民族中大量培养各级干部、各种科学技术、经济管理等专业人才和技术工人,并且注意在少数民族妇女中选拔培养各级干部和各种专业技术人才。二是采取特殊措施引进人才的自治权。自治机关可以采取特殊措施,优待、鼓励各种人员参加民族自治地方各项建设工作。三是招收少数民族人员的优先自治权。民族自治地方的企业、事业单位招收人员的时候,要优先招收少数民族人员;并且可以从农村和牧区少数民族人口中招收。(3)组织公安部队自治权。自治机关依照国家的军事制度和当地的实际需要,经国务院批准,可以组织本地方维护社会治安的公安部队。(4)管理流动人口自治权。自治机关根据法律规定,有权制定管理流动人口的办法。(5)实行计划生育自治权。自治机关根据法

[5] 陈云生:《中国民族区域自治制度》,经济管理出版社2001年版,第208~231页。

律规定,可以制定实行计划生育的办法。

第二,经济管理自治权。主要包括以下内容:(1)制定本地方特点和需要的经济建设方针、政策和计划的自治权。(2)合理调整本地方经济发展的生产关系和改革经济管理体制的自治权。(3)根据本地方的财力、物力自主安排基本建设项目的自治权。(4)自主地管理隶属于本地方的企业、事业单位的自治权。(5)管理和保护并优先合理开发利用本地方的自然资源的自治权。(6)确定本地方内草场和森林的所有权和使用权。(7)对外开展经贸活动和开辟贸易口岸的自治权。并在外汇留成方面享有优待。(8)自主地安排利用完成国家计划收购、上调任务以外的工农业产品和其他土特产品的自治权。(9)环境保护方面的自治权。(10)有管理本地方财政的自治权。包括:一是凡是依照国家财政体制属于民族自治地方的财政收入,都应当由自治机关自主地安排使用。二是民族自治地方的财政收入和财政支出的项目,由国务院按照优待民族地方的原则规定。三是民族自治地方依照国家财政体制的规定,财政收入多于财政支出的,定额上缴上级财政,上缴数额可以一定几年不变;收入不敷支出的,由上级财政机关补助。四是民族自治地方的财政预算支出,按照国家规定,设机动资金,预备费和在预算中所占比例高于一般地区。五是自治机关在执行财政预算过程中,自行安排使用收入的超收和支出的节余资金。六是自治机关有权对本地方的各项开支标准、定员、定额,根据国家规定的原则,结合本地方的实际情况,制定补充规定和具体办法。七是自治机关在执行国家税法的时候,除应由国家统一审批的减免税收项目以外,对属于地方财政收入的某些需要从税收上加以照顾和鼓励的,可以实行减税或者免税。

第三,教科文卫体管理自治权。主要内容有:(1)教育管理自治权。一是自治机关有权根据国家的教育方针,依照法律规定,决定本地方的教育规划,各级各类学校的设置、学制、办学形式、教学内容、教学用语和招生办法。二是自治机关有权自主地发展民族教育,扫除文盲,举办各类学校,普及初等义务教育,发展中等教育;举办民族师范学校、民族中等专业学校、民族职业学校和民族学院,培养各少数民族专业人才。三是自治机关有权为少数民族牧区和经济困难、居住分散的少数民族山区,设立以寄宿为主和助学金为主的公办民族小学和民族中学。四是自治机关有权在招收少数民族学生为主的学校,有条件的应采用少数民族文字的课本,并用少数民族语言讲课;小学高年级或者中学设汉文课程,推广全国通用的普通话。五是自治机关有权和其他地方开展教育方面的交流和协作。自治区、自治州的自治机关依照法律规定,可以和国外进行教育方面的交流。(2)使用民族语言文字的自治权。自治机关在执行职务的时候,用当地通用的一种或几种语言文字;同时使用几种通用的语言文字执行职务的,可以实行区域自治的民族语言文字为主。(3)科技管理自治权。一是自治机关有权自主地决定本地方的科学技术发展规划,普及科学技术知识。二是自治机关有权和其他地方开展科学技术方面的交流和协作。三是自治区、自治州的自治机关有权依照国家规定，和国外进行科学技术的交流。(4)文化管理自治权。一是自治机关有权自主地发展具有民族形式和民族特点的文学、艺术、新闻、出版、广播、电影、电视等民族文化事业。二是自治机关有权管理收集、整理、翻译和出版民族书籍，保护民族的名胜古迹、珍贵文物和其他重要历史文化遗产。三是自治机关有权和其他地方开展文化艺术方面的交流和协作。四是自治区、自治州的自治机关有权依照国家规定，可以和国外进行文化艺术方面的交流。(5)卫生医药管理自治权。一是自治机关有权自主地决定本地方的医疗卫生事业的发展规划，发展现代医药和民族传统医药。二是自治机关有权加强地方病防治和妇幼卫生保健，改善卫生条件。三是自治机关有权和其他地方开展卫生方面的交流和协作。四是自治区、自治州的自治机关有权依照国家规定，可以和国外进行卫生方面的交流。(6)体育管理自治权。一是自治机关有权自主地发展体育事业，开展民族传统体育活动，增强各族人民的体质。二是自治机关有权和其他地方开展体育方面的交流和协作。三是自治区、自治州的自治机关有权和国外进行体育方面的交流。

二、自治机关行使自治权的原则

宪法、自治法、自治条例等法律法规为自治机关设定了一系列的自治权，为自治机关行使自治权奠定了基础。但是，自治机关如何行使自治权，则是需要不断探索的。根据法律规定和社会实践，自治机关行使自治权应遵循以下原则。

(一)维护民族法制的原则

设定自治权，是通过法制建设得以实现的。一方面，民族区域自治法，是由全国人大制定和通过的实施宪法规定的民族区域自治制度的基本法律。任何国家机关、组织和公民，都须执行和遵守。其他法律、法规和规章不得违反民族区域自治法的原则。凡是有与民族区域自治法的精神不符的，依民族区域自治法执行。自治机关必须自觉地坚持维护民族法制的严肃性，这是自治机关行使自治权的一个重要原则。另一方面，法律对行使每一项自治权，都明确规定有一定的原则和程序。总之，既要依法办事，又要从实际出发，既要维护国家法制的统一性，又要善于运用民族法律的灵活性；既要维护国家的利益，又要确保民族自治地方的利益。

(二)发展民族经济的原则

虽然行使自治权都有一定的限制，但这是在国家集中统一领导下的民族区域自治。在发展经济的自治权方面，自治权力是很广泛的。在发展经济问题上，只要具备有利条件，就须依法积极地努力争取，限制则变成动力；只要是在法律的范围内，就应敢于主动地发挥自治权的能动性；只要脚踏实地积极行使自治权，民族自治地方的经济建设速度则加快。在市场经济的条件下，自治机关要善于把经济管理自治权同市场经济政策法律相结合，排除阻力和干扰，克服依靠思想，丢掉埋怨情绪，不断提高行使自治权的水平，自治权这个核心就能充分显示出它的巨大作用。

(三)发展民族文化的原则

发展民族文化,主要精力应集中在发展民族教育事业和科学技术方面。法律对发展民族教育自治权,既有深度又有广度,关键在于自治机关的如何运用。只要在不与国家教育体制失调的前提下,应立足于发展本地特点的教育事业。只要措施得当,在一定的时期内,就可产生有益的效果。现代教育是科技教育,民族教育不仅是为能适合全国教育的需要,更重要的是为发展本地方的经济人才而筹计。因此,职业技术教育和成人教育应成为行使教育自治权的一个中心内容。只有科技和教育的先进性,才能有经济发展的稳定性和创造性,从而带来强大的经济效益。

三、自治机关行使自治权的保障

《民族区域自治法》1984 年颁布后,实施 20 年来,各自治机关依照宪法和有关法律的规定管理内部事务,使民族地区经济和社会发展得到了较好发展。但由于对《民族区域自治法》宣传不够深入,自治权的权威在民族自治地方的领导和群众的意识中未充分树立,在有些上级国家机关领导和干部的意识中也未真正尊重自治权。还由于长期以来高度集权的国家权力结构造成的事实上听从上级安排影响依然未消除。因此,一些地区还不时发生违背《民族区域自治法》和侵犯自治权的现象。我国 5 个少数民族自治区至今未有一个自治条例出台,这从实质上反映出《民族区域自治法》规定的立法自治权受到了抑制;在经济、文化管理方面也存在不少侵犯自治权的情况。类似问题的存在,必须引起高度重视,必须采取切实可行的办法采取补救措施。

第一,从立法和司法上保障。即从立法、司法和法制宣传方面切实保障自治权的实现。在立法方面,民族自治地方要依法完善完备自治条例和单行条例。上级国家机关要遵照《民族区域自治法》第 73 条的规定制定配套法规。在司法方面,司法机关应严格依照自治法、自治条例、单行条例等规定,正确及时地审理有关纠纷,切实做到执法必严,违法必究,充分有效地保障自治权。在法制宣传方面,要加大民族法制普法教育和法制宣传的力度,使民族区域自治法深入人心,使广大人民自觉遵守自治法,特别是使国家机关切实维护和保障自治地方的自治权。

第二,加强监督检查。即通过国家机关对贯彻实施自治法进行监督和检查。并调动有关部门和社会组织,如舆论部门、党的组织、社会团体和人民群众进行监督,保障自治权的实现。同时,上级国家机关、自治机关相互之间进行纵向和横向的监督。

第三,从体制上给予保障,从政策上给予保护。国家在对各项制度进行改革时,对自治权是保留、扩大,还是充实、革废,都要从实际出发,尽可能做到少革除,多保留、充实,尽量扩大(如扩大边贸自主权等)并从政策上给予优惠和照顾。

第四，从人力、物力、财力上给予大力帮助和扶持。民族区域自治法专章对“上级国家机关的领导和帮助”进行了规定。国家应对民族地区在人才、智力、科技、物资和财力上给予支持和帮助，特别是国家在开发民族自治地方境内的自然资源时应进行切实的补偿。国家尤其应加大教育的投入，通过改善民族自治地方的教育环境，培养更多的适用型人才，促进民族地区经济和社会的发展。国家应切实改善民族地区的交通运输条件，加强邮电通信、能源等基础设施建设。

四、自治机关的职责和义务

民族区域自治机关的自治权是由法律规定的。自治机关行使自治权，既是自治机关所行使和享有的一种权力和权利，又是自治机关所应履行和承担的一种职责和义务。行使权力的同时承担相应的职责，享有权利就得履行一定的义务。一方面，自治机关享有这种权利，意味着既享有行使自治权的权利，也负有行使自治权的义务，任何放弃或消极行使自治权的行为都是不许可的；另一方面，自治机关在行使自治权的时候，有权请求他人负担相应的义务，如要求上级国家机关的帮助和保障等。总之，自治机关的自治权不仅仅是一种权利和权力，同时又是一种义务和职责。自治机关在行使权利(力)的同时必须切实履行职责和义务。

(一)依法行使自治权

自治机关的自治权是法定的，任何自治机关在行使任何一种自治权时，都必须依照国家宪法、法律、法规尤其是自治法和自治条例、单行条例的规定，服从国家的统一领导，维护国家的统一，保证宪法和法律在本地区的贯彻和实施，积极完成上级国家机关交给的任务；在中央和上级国家机关的部署下，领导各族人民积极进行经济、文化建设，发展社会生产力，充分利用当地资源，不断提高人民的物质文化生活水平，推动当地经济和社会的全面发展，并为国家经济建设做出积极贡献；应从我国各民族大杂居小聚居的实际出发，积极维护和发展各民族的平等、互助和团结，并为稳定边疆、巩固国防而努力。

(二)正确行使自治权

自治机关的自治权，是基于民族自治和区域自治相结合而产生的，因而它具有自主性、民族性、地方性和历史性的属性。所谓自主性，是指自治机关在一定条件下和一定范围内，有依法自主管理本民族事务和本自治地方事务的权力，如自治法规定的有“自主安排”“自主管理”“自主决定”“自主发展”等自治权能；所谓民族性，是指自治权的产生和行使原则，是基于自治民族特点而设立的，而且是民族的历史因素和现实因素的综合考虑；所谓地方性，是指它只适用于民族自治地方，只有民族自治地方的自治机关行使才有效；所谓历史性，是指每一项自治权都有一定的历史使命，随着社会的发展自治权也可能出现废止等情况。为此，必须正确地行使自治权，确保自治权在自治地方按照法律的规定实现，促进少数民族地区经济和社会的发展，防止滥用自治权力，加强对自治权行使的检查，建立健全制约监督机制,保障自治权的正确行使。特别是要正确处理自治地方内的民族关系,巩固和发展新型的社会主义民族关系,切实保障本地方内各民族都享有平等的权利,调动境内各民族进行经济和社会建设的积极性,促进各民族的共同发展共同繁荣。

(三)充分行使自治权

自治机关的自治权是宪法和法律赋予的,因此,要充分行使,即要用够用活和用好。用够指的是,只要法律赋予了就要大胆使用,不要有顾忌;用活指的是,充分领会精神实质、创造性地行使,能灵活则灵活,能变通则变通;用好指的是,只要对当地经济和社会有利就积极行使,使其产生社会和经济效益。因此,自治机关应解放思想,转变观念、大胆实践,克服惟书惟上的不足,在变通、灵活、特殊上狠下功夫,并维护自治权的权威,同违背自治法和侵犯自治权的行为做坚决的斗争。

第五节 上级国家机关的职责

为了保障少数民族的平等权利,巩固和发展良好的民族关系,努力发展少数民族自治地方的经济、文化和教育等各项事业显得十分紧迫。虽然各少数民族地区的经济和文化等事业取得了巨大进步,物质文化生活水平都有显著提高。但由于历史原因和自然条件等因素的制约,与中部和沿海都存在较大的差距,还存在事实上的不平等。要实现中华民族的伟大复兴,没有少数民族地区经济、文化和各项社会事业的长足进步是不可设想的。此外,中国绝大部分少数民族生活在祖国的边疆,加速和发展少数民族地区的经济和文化等事业,对于稳定边疆,巩固国防,维护祖国统一,进而保障社会主义现代化建设的顺利进行,具有重要的意义。[6] 从发展的力量上来看,主要还是依靠各少数民族自身的努力,但同时也离不开上级国家机关的帮助。《民族区域自治法》第六章用18个条文就上级国家机关的职责进行了相应的规定。

一、上级国家机关的职责原则

民族区域自治法规定的上级国家机关的职责,与一般的上下级关系有一定的区别。“下级服从上级”是组织法、行政法上的绝对关系;而自治法的“上级国家机关的职责”具有相应的“义务”规范。所以要求:

第一,从民族自治地方的实际情况和特点出发的原则。《民族区域自治法》第54条规定,“上级国家机关有关民族自治地方的决议、决定、命令和指示,应当适合民族自治地方的实际情况”。第55条规定,“上级国家机关在制定国民经济和社

〔6〕 陈云生:《中国民族区域自治制度》,经济管理出版社2001年版,第243页。

会发展计划的时候,应当照顾民族自治地方的特点和需要”。这两条规定都体现出坚持从民族自治地方的实际情况和特点出发的原则。由于我国各少数民族地区的政治、经济、文化语言、生活习惯、资源分布以及地理环境千差万别,上级国家机关在对民族自治地方的管理过程中,必须注重调查研究,因地制宜,扬长避短。在计划经济时代,我们有过离开少数民族地区的实际情况,在制定计划时搞“一刀切”,结果不是发展了少数民族地区的经济,反而是影响了其发展,教训深刻。

第二,国家帮助与少数民族地区自力更生相结合原则。一个民族的进步与发展,归根结底还是要靠本民族人民的自力更生和艰苦奋斗。国家帮助不是包办代替。正如斯大林所说:“学会用自己的脚走路——实行自治的目的就在这里。”[7]民族区域自治法序言也强调,“民族自治地方必须发扬自力更生、艰苦奋斗的精神,努力发展本地方的社会主义建设事业,为国家建设做出贡献”。

第三,坚持国家利益和少数民族利益相结合原则。国家帮助既要着眼于全局,又应对少数民族有所倾斜。但是相当长一个时期以来,在开发利用民族自治地方自然资源问题上,存在一些矛盾。为了合理解决这一问题,《民族区域自治法》第65条作了如下规定,“国家在民族自治地方开发资源、进行建设的时候,应当照顾民族自治地方的利益,做出有利于民族自治地方经济建设的安排,照顾当地少数民族的生产和生活。国家采取措施,对输出自然资源的民族自治地方给予一定的利益补偿”。第68条同时还规定,“上级国家机关非经民族自治地方机关同意,不得改变民族自治地方所属企业的隶属关系”。

二、上级国家机关的职责方式

按照职责的内容和措施的不同,上级国家机关的职责方式可分为四种,即政策优惠、经济扶持、技术支援及就业和人才培养。

第一,政策优惠。《民族区域自治法》第54条规定,“国家制定优惠政策,引导和鼓励国内外资金投向民族自治地方”。第61条规定,“国家制定优惠政策,扶持民族自治地方发展对外贸易,扩大民族自治地方生产企业对外贸易经营自主权,鼓励发展地方优势产品出口,实行优惠的边境贸易政策”。

第二,经济扶持。上级国家机关以经济扶持的方式帮助少数民族自治地方是通过以下四条渠道进行的。一是国家根据民族自治地方的经济发展特点和需要,综合运用货币市场和资本市场,加大对民族自治地方的金融扶持力度。二是国家根据统一规划和市场需求,优先在民族自治地方合理安排资源开发项目和基础设施项目。国家在重大基础设施项目投资中适当增加投资比重和政策性银行贷款比重。国家在民族自治地方安排基础设施建设,需要民族自治地方配套资金的根据不同情况给予减少或者免除配套资金的照顾。三是逐步加大对民族自治地方财政

[7] 《斯大林全集》(第4卷),人民出版社1956年版,第358页。

转移支付的力度。通过一般性财政转移支付、专项财政转移支付、民族优惠政策财政转移支付以及国家确定的其他方式,增加对民族自治地方的资金投入,用于加强民族自治地方经济发展和社会进步,逐步缩小与发达地区的差距。四是国家在民族自治地方开发资源、进行建设的时候应当作出有利于民族自治地方经济建设的安排,对输出自然资源的民族自治地方给予一定的利益补偿。

第三,技术支援。一方面,国家向民族自治地方转移建设项目的时候,根据当地的条件,提供先进、适用的设备和工艺;另一方面,帮助民族自治地方储备必要的人才。努力培养少数民族自治地方人才,组织和鼓励自治地方的企业管理人员和技术人员到经济发达地方学习,同时引导和鼓励经济发达地区的企业管理人员和技术人员到民族自治地方的企业工作,积极引导人才向民族自治地方合理流动。

第四,就业和人才培养。在就业问题上,上级国家机关隶属的在民族自治地方的企业、事业单位依照国家规定招收人员时,优先招收当地少数民族人员;在人才培养问题上,国家通过加大对民族自治地方的教育投入、举办各类民族班、帮助培训各民族教师、适当放宽少数民族考生录取标准和条件,使少数民族适龄青年获得更多的受教育机会。

第六节 民族自治地方内的民族关系

一、民族自治地方内民族关系的种类

从民族自治地方内民族分布、居住情况的考察,大体上存在四个方面的民族关系。

一是实行区域自治的民族之间的关系。在中国民族自治地方中,自治民族的关系有以下三种:第一,实行区域自治的民族间纵向的关系。这是由于存在着高一级的民族自治地方含有低一级的民族自治地方即大套小的状况决定的。例如,在内蒙古自治区内包含有三个自治旗。第二,实行民族区域自治的民族间横向的关系。在同一个民族自治地方中,并存着若干其他的民族的自治地方。例如,广西壮族自治区中的11个自治县之间就是这种关系。第三,共同建立自治地方、联合实行自治的民族之间的关系。例如,湖北省恩施土家族苗族自治州中的土家族和苗族之间的关系。

二是实行自治的民族和未实行自治的少数民族之间的关系。中国民族分布上的大杂居、小聚居的特点决定了任何一个民族自治地方都不可能是单纯的本民族自治,除了实行区域自治的主体民族以外,还存在其他少数民族人口,这就形成了实行区域自治的民族与未实行区域自治的少数民族之间的关系。

三是民族自治地方内非自治的少数民族之间的关系。

四是民族自治地方内各少数民族与汉族的关系。汉族人口最多，分布最广，在有的民族自治地方内，汉族人口甚至超过半数。[8]

二、民族自治地方内民族关系的特点

在政治和法律上，我国已经建立起平等、团结、互助和共同繁荣为基本内容的社会主义民族关系。一方面，我们通过民族区域自治及其法律制度规范汉族和各少数民族间建立起平等的民族关系；另一方面，通过建立民族乡制度和多民族地方制定相应的散杂居少数民族权益保障条例规范各民族间的平等关系。例如，1991年11月通过的《四川省民族乡工作暂行规定》要求：辖有民族乡的地方人民政府应当采取多种措施，在资金、物资、技术、信息等方面对民族乡给予扶持和帮助，促进民族乡发展经济和社会事业；辖有民族乡的县级人民政府可根据实际情况对民族乡财政实行定额上缴、增收全留或定额补助等办法。1987年9月通过的《湖南省散居少数民族工作条例》规定：辖有民族乡的县、市核定民族乡的财政收入基数应当留有余地。乡财政的超收部分全部留给当地。[9] 但由于少数民族地区与经济发达地区存在较大的差距，这种民族关系也因之打上"初级阶段"的印记。

（一）民族平等的不完善性

政治和法律上的平等并不代表事实上完全平等的实现。只有正视问题的存在，才有可能想方设法去加以解决。党中央、国务院在世纪之交提出的西部大开发战略便是努力缩小民族地区与发达地区经济、文化等方面的差距，实现各民族间事实上平等的重大举措。

（二）民族团结的相对性

中华人民共和国成立以来，各民族关系上团结是主流，但是影响民族团结的因素仍然存在，一些分裂主义分子趁机兴风作浪，对此不可掉以轻心。

（三）互助合作的有限性

例如，在经济方面，由于各民族自身经济发展程度的限制，即使是经济比较先进一些的民族在财力、物力、人力上，支援其他民族，其能力上也是有限的。一些经济发展落后的民族还不具备接受大量帮助的自身基础和条件，同其他民族发展横向经济联系方面也受到自身条件的限制。

三、调整民族自治地方内民族关系的原则

（一）民族平等原则

《民族区域自治法》第48条规定："民族自治地方的自治机关保障本地方各民

---

〔8〕 陈云生：《中国民族区域自治制度》，经济管理出版社2001年版，第232～234页。

〔9〕《有关省、自治区对发展民族乡经济做出的特殊措施》，转引自 http://www.human rights-china.org/china/rqxz/X52220011119152745.htm。

族都享有平等权。"保障各民族享有平等权利是建立和巩固社会主义民族关系的重要前提和基本原则。这种平等不仅包括汉族和各少数民族之间的平等,还包括各少数民族之间、实行自治和没有实行自治的少数民族之间的平等及共同实行自治的两个或者两个以上少数民族之间的平等。在民族自治地方其他聚居的少数民族在条件成熟时,也依法建立相应的自治地方行使自治权。对于虽有一定程度聚居,但主要是与汉族和其他少数民族杂居在一起的少数民族,构成一级自治地方条件尚不成熟的,要帮助他们建立民族乡,保证他们行使职权时符合本民族的特点。对于散居的少数民族,也应当照顾他们的民族特点和需要,保证他们的平等权利。为此,《民族区域自治法》第 50 条规定:"民族自治地方的自治机关帮助聚居在本地方的其他少数民族,建立相应的自治地方或民族乡。民族自治地方的自治机关照顾本地方散居少数民族的特点和需要。"

(二)民族团结互助原则

民族团结是建立和巩固社会主义民族关系的基本内容,同时也是解决我国民族问题的一项基本原则。《民族区域自治法》第 48 条第 2 款规定:"民族自治地方的自治机关团结各民族的干部和群众,充分调动他们的积极性,共同建设民族自治地方。"团结离不开互助,两者相为表里。具体表现在四个方面:

第一,各民族干部相互学习语言文字。《民族区域自治法》第 49 条规定:"民族自治地方的自治机关教育和鼓励各民族的干部互相学习语言文字。汉族干部要学习当地少数民族的语言文字,少数民族干部在学习、使用本民族语言文字的同时,也要学习全国通用的普通话和规范文字。民族自治地方的国家工作人员,能够熟练使用两种以上当地通用的语言文字的,应当予以奖励。"

第二,民族自治地方的自治机关帮助本地方各民族发展经济文化事业。《民族区域自治法》第 50 条规定:"民族自治地方的自治机关帮助本地方各民族发展经济、教育、科学技术、文化、卫生、体育事业。"

第三,民族自治地方的自治机关,在处理涉及本地方各民族的特殊问题的时候,必须与他们的代表充分协商,尊重他们的意见。一般来说,各民族的特殊问题,都是与各民族在政治、经济、文化等方面的具体利益,或者与各民族的语言文字、风俗习惯、宗教信仰等民族特点有密切关系的问题。这些问题的变更往往关系到有关民族的感情,影响各民族间的平等、团结和互助关系。因此,对这些问题的处理必须十分慎重,在事前要做细致的工作。所以,《民族区域自治法》第 51 条规定:"民族自治地方的自治机关在处理涉及本地方各民族的特殊问题的时候,必须与他们的代表充分协商,尊重他们的意见。"

第四,民族自治地方的自治机关必须加强本地方内的社会主义精神文明建设,夯实各民族团结、互助的思想基础。《民族区域自治法》第 53 条规定:"民族自治地方的自治机关提倡爱祖国、爱人民、爱劳动、爱科学、爱社会主义的公德,对本地方各民族公民进行党和国家民族政策的教育,使各族干部和群众能够互相信任,互相学习,互相帮助,互相尊重语言文字、风俗习惯和宗教信仰,共同维护祖国的统一和各民族的团结。"

这里需要指出的是,有学者将各民族共同繁荣也作为处理各民族关系的一个基本原则。[10] 我们认为这一观点值得商榷。各民族共同繁荣是奋斗目标,是一个静态的结果。而如何处理好各民族关系是一个动态的过程,带有交互性。处理各民族关系的原则也应当着眼于过程,而不是结果。

第七节　民族区域自治法的完善和实施

在1992年召开的中央民族工作会议上,江泽民同志提出了90年代我国民族法制建设的奋斗目标:"到本世纪末(指20世纪——引者注),要形成比较完备的社会主义民族法规体系和监督机制。"《民族区域自治法》第73条规定:"国务院及其有关部门应当在职权范围内,为实施本法分别制定行政法规、规章、具体措施和办法。""自治区和辖有自治州、自治县的省、直辖市的人民代表大会及其常务委员会结合当地实际情况,制定实施本法的具体办法。"由此可见,民族区域自治法的完善和实施包括中央和民族自治地方两个层面。前全国人大常委会委员长李鹏在北京出席学习宣传实施民族区域自治法座谈会时强调,民族工作是党和国家工作的一个重要组成部分,贯彻实施民族区域自治是当前最重要的民族工作。国务院及其有关部门应抓紧制定民族区域自治法的行政法规、规章、具体措施和办法,可以考虑先编辑一本优惠政策汇编。辖有民族自治地方的省、自治区、直辖市的人大及其常委会,要结合当地实际情况,抓紧制定或修改实施民族区域自治法的地方性法规和规章。[11] 可见,中央和民族自治地方对民族区域自治法的完善和实施是十分必要和重要的。

一、应抓紧制定贯彻实施民族区域自治法的行政法规、规章、办法

自1980年起,《民族区域自治法》起草小组努力工作,在广泛征求各方面意见的基础上,拟定了草案,1984年5月31日,第六届全国人民代表大会第二次会议通过了《民族区域自治法》,并于1984年10月1日起实施。1991年12月8日国务院发出《关于进一步贯彻实施民族区域自治法若干问题的通知》,这是我国在贯彻《民族区域自治法》,加强民族区域自治法制建设方面的一个重要步骤。为加速发

〔10〕 宋才发主编:《民族区域自治法通论》,民族出版社2003年版,第117页。

〔11〕 傅旭:《人民日报》2001年12月7日。

展民族地区的经济文化事业,使之与全国的经济和社会发展相适应,促进各地区的协调发展和各民族的共同繁荣,强调:国家要大力支援、帮助民族地区加速发展经济文化事业,逐步改变其相对落后的状况,并就有关经济和社会发展的若干问题提出了11条措施和要求。1993年,国务院发布实施《民族乡行政工作条例》和《城市民族工作条例》。这两个条例就新形势下进一步保障我国散杂居少数民族在政治、经济、文化等方面的平等权利和合法权益作出了规定。各地区在民族法制建设方面也做了大量工作。

虽然民族自治地方取得了巨大成就,但从全国来看,其经济基础仍然比较薄弱,集中力量加快经济建设,仍是民族地区的重要任务。1998年10月召开的中共十五届三中全会,根据20年来改革开放的基本经验,明确提出了农业和农村工作跨世纪的发展目标,对我国农村经济、政治、文化建设作出了全面部署。全会特别指出,全国农村实现小康,重点要加快中西部地区农业和农村经济发展。在自然条件恶劣的边远地区,必须加大扶贫攻坚力度。这对于民族地区富民兴区、尽快缩小与发达地区的差距,更具有重要的指导意义。当然,这些都需要制度作保障。因此,国务院及其有关部门抓紧制定贯彻实施民族区域自治法的行政法规、规章、具体措施和办法,显得尤为迫切。尤其是国务院的《实施细则》应尽快出台。一方面,使民族区域自治法中过于原则的条款得以具体化,使之更具可操作性;另一方面,也为协调和预防国务院各部委在出台相关规章或者办法时相互冲突,以便构建起一个和谐的民族自治法规体系。全国人大常委会副委员长司马义·艾买提在制定民族区域自治法配套法规工作座谈会上强调:实施民族区域自治法,必须搞好配套法规建设。搞好配套法规建设注意把握几个原则:要坚持正确的政治方向,制定配套法规的政治性、政策性很强,能否坚持正确的政治方向,关系民族自治地方改革发展稳定的大局。制定的配套法规要坚决贯彻党的路线、方针和政策,维护国家统一、民族团结和社会稳定,维护法制统一原则。

二、抓紧制定或修改实施民族区域自治法的地方性法规和规章

《民族区域自治法》第73条第2款规定:"自治区和辖有自治州、自治县的省、直辖市的人民代表大会及其常务委员会结合当地实际情况,制定实施本法的具体办法。"在《民族区域自治法》修订前,已有四川省(1986年2月17日)、青海省(1987年7月13日)、广东省(1988年2月12日)、云南省(1988年4月7日)、甘肃省(1988年9月20日)、湖北省(1988年9月27日)、辽宁省(1989年10月23日)、湖南省(1990年10月27日)、河北省(1991年9月11日)、吉林省(1992年6月4日)、贵州省(1992年8月13日)、海南省(1994年10月14日)12个省制定了实施民族区域自治法的具体办法。例如,1990年《湖南省实施〈中华人民共和国民族区域自治法〉的若干规定》公布施行,对其所辖自治州的自治机关依法行使自治权,加速经济和文化事业的发展,起到了良好的保障作用。与此同时,辖有民族自治地方的省、自治区、直辖市的人大和政府，要结合当地实际情况，抓紧制定或修改实施民族区域自治法的地方法规和规章。

三、民族自治地方应抓紧制定或修改《自治条例》和《单行条例》

作为民族自治地方，制定或修改实施民族区域自治法的重要法规主要应重视自治条例和单行条例的制（修）定。自治条例和单行条例是自治法规的主要表现形式。自治条例指民族自治地方的人民代表大会，根据宪法和法律规定的原则和精神，依照自治地方的政治、经济和文化的特点制定的，用以调整民族自治地方内基本社会关系的自治法规。我国的自治地方有自治区、自治州和自治县三级，自治条例相应地分为自治区的自治条例，自治州的自治条例和自治县的自治条例。单行条例是指民族自治地方的人民代表大会根据法律法规原则依照当地民族的政治、经济和文化的特点制定的，用以调整民族自治地方内某一方面社会关系的自治法规。单行条例根据其调整的社会关系不同，可分为国家机构组织与活动、民事、婚姻家庭、自然资源开发与环境保护及管理、刑事、经济等单行条例。

自治条例和单行条例不同于一般地方性法规，有其自身的特征：自治条例和单行条例居于法律、行政法规和地方性法规之间，不受行政法规和地方性法规制约，在我国法律体系中居于特定的地位；自治条例和单行条例是民族自治地方的自治机关行使自治权的主要形式；自治条例和单行条例是人民法院审理民族自治地方纠纷案件的主要法律依据。当然，自治条例和单行条例虽然都是民族自治地方内的自治法规，但二者又是有区别的：其一，调整社会关系的范围不同。自治条例调整民族自治地方内政治、经济、文化等诸方面的社会关系，具有调整社会关系的全局性。单行条例则调整民族自治地方内某一具体社会关系，因而具有调整社会关系的局部性。其二，立法依据的直接来源不完全相同。自治条例立法的直接依据是宪法和民族区域自治法。单行条例的立法依据除了《民族区域自治法》外，其直接的立法依据是国家的各种部门法律，如刑法、民商法、经济法、诉讼法、婚姻法、继承法等。单行条例有相当一部分是对国家法律变通或者补充。

自治条例和单行条例制定后关键是应促进其有效地实施。自治条例和单行条例的实施，是指自治条例和单行条例在民族自治地方社会生活中的具体运用和实现。它一方面要求自治机关及其工作人员应严格执行民族自治地方的自治条例和单行条例，切实保证自治条例和单行条例在本地方的实现；另一方面，一切国家机关、社会组织和公民都必须在遵守民族区域自治法的前提下，遵守自治条例和单行条例，具体解决相关社会问题。与此同时，上级国家机关应对依法制定的自治条例和单行条例的实施和适用从法律上、制度上以及人力、物力和财力上给予切实的保障，并从宏观上对民族地区的经济和社会发展进行协调和调控，使自治条例和单行条例的实施与适用有一个良好的外部环境和坚实的物质基础。目前，自治条例和单行条例实施和适用过程中也存在一些不尽如人意的地方，应加以切实解决。一是法律保障不到位；二是缺乏应有的物质基础;三是宣传普及不力,缺乏良好的法律意识环境。

四、民族自治地方应充分行使变通权

变通权既是完善民族法规体系的手段之一,也是实施民族区域自治法的重要方式。在少数民族地区坚持根据各少数民族地方的特点变通实施国家法律,这不仅是全国法律能在少数民族地区贯彻实施的重要问题,而且也是促进各少数民族地方政治、经济、文化发展,加强各民族的团结和平等,巩固边疆的重要措施。因此,消除国家法律在民族地区实施障碍的最好解决办法是实施变通。

新中国建立后,党和国家历来重视和关心少数民族地方的各种利益,尊重和保护少数民族地方包括变通权在内的各项自治权利。1949 年《共同纲领》明确规定:"各少数民族聚居的地区实行民族的区域自治。""各少数民族均有发展其语言文字、保持或改革其风俗习惯和宗教信仰的自由,人民政府应帮助各少数民族的人民大众发展其政治、经济、文化、教育的建设事业。"1950 年 4 月通过的第一部《婚姻法》中规定:"在少数民族聚居的地区,大行政区人民政府(或军政委员会)或省人民政府得依据当地少数民族婚姻问题的具体情况,对本法制定某些变通的或补充的规定,提请政务院批准实行。"这是中国最早关于少数民族地区享有法律变通权的规定。1954 年宪法除确认和保护民族区域自治外,同时规定:民族自治地方的自治机关"可以制定适合当地民族特点的自治条例和单行条例"。这是对民族自治地方的变通权的首次原则性规定。此后的历次宪法都无一例外地确认了民族自治地方的法律变通权。此种规定同样见之于其他的一些基本法律和普通法律文件中。如《妇女权益保障法》附则第 53 条第 3 款规定:"民族自治地方的人民代表大会,可以依据本法规定的原则,结合当地民族妇女的具体情况,制定变通的或者补充的规定。自治区的规定,报全国人民代表大会常务委员会备案;自治州、自治县的规定,报省或者自治区人民代表大会常务委员会批准后生效,并报全国人民代表大会常务委员会备案。"

变通权的行使是有其特定依据的,同时应遵循法定原则:

(一)变通权行使的依据

变通权行使的依据包括理论依据、现实依据和法律依据三个方面。

第一,变通权行使的理论依据可以从哲学和法理两个角度加以考察。马克思主义唯物辩证法要求我们观察一个事物的时候既要把握其共性和普遍性,同时也不能忽略其个性和特殊性。我国法律制度主要是根据汉族地区和市场经济的基本特点,并借鉴大陆法系国家先进的立法理论及经验制定的对少数民族的传统文化、社会发展程度和习俗无法一一考虑。因而需要授权民族自治地方根据当地情况对国家法律变通实施,以使法律能在民族地区顺利实施。从法理学的角度来看,法律规范、条文和文本所具有的概括性决定了它对社会中各方面利益的关照不可能做到逻辑上的周延,法律形式上的平等潜在着事实上不平等的可能性。社会学和经济学的研究都表明:群体与群体之间差距拉得过大不仅影响社会效率,还会成为社会动荡之源;事实上的不平等同法本身所蕴含的公平、正义等价值诉求也是相悖的。因此,对少数民族基于习俗实施的行为,鉴于其特殊的客观原因和主观心理,应予以区别对待,这是实质平等的需要。

第二,变通权行使的客观依据。我国少数民族地区与一般汉族地区相比,大多生产方式落后、自然地理条件恶劣、交通闭塞、文化教育水平低。少数民族地区在政治、经济和文化上都有自己的特殊性。如果说,民族地区与非民族地区存在的共性是民族地区维护国家法律统一实施的客观基础,那么民族地区的特殊性则是民族地区变通实施法律的客观依据。

第三,变通权行使的法律依据。《宪法》第115条规定:"民族自治地方根据本地方的实际情况贯彻执行国家的法律、政策。"《民族区域自治法》第20条规定:"上级国家机关的决议、决定、命令和指示,如有不适合民族自治地方实际情况的,自治机关可以报经该上级国家机关批准,变通执行或者停止执行;该上级国家机关应当在收到报告之日起六十日内给予答复。"《立法法》第66条第2款规定:"自治条例和单行条例可以根据本地民族的特点,对法律和行政法规的规定作出变通规定,但不得违背法律或者行政法规的基本原则,不得对宪法和民族区域自治法的规定以及其他有关法律、行政法规专门就民族自治地方的规定作出变通规定。"此种规定还可见之于一些普通规范性法律文件之中。如新《婚姻法》第50条便是如此。

(二)变通权行使的原则

变通权是指少数民族的文化习俗与国家法律存在冲突的情况下,为保证国家法律在少数民族地方的正确实施和少数民族地方的良性发展,少数民族自治地方的立法机关对有关法律、法规进行变通规定的权利。民族自治地方的立法机关对法律变通权的行使是一项很严肃的工作,用之不当,将会对国家的法制建设及民族团结造成极大的危害。因此变通权的行使必须接受一些基本原则限制,以此确保变通权的行使在这些基本原则所确立的框架内既能维护国家法律的统一性,又有助于通过法律实施帮助和引导少数民族克服违反法律基本原则的某些落后的陈规陋习。[12]

第一,维护社会主义法制统一。我国社会主义法律制度是一个严密而完整的体系。民族区域自治地方法规是国家民族区域自治法律制度的有机组成部分,民族区域自治地方法规,必须服从宪法和自治法以及其他法律关于社会主义法制统一的原则。我国《宪法》第5条规定:"国家维护社会主义法制的统一和尊严。"我国《立法法》第4条规定:"立法应当……维护社会主义法制的统一和尊严。"民族自治地方行使变通权时应当遵守这些规定,自然就意味着维护法制统一。需要指

〔12〕 胡启忠:《论民族地区的法律变通》,载《西南民族学院学报》2002年第7期。

出的是,维护法制统一重在法律的基本精神和原则的统一,而不是具体条文的亦步亦趋。我们可以从两个方面去理解:一是变通权的行使依据宪法和自治法进行;二是变通权的行使结果不与宪法、自治法所体现的基本精神和原则相抵触。后者实际上包括了两种法律:以《宪法》和《民族区域自治法》为依据制定的法律和虽然没有《宪法》和《民族区域自治法》上的依据但却不违反《宪法》和《民族区域自治法》的法律。现代社会是不断发展的,作为调整社会关系的法律也是不断发展的,特别是现代社会日渐复杂、多样化,法律的种类也必然会不断增加。对于变通权而言也是如此。由于无须为所有变通立法提供《宪法》和《民族区域自治法》上的依据,不得与《宪法》和《民族区域自治法》相抵触的原则可以包容这些不断增加的新的变通规定,而无须面临修改《宪法》和《民族区域自治法》为变通权的行使提供依据的压力。

第二,确有变通必要。国家法律与民族特点存在冲突是不可避免的。这一冲突的解决不是放弃前者来适应后者,也不是以牺牲后者为代价,来保证前者的威严和地位,而是找出两者的共同点、结合处。法律变通的目的在于解决和处理法律法规与民族特点的冲突,尤其与民族文化的冲突,保证法律在民族自治地方的正确实施,促进本民族经济、文化的发展。因此只有在法律与本民族间存在冲突,且只有变通法律才利于发展本民族的经济、文化之时,法律变通才有必要。如果法律与本民族间不存在冲突,或变通不利于发展本民族的经济、文化,就无变通的必要。[13]为真正有效地行使变通权,首先,必须认真调查研究,搞清楚本地区政治、经济、文化、科技和教育等方面的实际情况,弄清国家法律与本民族间存在哪些冲突,这是行使变通权的前提。其次,在充分占有事实材料的基础上对各种冲突进行分析研究,分别处理。对于那些少数民族文化中的糟粕,与法律严重抵触且有较大社会危害性的,应当依法办事,不得变通。对于那些历时久远、社会危害性小又有着广泛群众基础的少数民族文化习俗,在不与宪法和法律的基本精神和原则相抵触的情形下,可予变通行使。最后,少数民族中的部分文化习俗与现代社会的物质文明、精神文明和政治文明不相容,但其存在条件并未完全丧失且社会危害性不是十分严重的,可酌情变通。即在法律责任的确定上作相应的减轻或者免除之规定。

目前,民族自治地方变通权行使中存在许多问题,必须认真加以解决。一是对"变通权"认识不足。由于中国两千多年的封建社会大一统的思想和1949年以后的政治体制及计划经济体制的影响,无论是行使变通权的民族自治地方的立法机关,还是民族自治地方的上级国家机关,对变通权行使的必要性和紧迫性都缺乏足够的认识。特别是在民族自治地方的上级国家机关中,强调统一、稳定的多,重视各民族自治地方特点的少,一刀切的思维定势还有着强大的惯性。如五大自治区

---

〔13〕 胡启忠:《论民族地区的法律变通》,载《西南民族学院学报》2002年第7期。

自治条例至今尚未出台可见一斑。[14] 而民族自治地方则往往谨小慎微，对变通权的行使缺乏主动性和创造性。从而导致民族区域自治法律法规贯彻不力、难以落实，使得《民族区域自治法》配套法规的制定和实施缺乏行之有效的机制作保证。[15] 二是关于"变通权"的理论研究薄弱。从民族自治地方的立法机关来说，具体从事立法工作的人员很少。而且，一方面立法任务有增无减，另一方面立法工作人员却有减无增。这种状况决定了立法工作人员完全陷于实际的立法工作而无暇顾及理论的研究，即使研究也不深入。从民族科研院所和民族高等院校来说，一些研究人员和教学人员有从事民族自治地方立法理论研究的积极性和主动性，但缺少民族自治地方立法的实践经验，又难以获得足够的有关实践材料，其研究往往针对性不强，难以切中要害问题。缺乏民族和自治地方立法理论指导的变通立法也必然带有一定的盲目性和随意性。[16] 三是民族自治地方立法、司法人员素质参差不齐，影响"变通权"的行使。民族自治地方立法、司法队伍不健全是困扰变通权有效行使的重要因素。如某自治州第六次人民代表大会选举产生的第六届人大常委会成员共 31 人，其中自治民族仅 12 人，占总数的 38.7%，大专以上文化程度的共 18 人，占总数的 58.1%，但自治民族仅六名，占总数的 20% 左右，且无法律专业。[17] 又如某州中级人民法院在编人员 131 人，自治民族 41 人，仅占总数的 31.3%，文化程度上本专科共 60 人左右，占总数的 45.8% 左右，其中自治民族 16 名，占总数的 12% 左右，其下属各县司法机关自治民族干部的数量和质量更令人担忧。[18] 从而导致变通立法中照抄照搬、缺少民族自治地方特色和立法技术粗糙，而变通中又不加区别、盲目变通状况的出现。四是变通权行使的制度不健全。就变通立法而言，我国现行宪法和法律中只有个别条文涉及变通权的问题，而且只是从自治权的原则性角度加以确认局限性很大。仅从变通立法的制定、批准制度和一些政策性规定可能带来的混乱为例足以证明。根据法律的授权，自治地方变通规定的制定机关有四种：森林法和国旗法规定的是民族自治地方的自治机关；婚姻法和收养法规定的是民族自治地方的人大及其常委会；继承法、民法通则和民事诉讼法规定的是民族自治地方的人大；刑法和传染病防治法规定的是自治区的、省的人大。这些规定的缺陷是显而易见的。首先，没有统一的制定机关，本身就不利于法制的统一。其次，由自治机关制定变通规定的说法过于笼统。我们知道，自治机

〔14〕 韦以明：《对自治区自治条例出台艰难的立法思考——兼谈我国中央和地方立法思维中的非逻辑因素》，载《广西社会科学》1999 年第 5 期。

〔15〕 王允武、张文森：《关于自治权行使的若干思考》，载中挪《中国民族区域自治制度》项目组编：《中国民族区域自治法研究文集》，云南大学出版社 2003 年版，第 8～9 页。

〔16〕 胡启忠：《论民族地区的法律变通》，载《西南民族学院学报》2002 年第 7 期。

〔17〕 张晓辉主编：《中国法律在少数民族地区的实施》，云南大学出版社，第 186～187 页。

〔18〕 张晓辉主编：《中国法律在少数民族地区的实施》，云南大学出版社，第 185 页。

关包括民族自治地方的人大及其常委会,也包括自治地方的人民政府。而人民政府制定变通规定于法无据,于理不通。根据法律的授权,自治区变通规定的批准机关和备案机关也有四种:刑法、森林法和民事诉讼法规定的是报全国人大常委会批准;婚姻法和收养法规定的是报全国人大常委会备案;民法通则规定的是报全国人大常委会批准或者备案;传染病防治法则没有规定批准和备案机关。从这些规定看,批准程序不仅不统一,有的还存在不确定性。在变通司法领域也存在监督机制缺位的问题。根据法律规定,民族自治地方的检察机关对国家法律在民族地方的变通司法理所当然享有监督权。然而,由于一方面缺乏监督的理论指导,另一方面监督的具体制度并未建立,检察机关并未充分、有效地行使其职权。[19] 在西部大开发政策的背景下如何有效地行使变通权变得更为复杂。正如有学者所指出的那样:民族自治地方在西部大开发中"变通权"的行使是"于法有据"又"于法无据"。所谓于法有据是指我国宪法、民族区域自治法和有关法律都赋予民族自治地方"变通权"。所谓于法无据指的是在西部大开发过程中,国家明确规定西部开发不搞特区,应在国家统一的法制轨道下运行。[20]

为保证变通权顺利行使,应采取相应的对策:一是提高对变通权行使的认识。二是加强变通权行使的理论研究。包括加强民族自治地方变通立法和变通司法的理论研究两个方面。变通立法的理论研究可通过力量的整合,即将立法界和理论界的力量联合起来,实现优势互补,增强理论研究的针对性,提高理论研究的质量;加强变通司法的研究同样不容忽视。我们认为,当前应当重点研究解决的问题至少有这样几个:少数民族地方司法程序中对当事人诉权的保障问题;少数民族地方审判机关在适用法律时对法律冲突的解决问题;[21] 少数民族地方的审判机关与其所在地的权力机关和检察机关的相互关系;少数民族地方的审判机关的变通司法与可能出现的违宪审查制度的相互关系。三是加强民族自治地方立法机关和司法机关队伍建设。队伍建设重在质量。为此,一方面要疏通出口和入口,严把进人的素质关,对不适于在少数民族地方的立法机关和司法机关工作的人员坚决调整;另一方面要加强在职人员的职业培训使他们的知识结构能够随着社会的进步而不但得到更新。四是健全变通权行使的制度。变通权行使的制度包括四个方面:确立

---

〔19〕 胡启忠:《论民族地区的法律变通》,载《西南民族学院学报》2002 年第 7 期。

〔20〕 王允武、张文淼:《关于自治权行使的若干思考》,载中挪《中国民族区域自治制度》项目组编:《中国民族区域自治法研究文集》,云南大学出版社 2003 年版,第 10 页。

〔21〕 有学者认为,在民族法律冲突问题的研究中引入冲突规范是一个概念游戏,我们不敢苟同。民族自治法律制度有着国际法的特点。从国际法、国内法和民族区域自治法三个层面上对之进行比较研究应当说极富现实意义。

违法责任及制裁制度；建立实施争议审查和裁决制度；自治法中适当增加程序性规定；[22]规范变通立法中的法律术语。具体设想为：对国家法律法规变通的，如果变通内容与执行性内容、补充性内容或与执行性内容规定在一起，可称《条例》（包括自治条例和单行条例）；如果变通内容与补充性内容规定在一起，可称《变通与补充规定》；如果是单纯的变通内容，则称为《变通规定》。对地方性法规变通的，如果变通内容与执行性内容、补充性内容或与执行性内容规定在一起，可称《实施办法》；如果变通内容与补充性内容规定在一起，或是单纯的变通内容，亦可称《变通与补充规定》或《变通规定》。[23]

---

〔22〕 当然，用建立自治法实施争议审查及解决制度这种一揽子方案将民族区域自治法实施中存在的各种问题加以解决的构想尚待实践的检验。岳彩申、袁林：《〈民族区域自治法〉实施保障问题研究》，载《西南民族学院学报》（哲学社会科学版）1998 年第 5 期。

〔23〕 胡启忠：《论民族地区的法律变通》，载《西南民族学院学报》2002 年第 7 期。

第十二章　散居少数民族权益保障法律制度

第一节　散居少数民族权益保障法律制度概述

一、散居少数民族与散居少数民族权益保障

(一)对“散居”民族的不同认识与政策选择

民族散居化既是民族交往的产物,也是一个民族与其他民族接触和交往的重要形式,更是民族融合的一个重要途径。但人们对民族散居化却有不同的认识,并在政策选择的态度上截然不同。历史上特别是20世纪以来人们对民族散居化的基本主张分为三种类型[1]:

一是否认民族散居化,反对民族杂居,主张实行民族间相互隔离,以致民族歧视和种族灭绝政策的“种族主义”。在民族与民族、种族与种族的关系问题上,种族主义认为,种族之间、民族之间的差异是天生的,也是不可改变的,通过改变宗教信仰和教育等后天的、文化的方法是无法改变的。因而,民族之间的相互接触和相互杂居即民族散居化,不仅对缩小和改变这种差距是无能为力的,而且是十分有害的。

二是积极评价民族散居化,认为“民族散居化”是人类社会发展的必然产物,并预言通过这种“散居化”实现各民族之间大同化的“同化主义”。同化主义反对种族主义,但同时认为,人类什么时候能够消除种族和民族偏见,杜绝任何形式的种族、民族不平等和歧视,实现真正的平等,人类在什么时候就能实现各种族、各民族的大散居、大同化。

同化主义以产业社会论(工业化论)和社会政治进化论为基本依据。以就业和婚姻情况为例,传统社会的人们关注的是种族、民族、族体归属和身份、家族等属性因素,力求避免民族之间的“散居”,以免被其他民族所同化,所“吃掉”。但工业化的进程、大众媒介和交通手段的发展,信息传递和人口流动十分迅速,以城市化

---

〔1〕 另有学者将之分为七类:刚刚取消的南非种族隔离制;同化政策;种族和文化熔炉政策;多元文化主义;一体化政策;民族歧视政策;“民族主权国家”或“民族自决权国家政策”。阮西湖:《世界各国解决民族问题的几种模式》,载杨侯第:《世界民族约法总览》,中国法制出版社1996年版。

为中心的都市化和产业的迅速发展等,使人们具有日趋明显的功利主义思考方式,日益习惯于城市的生活方式,习惯于散居到新的环境,开辟新的天地,人们更看重自己的业绩和成果,更加珍惜机会均等和平等。工业化和现代化使人们的价值观和行为方式沿着大致相同的方向发展,而传统的个性和属性则变得日渐淡薄,民族散居化成为时代发展的必然现象,从而使各类人们共同体之间的相互同化更加容易发生。

实际上,这一理论已超出一国范围而涉及整个国际社会,它乐观地预示着全球范围的大同。同化主义曾在世界产生过广泛影响特别是西方国家,以澳大利亚和美国最为突出。

三是尽管肯定"民族散居化"的必然性,也肯定这种散居化有利于各民族之间的相互了解和社会的进步,但不肯定各民族之间未来大同化的必然性,而主张要尊重各民族的特点,尊重各民族发展的权利,并积极为之创造条件,实现各民族的和睦相处,共同繁荣。在民族散居化问题上,文化多元主义反对"同化主义"的思想,反对一个国家、一种语言、一个民族和一种文化的同化主义民族统一政策。要实现多民族、多文化社会的统一,与其依靠同化主义,还不如首先认清引起族群纷争的真正原因。对那些散居在各地的人口较少的民族,中央政府不仅要积极保护他们的传统文化、语言和生活习惯,并给予必要的公共援助,禁止种族歧视和民族歧视政策,并积极促进少数族群在教育和职业等领域的社会参与。

加拿大、澳大利亚等国从20世纪70年代起开始把文化多元主义视为实现多民族、多文化社会政治统一的有效手段。就具体的政策而言,在教育(文化多元教育)和广播(多种语言广播)领域获得了较快的发展。英国和欧洲其他国家也程度不同地引入文化多元主义政策,作为应对各种散居的民族,如移民、难民和外国劳动者的对策,或者是用于制定有关边远地区各民族的政策。在法国,文化多元主义被确定为面向差异的权利。这些手段和对策以多元文化教育为重点。

自20世纪70年代以来,争取让国民了解和理解文化多元主义成为各国政府的两项重要目标,以期让各散居民族和少数族群的成员找回曾经失去的自信。

文化多元主义政策并不是只针对散居民族和少数族群的对策。它最大的目的首先是让全体国民认识社会人口的多样性和少数族群在社会、经济和政治上遇到的困难,以培养和增强他们对不同文化、不同语言的宽容;其次是使人们理解对主流社会的社会制度和组织进行变更的必要性,以更好地适应文化多元主义。相关的措施有,强制规定要求在公共部门,如行政机关、司法机关、医院和学校等,设置翻译机构,配备翻译人员,在学校要求必修通用语言,并实施第二语言或多语言教育,在公务员招聘中招聘无公民资格的市民等。这就是说,文化多元主义政策并不只是针对社会边远群体的政策,而是针对包括主流社会人群的所有国民的政策。

或许正是由于此种原因,它在1986年左右的澳大利亚曾经被称作主流。

文化多元主义的措施包括许多方面的内容,主要有:一是尊重各类散居民族如移民、土著民和边远少数民族的文化和语言(为维护其文化和语言提供公共支援);二是散居民族与主流社会之间,在文化、语言的教育机会、参与社会的机会等方面实现平等(机会的平等与奖励学习公共语言);三是积极推进各散居民族与主流社会之间、少数族群之间的相互交流(防止出现族群的隔离区或贫民窟);四是向容易陷于不利处境的散居民族提供各种援助,实施各种优惠措施(改正各种歧视政策);五是提高主流社会人们对散居民族的宽容程度,加深他们对各种优惠措施和援助的理解,消除各种偏见、成见和歧视意识等(克服妨碍机会平等的文化障碍);六是发挥散居民族特别是移民的文化、语言和与母国联系的优势,促进贸易和投资(文化多元主义的经济效益)。由此可见,文化多元主义的作用和影响是多方面的。

文化多元主义也倡导和推进多民族国家的一体化,但它与同化主义所讲的"统一"有本质的区别。前者是一种在承认差异、尊重差异的基础上的"一体化",它不允许为了"统一"而人为地弱化各民族固有的特点。相反,它力求去挖掘和发挥民族特点所具有的"功能",使其在多民族社会的"一体化"进程中享有应有的权利,发挥应有的作用。[2]

(二)我国的散居少数民族及其权益保障

任何一个民族都有其居住和活动区域及其居住形式。我国少数民族居住的形式有两种,即聚居和散居。聚居是指少数民族聚居的地方,主要是指形成行政建制的民族自治地方。还有介入之间而相对聚居但又不能构成自治地方的如民族乡等。还有民族村、民族居都具有相应的聚居属性。散居相对聚居而言,一般认为是指城镇、农村的少数民族居民居住形式。但习惯上已把民族乡、民族村、民族居列为散居。特别是"民族乡"问题,已经影响到了"散居法"立法的进程。[3]

我国散居的少数民族人口有3000多万。城市少数民族包括了55个少数民族成分,人口占散居少数民族总人口的约1/3。他们分布于全国各地的所有城镇。

---

〔2〕 杨侯第主编:《散杂居民族工作概论》,民族出版社2001年版,第20~31页。

〔3〕 关于散居少数民族的概念问题,在《散居少数民族权益保障法》立法过程中有两种意见:一种是《散居少数民族权益保障法》草案的意见——居住在民族地方以外的少数民族;居住在民族自治地方内,但不是实行区域自治的少数民族。另一种意见不同意草案提法,认为这个界定与选举法的有关规定不一致,把民族乡作为"散居"看待也不符合法律法规的规定,但是未界定什么是散居少数民族,也没有提出替代方案。故有学者建议用"未实行区域自治民族成分"取代"散居少数民族",将"未实行区域自治民族成分"也界定为"居住在民族地方以外的少数民族"和"居住在民族自治地方内但不是实行区域自治的少数民族"。参见吴宗金、敖俊德主编:《中国民族立法理论与实践》,中国民主法制出版社1998年版,第380页。

城市少数民族主要由两部分组成：一部分是世居的少数民族，另一部分是因工作、学习等需要而迁入城市的少数民族。我国各城市少数民族成分，少则20多种，多则达55种，一般都在30种至40种。农村地区的散居少数民族，分布在全国各省、市和自治区，以我国东部、中部农村地区的散居少数民族人口居多。各城市郊县农村地区也有一定数量的散居少数民族。农村散居少数民族，既可分为平原地区农村的少数民族和山区、丘陵地区的少数民族；也可分为相对集中居住（主要指村屯）和独户或几户散居的少数民族；还可分为沿海、东部地区农村的少数民族和中西部地区农村少数民族。由于农村散居少数民族居住和分布不同，其权利的保护有别于城市和农村民族乡的少数民族。

党和国家历来十分重视保障散居少数民族的平等权利。新中国成立以来，党和国家为了保障散居少数民族人民的平等权利，在宪法和有关法律上对此都作过规定。例如，在《共同纲领》中规定："凡各民族杂居的地方及民族自治区内，各民族在当地政权机关中均应有相当名额的代表。"1952年2月中央人民政府政务院颁布的《关于保障一切散居的少数民族成分享有民族平等权利的决定》，是一个专门赋予散居少数民族平等权利的法律文件。该决定规定：一切散居少数民族成分的人民，均与当地汉族人民享有思想、言论、出版、集会、结社、通信、人身、居住、迁徙、宗教信仰、游行示威的自由权，任何人不得加以歧视；他们都依法享有选举权和被选举权，其人数较多者，当地人民政府可采取适当办法，使其有代表参加政权机关，有关少数民族的提案和意见应与其他方面的提案和意见同样予以重视，有关某一少数民族的特殊问题须与该少数民族的代表充分协商；他们无论在社会上，还是在工厂、学校、机关、团体和部队里，均有自由保持或改革其民族的生活方式、宗教信仰和风俗习惯的权利，别人不得干涉，并须加以尊重和照顾；他们都有分别加入当地各种人民团体及参加各种职业的权利，各人民团体和职业部门，不得因其民族成分的关系而加以拒绝或歧视等。

新时期，各级国家机关在保障散居少数民族合法权益方面采取了许多措施。例如，1993年国务院发布的《城市民族工作条例》，部分省市制定的《散居少数民族权益保障条例》等法规，对保障散居少数民族的政治、经济、文化等各项权利作出了相应规定。这些法规的实施，对散居少数民族合法权益的保障起到了积极的作用。

尽管在散居少数民族权益保护方面做了大量的工作，并取得了很大的成绩，但由于历史和现实的各种原因，他们在政治、经济和文化各方面都处于明显的劣势。在新的形势下，仍需进一步保障这些地区的少数民族人民的平等权利和合法权益。即要进一步做好民族政策和法制宣传教育工作；要切实保障少数民族的参政权，要做好散居少数民族地区的基层组织建设工作；要尊重和保护少数民族人民信仰宗教自由；积极帮助散居的少数民族人民发展经济、文化事业。

二、散居少数民族权益保障法律制度的基本内容

散居少数民族权益涉及社会的各个方面,因此保障其权利的实现是国家法律的重要任务。由于散居少数民族的社会生活的丰富性和广泛性决定了法律制度的内容和范围十分广泛。包括:

一是宪法和法律中的有关条款。[4]《宪法》序言、第4、30、34、52、59、65、89、95、97、98、99、102、107、122、134条;《刑法》第249、250、251条;《刑事诉讼法》第9条;《选举法》第9、12、17、18、20条;《人民法院组织法》第5、6条;《地方各级人民代表大会和地方各级人民政府组织法》第5、8、9、44、56、59、61条;《国籍法》第2条;《中国人民解放军选举全国人民代表大会和县级以上地方各级人民代表大会代表的办法》第7条;《商标法》第10条;《文物保护法》第2、14条;《全国人民代表大会组织法》第19、35、37条;《兵役法》第3条;《义务教育法》第5、6条;《行政诉讼法》第8、52条;《全国人民代表大会议事规则》第20条;《集会游行示威法》第2、12条;《城市居民委员会组织法》第5、7、8条;《著作权法》第22条;《民事诉讼法》第11条;《妇女权益保障法》第11条;《工会法》第3条;《全国人民代表和各级地方人民代表大会代表法》第38条;《科学技术进步法》第8、40条;《消费者权益保护法》第44条;《教师法》第3、8、21、27条;《红十字会法》第3条;《劳动法》第12、14条;《广告法》第7条;《监狱法》第52条;《警察法》第6、20条;《教育法》第6、7、9、12、59、60条;《体育法》第6、10、45条;《电力法》第8、47条;《戒严法》第29条;《促进科技成果转化法》第6条;《公路法》第5条;《高等教育法》第9条;《村民委员会组织法》第7、9、12条;《气象法》第7条;《通用语言文字法》第8条;《人口与计划生育法》第18条;《居民身份证法》第3、4条;等等。

二是行政法规中的有关规定。[5] 如《人民调解委员会组织条例》第3条;《看守所条例》第23条;《城市绿化条例》第12条;《实施国际著作权条约的规定》第10条;《国家公务员暂行条例》第13、63条;《村庄和集镇建设管理条例》第22条;《宗教活动场所管理条例》第4条;《国家安全法实施细则》第8条;《特殊标志管理条例》第4条;《殡葬管理条例》第6条;《广播电视管理条例》第4、32条;《社会团体登记管理条例》第4条;《民办非企业单位登记管理暂行条例》第4条;《娱乐场所管理条例》第4条;《电信条例》第57条;《行政法规制定程序条例》第36条;《电影管理条例》第21、25条;《音像制品管理条例》第3条;《出版管理条例》第3、26、49条;《城市民族工作条例》;《民族乡行政工作条例》;等等。

三是综合性文件。[6] 如中共中央统战部《关于建议为全国统战、民族、宗教、

---

〔4〕 我国《宪法》和43部法律中的有关条款涉及散居少数民族权益的保护。

〔5〕 据不完全统计,有21个行政法规中涉及相关规定。

〔6〕 据不完全统计,类似文件有28个。

工作部门摘掉“执行投降主义路线”帽子的请示报告》；中共中央、国务院批转国家民委党组《关于做好杂居、散居少数民族工作的报告》；国务院办公厅转发国家人事局《关于进藏干部回内地安排离职修养有关问题处理意见的报告》的通知；国务院办公厅转发国家人事局、国家劳动总局《关于西藏干部、工人离休、退休、退职工作中有关问题处理意见的报告》的通知；国务院办公厅转发劳动人事部《关于落实西藏离退休人员跨省安置问题的请示》的通知；《关于建立民族乡问题的通知》；中共中央、国务院批转《关于民族工作几个重要问题的报告》的通知；《保守国家秘密法实施办法》第4条；《中华人民共和国海关对个人携带和邮寄印刷品及音像制品进出境管理规定》第4条；《监察机关举报工作办法》第9条；关于进一步做好培养选拔少数民族干部工作的意见；《职业指导办法》第6条；《就业训练规定》第2条；《职业培训实体管理规定》第4条；《民族工作中国家秘密及其密级具体范围的规定》；《国家公务员奖励暂行规定》第3条；《公安部公安机关办理刑事案件程序规定》第11条；全国妇联、国家民委《关于加强少数民族妇女工作的意见》；《关于对民族镇问题的答复》；《植物新品种保护条例实施细则》（林业部分）第13条；《群众性文化体育活动治安管理办法》；国家民委办公厅《关于印发〈全国城市民族工作座谈会纪要〉的通知》；《关于印发〈2000—2009年选派西部地区和其他少数民族地区干部到中央、国家机关和经济相对发达地区挂职锻炼工作规划〉的通知》；国家计划生育委员会、国家民族事务委员会《关于印发〈关于加强少数民族人口与计划生育工作的意见〉的通知》；《劳动力市场管理规定》第11条；《狱内刑事案件立案标准》第2、3条；《关于纠正极少数宾馆饭店旅店拒绝少数民族人员入住行为的通知》；《关于印发〈民族工作经费管理暂行规定〉的通知》；等等。

四是国家经济工作、教育工作、文化宣传工作、尊重风俗习惯工作、确定民族成分工作等文件中关于散居民族问题的规定。据不完全统计，此类文件有105个之多。

五是部分省、市制定的散杂居少数民族权益保障条例。如《北京市少数民族权益保障条例》；《河北省散居少数民族权益保障条例》；《上海市少数民族权益保障条例》；《江苏省少数民族权益保障条例》；《河南省少数民族权益保障条例》；《福建省少数民族权益保障条例》；《哈尔滨市少数民族权益保障条例》；《武汉市少数民族权益保障条例》；《长春市少数民族权益保障条例》；等等。

上述法律法规，其内容范围主要涉及的散居少数民族权益有以下几个方面：

一是保障散居少数民族的族籍权利。在日益发展的现代社会中，民族杂居现象越来越普遍，散居少数民族原有的民族特征也会随之变化。只要民族的心理特质没有消失，其享有原来的民族称谓的权利就仍存在，应依法予以保护。族籍权利无论是汉族和其他少数民族，都应在法律上一律平等；他是一种人身权利，依法享有相应的特定权和自由权。其特定权是法律规范的，其自由权也是法律规定的。

如子女在注册户籍时可以任意自由选择随父或随母的族籍权等。

二是保障散居少数民族的政治权利。散居少数民族依法享有当家作主、管理国家事务的权利。但如何使此种权利具体化,是立法中必须注意的问题。地方各级行政区域内散居少数民族人口达到一定数量的,其人民代表大会中应当有散居少数民族的代表;人口较多的,其人民代表大会常务委员会或人民政府组成人员中应当有散居少数民族成员。国家机关、企业和事业单位招收工人和录用干部的时候,要注意吸收散居少数民族人员,不得以生活习俗、语言不同为理由拒绝吸收。人民政府应优先录用和提拔人口较少的少数民族干部。各级人民政府所辖区域内,散居少数民族占一定比例或民族关系较复杂的,应当设立民族事务委员会,散居少数民族少的行政区域也应有少数民族事务科室,其领导干部应该由当地少数民族担任,工作人员绝大部分也应由少数民族成员组成。民族事务委员会和民族事务科室的任务应该是:管理当地民族事务,促进当地少数民族的政治、经济、文化教育事业的发展,保障其权利不受侵害。其职权范围包括参与政府社会发展规划的制定,与有关部门联合管理对少数民族有直接利害关系的民族企、事业等工作和其他工作,向有关部门推荐少数民族干部,处理民族纠纷等。各部门凡属应与民委协商的决定、命令,如果民委不同意不得下发。若有关部门认为有必要下发的,应将自己的意见连同民委的意见一并报共同主管部门同意后方可。

三是尊重和保障少数民族的风俗习惯、宗教信仰自由。各级国家机关应保障散居少数民族有保持或者改革自己的风俗习惯的自由,都有使用和发展自己的语言文字的自由,都有继承和发扬本民族优良文化传统的自由。各级国家机关应保障散居少数民族公民有宗教信仰自由。同时,还应规定不得在食清真食品民族公民的住宅、作业岗位施放非清真食品;不得有侮辱少数民族的言行;各地旅店、招待所、公共场所,不得拒绝接纳少数民族人员;不得强迫回族实行火葬,不得强迫少数民族改变丧葬方式;学校、就业单位及社会公民不得歧视信仰任何宗教的少数民族。

四是国家在政治、经济和文化等方面的帮助。目前,国家有关对散居少数民族诸方面的帮助缺少系统的具体的规定。在立法中将帮助的标准进行量化是很有必要的。如在资金、物质和技术上如何扶助散居少数民族,散居少数民族的社会发展需要在什么程度上就应该得到扶助,在税收、价格、利润方面如何帮助散居少数民族,在管理体制、文化发展方面如何采取措施,可以采取哪些措施帮助发展。

五是关于散居少数民族工作机构职责。如城市民族工作管理规定等。

第二节　散居少数民族的合法权益及其保护

一、散居少数民族权益的内容

散居少数民族权利是由国家宪法和有关法律赋予的。从1949年的《共同纲领》,到1954年、1975年、1978年和1982年的《宪法》,都明确规定,中华人民共和国各民族一律平等。就是说不管是汉族还是少数民族,不管是聚居少数民族还是散居少数民族,都享有平等权利。民族平等权利是对少数民族权利的最高概括,是少数民族最基本权利,对散居少数民族也不例外。其主要内容有:

(一)族籍权利

《宪法》规定:中华人民共和国是全国各族人民共同缔造的统一的多民族国家。我国是个多民族的国家,公民都有自己的族籍权利。在旧中国,少数民族几乎没有族籍权。少数民族的自称大都不被国家承认,而他称又几乎是带侮辱、歧视性质的。散居少数民族不敢承认自己的族名。这是民族之间不平等的一个具体表现。解放后,各少数民族纷纷申报自己的民族成分,20世纪50年代共报了400多个民族,经过识别后,定为55个民族。所以族籍权问题不仅仅是名称问题,它的有无反映了各民族的社会地位,是民族平等权利的一项重要内容。

(二)政治权利

《宪法》规定:"中华人民共和国年满十八岁的公民,不分民族、种族、性别、职业、家庭出身、宗教信仰、教育程度、财产状况、居住期限,都有选举权和被选举权。""全国人民代表大会……各少数民族都应有适当名额的代表。""自治区、自治州、自治县的人民代表大会中,除实行区域自治的民族的代表外,其他居住在本行政区域内的民族也应当有适当名额的代表。"这些规定,使散居少数民族取得了与汉族及其他民族相同的政治权利。

(三)宗教信仰自由权利

《宪法》规定:"中华民族共和国公民有宗教信仰自由。任何国家机关、社会团体和个人不得强制公民信仰宗教或者不信仰宗教,不得歧视信仰宗教的公民和不信仰宗教的公民。国家保护正常的宗教活动。""宗教团体和宗教事务不受外国势力的支配。"宗教信仰自由权虽然是赋予全民的,但有无此权对少数民族却显得特别重要。我国的宗教种类繁多,各民族所信奉的宗教有相同的,也有不同的,甚至相当一部分汉族人正逐渐放弃了宗教信仰。如果不规定这种自由权,各民族就不可能在宗教信仰上平等。所以,宗教信仰自由权也是散居少数民族的平等权利。

(四)风俗习惯权利

《宪法》规定:各民族都有保持或者改革自己的风俗习惯的自由。此项权利在1949年的《共同纲领》和1954年的《宪法》都有明确规定,在1975年的《宪法》却被取消了。由于散居少数民族的风俗习惯与汉族不尽相同,各民族的风俗习惯也是各异,汉族长期按自己的风俗习惯生活,少数民族如果没有保持或改革自己风俗习惯的自由,就谈不上民族平等。

(五)语言文字权利

国家一贯尊重和保障少数民族使用和发展本民族语言文字的权利。《宪法》规定:"各民族都有使用和发展自己的语言文字的自由。""各民族公民都有用本民族语言文字进行诉讼的权利。人民法院和人民检察院对于不通晓当地通用的语言文字的诉讼参与人,应当为他们翻译。在少数民族聚居或者多民族共同居住的地区,应当用当地通用的语言进行审理;起诉书、判决书、布告和其他文书应当根据实际需要使用当地通用的一种或者几种文字。"我国的55个少数民族有60多种语言、30多种文字,赋予各民族使用和发展自己语言文字的自由,是避免搞汉族和其他大民族的语言文字特权。这项权利是民族平等权利的一个重要标志。

(六)发展经济、文化权利和获得国家帮助权利

《宪法》"序言"规定:"国家尽一切努力,促进全国各民族的共同繁荣。""国家从财政、物资、技术等方面帮助各少数民族加速发展经济建设和文化建设事业。"获得国家帮助权也是散居少数民族的民族权利之一。国家实行的是各民族共同繁荣政策,大部分汉族地区的汉族政治、经济、文化等各项事业较为发达,相比之下,少数民族却显得十分落后,国家如果不进行帮助,他们要想赶上汉族是非常困难的,民族之间的平等就不可能实现。另外,国家对聚居少数民族实行是一系列照顾、扶持帮助政策,散居少数民族当然有权得到同样帮助,这样才体现民族平等思想。

二、散居少数民族合法权益的保护

为保障宪法赋予的散居少数民族权利,中华人民共和国成立以来,国家采取了一系列的法律和行政措施。从立法上看,全国人大及其常委会颁布了一系列法律,国务院颁布了为数可观的行政法规,一些部委制定了部门规章。从机构建制上来看,国家建立了1200多个民族乡,恢复和更改了少数民族成分,处理了一系列侵犯散居少数民族权利的重大事件。

(一)法律关于保障散居少数民族权利的具体规定

《刑法》规定:"国家机关工作人员非法剥夺公民的宗教信仰自由和侵犯少数民族风俗习惯,情节严重的,处二年以下有期徒刑或者拘役。"《刑事诉讼法》规定:各民族公民都有用本民族语言文字进行诉讼的权利。人民法院、人民检察院和公安机关对于不通晓当地通用的语言文字的诉讼参与人,应为他们翻译。在少数民族聚居或者多民族杂居的地区,应当用当地通用的语言进行审讯,用当地通用的文

字发布判决书、布告和其他文件。《民事诉讼法》和《人民法院组织法》也规定了与此相同的内容。《选举法》规定:"年满十八周岁的中华人民共和国公民,不分民族、种族、性别、职业、社会出身、宗教信仰、教育程度、财产状况和居住期限,都有选举权和被选举权。""地方各级人民代表大会代表的名额,由各省、自治区、直辖市人民代表大会常务委员会,按照便于召开会议、讨论问题和解决问题,并且使各民族、各地区、各方面都能有适当数量的代表的原则自行决定,并报全国人民代表大会常务委员会备案。""全国少数民族应选全国人民代表大会代表,由全国人民代表大会常务委员会参照各少数民族的人口数和分布情况,分配给各省、自治区、直辖市的人民代表大会选出。人口特少的民族,至少也应有代表一人。""散居的少数民族应选当地人民代表大会代表,每一代表所代表的人口数可以少于当地人民代表大会每一代表所代表的人口数。""有少数民族散居在境内的市、市辖区、县、乡、民族乡、镇的人民代表大会的产生,按照当地的民族关系和居住情况,各少数民族选民可以选举或者联合选举。"《人民法院组织法》规定:"人民法院审判案件,对于一切公民,不分民族、种族、性别、职业、社会出身、宗教信仰、教育程度、财产状况、居住期限,在适用法律上一律平等,不允许有任何特权。"《地方各级人民代表大会和地方各级人民政府组织法》规定:"保障少数民族的权利和尊重少数民族的风俗习惯,省人民政府……帮助各少数民族发展政治、经济和文化建设事业。"《国籍法》规定:"中华人民共和国是统一的多民族的国家,各民族的人都具有中国国籍。"《民族区域自治法》对自治地方内实行自治民族以外的其他少数民族的权利保障问题,也作了一些具体规定,如"民族自治地方的自治机关保障各民族公民有宗教信仰自由","保障本地方各民族都有使用和发展自己的语言文字的自由,都有保持或者改革自己的风俗习惯的自由"等。

（二）法规规章关于保障散居少数民族权利的具体规定

中华人民共和国成立以来,我国保障散居少数民族权利的法规、规章较多,其具体规定内容十分丰富,这里仅是主要的几个方面:

保障族籍权利方面。1951 年 5 月,政务院根据《共同纲领》第 50 条之规定,发布了《政务院关于处理带有歧视或侮辱少数民族性质的称谓、地名、碑碣、匾联的指示》。该指示规定:对于历史上遗留下来的加于少数民族的称谓及有关少数民族的地名、碑碣、匾联等,如带有歧视和侮辱少数民族意思者,应分别予以禁止、更改、封存或收管。1956 年 2 月,国务院发布了《关于今后在行文中和书报杂志里一律不用"满清"的称谓的通知》,通知认为:"满清"这个名词是在清朝末年中国人民反对当时封建统治者这一段历史上遗留下来的称谓,如果继续使用,可能使满族人民在情绪上引起不愉快的感觉,所以今后各级国家机关、学校、企业、各民主党派、各人民团体,在各种文件、著作和报纸、刊物中,除了引用历史文献不便改动外,一律不要用"满清"这个名称。1981 年 11 月国务院人口普查领导小组、公安部、国家民族事务委员会为了保障少数民族享有民族平等权利,尊重一切少数民族正确表达本人的民族成分的自由,联合发出了《关于恢复或者改正民族成分的处理原则的通知》。此通知最重要的一条规定是:"凡属于少数民族,不论其何时由于何种原因未能正确表达本人的民族成分,而申请恢复其民族成分的,都应当予以恢复。"这个通知是中华人民共和国成立以来的保障少数民族特别是散居少数民族族籍权的一个最明确、最详细的规章。

保障政治权利方面。1950 年 11 月,政务院第六十次政务会议批准颁布了《培养少数民族干部试行方案》,规定要"普遍而大量地培养各少数民族干部","目前以开办政治学校与政治训练班,培养普通政治干部为主,迫切需要的专业与技术干部为辅。应尽量吸收知识分子,提高旧的,培养新的,并须培养适当数量志愿做少数民族工作的汉民族干部,以便帮助各少数民族的解放事业与建设工作。各民族的军事干部,在初期一般也送到政治学校或政治训练班学习,同时逐步准备在军事学校开设民族班的条件"。少数民族干部是国家政治生活中必不可少的政治力量,是少数民族当家作主的前提条件。大力培养少数民族干部,正是保障少数民族政治权利的一条重要措施。1952 年 8 月 13 日,政务院公布了《关于地方民族民主联合政府实施办法的决定》和《关于保障一切散居少数民族成分享有民族平等权利的决定》。这些规定保障了少数民族的参政权。1955 年 12 月 29 日,国务院根据 1954 年《宪法》关于国家政权建制的原则,发布了《国务院关于更改相当于区的民族自治区的指示》、《国务院关于改变地方民族民主联合政府的指示》和《国务院关于建立民族乡若干问题的指示》。国务院采取的这一系列措施,正是为了保障当时宪法赋予散居少数民族的政治权利。1979 年 10 月,中共中央、国务院批转《国家民委党组关于做好杂居、散居少数民族工作的报告》;1983 年 12 月,国务院发布了《关于建立民族乡问题的通知》;1987 年 4 月,中共中央、国务院批转《关于民族工作几个重要问题的报告》,以及 1988 年 10 月,中央统战部、国家民委作出的《关于积极推荐和培养少数民族优秀干部和代表人物的意见》,1993 年 12 月中央组织部、中央统战部、国家民委发出的《关于进一步做好培养选拔少数民族干部工作的意见》,1998 年 6 月《全国妇联、国家民委关于加强少数民族妇女工作的意见》,对保障散居少数民族的政治权利,也采取了一系列措施。

保障宗教信仰、风俗习惯权利方面。1952 年 8 月,中央人民政府公布施行的《民族区域自治实施纲要》规定:各民族自治区自治机关须保障自治区内的各民族享有民族平等权利,教育各民族互相尊重其风俗习惯及宗教信仰,保障一切人民享有宗教信仰自由权。1952 年《政务院关于地方民族民主联合政府实施办法的决定》规定:"人民政府部门应注意吸收少数民族的干部参加工作,热忱地帮助他们,并照顾他们的生活习惯。""人民政府应切实保障境内各民族的平等权利,教育各民族人民互相尊重其风俗习惯和宗教信仰,提倡民族间的团结和互助,禁止民族间的歧视和压迫及任何煽动民族纠纷的行为。"1952 年《政务院关于保障一切散居少数民族成分享有民族平等权利的决定》规定："一切散居少数民族成分，无论在社会上，在工厂、学校、团体、机关和部队中，均有自由保持或改革其民族的生活方式、宗教信仰和风俗习惯的权利，别人不得干涉，并须加以尊重和照顾。"同年，商业部发布了《关于对回民小商贩安排及在食品供应工作中注意事项的指示》和《关于牛羊肉经商中有关回民风俗习惯的几点注意事项的指示》，规定要尊重回民小商贩职业习惯，解决其就业问题，对国营商业与合作社商业有关回民食品批发与零售工作应吸收回民干部担任，"在食品生产、保管、运输、销售工作中，必须注意民族习惯"。对供应回民的牛羊肉，从屠宰、剥皮、剔骨到包装、储运、销售等都要符合回民习惯并且要重视卫生。对因之而产生的一系列问题，规定了解决的措施。1958 年 3 月，国家城市服务部、国家民族事务委员会发布了《在副食品商业工作中贯彻民族政策、尊重民族习惯、做好副食品供应的联合指示》；1978 年 7 月，财政部、国家民委、国家劳动总局发出了《关于妥善解决回族职工的伙食问题的通知》，1979 年 2 月，民政部、国家民族事务委员会发布了《不要强迫回族实行火葬问题的通知》；1979 年 10 月中共中央、国务院批转《国家民委党组关于做好杂居、散居少数民族工作报告》；1983 年 1 月，国家民族事务委员会发出了《关于宣传报导和文艺创作要正确对待少数民族习俗的通知》；1985 年 2 月，国务院公布《关于殡葬管理的暂行规定》；1986 年 2 月，国家民族事务委员会发布了《关于慎重对待少数民族风俗习惯问题的通知》；1987 年 6 月，中央宣传部、中央统战部、国家民委又发布了《关于在宣传报道和文艺创作中防止继续发生丑化、侮辱少数民族事件的通知》；1987 年 4 月，中共中央、国务院批转了中央统战部、国家民委《关于民族工作几个重要问题的报告》；2000 年 8 月教育部、国家民委发布了《关于在各级各类学校设置清真食堂、清真灶有关问题的通知》等，都对尊重散居少数民族风俗习惯和宗教信仰进行了规定。

保障语言文字权利方面。1951 年 2 月《政务院关于民族事务的几项决定》规定，在政务院文化教育委员会内设民族语言文化研究指导委员会，"指导和组织关于少数民族语言文字的研究工作，帮助尚无文字的民族创立文字，帮助文字不完备的民族逐渐充实其文字"。1952 年《政务院关于保障一切散居少数民族成分享有民族平等权利的决定》规定："凡散居少数民族成分，有其本民族语言、文字者，得在法庭上以本民族语言、文字进行诉辩。"1954 年 5 月政务院《批复文教委员会民族语言文字研究指导委员会及民族事务委员会关于帮助尚无文字的少数民族创立文字问题的报告》对帮助尚无文字的各少数民族创立文字问题，"特责成中国社会科学院语言研究所和中央人民政府民族事务委员会审慎研究，然后拟订计划和订出在一两个民族中创立文字具体方案，开始先在一两个民族中逐步试行。并应继续了解情况，及时总结经验，以便在事实证明这些办法确实可行，而且其他条件也比较成熟时,逐渐地在别的民族中进行”。1955 年 12 月《国务院关于更改相当于区的民族自治区的指示》规定,凡是将自治机关结束后设立区公所的,执行职务时仍然采用当地民族通用的语言文字。《国务院关于建立民族乡若干问题的指示》规定,民族乡的国家机关在行使职权时,使用当地民族通用的语言文字。1956 年 3 月《国务院关于各少数民族创立和改革文字方案的批准程序和实验推行分工的通知》,对其批准程序和分工作出具体规定。1957 年 12 月,国务院发出了“对中国文字改革委员会关于讨论壮文方案和少数民族文字方案中设计字母的几项原则的报告的批复”,同意中国文字改革委员会于 1957 年 11 月 29 日报请国务院审复,同意中国文字改革委员会于 1957 年 11 月 29 日报请国务院审批的《关于少数民族文字方案中设计字母的几项原则》中提出的五项原则。1987 年中共中央、国务院批转的《关于民族工作几个重要问题的报告》规定,民委要“协同有关部门对少数民族语言文字进行调查研究,向党中央国务院提出报告”。民族自治地方的自治机关在执行职务时,都依照本民族自治地方自治条例的规定,使用当地通用的一种或者几种语言文字。民族自治地方的广播、影视、图书、报纸、杂志,也都使用当地通用的一种或几种语言文字。1991 年 6 月 19 日,国务院批转了国家民委《关于进一步做好少数民族语言文字工作报告的通知》,要求加强民族语文法制建设,搞好各民族语文的规范化、标准化和信息处理,促进各民族语文的翻译、出版、教育、新闻、广播、影视、古籍整理事业,推进各民族语文的学术研究、协作交流和人才培养。明确了新时期民族语言文字工作的指导思想和重要任务。

保障发展经济、文化权利和获得国家帮助权利方面。1979 年中共中央、国务院批转《国家民委党组关于做好杂居、散居少数民族工作的报告》规定,要“积极帮助少数民族发展经济文化”。其具体措施是:从散居少数民族的实际出发,全面贯彻落实党的各项经济政策,充分调动少数民族人民的积极性,在国家的大力扶持下,发扬自力更生、艰苦奋斗的革命精神,加速发展各项生产,鼓励社员从事家庭副业,要积极扶持和发展少数民族的林、牧、渔业和传统的工艺品的生产;要积极发展文化教育和卫生事业,高等学校招生时,要适当照顾少数民族,力求每年有一定数量的少数民族学生进入大专院校,国家和各省、市、自治区在安排有关预算支出时,要重视少数民族的需要,给予必要的照顾,仿照国家支援穷队和发展社队企业的措施,对困难的少数民族社队企业和街道举办的企事业,在财力、物力、设备、技术等方面给予更多的扶持和照顾,并且尽可能减轻群众负担,对困难少数民族社队适当放宽减免征购的标准,适当延长少数民族社队企业免征工商税和所得税的期限;适当提高中等以上学校(包括中学)的少数民族学生发放助学金的比例,逐步增加公办学校,减少民办的比例,以减轻这些社队的非生产性支出。1980 年 2 月,农业部、商业部、全国供销总社、国家民委联合下发了《关于鼓励杂居、散居禁猪的少数民族发展养羊、养牛和做好收购供应工作的通知》,规定要积极支持和鼓励禁猪民族发展养羊、养牛与汉族社员养猪，得到大体相同的经济利益；要积极采取各种有效的生产、技术措施，实行科学养畜；要认真做好收购、供应工作，要认真执行国家的价格政策，按质论价，优质论价。1987 年中共中央、国务院批转的《关于民族工作的几个重要问题的报告》规定，对城市少数民族“要充分发挥他们的产业特长，发展工艺品，民族特需商品、清真饮食业等工商业。对当前遇到困难甚至濒临倒闭的清真饮食企业和部分民族特需用品企业，要订出保护性措施，加以扶持，帮助他们改善经营管理，提高竞争能力，求得稳步发展。要适当增设清真食品网点和医疗、文化设施”。对民族乡“各级党委和政府在制定政策时，要充分注意他们的特点，帮助和扶持他们发展经济和文化教育事业。在安排财政预算时，应给予一定的机动财力，乡财政超收部分应全部留给当地，分配支援不发达地区资金和专项资金时，应适当照顾”。对未实行区域自治的赫哲、俄罗斯、德昂少数民族，在“经济、教育、文化事业上，给予更多的关心和照顾，使他们在民族大家庭中共同繁荣”。此外，1991 年 10 月国家税务局下发了《关于民族贸易企业免征营业税、所得税问题的通知》；2001 年 3 月国家民委发出的《关于继续执行民族贸易和民族用品生产有关优惠政策的通知》；以及 2001 年 6 月国家民委、财政部、中国人民银行发布的《关于“十五”计划期间继续对民族贸易网点和民族用品生产企业技改贷款给予贴息的通知》；2001 年 6 月国家民委发出的《关于深入贯彻落实中央扶贫开发工作会议精神的通知》；国务院 2000 年 12 月下发的《国务院关于实施西部大开发若干政策措施的通知》、2001 年 8 月《关于西部大开发若干政策措施的实施意见》；2000 年 2 月文化部、国家民委下发的《关于进一步加强少数民族文化工作的意见》；2002 年 7 月国务院公布的《国务院关于深化改革加快发展民族教育的决定》等文件，都对发展散居少数民族的经济、教育、文化事业作出了比较详细的规定。

（二）为保障散居少数民族权利采取的一系列行政措施

中华人民共和国成立以来，国家各级人民政府为保障散居少数民族权利采取了一系列行政措施。一是恢复和更改了民族成分。二是建立自治区和民族乡、镇、区。三是大力培养少数民族干部。四是尊重少数民族的风俗习惯和宗教信仰：国家在少数民族人口较多的城市设立了清真饭馆，在火车、轮船、飞机上设有清真伙食。在清真食品的生产、销售方面采取了一系列措施，保证了供应。对少数民族的有些节日，还规定了放假和增加食品供应。对一些民族，如朝鲜族等，还提高了大米的供应比例。对所在单位没有清真食堂，又不能回家午餐而必须在外买饭吃的回族职工，每月发给一定的生活补助费。在丧葬方面，照顾到回族的土葬习俗，不强迫火葬，上海等地还专门划有回民公墓区。在宗教信仰方面，国家拨巨款修建宗教场所，使宗教场所由“文革”前的 29284 处，增加到现在的 4 万多处，若加上简易活动点，共有 6 万多处。基本上保证了少数民族的宗教活动需要。严肃查处了侮辱少数民族风俗习惯的文艺作品及当事人，妥善处理了因风俗习惯问题而引起的民族纠纷。五是大力帮助少数民族发展经济、教育、科技、文化、卫生等项事业。

第三节 城市民族工作法制建设

一、城市少数民族分布现状及其特点

在我国,城市民族工作是整个国家民族工作的一个十分重要的方面。据有关部门统计,我国97%以上的城市,包括直辖市,各省会和自治区府,地、县级市、自治州首府,县城及较大的集镇,是汉族与一个或若干个少数民族共同居住在一起。[7] 例如,1990 年第四次人口普查统计,居住在上海半年以上的少数民族,只有44 个民族成分,62171 人。到2000 年第五次人口普查统计,居住在上海半年以上的少数民族,有53 个民族成分,103639 人。比1990 年增加了66.7%。目前上海380 万流动人口,少数民族人口约有10 万。[8] 又如,1999 年年底,成都市19 个区(县、市),共有45 个民族,990 万人口,每个区(市)、县域内都有少数民族。因此,成都又是一个典型的少数民族散杂居住的城市。全市有44 个少数民族成分,人口共有36000 多人,占全市总人口的3.75%。全市少数民族80%生活、居住在城镇,20%居住在农村。有学者从城市少数民族所从事的工作种类的不同将他们分为经商、务工、求医和盲流四类。[9] 其构成特点可以概括为"多、少、散、高"四个字,即少数民族成分多,人口少,居住散,世居少数民族层次高。而且动态地看,城市少数民族的绝对数量和所占人口比例都呈现出上升趋势。这就使得城市民族工作极其复杂。为分析之便,我们在此将城市少数民族分为城市世居少数民族和城市流动少数民族。总体上看,城市少数民族有如下几个方面的特点:

首先,城市的辐射功能,决定了城市民族问题反应快、连锁性大,在民族问题方面也不例外。特别是在当前信息和传播媒介现代化的情况下,更是如此。城市的中心作用,决定了城市民族关系是我国民族关系的晴雨表。

其次,城市世居少数民族层次高,对城市少数民族工作有着举足轻重的影响。城市中少数民族,一般来说在其人员构成上,具有大专以上文化程度人员的比例

---

〔7〕 邓行:《城市民族法制建设刍议》,载《中南民族学院学报》(人文社会科学版)2000 年第3 期。

〔8〕 载《中国民族》2002 年第3 期。

〔9〕 杨建吾:《城市少数民族流动人口问题研究——以成都为例》,载《西南民族学院学报》(哲学社会科学版)2002 年第7 期。需要指出的一点是,我们并不赞同"盲流"这一提法。

相对大一些,中、高级知识分子相对多一些。特点十分突出。据统计，据1990年全国人口统计,仅海南省所辖行政单位拥有的大中专学历以上的少数民族人口即达11万多人,这些人多数散居于城镇中。据有关资料统计在科学研究、综合技术服务事业和国家机关、党委和社会团体中有12万多少数民族人口。在这些拥有大中专学历以上的科研人员和行政人员少数民族人口中,海南的主要少数民族——黎族占了相当大的比例,有9200多人。[10] 城市中的少数民族干部和知识分子又都时刻关心本民族、本民族地区的发展,城市少数民族中民族上层人士、杰出人物、知识分子、产业工人以及企事业单位的干部较其他地方多,这些人社会联系广,有浓厚的民族意识和强烈的民主精神,对党的民族政策认识理解程度高,对民族宗教方面出现的问题总是十分敏感,对本民族、本民族地区的发展和重大事情都十分关心,这就使城市少数民族与民族地区之间存在无形而密切的联系,呈连锁互动之势。与此同时,他们在城市或城市边缘形成了一定的聚居点,如北京市的牛街、天津市的红桥区、郑州市的管城区等,他们的社会经济文化发展水平由于受特定的历史、社会等条件的限制,相对低于当地城市的平均发展水平。这种状况,容易使世居少数民族成员产生不平等感及自卑感。所以,城市与民族聚居地区的少数民族之间,无论是在言语、感情上,还是在实际行动上都相互影响。如能将这部分人的积极性调动起来,对改变民族地区现状必将起到一定的作用。

最后,城市流动少数民族人口日益增加,增强了城市世居少数民族与其本民族之间的联系。据不完全统计,目前,5个省级民族自治区已建立19个地级市、30个县级市,5个省级自治区之外的民族地区有25个县级市,20世纪90年代以来有4个自治县撤县建市。少数民族城市人口显著增加。据国家民委不完全估测,1997年,建制市少数民族人口比例约占全国少数民族人口的20%。1982年,回、朝鲜、满、蒙古、维吾尔5个民族的城市人口占全国城市少数民族人口的70%。而且,随着少数民族流动迁移人口的增加,城市民族成分不断增多,每个城市都有几个以致几十个民族成分。就迁移人口而言,第四次全国人口普查显示,北京有55个少数民族,天津、上海、武汉、郑州、合肥等大城市少数民族成分均在40个以上。方向是少数民族向沿海和内地城市的流动迁移人口大大增加。全国各地的城市,特别是中大城市和东部城市中,来自民族地区的少数民族流动人口数量和民族成分越来越多。如武汉,在高峰期少数民族流动人口达到10万人以上,一些城市还出现了少数民族流动人口"经型"社区,北京、深圳等地因设立民族村、民族园等特色旅游

---

〔10〕 程昭星:《做好城镇散居少数民族人口工作 推动民族地区经济发展》,载《琼州大学学报》2001年第4期。

景点而形成了新型少数民族社。[11] 近几年流动的农民工的数量已成为一个浩大的社会群体。据有关部门统计,2002 年,全国城市农民工已 9000 多万人。[12] 在汉族的汪洋大海中,进入城市的少数民族人员的民族认同感得到加强,他们之间即使原来素不相识,只要是同一民族就会备感亲切,关系自然就会融洽,同一民族之间的连带感和民族自我意识得到加强。城市少数民族的民族意识强于民族地区的少数民族,如果引导不当就有可能出现只强调民族特点、民族利益,而忽视或损伤全局利益的极端民族主义倾向,这极其不利于城市民族关系的正常发展。如果将城市世居少数民族与其生活在乡村或者民族自治地方的本民族视为两端,城市流动少数民族则起到了加强和巩固两者之间联系的作用。城市少数民族的此种构成特点决定了城市民族问题主要不是以本地民族关系问题为主,而是以整个本民族的问题为主。

二、城市民族工作中存在的问题

城市少数民族工作中既存在兼涉世居少数民族和流动少数民族的共性问题,也存在仅仅关涉流动少数民族的个性问题。

(一)兼涉世居少数民族和流动少数民族的共性问题

城市少数民族人口比例小,居住分散,他们的风俗习惯往往被忽视。一些宣传报道和文艺作品中,歪曲、丑化少数民族形象,不尊重少数民族风俗习惯和宗教信仰,伤害少数民族感情,引起少数民族群众不满和义愤的事端时有发生;一些城市执法人员政治觉悟低下,对于藏族同胞佩刀或者以流动的方式卖刀、新疆维吾尔族人在大街上卖烤羊肉串等行为,在执法过程中以简单粗暴的方式加以对待,引起直接对抗。出于公共安全和环境卫生的考虑对此行为进行管理自然无可非议,但是由于少数民族的特有的民族习惯决定了我们在执法时必须用最大的耐心去说服,做到既维护正常的管理秩序,又不损害少数民族的感情。

(二)仅仅关涉流动少数民族的个性问题

一是城市流动人口管理机制尚未健全。一些城市在流动人口管理机构、制度、相关的法规等方面尚不健全,流动人口管理整体机制不完善。在此前提下,一些少数民族流动人口得不到有效的管理,相关的权益得不到保障。由于流动人口管理机制不完善,对涉及少数民族流动人口问题的解决还难以形成良好的机制。二是少数民族流动迁移人口进入城市后的文化适应、心理适应问题未受到重视。一些少数民族进入城市后,由于文化上的不适应,与当地社区和居民的交往并不密切,

---

〔11〕 周竞红:《城市民族关系的结构变化与调整》,载《中央民族大学学报》(哲学社会科学版)2001 年第 6 期。

〔12〕 安徽省社科联课题组:《城市农民工是中国工人阶级的一部分》,载《学术界》2003 年第 2 期。

几乎独立于社区生活之外，与其他民族心理上的隔阂并未消除，加之语言的障碍等，使之与城市社会生活很难相容。[13] 三是大量存在的身份性歧视使城市流动少数民族处境十分艰难。[14] 主要表现为：

公共歧视。首先是对他们在语言上的轻蔑。部分城市居民口中的“农二哥”“乡下人”“乡巴佬”，上海人所谓的“江北人”，都或多或少地暗示着自己的“尊贵”和城市农民工的“卑贱”；其次是公交车司乘人员、超市的服务员和宾馆饭店等公共服务窗口，因他们衣着破烂或者操一口方言而显出高他们一等的架势，在提供服务时要么爱理不理，要么干脆拒绝提供。[15]

执法歧视。个案调查表明，城市农民最害怕的是经常和他们打交道的城管执法人员、工商管理人员、税务人员和公安人员等。[16] 地方政府的制度性歧视，对于进城的农民工而言，一个根本性的事实就是：户籍制度、教育制度、保障制度、人事制度、医疗制度依旧，传统的城市管理制度仍然只承认稳定的居民，而不承认流动的农民工，城市对农民工经济上的接纳和社会制度上的不接纳这一矛盾仍然存在。例如，《武汉市使用外来劳动力管理规定》中将行业工种分为可使用、控制使用和禁止使用三类进行管理。其中，党政机关的工勤人员不能使用农民工，高精尖行业工种禁止使用农民工，商业、车工、钳工等行业要控制使用。深圳市政府为保护本地户籍人口的就业，对七个行业进行限制，并规定了这些行业的劳动用工招聘本市户籍人口的比例。郑州1996年出台了招用外来劳动力分类管理办法，对部分工种招用外来劳动力实行禁止和限制政策。更有甚者，在2003年国家计委、财政部联合下发《关于全面清理整顿外出或外来务工人员收费的通知》后，郑州不仅不取消暂住费、暂住（流动）人口管理费、计划生育管理费、城市增容费、劳动调节费、外地

---

〔13〕 周竞红：《城市民族关系的结构变化与调整》，载《中央民族大学学报》（哲学社会科学版）2001年第6期。

〔14〕 此处所指歧视仅指居民身份的歧视（以干部、工人和农民的身份不同将公民人为地分为三个层次）而非民族身份的歧视。但值得注意的是，城市流动少数民族的绝大多数是城市农民工的一员，城市农民工的流动方向主要沿着从农村到城市、从中西部到东南沿海地区。而中西部又是少数民族相对集中居住的地区。据此我们有理由推断，城市农民工中有众多的少数民族人员，对城市农民的歧视性政策同样使得流入城市。

〔15〕 近些年，成都市多次发生一些旅店拒绝少数民族流动人口入住的事例。一些旅店往往以“客满”“另有预定”等借口，拒绝少数民族入住。原因是既嫌其肮脏，担心影响汉族客源；又担心其酗酒闹事，使旅店经济受损。还有的旅店，对汉族旅客实行打折优惠，知道是少数民族，就拒绝打折。这类情况，也发生在来蓉出差的四川三州的少数民族干部身上，就连原四川省民委副主任周礼成同志（羌族），也有过亲身体会。为此，四川省民委和成都市民委多次收到投诉、反映，进行过多方面的工作，但类似情况仍有发生，一些居民出租的房舍，也不愿意租给来蓉的少数民族。参见杨建吾：《城市少数民族流动人口问题研究——以成都为例》，载《西南民族学院学报》（哲学社会科学版）2002年第7期。

〔16〕 李强：《关于城市农民工的情绪倾向及社会冲突问题》，载《社会科学研究》1995年第4期。

务工经商人员管理服务费、外地(外省)建筑(施工)企业管理费等行政事业性收费,反而由郑州流动人口管理办公室突击收取暂住人口管理费,且标准比过去提高了一倍,并须一次交清全年费用。凡此种种,不一而足。[17]

三、城市民族工作问题的对策

(一)健全城市民族工作法制

健全法制不能只看数量的多少,更在于其质量的高下。1993 年 8 月 29 日经国务院批准,国家民委发布施行了《城市民族工作条例》。该条例第 1 条规定:"为了加强城市民族工作,保障城市少数民族的合法权益,促进适应城市少数民族需要的经济、文化事业的发展,制定本条例。"确立城市民族工作的宗旨。第 3 条规定:"城市民族工作坚持民族平等、团结、互助和促进各民族共同繁荣的原则。"进一步明确了城市民族工作所应当遵循原则。嗣后,各地相应制定了一些实施城市民族工作条例的规范性法律文件。如《云南省城市民族工作条例》[18]《武汉市城市民族工作办法》等。一些地方针对流动少数民族还专门制定了相应的管理办法。如济南市民委会同市工商局、公安局、教委于 2000 年 12 月 11 日下发《关于加强少数民族流动人口工作的意见》,要求各级干部和群众"正确对待外来少数民族人员到我市经商、旅游活动,要尊重少数民族的风俗习惯,以诚恳、热情、欢迎的态度对待他们,防止歧视侮辱少数民族的事件发生,并尽可能为他们提供方便"。天津市民委会同市商委、公安局、工商局和市医药行业管理办公室联合制定了《关于加强对外省区少数民族来津经商管理工作的通知》,明确要求各级执法部门,在加强管理的同时,要从实际出发,讲究工作方法,妥善处理各种问题,切实体现民族政策。[19]城市民族工作正在被纳入法律。但是,从宪法——部门法——城市民族工作条例到具体的各城市民族工作办法和各城市少数民族权益保障条例这个法律框架来看,我们不难发现,城市少数民族权益法律保护框架存在明显的缺陷:

首先,《城市民族工作条例》的 30 个条款中都没有明确有规定在违反该条例时追究何种法律责任以及如何追究,都语焉不详。例如,该法第 30 条规定:"省、自治区、直辖市人民政府可以根据本条例,结合当地实际情况,制定实施办法。"试问,省、自治区、直辖市人民政府在多久时间内应当制定出实施办法,不制定又将如何?

其次,一些地方立法名称不统一,术语不够严谨。在法条表述中往往只有"应当怎样",没有相应的法律后果之规定。这就使得具体的执法活动具有较大的随意性。这一缺憾既有上位立法不足的消极影响,也与地方政府是否真实关切城市少数民族的境况不无关系。

---

〔17〕《农民工进城向往平等》,载《瞭望新闻周刊》第 9 期 2002 年 2 月 25 日。

〔18〕云南省于 1999 年 5 月 27 日由云南省第九届人民代表大会常务委员会第九次会议通过。

〔19〕金春子:《城市少数民族流动人口与城市民族工作》,载《中国民族》2002 年第 3 期。

再次，各地在立法上呈现出不平衡发展态势。有的城市至今仍未出台城市民族工作条例的实施办法。毫无疑问，完善立法对规范政府行为，提高执法水平和对城市少数民族权益的保障力度，都有着重要作用，应当成为我们解决城市少数民族问题的第一步。

最后，但并非最不重要的是，我国的城市民族法制的编纂工作相对滞后，到目前为止，我国还未有一部城市民族法典。

在实践中，随着我国由计划经济体制向社会主义市场经济体制的转轨，原先在计划经济体制下对城市少数民族经济发展所给予的一些保护和扶持，将在市场经济条件下有所调整。加之目前国有企业转变经营机制，下岗待业人员多，而其中就有些是少数民族成员。特别是随着我国户籍管理制度的改革，新的户籍管理办法业已出台并在一些大城市开始实施。新的户籍管理办法规定，1998 年 7 月 22 日以后出生的小孩，其户口可以随父或随母；1998 年 7 月 22 日以前出生的小孩其户口根据办法的有关规定可以办理迁入城市的手续；子女在城市工作，父母年老又无子女在身边照顾的其户口可以随子女。新的户籍管理办法的出台，必将使城市少数民族人口大增，这无疑又会出现新的问题。又如城市少数民族下岗待业职工的技术培训和再就业问题，涌入城市的农牧民子女上学、就业等问题都是亟待解决的问题。因此，在新的形势下，有必要在原有的城市少数民族权益保护的框架范围内，对法律、法规和有关规定关于城市少数民族权益保护的法律条文进行梳理和归类，针对本市城市民族工作的实际情况和问题，围绕着城市少数民族这个特殊的群体的权利保护进行专门的立法。[20]

（二）废止与上位法相抵触和带有地域歧视性并由此而影响到城市少数民族的地方规范性法律文件

应当切实按照《关于全面清理整顿外出或外来务工人员收费的通知》精神，全面清理主要面向外出或外来务工人员的各种收费，包括行政事业性收费和经营服务性收费。凡未经国务院和省、自治区、直辖市人民政府及所属财政、价格主管部门批准的行政事业性收费项目，一律取缔。符合上述规定权限和程序设立的行政事业性收费，也要重新审核，除证书工本费外，暂住费、暂住（流动）人口管理费、计划生育管理费、城市增容费、劳动调节费、外在务工经商人员管理服务费、外地（外省）建筑（施工）企业管理费等行政事业性收费一律取消。此外，取消不同层次、称谓各异、内容有别却又有着极其相似的排斥作用的“就业限制办法”。按照《关于全面清理整顿外出或外来务工人员收费的通知》的要求，国务院及省、自治区、直辖市人民政府的公安、建设、劳动保障、计划生育工商行政管理等有关部门，除组织好本部门、本系统的自查工作外，要重点对涉及外出或者外来务工的各种管理审批

---

〔20〕 邓行：《城市民族法制建设刍议》，载《中南民族学院学报》（人文社会科学版）2000 年第 7 期。

行为进行清理,凡不符合法律、法规规定的,要予以取消;凡符合规定的,也要简化审批手续,并以规章制度形式确定下来。限制性就业办法一方面人为地分割劳动力市场,在建立全国统一市场的道路上设置樊篱,更无从说起入世后与国际接轨;另一方面也剥夺了城市流动少数民族人员的平等就业权。与现代民主政治理念相悖。实践也证明这种"腾笼换鸟"的政策并无实效。

(三)修改《劳动法》,为进城务工的少数民族人员提供特殊保障

针对城市流动少数民族务工人员的就业特点(工作不稳定,在某一个用人单位的连续工作时间短),劳动法在如下两个方面有待修改。如缩短试用期。以此作为提高少数民族务工人员待遇的一种手段,同时可收到防止用人单位利用试用期恶意解雇劳动者的功效。同时,明确用人单位应当招收的少数民族劳动者比例。虽然在此前的不同效力的规范性法律文件中,我们也能见到要求用人单位招收一定的少数民族务工人员的规定,但终因流于一般性号召又缺乏相应的法律责任,难以得到用人单位的遵守。

(四)建立城市少数民族法律援助制度

在城市化进程中,城市少数民族正确地、适当地、得到认可地参与城市生活,是城市化与民族多元化协调发展的具体表现。城市少数民族尤其是少数民族流动人口,他们参与城市生活,最大的障碍就是不知悉城市的规范,事前的法律咨询、法律服务对他们显得异常重要,这种帮助最好是采用免费的方式进行。同时,事后的法律救济也不可或缺。考虑到当前我国法律援助基金的筹措因难,能够提供的援助对象还极其有限的现实,我们建议对城市少数民族可先在下列范围内提供免费的法律援助。一是案件性质。被告人是少数民族的刑事案件且公诉人出庭公诉的,法庭应当指定承担法律援助义务的律师为其提供辩护。二是适用对象。凡是居住在国家按行政建制设立的直辖市、市内,由国家正式认定的汉族以外的各民族或居住期限虽然不满一年但在当地办理暂住证的少数民族,因经济困难而确实需要法律帮助的,可以向法律援助中心、公证处和基层法律服务组织申请法律援助。为使这一制度能够落到实处,可考虑建立民族事务委员会(没有设立民族事务委员会的地方应当由主管民族事务的政府部门负责)支持起诉制度,对因法律援助经济不足而引起的困难,在民族事务委员会提出援助金额的方案的基础上由当地政府纳入年度财政预算。

(五)调动和发挥社会中介力量与少数民族代表人物的作用,保障城市少数民族合法权益

各城市民族工作部门都应注意发挥民族社团的作用。人口流动看似无序,其实是非常有序的。他们多以家庭、学校、籍贯、民族等社会关系为连接点进行流动。少数民族进入城市后,这些关系不但没有削弱,反而在最初进入城市时,其关系是非常密切的。以少数民族为主体的民族社团,在联系个人与社会、个人与政府之间

起到了桥梁作用。民族社团一方面将少数民族的意愿和要求反映给政府,维护了少数民族的合法权益,避免了个人与政府的直接冲突,起到了维护社会稳定的作用;另一方面对其社团成员给予充分的帮助和扶持。在提供信息、加强本民族内部凝聚力、维护民族传统文化方面都起到了政府无法替代的作用。许多初来城市的少数民族人员都或多或少地得到过民族社团的帮助。北京市少数民族联谊会每年都为来自全国各地的少数民族举办节日庆祝、扶贫济困活动,并经常与少数民族流动人口的代表人物联系座谈,吸收少数民族流动人口中的有代表性的人物进入市少数民族联谊会,增进少数民族流动人口与城市各民族的融合,并将外来少数民族对政府的意见和要求反映给有关部门。政府应当有意识地开展一些少数民族传统文化活动,表彰城市少数民族的先进分子,以此来增进各民族的了解和友谊。例如,长春市在每年的端午节期间,都举行大型的少数民族联欢活动。辽源市的市区朝鲜族老年人协会每年都组织少数民族活动。武汉市近年来树立了一个外地来武汉市经商少数民族的模范典型,即在市东来顺饭店经营烤羊肉串的新疆维吾尔族人员热河曼,1998 年市政府进行民族团结进步表彰时,破例授予他“民族团结先进个人”称号,在少数民族流动人口中引起了极大反响,这个典型起到了示范带头作用。[21] 吉林省于 1996 年率先制定了《吉林省民族团结进步活动暂行办法》,明确规定了先进集体和个人的条件、表彰的名额、审批的办法和召开时间。[22] 上述措施对城市少数民族融入城市生活,消除市对城市少数民族的不良歧视都有着潜移默化的作用。

第四节　民族乡法制建设

一、民族乡的建立

中国的民族乡经历了曲折的发展过程,其地位、性质也曾发生质的变化。它曾作为民族区域自治的一种形式,后又排除在民族自治地方形式之外。民族乡建制与一般乡一样曾被取消,后又恢复。

目前我国的民族乡共有 1200 多个,700 多万少数民族人口,少数民族人口占民族乡总人口的 30% 以上。

民族乡的法制建设,除了《宪法》、《民族区域自治法》和其他法律法规的有关规定之外,1993 年国务院发布了《民族乡行政工作条例》,有的省市也制定了相应

〔21〕 金春子:《城市少数民族流动人口与城市民族工作》,载《中国民族》2002 年第 3 期。

〔22〕 吉林省民委:《正确处理影响民族关系的问题　促进城市民族关系的健康发展》。

的法规。

二、民族乡的法定权利和义务

我国民族乡,早在1954年宪法之前称为自治乡,是自治地方。1954年《宪法》将自治乡改为民族乡,不是自治地方。对此,1954年《中共中央统战部对宪法草案中有关少数民族几个问题的说明》是这样解释的:"宪法草案上规定的少数民族聚居的乡,称为民族乡,不冠自治的名称,这是因为几年来的经验证明,在有相当于乡一般的自治区,由于地区很小,人口很少,受许多条件限制,不可能实现宪法草案第二章规定的自治权利,所以不叫自治乡,而叫民族乡,以区别于民族自治地方。"1982年《宪法》对民族乡的建制等作了明确的规定。1983年12月29日国务院《关于建立民族乡问题的通知》及其后的《民族乡行政工作条例》(1993年),对民族乡的机构及民族乡的权利和义务都作了具体规定。

民族乡政权属于我国的乡级政权,是我国基层政权的组成部分,与普通乡一样,设有乡人民代表大会和乡人民政府。

民族乡的人民代表大会是乡的国家权力机关,由选民直接选举产生。民族乡的人民代表大会对选民负责,受选民监督。其权利和义务主要是:在本行政区域内,保证宪法、法律、行政法规、地方性法规、政策和上级人民代表大会决议的遵守执行;在自己的职权范围内通过和发布决议;根据国家规定,制定本行政区域的经济、文化事业和公共事业的建设计划;审查和批准本行政区域内的财政预算和预算执行情况的报告;决定本行政区域内的民政工作的实施计划;选举乡长、副乡长;听取和审查乡人民政府的工作报告;撤消乡人民政府不适当的决定和命令;保护社会主义的全民所有的财产和劳动群众集体所有的财产,保护公民私人所有的合法财产,维护社会秩序,保障公民的人身权利、民主权利和其他权利;保障农村集体经济组织应有的自主权;保障少数民族的权利;保障宪法和法律赋予妇女的男女平等、同工同酬和婚姻自由等各项权利。此外,民族乡人民代表大会根据本民族乡的民族关系和经济文化发展状况制定民族团结进步公约,报上一级人民代表大会常务委员会备案;决定参照执行邻近同一民族的民族自治地方的自治条例和单行条例中符合本民族风俗习惯、语言文字等特点的某些规定,但是应当呈报省、自治区、直辖市人大常委会批准;在国家计划的指导下,制定管理和开发本民族乡境内的自然资源的规划和发展本民族乡少数民族生产、教育的特殊措施;对上一级人民代表大会及其常务委员会决议、决定中符合本民族乡情况的部分,报经上级人民代表大会批准变通执行或者停止执行;通过和发布本民族乡国家机关使用一种或者几种语言文字执行职务的决议。

民族乡的人民政府设乡长、副乡长。乡长由建立民族乡的少数民族公民担任,乡长、副乡长都由乡人民代表大会选举产生,对乡人民代表大会负责,受它监督。民族乡人民政府的主要权利义务是:执行本级人民代表大会的决议和上级国家行政机关的决定和命令；执行本行政区域内的经济和社会发展计划、预算，管理本行政区域内的经济、教育、科学、文化、卫生、体育事业和财政、民政、公安、司法行政、计划生育等工作；保护社会主义的全民所有的财产和劳动群众集体所有的财产，保护公民私人所有合法财产，维护社会秩序，保障公民的人身权利、民主权利和其他权利；保障农村集体经济组织应有的自主权；保障少数民族的权利和尊重少数民族的风俗习惯；保障妇女的男女平等、同工同酬和婚姻自由等各项权利；办理上级人民政府交办的其他事项。此外，可以根据本民族乡人民代表大会的决议、决定，采取适合当地民族特点的具体措施。

第十三章　少数民族人事法律制度

少数民族人事法律制度是我国民族法律制度的一个重要组成部分。基本内容包括：少数民族上层人士的培养和选拔使用问题；少数民族干部、科技专业人才、技术人员队伍的培养教育、选拔使用的问题；民族区域自治地方的自治机关的干部民族化问题（如民族自治地方机关“合理配备”少数民族人员、司法机关“应当有”实行区域自治的民族的人员）；等等。2004 年中共中央国务院《关于进一步加强人才工作的决定》明确提到：做好西部和民族地区人才工作，重视开发少数民族人才。从目前的少数民族干部培养和选拔来看，截至 2002 年，全国少数民族干部达 280 多万人，其中县（处）级以上干部有 4.2 万人，55 个少数民族中都有县（处）级以上干部。相较过去而言，已经是一个重大的进步，但少数民族干部的选拔任用制度尚待健全，各项人事法律制度应付阙如。民族地区的人才工作，事关民族工作的大局，事关社会稳定、国家长治久安，因此建立并完善少数民族人事法律制度，对于落实党和政府的民族政策、推行民族区域自治制度，促进民族平等团结互助和民族繁荣，促进民族地区的稳定和发展均具有重要意义。因此，必须重视健全少数民族人事法律制度，为少数民族干部、专业技术人才和经营管理人才的培养、选拔提供条件。

第一节　少数民族人事法律制度概述

一、少数民族人事法律制度的概念和意义

（一）少数民族人事法律制度的概念

少数民族人事法律制度是指国家采取多种措施培养、选拔少数民族干部、专业技术人才和经营管理人才的有关法律、法规和规章制度的总和。简言之，是少数民族人事工作的法律化、制度化。

少数民族人事法律制度在我国民族法律制度中占有重要地位。1949 年 9 月 29 日中国人民政治协商会议第一届全体会议通过的《共同纲领》中规定：“凡各民族杂居的地方及民族自治区内，各民族在当地政权机关中均应有相当名额的代

表。”1952年8月中央人民政府委员会第18次会议批准颁布的《民族区域自治实施纲要》第17条规定：“各民族自治机关得采取适当措施，以培养热爱祖国的、与当地人民有密切联系的民族干部。”1952年《政务院关于保障一切散居的少数民族成分享有民族平等权利的决定》第2条规定：“一切散居的少数民族成分，依法享有选举权与被选举权。其人数较多者，当地人民政府可采取适当办法，使有代表参加政权机关。”这些规定，使少数民族人事工作有了重要法律依据，是新中国成立后关于少数民族人事工作最早的法律规定，并为此项工作的法制化和制度化奠定了坚实的基础。中国共产党十一届三中全会以来，少数民族人事法律制度建设又向前推进了一步。1982年《宪法》和之后的《民族区域自治法》等法律的实施，对少数民族人事工作都作了相应的规定。

在2001年修订的《民族区域自治法》中，更有数个条文明文规定少数民族的人事制度，体现对少数民族的特殊照顾。比如，第16条规定：“民族自治地方的人民代表大会常务委员会中应当有实行区域自治的民族的公民担任主任或者副主任。”第17条规定：“自治区主席、自治州州长、自治县县长由实行区域自治的民族的公民担任。”“自治区、自治州、自治县的人民政府的其他组成人员，应当合理配备实行区域自治的民族和其他少数民族的人员。”“民族自治地方的人民政府实行自治区主席、自治州州长、自治县县长负责制。”“自治区主席、自治州州长、自治县县长，分别主持本级人民政府工作。”第18条规定：“民族自治地方的自治机关所属工作部门的干部中，应当合理配备实行区域自治的民族和其他少数民族的人员。”这些根据民族政策和《宪法》制定的《民族区域自治法》的相关规定是我国少数民族人事制度的基本法律依据。

（二）少数民族人事法律制度的意义

1. 少数民族人事法律制度关系到民族问题的解决。我国是一个多民族的统一的社会主义国家，自中华人民共和国成立以来就彻底废除了民族压迫、民族歧视的制度。然而，民族之间的差别依然存在，而且，这种以经济、文化以至于政治上的发展不平衡状态和历史上遗留下来的各民族间事实上不平等还将长期存在，这些问题如不能逐步得到解决，将有碍于民族之间的团结，而解决这些问题，少数民族干部起着重要的作用。早在中华人民共和国成立初期，毛泽东同志就指出：“要彻底解决民族问题，完全孤立民族反动派，没有大批少数民族出身的共产主义干部，是不可能的。”少数民族干部，来自本民族人民群众之中，他们与当地民族群众有着密切的联系，熟悉当地民族特点，理解当地民族心理，能有效地处理民族意识、民族生活方式、宗教信仰等同民族地区革命和建设的关系。事实证明，只要我们积极培养、坚决依靠和放手使用少数民族干部，就能变民族猜疑为民族信任，化民族隔阂为民族团结，就能把民族自治地方的自治机关建设成为沟通民族关系的桥梁，使党和各少数民族人民声息相通、血肉相连，就能逐步消除各民族之间事实上的不平等，真正解决好民族问题。

2. 少数民族人事法律制度关系到自治机关干部的民族化。所谓自治机关干部民族化,是指自治机关的主要领导职务,必须由实行自治的民族的公民担任,在自治机关的组成人员中,要合理配备实行区域自治的民族和其他少数民族的人员,并要切实保证他们真正有职有权有责,否则,民族区域自治就是徒有虚名,然而对少数民族干部“只认民族,不认德才”也是极为有害的,如果一味追求自治区域机关干部的民族化而把素质差的干部使用起来,从表面看实际上少数民族当家作主,实现了“民族平等”,但由于这些干部素质差,不能推动民族地区经济发展,使少数民族地区与其他先进地区的差距不仅不能缩小,反而还有可能扩大。所以,民族地区自治机关干部民族化只能建立在革命化、年轻化、知识化、专业化的基础之上,其实现过程的长短、快慢,取决于民族地区干部队伍的发展水平,这就要求我们加强对少数民族干部的培养。

3. 少数民族人事法律制度关系到民族经济的繁荣。少数民族地区要提高生产力,振兴民族经济,彻底改变落后面貌,就经济抓经济是不行的,最有远见的办法就是培养干部和人才,没有大批政治思想好、热爱祖国、密切联系本民族群众、有文化科学知识、有能力的少数民族干部,就不可能有高速发展的民族经济,然而,目前少数民族干部队伍的总体状况是数量少,知识化、专业化水平较低,干部素质与民族与地区现代化建设的艰巨任务还有较大差距,因此,加强少数民族人事法律制度建设,是民族地区经济发展的客观要求,也是国家人事建设中的重要任务。

4. 少数民族人事法律制度关系到西部开发的进程,关系到整个国家现代化的进程。我国民族自治地区,面积占全国总面积的64%以上,物质资源十分丰富,包括草原、森林、未垦土地和许多重要的矿藏。民族地区多集中在西部地区,西部开发在一定意义上讲,是少数民族较为集中的欠发达地区的经济开发。这是我国长期历史发展形成的一个基本特点。从战略上看,开发民族地区,充分利用那里的物资资源为我国社会主义现代化建设服务,既是民族地区的大事,也是整个国家实现现代化的一个重要组成部分。西部民族地区的开发的程度如何,经济发展的快慢,将直接影响到整个国家现代化建设的进程。所以,加强对少数民族人事法律制度的建设,是西部开发和整个国家现代化建设事业的需要。

二、少数民族人事法律制度的内容

目前,我国关于少数民族人事法律制度的内容主要有以下几方面:

(一)关于培养少数民族干部和专业技术人才及经营管理人才

《宪法》第122条第2款规定:“国家帮助民族自治地方从当地民族中大量培养各级干部、各种专业人才和技术工人。”《民族区域自治法》和其他有关法律、法规根据宪法的规定,对大量培养少数民族干部、各种专业人才和技术工人也作了具体规定。《民族区域自治法》第22条规定:“民族自治地方的自治机关根据社会主义建设的需要,采取各种措施从当地民族中大量培养各级干部、各种科学技术、经营管理等专业人才和技术工人,充分发挥他们的作用,并且注意在少数民族妇女中培养各级干部和各种专业技术人才。"1991 年 12 月 8 日《国务院关于进一步贯彻实施〈中华人民共和国民族区域自治法〉若干问题的通知》中指出:"要关心、爱护少数民族干部,为他们提供各种学习、锻炼机会,不断提高其政治思想水平和业务工作能力。各级民族工作部门要与有关部门积极配合,大力培养、选拔坚持四项基本原则,忠实执行党和国家的方针政策,密切联系各族群众,具有一定科学文化知识和实际工作能力的少数民族干部。"中共中央、国务院批转《国家民委关于做好杂居、散居少数民族工作的报告》中指出:"要大力培养少数民族干部,包括各种专业人才,把那些政治思想好,有一定工作能力,同群众有密切联系的少数民族干部,大胆提拔到领导岗位上来。对那些没有或很少有城市人口的少数民族,要专门拨给从农村人口中选拔培养干部的指标,使这些民族的干部很快成长起来。"《城市民族工作条例》第 8 条规定:"城市人民政府应当重视少数民族干部的培养选拔。城市人民政府有关部门应当重视少数民族专业技术人员的培养和使用。城市人民政府有关部门鼓励企业招收少数民族职工。"《民族乡行政工作条例》第 19 条规定:"民族乡应当在上级人民政府的帮助和指导下采取各种措施,加强对少数民族干部的培养和使用。"在培养措施上,有关法律、法规做了规定。

根据这些法律法规,我们卓有成效地系统性地加强了少数民族干部、人才的培养力度。目前,培养的认识越来越高,力度越来越大,成绩越来越明显,主要的培养途径包括:一是挂职锻炼,每年约 400 余人参加;二是出国短期培训;三是送到香港培训;四是交流培训;五是办短期培训班;六是依托内地高等学校培训人才,如内地新疆班、西藏班。在培养对象上,我们重视民委系统的干部,他们是贯彻民族政策推行民族区域自治制度的重要力量;重视少数民族地区急需人才的培养,适应市场经济和具有科学发展观的人才;重视后备干部和年轻干部的培养,在关键时刻和重点工作中考察干部、识别干部,符合条件的要及时选拔,按照党管人才的原则,重视专业技术人才队伍建设,抓好高层次人才培养、引进和使用,敢于破格提拔、大胆使用年轻的民族干部。这些构成了我国特色的少数民族干部和人才培养体系。

(二)关于少数民族干部的选拔和任用制度

为保障少数民族行使当家作主,参与管理国家的平等权利,我国《宪法》《民族区域自治法》和其他有关法律、法规对在国家权力机关、政府机关、自治地方的人民法院和人民检察院配备少数民族干部作了相应规定。

1. 国家权力机关。《宪法》第 59 条规定:"全国人民代表大会由省、自治区、直辖市和军队选出的代表组成。各少数民族都应当有适当名额的代表。"《全国人民代表大会和地方各级人民代表大会选举法》第 15 条规定:"全国少数民族应选全国人民代表大会代表,由全国人民代表大会常务委员会参照各少数民族的人口数和分布等情况,分配给各省、自治区、直辖市人民代表大会选出。人口特少的民族,至少也应有代表1人。”《宪法》第65条第5款规定:“全国人民代表大会常务委员会人员中,应当有适当名额的少数民族代表。”根据法律的规定,在全国人民代表大会中,少数民族代表有较高的比例。例如,第八届全国人民代表大会中,55个少数民族都有代表;少数民族代表有439人,占代表总数的14.75%;大大高于少数民族人口占全国人口比例。在全国人民代表大会常务委员会委员中,少数民族有20名,占常务委员会委员人数的12.9%;副委员长有4名是少数民族。

《宪法》第113条第2款规定:“自治区、自治州、自治县的人民代表大会常务委员会中应当有实行区域自治的民族的公民担任主任或者副主任。”目前,我国5个自治区、30个自治州、120个自治县(旗)的人民代表大会的常务委员会中都有实行区域自治的民族的公民担任主任或副主任。《全国人民代表大会和地方各级人民代表大会选举法》第16条第1款规定:“有少数民族聚居的地方,每一聚居的少数民族都应有代表参加当地的人民代表大会。”第18条还规定:“散居的少数民族应选当地人民代表大会的代表,每一代表所代表的人口数可以少于当地人民代表大会每一代表所代表的人口数。”《地方各级人民代表大会和地方各级人民政府组织法》还规定:“各行政区域内的少数民族应当有代表名额。”中共中央、国务院批转《国家民委关于做好杂居、散居少数民族工作的报告》中指出:“根据各民族一律平等的原则,在地方各级人民代表大会中,各有关少数民族应当有适当名额的代表,对人口极少的民族,也应给以适当照顾。少数民族人口较多或民族关系显著的地方各级人民代表大会常务委员会中,有关少数民族应当有适当名额的委员。”

2. 民族自治地方及民族乡人民政府机关。《宪法》第114条规定:“自治区主席、自治州州长、自治县县长由实行区域自治的民族的公民担任。”《民族区域自治法》第17条也作了同样规定,并规定自治区、自治州、自治县的人民政府的其他组成人员,应当合理配备实行自治的民族和其他少数民族的人员。第18条还规定:“民族自治地方的自治机关所属工作部门的干部中,应当合理配备实行区域自治的民族和其他少数民族的人员。”国务院《关于进一步贯彻实施〈中华人民共和国民族区域自治法〉若干问题的通知》中指出:“要努力创造条件,在民族自治地方的上级人民政府及其所属职能部门中配备少数民族负责干部。”国务院《关于建立发展民族乡问题的通知》第4条规定:“民族乡人民政府配备工作人员应当照顾到本乡内的各民族。民族乡的乡长由建立民族乡的少数民族公民担任。”《民族乡行政工作条例》第4条规定:“民族乡的人民政府配备工作人员,应当尽量配备建乡的民族和其他少数民族人员。”目前,我国5个自治区的主席、30个自治州的州长、120个自治县(旗)的县(旗)长,都是由实行区域自治的民族的公民担任,1200多个民族乡的乡长也都是由建立民族乡的少数民族的公民担任。《城市民族工作条例》对少数民族人口较多的城市的人民政府中配备少数民族干部也作了规定。《城市民族工作条例》第7条规定:“少数民族人口较多的城市的人民政府、少数民族聚居的街道办事处,以及直接为少数民族生产、生活服务的部门或者单位,应当配备适当数量的少数民族干部。”

3. 民族自治地方的人民法院和人民检察院。《民族区域自治法》第46条第3款规定:“民族自治地方的人民法院和人民检察院的领导成员和工作人员中,应当有实行区域自治的民族的人员。”这为的是在自治地方更好地做好司法工作,加强社会主义法制建设。

4. 企业、事业单位。《民族区域自治法》第23条规定:“民族自治地方的企业事业单位依照国家规定招收人员时,优先招收少数民族人员;并且可以从农村和牧区少数民族人口中招收。”国务院《关于进一步贯彻实施〈中华人民共和国民族区域自治法〉若干问题的通知》中规定:“民族自治地方每年编制内的干部和职工自然减员、缺额及国家当年新增用人指标由民族自治地方通过考核予以补充,对少数民族人员优先录用。上级人民政府在每年下达的农业户口转为非农业户口的计划中,划出一定指标用于民族自治地方的农牧民中招收少数民族职工。”中共中央、国务院批转《国家民委关于做好杂居、散居少数民族工作的报告》中指出:“在招工、征兵以及招收其他各种工作人员时,要坚持民族平等的原则,不得以任何借口歧视和排斥少数民族,并且要予以适当照顾。”《城市民族工作条例》第8条第3款规定:“城市人民政府鼓励企业招收少数民族职工。”这些规定对于培养强大的少数民族产业工人队伍,特别是技术工人队伍提供了法律依据和有利条件。

5. 基层群众自治组织。《村民委员会组织法(试行)》中规定:多民族居住的村庄应当有人数较少的民族的成员。《城市居民委员会组织法》中规定:多民族居住地区,居民委员会中应有人数较少的民族的成员。《人民调解委员会组织条例》也规定了多民族居住地区的人民调解委员会中,应当有人数较少的民族的成员。

根据《宪法》和《民族区域自治法》等法律规定的原则,民族自治地方的自治条例,根据本地区的经济、文化、教育、科技等各方面的特点,对培养少数民族干部、专业技术人才以及少数民族干部的选拔任用方面都有具体的规定。根据相应的法律规定,许多年轻有为、学历层次较高的少数民族干部走上了领导岗位,大批少数民族专业技术人才被充实到适合的工作岗位,使民族地区领导干部队伍的年龄结构和知识结构发生了重大变化,整体素质有了较大提高,促进了民族地区的社会稳定和经济发展。但是,当前民族地区的现有干部队伍的综合素质与建立社会主义市场经济体制的客观要求存在较大差距,主要表现为:心理准备不充分,思想僵化较为严重,观念变革困难;文化素质有待提高,知识结构略显老化,复合型人才欠缺;一般人才较多,高层次人才、专业技术人才和熟悉市场经济运行规律的人才欠缺。整体而言,少数民族干部与应当具有的比例还存在一定差距,这些问题,除了有历史和思想认识上的原因,更重要的是深层次的制度问题。应当承认,我们还没有在培养选拔少数民族干部方面形成一套比较完整的法律制度,宪法和民族区域自治法的原则和内容,还需要一系列法律法规(包括自治条例、单行条例和实施细则等)加以具体化,使培养少数民族干部工作逐步走向制度化、法律化。

第二节　民族自治地方人事管理自治权

《宪法》第115条规定:自治区、自治州、自治县的自治机关行使宪法第三章第五节规定的地方国家机关的职权,同时依照宪法、民族区域自治法和其他法律规定的权限行使自治权,根据本地方实际情况贯彻执行国家的法律、政策。这为民族自治地方获得广泛的自治权确立了法律根据。《民族区域自治法》第22条规定:民族自治地方的自治机关根据社会主义建设的需要,采取各种措施从当地民族中大量培养各级干部、各种科学技术、经营管理等专业人才和技术工人,充分发挥他们的作用,并且注意在少数民族妇女中培养各级干部和各种专业技术人才。民族自治地方的自治机关录用工作人员的时候,对实行区域自治的民族和其他少数民族的人员应当给予适当的照顾。民族自治地方的自治机关可以采取特殊措施,优待、鼓励各种专业人员参加自治地方各项建设工作。第23条规定:民族自治地方的企业、事业单位依照国家规定招收人员时,优先招收少数民族人员,并且可以从农村和牧区少数民族人口中招收。这些规定清晰地表明,我国民族自治地方在人事管理上享有自治权。

一、民族人事管理自治权的概念及其特征

民族人事管理自治权是民族自治地方自治权的重要内容之一,也是国家人事管理制度中民族人事制度的泉源。它具有如下特征:

(一)法定性

民族人事管理自治权是立法规定的民族自治地方享有的人事管理方面的自治权。宪法、民族区域自治法、自治条例与单行条例等构成我国民族自治法律体系,从不同层面上规定了民族人事管理自治权。正因为存在这种法律的明确规定,才会有民族人事管理制度的产生。正是依照这些规定,民族自治地方的立法机关按照法定程序制定适合于民族自治地方实际情况的自治法规,将民族自治地方的人事管理自治权规定的细致具体,更具有可操作性。综观几十年民族立法史,都将人事管理自治权纳入,作为人事管理制度加以规定。

(二)民族性

民族性是民族人事管理自主权的一个重要特征。这一权力的授予最初的动因就是民族自治地方的自治,需要根据民族特色适应民族文化由少数民族自己对民族地区进行管理。从某种意义上讲,民族性是民族人事管理自主权的本质特征。

自治机关的人事管理自治权旨在重点培养少数民族干部和人才的培养和选拔，充分发挥他们的作用，在“当地民族”中培养和选拔人才。

（三）自主性

自治权要求自主地决定治理方面的事务。我国民族自治地方的自治权非常广泛，包括除军事、外交、国防等方面的广泛事项，跨越经济、政治、文化等数个领域。人事管理仅仅是其中之一。人事管理是指由人事管理权的机关，按照一定的原则和方法，对一定机构或组织中的各类人员的录用、调配、培养、考核、奖惩、选拔任用等事项进行的管理活动。按照宪法、民族区域自治法的规定，民族自治地方可以根据工作需要，对各类人员进行自主选拔、聘任、调配等人事安排，采取多种办法和措施，通过各种渠道和途径，甚至采取“特殊政策”和“优惠措施”，吸引人才和招揽人才。

二、民族人事管理自治权的意义

民族人事管理自治权的确立，对民族自治地方的少数民族干部、专业技术人才和经营管理人才的成长、选拔和任用，对于自治机关其他自治权的行使，对民族区域自治制度的实施，对于民族地区稳定、民族团结与繁荣均有极其重要的意义。江泽民同志明确提出，少数民族干部队伍的状况，是“衡量一个民族发展水平的重要标志”。[1] 具体而言，民族人事管理自治权的意义表现为：

（一）便于少数民族干部和人才的成长和发展

民族自治地方干部和人才的培养，主要靠三条途径：一是依靠民族自治地方自己培养；二是依靠国家帮助培养；三是民族自治地方与其他地区通过合作交流的方式协作培养。无论是哪种方式，都需要人事管理自治权的落实。少数民族干部和人才具有自身的特色，其成长和发展具有自身的特点，民族自治机关应当因势利导，采取优惠与特殊措施促成少数民族干部和人才的成长与发展。

（二）有利于推动民族区域自治制度的实施

民族区域自治制度是我国宪法规定的基本政治制度。它是让各少数民族在统一的主权国家内，通过宪法、民族区域自治法的授权，实行区域自治，自主地管理本民族内部的事务，安排和发展民族自治地方的经济、文化、教育和卫生等事业。民族区域制度的贯彻与落实，关键在干部，在于人才的培养和使用。我国民族区域自治制度之所以取得成功，重要的一条经验是：大力培养和使用少数民族干部与人才。少数民族干部与人才熟悉民族地方的情况，在民族地方群众中享有一定的威信，更容易形成一定的影响，因此对民族区域制度有更为积极的推动作用。

（三）有利于民族地区的稳定和民族团结进步

培养和使用少数民族干部与人才，对于维护民族地区的社会稳定与国家统一，

---

〔1〕《中国共产党主要领导人论民族问题》，民族出版社1994年版，第256页。

促进民族团结和民族进步具有重要意义。大力培养少数民族干部,加强民族地区的干部队伍建设,是一项事关大局的重要工作,应当作出具体规划,扎实推进和实施。少数民族干部与人才来源于各少数民族,拥护国家统一和民族团结,对本民族的进步与发展具有高度的责任心,在民族自治地方的群众中具有一定号召力,起到了一个带头作用。培养、选拔和任用少数民族干部和人才,对改变民族地区落后现状,加快民族地区经济发展具有重要意义。

第三节　选拔少数民族干部法律制度

一、选拔少数民族干部的途径和条件

(一)选拔少数民族干部的途径

1. 从扩大基层少数民族干部队伍入手,开辟多种走向的少数民族干部来源渠道。基层少数民族干部的大批成长,中、高层民族领导人才有雄厚的基础和来源,着眼于基层,注意大范围、多渠道地培养少数民族干部,这是具有战略意义的大问题。目前的问题是,少数民族干部的数量不足,来源渠道太窄,仅仅依靠学校毕业后分配的干部,根本无法满足和适应民族地区经济发展的需要,必须采取多种形式拓宽民族干部生长的渠道。

2. 坚持定期选派有培养发展前途的中青年干部到经济发达地区和上级领导机关进行挂职锻炼。对这一措施的积极意义和潜在作用不应低估,担任一定领导职务的民族干部在这种社会经济、政治、文化氛围和社会心理都与民族地区有较大差异的现代文明环境中工作、生活,其意义还不主要在学到什么技能,而在这种强大的影响下,思维方式和行为方式上有着一种"社会化"的改造,在某种程度的现代文明洗礼下,产生对这种环境的向往。

3. 针对不同对象,注意多渠道、多形式的干部培养锻炼方式。应当加快选拔步伐,对一些年轻、比较优秀的少数民族干部,要强调以实践性原则为特点的锻炼,如早压担子,注意轮岗交流、地域交流、部门交流、上下交流,缺什么就补什么。并注意让他们在多民族构成的工作环境中特别是领导班子中工作锻炼,扩大视野,丰富经验,增长工作长干。

(二)选拔少数民族干部的条件

1. 选拔少数民族干部,要按照德才兼备的标准。江泽民同志指出:我们选用接班人的标准还是德才兼备,具体说来,主要是这么几条:一条是政治上的要求,就是要听党的话,是真正的共产党人,坚持党的基本路线,有坚定的社会主义、共产主义信念;另一条是业务上的要求,就是要有能力,包括有知识、有实际经验、有组织

领导才能；还有一条是思想作风上的要求，就是要有博大的胸怀，有容人之量、民主作风好，能团结有不同意见的同志一道工作，能坚持清正廉洁。

2. 选拔少数民族干部，要按照求真务实的标准。必须在实际工作中考察少数民族干部的德能勤绩，对于作风不实、跑官买官、勤于专门子而不是提高自身素质的人员，不宜选拔任用到领导岗位。要按照"权为民所用、情为民所系、利为民所谋"去提高认识，严格要求民族干部，考察和选拔少数民族人才。

3. 要选拔使用好少数民族干部，必须关心和爱护少数民族干部。各民族干部是党和国家的宝贵财富，必须对他们进行认真的指导、提高、教育、照顾。同时要大力宣传少数民族干部的先进事迹和优良作风，使他们在工作上有一种光荣感、使命感。让他们在工作中有职、有权、有责、职权相符，胜任愉快。现在，我们面临着复杂的国际形势，国内正在努力实现第二步战略目标，推进各民族共同繁荣，少数民族干部的重要作用显得更加重要。

4. 少数民族干部必须自身努力，主动提高。对于少数民族干部来说，为适应社会主义现代化建设的需要，就必须严格要求自己"自尊自重"，主动自觉地不断提高自己科学知识水平和文化业务能力，使自己成为所从事的专业的内行。要在实践中加强锻炼，注意向内行学习，注意调查研究和总结经验。同时，要下大力学科学、学技术，用现代化的新知识武装充实自己，特别要学会与自己业务有关的一两门科学知识，使自己成为现代化建设的专家和实干家。

二、选拔少数民族干部的原则

(一)树立尊重知识和尊重人才的现代人事观念

这一观念的自治法律原则，是我国几十年的社会主义实践经验总结。在20世纪50年代，《民族区域自治实施纲要》的"自治权利"里面，只规定有一条："各民族自治区机关应采用适当措施，以培养热爱祖国的与当地人民有密切联系的民族干部。"这一规定已经远远不适应当今世界的现代竞争环境，即当今的科技经济竞争实乃人才的竞争。如果民族自治地方再不注重和迅速培养大量的科学技术、经营管理等专业人才，未来的民族自治地方将是不堪设想的。党的十六大报告中要求："必须尊重劳动、尊重知识、尊重人才、尊重创造，这要作为党和国家的一项重大方针在全社会认真贯彻。"针对少数民族干部，又强调"进一步做好培养选拔妇女干部、少数民族干部和党外干部的工作"。中共中央、国务院《关于加强人才工作的决定》更是强调：进一步做好西部和民族地区人才工作，要树立正确的用人观念，制定灵活的用人政策，创造良好的用人机制和环境，稳定和用好现有人才，重视开发少数民族人才，积极引进急需人才。

(二)充分注意少数民族人才队伍发展的客观规律

少数民族人才队伍发展有其自己的规律。在选拔少数民族干部问题上，首先必须正视这样一个现状：目前大部分民族地区，无论从社会经济发展水平还是人口的总体素质上讲,都较之内地有较大差距,这种差距有深层的历史、文化和自然条件等原因,这种历史和环境条件所造成的现状,不可能在一个很短的时期内解决。因此,在一段时间内,对民族干部的成长、发展在指导思想乃至政策上体现出一定的保护,是必要的。当然,保护、照顾并不是目的,而仅仅是一种手段,这样做最终还是为了弹回它应有的位置。

(三)充分尊重少数民族干部风俗习惯和伦理道德观

正确对待少数民族干部是尊重该民族特点即风俗习惯和伦理道德观念的一个反映。一个民族的风俗习惯,既是该民族心理的外在形式,又是民族传统文化的重要内容,是构成民族特点的一个重要方面。任何一个少数民族都具有本民族的心理素质和风俗特点,我们不应该也没有必要以汉文化的价值观念和行为规范来约束民族干部。从工作上讲,尊重民族的感情和民族平等,因此,我们一方面要注意对民族干部加强党性锻炼、党的政治生活的锻炼,以及严格的组织纪律锻炼;另一方面应注意尊重作为民族共同心理素质的反映,起着维护和巩固民族共同体作用的各民族的风俗、性情、道德及语言,不能因为风俗习惯上的不同而影响民族干部的培养和帮助。

第四节　培养少数民族干部法律制度

一、培养少数民族干部的途径和条件

(一)培养少数民族干部的途径

为了培养一大批少数民族干部、专业人才和技术工人,以适应经济、政治体制改革顺利进行和民族地区经济发展的需要,当前可采取以下办法:

1. 通过各类各级院校培养。民族学院是培养少数民族干部、专业人才的重要基地。到目前,全国已先后创办了13所民族学院,每年培养大批毕业生,其中包括文、理、农、工、医、师、财经、政法、体育、艺术等方面人才,造就了大批有较高政治理论水平,科学文化知识的少数民族干部和各种专业人才,他们在各条战线的各种岗位上,为民族地区各项事业和少数民族的发展、进步发挥了骨干作用。大专院校在民族地区实行定向招生、定向分配,是解决少数民族地区人才缺乏的一个有效办法。一些省、自治区在大专院校设民族班,有的设立民族干部学校,它们以培养少数民族人员为主,经过学习,提高了思想和业务素质,有的虽是工人、农民、知识青年,但通过正规培训而成为干部。通过各级党校培训,也是培养少数民族干部的一条重要途径,少数民族干部除通过一般渠道到各级党校学习外,党校还专门开办民族班,如中央党校就专门办有新疆班和西藏班。

2. 在实践中培养。除各类各级院校的正规培训外,在实践中培养,也是少数民族干部成长的一个重要途径。比如采取“走出去”的办法,把他们送到发达地区、上级领导机关或基层单位和企事业单位挂职工作。到上级领导机关挂职锻炼能拓宽干部的思路,开阔视野,扩大知识面,提高组织领导能力。到经济发达地区,可学习先进的科学文化知识、经营管理方法,也有利于观念的更新、思想的解放,把这些先进的科学文化知识、经营管理方法同本地区的实际相结合,以加快民族地区的发展。

3. 在人民军队中培养。军队军地两用人才培养也是培养少数民族干部、专业人才和技术工人的熔炉。有一大批少数民族干部都在军队茁壮成长,成为高级指挥员。经过军地两用人才培训的少数民族军人复员、转业后,回到民族地区,能更好地为民族地区和少数民族的经济文化等项事业的发展发挥作用。少数民族优秀子弟经过部队的正规训练、教育,使他们在服役期间得到很大提高,再经过适合地方工作的专业技能培养,复员、转业后,是很好的干部、专业人才或技术工人。

培养和配备少数民族干部、专业人才和技术工人的途径是多方面的,几十年来已经取得了巨大成就,积累了一些有益的经验,有的已经初步形成法律规范。有关省、自治区根据法律规定,结合本地区民族工作的具体情况和实际需要采取了一些切实可行的措施,包括制定民族工作条例、地方性法规和一些规范性文件,对培养、配备少数民族干部、各种专业人才和技术工人起到了重要的保障作用。

(二)培养少数民族干部的条件

加强对少数民族干部的培养,需要进一步创造有利于他们健康成长的良好条件。

1. 必须对培养少数民族干部给予更充分的重视。党和国家历来十分重视少数民族干部的培养工作,先后制定了一系列培养少数民族干部方针政策。多年以来,在各少数民族地区培养建设了一支包括政治、经济、科技、文化教育、医疗卫生等方面人才的少数民族干部队伍,但总的看来,少数民族干部队伍无论是在数量上还是在整体素质上,都未达到相应的要求。因此,民族地区党组织应进一步加深对党的民族干部政策的学习和理解,把培养少数民族干部的工作放到重要议事日程上,使政策和措施具体化、制度化,把培养少数民族干部的工作进一步加强起来,落到实处。

2. 必须给予少数民族干部更多的学习和深造的机会。由于历史上造成的少数民族教育落后和民族地区山高路远,交通不便、通信设备差、信息传递慢的状况,致使少数民族干部文化基础比较差,见识较少,知识面窄,要改变这种状况,关键是要给他们更多的学习和锻炼的机会,通过多种渠道、多层次、多类型、多比例的办法,要优先选送少数民族领导干部到艰苦的环境中去经受锻炼,增长才干。

3. 必须给予更多的帮助和关怀。培养少数民族干部,除了各级党组织的高度重视和少数民族干部的自身努力外,还离不开广大汉族干部的热情帮助。建国以来党和国家根据民族地区革命和建设的需要,先后派了大批汉族干部、专业技术人才到民族地区工作。多年以来,在党的关怀和汉族干部的帮助下,少数民族干部已经大批地成长起来,但是,仍然需要继续鼓励和支持汉族干部从党的利益和少数民族地区的大局出发,给少数民族干部以热情的支持和帮助,并为他们迅速成长创造条件。

二、培养少数民族干部的原则

(一)坚持政治教育为导向的原则

德才兼备是我们培养、选拔和任用干部的一个标准。少数民族干部的培养,应当注重全面培养与重点培养兼顾。即为各行各业、各个领域培养人才的同时,重点培养经济管理人才。[2] 但是,少数民族干部的培养绝对不能忽视政治导向。培养少数民族干部,应当坚持进行以党的政策、党性观念为主的政治培训,强化坚定正确的政治方向,培养造就高素质的少数民族干部,必须加强革命化素质的教育和培养,要把马克思主义基本理论特别是马克思主义的民族观、宗教观作为提高少数民族干部政治素质的核心来抓;应把是否坚持用马克思主义的立场、观点和党的民族政策去对待、解决民族和宗教问题,是否把维护民族团结、维护祖国统一,反对民族分裂作为自己的职责,是否坚定不移地坚持"两个离不开",全心全意为各民族人民服务,作为衡量少数民族领导干部政治素质高低的重要标准,通过进行这种培训,方式上可体现为以上岗前政治、思想、理论等各种准备为主的任前培训;以总结、反思工作,接受新信息为主的适应培训;以及以加大领导技能的提高政治素质培训力度的短期强化培训等,把这种培训放到整个干部工作的动态管理过程中去考虑。

(二)坚持全面性教育的原则

培养少数民族干部,要着眼于全面性教育,使民族干部的生长过程,成为其接受现代工业文明的"社会化"过程。

无论是否认识到这点,我们至少必须承认,抓好基础的培养、教育,才是最终从长远上、整体上提高少数民族素质包括少数民族干部素质的根本,因此,我们要紧紧抓住培养教育的环节。这里指的"全面性"的教育,不仅指科学文化素质的提高,而且包括与现代社会发展合拍的心理素质的培养,及现代思维、行为方式的输入,使干部接受教育和成长的过程,成为接受现代工业文明的"社会化"过程。

(三)坚持针对性和有效性相结合的原则

所谓针对性和有效性,是指对少数民族领导干部进行以拓宽视野、更新观念、

---

[2] 龚志伟:《党的民族人事制度与少数民族干部的培养和选用》,载《西南民族学院学报》2000年第10期。

增强和提高领导能力为鲜明特点的培养、锻炼。我们必须结合少数民族干部的特点、民族地区工作的性质与需要，力求多样化地重视创造型、管理型和技术型的干部人才的培养。

近年来，我们按照不同情况，采取不同方式加强对少数民族各级领导干部的培养、锻炼，提高他们的素质，少数民族干部的文化素质有了大幅度的提高。这对培养、选拔高素质的民族干部队伍具有重要的意义。今后的少数民族干部培养需要注重拓宽视野、更新观念，注重面向市场、面向社会培养人才，重视培养的针对性和有效性，按照领导干部人才、专业技术人才和经营管理人才三个目标去培养人才、任用人才。

第十四章　少数民族语言文字法律制度

第一节　少数民族语言文字法律制度概述

一、少数民族语言文字法律制度的概念

所谓少数民族语言文字法律制度，是指国家实行各民族语言文字的一律平等、保障各少数民族使用和发展本民族语言文字自由的一种法律规范。

少数民族有使用和发展本民族语言文字的自由，这不仅是宪法、法律赋予少数民族的一项基本权利，而且是民族平等的一个重要标志。中国是一个多民族、多语言的国家。在55个少数民族中，除回族、满族通用汉语外，各少数民族都有自己的语言。有些民族使用几种语言，所以少数民族语言种类有80种以上。这些语言分属汉藏语系、阿尔泰语系、澳亚语系、马来—波利尼西亚语系、印欧语系。汉藏语系的语言，使用的人口最多，包括汉语和壮侗、藏缅、苗瑶3个语族。壮侗语族包括8种语言：壮语、傣语、布依语、侗语、水语、仫佬语、毛南语、拉珈语。苗瑶语族包括4种语言：苗语、布努语、勉语、畲语。藏缅语族包括20种语言：藏语、门巴语、嘉戎语、珞巴语、土家语、羌语、普米语、登语、独龙语、怒语、白语、基诺语、景颇语、彝语、傈僳语、哈尼语、拉祜语、纳西语、载瓦语、阿昌语。阿尔泰语系有3个语族18种语言。蒙古语族包括：蒙古语、达斡尔语、东乡语、东部裕固语、土族语、保安语；突厥语族包括：维吾尔语、哈萨克语、柯尔克孜语、乌孜别克语、塔塔尔语、撒拉语、西部裕固语、图瓦语；满—通古斯语族包括：满语、锡伯语、赫哲语、鄂温克语、鄂伦春语。澳亚语系亦称南亚语系，只有佤、德昂语支的佤语、德昂语和布朗语。马来—波利尼西亚语系，只有台湾的高山语。印欧语系的语言有俄罗斯语和塔吉克语。此外，未定系属的语言有：京语、仡佬语、朝鲜语等。解放前，有17个少数民族有自己的文字，它们是：蒙古族、朝鲜族、藏族、维吾尔族、傣族、景颇族、拉祜族、哈萨克族、俄罗斯族、塔塔尔族、彝族、白族、佤族、柯尔克孜族、满族、锡伯族、傈僳族等。而且文字体系很复杂。30多个民族没有文字。新中国成立后，国家先后帮助壮、布依、苗、彝、黎、纳西、傈僳、哈尼、佤、侗10个民族创造了14种拉丁字母形式的拼音文字（其中苗文4种、哈尼文2种），另外帮助一些民族进行了文字改革或改进。

旧中国历史上的历届政府，对中国少数民族的语言文字都采取歧视的政策，均

以汉语为官方语言,以汉语为“中国语言”,不承认少数民族语言文字为中国语言的成分。这种歧视政策是旧中国民族压迫的表露之一,体现了民族间政治、经济、文化的不平等。中华人民共和国成立后,中国共产党和中国人民政府将实现各民族平等、团结和共同繁荣作为解决民族问题基本原则,并写入宪法和其他法律之中。坚持民族平等、团结和共同繁荣的基本原则,就必须保护少数民族的语言文字权利,作为一种表达思维,进行交往活动的工具,语言文字权利的平等享有,是各少数民族充分享有其他权利的保障,也维护中华民族的团结,促进各民族文化和整个中华民族文化繁荣的保证。语言文字权利是保障各民族实现参与国家管理活动,进行经济文化交流,繁荣民族文化的一项基本权利,没有这项权利,也就谈不上政治、经济、司法、文化教育和民族平等。因此,它不仅是一项单纯的文化权利,而且也是一项重要的政治权利。

总之,建立和健全民族语言文字法律制度,是各少数民族享有宪法赋予的语言文字权利的法律保障,是中国民族法体系的重要组成部分。

二、少数民族语言文字法律制度的基本内容

语言是人类重要的思维工具和交际工具。文字是记录和传达语言信息的书写符号,它可以进一步扩大语言在时间和空间上的交际功能,是人类文明传承的主要载体。少数民族语言文字是构成民族的特征之一,是本民族人民在日常生活和社会活动中进行思维与交流思想的工具,是民族文化的重要表现形式。同时,少数民族语言文字问题,是多民族国家构成民族问题,影响民族团结的重要因素之一,有时表现为复杂的政治问题。因此,新中国成立后,国家先后制定并颁布实施的有关少数民族语言文字的法律、法规达 51 个,各民族自治地方制定的关于少数民族语言文字工作的单行条例有 15 件,所有这些构成了少数民族语言文字的法律制度,其基本内容有:

(一)语言文字自由权

语言文字自由权,是宪法和法律赋予各民族全体公民,在一切生活领域使用和发展本民族语言文字的权利。

从新中国成立前夕,召开的中国人民政治协商会议制定的《共同纲领》第 53 条规定:“各少数民族均有发展其语言文字、保持或改革其风俗习惯及宗教信仰的自由。”到以后 1954 年宪法、1975 年宪法、1978 年宪法,都在总纲中明确写入:各民族都有使用和发展自己的语言文字的自由。1982 年颁布的《宪法》总纲第 6 条规定:“各民族都有使用和发展自己的语言文字的自由”。1984 年颁布的《民族区域自治法》第 10 条规定:“民族自治地方的自治机关保障本地方各民族都有使用和发展自己的语言文字的自由。”由此可见,语言文字自由是宪法和法律赋予的一项基本权利,同时也是一种语言权力,具有最高的法律效力。

为了进一步保障、实现少数民族的语言文字自由权的实现,在我国《宪法》第

134 条、其他相关的部门法和一些行政法规也作了具体的规定。如《人民法院组织法》第 6 条规定:“各民族公民都有用本民族语言文字进行诉讼的权利。人民法院对于不通晓当地通用的语言文字的当事人,应当为他们翻译。在少数民族聚居或多民族杂居的地区,人民法院应当用当地通用的语言进行审讯,用当地通用的文字发布判决书,布告和其他文件。”《刑事诉讼法》第 9 条、《民事诉讼法》第 11 条,都规定了:各民族公民都有用本民族语言文字进行刑事和民事诉讼的权利。另外,《全国人民代表大会组织法》第 19 条规定:“全国人民代表大会举行会议的时候,应当为少数民族代表准备必要的翻译。”所有这些法律都是保障少数民族公民在一切生活领域行使语言文字的自由权。

(二)语言文字自治权

语言文字自治权,是指民族自治机关可以决定其执行职务的工作语言文字的一项特定法权。《宪法》第 121 条规定:“民族自治地方的自治机关在执行职务的时候,依照本民族自治地方自治条例的规定,使用当地通用的一种或者几种语言文字。”《民族区域自治法》第 21 条重申了宪法的规定,并进一步规定:自治机关“同时使用几种通用的语言文字执行职务的,可以以实行区域自治的民族的语言文字为主”。这是宪法和民族区域自治法赋予民族自治地方自治机关的自治权。它既体现了国家充分尊重和保障少数民族语言文字的自由权,又有利于其他自治权的行使。

自治机关的语言文字自治权,有以下主要内容:一是民族自治地方的自治机关执行职务时,使用当地通用的一种或几种语言文字。如会议通过的决议、文件用当地通用的一种或几种文字公布等。二是民族自治地方人民政府执行职务时,使用当地通用的一种或几种语言文字。如为了从事民政、公安、司法行政等各种行政管理,进行经济、文化、教育和社会事业建设等而制定的规章,发布的决定和命令等,均可使用当地通用的一种或几种语言文字。三是民族自治机关工作部门在执行公务中,使用当地通用的一种或几种语言文字。

语言文字自治权与语言文字自由权,二者之间既有密切联系,又有明显区别。二者之间的区别在于:一是基础相同。语言文字自治权与语言文字自由权都是建立在我国各民族语言文字历史悠久、种类繁多的基础上。这些不同的语言文字在各少数民族的社会生活领域中广泛使用。二是立法原则相同。语言文字自治权与语言文字自由权,都是以马克思主义关于语言文字的基本原理为指导的。马克思主义认为,民族语言文字有其自身的发展规律,对各民族的发展有重大影响。三是本质相同。语言文字自治权与语言文字自由权都是国家赋予的法定权利,受国家强制力保护。四是语言文字自由权是语言文字自治权的基础,语言文字自治权是语言文字自由权的保障。换句话说,没有语言文字自由权,就谈不上语言文字自治权;有了语言文字自治权,语言文字自由权才能充分体现。二者间的区别在于:一是权利主体不同。语言文字自治权的权利主体,是民族自治地方的自治机关。语言文字自由权的权利主体，是各民族全体公民。二是执行的范围不同。语言文字自治权的行使范围是，在自治机关职权范围内，在本民族自治地方的行政区域执行职务时行使；语言文字自由权的行使范围是，在中华人民共和国的领土上，各民族公民，不论在任何时间和生产、生活、社会生活的任何领域，都可以广泛地行使语言文字自由权。三是产生的程序不同。语言文字自治权的产生，需要一定的法律程序，而语言文字自由权则不需要这种程序。

宪法和民族区域自治法赋予民族自治地方自治机关语言文字自治权，体现了国家充分尊重和保障少数民族语言文字的平等权利，有利于其他自治权的行使。因为，语言文字是人类特有的交际工具。离开语言文字，国家机关是无法正常运转的，离开民族语言文字的民族自治地方的自治机关，同样也难于正常行使职权，也就谈不上民族的繁荣和发展。

（三）语言文字平等权

语言文字平等，是民族平等的重要内容和标志，是马克思主义民族平等原则的重要内容。任何一个民族的语言文字都是和这个民族的历史命运紧密联系的。民族的创造发明、英雄业绩和精神财富，都是通过民族的语言文字记载下来和流传下来的。每个民族都有用自己特有的方式，通过自己的语言文字去观察世界，认识世界，并树立自己的民族形象。因此，每个民族都极为珍视热爱自己的语言文字，不能容忍对民族语言文字的歧视，不能容忍对使用和发展民族语言文字的干涉和限制。马克思主义从语言发展的规律，从语言对社会和民族发展的作用以及它在民族关系方面的影响出发，主张和坚持各民族语言一律平等，反对对各民族语言的任何歧视、限制和压迫。不坚持语言平等，就谈不上民族平等。“谁不承认和坚持民族平等和语言平等，不同各种民族压迫或不平等作斗争，谁就不是马克思主义者，甚至也不是民主主义者。”〔1〕

我国的民族语言文字，非常丰富，也十分复杂，是中华民族悠久灿烂的历史文化的重要组成部分。每一种民族语言、每一种民族文字的创造、形成和发展，都是各民族人民多少个世代的智慧结晶，都是人类文明的宝贵遗产。因此，保障各民族语言文字的平等权，是少数民族真正行使自己当家作主的权利之一，是民族平等的标志。

（四）语言文字发展权

语言文字发展权，是指各民族都有自主改革、发展或请求国家帮助改革、发展本民族语言文字的权利。这是我国少数民族语言文字法律制度的重要内容之一。也是宪法和法律赋予少数民族的基本权利。中国共产党一贯坚持这一主张。早在1938年，毛泽东同志在党的六中（扩大）全会的报告中就指出：“尊重少数民族的文

〔1〕《列宁全集》（第20卷），第11页。

化、宗教、习惯,不但不应强迫他们学习汉文汉语,而且应赞成他们发展用各民族自己语言文字的文化教育。"[2]中华人民共和国成立以后,国家颁布的有关发展少数民族语言文字的法律、法规达50多个,帮助壮族、布依族、苗族、侗族、哈尼族、黎族等10个没有文字的民族创造了拉丁字母的文字方案,同时帮助四川彝族规范了彝文,帮助景颇族、拉祜族、傣族改进了文字,使之更加科学。

为了保障少数民族语言文字的发展,国家有关部门对少数民族语言文字的出版、翻译、广播、电视、文学艺术和少数民族文字的古籍整理等方面,制定了大量法规、规章,有力地促进了各民族间政治、经济、文化的交流,推动了少数民族各项事业的发展。

(五)尊重语言文字和互相学习语言文字权

《民族区域自治法》第49条规定:"民族自治地方的自治机关教育和鼓励各民族干部互相学习语言文字。汉族干部要学习当地少数民族的语言文字,少数民族干部在学习、使用本民族语言文字的同时,也要学习全国通用的普通话和汉文。"第53条规定:"教育各民族的干部和群众互相信任,互相学习,互相帮助,互相尊重语言文字、风俗习惯和宗教信仰,共同维护国家的统一和各民族的团结。"

尊重语言文字和互相学习语言文字权,是与各民族都有使用和发展自己的语言文字的自由权相密切结合的。尊重语言文字和互相学习语言文字是在语言文字自由权、平等权的基础上进行的,没有使用语言文字的自由和各民族语言文字的平等,就根本谈不上尊重语言文字和互相学习语言文字。尊重语言文字是语言文字平等的前提,而互相学习语言文字,是为了促进各民族互相交流、推动各民族文化知识和科学技术的提高,促进民族团结和共同繁荣。但是,这种学习必须是在自觉自愿的基础上进行,不得有丝毫的强迫。

(六)创造文字和改造文字权

我国少数民族的语言文字情况很复杂,一些少数民族没有自己的文字,有的民族虽有文字但与语言情况很不适应,有的少数民族没有全民族通用的文字,有的少数民族使用的是原始的象形文字或用外国传教士创造的拉丁字母或其他变种的拼音文字,使用范围极其狭小。1949年的《共同纲领》明确规定:各少数民族均有发展其语言文字的自由。为此,1951年政务院文化教育委员会正式成立民族语言文字研究指导委员会,其任务是:"指导和组织关于少数民族语言文字的研究工作,帮助尚无文字的民族创立文字,帮助文字不完备的民族逐渐充实其文字。"[3]1954年5月,中央人民政府政务院发出了《批复文教委员会民族语言文字研究指导委员会及民族事务委员会关于帮助尚无文字的少数民族创立文字问题的报告》。其

[2] 《进一步贯彻民族区域自治政策》,人民日报社论1953年9月11日。

[3] 《政务院关于民族事务的几项决定》,1951年2月5日。

后,1956 年 3 月 19 日,国务院又发出了一个《关于各少数民族创立和改革文字方案的批准程序和实验推行分工的通知》。1957 年 12 月 10 日,国务院审批发布了中国文字改革委员会制定的《关于少数民族文字方案中设计字母的几项原则》。

总之,上述有关保障少数民族创造和改革文字权的行政法规,是根据少数民族的具体需要和客观条件,按照本民族自愿选择的原则,帮助没有文字的民族创造文字,对不通用的文字进行改造而制定的,是少数民族语言文字法律制度的一项内容。

第二节 少数民族语言文字的使用原则

一、各少数民族都有使用本民族语言文字的自由

各少数民族公民,在任何场合都有使用本民族语言文字的自由。国家和各级人民政府,不仅要从法律、法规上规定各民族都有使用本民族语言文字的自由,还要尽一切努力,创造条件使这项自由得以实现。

语言文字并非是少数民族的特有现象,而是所有民族共同存在的社会现象。但是在多民族国家中,少数民族语言文字就不是一个单纯的文化问题,而是一个复杂的政治问题。因为民族语言文字是构成民族的特征之一,对民族的形成、发展和繁荣以及对民族关系都有着重要作用和影响,因而各民族人民对本民族语言文字都怀有深厚的民族感情。社会主义时期是民族繁荣发展时期,也是民族语言文字繁荣发展时期。使用和发展少数民族的语言文字,对促进各民族文化、经济、政治的发展,对实现社会主义现代化的宏伟目标具有重要意义。

因此,宪法规定"各民族都有使用和发展自己的语言文字的自由"。这是构建中国少数民族语言文字法律制度的纲领。

二、少数民族语言文字的限制

语言文字平等是民族平等的标志之一。少数民族使用本民族语言文字的自由,既是法律赋予少数民族的权利,同时也是中华人民共和国公民的基本权利。马克思主义者始终认为,语言文字并无高低贵贱之分,不承认语言文字上的特权,反对民族语言文字上的歧视、限制。中国共产党从建党开始,经战争年代到建国以后,不论那个历史时期,都明确主张各民族语言文字的平等,并用法律形式将这一主张确定下来。但是,由于少数民族人口占全国人口的比例很小,加之语种较多,使用人口和使用空间有限。而且,全国各民族通用的语言文字是汉语、汉字,随着各民族间日益密切的交往,即使是少数民族间的交际,媒介也是汉语汉文,而不是哪一种少数民族的语言文字。这在客观上不利于少数民族语言文字的发展,是发

展民族语言文字的限制。尽管《民族区域自治法》授权民族自治地方的自治机关,自主地决定执行职务的工作语言文字。但由于我国民族自治地方有三种类型:一是以一个少数民族聚居区为基础建立的自治地方,如西藏自治区、凉山彝族自治州、延边朝鲜族自治州、张家川回族自治县等。二是以一个人口较多的少数民族聚居区为基础,同时包括一个或几个人口较少的其他少数民族聚居区所建立的自治地方,如内蒙古自治区、新疆维吾尔自治区、广西壮族自治区等。广西是以壮族为主建立的自治区,但境内还建有都安瑶族自治县、融水苗族自治县、三江侗族自治县、罗城仫佬族自治县、环江毛南族自治县等。三是两个或两个以上少数民族建立的联合自治地方,如黔南布依族苗族自治州、积石山保安族东乡族撒拉族自治县、隆林各民族自治县等。

这样,如何既保障聚居区自治民族使用本民族语言文字的自由,又保障杂居的其他民族使用本民族语言文字的自由,自治机关确定使用哪一种或哪几种语言文字来进行公务活动,这就是少数民族语言文字的限制问题,即确定民族语言文字的法定范围,这是自治机关制定语言文字法规时,要慎重处理的问题。一般来说:第一,法定通过制定自治条例,明确规定自治机关执行职务时候的工作语言文字。这是因为,自治条例是由民族自治地方的人民代表大会制定、通过,并由省或自治区或全国人民代表大会常务委员会批准的。因而它所确定的内容具有权威性、代表性、民主性,具有法律效力。第二,由于大多数民族自治地方,公民民族成分多元化,人口比例差异很大,本着民族平等精神和务实态度,自治机关选择确定工作语言文字,必须是“当地通用的”,而不是指通用于某一两个民族的语言文字。如果当地同时有几种语言文字都通用于自治机关时,要以主体民族语言文字为主。如西藏自治区,自治机关执行职务时使用藏语言文字和汉语言文字两种。在新疆伊犁哈萨克自治州,自治机关行使职务时,一般使用哈萨克语言文字、维吾尔语言文字、汉语言文字,但以哈萨克语言文字为主。云南省德宏傣族景颇族自治州,自治机关执行职务时,同时使用傣语言文字、景颇语言文字、汉语言文字。第三,自治机关使用当地通用的一种或几种语言文字执行职务,应体现在各种职务活动的各方面。包括自治机关的会议活动、发布公文、命令、印章、牌匾、发行当地的票证等,都应使用法定的工作语言文字。

此外,《选举法》和《居民身份证条例》,也就民族自治机关在选举活动中的文件、名单和印章等,及民族地区居民身份证登记项目等,同时使用本民族的文字或者选用一种当地通用的民族文字,作了法律限制。

总之,对少数民族语言文字的限制,是为了进一步保障少数民族行使使用本民族语言文字的自由权利。

第三节　少数民族语言文字的发展原则

一、各少数民族都有发展本民族语言文字的自由

少数民族都有发展本民族语言文字的自由，是指任何国家机关、团体和个人，不得以任何借口阻挠、压制、限制少数民族发展本民族的语言文字；也不能以任何借口，强制少数民族学习、使用其他民族的语言文字。这是宪法和法律赋予少数民族的基本权利。

语言是人类所独有的一种机能，它是以语音为物质外壳，以词化为建筑材料，以语法为结构条理而构成的体系和信息载体。人们用语言来表情达意、交流思想，进行社会生活、社会斗争，推动社会和人类的发展。因此，语言是人类最重要的交际工具和思维工具。文字是在语言的基础上产生的，是记录和传达语言的书写符号，是扩大语言在时间、空间上交际功能的文化工具，它是人类文明的一个重要标志，对人类文明的发展起着极大的促进作用。

不论哪种语言，一经产生后，就不是一成不变的，随生产力的发展和社会的进步，它经历着由简单到复杂、由低级到高级的发展演变过程，它的发展速度与社会发展速度相联系。社会历史的进步，新旧事物的更替，科学技术的发明、创造，使语言的词汇不断丰富。不断地产生新概念、新词汇，淘汰旧概念、旧词汇。语言又随着社会的分化而分化，随着社会的统一而统一。不同语言的接触、交流促进语言间的相互影响、借鉴，推动着语言的不断发展。这是语言文字发展的基本规律。

少数民族的语言文字对民族的形成、发展和繁荣，有着重要的作用和影响。同样，民族的发展、繁荣又促使语言文字的发展、繁荣。少数民族语言文字与世界上任何一种语言文字一样，处在不断地发展变化中，但它又有极大的稳定性、排他性和对强制同化的顽强抵抗力。各民族人民要认识世界、改造世界，追赶世界发展的潮流，一刻也离不开语言文字。只有使用自己熟悉的本民族语言文字，才能在社会发展的各方面取得进步。只有本民族的语言文字不断发展丰富，才能带来民族的发展、社会的繁荣，缩小民族间的发展差距。因此，各民族都有发展本民族语言文字的自由。

然而，由于历史发展的原因，一些少数民族语言文字虽然有着悠久的历史和非常丰富的文献资料，但也同时存在滞后于社会经济发展的状况。现实生活中涌现的大量新词汇、新术语还不能用民族语言文字来准确地概括与描述，存在大量借用外来词汇的现象，直接影响和限制了少数民族社会、经济、文化的发展，也妨碍与外部社会的沟通与交流。一些民族虽然有文字，但很不规范，在本民族内部也不通

用,远远落后于现代社会发展的要求。一些民族使用的是原始的象形文字,在语言文字学中属于"死亡文字",生命力极弱,表达内容极其有限。还有一些民族虽有自己的民族语言,但还没有自己的文字,有的学会和使用与自己语言相近的其他民族的文字,有的甚至使用与自己语言不同的民族的文字,极大地限制了这些民族的社会发展。中国共产党根据马克思主义关于民族平等和语言平等的原则,结合我国各少数民族的具体情况,对少数民族的语言文字,一贯坚持语言平等原则,坚持各民族都有使用和发展本民族语言文字的自由。并把各民族发展语言文字的自由,作为少数民族的一项特定法权,写入宪法和民族区域自治法等法律中,使之具有法律保障。

二、发展少数民族语言文字的条件选择

各少数民族都有发展本民族语言文字的自由,作为法律条文写入我国宪法和法律。但是,如何才能使少数民族这项权利得到落实,并不是写入法律条文就能够解决的。而少数民族有发展本民族语言文字的自由,也并不是自发就能够享有这项权利,必须有国家和各级政府以及社会各界,为少数民族发展本民族的语言文字提供法律的、社会的、技术的必要条件,处理好民族语言文字的使用、创制、改进和普及的关系,创造一个使其繁荣发展的客观环境。同时,还须投入一定的财力、物力、人力帮助少数民族发展本民族语言文字。也就是解决发展少数民族语言文字的条件选择,即从哪些方面来保障少数民族发展本民族语言文字的权利得以落实,来繁荣民族语言文字。

1. 设立少数民族语言文字的研究机构。

深入研究各少数民族语言文字的形成、现状及其发展演变规律,促进少数民族语言文字的使用和发展。为此,国务院(当时叫政务院)于 1950 年 11 月 24 日,第 60 次政务会议批准了《筹办中央民族学院试行方案》,其中第 2 条明确规定:"研究中国少数民族问题,以及各少数民族的语言文字、历史文化、社会经济、发扬并介绍各民族的优良历史文化",是中央民族学院的任务之一。1951 年 2 月 5 日《政务院关于民族事务的几项规定》提出:为发展少数民族的语言文字,在政务院文化教育委员会内,设民族语言文字研究指导委员会。并开始组织对少数民族语言文字的大规模调查。在调查的基础上进行深入的科学研究,既有对少数民族语言的语音、语法、词汇的研究,又有语言系属、方言划分,不同语言比较的研究,陆续出版了《民族语言简志丛书》。为发展民族语言文字指明方向,奠定了基础。

2. 发展民族语文的教学、编译出版、新闻广播事业,为发展民族文字创造良好的社会环境。

为了发展民族语文教育,《民族区域自治法》第 37 条规定:"招收少数民族学生为主的学校(班级)和其他教育机构,有条件的应当采用少数民族文字的课本,并用少数民族语言讲课……"国家有关部门也发布了一系列有关的行政法规和规章。1980年10月9日，教育部、国家民委《关于加强民族教育工作的意见》中指出："最重要的是，凡有本民族语言文字的民族，应使用本民族的语文教学，学好本民族语文，同时兼学汉语汉文。"此后，国务院有关部、委就民族语文教学问题、民族教育体制改革等问题制定了行政法规，促进了民族地区使用本民族语文教学的发展。蒙古族、藏族、维吾尔族、朝鲜族、哈萨克族、壮族、彝族、苗族、瑶族、傣族、景颇族、傈僳族、佤族、拉祜族、柯尔克孜族、锡伯族等十几种民族语文在中小学教育中广泛使用，各地出版了全部和部分民族语文的中小学课本。在一些省区还发展了用民族语言文字教学的高等学校。

少数民族语言文字的广播、电视已成为各少数民族人民文化生活的重要组成部分。自20世纪50年代以来，中央人民广播电台陆续办了蒙古、藏、朝鲜、维吾尔、哈萨克等少数民族语言的广播。各自治区和有关地、州、市也相继办起了民族语言的广播和民族语言的电视，采用的语言有16种之多，为发展民族语言文字，创造了良好的环境。为此，1985年6月22日广播电视部发布：关于转发《民族广播工作经验交流会纪要》的通知。1987年4月1日，国家语言委员会、广播电视部发布了：《关于广播、电视、电影正确使用语言文字和若干规定》的通知。这些规章，有力地促进了民族语言广播、电视事业的发展。

另外，国家还帮助发展少数民族语言文字的翻译出版事业。从中央到有关省、自治区、自治州先后建立了21个翻译和出版机构。用少数民族文字翻译出版了马列著作、毛泽东著作、邓小平文选和有关政策、法律文件，还有大量社会科学读物、科学技术读物、文化艺术读物、文学作品读物和各类教科书、工具书，出版发行大量少数民族文字的杂志、报纸。国家有关机关为此发布了有关法规、规章，保障民族文字翻译出版事业的发展。

3. 帮助尚无文字的少数民族创造文字。

1954年5月，中央人民政府政务院发出了《批复文教委员会民族语言文字研究指导委员会及民族事务委员会关于帮助尚无文字的少数民族创立文字问题的报告》，报告中规定："特责成中国社会科学院语言研究所和中央人民政府民族事务委员会审慎研究，然后拟订计划和订出在一两个民族中创立文字的具体方案，开始先在一两个民族中逐步试行。并应继续了解情况，及时总结经验，以便在事实证明这些办法是可行，而且其他条件也比较成熟时，逐渐地在别的民族中进行。"

报告对没有文字的各少数民族的语言，分析认为有以下七种情况：第一种情况：本民族比较聚居，方言虽有不同，但有占绝对优势的方言区的。第二种情况：同一民族分布在不同地区，方言差别较大的。第三种情况：民族名称相同，分布在不同地区，方言分歧，语言关系尚待研究的。第四种情况：民族名称不同，语言基本相同，可以采用同一文字的。第五种情况：与本民族语言相近的其他民族已有文字，可以使用的。第六种情况：本民族虽有自己的语言，但多数人已经熟悉的一种与本民族语言不同的其他民族的语言和文字的。第七种情况:本民族人口很少,虽然有自己的语言,但愿意使用一种与本民族语言不同的语言和文字的。

1956年3月19日,国务院又发出了一个《关于各少数民族创立和改革文字方案的批准程序和实验推行分工的通知》。1957年11月29日,国务院审批发布了《关于少数民族文字方案中设计字母的几项原则》。同年12月10日,国务院发布了对中国文字改革委员会关于讨论壮文方案和少数民族文字方案中设计字母的几项原则的报告的批复。

截至1958年年底,国家共为12个民族制定了18种文字方案。此外,还为很多没有确定是否需要创造文字的民族准备了初步的文字方案。18种文字方案中,有10个民族的文字方案确定下来,它们是壮族、布依族、苗族、彝族、侗族、哈尼族、傈僳族、佤族、黎族和纳西族,为他们创造了拉丁字母形式的文字。其中,国务院正式批准推行的有壮文,其他九种文字中,除纳西文外,都经国家民族事务委员会批准试行。同时,对原有拉丁字母形式的景颇文和拉祜文,在原有字母的基础上设计了文字改革方案,对原有四种拼音文字的傣族,则在西双版纳和德宏两大方言区傣文的基础上设计了两种傣文的改革方案。党的十一届三中全会以后,对原有音节文字的彝文,进行了规范,并用拉丁字母注音。这对少数民族发展本民族的语言文字起了积极的作用。

4. 抢救和整理少数民族文献资料。

少数民族古籍、文献资料,既是中华民族灿烂文化的重要内容之一,也是发展少数民族语言文字的丰富的“物质”基础。因为,任何发展,都是在继承的基础上的发展。否则,就成了无源之水。语言文字的发展也是如此。

我国少数民族的古籍文献资料十分丰富,彝族古籍、藏文古籍、蒙古文古籍、满文古籍,尤其是满文档案,种类之多、数量之大、内容之丰富、史料价值之高,都是十分可观的。除此之外,维吾尔、回、苗、白、瑶、傣、纳西等族,也有很丰富的文献资料。这些用民族文字记载的文献,除了少量已整理出版外,大量的资料还没有系统整理过,有的从未经过系统整理,亟待抢救和整理。1984年4月19日,国务院批准了国家民族事务委员会《关于抢救、整理少数民族古籍的请示》,并由国务院办公厅转发了国家民族事务委员会关于抢救、整理少数民族古籍的请示的通知,要求全国各地贯彻执行。国务院要求加强对这项工作的领导,并在人力、财力、物力方面给予支持,创造必要的条件,并要求对古籍整理和保管做好如下工作:(1)对已经集中保存的民族古籍要做编目、整理工作。(2)对散存在民间的民族古籍要组织力量做好征集工作,对献出有价值的民族古籍者,予以物质奖励。保存在其他部门(如公安、海关)的民族古籍,应移交给有关省、自治区、直辖市的少数民族古籍整理出版规划小组,以利工作。(3)各图书馆和收藏单位,对现有和已征集到的民族古籍,要加强保管。凡因工作疏忽而使民族古籍受到损坏的,应追究责任;对有贡献的,应予以表扬奖励。(4)对已流散在国外的民族古籍资料,应通过多种途径,采取适当措施,购置、交换或复制回来。(5)对口头流传的资料,各省、自治区、直辖市应及时组织力量,深入到群众中去抢救,勿使失传。

第四节　国家对少数民族语言文字的保障

一、少数民族语言文字的司法保障

"各民族都有使用和发展自己的语言文字的自由。""民族自治地方的自治机关保障本地方各民族都有使用和发展自己的语言文字的自由。"这些虽然写入了《宪法》和《民族区域自治法》。作为国家的根本大法和基本法来说,宪法条文和基本法的规定,是具有最高的法律效力的。但是,如果没有有效的司法保障,也可能成为一纸空文。如在"文化大革命"中,林彪"四人帮"一伙严重破坏、侵犯宪法赋予少数民族语言文字自由权,鼓吹少数民族语文"无用",诬蔑有的少数民族文字是什么"宗教文字",攻击少数民族使用民族文字"连秦始皇都不如,秦始皇还要书同文、车同轨",疯狂压制以至剥夺民族自治机关和少数民族人民使用和发展本民族语言文字的自由和权利。在这种情况下,许多少数民族文字的文献资料被烧毁,许多少数民族语言的民歌、戏剧、电影被禁止,许多少数民族语言的民间故事、民间传说不准讲。大部分少数民族文字的编译、出版、广播工作被停止。在个别民族地区,曾一度出现了取消民族语文的情况,极大地影响了民族间的平等和团结。所有这一切都严重地破坏了少数民族语言文字的使用和发展。

可见,要使各民族公民真正享有使用和发展本民族语言文字自由权和民族自治地方自治机关行使语言文字自治权,就必须要建立和健全司法保障体系。在这方面还有大量的工作要做,应逐步建立健全法制体系。

第一,国家和民族自治地方的自治机关应制定少数民族语言文字自由权的单行法规或实施条例。明确规定:剥夺、歧视和侵犯民族语言文字自由权的行为,应承担的法律责任及相应的罚惩。明确司法主体和管辖范围。如,自治机关依照本地区自治条例,一经确定使用某种当地通用的语言文字作为执行职务的工作语言文字,那么自治机关的国家工作人员,不分民族成分,在履行职务时,都应使用规定的语言文字。否则,就构成违法行为,根据违法的程度,都应受到一定的惩罚。而我国现行的刑法还没有"剥夺或侵犯民族语言文字自由罪"条款,在民法和行政法中也没有规定,国家机关、公民、法人和其他组织侵犯公民使用语言文字自由权和侵犯自治机关语言文字自治权,而应承担的法律责任和行政处罚。

第二,要明确规定管辖侵犯民族语言文字自由权行为的司法机关或授权管辖的行政机关。也就是说,当出现语言文字特权和歧视民族语言文字,剥夺或侵犯民族语言文字自由权的行为时,应由人民法院管辖,还是由政府有关部门管辖,即应向哪一级司法机关或行政机关投诉,由哪一级司法机关或行政机关受理。

第三,应建立起日常保障民族语言文字自由权的监察机构。主要是对民族自治地方的各级行政机关行使监察权,保障少数民族语言文字法律制度的执行落实情况。

二、少数民族语言文字在国家政治生活和其他社会生活中的保障

1. 少数民族在国家政治生活中,平等地行使当家做主的权利,参与国家管理的大事,少数民族语言文字在国家政治生活中自由使用。

1982 年 11 月 10 日颁布实施的《全国人民代表大会组织法》第 19 条专门规定:"全国人民代表大会举行会议的时候,应当为少数民族代表准备必要的翻译。"1979 年 7 月颁布、1986 年 12 月 2 日第二次修改的《全国人民代表大会和地方各级人民代表大会选举法》第 22 条规定:"自治区、自治州、自治县(旗)制定或者公布的选举文件、选民名单、选民证、代表候选人名单、代表当选证和选举委员会印章等,都应当同时使用当地通用的民族文字。"这些法律的颁布实施,保障了少数民族语言文字在国家政治生活中平等、自由地使用,体现了语言平等的原则,使少数民族语言文字在参与国家与地方最高权力机关的活动中自由使用,有了可靠的法律依据。

2. 保障少数民族公民在司法活动中,行使使用本民族语言文字的自由权,使各民族公民在法律面前人人平等。

《刑事诉讼法》第 9 条规定:"各民族公民都有使用本民族语言文字进行诉讼的权利。人民法院、人民检察院和公安机关对于不通晓当地通用的语言文字的诉讼参与人,应当为他们翻译。在少数民族聚居或者多民族杂居的地区,应当用当地通用的语言进行审讯,用当地通用的文字发布判决书、布告和其他文件。"《民事诉讼法》第 11 条规定:"各民族公民都有用本民族语言、文字进行民事诉讼的权利。在少数民族聚居或者多民族共同居住的地区,人民法院应当用当地民族通用的语言、文字进行审判和发布法律文件。人民法院应当对不通晓当地民族通用的语言、文字的诉讼参与人提供翻译。"《行政诉讼法》第 8 条规定:"各民族公民都有用本民族语言、文字进行行政诉讼的权利。在少数民族聚居或者多民族共同居住的地区,人民法院应当用当地民族通用的语言、文字进行审理发布法律文书。人民法院应当对不通晓当地民族通用的语言、文字的诉讼参与人提供翻译。"另外,《居民身份证法》第 4 条规定:"民族自治地方的自治机关根据本地区的实际情况,对居民身份证用汉字登记的内容,可以决定同时使用实行区域自治的民族的文字或者选用一种当地通用的文字。"这些法律的有关规定和颁布,是少数民族语言文字在司法活动中的平等权和自由使用权行使的法律保障。

3. 保障少数民族的语言文字在本民族的教育与文化事业中得到充分使用。

《义务教育法》第 6 条规定："学校应当推广使用全国通用的普通话。招收少数民族学生为主的学校，可以用少数民族通用的语言文字教学。"《民族区域自治法》第 36 条规定："民族自治地方的自治机关根据国家的教育方针，依照法律规定，决定本地方的教育规划，各级各类学校的设置、学制、办学形式、教学内容、教学用语和招生办法。"第 37 条规定："招收少数民族学生为主的学校（班级）和其他教育机构，有条件的应当采用少数民族文字的课本，并用少数民族语言讲课；根据情况从小学低年级或者高年级起开设汉语文课程，推广全国通用的普通话和规范汉字。"国家教委 1987 年 4 月 27 日印发的《普通高等学校招生暂行条例》第 24 条规定："民族自治地方用本民族语文授课的高等学校或系（科）招生，由自治区或省招生委员会另行命题，组织考试。用本民族语文授课的民族中学毕业生，报考用汉语授课的普通高等学校，应参加全国统一考试。汉语文由国家教育委员会另行命题，不翻译成少数民族文字，并用汉文答案；其他各科（包括外语试题的汉语部分）可翻译成本民族文字，用本民族文字答卷。在考汉语文的同时，由有关省、自治区决定，也可以考少数民族语文，并负责命题（试题、参考答案、评分标准报国家教育委员会备案）。汉语文和少数民族语言的考试成绩分别按 50% 计入总分，但汉语文成绩必须达到及格水平、方能录取。"国务院 1988 年 2 月 5 日颁发的《扫除文盲工作条例》第 6 条规定："在少数民族地区可以使用本民族语言文字教学，也可以使用当地各民族通用的语言文字教学。"这些法律、法规、条例保障了民族语言文字在教育活动中的平等权和自由使用权。

另外，为了保障少数民族语言文字在文学艺术、新闻、出版、广播、电视、电影等民族文化生活中得到充分发展，国家有关部门和民族自治地方也制定、发布了一系列法规、规章。

第十五章　少数民族经济法律制度

第一节　少数民族经济法律制度概述

一、少数民族经济法律制度的概念

少数民族经济法律制度是指由国家专门机关制定的调整少数民族和少数民族地区在经济发展过程中产生的各种经济关系的规范性法律文件的总称。少数民族经济法律制度概念，一般具有以下几个含义：

（一）关于民族经济的内涵

一般情况下，人们从三种意义上使用“民族经济”这一概念。一是指国民经济，即建立了独立的民族国家的经济，许多统一的多民族国家也称其国民经济为“民族经济”，以区别于外国经济。二是指少数民族经济，也就是多民族国家中处于少数的那些民族的社会生产与经济生活，在我国是指除汉族以外的所有其他少数民族的社会生产与经济生活。三是指少数民族地区经济，就是多民族国家中少数民族居住地区的各种经济建设与社会经济生活。[1] 我们在定义少数民族经济法律制度的概念时，是在第二种和第三种意义上使用民族经济这一范畴的，它包括少数民族经济和少数民族地区经济两部分。

（二）少数民族经济法律制度所调整的经济关系的性质

所谓“经济关系”，是指各经济主体为实现一定经济目的，在生产、交换、分配和消费活动中所形成的相互关系。[2] 现实的经济关系在不同的历史时期有不同的内容。人类社会的经济发展经历了自然经济、商品经济两大阶段。自然经济是自给自足的经济，商品经济是以交换为目的的经济。在自然经济阶段，由于没有交换活动，因而人与人之间不存在严格意义上的经济关系。进入商品经济社会以后，由于交换的出现，经济关系才得以产生。少数民族经济法律制度是我国经济法律制度的重要组成部分，因此，它调整的是有关国家机关、社会组织和其他经济实体在经济管理过程中和经营协调活动中发生的民族经济关系，也是属于经济法所调

---

〔1〕 施正一主编：《民族经济学教程》，中央民族大学出版社 2001 年版，第 77 页。

〔2〕 刘瑞复：《经济法学原理》，北京大学出版社 2002 年版，第 32 页。

整的社会关系的一部分。

(三)少数民族经济法律制度的构成

少数民族经济法律制度是由法律、行政法规、地方法规、自治法规和行政规章构成的有机体。根据法律规定,具有民族经济法律立法权的是全国人民代表大会及其常委会;国务院及其各部委,民族自治地方的人民代表大会及其常委会和辖有自治州、自治县的省、直辖市及国务院批准的较大的市的人民代表大会及其常委会和人民政府,具有制定相应的法规和规章的权力。从法的效力层次上讲,有适用调整全国范围的民族经济关系的法律、行政法规和规章,有只适用于某一区域内的民族经济法规和规章。

二、少数民族经济法律制度的意义

社会主义市场经济体制的建立,为民族经济的发展提供了空前的机遇和广阔的前景。社会主义市场经济体制的建立,有利于民族地区依托资源优势,更广泛地开展各种形式的合作,实现优势互补,为少数民族和民族地区的发展带来了新契机。民族地区必须加快建立和完善社会主义市场经济的步伐,大力发展社会生产力。只有加快民族经济建设的步伐,逐步缩小民族地区与非民族地区的差距,民族团结才有坚实的物质基础。江泽民同志曾指出:“民族问题是关系我们的国家统一,社会稳定、边防巩固、建设成功的大问题。在社会主义条件下,正确处理民族问题是一个带根本性的问题,加强民族团结是一个需要长期努力的重要任务。”社会主义市场经济的发展将对社会主义民族关系产生重大影响。随着社会主义市场经济的发展,民族交往联系频率的提高,民族间相互了解,互助合作的机会和领域也随之增多。少数民族地区与沿海、内地的经济协作将进一步发展。少数民族地区与内地省、市之间的对口支援、横向经济联系、经济协作过程中,相互依赖性加强,沿边少数民族地区与周边国家的经济技术合作与交流及边境贸易,随着对外开放的发展,逐步加强。在社会主义市场经济条件下,民族地区的经济文化事业将得到更好的发展。

社会主义市场经济体制的建立,意味着通过市场来组织和配置生产要素、社会资源及收入分配;意味着经济发展在国家宏观调控下局部的快速进行和总体的基本平衡;意味着国家在优先发展战略的指导下,适度实行倾斜政策和对基础条件较差的地区进行重点扶持。从民族地区实际出发,推进社会主义市场经济体制的建立和完善,是当前发展民族经济需要认真考虑的问题。因此,国家在经济发展的政策调控和法律规范等方面都应从这一实际出发。我国的民族地区除自然条件的多样性外,普遍存在经济结构单一,经济基础脆弱,经济联系封闭和经济发展不平衡。尽管民族地区有丰富的自然资源,有国家给民族地区的各项优惠政策,但经济发展仍十分缓慢。在市场经济发展的今天,必须重新审视民族地区经济发展中的有关问题,充分考虑民族地区的特殊性,把市场机制的要求与民族地区的特殊政策和优惠照顾统一起来。社会主义市场经济是法制经济。市场经济条件下的民族经济的发展,必须按照市场经济规则的基本要求,在不排除(国家不减少)特别帮助的前提下,充分运用经济和法律手段,促进民族经济的发展。这就要求国家不仅应通过各种优惠政策帮助少数民族和民族地区的发展,更应通过健全社会主义市场经济法律制度来规范民族经济发展过程中各类市场主体的各种行为,尤其是应加强民族经济法律制度建设,健全民族经济法制,使民族经济工作法律化和制度化。

党和国家十分重视少数民族地区的经济发展,在我国第一部宪法中就明确规定:"国家在经济建设和文化建设过程中将照顾各民族的需要,而在社会主义改造的问题上充分注意各民族的特点。""各上级国家机关应当保障各自治区、自治州、自治县的自治机关行使自治权,并且帮助各少数民族地区开展政治、经济和文化建设事业。"为贯彻宪法精神,中央和地方各级人民政府制定了一系列法规和规章。改革开放以来,国家除在新宪法中规定了相关制度外,专门制定了《民族区域自治法》及其他一系列的法律法规,调整和规范少数民族经济发展过程中产生的各种经济关系,初步形成了具有中国特色的,适合少数民族和少数民族地区经济发展要求的、涉及财政、金融、农业、工业、民族贸易、边境贸易等各个方面的民族经济法体系,有力地促进和保障了民族经济的发展,推动了少数民族和少数民族地区的进步。

三、少数民族经济法律制度的分类及其历史沿革

对少数民族经济法律制度可以从不同角度予以描述。从权力行使或责任承担主体的不同,可以分为民族自治地方经济自治权法律制度和上级国家机关扶持和帮助民族自治地方的经济法律制度;从法律调整范围的不同,可以分为财政法律制度、税收法律制度、金融法律制度、投资法律制度、资源开发与环境保护法律制度、贸易法律制度等。我国少数民族经济法律制度的发展经历了以下三个阶段:

(一)中华人民共和国成立后至改革开放之前(1949—1978年)

这一阶段的主要特点是:

第一,保障少数民族地区民主改革的法规和规章。1953年9月9日,中央人民政府政务院批转公布《中央民族事务委员会第三次(扩大)会议关于内蒙古自治区及绥远、青海、新疆等地若干牧业区畜牧业生产的基本总结》,对少数民族牧区畜牧业的重要性及在国民经济中的地位作了规定。同时,还颁布了在牧区不变更原生产资料所有制,保存牧主经济实行"不斗不分,不划阶级"与"牧工牧主两利"等11项政策。实施了保护培育草原,划分与合理使用牧场、草场等6项发展畜牧业生产的具体措施。在南方少数民族地区,有关地方国家机关因地制宜、因民族制宜制定民主改革的地方性法规。如1954年3月24日桂西壮族自治区人民政府发布决定,根据少数民族地区的特点制定了相应的措施。又如,1955年年底云南西双版纳傣族自治州一届三次人民代表大会制定了《和平协商土地改革条例》。西藏自治区筹委会二次会议于1959年夏天通过了《关于进行民主改革的决议》,随后又制定了《西藏地区减租减息实施方案》《关于废除封建农奴主所有制,实行农民的土地所有制的决议》《西藏地区土地制度改革的实施办法》。当时西藏自治区筹委会制定民主改革的一系列地方法规,顺利地保证了西藏的民主改革,基本上摧毁了封建农奴社会的经济基础,确定了农民的个体所有制,废除了三大领主对农牧民的人身奴役,广大农奴分得了土地和其他生产资料,做了新社会的主人。

第二,促进农林牧业生产的法规和规章。主要法规有:1955年3月国务院第七次全体会议通过的《国务院关于西藏交通运输问题的决定》和《国务院关于帮助西藏地方进行建设事项的决定》。1963年6月,国务院批转了农业部和国家民委《关于少数民族牧业区和牧业区人民公社若干政策的规定》(即《四十条》)。仅1950年和1953年,内蒙古自治区人民政府就林业生产方面,先后制定颁布了《内蒙古自治区国有林育林费征收暂行办法》《关于解决民需用材的规定的指示》《关于国有林育林费征收办法重新修订公布实行的通令》《内蒙古自治区人民政府为公布施行内蒙古自治区国有林采伐暂行条例等六种办法的命令》等若干规章,对林业生产中的森林管理、采伐、征收育林费以及护林防火等问题作了明确规定,保障了内蒙古自治区的林业生产。

第三,关于财政税收管理的法规和规章。1952年的《民族区域自治实施纲要》规定:"在国家统一的财政制度下,各民族自治区自治机关得依据中央人民政府和上级人民政府对民族自治区财政权限的划分,管理本自治区的财政。"1954年宪法规定:"自治区、自治州、自治县的自治机关依照法律规定的权限管理本地方的财政。"1958年6月,国务院颁布《民族自治地方财政管理暂行办法》,规定:"民族自治地方的自治机关,在执行税法的时候,对于某些需要从税收上加以照顾或者奖励的,可以减税或者免税。在必要的时候,还可以根据税法的基本原则,结合本地方的具体情况和民族特点,制定本地方的税收办法。自治区制定的税收办法,报国务院备案;自治州、自治县制定的税收办法,报省、自治区人民委员会备案。"并规定国家在财政上大力扶持少数民族地区。1963年12月,国务院批转《财政部、民族事务委员会关于改进民族自治地方财政管理的规定(草案)》中又规定:"民族自治区在执行国家税收法令时,对于某些需要从税收上加以照顾和奖励的,可以减税或者免税。必要的时候,可以根据税法的基本原则,结合本地区的特点,制定本自治区的税收办法,报国务院批准执行。"并规定了若干照顾措施,如预备费高于一般地区3%—5%,每年安排民族地区补助费,可制定税收减免办法等。接着,国家有关部委如财政部和民族地区根据法律法规制定了一系列的法规规章。如1964年2月财政部发出《关于计算民族自治地方百分之五机动金的具体规定》;1960年和1963年西藏先后颁布施行《西藏自治区工商业税暂行办法》和《西藏自治区税暂行条例》;内蒙古自治区、新疆维吾尔自治区和牧区面积较大的青海、甘肃、宁夏等省、自治区,也从各地实际出发制定了一系列征收牧业税的规章。

第四,促进民族贸易的法规和规章。1951 年 3 月《政务院转发赵锡庆对少数民族地区贸易工作的意见》。1951 年 8 月,召开全国民族贸易第一次会议。此后颁布《中央人民政府政务院总理周恩来关于批准中贸部民族贸易会议报告并通知执行的指示》,确定了民族贸易的四条方针政策。1958 年 7 月国务院办公厅转发商业部《关于进一步发展少数民族地区商业若干问题的报告》。1962 年国家商业部发出《关于恢复和健全民族贸易机构加强少数民族贸易工作的指示》。从 1963 年起,国家对边远山区、边远牧区的民族贸易企业,在自有资金、利润留成、价格补贴方面实行了三项照顾政策。1973 年,财政部、商业部发出《关于重申对边远山区边远牧区民族贸易企业三项照顾问题的联合通知》,国务院批转轻工部、商业部《关于加强少数民族特需用品生产和供应工作的报告》。1975 年,商业部、供销合作总社、总后勤部发出《关于加强边境地区商品供应工作的意见》。

(二)改革开放以来至社会主义市场经济体制改革之前(1978—1993 年 11 月)

这一阶段的主要规定有:

第一,宪法和民族区域自治法的规定。1982 年《宪法》其中有 4 条对少数民族经济问题作了原则规定:国家根据各少数民族的特点和需要,帮助各少数民族地区加速经济和文化的发展;民族自治地方的自治机关有管理地方财政的自治权。凡是依照国家财政体制属于民族自治地方的收入,都应当由民族自治地方的自治机关自主地安排使用;民族自治地方的自治机关在国家的指导下,自主地安排和管理地方性的经济建设事业。国家在民族自治地方开发资源、建设企业的时候,应当照顾民族自治地方的利益;国家从财政、物资、技术等方面帮助各少数民族加速发展经济和文化建设事业。1984 年《民族区域自治法》,在 67 个法律条文中,有关经济发展的占 26 条之多。归纳起来,主要是在两方面:一是关于民族自治地方的自治机关的经济管理自主权,二是关于国家和民族自治地方的上级国家机关帮助民族自治地方发展经济的职责。对自治机关的经济管理自治权的规定,主要包括自主制定经济建设的方针、政策和计划;自主地改革经济管理体制;自主地安排地方性基建项目;自主地管理本地方的企业事业单位;自主地开发和保护本地方的自然资源;自主地安排和利用计划外的农副土特产品;经国务院批准,可以开辟对外口岸,并在外汇留成方面予以优待;自主地管理本地方的财政;地方财政困难由国家给予补贴和其他照顾;地方税种可依法自行决定或减免等。对国家帮助的职责包括有国家计划要照顾民族自治地方特点和需要;国家设专项资金扶持民族自治地方;对民贸企业实行照顾;分配生产生活资料要照顾民族自治地方的需要;扶持民族自治地方发展地方工业;组织经济发达地区支援民族自治地方;在民族自治地方开发资源,要照顾地方利益等。

第二,关于财政管理的规定。我国自1980年2月起实行“划分收支、分级包干”财政管理体制。为适应财政管理体制的改革,对民族自治地方的财政管理体制作了以下几项重要规定:一是“民族自治地方仍然实行民族自治地方的财政管理体制,保留原来对民族自治地方财政所作的某些特殊规定。但是,中央对民族自治地方的补助数额,由一年一改为一定五年不变,实行包干的办法。五年内收入增长的部分,全部留给地方。同时,为了照顾民族自治地方发展生产建设和文化教育事业的需要,中央对民族自治地区的补助数额每年递增百分之十”。二是“对于边远地区,少数民族地方、老革命根据地和经济基础比较差的地区,为了帮助他们加快发展生产,中央财政根据国家财力的可能,设立支援经济不发达地区的发展资金。此项资金占国家财政支出总额的比例,应当逐步达到百分之二,并由财政部掌握分配,实行专项拨款,有重点地使用”。因体制变动,定额补助每年递增10%的政策至1988年停止。1985年起实行“划分税种,核定收支,分级包干”的体制。民族自治地方依照国家财政体制的规定,财政收入多于财政支出的,定额上缴上级财政,上缴数额可以一定几年不变;收入不敷支出的,由上级财政补助。

第三,关于民族贸易的规定。1979年,国家商业部和财政部发出《关于从1980年起提高民族贸易企业利润留成比例的通知》,决定从1980年起,民贸企业利润留成比例由20%提高到50%。1981年中国人民银行发出《关于对民族贸易和民族用品生产企业给予低息贷款的通知》,确定民贸企业流动资金及中短设备贷款实行月息3.3‰的低息照顾。同年,财政部《关于三项照顾地区基层供销社和生产民族用品的手工业企业实行所得税定期减征照顾有关问题的通知》。1981年国务院批转《全国民族贸易和民族用品生产工作会议纪要》,重申要扶持民族地区经济发展,坚持民族贸易的“三项照顾”,要求各级商业、供销……银行等,努力为生产服务,为人民生活服务,并对“扶持资金问题”“低息贷款问题”进行了规定。1982年,国务院发出《关于加强边销茶生产和收购工作的通知》,有关部委发布一系列规章,对民族贸易和民族用品在价格、税收、贷款利率等方面的优惠政策作了具体规定等。

第四,关于牧区发展的规定。1985年6月,根据牧区实行畜草双承包责任制的情况和对草原建设和草原保护的问题,第六届全国人大常委会第十一次会议通过公布了《中华人民共和国草原法》,对草原建设等方面作了规定。《草原法》的颁布,对我国少数民族牧区畜牧业的发展起了重要的保障作用和促进作用。1987年6月,国务院召开了全国牧区工作会议,并发出《批转全国牧区工作会议纪要的通知》,并从10个方面作了规定。

第五,关于少数民族扶贫的规定。在全国确定重点扶持的331个贫困县中,民族自治地方有141个县,占42.6%。国务院于1983年1月批转关于经济发达省市同少数民族地区对口支援少数民族地区的政策问题作了若干规定,促进了全国各经济发达省、市对少数民族地区的对口支援和经济技术协作。为了解决包括少数民族贫困地区在内的群众温饱问题,国务院于1984年发出《关于帮助贫困地区尽快改变面貌的通知》,规定了一系列扶持贫困的措施,包括放宽政策,减轻负担,搞活流通,开发智力等。1987年国务院发出《关于加强贫困地区经济开发工作的通知》,对如何进一步开展扶贫工作作了10个方面的规定。从1986年到1987年,国务院办公厅和国务院开发办先后转发了国务院贫困地区经济开发领导小组的4次全体会议纪要,决定增加10亿元专项贴息贷款扶持贫困地区,并进一步充实各项扶贫措施。此外,国家有关部委发布了一系列的规章。

(三)社会主义市场经济体制改革至今(1993年12月—至今)

由于经济体制改革的影响和分税制财政管理体制的实行,上述两个阶段制定的关于上级国家机关扶持和帮助少数民族地区的经济法律制度的具体措施,除财政三项照顾政策(1964年)、边疆建设事业补助费(1977年)、有关扶贫的措施仍然有效外,其他的优惠政策均被停止执行。为此,国家先后制定了若干法律法规和一些规范性文件,以落实《民族区域自治法》中规定的上级国家机关的职责,保障民族自治地方经济自治权的行使,促进少数民族地区经济的发展。即除了有关法律法规的有关规定外,国务院及其有关部委发布了以下规范性文件:

《关于加强民族贸易和民族用品生产工作的通知》(国家民委、财政部等,1997年10月)、《财政部、国家税务总局关于民贸企业有关税收问题的通知》(1997年12月)、《中国人民银行关于民族贸易和民族用品生产贷款继续实行优惠利率的通知》(1997年10月24日)、《财政部、国家税务总局关于继续对民族贸易企业执行增值税优惠政策的通知》(2001年4月)、《关于"十五"期间继续对民族贸易网点和民族生产企业技改贷款给予贴息的通知》(国家民委、财政部、中国人民银行,2001年6月15日)、《财政部、国家税务总局关于民贸企业有关增值税问题的批复》(2001年10月)、《关于确定"十五"期间第一批全国少数民族特需用品定点生产企业的通知》(国家民委、财政部等,2002年8月)、《中国人民银行关于民族贸易和民族用品生产贷款利率事宜的通知》(2003年1月20日)、《关于确定"十五"期间第二批全国少数民族特需用品定点生产企业的通知》(国家民委、财政部等,2004年1月);

《国务院关于实施西部大开发若干政策措施的通知》(2000年12月27日)、《国务院西部开发办关于西部大开发若干政策措施的实施意见》(2001年12月20日);

从以上对我国少数民族经济法律制度的渊源的分析可以看出,我国民族经济法律规范不但在单行的民族经济法规中存在,而且也体现在民族区域自治法、基本经济法律甚至宪法之中。既包括中央立法机关制定的民族经济法律,也包括地方立法机关制定的民族经济法规。然而,我国民族经济法立法的现状与其重要性并不相称,具有相当的稀缺性,主要表现在:一是我国的民族经济法规范过于笼统、简单,缺乏可操作性,有些法律条文孤立无援,无法形成严密的法律规范;二是从民族经济法效力等级上看,我国的民族经济法的效力较低;三是民族经济法还未法典化。[3]

第二节　民族自治地方经济发展自治权

一、民族经济自治权的概念

经济管理可以分为宏观调控和微观管理两个层次。宏观调控指的是国家对本国整个国民经济活动的管理。微观管理一般是指个别经济单位对其经济活动的管理,通常又称为企业管理。在现代社会,无论发达国家或发展中国家,社会主义国家或资本主义国家,都存在对经济的不同程度和不同形式的宏观调控。而在完全的市场机制下,社会的一切活动都要通过市场来进行,市场导向对资源的配置起基础性作用,市场机制通过充分的竞争和灵敏的价格来反映各类资源的相对稀缺程度,调节和实现社会资源配置的优化。但是,由于市场一般体现短期的需求,市场调节是不确定的,往往与社会利益发生矛盾,它也不能解决收入分配不公等问题,因此,市场并非万能,而且还会发生偏差和失效,所以实行市场经济必须有国家的宏观调控对市场作用的不足和偏差加以弥补和制约。对国家来说,宏观调控是其在市场经济条件下所承担的经济管理职能,它既是一种权力又是一种责任。如果从权力的角度来界定国家经济管理职能,考察国家权力在经济运行中的规律及特征,这便是经济管理权,它是国家经济管理职能部门依法行使的对经济运行的预测、决策、组织、指挥、监督等诸权力的总称,是国家权力在经济领域中的运用和实施。[4] 从我国中央和地方的关系上考查,经济管理权可以分为中央经济管理权和地方经济管理权。由于我国区域经济发展的不平衡的现状,决定了经济管理权是我国地方国家机关和有关经济部门组织本地区的生产活动和经济活动不可或缺的一种权力。但是,民族自治地方比一般的地方行政区域享有更充分、更完全的经济管理权,我们称之为民族经济自治权。其自治权明确地规定在宪法和民族区域自治法中。概括地讲,民族经济自治权主要是指“民族自治地方依法享有的,在国家宏观调控下,自主的管理和发展本地经济事业的权力”[5],是民族自治地方自治权体系中的核心问题。由于任何自治权的明确,都要涉及中央和地方两个主体之间

---

〔3〕 李占荣:《论民族经济法学经济分析方法的必然性》,载《民族研究》2002年第1期。

〔4〕 吕忠梅、刘大洪:《经济法的法学与法经济学分析》,中国检察出版社1998年版,第112页。

〔5〕 王允武:《民族区域自治与社会主义市场经济》,天地出版社2000年版,第45页。

的关系,任何自治权内容的设定都是中央制定和执行不同于一般地方的法律的结果,因此,经济自治权实质是中央或上级国家机关与民族自治地方基本经济权限的划分[6]。

二、研究民族经济自治权的意义

加强对民族经济自治权的研究具有重大的现实意义:

(一)有利于坚持和完善民族区域自治制度

随着改革开放的深入进行和社会主义市场经济的发展,民族地区越来越重视经济自治权的保障和实现问题,同时也面临着许多新的问题。当前,随着西部大开发战略的全面实施以及我国加入WTO的影响,民族地区社会经济文化的发展日益呈现出多样化趋势。外部力量越来越多地介入边疆民族地区,在整体推进的过程中,必然会带来不同地区、不同民族、不同群体利益结构的变化和利益分享的差异,发生利益碰撞。这在客观上要求国家统一确立整体利益,要求在宏观上制定一些政策、措施,在全局上化解新矛盾、解决新问题。但是,由于少数民族在政治、经济、文化等方面因发展差距和社会文化背景而处于特殊地位,必然强调自身民族的特性、要求、愿望;强调在国家整体发展中的重要性,强调权力平等和利益共享。对于民族自治地方的自治机关来说,经济自治权的发展与完善问题被提到了当前一段时间能否真正实现民族区域自治的高度来认识[7]。和以往相比,在西部大开发和WTO背景下的宏观经济环境将更有利于民族经济自治权的保障和实现,但是WTO法律规则又不同程度地对我国以往对民族自治地方的一些优惠政策提出了质疑,因此,我们应加紧研究民族经济自治权在实践中如何运作,运作中存在哪些问题等,以坚持和完善民族区域自治制度。

(二)有利于促进和实现民族自治地方经济快速发展

我们对有一定聚居区的少数民族实行民族区域自治,其根本目的就是要通过这种比较灵活的形式,使各少数民族能够更好地把党和国家的路线、方针、政策,同本地区、本民族的实际情况结合起来,按照本民族和地区的特点、条件以及需要来发展经济文化等各项事业。在新的历史发展时期,为了快速发展经济,各民族自治地方都不约而同地把目光投向民族区域自治制度的完善上,普遍形成一种大力强化和充实自治权的要求。人们对法律上规定的经济自治权的具体操作问题,对资源开发中的利益共享问题等特别关注,并越来越深刻地认识到它对发展民族经济所起的重要作用,因而也就迫切需要在经济领域里行使自治权,需要上级国家机关

---

〔6〕 刘惊海、王子力:《问题与决策——充分运用民族区域自治法,加速内蒙古经济社会的发展》,载《内蒙古哲学社会科学"七五"规划优秀成果集》,内蒙古人民出版社1990年版。

〔7〕 刘惊海:《民族自治地方经济自治权问题》,载《广播电视大学报》(哲学社会科学版)2000年第4期。

的有关部门保障民族经济自治权的实现。而这方面的问题恰恰是民族自治权体系研究中的一个重点和难点。所以,从理论上研究民族经济自治权,有利于民族自治地方更好地行使自治权,以此来推动本地区社会经济的全面发展。

(三)有利于加强民族法制建设

民族自治地方的自治权主要来源于全国人民代表大会制定的宪法和民族区域自治法的授权。目前,改革开放不断深入,许多政策、措施尚未定型,而且我国已加入世贸组织,许多经济政策必须与国际接轨,民族自治地方也不能例外。如何把国家对民族地区的经济优惠政策和自治法规定的经济自治权力有机的结合并协调、统一起来,正确处理好公平竞争与特殊保护的关系,需要我们认真研究。此外,由于种种原因,我国一直未出台与自治法相配套的法规或实施细则,也没有民族自治机关行使自治权的保障措施,这在客观上限制了民族区域自治法的贯彻实施。研究民族经济自治权问题,正是为了贯彻实施新修改的民族区域自治法,促进民族地区的社会主义法制建设。

三、民族经济自治权的基本内容

在我国的现行法律体系中,除《宪法》对民族经济自治权的基本原则予以规定外,其他相关法律,如《草原法》《矿产资源法》《森林法》等一系列的法律法规针对民族经济发展中的有关问题作了相应规定。其中《民族区域自治法》详细规定了民族经济自治权的有关问题。根据宪法和民族区域自治法等法律的规定,民族自治地方的经济自治权主要包括以下内容:自主地安排和管理地方性的经济建设事业的自治权;合理调整生产关系和经济结构,发展多种所有制的自治权;安排基本建设项目的自治权;管理隶属于本地方的企业和事业的自治权;管理、保护和优先开发利用自然资源的自治权;对外贸易自治权;财税管理自治权;金融管理自治权;科技管理自治权;等等(详细内容见本书第11章第四节)。

第三节 国家法律关于发展民族地区经济的特殊措施

我国发展少数民族地区经济主要通过两条途径来实现:一是赋予民族自治地方经济自治权,二是国家和民族自治地方的上级国家机关采取特殊措施帮助民族自治地方发展经济。现在,中国少数民族地区的经济和文化等事业取得了巨大进步,各族人民的物质文化生活水平显著提高。但是,由于历史的原因,少数民族地区的经济和文化等事业与沿海发达地区的水平仍有很大差距。为尽快改变这一状况,消除这种民族间事实上的不平等,必须加快少数民族地区经济和文化等事业的建设步伐。要实现这一目标,除了各民族自治地方发扬自力更生、艰苦奋斗的精神外,还必须有国家和上级国家机关的大力帮助。现阶段,资金、物资和技术的缺乏是制约民族自治地方的经济和文化等事业发展的重要原因。国家和上级国家机关从财政、金融、物资和技术等方面,给民族自治地方以大力的援助,是十分必要的。为此,我国现行的民族区域自治法等相关的法律法规详细规定了上级国家机关帮助民族自治地方发展经济的职责以及相应的特殊措施。

一、加强对民族自治地方财政支持的规定

我国从1994年起实行分税制财政体制。在分税制财政体制下,国家对财政困难的省区(包括少数民族省区)的支持主要是通过财政转移支付制度实现的。从1994年实行分税制财政体制后各民族自治地方的情况看,全国155个民族自治地方,除少数几个自治州、自治县财政收支平衡或略有上缴外,其他均靠上级财政补贴过日子。〔8〕 从1994年到1998年的财政转移支付运行结果看,总额为60亿元的财政转移支付,相对于民族自治地方逾500亿元的财政赤字而言不啻为杯水车薪。民族自治地方在"吃财政饭"和大量拖欠工资、医药费的财政困境中,已经基本上无力调动地方财政力量发展地方经济,更谈不上缩小与发达地区的差异了。针对这种状况,国家必须加强对民族自治地方的财政支持力度,为此,修改后的《民族区域自治法》第33条第3款规定:"民族自治地方在全国统一的财政体制下,通过国家实行的规范的财政转移支付制度,享受上级财政的照顾。"第62条规定:"随着国民经济的发展和财政收入的增长,上级财政逐步加大对民族自治地方财政转移支付力度。通过一般性财政转移支付、专项财政转移支付、民族优惠政策财政转移支付以及国家确定的其他方式,增加对民族自治地方的资金投入,用于加快民族自治地方经济发展和社会进步,逐步缩小与发达地区的差距。"

综合上述法律规定,上级财政主要通过四种方式增加对民族自治地方的资金投入:

一是一般性的财政转移支付。这种转移支付又称为客观性财政转移支付,属于财力补助性质,地方政府可以自主安排支出,其目的在于促进政府在不同地区之间提供的公共服务能力均等化。

二是对民族地区优惠政策转移支付。这种转移支付除采用一般性因素外,还采用少数民族人口、可居住面积、工资类别系数、平均海拔高度、公路运输距离、道路状况等能够反映民族自治地方特点的因素,这样民族自治地方比一般地方所得到的转移支付额会相应增加。〔9〕 这两种转移支付方式是从1995年开始执行的,

---

〔8〕 铁木尔·达瓦迈提:2000年10月23日在第九届全国人民代表大会常务委员会第18次会议上所作的《关于〈中华人民共和国民族区域自治法修正案(草案)〉的说明》。

〔9〕 敖俊德:《中华人民共和国民族区域自治法释义》,民族出版社2001年版,第99页。

合称为“公式化补助”制度，是我国现阶段主要的转移支付方法，要求中央财政根据财政状况选择一些客观因素和政策因素，采用数字公式估算地方财政能力和支出需求，根据地方财政能力与支出需求之间的差额确定转移支付额。在公式化补助制度中，财政转移支付额主要由客观因素转移支付和政策因素转移支付组成。客观因素转移支付根据“收支均衡模型”参照各地财政标准收入和标准支出计算确定。为体现民族政策，对民族自治地方还应按财政标准收入和标准支出的差额以及民族自治地方政策性转移支付系数，建立相应的激励机制。各民族自治地方享有的财政转移支付额的计算公式是：某地区财政转移支付额 =（该地区客观因素财政转移支付额 + 该地区政策性财政转移支付额）×（1 + 该地区激励机制系数）。从 1994 年中央财政开始实施过渡期财政转移支付后，中央政府采取了多项措施，不断加大中央财政对民族地区的支持力度。在计算标准财政收支时，民族地区除享受一般性转移支付外，还享受民族优惠政策转移支付。以 2000 年为例，标准支出大于标准收入的民族省区，按照标准收支差额，最低可以得到 11.5%，最高可以得到 20.5%，而非民族省区只能得到全国统一 7% 的补助。从 2001 年起，建立艰苦边远地区津贴制度，应由财政安排的资金全部由中央财政负担。[10] 此外，为配合西部大开发战略，国务院从 2000 年起加大对民族地区（包括民族省区和非民族省区的民族自治州）的转移支付。预算安排、即中央财政在 2000 年安排民族转移支付资金 10 亿元的基础上，以后每年按一定比例递增。

三是专项财政转移支付。这种转移支付又称为有条件的转移支付或专项拨款，是有附加条件的转移支付，主要服务于中央的特定政策目标。拨款者指定了资金用途和使用范围，接受拨款者必须按照有关规定使用这些资金，做到专款专用。

四是国家确定的其他方式。第一，国家财政部规定，在增加对民族地区政策性转移支付的同时，还将民族地区每年增值税增量的 80% 由中央专项转移支付给民族地区。[11] 实行这一办法后，民族自治地方将得到更多的照顾（2000 年，国务院共安排 25 亿余元用于此项转移支付[12]），也有利于民族自治地方在财政上行使自治权。第二，《民族区域自治法》第 59 条规定：“国家设立各项专用资金，扶助民族自治地方发展经济文化建设事业。国家设立的各项专用资金和临时性的民族补助专款，任何部门不得扣减、截留、挪用，不得用以顶替民族自治地方的正常的预算收入。”到目前为止，国家设立的专用基金有：（1）支援经济不发达地区发展基金。国家支援不发达地区资金是国家为促进不发达地区的经济发展，由中央财政设立的专项资金。为使用好这项资金，1981 年 8 月，财政部专门制定了《关于支援经济不

---

〔10〕 新华网（海口）：2001 年 11 月 9 日报道。

〔11〕 敖俊德：《中华人民共和国民族区域自治法释义》，民族出版社 2001 年版，第 100 页。

〔12〕 新华网（海口）：2001 年 11 月 9 日报道。

发达地区发展资金管理暂行办法》。(2)少数民族贫困地区温饱基金。针对重点扶持的141个少数民族自治地方贫困县的特殊问题和困难,为了帮助他们尽快解决温饱问题,国家从1990年开始设立“少数民族贫困地区温饱基金”,由国家民委会同有关部门共同按项目管理。(3)少数民族地区补助费。为适当增加民族自治地方的机动财力,1963年12月,国务院批转了财政部、国家民族事务委员会《关于改进民族自治地方财政管理体制的报告》和《关于改进民族自治地方财政管理体制的规定(草案)》。在1994年实行的分税制财政体制中,中央财政在计算民族地区税收返还额时,保留了这项财力的照顾政策:一是机动资金;二是预备费。这两项照顾政策在《民族区域自治法》第32条第4款作了进一步明确:“民族自治地方的财政预算支出,按照国家规定,设机动资金,预备费在预算中所占比例高于一般地区。”有关省、自治区为提高民族地区的财政自给能力,促进民族地区的经济发展,有关省、自治区结合本地实际在财政方面做出了一些特殊规定。

二、在税收方面对少数民族地区的优惠措施

《民族区域自治法》分别在第55、60、63、69条规定国家和上级国家机关应当在税收上加大对民族自治地方的扶持力度,帮助民族自治地方发展经济,改善农业、林业、牧业等生产条件和水利、交通、能源、通信等基础设施;扶持民族自治地方的商业、供销和医药企业;扶持民族自治地方合理利用本地资源发展地方工业、乡镇企业、中小企业以及少数民族特需商品和传统手工业的生产;帮助贫困人口尽快摆脱贫困状况,实现小康。但是这些规定都非常原则,必须由有关国家机关或职能部门进一步制定明确的实施办法,才能保证这些优惠措施在实践中真正贯彻实施。到目前为止,国家和上级国家机关对民族自治地方的税收优惠措施仅有以下几项,还有待进一步完善。

(一)国家征收农业特产税对民族地区的特殊规定

为了合理调节农林牧渔各业生产收入,促进农业生产全面发展,国家对农业特产收入征收农业税。主要规定有:《国务院关于对农业特产收入征收农业税的规定》(1994年1月30日起施行)。此外,根据《国务院关于实施西部大开发若干政策措施的通知》(2000年12月27日)、《国务院西部开发办关于西部大开发若干政策措施的实施意见》(2001年12月20日)的规定,对为保护生态环境,退耕还林(生态林应占80%以上)产出的农业特产品收入,在10年内免征农业特产税。

(二)国家对民族自治地方的企业在税收方面的特殊规定

一是对民族贸易县及县以下民族贸易企业在营业税、所得税方面的特殊规定。二是对民族贸易县及县以下民族贸易企业增值税方面的特殊规定。三是国家对民族地区的企业所得税的特殊规定。四是国家对西部企业增值税的特殊规定。

（三）国家对民族地区耕地占用税的特殊规定

国务院1987年发布《耕地占用税暂行条例》规定：少数民族聚居地区和边远贫困山区生活困难的农户，在规定用地标准以内新建住宅纳税确有困难的，由纳税人提出申请，经所在地乡（镇）人民政府审核，报经县级人民政府批准后，可以给予减税或者免税。《国务院关于实施西部大开发若干政策措施的通知》（2000年12月27日）、《国务院西部开发办关于西部大开发若干政策措施的实施意见》（2001年12月20日）规定：西部地区公路国道、省道建设用地，比照铁路、民航建设用地，免征耕地占用税。

（四）有关省为促进少数民族经济发展制定特殊税收政策[13]

有关省、市为加快民族地区的经济发展，从本地区的实际出发，结合国家的有关规定，制定了一些照顾少数民族和民族地区利益的税收优惠政策。如1987年11月河北省规定：对少数民族贫困山村（包括平原地区）可比照贫困地区农业税减免办法执行税后政策；对经营有困难的少数民族乡镇企业和清真饮食、食品加工、肉食加工业，可按照税后政策管理体制，经过报批给予减免税照顾。1992年9月又规定，对民族贸易县及县以下民族贸易企业和民族用品定点生产企业给予低息或减免营业税、所得税的照顾。吉林省对民族自治地方新办的乡镇企业、对城镇新办的集体工业企业、对经县（市）以上民委、税务局确认的定点生产民族用品的企业，在税收上给予免税和减税的一系列规定。1994年12月湖南省委、省政府决定，对民族地区的税收实行“统一税制、适当变通、从轻从简”的政策。

三、在投资、金融方面的特别规定

为了解决少数民族地区资金短缺的困难，进一步加快民族自治地方经济的发展，逐步缩小其与发达地区的差距，《民族区域自治法》第55、56、57、58、60、63条明确规定了国家和上级国家机关在投资、金融方面加大对民族自治地方的扶持力度应当承担的主要职责，有关国家机关或主管部门也制定了一些配套措施。主要内容有：

（一）在投资方面的扶持与有关特殊措施

国家在投资方面对民族自治地方的扶持主要采取以下措施实施：第一，优先在民族自治地方合理安排的资源开发项目和基础设施建设项目，所需的资金应尽可能让民族自治地方少负担。国家在重大基础设施投资项目中适当增加投资比重和政策性银行贷款比重[14]，不留资金缺口，不让民族自治地方负担。第二，修改后的

---

〔13〕　此部分参见中国人权网：少数民族专栏“有关省为促进少数民族经济发展制定的特殊税收政策”。

〔14〕　根据我国银行管理法律法规的规定，政策性银行包括国家开发银行、中国进出口银行、中国农业发展银行。

《民族区域自治法》第56条第2款特别规定:"国家在民族自治地方安排基础设施建设,需要民族自治地方配套资金的,根据不同情况给予减少或者免除配套资金的照顾。"第三,国家制定适当的优惠政策,引导和鼓励国内外资金投向民族自治地方;引导和鼓励经济发达地区的企业按照互惠互利的原则,到民族自治地方投资,开展多种形式的经济合作,通过多种途径和方式增加民族自治地方的建设资金。同时,在实施西部大开发中,加大建设资金投入力度措施,主要有:第一,提高中央财政性建设资金包括中央基本建设投资资金、建设国债资金用于西部地区的比例。第二,对国家新安排的西部地区重大基础设施建设项目,其投资主要由中央财政性建设资金、其他专项建设资金、银行贷款和利用外资以及企业自筹资金解决,不留资金缺口,地方政府在土地使用、收费减免等方面积极配合。第三,中央将采取多种方式,筹集西部开发的专项资金,支持西部开发的重点项目。

(二)在金融信贷方面的特别规定

邓小平同志在1991年视察上海时指出:"金融很重要,是现代经济的核心。金融搞好了,一着棋活,全盘棋活。"〔15〕改革开放以来,我国金融业得到了长足的发展,掌握了巨大的经济资源,在调整经济结构、促进经济发展、维护社会稳定方面发挥了巨大的作用。如何调动金融业、发挥其在民族自治地方经济发展中的巨大作用,是当前和今后相当长的时间里必须慎重对待的问题。为此,《民族区域自治法》及其他相关法律法规对如何在金融信贷方面加强对少数民族地区的支持作出了专门规定。国家主要通过以下途径来实现对民族自治地方的金融扶持:

1. 根据民族自治地方的经济发展特点和需要,综合运用货币市场和资本市场,加大对民族自治地方的金融扶持力度。金融机构〔16〕对民族自治地方的固定资产投资项目和符合国家产业政策的企业,在开发资源、发展多种经济方面的合理资金需求,应当给予重点扶持。一是加大对西部地区包括民族自治地方基础设施建设的信贷投入。二是扩大以基础设施项目收益权或收费权为质押发放贷款的范围。三是增加农业、生态建设的信贷投入。

2. 鼓励商业银行〔17〕加大对民族自治地方的信贷投入,积极支持当地企业的合理资金需求。一是运用信贷杠杆支持经济结构及产业结构调整。二是对民族贸易和民族用品生产贷款实行优惠利率。这是一项从20世纪80年代初就实行的行之有效的优惠政策。三是对民族贸易网点和民族生产企业技改贷款给予贴息

---

〔15〕 敖俊德:《中华人民共和国民族区域自治法释义》,民族出版社2001年版,第90页。

〔16〕 我国的金融机构包括四大类:一是中国人民银行;二是政策性银行和商业银行;三是非银行金融机构,包括保险公司、信用合作社、信托投资公司、证券公司、投资基金管理公司、财务公司等;四是在境内外开办的外资、侨资、中外合资金融机构。

〔17〕 我国商业银行包括国有独资商业银行、股份制商业银行、城市合作银行和住房储蓄银行。

照顾。

3. 安排“温饱基金人行贷款”[18]。中国人民银行每年从大跨度联合开发扶贫贷款中，安排部分少数民族贫困地区温饱基金，扶助民族自治地方发展经济事业，集中用于141个少数民族贫困县中的一二十个县解决群众温饱问题的项目。“温饱基金人行贷款”执行2.43%优惠年利率。贷款期限为自贷款之日起至还清本息止，一般为1—3年，特殊情况可4—5年，个别建设周期长、社会经济效益好的项目最长不超过七年。“温饱基金人行贷款”用于下列生产性建设项目：带动千家万户贫困户解决温饱问题的种、养业项目；立足本地资源优势、产品有可靠市场销路、符合产业政策、经济效益明显、直接效益能辐射千家万户的加工、采掘业新建、续建和技改项目；群众易于掌握、经济效益显著、能带动大批贫困户增产增收的农牧业实用科技推广项目；改善生产条件、促进稳定解决温饱、具备一定条件、难度小、投资少、见效快、偿还能力可靠的小区域农业综合开发项目。

此外，有关省、自治区、直辖市为促进少数民族经济的发展在金融方面也做出了一些特殊规定。如辽宁、吉林、湖南等。

四、在基本建设、资源开发与环境保护方面的特别规定

我国少数民族地区地域辽阔，资源蕴藏极为丰富。地上有取之不尽的水力、风能、光能资源和珍贵的动植物资源；地下有储量极大的煤、油、气和各种矿产资源；还有众多的自然景观、人文景观、民族文化等旅游资源……这些是少数民族地区在市场经济条件下加速经济发展的比较优势。而我国绝大多数少数民族地区地处边远山区、交通不便、能源紧缺，生产条件和基础设施薄弱则是制约其经济发展的客观因素。如何发挥少数民族地区的资源优势，克服制约其经济发展的不利因素，是我国在实施西部大开发战略，促进区域经济协调发展，实现全面建设小康社会的战略目标中必须正视和妥善解决的宏大问题。而这一问题的解决，仅仅依靠各民族区域自治地方自身的努力是不可能的，需要国家和上级国家机关在投资、金融、税收等方面给予大力扶持。此外，在加强基础设施建设和自然资源开发的过程中必须重视环境保护工作，保护和改善当地的生活环境和生态环境。具体措施：

（一）在基本建设和资源开发方面的特殊规定

第一，国家根据统一规划和市场需求，以科学规划为指导，发挥计划和市场两种机制在配置资源中的作用，在民族地区优先布局一些建设项目。一是优先在民族自治地方合理安排水利、公路、铁路、机场、管道、电信等基础设施建设项目。二是扶持发展特色农业，包括农业、牧业、林业等第一产业。三是优先在民族自治地方合理安排资源开发项目。

---

〔18〕《国家民族事务委员会中国人民银行关于印发少数民族贫困地区温饱基金人民银行专项贷款项目管理暂行办法的通知》（1990年9月12日）。

第二,扶持民族自治地方发展上述产业的措施。一是扩大投资规模、加大金融扶持力度、减免税收。二是实行土地使用优惠政策。三是实行矿产资源优惠政策。四是调整电价和水价。

第三,国家在民族自治地方开发资源、进行建设的时候,应当照顾民族自治地方的利益,作出有利于民族自治地方经济建设的安排,照顾当地少数民族的生产和生活。

(二)在环境保护方面的特殊规定

第一,上级国家机关应当把民族自治地方的重大生态平衡、环境保护的综合治理工程项目纳入国民经济和社会发展计划,统一部署。一是实施天然林保护工程。二是开展退耕还林还草工作。三是推进污水处理、垃圾处理收费改革。

第二,民族自治地方为国家的生态平衡、环境保护作出贡献的,国家给予一定的利益补偿。现有的具体措施有以下几项:一是国家给予退耕还林户适当的现金补助。二是对因实施退耕还林还草影响地方财政收入部分,由中央财政在一定时期内给予适当补助。三是为鼓励利用宜林宜草荒山、荒地造林种草,实行谁退耕、谁造林、谁种草、谁经营、谁拥有土地使用权和林草所有权。

第三,任何组织和个人在民族自治地方开发资源、进行建设的时候,要采取有效措施,保护和改善当地的生活环境和生态环境,防治污染和其他公害。

五、在对外经济贸易方面的特别规定

对外贸易,包括货物进出口、技术进出口和国际贸易。民族地区商品、资金、技术、管理的有限性,意味着它与外界存在很大的互补性,同时也决定了它对外开放,加强交流,在交流中求发展的必然性。以开放促开发、促外贸,以贸易促发展,这是民族地区后来居上的必由之路。通过开展对外贸易,反过来促进民族地区对外开放层次的巩固和升级,并让外界接触了解民族地方,引来资金、技术以及先进思想和观念,形成经济技术合作。同时,开展外贸活动,还可以增加就业、增加外汇收入,通过出口可以获取一定的外汇储备,便于举债用于国内建设。对于地处边境的少数民族聚居区来说,开展以边贸为主的对外贸易,还具有兴边富民,巩固边防的特殊意义。目前民族地区的对外贸易活动,已呈现出地方贸易、边境贸易、边民互市等多种性质的贸易活动;形式上也较为丰富多样,如双边、多边、转口贸易以及易货、期货、现汇等方式。新疆维吾尔自治区提出了"全面开放,向西倾斜,东联西出,贸易兴边"的战略方针;云南省提出"以边贸为突破口,全方位、多层次对外开放"的策略。伴随着对外贸易活动的升级扩大,在五个自治区和云南、贵州、青海,近年来外贸出口总额已达40亿美元。民族自治地方对外经济贸易的状况对其经济的发展有着重要的意义,国家应当制定相应的措施鼓励、推动各民族自治地方对外经济贸易的发展。

改革开放以来,国家相继制定并实施了一系列优惠的边境贸易政策,鼓励和扶持民族自治地方发展对经济贸易。《民族区域自治法》第 61 条明确规定:"国家制定优惠政策,扶持民族自治地方发展对外经济贸易,扩大民族自治地方生产企业对外贸易经营自主权,鼓励发展地方优势产品出口,实行优惠的边境贸易政策。"国务院于 1984 年批准了外经贸部发布的《边境小额贸易暂行管理条例》,这是我国关于边境贸易的第一个全国性的法律规范性文件,规定了边境贸易地点和范围、边境小额贸易的原则、边境小额贸易的管理、边境小额贸易税收的征免等。1991 年国务院发出《转发经贸部等部门关于积极发展边境贸易和经济合作,促进边境繁荣稳定意见的通知》。1994 年 5 月,全国人大常委会通过的《对外贸易法》第 37 条规定:"国家扶持和促进民族自治地方和经济不发达地区发展对外贸易";第 42 条规定:"国家对边境城镇与接壤的国家边境城镇之间的贸易以及边民互市贸易,采取灵活措施,给予优惠和便利。"这些规定,对边境贸易起到了积极的推动作用。与上述全国性规定相适应,我国的有关省区也专门制定了发展边境贸易的相关政策法规。此外,相关的民族自治地方也制定了相应的法规,如《云南德宏傣族景濒族自治州边境经济贸易管理条例(试行)》等。具体地讲,国家在促进民族自治地方对外经济贸易的特殊规定主要有:

第一,进一步放宽民族自治地方企业对外贸易经营权和经济技术合作经营权的标准。降低民族自治地方生产企业申请自营进出口经营权的标准,注册资金由 300 万元调整到 200 万元,科研院所、高新技术企业和机电产品生产企业的注册资金由 200 万元调整到 100 万元。私营生产企业申请自营进出口经营权的标准,按国有、集体生产企业的条件、标准和办法办理。民族自治地方外贸企业申请对外劳务经营权的标准,调整为上年进出口总额达到 5000 万美元,或出口额达到 3000 万美元。在未设立外经窗口公司的地(市),可由该地(市)成立一家国有窗口公司,或指定一家国有外经贸公司申请对外劳务合作经营资格。

第二,鼓励民族自治地方发展优势产品出口。建立有机农产品生产服务体系和质量认证体系,加快有机农业科研成果向生产转化,建设一批无规定疫病区和畜产品出口示范基地,扩大有机农产品、畜产品出口。在符合国家产业政策的前提下,对民族自治地方出口产品逐步增加主产省(自治区、直辖市)主营生产企业的出口配额比例,鼓励民族自治地方优势初级矿产品和农副产品向深加工、高附加值方向发展。

第三,鼓励民族自治地方企业开展对外承包工程和劳务合作。对民族自治地方有实力的大型专业工程企业,在申请对外承包工程和劳务合作经营资格、承接项目、获取信息、融资等方面,给予积极支持。推动中央大型企业在承揽项目、招聘劳务人员等方面与民族自治地方企业合作,带动其开拓国际市场。推动国内外大型企业与民族自治地方企业相互联合,共同承揽民族自治地方利用外资的基础设施建设项目。

第四,鼓励民族自治地方企业到境外特别是周边国家和地区投资办厂。对于民族自治地方企业到周边国家和地区设立境外加工贸易企业或承接援外合资合作项目,在同等条件下给予优先办理。对于符合条件的民族自治地方企业申请中央外贸发展基金开办境外加工贸易企业,给予优先考虑。

第五,对民族自治地方经济发展急需的技术设备,在进口管理上给予适当照顾。民族地区生产急需的自用产品,适当放宽进口限制。对西部地区进口配额产品,视具体情况在数量安排上适当给予倾斜。

第六,按照国际规则,对边境地区继续实行优惠的边境贸易政策,在出口退税、进出口商品经营范围、进出口商品配额、许可证管理、人员往来等方面,简化手续,放宽限制。对边贸企业的边境贸易经营权,根据国务院主管部门的有关规定,由省级人民政府主管部门进行登记、管理和备案。对边境地区外经企业在毗邻国家边境地区承包工程和开展劳务合作,其项目合同由边境省级人民政府主管部门自行审批。对边贸企业出口原产于本地区且属于出口配额许可证管理的商品,除国家实行统一招标的商品、实行总量控制的重要工业品、实行主动配额管理的商品、配额有偿使用管理的商品、重点管理的边境贸易出口商品、军民通用化学品、易制毒化学品和消耗臭氧层的物质外,免领出口许可证。对边贸企业出口原产于边境地区并属于实行配额有偿使用管理的商品,适当放宽经营资格,减免配额有偿使用费。对边境地区属国家重点管理的边境贸易出口商品,由国务院主管部门专项下达一定数量的出口配额,并尽量满足边贸企业与毗邻国家边境地区经济技术合作所需带出设备材料和劳务人员自用生活物资的配额。除国家统一规定的行政机关执法收费外,取消口岸其他行政性收费,减轻边贸企业经营负担。

六、在科技方面的特别规定

为加快民族自治地方科学技术的发展,国家除通过立法赋予民族自治地方科技管理自治权外,还以法律的形式规定了上级国家机关在促进民族自治地方科技发展方面的职责,并规定了一些特殊措施。《科学技术进步法》第 8 条规定:“……国家帮助少数民族地区、边远贫困地区加速发展科学技术事业。”第 40 条规定:“对从事基础研究、高技术研究、重大工程项目研究、重大科学技术攻关项目研究和重点社会公益性科学技术研究以及在农村贫困地区、少数民族地区和恶劣、危险环境中工作的科学技术工作者,依照国家规定给以补贴。”《民族区域自治法》第 56 条第 3 款:“国家帮助民族自治地方加快实用科技开发和成果转化,大力推广实用技术和有条件发展的高新技术,积极引导科技人才向民族自治地方合理流动。国家向民族自治地方提供转移建设项目的时候,根据当地的条件,提供先进、适用的设备和工艺。”这些法律规定既明确了上级国家机关的职责,又为制定具体的措施帮助少数民族地区发展科学技术提供了依据,更为重要的是明确了上级国家机关扶持的三项重点:一是帮助民族自治地方加快实用科技开发和成果转化,大力推广实用技术和有条件发展的高新技术;二是积极引导科技人才向民族自治地方合理流动;三是向民族自治地方提供转移建设项目的时候,根据当地的条件,提供先进、适用的设备和工艺。当然,这些规定都很原则,要被真正地贯彻实施,还必须有完善的细则性规定。

目前,关于这方面的规定比较完整的、切实可行的规范性文件是《国务院关于实施西部大开发若干政策措施的通知》《国务院西部开发办关于西部大开发若干政策措施的实施意见》。这两份文件中涉及国家帮助西部地区(包括民族自治地方)发展科技的主要优惠政策有:

第一,国家设立的各项科技基金、科技计划经费等专项经费向西部地区倾斜。重点围绕西部生态环境和基础设施建设、产业结构调整等方面的关键共性技术攻关及产业化,加大倾斜支持力度。加强西部地区科技能力建设,加强对国家重点实验室、工程中心、野外观测台站等科研基础设施和基础数据库、生物种质(基因)资源库、科技信息网络等科技基础性建设的支持。

第二,鼓励西部地区企业提高技术开发经费的开支比重。企业研究开发新产品、新技术、新工艺所发生的各项费用,包括新产品设计费、工艺规程制定费、设备调整费、原材料和半成品试验费、技术图书资料费、未纳入国家计划的中间试验费、研究机构人员工资、研究设备折旧、与新产品试制和技术研究有关的其他经费,以及委托其他单位进行科研试制的费用,不受比例限制,计入管理费用。企业研究开发新产品、新技术、新工艺的各项费用应逐年增长,增长幅度在10%以上的企业,可以再按照实际发生额的50%抵扣应税所得额。

第三,加大科技型中小企业创新基金支持西部地区的力度。根据相关管理办法,对西部地区申报科技型中小企业创新基金的项目,在同等条件下优先安排。

第四,落实《国务院办公厅转发科技部等部门关于促进科技成果转化若干规定的通知》(国办发〔1999〕29号)的有关政策。对科技人员在西部地区实施科技成果转让和兴办科技型企业,在实际执行中,提高转让收入提成、科技成果入股等奖励的比例。

此外,一些辖有民族自治地方的地方行政区域也制定了扶持民族地区科技事业的规范性法律文件,如《云南省促进民族自治地方科学技术进步条例》(1993年1月7日)等。

七、其他特别规定

根据《民族区域自治法》第55、58、64条及其他相关法律的规定,国家和上级国家机关在帮助和扶持民族自治地方发展经济方面,还应承担以下职责:[19]一是上级国家机关应当帮助、指导民族自治地方经济发展战略的研究、制定和实施;上级国家机关在制定国民经济和社会发展计划的时候,应当照顾民族自治地方的特点和需要。二是上级国家机关从财政、金融、人才等方面帮助民族自治地方的企业进行技术创新,促进产业结构升级。三是上级国家机关应当组织和鼓励民族自治地方的企业管理人员和技术人员到经济发达地区学习,同时引导和鼓励经济发达地区的企业管理人员和技术人员到民族自治地方的企业工作。如从2001年起,建立艰苦边远地区津贴制度,所需经费由中央财政负担;鼓励人才和智力向民族地区流动;实行人才和智力对口支援;对到民族地区工作的各类人才实行来去自由的政策等。四是上级国家机关应当组织、支持和鼓励经济发达地区与民族自治地方开展经济、技术协作和多层次、多方面的对口支援,帮助和促进民族自治地方经济事业的发展。

第四节　民族地区经济发展中的法律问题

随着市场经济体制的完善,西部大开发战略和WTO规则的贯彻实施,各民族自治地方受到外界的强烈冲击,与外界的联系越来越强,其开放程度、市场化程度越来越高。在这种情况下,民族经济法律制度的地位显得尤为重要。作为我国民族法、经济法的重要组成部分的民族经济法律制度,如何适应市场经济机制、西部大开发战略、WTO规则的要求,并以此为契机推进制度创新,完善民族法制,为民族自治地方经济自治权的充分行使提供法律保障,促进民族自治地方经济发展和社会进步,是法学界,尤其是民族法学界应该重视并予以充分论证的问题。

一、WTO与民族地区经济发展及其法律问题

(一)加入WTO对民族地区经济发展的影响

经济全球化是当今的世界潮流。尽管在世界范围内对经济全球化的看法不同,褒贬不一,褒者赞扬它的十大作用[20],贬者斥之为“民主法西斯主义”[21],但其

〔19〕《国务院关于实施西部大开发若干政策措施的通知》(2000年12月27日)、《国务院西部开发办关于西部大开发若干政策措施的实施意见》(2001年12月20日)的相关内容。

〔20〕德国康采恩“戴姆勒—克莱斯勒”理事会主席J. E. 斯任普在柏林的一次演讲中提到了经济全球化的十大作用,参见《关于经济全球化的十大论题》,载《国外社会科学》2001年第1期。

〔21〕曾任里根、克林顿两届美国政府战略顾问的爱德华·勒特韦克在1999年出版的《涡轮资本主义》一书中,对经济全球化持否定态度,认为会导致“民主法西斯主义”,转引自陆象淦:《经济全球化与当代资本主义危机》,载《国外社会科学》2001年第1期。

已成不可逆转之势。加入 WTO,融入世界经济一体化,是我国适应经济全球化趋势,进一步推进改革、加快社会主义市场经济体制建设的必然要求和战略选择。目前,经济全球化趋势明显增强,科技革命迅猛发展,产业结构调整步伐加快;我国也进入了全面建设小康社会的新阶段,西部大开发取得了重大进展,经济结构调整进入了关键时期,改革开放进入了攻坚阶段。从这一现实预测未来,今后五到十年应该是我国经济和社会发展的重要时期,也是实施西部大开发战略、加快民族地区经济社会发展的关键时期。在这个重要时刻,加入 WTO 为我国经济发展注入了新活力,带来了新机遇。

但是,我们必须看到,WTO 作为经济全球化的产物,毕竟是一把“双刃剑”。在经济全球化、WTO、互联网的猛烈冲击下,在新的科技革命条件下,竞争的优势正进一步向拥有先进技术和较强创新能力的地区倾斜,这给我国带来的挑战是很明显的。特别是少数民族地区,由于历史、自然和社会的原因,经济基础比较薄弱,交通、通信等基础设施落后,各经济部门和行业现代化和产业化水平还不高,企业规模和技术装备水平与其他地区相比有差距,在国内外市场竞争中处于劣势。加入 WTO 后,随着我国一些保护性措施的逐步减弱甚至取消,民族地区的一些部门和行业将受到强烈冲击。因此,必须从多重视角分析加入 WTO 给我国民族地区带来的机遇与挑战,找准其经济发展的突破口,探索各部门各行业趋利避害的措施,在竞争中增强实力,确保民族地区经济持续、健康、快速发展。

而民族法学界则应该更多地从法律角度关注加入 WTO 对我国少数民族地区经济发展带来的冲击和影响。“WTO 对中国法制进程尤其是中国立法的影响是不言而喻的,所谓‘入世’首先就是指法律的‘入世’,是中国国内法与 WTO 规则及国际惯例的接轨。”[22] WTO 是一个以市场为走向、提倡贸易自由化的国际组织,其核心是 WTO 协议,这些协议是世界上大多数贸易国通过谈判签署的,为国际商业活动提供了基本的法律规则。协议的宗旨是要逐步消除成员方政府以关税、数量限制、管制立法和其他国内立法及行政措施设置的国际贸易壁垒,以及其他影响国际自由贸易平等竞争的不当行为;通过多边贸易谈判达成协定,规定所有成员可以接受的贸易自由化程度和所允许的国内贸易保护措施,逐步推进国际贸易自由化进程。这些协议的法律意义,在于要求和约束成员方政府根据国际自由贸易的原则正确使用所允许的国内保护措施。而我国制定民族经济法的主要目的是使国家给予民族自治地方特殊的优惠与照顾政策法律化,充分保障民族自治地方行使经济自治权,发展本地区的经济,逐步改变经济落后的面貌,不断缩小民族自治地方与非民族自治地方在经济上的差距,最终实现共同富裕。因此,在 WTO 背景下发展民族经济,首先必须认真思考如何正确运用国内的保护措施,使民族经济法的规定

---

〔22〕 刘武俊:《WTO 与“后立法时代”的中国立法》,载中国网 2002 年 4 月 11 日。

既不违背WTO的法律规则,又能照顾民族地区的特点,发挥它应有的作用,保障民族自治地方充分行使经济自治权。

(二)WTO的基本法律规则

要使新时期的少数民族经济法律制度真正适应WTO时代的要求,首先必须对WTO的基本法律原则有一个完整的认识。具体地说,WTO的基本法律原则大致包括以下几个方面:

1. 公平原则。主要内容包括:一是公平贸易:各成员的出口贸易经营者不得采取不公正的贸易手段,进行或扭曲国际贸易竞争,尤其不能采取倾销和补贴的方式在他国销售产品。如果以倾销或补贴方式出口本国产品,给进口方国内工业造成实质性损害,或有实质性损害威胁时,该进口方可以根据受损的国内工业的指控,采取反倾销和反补贴措施。同时,反对成员滥用反倾销和反补贴措施达到其贸易保护的目的。二是非歧视性贸易:指WTO成员之间应当在非歧视的基础上进行贸易,相互的贸易关系中不应存在差别待遇。非歧视性贸易原则是各国之间实现平等贸易的重要保证,也是避免贸易歧视和摩擦的重要基础,它主要通过最惠国待遇和国民待遇等条款体现出来。最惠国待遇原则要求如果一成员给予另一成员某种优惠待遇,该优惠待遇应当立即无条件地扩展到所有成员,以保证没有任何成员受到歧视性待遇;国民待遇则原则要求WTO成员之间相互给予对方的自然人、法人或其他经济组织产品、服务、投资、知识产权等与本国的自然人、法人或其他经济组织产品、服务、投资、知识产权等相同的待遇。公平原则的核心在于要求世贸成员各方平等对待、互利互惠。

2. 自由原则。主要内容有:一是关税减让。"关税减让"一直是多边国际谈判的主要议题和关贸总协定最初协议的核心目的。关税减让谈判一般在产品主要供应者与主要进口者之间进行,其他国家也可参加。该原则强调通过谈判削减关税和消除关税壁垒。双边的减让谈判结果,其他成员按照"最惠国待遇"原则可不经谈判而适用。二是市场准入。该原则是指一成员方允许另一成员方的货物、劳务及资本参与本国市场的程度。市场准入原则旨在通过增强各成员对外贸易体制的透明度,减少和取消关税、数量限制和其他各种强制性限制市场准入的非关税壁垒,改善各成员市场准入的条件,保证各成员的商品、资本和服务在国际市场上公平自由竞争。三是一般禁止数量限制。在货物贸易方面,世界贸易组织仅允许进行关税保护,而禁止其他非关税壁垒,尤其是以配额和许可证为主要方式的数量限制。但禁止数量限制也有一些重要的例外,如国际收支困难的国家被允许实施数量限制;发展中国家的"幼稚工业"也被允许加以保护。四是对"国有贸易企业"的要求。世贸组织对国有贸易企业的主要要求是,在进行有关进出口的购买或销售时,应只以商业上的考虑作为标准,并为其他成员企业提供参与这种购买或销售的充分竞争机会。自由原则的核心在于要求世贸成员各方尽量减少和消除贸易障碍和壁垒,以实现最大限度的自由贸易。

3. 公开原则。又称为透明度原则。主要内容有:一是协议、条约等的及时公布。要求各成员将有效实施的有关管理对外贸易的各项法律、法规、行政规章、司法判决等迅速加以公布,以使其他成员政府和贸易经营者加以熟悉;各成员政府之间或政府机构之间签署的影响国际贸易政策的现行协定和条约也应加以公布。二是法律、法规、行政规章的统一实施。各成员应在其境内统一、公正和合理地实施各项法律、法规、行政规章、司法判决等。公开原则的核心要求在于在统一境内法律法规等的实施的基础上,保障世贸成员各方及时获取与贸易相关的信息。

(三)正确认识 WTO 背景下公平竞争与特殊保护的关系

WTO 公平原则的核心在于保障各成员方在经济贸易中"平等对待、互利互惠",其精神实质不仅应包含形式上的平等,更应体现实质上的平等。这一精神体现在世贸组织关于加入 WTO 的发展中国家应当享受一定的优惠待遇,同时经济发达国家应当对他们进行一定帮助的相关法律文件中,如《关贸总协定》第 18 条允许发展中国家为提高生活水平和经济发展,用关税来保护特定产业即幼稚产业,允许它们以国际收支失衡为理由来实施数量限制的规定;第 36 条关于应对发展中缔约国给予单方面的减让优惠的规定;第 37 条要求发达国家尽可能地实施,优先降低和撤除与发展中的缔约各国目前或潜在的出口利益特别有关的产品的壁垒,包括初级产品和加工产品之间的不合理差别关税;对与发展中缔约国出口利益特别有关的产品,不建立新的关税或非关税进口壁垒,或加强已有的这些壁垒的规定;1979 年 11 月"东京回合"谈判所通过的《给予发展中国家以差别及更优惠的待遇、互惠和更全面的参与的协议》;"乌拉圭回合"谈判所达成的体现对发展中国家优惠待遇的条款,如旨在实行纺织品和服装贸易自由化的协议、热带产品协议,都有某些有利于发展中国家的规定,即使在发展中国家处于明显劣势的服务贸易方面,发达国家也不得不考虑发展中国家的特殊情形,在服务贸易协议中要求对发展中国家因国际收支困难而采取某些适当的措施的要求应给予考虑。世贸组织之所以这些规定,是因为发展中国家和发达国家在市场竞争中并不处于同一起跑线,只有这样,对参与竞争的发展中国家才公平。

我国的民族自治地方主要分布在西部。其土地、生物、矿产、森林、草场等资源虽然非常丰富,但由于人才、资金匮乏、技术落后、交通不便,致使这些资源未得到合理的开发、利用——耕地、草场面积人为减少,动植物采捕过渡,矿藏资源未合理开采;受国家产业政策的影响,民族地区的经济产业结构不合理,三大产业比例严重失调,与全国平均水平相比,"农业比重偏高,工业比重偏低,而第三产业比重却相对居高不下”。[23] 尤其是工业产业的内部结构更不合理——重工业比重大,轻工业与之相比严重失衡,基础工业与加工工业比例失调,能源、原材料等基础工业比重大,加工工业由于技术原因发展不足。这种不合理的经济结构,致使民族自治地方每年需要输出大量的能源、原材料等初级产品,同时需要输入大量的工业制品和日常消费品。从经济学的角度分析,只有物质生产部门能够为第三产业的发展提供雄厚的物质基础时,整个经济、社会才可能处于良性运行、发展的状态。上述状况,必然造成民族自治地方经济发展不足,使得民族自治地方的生产力发展水平与经济发达地区之间的差距不断扩大。在这种基础上,民族自治地方与发达地区进行公平竞争势必阻碍民族经济的发展。因此,必须在某些政策上对民族自治地方给予特殊优惠、实行特殊保护,保证他们在参与市场竞争的过程中与其他竞争者处于平等的竞争地位,弥补市场竞争对他们所产生的明显不公平,保护其应有的经济权益,为他们在市场经济条件下的经济发展创造良好的环境。这不仅没有违背WTO公平原则的精神实质,而且也符合国际惯例。世界上各市场经济发达国家,在解决地区经济发展不平衡的时候,往往也采用国家扶持的方法,给经济不发达或欠发达地区一定的政策优惠,使其有更好的条件发展,以达到共同发展的目的。因此,建设民族经济法制既要不脱离市场经济的基本运作方式,又要考虑到民族自治地方的特殊性,处理好公平竞争与特殊保护的关系。

(四)在WTO背景下完善民族经济法律制度的措施

在完善社会主义市场经济、实施西部大开发的过程中,如何使国内的经济法律制度与WTO的要求相融,构建一个含有WTO内容的民族经济法律体系是当前的一个迫切任务。为适应WTO基本法律原则的要求,国家应在制定统一的民族经济法典,对民族经济关系中的基本问题作出明确规定的基础上,从以下几个方面加强民族经济法制建设,完善公平竞争与特殊保护机制:

1. 投资法律制度。民族自治地方由于其财政收支缺口很大,入不敷出,经济活力不足,信贷资金往往流入发达地区,投资者考虑到收益问题,不愿意把资金投到产值相对于发达地区低的地方等原因,导致经济建设资金供给不足。为此,必须加强投资立法,对不符合市场经济规律尤其是不符合国际惯例和WTO规则的相关条款要进行修改,鼓励、保护外来投资。此外,应将国家对民族自治地方的基本建设投资、环境保护投资、国有资本进入民族自治地方资本市场的相关问题,如投资项目、投资比例、投资时间、投资效益等以法律的形式固定下来,确保国家对民族自治地方的优惠待遇的连续性。

2. 税收法律制度。国家应充分考虑民族自治地方的特殊情况,实行有差别的

---

〔23〕 彭真怀:《2001—2002中国西部大开发年度报告》,中共中央党校出版社2003年版,第188页。

税收征收办法，对全国统一开征税种的税率，在民族自治地方实行一定比例的下浮，对重点扶持项目，在一定时期内减免税，使其能因地制宜运用优惠税率，以利于吸引资金、技术，促进重点产业的发展；现行税收法律法规中存在如沿海地区和大城市的经济特区、经济技术开发区、三资企业可以享受多种税收优惠，而少数民族地区的企业只可以享受营业税的部分优惠等不公平待遇的条款，这种明显不公平的市场竞争规则违背了 WTO 公平原则的精神实质，必须进行修改；关税保护不仅依赖较高的关税税率，而且要有合理的关税结构和生产结构。应当认真研究对民族自治地方产业的有效保护率问题，根据需要调整关税结构和生产结构，对于那些我们不能生产的，或者生产能力很差的原材料或关键零部件实行零税率或只征收低关税，而对最终产品实行高关税。

3. 财政法律制度。关键在于完善国家对民族自治地方的转移支付制度。转移支付制度的基本精神是国家制定统一的政策和标准，对财政收入进行统筹调剂和安排，实现纵向平衡和横向平衡，保证全国各地区都能得到起码标准的国家基本服务。“我国现行的转移支付具体包括：体制补助（或上解）、基数返还（税收返还）、结算补助（税收分享）及专项补助四个方面，由此决定了‘保存量’、‘分增量’和‘基数法’推平头的特点。”〔24〕“保存量”只对富裕地区有利，“分增量”增加了地方税收基础薄弱地区财力增长的难度，“基数法”延续了财政包干体制造成的地区间财力分配不公平、不合理的弊端。从 1995 年开始，中央财政根据财政状况选择一些客观因素和政策因素，采用数字公式估算地方财政能力和支出需求，根据地方财政能力与支出需求之间的差额确定转移支付额。这种“公式化补助”具有其合理性，应将其作为现阶段主要的转移支付方法，在法律上予以确定，同时逐步取消其他转移支付方式。

4. 金融法律制度。国家应增加对民族自治地方政策性贷款，且适当降低贷款利率。应明确规定民族自治地方应拥有商业贷款的优先权，在贷款利率相同的条件下，民族自治地方有优先贷款的权利；修改商业银行法、保险法和证券法等相关法律法规，鼓励和保护金融机构的正当竞争，完善保障民族自治地方金融业良性发展的金融法律体系；完善《外资金融机构管理条例》，取消对外资金融机构的税收优惠，逐步放宽地域限制，允许其进入西部民族自治地方并经营人民币业务。在放宽市场准入的同时，应通过立法强化对外资金融机构的监管。

5. 资源开发与环境保护法律制度。我国少数民族地区幅员辽阔，资源丰富，为发展民族经济提供了坚实的物质基础。我国少数民族地区森林面积占全国总面积的 39.3%；木材蓄积量 43 亿立方米，占全国木材蓄积量的 41.9%；草原面积 42.9 亿亩；占全国草原面积的 89.6%。全国有 230 个牧区县和半牧区县，基本上

---

〔24〕 戴小明：《民族法制问题探索》，民族出版社 2002 年版，第 300 页。

都在少数民族地区。少数民族地区的能源、矿产资源、植物资源、动物资源等都十分丰富,大有开发前景。[25] 这是民族自治地方应对 WTO 时代的比较优势。但近年来,由于缺乏完善的有关自然资源保护的法律、法规,对自然资源保护不力,民族自治地方自然资源遭到了严重损害。因此,必须加强民族自然资源开发与开发中的环境保护方面的立法。尤其应当制定具体的、可操作的法律条款,保障民族自治地方优先开发自然资源的权力,保障民族自治地方在国家开发自然资源时,获得补偿的权利。

6. 贸易保护法律制度。"一般而言,一些有较多产业且国际竞争力不强的国家和地区,在加入 WTO 前后或进行贸易体制改革时期,在降低关税、减少进出口配额、放松外汇管制的同时都注意加强贸易立法,利用法律手段保护国内、地区内有前途的工业,使贸易体制的变化不至于对国内产业冲击过大,保证对外贸易体制的改进才能持续进行。"[26]我国也应加强民族贸易立法,完善反倾销条例的实施细则,在不违反 WTO 有关规则的前提下加快制定法律的速度,利用法律手段保护民族地区的工业、农业。同时,"我国民族自治地方是一个立法的特区,这一地区享有超越国内其他地区的自主立法权,特别是在经济贸易方面,地方的自主立法权更大。对此,民族自治地方可以针对加入 WTO 以后自身的特点,在《民族区域自治法》的约束之下,充分适用国家赋予的立法权,确立一些在 WTO 条件下,对自身发展有利的区域性法律法规,以应对加入 WTO 对民族地区形成的挑战,加速本地区的工业化进程"。[27]

二、西部大开发与民族地区经济发展及其法律问题

(一)西部大开发战略

20 世纪 80 年代,邓小平同志在总结我国区域经济发展的经验与教训的基础上,提出了"两个大局"的战略思想:"沿海地区要加快对外开放,使这个拥有两亿人口的广大地带较快地先发展起来,从而带动内地更好地发展,这是一个事关大局的问题。内地要顾全这个大局。反过来,发展到一定的时候,又要求沿海拿出更多力量来帮助内地发展,这也是个大局。那时沿海也要服从这个大局。"并指出:"可以设想,在本世纪末(20 世纪末——引者注)达到小康水平的时候,就要突出地提出和解决这个问题。"[28]实施西部大开发、加快中西部地区发展,是启动"另一个大局",加快中西部地区经济、人口、环境的协调发展,实现共同富裕、国家长治久安和社会全面进步的重大发展战略。要全面准确地理解西部大开发,必须注意以

---

〔25〕 李高生:《刍议市场经济下的民族经济立法》,载《国家检察官学院学报》1997 年第 4 期。

〔26〕 赵显人主编:《加入 WTO 与中国民族地区经济发展》,民族出版社 2002 年版,第 286 页。

〔27〕 赵显人主编:《加入 WTO 与中国民族地区经济发展》,民族出版社 2002 年版,第 286 页。

〔28〕 《邓小平文选》(第 3 卷),人民出版社 1993 年版,第 277 ~ 278、374 页。

下问题：

1. 西部大开发战略中的“西部”概念。这里说的“西部”，不是单纯地理位置层面上的西部，而是国家根据经济技术发展水平与区位特征相结合的原则而确定下来的西部。包括：四川、贵州、云南、西藏、陕西、甘肃、宁夏、青海、新疆、内蒙古、广西、重庆。另外，湖南湘西土家族苗族自治州、湖北恩施土家族苗族自治州、吉林延边朝鲜族自治州享受国家西部大开发的有关优惠政策。[29]

2. 西部大开发的新理念。现阶段的西部大开发明显不同于过去西部地区的建设与开发，不是凭着资金投入，单纯的开发西部的天赋资源，而应立足于经济增长方式的转变、区域经济素质的提高、经济与人口环境的协调发展，实现社会的全面进步。因此，它应该是一个广义上促进经济全面发展的概念，具有三个显著特点[30]：一是全局性。它不只是涉及某个行业、某个领域的局部开发，而是全面推进西部地区的改革开放和经济社会发展。二是紧迫性。它不只是一个区域发展的战略规划问题，而是一个开发的时机已经成熟、开发的重点和原则已经明确，迫切需要加快启动实施的现实问题。三是长期性。它不只是三年五年的事情，而是需要经过几十年甚至整个21世纪的艰苦努力。

3. 开发的基本策略和方向。当前和今后一段时间内西部大开发的基本方向是：第一，加快基础设施建设。以公路建设为龙头，加强电网、通信、广播电视以及大中城市基础设施建设。尤其要把水资源的合理开发和节水工作放在突出位置。第二，加强生态环境保护和建设。加大天然林保护工程实施力度，同时采取“退耕还林”政策。第三，积极调整产业结构。西部开发不能搞重复建设，要从各地资源特点和自身优势出发，依靠科技进步，发展有市场前景的特色经济和优势产业。要加强农业基础，调整优化农业结构，增加农业收入。第四，发展科技和教育，加快人才培养。特别要加快少数民族地区和贫困地区的教育，提高劳动者的素质。第五，加大改革开放力度。不能沿用传统的发展模式，必须研究和采用与此相适应的新机制。要采取一些重大政策措施，加快西部地区的改革开放。[31]

4. 在市场经济条件下进行西部大开发，必须充分重视和发挥法治的保障作用。这既是社会主义市场经济发展的内在要求，也是依法治国的重要实践。从本质上讲，西部大开发主要是由政府主导和推动的现代意义上的区域开发，其核心在于通过政府干预来缩小东西部之间的发展差距、贫富差距，谋求平衡发展，具有较

---

〔29〕《国务院关于实施西部大开发若干政策措施的通知》《国务院西部开发办关于西部大开发若干政策措施的实施意见》。

〔30〕彭真怀：《2001—2002中国西部大开发年度报告》，中共中央党校出版社2003年版，第194页。

〔31〕朱镕基：在九届全国人大三次会议上所作的《政府工作报告》。

强的国家性、计划性和综合性特征。因此,依法保障西部大开发与加强中西部发展,必须健全西部市场经济法律机制,规范行政权力运行机制,实现国家宏观调控与市场调节的有机结合。应当加强市场主体和市场秩序方面的立法,尤其是关于投资和反不正当竞争的立法与完善;加强国家宏观调控立法,依法确立西部投资倾斜、区域之间互利互惠、规范使用税收优惠的原则和措施;严格界定国家与地方之间、各区域之间、各省区之间的权利和义务,使各种利益关系明晰化、合理化,加强地区发展规划、投资决策、产业政策等方面的立法;完善中央与地方、地方与地方之间事权与财权划分的立法;加强环境保护补偿制度、环境污染的首端控制及对西部国有未利用荒地逐步建立特殊的物权制度等方面的立法等。

(二)实施西部大开发对民族地区经济发展的重大意义

西部是我国少数民族和民族自治地方的集中地区,全国55个少数民族中除了少数几个民族外,绝大多数主要分布在西部,少数民族人口占到全国少数民族总人口的87%。全国建立的155个民族自治地方中,有5大自治区、27个自治州、83个自治县(旗)分布在西部,实行区域自治的面积占到全国陆地总面积的64%。从西部的这种多民族区域性特点来看,西部大开发也就是对民族自治地方的大开发。因此,实施西部大开发对于大力发展和振兴少数民族地区的经济,实现各民族的共同繁荣具有十分重大的战略意义。

2000年以来,中央加大了对西部地区建设资金投入的力度,其中用于基础设施的投资就达2000亿元,生态环境投资500多亿元,社会事业投资100多亿元,中央财政对西部地区转移支付约3000亿元。[32] 国家在西部地区安排了36个重大项目,投资总规模6000亿元。目前已开工的有34个,其中西电东送已初步形成南、中、北三大通道,青藏铁路进展顺利,西气东输全线开工。重点工程的建设不仅仅是项目投入的增加,更重要的是带动了民族地区相关产业的发展,并缓解了相当一部分企业职工的就业压力,从而增加了当地居民的经济收入。同时,加强了农村人畜饮水、贫困县公路、农村乡镇通电、广播电视村村通和农村沼气等工程建设,西部民族地区农村生产生活条件有了很大改善。同时,国家对西部地区的优惠政策的实施,吸引了更多的投资。为了促进西部大开发的顺利推进,国家陆续制定了一系列优惠政策。例如,在资金投入方面,加大建设资金投入力度,优先安排建设项目,加大财政转移支付力度,加大金融信贷支持等。在改善投资环境方面,大力改善投资软环境,实行税收优惠政策,实行土地和矿产资源优惠政策,运用价格和收费机制进行调节等。在扩大对外开放方面,进一步扩大外商投资领域,进一步拓宽利用外资渠道,大力发展对外经济贸易,推进地区协作与对口支援等。此外,还制定了吸引和用好人才、发挥科技主导作用、增强教育投入和加强卫生建设等方面的

[32] 彭真怀:《2001—2002中国西部大开发年度报告》,中共中央党校出版社2003年版,第2页。

优惠政策等。[33] 优惠的经济开发政策加上丰富的自然资源和巨大的市场潜力，吸引了大批东部企业和外资企业。

西部大开发的实施，使民族地区的生态环境得到了极大改善，并使其旅游资源得到了充分开发。在西部大开发中，国家组织实施了退耕还林、天然林资源保护、京津风沙林源治理、天然草场恢复与建设试点等生态环境建设，几年来用于西部地区的生态环境建设的投资就达500多亿元。这样就使西部地区独特的地理风貌、多样的民族风情和丰富的人文遗迹，变为更为现实的旅游资源。一些地方把退耕还林与加强农田水利基本建设、调整农牧业结构、发展农村能源、实行生态移民结合起来，走出了一条经济发展、生态改善和农民增收“三赢”的路子。

此外，西部大开发的实施，加强了东西部经济合作，使中西部地区的资源优势得到了较为充分地利用，并使其经济结构调整向纵深加强。西部大开发的顺利推进，正引领西部进入新的增长期。在基础设施建设、生态环境保护、人才开发、科技教育和社会发展等方面取得了实质性进展，为西部进一步发展奠定了坚实的基础。但也应看到，西部经济文化基础比较落后、市场机制发育程度较低、生态环境较差的状况并未得到根本改变。在新的国际背景下，如何加快改革和扩大开放，真正实现西部大开发的战略目标，是一个值得深入研究、论证的问题。

（三）促进西部大开发与民族地区经济协调发展的法律措施

西部大开发实施以来，虽然极大地促进了西部民族地区经济的发展，但是，随着西部大开发战略的全面实施，也出现了一些影响民族地区经济权利（力）实现的因素，需要认真对待。这些因素有：一是随着西部大开发战略的全面实施，西部社会经济文化的发展日益呈现多样化趋势，外部力量越来越多地介入到民族自治地方，在整体推进的过程中，必然会带来不同地区、不同民族、不同群体利益结构的变化和利益分享的差异，发生利益冲突。二是在新的历史发展时期，为了快速发展经济，各民族自治地方越来越深刻地认识到法律上规定的经济自治权的具体操作、资源开发中的优先开发、利益共享等问题，对发展民族经济所起的重要作用，迫切需要在经济领域里行使自治权，并要求上级国家机关及有关部门保障民族经济自治权的实现。虽然西部大开发营造的宏观经济环境将更有利于民族经济自治权的保障和实现，但西部大开发主要是由国家主导和推动的现代意义上的区域开发，其核心在于通过国家干预来缩小东西部之间的发展差距、贫富差距，谋求平衡发展，具有较强的国家性。这就出现了国家主导开发与民族地区自主发展之间的协调问题。在实践中具体怎么运作，运作中存在哪些问题等，都需要我们从理论上进行很好地研究。

---

〔33〕《国务院关于实施西部大开发若干政策措施的通知》《国务院西部开发办关于西部大开发若干政策措施的实施意见》。

国家实行民族区域自治的根本目的在于使各少数民族能够更好地把党和国家的路线、方针、政策同本地区、本民族的实际情况结合起来,充分按照本民族和地区的特点、条件以及需要来发展经济文化等各项事业。如前所述,“既然少数民族和少数民族自治地方在整个西部占有相当的‘分量’和地位,中央在西部大开发中对少数民族和少数民族地区的投入就应当与这一‘分量’和地位相称”。[34] 从某种意义上讲,西部大开发是中央与西部省区之间、汉族与少数民族之间,以及各民族之间在经济方面的互助和合作。由于各方在诸多条件方面存在着较大的差异,因而难免会出现一些问题。就西部大开发中的民族关系而言,它虽然不能脱离国家宏观经济运行机制,但这并不意味着可以不考虑落后地区、落后民族的实际情况和特殊利益而完全听凭市场法则的左右。相反,必须保护民族自治地方的现实利益及其经济自治权。而这一切的实现,又都离不开民族区域自治法及其他相关法律法规的保障。因此,国家在加强关于西部大开发的立法时,应当充分考虑少数民族因发展差距和社会文化背景的不同,在政治、经济、文化等方面的特殊现状,重视各少数民族的特性、要求和愿望,完善民族经济法律制度。其法律措施:一是根据宪法和民族区域自治法的规定,保障少数民族和少数民族地区的经济权利(力)和经济特点,采取有效措施分类指导,制定相应的法律规范。二是通过法律手段保护少数民族地区公平竞争的权利。建立和培育少数民族地区市场经济体系,形成少数民族地区市场经济法律秩序。三是在资源开发、使用及利益分配的立法方面,要切实保障民族自治地方的权益。使党和国家对民族自治地方的照顾与扶持政策在资源开发方面得到真正的体现。四是在生态环境保护立法方面,要尊重和保障民族自治地方可持续发展权益。五是要促进和保障少数民族地区的边贸经济、乡镇企业、国有骨干企业及民营经济的发展。中央应该考虑制定少数民族地区经济振兴法,并进一步完善对口支援法律规范,在财政、税收、信贷、外贸等方面给予少数民族地区优惠权。此外,应当建立和健全保障民族经济自治权行使的监督机制。对自治权行使的不作为、侵犯自治权的行为实施监督,使自治机关的经济自治权真正运行起来。

三、民族地区经济发展与城市化问题

(一)城市化的内涵

城市化作为一种复杂的社会和经济现象,是社会生产力发展到一定阶段的产物。关于城市化的概念,不同学科有着不同的定义[35]。我们认为,狭义的城市化

---

〔34〕 黄名述主编:《西部开发与法治保障》,中国检察出版社2001年版,第146页。

〔35〕 例如,人口学家认为城市化是乡村人口向城市集聚的过程;地理学家强调农村向城市转化的空间结构和城市体系的变化,是乡村地域向城市地域的转化过程;经济学家则强调从农业向非农业经济结构的变化;等等。

是指由于社会经济的发展所引起的城市数量增加、规模扩大,变农村人口为城市人口以及人口向城市集中的过程。广义的城市化不仅仅是指人类一种居住方式的改变,还包括城市建设水平的提高,城市居民思想观念和生产、生活方式的演变,它是一种完全不同于农业社会的新的文明层次,是人类发展的必经阶段。具体说,城市化的内涵主要包括四个方面:“人口结构由农村人口向城市人口转变;产业结构由从事农业生产向非农业生产转变;人口分布由分散的农村居民点逐步向城市集中的转变”[36],即非城市地域逐渐转化为具有以集中和高密度为主要特征的城市性地域特征;全社会人口逐步接受城市文化的过程,这是城市化最本质的内涵。

(二)民族地区城市化的现状及其对经济发展的影响

从城市化水平指数[37]上看,我国民族地区城市化水平较低。1998 年全国平均城市化水平为 28.2%,东部地区为 33.8%,中部地区为 26.6%,西部地区为 20.7%,低于全国平均水平 7.5 个百分点,低于东部地区 13.1 个百分点,低于中部地区 5.9 个百分点。西部民族地区城市化水平高于全国平均水平的有内蒙古、宁夏和新疆 3 个民族自治区,其中内蒙古的城市化水平最高,达到 34.5%,在全国城市化水平排序中居第 8 位。西部其余 8 省区市的城市化水平皆低于全国平均水平。排在 20 位之后的有西藏、贵州、云南、甘肃、广西、四川,其中,西藏、贵州和云南的城市化水平最低,分别居第 31、30、29 位。[38] 民族地区城市化水平低,发展滞后的原因是多方面的。一方面,绝大多数民族地区由于受海拔高、山地多、平原少、可耕地少、降水量少等自然地理、气候因素的制约,农业生产水平不高、交通运输等基础产业落后,投资环境恶劣,经济文化发展滞后,致使其城市化水平普遍偏低;另一方面,固定资产投资是扩大经济总量,推动经济增长的重要力量。自第四个五年计划开始,国家基本建设投资重点向东部地区倾斜,改革开放以来,这种投资的空间倾斜更加明显,导致西部民族地区的投资不足。城市化水平是反映一个地区经济、社会发展状况的主要标志,也是人类社会走向文明和进步不可逾越的历史阶段。一方面,城市化与非农化、工业化紧密相关,城市化水平低,意味着社会经济发展落后;另一方面,在市场经济条件下,城市化水平低,少数民族的大量人口还聚居在农村或分散居住在崇山峻岭之中的现状,是制约民族地区经济发展的一个重要因素。民族地区城市化发展既是实现区域经济社会均衡协调发展的重要条件,又是民族地区经济发展目标的重要组成部分,选择适合各民族地区特点,能够有效发

---

〔36〕 卢正惠:《论西部少数民族地区的城市化》,载《思想战线》2002 年第 6 期。

〔37〕 测定城市化水平,通常用城市化水平指数,即城市人口(或非农业人口)占区域总人口的百分比。在我国通常有三个标准:(1)非农业人口占区域总人口比重;(2)市镇人口占区域总人口的比重;(3)市镇非农业人口占区域总人口比重。本书所指的我国城市化水平是指市镇非农业人口所占区域总人口的比重。

〔38〕 卢正惠:《论西部少数民族地区的城市化》,载《思想战线》2002 年第 6 期。

挥其优势的城市化发展战略,事关民族地区经济发展的成败。

(三)民族地区实施城市化战略的法律问题

民族地区应当重视法律在保障城市化战略实施中的作用,完善相应的法律制度。在城市化战略中应当用法律进行规范的核心问题主要有:

城建问题。第一,城市化建设应当尊重客观条件,遵循经济规律,不能以下达硬性指标等行政命令形式凌驾与市场之上。城市建设要合理布局,科学规划,规模适度,注重实效。必须将城市化战略目标以法律的形式确定下来,避免随意性。第二,农村人口进城对城镇基础设施提出了新的要求,如果沿用过去由国家投资的城市建设方法,国家财力难以承受。城镇建设投资应当由国家、集体、个人共同来承担。与此相适应,应当完善城市建设投资制度,如城镇住房制度等。

就业问题。大量农村人口向非农产业和城镇转移,必须有足够的就业机会来保证。非农产业包括第二、三产业。民族地区城市化水平低,是与工业化程度低和第三产业落后紧密相关的。因此,加快民族地区城市化进程,必须加快工业化,提高工业化质量,促进第三产业发展。为此,应当从大力调整产业结构,通过农业产业结构、工业结构、第三产业结构的调整和城镇劳动力市场的充分开放,充分发挥城镇多种经济成分特别是民营经济在吸收就业方面的潜力来解决城市化所带来的就业问题。这一点不仅要在关于城市化战略的法律制度中予以明确,而且应当在保障进城务工人员合法权益的相关法律中进行规定。

户籍问题。现行户籍制度是中国城市化的主要障碍之一。有关户籍管理制度改革的呼声不断加强,并已促使政府部门开始探讨具体的改革措施。长期以来我国实行城乡分割的二元社会和二元经济政策,把农业、农村和农民排斥于国家工业化和城市化之外,走畸形的城市工业化、企业国有化、人口乡村化的模式,严重阻碍着城市化进程的加快。加快城市化进程,不能仅靠现有城市人口的自然增长,而是需要大量的各种素质的人员不断地迁入。为此,首要的是要改革户籍制度,疏通农村人口向城市转移的通道,促使农村劳动力向城市转移。吸引有学历的高素质人才、投资者、能自我生存和发展的个体经营者和农村剩余劳动力进城。只有改变现在的户籍制度,才能各建立起新的城镇用工机制、城乡人口流动、生育等管理制度,也才能打破子女入学受户籍的限制和社会保障制度与农民无关的状况。

四、法制对民族地区全面、协调、可持续发展的保障意义

(一)科学发展观的内涵

中华人民共和国成立以后,我国的经济社会发展大体上可分为四个阶段:一是中华人民共和国成立初到20世纪70年代末期,主要实施赶超战略。二是改革开放初到20世纪90年代中期,主要实施经济高速发展战略。三是“九五”以来强调实施可持续发展战略。四是党的十六大特别是十六届三中全会以来,提出并开始实施全面、协调、可持续发展的科学发展观。这些年来,我国经济有了快速发展,但

发展中存在不平衡问题，经济社会发展与人口、资源、生态环境之间的矛盾比较突出。因此，树立科学的发展观，实现全面、协调、可持续发展，是遵循经济规律，适应我国现阶段发展要求的客观需要。这一点对民族地区经济社会的发展尤为重要。

科学发展观是指导我国现代化建设的崭新的思维理念，其内涵丰富，涉及经济、政治、文化、社会各个领域，既有生产力和经济基础问题，又有生产关系和上层建筑问题；既管当前，又管长远；既是重大的理论问题，又是重大的实践问题。必须全面理解和正确把握科学发展观的主要内涵和基本要求。简单地说，科学发展观就是以人为本，全面、协调、可持续的发展观。具体地讲，应当从以下几个方面把握科学发展观的丰富内涵。

1. “以人为本”是科学发展观的核心。以人为本，就是要把满足人的全面需要和实现人的全面发展作为经济社会发展的根本出发点和落脚点，围绕人们的生存、享受和发展的需求，提供充足的物质文化产品和服务，围绕人的全面发展，推动经济和社会的全面发展。

2. “全面发展”是科学发展观的基本目标。全面发展既包括经济发展，也包括社会发展；既包括物质文明建设，也包括政治文明和精神文明建设。全面发展，就是要以经济建设为中心，全面推进经济、政治、文化建设，实现经济发展和社会全面进步。

3. “协调发展”是科学发展观的基本原则。协调发展是指经济社会自然之间，及其内部诸要素之间，保持相互衔接、相互促进、良性互动的发展，从而保持量和质的平衡与适应关系，形成结构合理、功能完备、速度适宜和效益良好的发展状态。协调发展，就是要统筹城乡发展、统筹区域发展、统筹经济社会发展、统筹人与自然和谐发展、统筹国内发展和对外开放，推进生产力和生产关系、经济基础和上层建筑相协调，推进经济、政治、文化建设的各个环节、各个方面相协调。

4. “可持续发展”是科学发展观的基本要求。可持续发展，就是要促进人与自然的和谐，实现经济发展和人口、资源、环境相协调，坚持走生产发展、生活富裕、生态良好的文明发展道路，保证一代接一代地永续发展。坚持可持续发展，就是既要考虑加快经济社会发展，又要考虑环境、资源和生态的承受能力；既要考虑当前发展的要求，又要考虑未来发展的需要，为子孙后代着想。要正确处理人与自然的关系，用尽可能少的代价来获得发展，在自然涵养能力和更新能力允许的范围内，实现人与自然的和谐发展。

（二）制约民族地区全面、协调、可持续发展的因素

科学发展观对民族地区的发展具有重大的指导意义。改革开放以来，民族地区经济社会发展取得了历史性的成就，人民的生活水平得到了很大改善，但与其他非民族自治地方尤其是东部沿海的发达地区还有很大的差距，而且这种差距还在不断扩大。因此，加快民族地区的发展，缩小与非民族自治地方的差距，首要的仍

然要加强经济建设。在这种情况下,如何正确处理经济发展与社会发展的关系,对实现民族地区全面、协调、可持续发展尤为重要。首要的问题是,要对制约民族地区全面、协调、可持续发展的因素有一个清醒的认识和前瞻性的把握。概括地讲,不利于民族地区全面、协调、可持续发展的因素有:

1. 城乡经济发展不够平衡。民族地区不仅城市化不足,而且城乡之间存在很大差距。民族地区的农民,大多居住在山区或半山区,由于受地理环境和文明进化缓慢的制约,至今还未摆脱自然经济和半自然经济状态,市场经济不发达,商品化程度低,社会发育还处于低水平。

2. 产业结构不合理,粗放经营占主导。传统农业居于主导地位,最基本的特征是技术停滞。在贫穷的民族地区,农民世世代代、年复一年地耕种同样的土地,播种同样的作物,使用同样的生产要素和技术,农业劳动生产率极低。

3. 经济社会发展不够全面。民族地区不仅存在经济发展不足的问题,而且其社会事业发展严重滞后于经济发展,教育、科技、文化、体育、医疗卫生、环境保护亟待加强。其中对加强民族教育和环境保护事业的要求又更为迫切。

(三)法制对民族地区全面、协调、可持续发展的保障意义

要克服制约民族地区全面、协调、可持续发展的不利因素,现阶段必须解决好调整经济结构、发展民族教育、加强环境保护三大问题。要解决这三大问题,仅仅采取一些具体的经济对策是不够的,应把它置于一个更广袤、更深层的空间来考察,建立起持久的法制支持系统,充分发挥法制对民族地区全面、协调、可持续发展的保障作用。

1. 发展民族教育。现代化大生产需要大批技术熟练的工人,传统的农牧业也有赖于科技含量的提高以降低生产成本,对生产经营的管理亦存在大量的人才需求。以人为本的发展思路,为民族地区发展找到了根本途径,关键在于人力资本优势的形成。教育是人力资本积累和增长的主要途径。为此必须选择教育先行的道路,加大教育投资,改变单一的教育结构。

2. 调整经济结构。经济结构对民族地区的经济与社会的全面发展有着重要影响。民族地区经济社会发展有着浓郁的地方特色和民族特色。这种特色经济主要包括一些民族手工业、具有特殊生产工艺的制造业和土特产农副产品加工业,以及建立在独特的自然风光和人文景观基础上的旅游产业。因此,必须改变发展经济就是搞工业、上项目的传统,把商品经济和生态经济结合起来,以发展生态经济为前提,促进经济增长方式的转变,促进城乡经济的协调发展。

3. 加强环境保护。生态环境对一个民族的生存、发展有着极其重要的意义。当今,自然生态环境的影响并未因科技的进步而减弱,如何处理好民族地区经济建设与自然生态环境保护的关系,使建设过程中不会造成空气污染、水土流失、动植物物资源破坏,这是关系到民族地区全面、协调、可持续发展的大事。民族地区生

态环境的保护要从以下几方面考虑:一是要合理的开发利用资源。二是要加强生态环境保护工程建设。三是要把生态环境保护纳入法制化轨道。中央与地方应加强立法、完善法制,规范资源开发与利用,增进人们的环保意识,依法制裁毁林开垦、掠夺沙区资源、破坏生态环境的违法犯罪行为,使资源开发利用和生态环境保护走上法制化的轨道。

第五节 违反财经贸特别规定的法律救济

一、违反财政金融特别规定的法律救济

管理财政金融,是民族自治地方的自治机关的自治权之一。民族自治地方依法建立国家财政金融优待的特殊管理体制。国家法律针对民族地区的特殊情况规定了自治地方财政收入的上缴优惠和支出的补贴、支出预算中机动金和预备费的优待,超收和节余资金的自行安排使用,税收的减免,实行低息贴息贷款等,形成国家法律在民族地区财政金融管理方面的特别规定。这反映了国家在立法上对民族地区的"特殊"和"优待",通过确立和完善民族自治地方的财政金融管理体制,确保自治机关拥有更多的管理自治权。这些特别规定,是民族自治地方行使财政金融管理自治权的法律保障,它既关系到相关自治权能否真正落到实处,也关系到逐步平衡少数民族地区与汉族发达地区,西部地区与东部地区的发展这一战略问题。国家有必要根据市场经济的公平与效益统一的原则,重视运用财政、信贷等经济杠杆,来调节地区之间的财力和财权分配,考虑并照顾民族地区的特点和需求,适当充实其财力和扩大其财权,增强民族地区自我发展和市场竞争能力。各级政府应切实贯彻落实法律的特别制定,促进民族地区的经济发展。而且,国家必须通过立法对违反特别规定的责任加以明确,扭转我国现行法律法规中只规定权利、赋予权利,而对侵犯权利的法律责任不做具体规定的状况。有必要对现行立法中有关权利的规定具体化、系统化。特别是在制定实施民族区域自治法的配套法规中,在明确权利的前提下,应将违法责任作出相应规定。与此同时,各民族自治地方应根据国家的财政、预算、税收、金融等法律法规的规定,结合当地实际制定出切实可行的单行条例,确保民族地区财政金融管理自主权的实现。尤其是各类立法均应对补救措施予以明确,并强化各级执法机关的职责,对那些违反特别规定的单位和个人依法追究行政、经济责任。

二、违反基本建设、资源开发与环境保护等方面特别规定的法律救济

国家在经济制度方面对少数民族地区的特别规定,是国家根本大法宪法确定的基本经济制度在民族地区的具体体现。我国除在宪法中作了原则性规定外,其

他法律尤其是民族区域自治法对经济制度作了具体的规定。但由于现行法律只注重对民族自治地方经济管理职权的规定,而对行使这些权利的法律措施和物质保障未予明确,致使经济制度方面的特别规定一旦被违反,民族地区难以得到有效的救济。为此,国家立法应明确:第一,上级国家机关非法剥夺民族自治地方制定经济建设的方针、政策和计划的自主权,妨碍和干扰民族地区自主安排和管理经济建设和基本建设,影响民族地区合理调整生产关系、改革经济体制的,应对直接责任人员和主要领导人依法追究行政责任;第二,上级国家机关和有关协作地区和单位,在开发和利用自然资源时,没有按照土地法、森林法、草原法、矿产资源法等管理和保护自然资源,造成资源浪费、环境和生态严重破坏的,除依法恢复植被、排除污染外,应追究有关领导和责任人员的经济和行政责任,构成犯罪的应追究责任人员的刑事责任;第三,在民族地区的基本建设,特别是开发区建设方面,国家应实行不同的资本金制度,改变目前全国统一的投资业主必须有30%的自有资金先到位,然后才能向银行贷款的作法,规定不同的资本金率以调动民族地区的积极性;第四,资源开发的补偿必须有具体的比例规定,除保证民族地区得到充分的实惠外,要真正体现对资源再生的资金积累,并确保民族地区资源收益的隔代分配;第五,国家法律应授权民族地区司法机关特别的司法管辖和司法保护权,对违反国家关于民族地区特别规定的各种行为进行监督,并追究法律责任。总之,国家应通过加强立法,执法和司法工作的力度,确保经济制度方面特别规定在民族地区的实施。一旦违反经济制度方面的特别规定,真正做到有法可依、有法必依、执法必严、违法必究。只有这样,民族地区的经济发展才有保障,东西部发展差距的缩小才有希望,各民族的共同繁荣才能得以实现。各民族自治地方应当依据国家法律的授权制定出适合当地实际的单行条例或者变通规定,使之更具灵活性和可操作性,更能体现和保护本地区经济权益。

三、违反外贸、边贸特别规定的法律救济

我国目前对民族地区开展外贸和边贸作了一些特别规定,但还不够具体,可操作性较差。尤其是受到国别政策的影响和国际关系的制约,民族地区的对外贸易在整个国家外贸活动中的地位还不突出,有关外贸方面的特别规定显得十分原则,关于边境贸易的法律规范也很不健全,这就使民族地区对外开放的地缘人缘优势难以真正发挥。为此,国家应首先健全外贸和边贸的法律法规,使国家宪法和对外贸易法中有关民族地区的特别规定具体化,使民族地区对外开放有法可依。在此基础上,各级政府应依法规范外贸和边贸活动,使对外贸易尤其是边境贸易活动纳入法制的轨道。

国家法律赋予民族地区外贸和边贸的自主权,充分体现了国家对民族自治地方对外开放的重视和对民族经济繁荣的关注,但由于我国的民族地区绝大多数地处沿边、与周边国家接壤,开展对外贸易和边境贸易活动必须从全国大局出发,接

受国家的宏观管理和法律的监督，民族地区享有的外贸边贸自主权既不能被剥夺，但也不能被参与外贸和边贸活动的各类主体滥用。为此，应做到：第一，加强行政监督和宏观管理，防止贸易活动无序进行；第二，严格执法，建立健全执法监督制约机制，强化海关、商检、边防、公安等机关职责，将外贸和边贸引导到健康发展的轨道上来；第三，加强司法工作，依法追究违反外贸边贸特别规定行为人的法律责任。特别是严厉打击那些借外贸、边贸之名行走私贩毒之实的违法犯罪分子，确保民族地区对外开放的顺利进行；第四，对因故不予保证外贸和边贸自主权实现的各级政府机关人员，严重影响外贸和边贸活动开展的责任人员，追究其行政责任。对那些不遵守国家法律，破坏正常外贸和边贸秩序的单位和个人依法追究行政、经济和刑事责任。

四、违反科技法律规定的法律救济

对违反少数民族经济法律制度中关于科技管理方面的具体规定的行为，应依照《科学技术进步法》《著作权法》《专利法》《国刑法》《民法通则》及其他有关法律的规定追究行为人的法律责任。

（一）行政责任

对违反国家财政制度、财务制度，挪用、克扣、截留国家，财政用于科学技术的经费的，由上级机关责令限期归还被挪用、克扣、截留的经费；情节严重的，由上级机关或者所在单位对直接责任人员给予行政处分；对滥用职权，压制科学技术发明或者合理化建议，情节严重的直接责任人员给予行政处分；对在新技术、新产品开发和科学技术成果申报中采取欺骗手段，获取优惠待遇或者奖励的人员，取消其优惠待遇和奖励，并给予行政处罚或者行政处分；参加科学技术成果鉴定的人员故意做出虚假鉴定的，由有关主管部门给予行政处分。

（二）民事责任

公民、法人著作权（版权）、专利权、商标专用权、发现权、发明权和其他科技成果权受到剽窃、篡改、假冒等侵害的，有权要求停止侵害，消除影响，赔偿损失。

（三）刑事责任

无论是民族自治地方和上级国家机关的人员，违反法律规定构成刑事犯罪的，必须追究刑事法律责任，确保法律的权威性。

第十六章　少数民族教育法律制度

第一节　少数民族教育法律制度概述

一、少数民族教育概述

我国是一个多民族的社会主义国家,全国有55个少数民族。在社会主义时期,各民族由于在社会发育程度、所处的自然环境以及历史等多方面的差异,民族特点和民族差异必然长期存在。大力发展各民族的经济文化是缩小各民族之间的发展差异、促进各民族的共同繁荣的唯一途径。各民族共同繁荣发展,是党的民族政策的根本要求,是社会主义的本质要求,也是实现中华民族伟大复兴的必然要求。实施科教兴国和人才兴国,是实现各民族共同繁荣发展和中华民族伟大复兴的重大战略举措。[1] 在当今日趋激烈的国内和国际竞争中,科技是核心,人才是关键,教育是基础。百年大计,教育为本;国运兴衰,系于教育。教育是发展科学技术和培养人才的基础,是经济与社会发展的基础,在现代化建设中具有先导性全局性作用,必须摆在优先发展的战略地位。江泽民同志指出:"在当今世界上,综合国力的竞争,越来越表现为经济实力、国防实力和民族凝聚力的竞争。无论就其中哪一方面实力的增强来说,教育都具有基础性的地位。" 实践证明,经济和社会的发展只能建立在教育发展的基础之上,才能有强大的动力,才能实现我们的战略目标。少数民族教育是国家整个教育事业的重要组成部分。加快民族教育发展,不仅有利于促进民族地区经济和社会的发展,而且有利于提高我国教育、科技的整体水平,推进社会主义现代化建设,实现中华民族的伟大复兴,具有长远的意义。

由于社会的、政治的、经济的种种原因,我国的少数民族教育落后于全国的发展水平。中华人民共和国成立后,尤其是改革开放以来,随着党的民族政策的贯彻落实和国家现代化建设事业的发展,加上特殊政策的实施,少数民族教育事业有了很大的发展,已初步形成了从学前教育到高等教育的普通教育、职业教育和成人教育相结合的教育体系。但是,由于长期以来少数民族地区经济发展缓慢,办学经

---

〔1〕 中共国家民委党组:《"三个代表"重要思想关于民族问题的理论学习纲要》,学习出版社2004年版,第80页。

费、教学设备等严重不足，民族地区教育虽然有较大发展，但与非民族地区的差距不但没有缩小，反而加大了。20世纪末，全国有85%的人口覆盖地区实现了“普九”目标，而民族地区（特别是边远贫困地区）的大部分人口覆盖地区则只达到“普五”“普六”，部分特别困难地区仅完成普及三年或四年初小教育任务。[2] 在国务院确定重点扶持的592个贫困县中，少数民族贫困县（旗）有257个，占全国贫困县总数的43.4%，这些县（旗）的大部分财政收入均用于教育，除基本保住教师工资外，无力改善办学条件，许多地方，特别是边远高寒地区、辽阔的牧区，“无学可上”的现象在一些村寨依然存在。[3] 由于历史原因以及国内、国际的各种复杂因素，一些地区宗教对民族教育的干扰时有发生；由于种种因素的影响和制约，在相当一部分少数民族中女童上学难、巩固更难的状况尚未得到根本改变。民族地区教育的现状不能适应经济发展和社会进步的要求，制约了少数民族地区科技和经济的发展，使本来就落后的少数民族地区与汉族地区特别是沿海地区的差距呈继续拉大的趋势。因此，应尽快发展少数民族教育事业。

二、少数民族教育法律制度的概念

少数民族教育法律制度，是指由国家专门机关制定的调整国家在组织和管理民族教育过程中所产生的社会关系的规范性法律文件的总和。在我国，即指中央和地方立法机关针对我国少数民族教育的性质、地位、任务、方针、体系、教育主体和受教育主体的权利与义务、教育经费、教学管理等方面制定的法律、法规和规章。包括全国人民代表大会及其常务委员会审议通过的有关民族教育的法律，如宪法、民族区域自治法、教育法等法律中的相关条款；国务院制定的民族教育行政法规；国务院有关部委制定的民族教育行政规章；地方人民代表大会及其常务委员会制定的地方性民族教育法规；民族自治地方人民代表大会颁布的有关民族教育的地方法规、自治法规；以及其他具有法律效力的民族教育规范性文件等。我国的少数民族教育法律制度不仅是构成我国整个教育法规体系的一个重要组成部分，而且是我国民族法律制度的重要组成部分。

少数民族教育法律制度是发展民族教育的必然要求和必然结果。首先，以法律形式规定民族教育的发展方向、路线、方针、培养目标等，可以保证民族教育的社会主义性质和方向。其次，以法律形式规定民族自治地方及其上级国家机关在民族教育经费供给和管理方面的职责，可以保证民族地区获得充分的人力、物力、财力资源来发展民族教育。最后，用法律形式规定九年制义务教育、中等职业教育和高等教育等多种教育形式，是民族地区社会主义事业继往开来和繁荣发展的制度保证。法律，意味着一定的强制性。在我国少数民族和民族地区目前的状况下，这

---

〔2〕 夏铸：《民族教育工作面临的形势和任务》，中央民族大学出版社1999年版，第351～352页。

〔3〕 夏铸：《民族教育工作面临的形势和任务》，中央民族大学出版社1999年版，第352页。

种强制性是必要的。一方面,一些少数民族群众还未充分认识到民族教育的极端重要性,在接受教育方面缺乏一定的自觉性,以法律规范民族教育,有利于少数民族教育的发展,从长远利益看,也有利于少数民族自身发展。另一方面,由于历史原因以及国内、国际的各种复杂因素,一些地区宗教对民族教育的干扰时有发生,以法律规范民族教育,可以保障各级各类学校良好的教学秩序,保护学校、教师、学生的合法权益不受侵害,有效地与破坏、阻碍民族教育发展的违法犯罪行为作斗争。总之,现代教育的发展,需要有相应的经济、财政发展的基础,科学文化发展的铺垫以及人们思想观念的变更,有民主的、科学的管理体制、管理方法。这样才能使教育在科学、民主的基础上和法律的保障下,按照其自身的规律和特点顺利地、迅速地发展。民族教育法律制度是民族教育管理科学化、民主化、高效率化的制度保障。少数民族发展教育的自由和权利,只有在法律的保障下才能充分实现。多年来,党和国家在民族教育法制建设方面进行了大量工作,中央立法机关和地方立法机关制定并实施了一系列关于民族教育的法律法规,我国民族教育法律制度已初步建立。

三、少数民族教育法律制度的历史沿革〔4〕

新中国成立后,民族教育法律制度经历了一个从无到有、从不完善到基本完善的过程。这一过程可以分为以下几个阶段:

第一个阶段是1949年至1980年。这一阶段是我国新型民族教育法制建设的探索、实践与确立时期。建国初,国家制定了社会主义民族政策。在民族政策的指导下,我国开始了民族教育法制建设的实践。对民族教育做出法律规定最早见于起临时宪法作用的《中国人民政治协商会议共同纲领》,其中规定:“人民政府应帮助各少数民族的人民大众发展其政治、经济、文化、教育的事业。”1951年召开了第一次全国民族教育工作会议,政务院批准颁布了《关于第一次全国民族教育会议的报告》。该报告是新中国较早和较全面的一部民族教育行政法规,它为后来的民族教育法制建设奠定了基础。1951年颁布的《全国少数民族贸易、教育卫生会议的报告的决定》确立了我国民族教育的方针、任务和具体要求。这一年政务院还颁布了《培养少数民族师资试行方案》《关于少数民族毕业生分配工作的指示》。后来1952年颁布的《民族区域自治实施纲要》又指出:“民族自治地区的自治机关要采用各民族自己的语言文字发展各民族的文化教育事业,要采取必要和适当的方法发展各民族的文化、教育、艺术和卫生事业。”1954年第一届全国人民代表大会第一次会议通过了我国第一部宪法,这是我国法制建设史上的一件大事。这部

〔4〕 本部分参考了以下学者论文的相关内容:蒋超:《论我国民族教育立法的若干问题》,载《西南民族大学学报》(哲学社会科学版)2002年第7期;周盛林:《我国民族教育立法历史、现状及对策分析》,载《民族教育研究》1997年第1期。

宪法对民族教育规定:“各上级国家机关……帮助各少数民族发展政治、经济和文化的建设事业。”另外,也制定了一些关于民族教育的行政法规、规章,如《培养少数民族干部试行方案》(1950 年)、《关于建立民族教育行政机构的决定》(1952 年)、《关于少数民族教育补助费使用范围的指示》(1953 年)、《关于大区撤消后各地民族学院的领导关系》(1956 年);教育部等部委还制定了《关于解决各地民族学院师资问题的意见》(1957 年)、《关于高等学校优先录取少数民族学生的通知》(1962 年)、《关于民族学校经费划分和预算管理的几个规定》(1963 年)、国务院《批转国务院科教组关于内地支援西藏大、中专师资问题的意见的报告》(1974 年)等。这些法规和规章有力地促进了民族教育事业的发展。这一时期的民族教育法制建设具有以下特点:坚持民族平等、团结和共同发展的原则;法律制度的内容偏重于规定民族教育的大政方针、教育行政机构的设置及职权范围、国家对民族教育的支援和帮助等方面,而有关民族教育内部的教育教学活动规范得较少;确定了民族自治地方对教育的自主权,民族自治地方有权自主地管理本地区的文化教育事业;民族教育的目标倾向于对干部的培养和培训,《培养少数民族干部试行方案》指出:“为了国家建设、民族区域自治与实现共同纲领的需要……普遍而大量地培养各少数民族干部。”

第二个阶段是 1980 年以后。党的十一届三中全会以来,民族教育法制建设进入了一个新的历史发展阶段。有学者认为,我国真正的教育立法只是到了这个时期才开始。在这个时期,法制建设涌现出一个高潮,教育法制就是在大规模法制建设高潮中出现的新事物。[5] 这种观点虽有失偏颇,但至少可以说这一阶段我国的民族教育法制建设上了一个新台阶。1982 年的《宪法》、1984 年的《民族区域自治法》、1986 年的《义务教育法》、1993 年的《教师法》、1995 年的《教育法》,均对民族教育做出了法律规定。在这一时期,国务院对民族教育制定了一些行政法规,国家教委、国家民委等国家行政部门发布了很多关于民族教育的规章。先后颁布了《关于加强民族教育工作的意见》(中共中央、国务院 1980 年批准)、《全日制学校民族中小学汉语文教学(试行)》(教育部 1982 年)、《关于正确处理少数民族地区宗教干扰学校教育问题的意见》(中办、国办 1983 年转发)、《关于内地十九省市为西藏办学的几项具体规定》(教育部 1985 年)、《关于改革和发展西藏教育若干问题的意见》和《关于内地对口支援西藏教育实施计划》(国务院 1987 年批转)、《内地西藏中学班(校)管理暂行规定》(教育部 1989 年)、《关于加强民族教育工作若干问题的意见》(国家教委、国家民委 1992 年)、《加强普通高等学校少数民族预科班工作的意见》(国家教委办公厅 1992 年)、《善于招收少数民族优秀青年进入高等学校学习的意见》(国家教委办公厅 1992 年)、《全国民族教育发展与改革指导

[5] 成有信等著:《教育政治学》,江苏教育出版社 1993 年版,第 69 ~ 172 页。

纲要》(国家教委民族地区教育司1992年)、《关于对全国143年少数民族贫困县实施教育扶贫的意见》(国家教委办公厅1992年)、《关于加强民族散杂居地区少数民族教育工作的意见》(国家教委办公厅1992年)、《关于加强少数民族与民族地区职业技术教育工作的意见》、《关于加强民族地区教育行政管理干部培训工作的意见》、《国家民委关于加快所属民族学院发展和发展步伐的若干意见》、《关于进一步加强贫困地区、民族地区女童教育工作的十条意见》、《关于进一步加强内地西藏班工作的意见》、《善于推动东西部地区学校对口支援工作的通知》(中共中央办公厅、国务院办公厅2000年)、《关于加快少数民族和少数民族地区职业教育改革和发展的意见》(国家民委、教育部,2000年)、《国务院关于深化改革加快发展民族教育的决定》(2002年)等民族法规和规章。这一时期,各地方立法机关也制定了一些关于民族教育的专门法规,如四川省制定了《关于加强民族教育工作的决定》(中共四川省委、省政府1985年)、贵州制定了《关于改革和发展民族教育若干问题的通知》(1992年)、甘肃制定了《关于加快甘肃省民族教育改革与发展的若干意见》(1993年)、湖南省制定了《少数民族地区普及义务教育若干规定》(1995年)、广西制定了《广西壮族自治区教育条例》(1992年)、黑龙江制定了《黑龙江省民族教育条例》(1997年)、《楚雄彝族自治州民族教育条例》(1993年)、《西双版纳自治州民族教育条例》(1993年)等。这一时期民族教育法制建设具有以下几个特点:立法活动频繁,件数较多,既有国家最高权力机关在某些法律中对民族教育的法律规定,又有国务院制定的教育法规及地方立法机关制定的地方性教育法规;立法所涵盖的范围较宽,既有对民族教育外部关系的规范,又有对民族教育内部各种关系的调整;与第一阶段相比较,对某些内容在立法中有了更明确、更规范性的规定。

多年来,我国民族教育法制建设取得了巨大成就。但是,目前还不完善。还存在不少问题,主要表现在:民族教育法律还未形成完整的体系,虽有许多方面的法律规定,有的已形成法律制度,但还缺乏一个总体的民族教育法;民族教育法律的某些规定比较原则,缺乏相应的实施办法,很难在现实中发挥作用,如民族区域自治法明确规定上级国家机关帮助民族自治地方加速发展教育事业,但由于没有具体的帮助细则,各地理解和实际作为大不一样;现有民族教育法规和规章名称混乱,如“意见”“通知”“批复”“指示”“报告”“规定”等,很难直接判断其效力、等级和适用范围;没有形成对民族教育法律贯彻实施的监督检查和激励机制。这些问题有待于中央立法机关和地方立法机关在分析论证的基础上予以修改、补充和完善。

第二节　民族教育法制及其基本内容

少数民族教育法律制度，是国家教育法律制度的一个重要方面，它所涉及的范围比较广泛，既涉及民族教育的基本方针，又涉及民族教育的基本原则；既涉及民族自治地方，又涉及上级国家机关；既涉及人，又涉及财和物；既涉及教学工作，又涉及思想工作；既涉及教员、干部，又涉及学生；等等。它既是党和国家宏观调控民族教育的路线、方针、政策的反映和体现，又是各级民族教育工作人员在微观上管理民族教育的方法、措施的法律化、制度化。

一、民族教育的宗旨和任务

1949年以后，各少数民族地区先后过渡到社会主义社会，这是个伟大的历史性飞跃。然而，这个飞跃还只是为发展生产力、改变经济文化落后状况、逐步消除历史上遗留下来的事实上的不平等，提供了巨大的可能性和可靠的社会前提。要使之变为现实，使社会生产力有一个大的发展，还必须经过长期的艰巨的努力，首要问题是要大力发展少数民族和少数民族地区的教育事业。当前和今后一段时期民族教育的宗旨是消除民族间历史上遗留下来的教育文化方面存在的事实上的不平等，提高少数民族和少数民族地区的科技、教育和文化水平，培养适应现代化建设需要的德智体美全面发展的有用之才，繁荣少数民族教育文化事业。在民族教育工作中，应高举邓小平理论伟大旗帜，以江泽民同志“三个代表”重要思想为指导，全面贯彻党的教育方针和民族政策，解放思想，转变观念，发挥教育在西部大开发和民族地区经济社会发展、增强民族团结、维护国家统一中的作用；根据“因地制宜，分区规划，分类指导，突出重点”的原则，确定民族教育改革发展的目标和政策措施；确立基本普及九年义务教育、基本扫除青壮年文盲（以下简称“两基”）在整个民族教育中“重中之重”的地位，促进各类教育健康、协调发展；坚持以地方自力更生为主，国家大力扶持，发达地区和有关高等学校大力支援相结合；坚持规模、结构、质量和效益相统一。[6] 破除影响和妨碍民族教育的旧思想、旧观念、旧体制、旧方法。改革与民族地区社会实践严重脱节的教育思想观念，变“应试教育”为“素质教育”；改革不适应今天教育发展的教育思想、教育观念，树立教育与当地发展相结合、能主动地促进社会发展的观念；通过改革，优化教育资源配置和人才管理机制，提高办学的质量与效益，为西部大开发培养更多的各类高级人才。

《民族区域自治法》第37条第1款规定了民族教育的一般任务，即举办各类学

---

〔6〕《国务院关于深化改革加快发展民族教育的决定》，2002年7月7日。

校,普及九年义务教育、发展高中、中等职业技术教育和高等教育,培养各类少数民族人才。当前和今后一个时期,我国民族教育的主要任务是:

(一)深化教育改革,增强办学活力

进一步深化办学体制改革,改变民族教育办学主体单一、办学体制不活的局面。鼓励和支持社会力量办学,支持东、中部地区社会力量在少数民族和西部地区办学,或者面向少数民族和西部地区在东、中部地区办学;鼓励和引导民族地区群众自费送子女到东、中部地区求学就读。合理调整各级各类教育的布局结构,促进教育资源的优化配置,不断提高教育投入的规模效益;加快校内管理体制改革步伐,提高学校管理水平。

(二)加快"两基"步伐,促进各级各类教育的协调发展

认真实行"在国务院领导下,由地方政府负责、分级管理、以县为主"的农村义务教育管理体制。突出"两基"重中之重的地位,加大投入,集中社会各方面的力量,加快推进"两基"进程。要特别重视人口较少民族教育事业的发展。努力改善寄宿制中小学办学和生活条件。扶持少数民族和西部地区办好示范高中,发展高中教育。要努力办好民族地区高等学校和民族高等学校,加快民族地区高等学校布局结构调整、专业结构调整、人事制度改革和后勤社会化改革步伐。要重视和加强幼儿教育、职业教育、成人教育、特殊教育,使各类教育协调发展。力争实现"十五"期间和2010年民族教育发展的目标任务。"十五"期间,民族自治地方要在巩固"两基"基础上,把实现"两基"的县级行政区划单位从2001年的51%提高到70%以上,在95%的地区基本普及小学阶段义务教育;确保少数民族散杂居地区民族教育优先或与当地教育同步发展;确保高中阶段在校生有显著增长。[7] 到2007年年底,力争普及九年义务教育人口覆盖率达到85%以上,青壮年文盲率下降到5%以下。[8] 到2010年,民族地区全面实现"两基",办学条件进一步改善,形成具有中国特色、适应21世纪信息化和现代化建设需要、充满生机活力、较为完善的民族教育体系。[9]

(三)加强民族教师队伍建设

要把教师队伍建设作为民族教育发展的重点,教育投入要保证教师队伍建设的需要。少数民族和西部地区教师队伍建设要把培养、培训"双语"教师作为重点,建设一支合格的"双语型"教师队伍。进一步深化教师教育制度改革,提高师范院校教师队伍的教学和科研水平,加强县级教师培训基地的建设。同时,采用远程教育等现代化手段,提高继续教育的质量和效益。加强校长培训,提高民族地区

---

〔7〕《国务院关于深化改革加快发展民族教育的决定》,2002年7月7日。

〔8〕《教育部2003—2007教育振兴行动计划》,2004年2月10日。

〔9〕《教育部2003—2007教育振兴行动计划》,2004年2月10日。

学校的管理水平。拓宽教师来源渠道,鼓励非师范院校毕业生和东、中部地区高校毕业生到少数民族和西部地区任教。采取定向招生等特殊措施,加强培养在农牧区、高寒地区、山区和边疆地区"下得去、留得住"的各级各类学校教师。加强教师培训,鼓励教师参加各类业务学习,提高教师学历学位层次。在全社会营造尊师重教的良好风尚,切实保证和不断提高教师的待遇。

二、民族教育的原则

民族教育是教育的重要组成部分,因此,在民族教育活动中应当遵循教育的一般原则,包括思想道德原则、继承优秀文化传统原则、教育公共性原则、平等受教育机会原则、发展终身教育原则、奖励突出贡献原则、鼓励教育科研原则等。[10] 但民族教育作为教育的特殊组成部分,又有其特殊的原则。民族教育的特殊原则是指在发展民族教育事业的整个活动过程中必须遵循的基本要求和指导规则,它是民族教育的宗旨和指导思想的具体化,是指导思想体现的形式和落实的保证。民族教育的特殊原则是在不断总结我国民族教育的实践经验和批判继承历史遗产及吸收外国民族教育经验的基础上丰富和发展起来的,体现了民族教育的客观规律,对民族教育改革与发展具有重要的指导作用。根据我国现行法律法规的规定,民族教育的特殊原则主要有:

(一)从实际出发的原则

"发展民族教育必须坚持从实际出发,充分考虑民族特点和地区特点"[11],坚持这点在民族教育方面就坚持了唯物主义路线。在确定民族教育的发展规划、改革步骤、目标要求、办学形式、教学用语、课程设置、学制安排、民族学生的受教育权保障、教师的培养、培训和待遇、民族教育行政、民族教育投入与保障等相关问题时应从民族和民族地区的实际出发,因时因地制宜;要坚持观念创新、体制创新和机制创新,不断扩大民族间和地区间的开放和交流,大胆吸收和借鉴不同民族、不同地区和人类社会的优秀文明成果,使我国民族教育既保持自身特色,又具有鲜明的时代特点。

(二)宗教与国民教育相分离的原则[12]

《教育法》第8条第2款规定:"国家实行教育和宗教相分离。任何组织和个人不得利用宗教妨碍国家教育制度的活动。"宗教问题既是历史问题又是现实问题,既是民族问题又是世界问题,既是信仰问题又是教育问题。我国对宗教问题作

---

〔10〕 郑良信:《教育法学通论》,广西教育出版社2000年版,第115页。

〔11〕 国家教委、国家民委:《关于加强民族教育工作若干问题的意见》,1992年10月20日;《国务院关于深化改革加快发展民族教育的决定》,2002年7月7日;《国务院关于进一步加强农村教育工作的决定》(国发〔2003〕19号)。

〔12〕 《国务院关于深化改革加快发展民族教育的决定》,2002年7月7日。

了合理的处理。《宪法》第 36 条规定:“中华人民共和国公民有信仰宗教的自由。……国家保护正常的宗教活动。任何人不得利用宗教进行破坏社会秩序、损害公民身体健康、妨碍国家教育制度的活动。”这是民族教育与宗教相分离的最高法律依据。《民族区域自治法》等法律对此也有同样的规定。在民族教育改革和发展的过程中,任何组织和个人不得利用宗教干预国民教育,不得以任何形式在学校宣扬宗教。实践中应当鼓励宗教界爱国人士在信教群众中宣传党的教育方针和科教兴国战略,动员适龄儿童入学,调动信教群众支持办好国民教育方面的积极性。同时,对各族师生应进一步加强无神论和唯物主义的教育,弘扬科学精神、传播科学思想、倡导科学方法、普及科学知识、树立科学世界观,不断增强各族师生自觉抵御封建迷信和邪教影响的能力。

(三)民族地区自力更生与国家扶持相结合的原则〔13〕

在发展民族教育的过程中,应以民族地区自力更生为主,与国家扶持及发达地区、有关高等学校开展教育对口支援相结合,多渠道增加民族教育的投入,共同推进民族地区教育事业的发展。民族地区要高度重视教育工作,发扬自力更生、艰苦奋斗的精神,大力发展教育事业。沿海发达地区和有关高等学校要进一步增强大局意识,按要求把教育对口支援工作抓紧、抓实、抓好,为民族地区的全面振兴和西部大开发作出更大的贡献。

(四)统筹兼顾,突出重点的原则〔14〕

为了实现民族地区教育与东、中部地区教育的协调发展,今后一个时期内,在民族地区加强民族教育工作的同时,中央要把财政扶持教育的重点向民族工作的重点地区、边远农牧区、高寒山区、边境地区以及发展落后的人口较少民族聚居地区倾斜。大力支持少数民族和西部地区发展现代远程教育,提高这些地区对优质教育资源的共享能力,实现民族教育的跨越式发展。

(五)“双语”教学的原则

在民族教育教学中,要尊重和保障少数民族使用本民族语文接受教育的权利,正确贯彻党的民族语言文字政策,正确处理使用少数民族语授课和汉语教学的关系,因地制宜地搞好双语教学,在民族中小学逐步形成少数民族语和汉语教学的课程体系,有条件的地区应开设一门外语课。民族区域自治法第 37 条第 3 款对“双语”作了原则规定。民族地区学校的教学语言文字政策的具体实施,主要由各省、自治区根据《宪法》《民族区域自治法》的有关规定,按照坚持开放、扩大交流和有利于发扬民族优秀文化传统、有利于民族间科学文化交流、有利于提高各民族教育

---

〔13〕 国家教委、国家民委:《关于加强民族教育工作若干问题的意见》,1992 年 10 月 20 日;《国务院关于深化改革加快发展民族教育的决定》,2002 年 7 月 7 日。

〔14〕《国务院关于深化改革加快发展民族教育的决定》,2002 年 7 月 7 日。

质量的原则和当地的语言环境、教学条件以及多数群众的意愿决定。凡使用民族语言授课的学校,要搞好“双语”教学,推广全国通用的普通话。要加强对少数民族学生学习汉语文和民族语文的双语教学研究。学校中的双语教学工作,要纳入教学计划由当地教育部门统一管理。各地要把“双语”教学教材建设列入当地教育发展规划,予以重点保障。按照新的《全日制民族中小学汉语教学大纲》,编写少数民族学生适用的汉语教材。要积极创造条件,在使用民族语授课的民族中小学逐步从小学一年级开设汉语课程。国家对“双语”教学的研究、教材开发和出版给予重点扶持,把民族文字教材建设所需经费列入教育经费预算,资助民族文字教材的编译、审定和出版,确保民族文字教材的足额供应。〔15〕 但需指出,语言是一种工具,在国家统一教育体制、市场经济环境和国际一体化环境趋势下,我们不主张人为地增加学生不必要的语言工具负担。

三、民族教育的主体及其权利义务

少数民族地区学校及其他教育机构、少数民族学(院)校教师和其他教育工作者、少数民族地区的受教育者,是我国少数民族教育的主体。不同的少数民族教育主体,享有不同的权利并承担相应的义务。

(一)学校及其他教育机构

学校及其他教育机构是指经国家主管机关批准设立或者依法注册登记设立的实施教育活动的社会组织。它是有计划、有组织、有系统地进行教育活动的重要场所,既包括以实施学历性教育为主的机构,如全日制小学、中学、大学及民办学校,又包括各种实施非学历教育的机构,如各类培训中心、进修学院等。随着现代教育技术、教育科学和教育管理的发展,学历教育已呈现出较为灵活的形态。在我国,自学考试、远程教育、E-learning(电子学习)等多种教学方式已经突破了传统学校教育的组织管理形式,故“学校教育”已不能完全概括“学历教育”的内容。不过,总的说来,实施学历教育的机构还是各级各类学校。因此,可以说学校教育是学历教育的主体,学历教育的概念稍微宽于学校教育。少数民族学校及其他教育机构是发展少数民族教育事业的基本主体,是开展少数民族教育教学活动的主要场所,是培养德智体美劳全面发展的民族地区经济和社会事业建设者和接班人的主要阵地。根据现行法律规定,少数民族学校和其他教育机构依法享有下列权利:按照章程自主管理;组织实施教育教学活动;招收学生或者其他受教育者;对受教育者进行学籍管理,实施奖励或者处分;对受教育者颁发相应的学业证书;聘任教师及其他职工,实施奖励或者处分;管理、使用本单位的设施和经费;拒绝任何组织和个人对教育教学活动的非法干涉;法律、法规规定的其他权利。国家保护学校及其他教

〔15〕《全国民族教育发展与改革指导纲要(试行)》(1992—2000);《国务院关于深化改革加快发展民族教育的决定》,2002年7月7日。

育机构的合法权益不受侵犯。同时,少数民族自治地方,在遵守国家法律原则的前提下,有权依照当地民族的政治、经济和文化的特点,制定相关规定,对少数民族地方的学校和其他教育机构的权利加以确定,如实行双语教学等。

少数民族学校及其他教育机构,在享有上述权利的同时应遵守法律、法规;贯彻国家的教育方针,执行国家教育教学标准,保证教育教学质量;维护受教育者、教师及其他职工的合法权益;以适当方式为受教育者及其监护人了解受教育者的学业成绩及其他有关情况提供便利;遵守国家有关规定收取有关费用并公开收费项目;依法接受监督。并根据少数民族地区的情况开展切合实际的教育教学活动。

(二)教师及其他教育工作者

教师和其他教育工作者是教育活动的重要主体。教师是振兴少数民族教育的希望之所在,国家应通过完备的立法确保教师权利的实现。少数民族教师除根据《中华人民共和国教师法》享有教育教学权,科学研究权,学生品行和学业成绩评定权,获取报酬权,民主管理权,进修培训权外,在任职条件、晋升、待遇等方面享有特别照顾的权利。如晋升职务外语要求不能搞一刀切。少数民族教师在依法享有权利的同时,必须承担下列义务:履行遵守宪法,法律和职业道德,为人师表的义务;贯彻国家教育方针,遵守规章制度,履行聘约,执行教学计划,完成教育工作,对学生进行思想文化教育和组织学生开展有益社会活动;关心、爱护全体学生,尊重学生人格,促进学生全面发展;制止、抵制有害于学生的行为或者其他侵犯学生合法权益的行为或现象;尊重少数民族风俗习惯,弘扬优秀文化遗产;不断提高思想政治觉悟和教育教学业务水平。

其他教育工作者指学校及其他教育机构中的管理人员、教学辅助人员和其他专业技术人员,他们在管理学校各项工作中发挥着重要的作用。依据《教育法》对其他教育工作者可以根据其工作的特点,参照对教师的有关规定,享有相应的权利,承担相应的义务,并在聘任、培训、考核、奖励等方面参照对教师的规定执行。目前国家正积极考虑制定有关其他教育工作者的相关法律法规。

(三)受教育者

受教育者,是指在各级各类学校和其他教育机构中接受教育的人员。在少数民族教育法律关系中,受教育者是主体之一。切实保障少数民族受教育者的权利,是民族教育法律制度的根本任务之一。国家和民族地方有义务和责任,创造条件发展民族教育事业,让受教育者根据不同特点和需要享有受教育的机会。受教育者接受教育,既是权利也是义务。受教育者要充分享受教育权,自觉主动争取受教育机会,同时也要认真履行接受教育的义务。受教育者依法享有下列权利:参加教育教学活动及利用教学设施、设备、图书资料权;奖学金、贷学金、助学金获得权;获得公正评价和相应证书权;保护合法权益的申诉和诉讼权;法律、法规规定的其他权利,如人身权、劳动权、休息权、未成年和残疾受教育者享有的特殊权利等。由于各民族在教育上仍存在“事实上的不平等”，要保证少数民族真正享有受教育的权利，必须在民族教育法律法规中对少数民族青少年作出特殊的规定。例如，少数民族学生升学的权利应得到优待；为提高少数民族适龄儿童的入学率，保证升学率、巩固率和合格率，应制定特殊的具体的措施；保障少数民族实行九年制义务教育；以及在民族重点中学办好高中班和高中补习班，在一些高等院校应开设民族预科班；等等。

受教育者在依法享有上述权利的同时应履行相应的义务：遵守国家法律、法规；遵守学生行为规范；努力学习，完成规定的学习任务；遵守所在学校或者其他教育机构的管理制度。

少数民族教育主体，依照国家宪法、教育法、义务教育法、教师法等，享有与其他（汉族地区）教育主体同等的权利和承担相同义务的同时，根据民族区域自治法及其他法律、法规的规定，还享有法律赋予有特殊权利，如使用本民族语言文字的权利，实行双语教学的权利，获得国家物质帮助的权利，实行降分录取就读的权利，寄宿制学生生活困难补助权利，等等。

近年来，全国各级各类学校尤其是高等学校，为适应建立社会主义市场经济体制的需要，在招生及毕业生分配上实行“并轨”，这是我国高等教育改革的一大举措，意义重大。然而，对少数民族受教育者而言，这一改革将为其带来新的困难。“并轨”改革的完整意义是指招生和毕业分配就业制度的改革，包含了招生并轨、学生缴费上学、实行新的毕业生就业办法，即由过去的“两包”变“两自”。就广大汉族地区来说，多数学生能够适应这一改革，而对少数民族地区的少数民族学生却难以承受较高的学费和杂费。为此，国家应采取特殊政策。第一，为保证并轨后学校更好地为少数民族和民族地区的经济建设和社会发展服务，应确立“两坚持一继续”的办学方针，即坚持为少数民族和民族地区服务的办学方向，坚持党和国家的民族政策，继续保持民族院校的办学特色。第二，为使少数民族考生能进得来回得去，在较长时期内仍应实行降分录取的优惠政策。学生毕业后，根据国家政策，部分学生仍应由国家安排就业或推荐就业，有条件的学生在一定范围内自主择业。第三，应充分考虑民族地区的经济发展状况和学生家庭的承受能力，保证学生入学后不因经济困难而辍学，学校收取学杂费时应倾斜，专门院校如民族学院的收费标准应低于同类并轨院校。同时，应建立适应教育改革的配套的奖学金及勤工助学制度，对特殊学科如民族专业、农牧专业等民族地区急需专业的学生应减免学杂费；对人口特少的经济文化极不发达的少数民族的学生，实行特别优惠的办法，即沿用目前民族院校实行的“民族奖学金”办法，确保这部分学生的正常学习和生活。第四，保证并轨后民族院校的教学工作正常开展，国家财政拨款仍应保持原有水平，并随着经济的发展和国家财力的增强，学校的教育事业费适度递增。总之，应采取切实可行的政策和措施，确保少数民族受教育主体的权利得以实现，保障民族教育事业的正常进行。

四、民族教育体系

根据我国的教育法、义务教育法、职业教育法、民办教育法、全国民族教育发展与改革指导纲要(试行)、国务院关于深化改革加快发展民族教育的决定等有关法律法规的规定,民族教育体系是指普通教育[16]、职业教育和成人教育相结合的有机整体。这个完整的民族教育体系应具备以下特点:一是从初级到高级,从幼儿园到成人的完整的教育体系;二是适合民族特点和地区特点;三是适应民族地区的经济建设和发展的需要,适应现代化建设对少数民族各种人才的需要;四是要保持民族教育发展的合理比例。

(一)普通教育

从教育的性质和目标来看,普通教育实施一般的文化科学知识教育,其主要任务是为社会培养劳动后备力量和为高一级学校输送合格新生。具体地讲,普通教育体系包括以下几个阶段和层次:

1. 学前教育。学前教育又称幼儿教育,指对3周岁以上的学龄前儿童实施的早期教育,它是基础教育的有机组成部分。根据幼儿特点,幼儿教育必须实行保育与教育相结合的原则,保证幼儿的健康和身心的正常发育。少数民族学前教育,就民族教育而言,在聚居地及散居的少数民族中开展的较好,尤其是经济较发达地区和城市的学前教育与汉族地区基本差不多。但就民族地区教育[17]来说,学前教育则因民族经济和社会发展滞后而与汉族地区有较大差距。儿童是祖国的未来,民族地区未来的发展有赖于学前教育打基础。因此,要在已经形成的学前教育良好基础之上,加强民族学前教育工作,为初等以上的民族教育奠定基础。

2. 初等教育。初等教育指的是小学阶段的教育。实施初等教育的机构主要是普通小学校,另外包括少量的特殊教育学校(班)。小学以全日制学校为常见,也有寄宿学校。民族地区,由于教学条件,居住环境等因素的影响,开办了各种各样的寄宿制小学,这是国家为普及民族地区的初等教育采取的一条特殊措施。有的民族地区在兴办寄宿制小学过程中,非常重视勤工俭学工作,甚至进行半耕半读,努力做到教学、生产、科技三结合。在初等教育中,要特别重视比较适合大多数民族地区经济发展水平的初级职业技术教育和短期实用技术培训,同时加强普通中小学的劳动课和劳动技术课教学。在一些经济、文化发展水平较低的民族地区,小学高年级要引入职业技术教育因素,把学文化和学技术早期结合起来。有些还

---

〔16〕 有人将普通教育称为国民教育,在现代教育体制下,这种观点是不确切的。事实上,国民教育体系是指以本国公民为主体,以成长教育为重心,以学校教育为主体的国家学历教育体系。它具有贯通所有层次、涵盖各种教育的性质,是国家教育体系的主系列,包括普通学校教育和职业学校教育。

〔17〕 民族教育与民族地区教育不是同一概念。

要根据实际需要对学生进行家庭经营、当家理财以及改变落后习俗所需要的教育。使教育与少数民族群众的文明富裕紧密结合起来,增强学校教育的吸引力。

3. 中等教育。中等教育是在初等教育基础上由普通中学实施的普通教育,承担着为高一级学校输送合格毕业生和提高劳动者素质的双重任务。普通中学分为初中阶段和高中阶段。初中阶段教育与小学教育共同构成我国的"九年制义务教育"年限。

4. 高等教育。高等教育属专门人才教育或高级专业人才培养教育,担负着培养各类高级专门人才,发展科学技术和文化事业,促进经济发展和社会进步的任务。实施高等教育的机构为大学、专门学院和专科学校。民族教育体系中的高等教育担负的任务是由一般高等院校、民族高等院校及各类成人高等院校共同完成的。我国的民族高等院校数量较多、发展较快,早期的民族学院是轮训少数民族干部和开办高考预科班的地方,后来随着社会发展其职能也发生很大变化,成为培养少数民族高级专门人才的高等学府,目前全国性的民族大学(学院)共6所,地方性的更多。

(二)职业教育

职业教育是指以一定的普通学校教育为基础,实施有明确职业目标的职业知识和职业技能教育,是促进经济、社会发展和劳动就业的重要途径,是国家教育事业的重要组成部分。发展职业教育是少数民族和民族地区实现两个根本性转变、提高劳动者素质的必要而有效的手段。现阶段我国的职业教育体系由纵横交错的两个系列组成。从横向即从类型上看,由职业学校教育和职业培训两大类别组成;从纵向即从层次上看,由初等职业教育、中等职业技术教育和高等职业教育三大层次组成。从类型和层次的组合上看,初等教育包括初等职业学校教育和初级职业培训,主要是对文化层次比较低的对象进行职业知识和技能的教育和培训;中等职业教育包括中等职业学校教育和中级职业培训,主要是对具有中等文化制度的对象进行基础理论、职业知识和相关技能的教育和培训;高等职业教育包括高等职业学校教育和高级职业培训,是在高等教育阶段进行的职业教育和培训,由高等职业学校或普通高等学校实施。根据现阶段少数民族和少数民族地区经济和教育的发展水平,职业教育应以高中阶段职业教育为重点,积极发展多种形式的初中阶段的职业教育,可采用"三加一"、"初二分流"、四年制初中等形式,广泛开展职前职后的各种职业培训,适当发展高等职业技术教育,[18]建成多规格、多层次、灵活多样的职业教育培训网络。坚持学历教育与职业培训结合,全日制与部分时间制结合,学年制与学分制结合的办学形式。少数民族地区的职业技术教育的教学内容、课

〔18〕 国家民委、教育部:《关于加快少数民族和少数民族地区职业教育改革和发展的意见》,2000年7月28日。

程设置在提高文化知识的基础上,既要传授先进的科学技术和管理知识,又要传授为少数民族群众所接受的实用传统技术,同时实施创业教育,培养学生的创业意识、创业精神、创业品质和创业能力。民族地区职业技术培训教育应以短期职业技术培训班为重点,有条件的举办职业技术培训中心。重点建设好地(市)、县级骨干职业培训机构,面向农村扩大招生规模。实施"农村劳动力转移培训计划",对进城务工农民进行职业教育和培训,县、乡两级人民政府要积极实行"三教统筹"和"农科教结合",通过开展多种形式、多层次的职业技术教育和培训,大面积提高劳动者科学文化素质,增强吸收和运用科学技术的能力。

(三)成人教育

成人教育是指通过业余时间、脱产或半脱产的途径对成年人进行的各种类型和各种层次的科学文化知识和岗位职业知识与技能的教育,它是普通教育的补充、继续和完善,具有继续教育和终身教育的性质和特征。包括对文盲进行的扫除文盲教育,对已经就业或需要转换工作的人员进行的岗位培训,为提高在职人员的文化程度和专业水平,对专业技术人员进行的大学后继续教育,对公民进行的各种社会文化和生活知识教育等。民族地区应根据当地少数民族群众劳动、生活的特点,财力、物力条件和文化教育的基础,改变为了扫盲而扫盲的做法,把文化教育和传授经验、知识、技能相结合,举办各种专业性、实用性强、容易掌握、见效快的科技知识培训班。农村成人教育要以农民实用技术培训和农村实用人才培养为重点。充分发挥农村成人学校和培训机构的作用。农村中小学可实行一校挂两牌,日校办夜校,使之成为乡村基层的文化、科技和教育活动基地,采取"农闲多学、农忙停学、全民性节日不学、一般性节日必学"的办法,开展农村成人教育,促进"农科教"结合。民族地区要大力发展专业技术人员的继续教育,既要注重职业技术人员基本素质的普遍提高,又要突出高层次人才、中青年科技骨干和急需人才的培养。

随着社会主义市场经济体制的建立和发展,围绕科教兴国战略在民族地区的实施,民族地区应坚持"因地制宜、按需施教、灵活多样、注重实效"的原则,积极探索适应少数民族和民族地区发展需要的教育办学模式。要加强教育与科技、经济的结合,适应少数民族地区经济结构、产业结构的需要,从实际出发,因地制宜,分类指导,不同的地区分别确定不同的发展规模、速度、目标和模式,使教育与科技、经济的发展互相协调,互相促进。要实行"三教统筹",综合考虑各级各类教育的发展速度、规模、比例和结构,优化教育资源配置,合理调整学校的布局结构,提高办学的质量和效益。要坚持多层次、多规格、灵活多样的办学形式。要继续办好寄宿制民族中小学。事实证明,这是发展民族教育的一种好形式,要总结经验,有针对性地解决存在的问题,努力办好。继续办好各类民族学校,各类民族班特别是内地的西藏班、新疆班,对人口较少的民族的"普九"要长期采取特殊措施。要大力发展职业教育,以高中阶段的职业教育为重点,积极发展多种形式的初中阶段的职业教育，广泛开展职前职后的各种职业培训，适当发展高等职业教育；要大力发展民族地区的现代远程教育，实施“现代远程教育工程”，逐步建立覆盖民族地区的信息、技术、教育一体化的综合性立体网络。要充分调动行业、企业、集体、个人兴办和支持教育的积极性。在办学体制上，要提倡多种形式的联合办学，要制定特殊的优惠政策，积极鼓励和支持事业组织、社会团体和公民个人依法兴办教育、支持赞助教育，推进办学主体的多元化。积极吸收、借鉴发达民族、发达地区以及发达国家的科学技术以及有益的文化教育成果，大胆引进国内外的资金、人才及教育管理模式，使民族教育尽早与国际接轨，走上跨越式发展的新路子。

五、民族教育管理

改变民族自治地方文化教育的落后面貌，提高各民族的科学文化水平，是我国民族工作的重要任务，也是民族自治地方搞好经济建设的重要条件。而发展民族教育的关键则在于民族教育管理的健全与否。为切实尊重和充分保障少数民族在文化教育上的民族平等权利和民族自治权力，宪法、教育法、民族区域自治法等相关法律规定，应从各民族的实际出发，因地制宜发展教育事业，并对发展民族教育的形式、民族自治地方的权限、上级国家机关的职责，发展民族教育的特殊措施等关系到民族教育能否顺利发展的主要问题作出了明确规定。这些法律规定既是发展民族教育事业的重要保障，也是发展民族教育事业的必由之路。

（一）民族自治地方的教育自治权

我国宪法规定：民族自治地方的自治机关自主地管理本地方的教育、科学、文化、卫生和体育事业，保护和整理民族的文化遗产，发展和繁荣民族文化。这一规定肯定了民族自治地方享有自主发展本地教育事业的权力。根据宪法的原则，《民族区域自治法》第36、37条及教育法等其他有关法律法规具体规定了民族自治地方发展本地教育事业的权限（详细内容见本书第十一章第四节）。各民族自治地方一般都是通过自治立法来规范和保障其教育自治权的行使的，尤其值得称道的是一些民族自治地方制定了专门的民族教育条例，来规范本地区民族教育的发展。如《广西壮族自治区教育条例》（1992年）、《楚雄彝族自治州民族教育条例》（1993年）、《黔西南布依族苗族自治州教育条例》（2004年）等。

（二）上级国家机关在发展民族教育中的职责

民族教育不仅仅是一个单纯的教育问题，而且是关系到民族平等、民族团结和民族共同繁荣的政治问题。民族地区教育的发展状况在很大程度上决定着民族地区经济文化的繁荣和社会的进步，因此，党和国家历来重视少数民族和少数民族地区的教育问题，并在法律中明确规定了上级国家机关的职责。具体地讲，在发展民族教育中有以下主要职责：

1. 健全各级民族教育行政管理机构，强化对民族教育事业的领导。基于民族教育的特殊性和重要性，建立专门的机构以加强对民族教育的管理是十分必要的，是民族教育事业不断发展的重要的组织保障。20世纪50年代初,中央人民政府教育部和有关的各级人民政府教育行政部门,就建立了少数民族教育机构或指定专人负责,主管少数民族教育工作。1952年政务院在《关于建立民族教育行政机构的决定》中规定,教育部增设民族教育司,各大行政区教育部增设民族教育处(科),或在有关处(科)内设专职人员;各有关省、市、专署、县人民政府教育厅、局、科根据该地区少数民族人口多寡,分别增设适当的行政机构或专职人员以加强民族教育管理工作。1980年教育部和国家民委颁发《关于加强民族教育工作的意见》,重申了1952年政务院令。目前,国家教育部设有民族教育司,国家民委设有教育司,各省、自治区、直辖市民委设教育处或文教处,各地、州、市、县民委有专人负责民族教育工作,有11个省在省一级教育机构中设立了民族教育处,地(州)、县一级教育行政部门也设有民族教育机构,或指定专人负责民族教育工作。从而形成了从中央到地方的民族教育行政系统。

2. 国家应加强民族教育法制建设,规范民族教育工作。多年来,国家对少数民族和少数民族地区教育事业的发展非常重视,不仅在宪法、民族区域自治法、教育法、义务教育法、职业教育法、高等教育法、义务教育法实施细则等法律和行政法规中对如何发展民族教育作了原则规定,而且先后制定了《关于加强少数民族教育工作的意见》(1980年)、《关于加强领导和进一步办好高等民族院校民族班的意见》(1984年)、《关于加强少数民族和少数民族地区职业技术教育工作的意见》(1992年)、《关于加强民族教育工作若干问题的意见》(1992年)、《关于加强民族散杂居地区少数民族教育工作的意见》(1992年)、《中共中央办公厅、国务院办公厅关于推动东西部地区学校对口支援工作的通知》(2000年)、《关于加快少数民族和少数民族地区职业教育改革和发展的意见》(2000年)、《国务院关于深化改革加快发展民族教育的决定》(2002年)等教育行政法规和部门规章。有些少数民族较多的地方也制定了相应的民族教育法规或规章,如《四川省关于加强民族教育工作的决定》(1985年)、《贵州省关于改革和发展民族教育若干问题的通知》(1992年)、《关于加快甘肃省民族教育改革与发展的若干意见》(1993年)、《湖南省少数民族地区普及义务教育若干规定》(1995年)、《黑龙江省民族教育条例》(1997年)、《吉林省民族教育条例》(1999年)等。这些法律、法规和规章与各民族自治地方的教育自治法规一起构成了比较完善的民族教育法律制度,为民族教育的发展提供了重要的制度保障。当然,现行的教育制度仍然存在很多需要完善的地方,当前突出的任务是国家应当制定《民族教育条例》和《民族院校管理办法》,[19]并就原有法律法规和规章中比较原则而又难以操作的规定进行修改和补充。

---

〔19〕 吴仕民:《把握机遇扎实工作推动民族教育事业发展——在2003年全国民委主任会议上的讲话》,载《中国民族》2004年第2期。

3. 国家应在财力上加大对民族教育的投入。由于少数民族地区多处于偏僻山区、牧区，地理条件差，办学条件相对要差，加之少数民族教育先天不足的原因，特别需要国家实施优惠政策，在教育经费上给予特别优待。我国政府对此也十分重视，专门设立了民族教育专项补助经费，以解决民族教育的特殊困难。这项经费从1951年开始设立，且历年都有所增加。1990年财政部决定从当年起，由中央财政每年安排2000万元专款，用于支持少数民族地区发展教育的补贴专款。1985年起，国家为了支持老、少、边、山、穷地区发展基础教育，每年拨出1亿元作为普及小学教育基建补助专款，帮助这些地区解决办学经费不足的困难，其中拨给民族地区的占54%以上。"十五"期间及至2010年，"国家贫困地区义务教育工程"、"国家扶贫教育工程"、"西部职业教育开发工程"、"高等职业技术教育工程"、"教育信息化工程"、"全国中小学危房改造工程"、中小学贫困学生助学金专款、青少年校外活动场所建设项目等要向少数民族和西部地区倾斜；对未普及初等义务教育的国家扶贫开发工作重点县，向农牧区中小学生免费提供教科书，推广使用经济适用型教材；采取减免杂费、书本费、寄宿费、生活费等特殊措施确保家庭困难学生就学；中央财政通过综合转移支付对农牧区、山区和边疆地区寄宿制中小学校学生生活费给予一定资助；少数民族和西部地区各级财政也要相应设立寄宿制中小学校学生生活补助专项资金。在同等条件下，高等学校少数民族贫困生优先享受国家资助政策，确保每一个大学生不因经济困难而停止学业。少数民族散杂居地区的各级政府要设立民族教育专项资金，制定和落实有关优惠政策，扶持散杂居地区民族教育的发展。[20]

六、违反民族教育法的法律责任

违反民族教育法的法律责任，是指民族教育法律关系主体因实施了违反民族教育法的行为，依法应当承担的否定性法律后果。从这个概念我们可以看出，教育法律责任的成立必须具备两个条件：一是违法行为，既违法行为主体因自己的违法行为而引起自己应承担的法律上的不利后果；二是法律规定的其他事实。违反民族教育法的法律责任与违反其他法律的法律责任一样，具有以下几个方面的特征：以违法行为和法律规定的事实为条件；以明确的法律规定为根据，其性质、范围、大小、期限等都由法律明确规定；以国家强制力为保证；对法律责任的追究必须由司法机关或经法律授权的国家机关依照法定的程序进行。根据有关法律的规定，在确定违反民族教育法律责任时，区别不同的情况，使用过错责任原则或无过错责任原则。过错责任是指由于当事人自己的主观过错而实施的行为侵害了他人的合法权利而应承担的法律责任。无过错责任是指当事人对一定的危害行为没有直接责任，但负有间接的或相关的责任，或根据社会公平原则而应承担的责任。

---

〔20〕《国务院关于深化改革加快发展民族教育的决定》，2002年7月7日。

违法行为是承担法律责任的条件之一,根据违法行为的种类为标准,可将违反民族教育法的法律责任分为三类:

(一)违反民族教育法的行政责任

行政责任是指民族教育行政法律关系主体因违反了教育法律、法规的规定而应承担的行政性的不利后果。在教育行政法律关系中,政府及其教育行政部门等的行政管理行为,行政相对人如下级行政部门、教学单位等的行为均不得违反教育法律、法规的规定,否则就要承担行政法律责任。如我国义务教育法规定,对招用学龄儿童、少年就业的组织和个人,由当地人民政府给予批评教育,并责令其停止招用,情节严重的,可以并处罚款,或责令其停止营业或者吊销营业执照。行政责任的承担有两种方式:一是行政处分,包括警告、记过、记大过、降级、降职、撤职、开除留用察看、开除八种,适用于教育行政管理者;二是行政处罚,包括警告、通报批评、消除不良影响、罚款、没收、责令停止营业、吊销营业执照或许可证、取消资格、责令限期清退或修复、责令赔偿、拘留等,适用于行政相对人。

(二)违反民族教育法的民事责任

民事责任是指民族教育法律关系主体因违反了教育和民事法律、法规的规定而应承担的民事性的不利后果。根据教育法的规定,在民族教育活动中,如果行为人违反教育法的有关规定,侵犯教师、受教育者、学校或者其他教育机构的合法权益,造成损失、损害的,应当依照民法的规定承担民事责任。承担民事责任的方式有:停止侵害;排除妨碍;消除危险;返还财产;恢复原状;修理、重作、更换;赔偿损失;支付违约金;消除影响、恢复名誉;赔礼道歉。

(三)违反民族教育法的刑事责任

刑事责任是指教育法律关系主体实施了违反教育法的行为,同时又触犯了刑事法律规范所应承担的法律责任。我国教育法关于教育刑事法律责任的规定很多,为排除犯罪行为对教育事业的侵犯,保证教育事业的健康发展提供了有力的保障。在教育活动中,凡是侵占、克扣、挪用教育经费,扰乱教学秩序,侵占、破坏学校的场地、房屋及其他财产,招生中徇私舞弊,侮辱、殴打教师和学生,体罚学生,玩忽职守致使校舍倒塌、造成师生死亡事故,以及利用宗教进行妨碍义务教育实施的活动等行为,情节严重,构成犯罪的,均可依法追究刑事责任。承担刑事责任的方式,应当以《刑法》的规定为依据。

第三节　国家对少数民族教育权利的保护

一、少数民族教育权利的保护方式

少数民族的教育权利包括民族自治地方的教育权、民族教育行政机关的教育权、民族学校的教育权、民族学生的受教育权和民族教育学校教师的权益。运用法律手段贯彻党和国家的教育方针和政策，切实保护民族院校及其他教育机构、民族院校教师和其他教育工作者及少数民族受教育者的合法权益，督促国家、社会尤其是民族自治地方履行法定义务，维护和保障正常的教育教学秩序，是少数民族教育法律制度的主要任务。教育法律制度旨在运用法律手段调整人们在教育活动中形成的各种关系和行为。十多年来，我国在依法治教方面做了大量工作和努力。《教育法》颁布之前，1980 年起，我国先后颁布了《学位条例》《义务教育法》《教师法》《幼儿园管理条例》《扫除文盲条例》《高等教育自学考试暂行条例》《残疾人教育条例》等 10 多个教育行政法规，教育行政部门单独或与其他部委联合发布了数百个有关教育的规章，其中许多涉及民族教育权利或直接对民族教育权利问题进行了规定。特别是地方立法机关颁发了对各级各类民族教育工作具有指导意义的涉及民族教育管理、招生、分配、语文教学、经费等方面的各种决定、意见、办法、规定和条例 100 多个，有效规范民族教育工作，切实保护学校及其他教育机构、教师和其他教育工作者、受教育者的合法权益，维护和保障正常的民族教育法律秩序，促进了民族教育事业的健康发展。这些都是国家对少数民族教育权利保护的有益探索。

根据《民族区域自治法》《教育法》及其他法律、法规的规定，对少数民族教育权利的保护应从以下几个方面展开：

第一，尊重和保障民族自治地方发展民族教育的自治权。为此，国家应加强民族教育法制建设，完善民族教育法律制度，为民族自治地方教育自治权的行使提供立法保障。尤其应当明确侵犯民族自治自治地方教育自治权的行政救济、司法救济、责任追究等方面的制度。同时，必须加强民族教育法制宣传工作、开展普法教育，提高少数民族群众法律意识，使其懂得教育权既是权利，但同时又是义务；使上级国家机关尤其是领导干部认识到领导和帮助民族地区发展教育事业的责任，切实保障自治机关行使发展民族教育的自治权。

第二，国家应从法律和物质条件上为少数民族学校（院）和其他教育机构自主办学提供保障，落实教育法和民族区域自治法规定的教育机构享有的各项权利。

一是加大对民族教育的投入。我国政府对此十分重视,专门设立了民族教育专项补助经费、普及义务教育补助专款,以解决民族教育的特殊困难。"十五"期间及至2010年,"国家贫困地区义务教育工程"、"国家扶贫教育工程"、"西部职业教育开发工程"、"高等职业技术教育工程"、"教育信息化工程"、"全国中小学危房改造工程"、中小学贫困学生助学金专款、青少年校外活动场所建设项目等要向少数民族和西部地区倾斜。二是国家应采取特殊措施,扶持少数民族学校的建设,如"从2003年开始,选择若干所重点高等学校面向少数民族和西部地区,采取特殊措施培养少数民族的博士、硕士人才,对民族地区高等学校和民族院校学位授权点的建设和研究生招生规模等给予特殊的政策扶持"[21];国家帮助民族自治地方培养和培训各民族教师,国家组织和鼓励各民族教师和符合任职条件的各民族毕业生到民族自治地方从事教育教学工作,并给予他们相应的优惠待遇。三是积极鼓励社会力量和境外境外组织、个人按照《中华人民共和国公益事业捐赠法》《社会力量办学条例》的有关规定捐资办学,支持和调动社会力量参与教育"帮困济贫"行动;同时,适度运用财政、金融等手段支持少数民族和西部地区教育事业的发展。四是进一步加强对民族教育的支援工作。实施"东部地区学校对口支援西部贫困地区学校工程"和"西部地区大中城市学校对口支援本省(自治区、直辖市)贫困地区学校工程",使少数民族和西部贫困地区在资金、设备、师资、教学经验等方面得到帮助。

第三,依照教育法和教师资格条例规定,对民族学校的教师实行区别对待和特殊待遇。发展少数民族教育事业,必须大力加强少数民族师资队伍建设,切实保护教师的合法权益,改善教师的工作条件和生活条件,提高教师的社会地位。国家应当建立完善的少数民族和少数民族地区教师权益保障制度,从以下几个方面保障少数民族和少数民族地区教师的权利:一是保障教师的教育权。主要包括教学和学术自由的权利,以及在法律规定的范围内参与决定教学内容的权利等。二是保障教师的进修权。根据教师法的规定,各级有关人民政府教育行政部门、学校主管部门和学校应当制订教师培训计划,对民族学校的教师进行多种形式的政治和业务培训。三是保障民族学校教师的待遇。包括工资待遇,住房待遇,医疗保险待遇及养老保险待遇等。不仅要保障其正常水平的待遇,而且要采取切实可行的措施,使其享有比非民族学校老师更高的待遇,以吸引教师从事民族教育,使其乐于献身于民族教育事业。

第四,采取特殊措施保障少数民族受教育者的权利。受教育权是我国公民的一项基本权利。《教育法》规定:受教育者入学、升学、就业等方面依法享有平等权利。公民受教育的平等权利是近代世界各国的基本主张,是人们普遍接受的原则。

---

〔21〕《国务院关于深化改革加快发展民族教育的决定》,2002年7月7日。

在我国,公民不分民族、种族、性别、财产状况、宗教信仰等,依法享有平等的受教育机会。我国的民族地区由于经济发展落后,教学条件差,学生素质较差,因此,国家对少数民族学生在招生和学习生活等方面采取大量的措施来保障其权利。一是在普通高等、中等专业学校招生中,对少数民族学生实行特殊的政策,如放宽报名年龄限制、放宽录取分数线标准、少数民族可以使用民族语文考试等。二是对少数民族学生在生活上实行适当照顾的政策。由于许多少数民族学生来自贫困的民族地区,家庭经济状况较差,在入学收费、学校生活等问题上考虑其实际困难,通过采取减免杂费、书本费、寄宿费、生活费,发放助学金、奖学金及贷学金制度等特殊措施解决学生的实际困难,确保家庭困难学生就学和正常学习。三是在毕业条件和就业渠道上也应切实考虑实际情况,如目前实行的大学本、专科学生外语过级考试、毕业生不包分配实行"自主择业"等,应区别对待,不能对民族学生卡得太死;应鼓励国家机关尤其是自治机关多录用民族学生工作。对民族女生的入学、升学、就业做到一视同仁,不能歧视。四是尊重和保障少数民族使用本民族语文接受教育的权利,大力推进"双语"教学。五是从实际出发,采取适合少数民族特点的办学形式和教学方式,保障少数民族受教育权的实现。国家应针对少数民族地区特点和民族特点,分别在民族地区和散杂区设立民族幼儿学校、民族中小学、民族师范、民族中专、民族职业中学等;在山区和牧区设立寄宿制民族中小学;创办独具特色的民族学院和民族大学;在一部分中等学校和高等学校设立专门招收少数民族学生的民族班和预料班等。

二、侵犯少数民族教育权利的法律责任和处理原则

少数民族教育权利是法律赋予的,任何机关和个人都不得侵犯。侵犯少数民族教育权利的行为,违反了《教育法》《教师法》《民族区域自治法》等法律法规,应当依照有关法律的规定追究其责任。《民族区域自治法》对违法行为及应承担的责任未做明确规定。《教育法》及有关民族教育法规中涉及的各种违法行为可分为行政违法行为、民事违法行为和刑事违法行为。由于各种违法行为的性质不同和触犯的法律有区别,引起的法律责任也不同。

第一,违反国家有关规定,不按照预算核拨教育经费的,由同级人民政府限期核拨;情节严重的,应对直接负责的主管人员和其他直接责任人员依法给予行政处分;构成犯罪的,应依法追究刑事责任。目前我国教育经费严重匮乏,成为制约我国尤其是民族地区教育发展的一个主要因素。公用经费逐年下降,办学条件长期得不到根本改善。近几年突出的一个问题就是,有些地方由于不按预算核拨教育经费,预算留缺口,以及挪用、克扣教育经费,成为长期拖欠教师工资的一个主要原因。拖欠教师工资一直受到社会广泛关注,《教育法》《教师法》中对拖欠教师工资问题的处罚作了规定,但拖欠工资问题仍没有从根本上解决。拖欠教师工资,究其原因关键在于政府自身。教育经费的预算要由政府决定;民族地区教育经费应由政府立法规定并检查落实,监督执行;教师工资管理的监督机制,教育投入增长机制都要靠政府去建立和健全。要从根本上解决拖欠教师工资问题,首先,既要强化国家权力机关的监督职能,也要求国家权力机关必须切实履行其监督职能。各级政府特别是自治地方政府定期向同级人大报告教育工作和教育经费预算和决算情况、教师工资兑现情况、危房修缮情况等教育方面的重大问题。各级人大应进行执法检查,通过检查督促政府解决实际问题。其次,教师可以通过司法救济即通过向人民法院提起诉讼的方式,解决工资被拖欠问题。司法救济是维护合法权益必不可少的手段,也是合法权益的最终保障,因此,教师应当重视通过这一途径来维护自己的合法权益。

第二,扰乱学校及其他教育机构教学秩序或破坏校舍、场地及其他财产的,由公安机关给予治安管理处罚;构成犯罪的,依法追究刑事责任。侵占学校及其他教育机构的校舍、场地及其他财产的,依法承担民事责任。根据和比照《治安管理处罚条例》,对扰乱教育教学秩序或者破坏校舍、场地及其他财产情节较轻的,可进行行政处罚。但情节严重,构成犯罪的,则应追究刑事责任。民事违法行为,应根据《民法通则》和有关法律规定追究民事责任。特别应该指出的是,近些年,寻衅闹事、扰乱学校正常的教学秩序事件常有发生,侵占学校及其他教育机构的校舍、场地及其他财产的事件难于解决。从法律上对这些行为明令禁止,并作制裁规定,对制止上述行为,扭转上述情况,是很有利的。

第三,明知校舍或者教育教学设施有危险,而不采取措施,造成人员伤亡或者重大财产损失的,对直接负责的主管人员和其他直接责任人员,依法追究刑事责任,确保师生的人身安全。

第四,违反国家有关规定,向学校或者其他教育机构收取费用,由政府责令退还所收费用;对直接负责的主管人员和其他直接责任人员,依法给予行政处分。杜绝向学校乱收费、乱摊派这一大公害。现在社会给学校很大压力,让学校干的事太多,不管什么部门都可以向学校发号施令,尤其是向学校乱收费,学校叫苦不迭。有关部门对各种收费是明文规定的,应严格按照规定办事,认真查处对学校的乱收费。一些部门随意向学校搞摊派,或搞强行推销等,弄得学校疲于应付,怨声不断。政府要切实负起责任,坚决制止、杜绝向学校乱收费、乱摊派的不正之风,把它作为一种腐败现象予以整治。

第五,违反国家有关规定向受教育者收取费用的,由教育行政部门责令退还所收费用;对直接负责的主管人员和其他直接责任人员,依法给予行政处分。乱收费现象与学校的办学宗旨相悖,它不仅损害了学校的形象,同时也玷污了学校这一神圣殿堂,广大教师和老百姓对此意见很大。为治理乱收费问题,国家教委曾于1994年年底发出通知对中小学收费做出规定。国家教委规定,义务教育阶段不准收“择校费”。初中和小学不准举办各种收费的补习班、补课班、兴趣班、“提高班”、“超常班”。不准强制学生购买和使用任何形式的习题集、测试手册、学科知识书刊、各种复习资料、报刊杂志、除作业本外的文具用品和其他商品。不准把社会对学校的乱摊派转嫁到中小学生头上。不准擅自出台小学收费项目，扩大收费范围、提高收费标准。高等学校学生实行缴费上学制度应对民族地区学生实行区别对待。缴费标准由教育行政主管部门按学生平均培养成本的一定比例和社会及学生家长承受能力，因地因校确定，确保贫困地区学生就读。

第六，侵犯教师、受教育者、学校或者其他教育机构的其他合法权益，造成损失、损害的，应当依法承担民事责任、行政责任，乃至刑事责任。

第十七章　少数民族文化法律制度

第一节　少数民族文化法律制度的概述

一、少数民族文化法律制度的概念

少数民族文化法律制度，是指国家关于规范和保障少数民族的文化权利，继承和发扬少数民族文化的优良传统，建设社会主义精神文明民族文化的一种法律规范。

当今的“文化”概念，已经渗透在社会生活的各个领域及最普通的一般事物。就民族文化而言，其内涵和外延已是非常丰富，并具有很深层含义。在民族文化概念中，有“中华民族文化”“汉族文化”“少数民族文化”“各民族文化”等。

什么是少数民族文化，是指少数民族在长期的社会实践中创造和发展起来的具有自己形式和特点的文化。简要地说，就是具有民族形式和民族特点的物质文化和精神文化。

自改革开放以来，尤其是1982年宪法和1984年民族区域自治法颁布实施以后，具有传统特征和现代意义的少数民族文化，已从边远的少数民族山区大踏步地跨进了大都市，有的已走出国门，产生了强大的社会效益和经济效益。如在北京、深圳、昆明等城市专门建筑的民族风情园、民族村或民俗村，它们以整体形式的、具有鲜明特点的少数民族群体文化，逐步地迈进了企业化的道路。最近几年，以少数民族文化为主要经营业务的一大批企业，也在蓬勃兴起。这些，都是有赖于少数民族文化法律制度的建立和作用。

少数民族文化是一个非常广泛的概念。最具有民族文化特征的，如民族语言文字、民族教育、民族风俗习惯等。其中民族饮食和民族服饰、民族景点和民族建筑、民族节日和民族文艺、民族用品和民族生产，在市场经济的氛围中，其社会作用和经济效益的发挥，越来越显示出它们的生命力。就少数民族习惯法律文化的研究，也引起了国际社会的浓厚兴趣。

研究和学习少数民族文化法律制度，需要先对以下概念有一个初步了解。它们是：

（一）中华民族多元一体文化与少数民族文化

我国宪法规定："中国各族人民共同创造了光辉灿烂的文化。"这既是对中华民族的一体多元性的基本文化格局的确认，也是对中华民族多元文化一体格局的保护。

这就是说，我国各族人民不仅共同缔造了我们的国家，同时共同创造了源远流长、绚丽多彩的统一多样化文化。中华各民族不论大小，都在悠久的中华民族文化宝库中留下了自己的珍藏品，写下了不可磨灭的篇章。即在我国的56个民族中，其中的55个少数民族都有自己的特性，如在民族语言文字方面，除了少数几个民族使用汉语外，绝大多数民族都有本民族的语言，有20多个少数民族还有自己本民族的文字，从而记录着本民族独具特色的文化。仅这一点，就足以说明中华民族是一个大花园，百花齐放，多彩多姿，这就是少数民族文化多样性的具体表现。

少数民族文化是中华民族文化的重要组成部分，中华民族文化包容了各少数民族的文化。亦即中华民族的形成过程，就是中华民族文化的形成过程，也是各少数民族文化的形成过程。然而，中华民族文化的形成，是在各民族文化的不断融合过程中逐渐形成和发展起来的。学界认为，它大概经过了这么几个重要阶段：

一是殷周时期的民族文化大融合。表现为中原地区各少数民族间的相互通婚，相互学习，语言文字逐渐融合。如赵武灵王胡服骑射，连风俗习惯也逐渐变化。

二是秦汉时期的民族文化大融合。秦朝基本实现中国大一统，为各民族文化的大融合创造了条件。如在这一时期的刘氏王朝利用国家行政权力，利用全国的教育制度，用统一的教材即官方经学，逐渐融合全国众多的民族文化形成了更大范围的民族文化共同体。

三是南北朝至唐盛时期的民族文化大融合。南北汉族贵族与当地少数民族贵族的政治统治，带来了各民族文化的相互吸收，形成了南北朝时期各具特色的学术风气。至隋唐时期，唐朝已成为当时世界上的文化中心之一，中华民族的科学、艺术、文学达到了当时的世界水平。

四是宋元明清更迭时期的民族文化大融合。无论是汉族统治阶级政权，或是少数民族统治阶级政权，随着封建社会的发展，各民族文化的融合，已达到了以往不可比的历史阶段。

社会主义社会的民族大家庭，各民族文化的融合，在一体多元的格局下，共同发展，共同繁荣。在这种环境下，国家特别强调并制定了一系列保护和帮助发展少数民族文化的政策和法律，使少数民族文化更加发挥它的现代社会作用。

需要特别强调的是，少数民族文化不仅是整个中华民族文化的重要组成部分，而且它对形成和发展中华民族文化做出了重要的贡献。如在文学艺术方面，古代鲜卑族的《敕勒歌》、藏族的《格萨尔》、蒙古族的《江格尔》、柯尔克孜的《玛纳斯》、维吾尔族的《福乐智慧》、彝族的《阿诗玛》、满族曹雪芹的《红楼梦》、回族萨都剌的《雁们集》等,都是不朽的文学作品;现在各地艺术团体所使用的笛、琵琶、箜篌、胡琴、腰鼓、羯鼓、铜钹等很多乐器都是少数民族的创造,到汉代以后才传入内地的。总之,不胜枚举。

(二)少数民族的传统文化现象及特点

民族文化是一个民族的历史、社会、政治、经济、生活和地理环境的特点在意识形态上的反映。在长期的历史发展中,它对于一个民族的心理素质、民族性格、伦理道德、价值观念以及审美意识的形成,情操的陶冶,始终发挥着重要的作用。中国的少数民族文化,千姿百态,它所包罗的文化现象,纷繁复杂。既有物质文化,又有精神文化。一般地说,饮食、衣着、住宅、建筑、生产工具属于物质文化的内容;语言、文学、科学、艺术、哲学、宗教、风俗、节日和传统等属于精神文化的内容。划分这两种形态的民族文化现象,对于从法律上的具体保护,有着很大的积极意义。当然,这种划分并不是绝对的。因为在这两种中间,有的含有交叉性。

在关于中国少数民族传统文化现象的门类问题上,有学者认为,它应包括以下方面:衣食住行方面的生活文化;婚姻家庭和人生的礼仪文化;民间传统文化,包括民间文学艺术、民间歌舞、民间游乐等;科技工艺文化;信仰、巫术文化;节日文化。认为这是构成中国少数民族文化的基础门类。在其中的每一门类中,又可划分出许多的分支类别,如第一门类包括服饰文化、饮食文化、建筑文化、交通文化等等。[1] 无论是哪一种民族文化,它都有其明确的主体,一定地域的覆盖面,具有相应的整合性,具有鲜明的特征。如"鼓楼",它是侗族的独特建筑形式,广布于贵州、广西、湖南等省区的侗族村寨。也就是说,侗寨鼓楼是侗族文化活动的中心,体现了侗族的历史传统、生活特征、艺术风格。这种民族文化象征是具有民族代表性的。如今,侗族的鼓楼,作为一种民族象征的独特建筑艺术,成为国内和国外的民族艺术公园的重要景点、楼堂大厦的重要景致。也无论是哪种民族文化现象,它往往都是一个民族的群众意识常常通过本民族的文化顽强地表现出来。

所谓的民族传统文化,是指保持在每一个民族中由历史上流传下来的文化,是每个民族的固有文化,传承文化。在当今社会的文化氛围中,民族传统文化属于非主流文化或次文化。也就是说,在一定的社会里,都有一定的文化理论占主导地位,领导文化发展的潮流,如政治、经济、法律、科学技术、文学艺术等等,它们由一定的组织管理形式有计划地向前推进。而民族传统文化,虽然也是在一定的组织形式下进行研究和管理,但它们不是也不能成为领导时代的文化潮流。可是,民族传统文化在一定的角度上,却负载着一个民族的价值取向,影响着一个民族的生活

---

[1] 施正一主编:《广义民族学》,光明日报出版社 1992 年版,第 499 页。

方式，拢聚着一个民族自我认同的凝聚力。这是由它们的基本特点所决定的。它们的主要特点是：

民俗性。其民俗性可以说是还有根深蒂固的相对作用，即在非主流文化的一定区域内、在本民族内部，仍起着相当程度的社会规范的制约作用。

凝聚性。其凝聚性在经济文化还尚未达到一定的高级阶段的程度时，它还在发挥着民族的文化凝聚力。如鼓楼对于侗族、歌圩对于壮族、藏传佛教对于藏族、泼水节对于傣族、伊斯兰教对于回族等，这种凝聚的精神力量，是难以估量的。

稳定性。其稳定性，如永宁纳西族的阿注婚，虽经多次改革，却仍表现出一种强烈的"稳定"性。随着民主自由社会空间的时代发展，这种文化与都市相关文化在相互吸收和改进，他们的文化价值将更引起世人的关注和研究。

尽管如此，民族传统文化也有它的变异性的特点。即任何民族的传统文化不可能一成不变。僵固不化的民族文化，将是被社会发展所淘汰的民族与文化。

我国法律鉴于少数民族传统文化的特点，采取了对优良的民族传统文化的继承与发扬的原则精神。

二、少数民族文化法制的原则和意义

民族文化是民族的一个重要特征。民族文化平等是民族平等的一个重要方面。少数民族文化的法制建设，也就是在民族文化平等原则的基础上建立和发展起来的。

（一）少数民族文化的法制原则

少数民族文化法律制度的建设，是民族法制建设的主要内容之一。从解放前的国内革命时期起，中国共产党就很重视少数民族文化的法制。如在 1931 年 11 月 7 日中华苏维埃第一次全国代表大会通过、1934 年 1 月第二次全国苏维埃代表大会通过的《中华苏维埃共和国宪法大纲》[2]，其第 14 条中就规定："苏维埃政权更要在这些民族中发展他们自己的民族文化和民族语言。"中华人民共和国成立后，国家把建立少数民族文化法律制度作为民族法制建设的一项重要任务，并从法律上确定了关于建立少数民族文化法制的儿条原则：

1. 继承和发扬民族传统文化的原则。这项原则的现行法律规定，除了《宪法》第 119 条规定的民族自治地方的自治机关保护和整理民族的文化遗产的基本原则外，集中地体现和反映在民族基本法之一的民族区域自治法。《民族区域自治法》第 6 条第 4 款规定："民族自治地方的自治机关继承和发扬民族文化的优良传统，建设具有民族特点的社会主义精神文明，不断提高各民族人民的社会主义觉悟和科学文化水平。"民族区域自治法在规范民族自治地方的自治机关的自治权中，其中第 38、40、41 条等条款，就规定了关于继承和发扬民族传统文化的诸多问题。譬

---

〔2〕《宪法资料选编》（第 2 辑），北京大学出版社 1982 年版，第 118 页。

如:自主地收集、整理、翻译和出版民族书籍,保护民族的名胜古迹、珍贵文物和其他重要历史文化遗产;发展民族传统医药;开展民族传统体育活动;等等。

2. 发展具有民族形式和民族特点的民族文化事业原则。我国法律关于发展具有民族形式和民族特点的民族文化事业的原则规定,在现行《宪法》的第 119 条规定的民族自治地方的自治机关自主地管理本地方的教育、科学、文化、卫生、体育事业,发展和繁荣民族文化的基本原则之外,也是比较集中地规范在民族区域自治法的自治机关的自治权内容之中,《民族区域自治法》从第 38 条至第 42 条规定:自治机关自主地发展具有民族形式和民族特点的文学、艺术、新闻、出版、广播、电影、电视等民族文化事业;自主地决定本地方的医疗卫生事业的发展规划;自主地发展体育事业等等。这些原则,在中华人民共和国成立初期就早已作出相应的规定。如在 1952 年通过的《民族区域自治实施纲要》中,规定了"各民族自治区自治机关得采用各民族自己的语言文字,以发展各民族的文化教育事业"(第 16 条)等的若干原则。

3. 国家根据各少数民族的特点和需要帮助各少数民族地区加速文化发展的原则。我国法律关于帮助各少数民族和少数民族地区发展民族文化的规定,在宪法中得到了充分的体现,在国家机构组织法和民族区域自治法等法律中,也是得到了充分的反映。1949 年的《共同纲领》第 53 条规定:人民政府应帮助各少数民族的人民大众发展其文化建设事业。1952 年的《中华人民共和国民族区域自治实施纲要》第 33 条规定:上级人民政府应帮助民族自治区发展其文化事业。1954 年和 1982 年宪法,特别是 1982 年宪法在这方面的规定更为明确和具体。现行《宪法》第 4 条和第 122 条明确规定:国家根据各少数民族的特点和需要,帮助各少数民族地区加速文化的发展;国家从财政、物资、技术等方面帮助各少数民族加速文化建设事业。宪法的这些基本原则,在 1984 年颁布实施的民族区域自治法和有关的其他法律中,都全面地贯彻了宪法的原则精神。

4. 保障各民族文化的合法权利和利益。宪法第 4 条规定:"国家保障各少数民族的合法的权利和利益。"这是一个总的原则。其中,民族文化的合法权利和利益当然应当得到法律的保障。这种民族文化权益保护,特别是在市场经济体制和知识产权时代的环境和条件下,尤其是优良的传统民族文化,不仅仅是一种文化,而且是一种有形和无形的经济文化,甚至将发展成为一种产业文化。这种产业文化已经在逐步发展,并将形成规模。在民族文化权益保护领域,除了传统意义上的国家对民族文化的管理与保护和少数民族的自我保护之外,日渐显现许多的法律问题,如注册主体的诸如民族文化公司、民族文化企业等,他们自身的合法权益和他们所经营的客体和内容,即企业和少数民族文化的合法权益保护,已经成为法制社会的法律热点问题。

(二)少数民族文化的法制意义

中国社会主义的民主与法制建设,是全方位的,包括民族工作的法制和法治。

民族文化是民族工作中的重要方面,依法对民族文化工作的管理,把民族文化工作纳入法制规范化,这是民族文化发展和社会发展的必然要求,是民族法制建设的必然所在。它的法制意义在于:

第一,民族文化法制对发展民族经济政治起重要促进作用。

民族文化是民族发展的内容之一,又是民族发展的条件之一,包括对推动民族经济和民族政治等方面的发展,都将是起到积极的先导作用。这种作用表现为,文化的发展常常是政治发展和经济发展的催化剂。这种意义在于,由于民族文化素质的关系,对民族经济和民族政治的发展都有着重大的影响。

如在对发展民族经济方面,我们从民族自治地方的比较中就可看出,凡是重视民族文化发展建设、民族文化素质较高的民族自治地方,它们的经济发展速度相对要快得多。这是因为,在民族文化素质较高的经济发展中,民族文化起着有力的促进作用,并能创造民族经济文化良性循环机制,否则,其结果也相反。经济竞争,实乃人才竞争,人才竞争,就是人的科技文化素质的竞争。改革开放中经济特区和经济技术开发区的经济高速发展,很重要的一个因素就是科技人才济济所产生的经济效果。诚然,在市场经济竞争的驱动下,民族地区已在民族文化与市场经济的关系方面,找到了一些结合点,如利用和发挥民族文化的特点,把民族文化艺术节的形式,发展成为贸易经济的一个重要市场,起到了启动发展本地市场经济的一个重要窗口。从这个意义上说,重视和加强民族文化的法制建设,发挥民族文化的经济作用,即对民族地区的进一步改革开放、对培育和发展民族地区的市场经济体制,其意义是非常重大的。

又如在对发展民族政治方面,民族文化素质对发展和健全社会主义民主与完备社会主义法制,同样有着重大的影响。社会主义民主政治建设是完善社会主义民主的一项重要内容。实现高度民主政治的一个很重要的方面,就是要有高素质的民主主体,民族民主政治的完善,离不开民族文化素质的提高。即他们的参政意识、知识水平、参与能力,都是与他们的文化素质有关。从这个意义上说,运用民族文化法制,以提高少数民族人民的文化素质和法制意识,来提高民族民主政治的素质和程度,是实现和发展民族民主政治的一个必要前提。

第二,民族文化法制是社会主义精神文明建设的一个重要方面。

建设社会主义文化,是社会主义精神文明建设的一个重要内容。民族文化法制建设,一方面是继承和发扬优良的传统民族文化;另一方面是发展具有现代民族形式和民族特点的社会主义民族文化。在传统的民族文化中,有优良的一面,它受社会主义文化所兼容和社会主义法律所保护。但也有不利于社会主义文化建设的成分,有的可能甚至与社会主义文化相冲突,这就需要以社会主义文化的原则和精神进行必要的扬与弃,有的可能需要寓予社会主义文化的改造与创新。实质上,就是民族文化在法律上的权利与义务问题,以及保障少数民族文化的合法权利和利益的问题。社会主义的民族文化法制,其意义和作用主要是体现和反映在这些方面。

实际上,我们在继承和发扬优良的传统民族文化的过程中,一方面保持了各民族文化的精华,另一方面又吸收了他民族甚至是国外先进的现代民族文化,从而达到和实现了各民族文化的共同繁荣景象和空前局面。

第二节　少数民族文化法律制度的基本内容

少数民族文化法律制度,是由一系列的民族文化法律规范所构成。其法律规范,是以宪法的有关规定为根本依据和基本原则,是以民族法律和其他法律的有关规定,以及有关的行政法规和规章,有关的地方性法规和规章,特别是民族自治地方的自治条例和单行条例等不同层次的规范性文件所联结成的科学体系。如1980年8月文化部、国家民委联合发出的《关于做好当前民族文化工作的意见》[3]提出:大力繁荣民族文化生活,充实巩固民族艺术表演团体,积极培养少数民族文艺人才,抓好民族文化艺术遗产的搜集整理和民族文艺理论研究工作。这个规章性文件对于恢复和发展民族文化工作,活跃少数民族的文化生活,特别是对改革开放时期民族文化工作的开展,有着积极的促进作用和重大意义。又如2000年2月文化部、国家民委联合发出《关于进一步加强少数民族文化工作的意见》。这个规章性文件,是为贯彻落实1999年中央民族工作会议精神,进一步加强少数民族文化工作,加快少数民族和民族地区文化事业发展而制定的,规定的八大项内容很是具体,是一个措施性很强的行政规章。2000年5月文化部发出《关于实施西部大开发战略加强西部文化建设的意见》,规定了15个方面的问题。这两个文件是新时期民族文化工作的重要行政规章。

虽然目前还没出台有关少数民族文化的专门法律和行政法规,只有少量的行政规章,但宪法和有关法律法规中有关少数民族文化问题的法条规定是很多的。有的民族自治地方已经制定实施有专门的"条例",如《吉林省延边朝鲜族自治州朝鲜族文化工作条例》(1989年7月23日,1997年9月26日修改)、《辽宁省阜新蒙古族自治县蒙古族文化工作条例》(1999年5月27日)、云南省人民代表大会常务委员会于2001年6月1日颁布实施的《云南省丽江纳西族自治县东巴文化保护条例》等。《云南省丽江纳西族自治县东巴文化保护条例》很具特殊性,其第二条规定:"本条例所保护的东巴文化是指:(一)东巴文字、古籍、音乐、绘画、舞蹈、雕

---

〔3〕《中华人民共和国民族法规选编》,中国政法大学出版社1990年版,第261~268页。

塑、服饰、代表性建筑物等;(二)东巴文化传承人及其所掌握的知识和技艺;(三)东巴文化特色的、文明健康的民俗活动。”

根据我国法律的有关规定,少数民族文化法律制度的基本内容,除了与本书的其他章节的内容有关以外,一般主要包括以下几个方面:

一、少数民族的文学艺术

一个民族的文学艺术,是构成一个民族文化结构的基本形式,并标示着一个民族的文化素质。我国少数民族的文学艺术,有它独特的艺术形式、风范的民族特点、浓厚的地方色彩、浓郁的民族感情、鲜明的时代特征、潜在的艺术魅力。其内容之丰盛,是中华民族文学艺术宝库中的宝贵财富。因此,国家在对弘扬和发展少数民族的文学艺术的工作上,从政策和法律上采取了以下措施:

(一)建立健全领导管理机制

少数民族的文艺创作和活动,有政府的组织管理,有民间的自由方式。少数民族文学艺术的发展繁荣,主要是靠政府的组织管理和国家的领导帮助。国家从中央机关到基层政权,从上到下建立了主司少数民族文化事业的行政管理部门,专门主司少数民族文化事务,领导少数民族的文艺发展方向。如国家文化部设有民族文化司,国家民委设有文化宣传司等领导管理机构,形成了自上而下的一个纵条管理体系。这是少数民族文化发展和繁荣的重要组织保证。并相应地形成了领导管理的行为规范。

(二)建置规范民族文艺团体

我国少数民族的歌舞、乐器等文化遗产,形式多样,五彩缤纷。继承和发扬少数民族的优良传统文艺,需要建立相应的专业团体进行研究、创作和表演,并从各民族群众中来,又到各民族群众中去,这就是少数民族传统文艺为人民服务、为社会主义服务的发展方向。为此,国家从中央到地方,建立了一大批的民族歌舞团、民族剧团、民族文化馆站等的民族文艺团体,专门从事少数民族的文艺事业。他们不仅活跃在民族地区和中国大地,而且还走出国门,捧回世界大奖。

在民族文艺团体法制立法方面,比较具有代表性的法规,如《内蒙古自治区乌兰牧骑工作条例》(1985 年)[4],条例用 6 章 30 个条款,对乌兰牧骑的性质、方针任务、体制、队员、设施经费和领导等问题,作了明确而又具体的规定。这是我国民族文艺法制建设初期很有特色的一个地方性民族文艺法规。它体现和反映了民族文艺工作和民族文艺事业在一个时期中的时代特色。其基本内容是:(1)乌兰牧骑在牧区、半农半牧区、边境地区旗县和自治旗建立;乌兰牧骑的建立与撤销,须经自治区文化厅商同有关部门审核批准;它是属文化事业单位的一支以演出为主的综合性文化工作队,主要从事社会主义文化艺术的普及工作,为当地各族农牧

〔4〕《中华人民共和国民族法规选编》,中国政法大学出版社 1990 年版,第 436~441 页。

民服务;受当地政府文化主管部门领导,业务受上级文化主管部门指导。(2)乌兰牧骑的编制一般定为25人,自治旗可定为30人;队员实行合同制或聘用制,一般要稳定工作10—15年;牧区、半农半牧区乌兰牧骑的队员,要以能讲本民族语言的蒙古族成员为主,各自治旗乌兰牧骑的队员要以本旗的自治民族成员为主;队员在政治、生活福利等方面享受旗县文化艺术事业单位工作人员的待遇;实行队长负责制,队长行使人事、财务、管理的自主权;经费由地方财政拨给,为独立的预算单位,受地方财政和文化主管部门的监督;并规定在牧区、边境地区、山区、老区演出一般不收费不售票,其他演出应按规定收费或售票。(3)乌兰牧骑以演出为主,兼作宣传、辅导、服务工作。如要创作演出民族形式和地方特点、反映民族团结和社会主义的题材,演出形式以民族歌舞等艺术品种,并鼓励队员用蒙语和区内各少数民族语言文字创作和演出;同时要担负社会主义的宣传工作任务,担负辅导基层的业余文艺骨干,为各族群众提供各种生活和生产服务的活动等等。并明确地规定了一般地区的乌兰牧骑每年深入基层活动的时间要不少于6个月,演出120场;高寒地区自治旗的乌兰牧骑每年深入基层活动的时间要不少于5个月,演出100场。

(三)多种形式渠道培养人才

继承和发扬少数民族的文学艺术,发展现代民族形式的文化事业,需要相应的一大批专业人才队伍。为此,国家采取了多种渠道培养少数民族文艺人才的途径。

1. 设置少数民族文学科研教育机构。一方面在中央和地方的社会科学院设置少数民族文学研究所,既从事少数民族文学研究,并创办《民族文学研究》期刊,又培养高层次的少数民族文学专业人才;另一方面在高等院校设置民族文学科研和教学机构,把少数民族文学研究与教学紧密地结合在一起,有计划地培养少数民族的文学专门人才。目前在文学创作队伍方面,如在中国作协会员中有来自三十多个少数民族作家并占有一定比例。

2. 设置民族艺术院校或在民族院校和民族地区院校设立少数民族艺术系科专门培养少数民族的中高级文艺人才。如1981年12月28日文化部、国家民委、教育部联合发出的《关于加强民族艺术教育工作的意见》[5],对培养少数民族文艺人才的教育工作,作出了具体的规范。此外,还有组织有计划地举办在职人员和民间少数民族艺人的进修班或培训班。在市场经济体制的经济文化繁荣时期,文化体制的改革,使少数民族文艺也已逐步大规模地走向企业化,文化企业招聘少数民族文艺人员表演少数民族文艺节目,这种文化经济实体,更使一大批的少数民族文艺人员走上了新型的职业化,同时也培养和铸造了文化型与经济型的复合型人才。目前,我国已拥有一支人才辈出的少数民族文艺队伍。

---

〔5〕《中华人民共和国民族法规选编》,中国政法大学出版社1990年版,第271~276页。

二、少数民族的新闻出版

少数民族的新闻、出版，是民族文化工作的重要组成部分。在解放前，少数民族地区的新闻、出版十分落后，有的地区几乎处于空白。新中国成立后，党和国家对少数民族地区的新闻、出版非常重视，中央和有关省、自治区、自治州相继建立了民族新闻、出版机构，使少数民族地区的新闻、出版能力得到不断提高，使得少数民族地区的民族新闻网络初步形成。

1981 年 3 月，国务院批转了国家民委、国家出版局《关于大力加强少数民族文字图书出版工作的报告》[6]，该规范性文件就少数民族文字图书出版工作的方针任务、民族出版机构的设置和调整、加强编译队伍建设、做好民族文字图书发行工作、妥善解决民族文字图书出版经费等问题，作出了明确的规定。其中特别强调指出："民族出版工作要体现少数民族当家作主的权利。民族不分大小，凡有通用文字并要求出书的，根据自治区、省人民政府的决定，出版部门都应积极创造条件，给予大力支持；民族自治地方的出版社，要把出好少数民族文字图书作为自己的首要任务；要提倡和鼓励用本民族文字创作各类图书，并逐步增加这方面的比重；要努力发掘、抢救民族文化遗产，继承和发扬优秀的民族文化传统。出版民族文字图书要从少数民族和民族地区的实际出发，以普及为主，注重提高质量，力求出书对路，有计划地出版好有利于民族团结和坚持四项原则，有利于提高各民族的政治思想和科学文化水平，有利于发展生产和适合本民族特殊需要的各类图书。同时要重视为通用汉语文的少数民族读者出版具有民族特色，并适合各方面需要的图书。要作好民族研究书籍包括民族问题五种丛书的出版工作。"

1984 年颁布实施的《民族区域自治法》第 38 条以基本法的条款，更明确地规定了"民族自治地方的自治机关收集、整理、翻译和出版民族书籍"的基本原则。目前我国已有数十家民族出版社，加上少数民族地区的各种出版社，已形成了民族出版机构和民族图书出版的一种合理机制，这些出版社用 23 种少数民族文字每年可出版各类图书数千种。从八十年代初到现在，我国出版民族文字图书已有数万种，发行量约达数十亿册。他们以民族文字大量出版的农村科普知识书籍，是其他的出版社不可替代的。1996 年 5 月 15 日，新闻出版署又发布《关于民族文字图书书号不限和免收条码费用的决定》，这对民族出版事业的促进和发展起到了进一步的积极作用。

1984 年 3 月，文化部、国家民委曾经发出《关于加强和改善少数民族地区图书馆工作的意见》[7]，这对民族出版工作和民族图书工作的有机结合管理，逐步在法制规范方面迈进。

---

〔6〕《中华人民共和国民族法规选编》，中国政法大学出版社 1990 年版，第 285 ~ 289 页。

〔7〕《中华人民共和国民族法规选编》，中国政法大学出版社 1990 年版，第 290 ~ 294 页。

随着出版法制建设的不断完善,对少数民族问题在新闻出版方面的法律保障将越来越完备。例如,2002 年 2 月 1 日起施行的国务院《出版管理条例》,其中就规定了下列有关少数民族问题条款:

第 3 条规定:“出版事业必须坚持为人民服务、为社会主义服务的方向,坚持以马克思列宁主义、毛泽东思想和邓小平理论为指导,传播和积累有益于提高民族素质、有益于经济发展和社会进步的科学技术和文化知识,弘扬民族优秀文化,促进国际文化交流,丰富和提高人民的精神生活。”

第 26 条规定:“任何出版物不得含有下列内容:(一)反对宪法确定的基本原则的;(二)危害国家统一、主权和领土完整的;(三)泄露国家秘密、危害国家安全或者损害国家荣誉和利益的;(四)煽动民族仇恨、民族歧视,破坏民族团结,或者侵害民族风俗、习惯的;(五)宣扬邪教、迷信的;(六)扰乱社会秩序,破坏社会稳定的;(七)宣扬淫秽、赌博、暴力或者教唆犯罪的;(八)侮辱或者诽谤他人,侵害他人合法权益的;(九)危害社会公德或者民族优秀文化传统的;(十)有法律、行政法规和国家规定禁止的其他内容的。”

第六章的“保障与奖励”第 49 条规定:“国家支持、鼓励下列优秀的、重点的出版物的出版:(一)对阐述、传播宪法确定的基本原则有重大作用的;(二)对在人民中进行爱国主义、集体主义、社会主义教育和弘扬社会公德、职业道德、家庭美德有重要意义的;(三)对弘扬民族优秀文化和及时反映国内外新的科学文化成果有重大贡献的;(四)具有重要思想价值、科学价值或者文化艺术价值的。”特别在第 50 条规定:“国家对教科书的出版发行,予以保障。国家扶持少数民族语言文字出版物和盲文出版物的出版发行。国家对在少数民族地区、边疆地区、经济不发达地区和在农村发行出版物,实行优惠政策。”

《刑法》第 250 条规定:“在出版物中刊载歧视、侮辱少数民族的内容,情节恶劣,造成严重后果的,对直接责任人员,处三年以下有期徒刑、拘役或者管制。”《最高人民法院关于审理非法出版物刑事案件具体应用法律若干问题的解释》第 7 条规定:“出版刊载歧视、侮辱少数民族内容的作品,情节恶劣,造成严重后果的,依照刑法第 250 条的规定,以出版歧视、侮辱少数民族作品罪定罪处罚。”

三、少数民族的广播影视

电影、广播、电视是民族文化传媒的重要载体,是展示现代民族文化的一种重要形式。民族地区的电影、广播、电视事业是解放后兴建起来的,是在 20 世纪 80 年代和 90 年代的科技文化浪潮中兴旺发达起来的,目前已建设成了部类齐全、设备较为先进、初具规模的民族广播电视网络。

建立和健全少数民族和少数民族地区的广播电视体系和网络,不仅是民族文化工作的重要内容,也是国家宣传工作和文化事业的重要组成部分。国家投入大量的财力、物力和人力建立和发展少数民族地区的广播电视体系和网络,把它作为一种特殊的文化事业来抓，主要是基于：我国的50多个少数民族都有自己的语言，大部分群众都居住在边远的山区和边疆，而且他们中的很多人听不懂汉语和普通话；要及时地把党和国家的各项方针政策传达到他们中间，使国家法律法规在民族地区得到正确的贯彻实施；民族地区经济、政治和文化的发展，特别是现代的科学知识信息，尤其是农业科技知识的传授与普及等，离不开广播电视这种现代技术的传媒方式和手段，而且必须使用少数民族的语言和文字，才能达到一定的效果。因此，不仅是要建立其体系和网络，而且还须制定相应的法律法规，把发展少数民族的广播影视事业推向法律制度化。例如，《广西壮族自治区广播电视管理条例》（1993年10月21日）、《新疆维吾尔自治区广播电视管理条例》（1995年12月8日）、《贵州省广播电视管理条例》（1996年1月12日，1997年9月29日修正），等等的民族地区的有关法规和规章，已经在向法制化方向发展。

中华人民共和国成立后，党和国家规定在中央人民广播电台和有关的地方广播电台，要用少数民族语言制作节目向少数民族地区播放，取得了良好的社会效果。特别是在20世纪80年代和90年代电视广播事业的迅速发展，民族地区电视台和民族频道的设立与开播，为少数民族地区的经济、文化和政治的发展，起到了更大的促进作用。如四川省拍摄的电视片《藏北人家》，曾多次获国际大奖。

少数民族地区的广播电视在迅速发展的同时，作为综合艺术的电影事业也在不断地发展。但还处在极度贫困的少数民族山区，由于经济欠发达，广播电视设施跟不上，有的少数民族村寨，他们对广播电视还很陌生，需要和渴望电影队的“下乡”。而且，在很长的一段时期内，少数民族村寨对电影艺术的需求是很强烈的。或说电影市场在很大的程度上，是在广大的少数民族乡村。

四、少数民族的古籍整理

古籍是记载和反映一个民族的历史发展的重要轨迹。1981年9月17日，《中共中央关于整理我国古籍的指示》中明确：“整理古籍是一件大事，得搞上百年。”

被世人称为文明古国的中华民族，历史文化悠久。中华民族文化，是由各民族的历史文化所构成。所以，古籍整理，是包括各民族古籍的整理。1984年4月19日，国务院办公厅在转发国家民委关于抢救、整理少数民族古籍的请示的《通知》[8]中指出：国家民族事务委员会《关于抢救、整理少数民族古籍的请示》，已经国务院批准，现转发给你们，望贯彻执行。少数民族古籍是祖国宝贵文化遗产的一部分，抢救、整理少数民族古籍，是一项十分重要的工作。各地、各有关部门要加强对这项工作的指导，并在人力、财力、物力方面给予支持；要为从事整理民族古籍的专门人员创造必要的工作条件和生活条件。少数民族古籍范围广、种类多，现懂民族古籍的人已不多，且有的年事已高，在工作中要注意培养这方面的人才，把抢救、

〔8〕《中华人民共和国民族法规选编》，中国政法大学出版社1990年版，第277页。

整理民族古籍的工作做好。其他省、直辖市也应做好民族古籍的抢救、整理工作。

该文明确指出:"少数民族古籍,包括历史、语言、文学、艺术、宗教、天文、历算、地理、医药、美术、生产技术等。"应该还有一个很重要的方面,那就是少数民族的习惯法文化。该文还列举:据不完全统计,彝族古籍散藏在全国的有一万多部;藏文古籍有一万多种;蒙文的古籍文献有一千五百多种;满文古籍文献仅档案一项就有一百五十万件以上;还有其他民族,如维、回、苗、白、瑶、傣等,也有很多有价值的古籍文献。为此,文件对民族古籍整理工作的若干问题,即建立由有关中央部委组成的全国少数民族古籍整理出版规划小组、相应的地方机构及人员编制、征集整理和保管工作、人才建设和经费保障等问题,作了具体的规定。"凡因工作疏忽而使民族古籍受损坏的,应追究责任;对有贡献的,应予以表扬奖励。"

1985 年 12 月,国家民委又转发了《全国少数民族古籍整理工作会议纪要》[9],就少数民族古籍整理工作进展、存在问题的解决办法,又作了部署。经过多年努力,第一阶段已整理书目 11 万多册,出版了 40 多个少数民族的 3000 多种散落民间的民族古籍等珍品。其中有大量学术价值很高的孤本善本。有的还在继续整理之中。1996 年 5 月,国家有关部门又在北京召开全国少数民族古籍整理工作会议,总结和部署少数民族古籍整理工作,研究进一步贯彻落实有关的法律法规。如"九五"期间编制的《全国少数民族古籍目录》,是一项巨大的少数民族古籍整理工程,是我国文化建设史上的一件大事。

五、少数民族的卫生医药

把少数民族的卫生医药作为民族文化法律制度的一项主要内容,是因为它们具有文化属性,又是与少数民族人民群众的身心健康密切相关的一项重要社会事业。我国现行宪法规定:"国家发展医疗卫生事业,发展现代医药和我国传统医药。"以贯彻实施宪法关于民族区域自治制度的基本法律的民族区域自治法,其第 40 条规定:"民族自治地方的自治机关,自主地决定本地方的医疗卫生事业的发展规划,发展现代医药和民族传统医药。民族自治地方的自治机关加强对传染病、地方病的预防控制工作和妇幼卫生保健,改善医疗卫生条件。"其他法律法规也有相关的规定。

(一)发展少数民族地区的医疗卫生事业

中华人民共和国成立后,国家针对少数民族地区解放前的医疗卫生条件极为落后、缺医少药、疾病流行、死亡率高等严重问题及状况,为提高少数民族的健康水平,在建国初期就采取了相应的具体措施。1951 年 8 月,卫生部和中央民委在京召开了第一次全国少数民族卫生工作会议,明确了民族卫生工作的中心任务。经过一段时间的努力,民族地区的卫生条件得到了很大的提高和改善。1983 年 5

---

〔9〕《中华人民共和国民族法规选编》,中国政法大学出版社 1990 年版,第 281 ~ 284 页。

月，卫生部和国家民委又在京召开第二次全国少数民族卫生工作会议。认真总结了30多年来民族卫生工作的历史经验，提出了开创民族卫生工作新局面的具体任务和政策措施，讨论了《关于加速培养少数民族高级医学人才的实施方案》、《关于继承发扬民族医药学的意见》和《关于经济发达省市对口支援边远少数民族地区卫生事业建设的实施方案》。随后发布了《国务院批准卫生部和国家民委关于全国少数民族卫生工作会议的纪要》，形成了新时期民族卫生工作的法制措施〔10〕。对少数民族地区卫生队伍建设、防病治病和妇幼卫生保健、少数民族地区城乡基层卫生组织建设、扶持发展民族医药事业、民族地区的卫生对口支援、民族卫生物质条件保障等问题，作了比较具体的规定，并特别强调：民族卫生工作既是卫生工作，也是民族工作。它关系到民族地区各民族人民的健康和各项建设事业的发展，关系到增进民族团结、建设边疆、巩固国防的伟大事业，是一件不容忽视而且必须做好的重要工作。党和国家十分重视少数民族地区的医疗卫生工作。20世纪50年代初期，曾提出以医疗卫生工作和贸易工作开路，开展民族地区的工作，动员和组织了大批卫生人员到少数民族地区工作。在党和人民政府领导下，经过长期努力，各少数民族地区的卫生事业迅速发展，城乡医疗卫生网已初具规模，防病治病工作取得了成效。基本消灭了天花、鼠疫、性病等严重危害各族人民健康的疾病，控制了疟疾的大面积流行，其他疾病也显著减少。少数民族的人口增长，体质改善，平均寿命延长，旧中国那种缺医少药、疫病猖獗的状况有了很大的改变。后来由于“左”的错误的影响，10年动乱的破坏，民族卫生工作也遭受挫折。党的十一届三中全会以来，随着政治思想上的拨乱反正和经济文化建设事业的发展，民族卫生工作也得到恢复和发展。但目前存在的问题还比较多，突出的问题：一是少数民族地区疫病仍很多，卫生状况还很差，各类地方病如地甲病、克汀病、氟中毒、克山病、大骨节病、布氏杆菌病、鼠疫以及高原病等，主要发生在少数民族地区。新法接生不普及，产妇、婴儿死亡率高。二是民族地区的卫生设施较差，技术力量薄弱，少数民族卫生技术人员成长缓慢。三是卫生经费严重不足。四是过去一些行之有效的照顾民族地区发展卫生事业的政策和措施没有坚持下来，对由沿海、内地前往支援少数民族地区和边疆地区建设的卫生技术干部，过去没有采取优待的政策，加上其他一些原因，造成人员大量外流；对民族传统医学，没有很好去继承、发掘、整理和提高。因而，目前少数民族地区的卫生事业状况与社会主义现代化建设和各族人民健康的实际需要，不相适应。要加速发展少数民族地区的卫生事业，必须进一步解放思想，从民族地区的实际出发，加强领导，搞好改革，大力培养当地各族卫生技术干部。改善民族地区的基本卫生条件，继承和发展民族医药学，积极防治和重点控制严重危害各族人民健康的各种疾病，普及新法接生，推广科学育儿，搞好妇幼卫

---

〔10〕《中华人民共和国民族法规选编》，中国政法大学出版社1990年版，第366～373页。

生和计划生育技术指导工作,提高各族人民的身体素质和健康水平。

1983年8月,卫生部、国家民委、劳动人事部制定《关于经济发达省市对口支援边远少数民族地区卫生事业建设的实施方案》[11]。实施方案就对口支援的地区分工、任务要求、方式方法等问题,包括对支援人员的待遇问题,作了操作上的具体规定。1984年卫生部发出《关于进一步做好对口支援西藏卫生事业建设的几点意见》,1985年2月卫生部又发出《关于参加对口支援西藏卫生技术人员生活补助费用问题的通知》[12]。这些规定,无疑对民族地区的卫生事业的建设和发展,起到了很大的促进和保障作用。此外,许多民族自治地方也制定了相应的法规,如:《湖北省长阳土家族自治县农村合作医疗条例》(1992年5月30日)、《甘肃省甘南藏族自治州食盐加碘防治碘缺乏病管理办法》(1998年7月24日修正)。

"非典""禽流感"等新病毒危害的预防,在少数民族地区更为迫切,及其相关的法制建设更须引起广泛关注。

(二)发展民族传统医药和现代医药

发展少数民族的传统医药和现代医药,是宪法和民族法规定的基本原则。有关的行政部门在贯彻落实宪法和民族法规定的基本原则的过程中,制定了一系列的法规和规章。其主要法规和规章有:1983年7月卫生部、国家民委印发全国少数民族卫生工作会议讨论制定的《关于继承、发扬民族医药学的意见》,1980年5月卫生部、国家民委、教育部发出的《关于加强少数民族地区医学教育工作的意见》和《关于内地省市对口支援民族地区发展医学教育试行方案》,1983年6月卫生部、国家民委、教育部又发出的《关于全国重点高等医学院校培养少数民族高级医学人才的意见》等[13]。这些法规规定了关于发展民族传统医药和现代医药的一系列的具体问题。如指出:民族医药学是我国传统医药学的重要组成部分。它有自己的医疗特色。在我国55个少数民族中,藏医、蒙医、维吾尔医、傣医等民族医药学,都有悠久的历史和自己的理论体系,对防病治病,为本民族人民的身体健康和繁衍昌盛做出了重要的贡献。此外,还有民族法规和其他法规的有关规定,如1993年8月29日国务院批准的《城市民族工作条例》[14]第21条规定:"少数民族人口较多的城市的人民政府,应当根据实际需要和条件,建立民族医院、民族医学研究机构,发展少数民族传统医药科学。"1997年2月19日国家中医药管理局、国家民委发布《关于进一步加强民族医药工作的意见》,这对民族医药事业的发展无

---

〔11〕《中华人民共和国民族法规选编》,中国政法大学出版社1990年版,第361~365页。

〔12〕《中华人民共和国民族法规选编》,中国政法大学出版社1990年版,第374页。

〔13〕《中华人民共和国民族法规选编》,中国政法大学出版社1990年版,第354~360、234~246页。

〔14〕《中国法律年鉴》(1994),中国法律年鉴社1994年版,第436页。

疑是一种有力的保障措施。民族自治地方制定的相关法规有如:《青海省玉树藏族自治州藏医药管理条例》(1995 年 9 月 22 日)等。

民族传统医药和现代医药的法制保障,使民族传统医药得到了较快的发展。藏医、蒙古医、维吾尔医和傣医等,不仅建立了医疗机构和民间诊所数百所,而且形成了门诊、医院、科研和教学的民族医学体系,研究整理出版了民族医药典籍上百种数 10 万册。其他民族医,如壮医、苗医、瑶医等,也建立了门诊等的医疗点。一批中青年民族医医生在民族医老医生的传帮带下也迅速成长,形成了一支数千人的民族医队伍。有民族传统医学与现代医学的相互促进及其法制保障,民族地区的医疗卫生条件将会有更大的改善。

六、少数民族的体育事业

"国家发展体育事业,开展群众性的体育活动,增强人民体质。"是现行宪法第 21 条第 2 款的规定。关于少数民族的体育事业问题,我国的民族法和体育法等法律,也作了相应的规定。《民族区域自治法》第 41 条和第 42 条规定:民族自治地方的自治机关自主地发展体育事业,开展民族传统体育活动,增强各族人民的体质。自治机关积极开展和其他地方的体育交流和协作,自治区和自治州可以和国外进行体育的交流。《体育法》中也规定:国家扶持少数民族地区发展体育事业,培养少数民族体育人才。国家鼓励支持民族、民间传统体育项目的发掘、整理和提高。这就是民族体育法制建设的基本规范。

何谓少数民族体育,其意有二:一是在本民族中广泛开展的、历史悠久、具有浓郁民族风格的传统体育项目;二是能在世界通行的、为奥林匹克运动所倡导和竞技的体育项目。民族体育有它明显的风格特点,如地域性,即草原民族和山区民族在生产生活中所形成的传统体育带有竞技性的特点,如赛马射箭等;而世居平原坝区的少数民族的传统体育就明显带有游戏和娱乐性的特点,如竹竿舞等。非竞技性,即民族传统体育是在生产、生活和劳动中产生和形成的,它带有自然创造性的又非以竞技性为主之特征。传播性,即民族传统体育是民族文化的重要组成部分,作为民族文化的一种特殊的存在方式,固然有其自身的传播功能和扩散功能。还有如民族性、传统性、艺术性、观赏性、娱乐性等诸多特点。这些特点,使少数民族的传统体育对少数民族的发展进步都有着重大的影响和作用。所以,国家法律对之作出以上的基本原则规定是完全必要的。

对少数民族的既益于身心健康,又能促进各民族交往和团结的传统体育的继承和发展,党和国家一向是很重视的。1953 年 9 月,在天津召开了首次全国民族形式体育表演竞赛大会。1981 年 9 月,国家体委和国家民委在北京召开了全国少数民族体育工作会议,制定新时期民族体育工作的方针措施。1982 年 9 月,在呼和浩特市举办了第二届全国少数民族传统体育运动会。之后,每四年举行一届全国少数民族传统体育运动会,形成了法定制度。少数民族传统体育项目的挖掘、整理、研究工作,在不断得到全面加强的同时已走向规范化、科学化和社会化,而且有许多的项目被列入全国运动会的体育项目,有的还走出国门,走向世界。民族体育运动的开展,少数民族体育人才也在不断涌现,已有许多的少数民族运动健将在世界体坛上捧回大奖。

七、保护民族的名胜古迹、珍贵文物和其他重要历史文化遗产

现行《宪法》第22条规定:“国家保护名胜古迹、珍贵文物和其他重要历史文化遗产。”其中,包括少数民族的部分。《文物保护法》第2、3条规定:在中华人民共和国境内,具有历史、艺术、科学价值的文物,受国家保护。包括反映历史上各时代、各民族社会制度、社会生产、社会生活的代表性实物。自治区、自治州、自治县设立文物保护管理机构,管理本行政区域内的文物工作。《民族区域自治法》第38条规定:“民族自治地方的自治机关保护民族的名胜古迹、珍贵文物和其他重要历史文化遗产。”国务院1993年批准实施的《城市民族工作条例》的第23条规定:“城市人民政府在少数民族聚居的街道,应当按照城市规划,保护和建设具有民族风格的建筑物。”其他法律法规关于确定、保护民族的名胜古迹、珍贵文物和其他重要历史文化遗产方面,同样做出了相应的规定。

值得特写的是民族自治地方依法制定了一系列的法规和规章。譬如:《宁夏回族自治区文物保护条例》(1989年10月27日)、《内蒙古自治区文物保护条例》(1993年3月4日修正)、《西藏自治区文物保护管理条例》(1996年7月21日修正)、《包头市文物古迹管理办法》(1997年5月5日)、《贵阳市文物保护管理条例》(1997年9月29日修正)、《广西壮族自治区文物保护管理条例》(1997年12月4日修正)、《新疆维吾尔自治区文物保护管理若干规定》(1997年12月11日修正);云南省的相应法规还形成了一定的系统性,如:《路南石林风景名胜区保护条例》(1991年2月7日)、《云南省大理白族自治州大理风景名胜区管理条例》(1993年4月7日)、《丽江纳西族自治县历史文化名城保护管理条例》(1994年6月2日)、《宁蒗彝族自治县泸沽湖风景区管理条例》(1994年11月30日)、《红河哈尼族彝族自治州建水历史文化名城保护管理条例》(1996年5月27日)、《巍山彝族回族自治县历史文化名城保护管理条例》(1997年5月28日)等。

有关部门按照法律的规定,已在民族自治地方划定国家重点文物保护单位10多处,以及一大批自治区级、自治州级、自治县级重点文物保护单位和文物保护点。如国家就西藏布达拉宫的全面维修投资了数千万元,这是自17世纪中叶清朝初年修建布达拉宫以来最大的一次维修工程。

第三节　民族民间传统文化保护

一、民族民间传统文化法制背景

在立法动态上，把有形文化遗产保护称为《文物保护法》（《中华人民共和国文物保护法》于1982年颁布2002年修正）；把无形文化遗产保护称为《民族民间传统文化保护法》（《中华人民共和国民族民间传统文化保护法（草案）》的有关立法准备工作从1998年开始，至今已经多易其稿）。

民族民间传统文化保护问题，与经济发展相联系。民族民间传统文化保护不仅在一国而且在全球都引起了广泛关注。这种关注是在经济全球化的形势下，经济冲击与文化冲击几乎是在同步进行。由此，保护不同民族、地域的传统文化，维护世界文化的多样性，成为国际共同关注的问题。如2002年9月由联合国教科文组织召开第三次国际文化部长圆桌会议通过的保护非物质文化遗产的《伊斯坦布尔宣言》，并组织起草《保护非物质文化遗产国际公约》，等等。不久将来的保护民族民间文化机制，将在世界范围形成。

我国随着市场经济体制环境和西部大开发，民族民间传统文化保护问题日益受到关注。因为，中国是一个文明古国，有五千年历史的中华民族，创造了丰富多彩的民族民间文化，既有大量的有形文化遗产，也有斑斓多姿的无形文化遗产，如神话、歌谣、谚语、音乐、舞蹈、戏曲、皮影、剪纸、绘画、刺绣、印染等艺术和技艺以及各种礼仪、风俗、民族体育活动等，这个巨大宝库成为各民族赖以绵延发展、增强凝聚力的纽带，也成为维系国家统一、民族团结的基础以及联系世界的桥梁。但是，我国民族民间传统文化面临着前所未有的严峻趋势，即许多传统技能和民间艺术后继乏人，面临失传危险；一些独特的语言文字和习俗在消亡；大量民族民间传统文化的代表性实物和资料难以得到妥善保护；民族民间传统文化的研究人员短缺，出现断层；滥用民族民间传统文化，资源流失的现象十分严重；等等。所以，用法律形式保护优秀民族民间传统文化遗产，对于继承和弘扬民族优秀文化传统，促进社会主义物质文明建设和精神文明建设都具有重大的意义。于是，中央有关国家机关在积极制定《中华人民共和国民族民间传统文化保护法（草案）》的同时，推动云南、贵州等省制定了民族民间传统文化保护条例。《云南省民族民间传统文化保护条例》，于2000年5月26日经云南省九届人大常委会第十六次会议通过，2000年9月1日起施行。《贵州省民族民间文化保护条例》，于2002年7月30日经贵州省第九届人民代表大会常务委员会第二十九次会议通过，自2003年1月1日起施行。

二、民族民间传统文化保护对象

民族民间传统文化保护对象,不同的法律法规层次有其相应的范围。国家法律法规是针对全国情况而规定,应当是比较原则和概括的。地方法规特别是民族地方法规应当是具有地方特色和民族特色,范围具体和详细。综合目前的有关法规规定,民族民间传统文化的保护对象大致包括以下方面:(1)濒危的语言文字。主要是少数民族的语言文字。(2)具有代表性的民族民间口述文学和传统戏剧、曲艺、诗歌、音乐、舞蹈、绘画、雕塑、杂技、木偶、皮影、剪纸等。(3)具有民族民间特色的代表性传统礼仪、节日和庆典活动,传统的文化艺术、民族体育和民间游艺活动,文明健康或者具有研究价值的民俗活动。(4)民族民间传统文化和传统工艺传承人,及其所掌握的传统知识、工艺制作技术、工艺美术珍品、制作技艺等。(5)集中反映各民族生产、生活习俗和历史发展的民居、服饰、器具、用具等。(6)具有民族民间传统文化特色的代表性建筑物、设施、标识以及在节日和庆典活动中使用的特定自然场所。(7)保存比较完整的民族民间文化生态区域。(8)具有学术、史料、艺术价值的手稿、经卷、典籍、文献、契约、谱牒、碑碣、楹联以及口传文化等。(9)其他需要保护的民族民间传统文化的其他表现形式和特殊对象。

三、民族民间传统文化保护原则和措施

民族民间传统文化的保护,重点问题将体现在保护原则和保障措施。譬如,《云南省民族民间传统文化保护条例》,采用章条体例即用7章40个条文在"总则、保护与抢救、推荐与认定、交易与出境、保障措施、奖励与处罚、附则"中规定了相应的基本内容。又如,《贵州省民族民间传统文化保护条例》,则以条款体例即用37个条文规定了相应的问题。

(一)保护方针

即"保护为主,抢救第一;合理利用,继承发展"。《云南省民族民间传统文化保护条例》第4条规定:"民族民间传统文化保护工作,实行'保护为主、抢救第一、政府主导、社会参与'的方针。"《贵州省民族民间传统文化保护条例》第4条规定:"民族民间文化保护工作实行保护为主、合理开发、政府主导、社会参与的原则。"

(二)保护制度

即"行政保护为主","民事保护为辅"。措施应当是:制定保护规划和建立保护名录;建立传承和命名制度,鼓励传承与传播;建立保密制度和出境管理制度;规范知识产权保护原则;等等。在行政保护方面:首先,确定政府责任,把制定规划和建立保护名录的分级保护制度纳入政府职责;其次,政府要承担鼓励传承和传播的具体事务,即对传承人认定的条件和程序、传承主体的权利义务、奖励以及相关活动事务的管理,包括对考察、收集、出境、保密等具体管理措施;最后,政府要把这项工作纳入国民经济和社会发展规划,纳入城乡建设规划,纳入财政预算,建立专项资金,扶持产业和制定相关优惠政策;等等。在民事保护方面:知识产权保护期不

受限制原则;公开使用注明来源和有偿原则;维权原则;等等。

(三)保护措施

即"建立保护区",如"文化生态保护区""民族民间艺术之乡""民族特色艺术之乡""民族生态博物馆"等。将文化遗产、自然景观、建筑、可移动实物、传统风俗等具有特定价值和意义的文化因素在适宜生存的社区和环境中原状地加以保存,使其成为"活文化"。

(四)法律责任

即应当本着继承和弘扬中华民族优秀文化传统,尊重民族习惯,中华民族的统一和团结为原则,对违反民族民间传统文化保护法规定的行为给予追究相应的法律责任。级别应当有警告、责令限期改正、行政处罚、经济赔偿、追究刑事责任等。

第四节　少数民族文化的市场规范与法律保护

继承和发扬优良的民族传统文化,发展和繁荣现代的民族文化,建立市场经济条件下的社会主义民族市场文化,都必须纳入法制规范化。也就是说,少数民族文化法律制度的核心问题所在,少数民族文化法制建设的目的和任务,就是确认和保护少数民族的合法的文化权利和利益。

多年来,我国对少数民族的文化法制建设,从上所述可以看出,已经取得了重大的进展,初步形成了少数民族文化法律制度的体系。但是,少数民族文化的法制建设,在多年发展的过程中,由于受到或左或右的思想路线的影响和干扰,其法律制度还没能按照法律本身的特殊规范和应有功能去建设和操作,无论是在立法上、司法上,或是在理论上,都还没能达到一定的位置。少数民族文化法制建设的完备和完善,应当从以下问题进行考虑:

一、完善少数民族文化合法权利和利益的法律保障机制

从上述的少数民族文化法律制度的基本内容可以看出,我国法律对少数民族文化的法律规范,只能说是已经做了大量的基础性工作。即初步确定了少数民族文化合法权利的基本范畴以及部分的行政保障措施。从宪法和法律的有关规定来看,基本原则是十分明确的,但还没能形成比较科学化和规范化的程度。譬如:

——在民族出版方面:虽然整理出版民族古籍已制定有相应的法规,但整理队伍、编辑队伍、经费来源等问题得不到相对的稳定和保障,即对有关法律的规定得不到全面的贯彻实施。民族出版,不只是对民族古籍的出版,更重要的是现实民族

问题理论研究学术著作的出版,由于受出版市场的影响,民族研究论著出版难。少数民族和少数民族地区的经济社会发展,离不开当今社会实践问题的理论研究,实践的必要理论指导仍为十分必要。而且民族出版工作,对继承和发扬民族传统文化、对发展和繁荣现代民族文化,是非常重要的一环。制定规范发展民族出版事业的管理机构,即完善其法律制度是十分迫切的。关键的问题是,要出好书,出有价值的书,但它又有一个市场难题:经费来源、书的销路……从而影响了稿源与质量的矛盾问题。

——在民族广播电视方面:目前需要制定一个单行条例,尤其是民族影视问题。随着少数民族地区的经济发展,文化需求越来越高。电视市场的迅猛发展,民族电视课题也越来越突出。包括设备投入、题材内容、播放收视等问题,都值得认真研究和解决,都应运用法律的形式予以规范,保障少数民族和少数民族地区的电视文化权利。少数民族的广播和电视的覆盖面及质量如何,将关系到少数民族地区的经济发展的速度,关系到边远地区少数民族对社会主义精神文明建设的同化和对一些不健康的民族风俗习惯的扬弃与改革,关系到少数民族边远地区的科学技术的普及特别是农业科技的普及等。观念更新、知识更新,广播电视特别是电视这种先进的手段,越来越发挥其强大的社会效用。

——在民族名胜古迹的利用和保护方面:我国的民族自治地方,占国土总面积的64%以上,每个民族都有他们的聚居地及其发展历史,而且大都坐落在沿边地区,民族名胜古迹这种历史文化遗产,经过整理挖掘,结合旅游事业,其文化社会效益和文化经济效益,在进一步的改革开放中,将是民族地区经济发展的一条重要途径。所以,建立和完善这方面的法律规范,是非常必要的。

民族文化法律制度的完善机制,涉及的实体内容很多,涉及的理论问题也很多。如法律责任问题,在民族文化管理工作中,是不可缺少的重要组成部分。有关的国家机关,应从立法上认真研究和解决这些问题。

二、培育和规范少数民族文化市场

市场经济体制,给文化体制也注入了市场的活力。少数民族市场文化和少数民族地区的市场文化,是社会主义市场文化的重要组成部分。培育社会主义的市场文化,尤其是在少数民族地区加强社会主义的市场文化的建设,并建立健全一定的法制化,这是社会主义市场经济对市场文化的必然要求,也是社会主义市场文化的发展方向。少数民族文化在面对国内国际的文化大市场,是固步自封还是进一步开放改革?是僵化照搬还是借鉴吸收?是只追求经济效益还是把社会效益与经济效益结合起来,这都是少数民族文化市场所面临的课题。所以,新时期的民族文化法律制度的建设,在价值与取向问题上,需要按照社会主义的市场文化原则去完善。

新中国的建立,少数民族面临了几次大规模的生产关系的变革,民族文化作为少数民族生产力的一个重要因素,在生产关系变革中既受到冲击,也受到一定的洗礼。高科技社会化产业的迅猛发展,市场经济竞争的笑颜与残酷,需要国家特别对少数民族地区市场经济体制的培育,同时也需要对少数民族文化市场的培育。实际上,在市场经济的环境下,少数民族文化,已经在都市的文化企业中产生了相应的经济效益或负效应。由此,而引来了一系列的少数民族文化的市场规范问题。譬如,在有的企业中,有高素质高层次的少数民族文化(艺人),赢得了高效益的利润;在有的企业中,由于低素质低层次的所谓的少数民族文化的模仿(已变异),却是对少数民族文化的一种玷污。前者应当鼓励和提倡,后者应当制约和制止。这就是少数民族文化法制的市场一面。少数民族文艺,有民间的原始散漫艺术,有经过提炼加工的精彩艺术,作为走向市场营利的一种艺术,必须是经过一定的级别认定,就如同产品进入市场一样,需要质检证书。也就是说,企业性质的少数民族文化,需要相应的少数民族文化市场的管理,这种管理首先应当是对企业主体资格和艺人主体资格的审查,因是它是以营利为目的文化企业,它不同于街头村寨的群众娱乐。

最近几年,部分民族自治地方制定了相应的法规,如《包头市文化市场管理条例》(1994 年 1 月 14 日,1997 年 9 月 24 日修正)、《内蒙古自治区文化市场管理条例》(1994 年 5 月 31 日)、《西藏自治区文化市场管理暂行条例》(1995 年 7 月 12 日,1997 年 3 月 29 日修正)、《新疆维吾尔自治区文化市场管理条例》(1995 年 8 月 4 日,1997 年 12 月 11 日修正)、《广西壮族自治区文化市场管理条例》(1997 年 1 月 18 日)、《广西壮族自治区书报刊市场管理条例》(1997 年 6 月 30 日)等。这些地方民族特色法规,对本地文化市场管理和繁荣,发挥了相应的积极作用。

三、少数民族文化权利的侵权处理

少数民族文化市场与法律保护,实质上就是关于少数民族文化权利的法律保护问题。其问题将涉及:少数民族文化权利的主体、内容形式的法律界定、侵权行为的行为要件、侵权处理的原则方法等。

(一)少数民族文化权利主体的确定

民族文化,其文化是由民族为前提条件,所以,民族是权利主体的自然反映。然而,在社会管理制度中,在单一制国家结构形式的多民族国家里,以民族为主体的法定登记注册,那是不可能的。在这种情况下,民族权利主体的出现,将是由法律所规定的,如民族自治地方的自治机关,民族乡的政权机关,以民族文化项目营业并经取得执照的法人、经济组织、团体或个体户,也应包括民族工作机构和民族事业单位(指法律特定的民族权利职权)。需要特别指出的是,在现实生活中,冠以民族名称的企业不乏其数,有的是以中华民族的含义,有的是以少数民族内容形式的项目,无论是以什么名义,应以其注册的内容项目为确定是与不是的标准,包括个体户在内。

(二)少数民族文化权利及其侵权的法则

法律保护,一般是指法律本身的规范,再就是对违反法律的规定造成侵权,应依法追究法律责任的问题。讨论少数民族文化权利及其侵权的法则,它的首要前提是,侵权,首先须有法律规定的明确权利范围,以及侵权的程度和追究的责任。如果这两个问题模糊不清,就无从谈起。

少数民族文化法律制度的基本内容与少数民族文化权利的内容是不一样的。少数民族权利的内容形式及其界定问题,是少数民族文化法律制度建设的一个重要内容。对少数民族文化权利的保护,首先是须有明确的少数民族文化权利的法律界定。也就是说,少数民族文化权利,是由法律明确规定的,没有法律的明确规定,就不可能有法律的保护。即法律保护的对象(少数民族文化权利的范围)必须是十分确切的,并且要形成科学的、完整的法律规范,以利于执法操作。

虽然少数民族文化法律制度的建设已有初效,但其对少数民族文化权利问题的规范,还是很不明确和具体,目前只是一般的原则性规定。这就势必对其法律的充分保护,带来很大的不利。因此,在市场经济的条件下,在文化市场活跃的环境中,亟须制定一个比较完备的关于在少数民族文化权利方面,提倡什么、保护什么、反对什么、禁止什么,以及侵权违法的行为要式等问题。

(三)少数民族文化权利侵权的处理原则

处理侵犯少数民族文化权利的原则,须遵循民族平等和民族团结的基本原则,区分无意与故意的原则,教育与处罚的原则。对无意或过失的施以教育;对故意损害少数民族的文化权利和侵害少数民族文化权利的合法利益,对民族团结造成很大的影响或危害的,必须视其情节轻重,责令改过、公开赔礼道歉、赔偿经济损失、给予行政处分或追究刑事责任等。

第十八章　少数民族风俗习惯法律制度

第一节　少数民族风俗习惯法律制度概述

一、少数民族风俗习惯法律制度概念

所谓少数民族风俗习惯法律制度，是指国家关于各少数民族都有保持或改革自己的风俗习惯的自由、尊重并保障少数民族风俗习惯不受侵犯的一种法律规范。

少数民族风俗习惯，是指中华人民共和国境内，55 个少数民族在服饰、饮食、居住、生产、婚姻、节庆、娱乐、礼仪等物质生活和文化生活方面，广泛流行的传统喜好、风气、习尚和禁忌等。风俗习惯是各个民族政治、经济和文化生活的一种反映，在不同程度上反映着民族的生活方式、历史传统和心理感情，是体现民族特点的一个重要方面。

尊重少数民族的风俗习惯，是中国共产党的一贯政策。早在第一次国内革命战争时期，广州农民运动讲习所就专门设有回民饭桌。1935 年，中国工农红军长征进入回族聚居区之前，毛泽东通知所有人员，认真检查所带用具有无猪皮制作的，所带食品有无猪油、猪肉。抗日战争和解放战争时期，在广大解放区和解放军所到之处，严格尊重少数民族的风俗习惯，并由于大量回族人民参军参战，决定各回民支队要专门请阿訇宰牲畜。1949 年秋，人民解放军向青海进军，途经甘肃回族聚居区时，部队的炊具都用开水反复煮过，直到没有猪油味为止；部队吃饭时，餐具不够，宁肯轮班吃，也不借回族老乡的碗筷。正因如此，在革命战争年代才得到各少数民族的拥护和支持。中华人民共和国成立后，党和国家为了保护少数民族风俗习惯不受侵犯，进而把这项政策逐步法律化。

尊重少数民族的风俗习惯，也是体现民族平等和民族团结的一个重要方面。同时，也是少数民族公民的一项基本权利。因此，国家颁布有关法律法规，就是用法律的形式，赋予少数民族有保持和改革自己的风俗习惯的自由权利，并保持少数民族风俗习惯不受侵犯，维护各民族的平等、团结。这是由我国的基本国情所决定，因为少数民族风俗习惯具有以下几个特点：

（一）平等性

由于我国各民族所处的自然环境、经济生活、历史遭遇、社会斗争、宗教信仰的

不同,形成了各自反映本民族政治、经济、文化、传统心理特点的独具特色的风俗习惯。这些各自独特的风俗习惯,表现在各民族社会生活的各个方面,为整个民族所持有。在实际生活中,如果侵犯了少数民族风俗习惯,往往被认为是对整个民族不尊重或歧视。历史许多民族纠纷大多是由风俗习惯所引起的。因此,具有民族性。

(二)群众性

一个民族的风俗习惯,都是为整个民族所共有,在全民族中流行,渗透到这个民族的日常生活中,具有广泛的群众性。

(三)约束性

由于风俗习惯是人们在集体生活中逐渐形成并共同遵守的。因此,对一个民族内部的社会生活而言,风俗习惯就是一个民族的生活模式与行为准则,是协调社会的行为道德规范。虽然没有明文规定,但对全民族公民具有极强的约束力,对民族社会起着整合作用。

(四)地区性

每个民族都是世代生活在一定的地域空间,各民族的风俗习惯,就是在各民族世代生活的这块热土上形成的,深受居住地区生产、生活、自然环境和地缘关系的制约。因而,各民族的风俗习惯带有浓厚的地区色彩。如生活在北方和西北从事畜牧业生产的蒙古族、藏族、哈萨克族、柯尔克孜族、塔吉克族、裕固族等,他们多住毡房,藏族叫"牦帐房",哈萨克族称为"宇",蒙古族则叫"蒙古包"。这些民族饮食,一般食肉食、奶茶、奶酪、酥油、炒米等,这是从事牧畜业民族的居住、饮食风俗。而居住在南方的壮族、土家族、傣族、瑶族、侗族等民族,喜欢住上楼下厩的建筑,其中傣族住竹楼、土家族住吊脚楼、壮族住干栏、侗族住吊楼,海南岛的黎族喜欢住一层或两层的船形屋。南方民族大多以种植稻谷为主,爱吃糯米,嗜好酸辣。其他的,如反映在服饰、节庆、礼仪、婚姻、丧葬等方面,地区特点也十分鲜明。所有这些,都说明风俗习惯具有明显的地区特点。

(五)传统性

少数民族的风俗习惯,是在各民族长期的历史发展中形成的。尽管社会制度经历多次变革,但都一直保留着传统特点,呈现出一定的稳定性。这不仅反映在居住、服饰方面,也表现在娱乐、礼仪、节庆等方面。如壮族每年农历三月初三的"歌婆节",藏族的"藏历年"和"望果节",彝族、白族的"火把节",傣族每年农历四月中旬的"泼水节",白族的"三月街",蒙古族的"那达慕",达斡尔族的"敖包会",水族的"端节",景颇族的"月脑节"等,都具有悠久的历史传统。

(六)变异性

少数民族的风俗习惯是在一定的社会、经济、文化条件下形成的。随着这些条件的变化和外来文化的冲击,少数民族的风俗习惯或迟或早总是要发生变化。鄂伦春族过去住"斜仁柱",而现在住进了砖木结构的热炕平房。在牧区拖拉机、摩托车、汽车已代替了过去的勒勒车和骑马。经过民主改革和社会主义建设,特别是党的十一届三中全会以后,在改革开放,逐步建立社会主义市场经济体系的新时期,少数民族中一些不利于民族团结的风俗习惯大都进行了改革,或正在改革。如有的民族在生产方面的禁忌已经消除,婚娶丧葬中的封建迷信、铺张浪费等风俗也在逐步加以改变,文明健康的生活方式正在逐步形成。少数民族热情好客、能歌善舞、团结互助、勤劳朴实、尊老爱幼、维护社会公德等优良传统、习惯,在社会主义现代化的建设中得到进一步的发扬。

二、少数民族风俗习惯法律制度的基本内容

少数民族风俗习惯法律制度的基本内容,根据现行法律规定,从其法律所规范的内容上看,主要是:关于尊重和照顾少数民族年节方面的问题;关于照顾少数民族生活习惯方面的问题;关于经营少数民族食品方面的问题;关于照顾少数民族特需用品生产和供应方面的问题;关于尊重少数民族婚姻习惯方面的问题;关于尊重少数民族丧葬习俗方面的问题;关于宣传报道和文艺作品创作要尊重少数民族风俗习惯的问题;等等。并从宪法、法律到行政法规和规章,都对每一个方面的问题作出了一系列的具体规定。如果从法律形式方面上看,大体由三个层次构成。它们是:

(一)宪法和法律的规定

作为国家的根本大法宪法和有关法律,赋予少数民族都有保持或改革本民族风俗习惯的自由,这是少数民族风俗习惯法律制度的最高法律层次,也是少数民族风俗习惯法律制度的基本原则。

尊重各少数民族的风俗习惯,保障他们在风俗习惯上的自由权利,是中国共产党和人民政府的一贯政策。1949 年的《共同纲领》就明确规定:我国各少数民族均有保持或改革其风俗习惯及宗教信仰的自由。1954 年的第一部《宪法》又在“总纲”中规定:各民族都有保持或者改革自己的风俗习惯的自由。1982 年《宪法》第 4 条规定:各民族都有保持或者改革自己的风俗习惯的自由。另外,《民族区域自治法》第 10 条规定:民族自治地方的自治机关保障本地方各民族都有保持或者改革自己的风俗习惯的自由。

(二)国务院和有关部委制定发布的法规和规章

如下面列举的几个规定,主要就是关于照顾少数民族生活习惯方面的问题。

1955 年 7 月 15 日《商业部关于对回民小商小贩安排及在食品供应工作中注意民族习惯的指示》中规定:我国回民共有 360 万人,分布面很广。其中居住在城市集镇的约 100 万人,散居在广大农村的约 260 万人。从职业上看,由于历代统治阶级实行民族压迫政策,造成他们生活的道路很窄,大多数是做小商小贩,特别是从事与民族习惯密切结合的牛羊肉和面食业者为最多。国营商业和合作社商业在安排回民小商贩方面,曾做过不少工作,但有些地方对此重视不够,主要表现在

对回民经济情况的特点体会不够,不了解他们的生活道路很窄,比汉族商人困难更多。因此在回民赖以为生的几个主要行业(如牛羊肉业等)方面具体安排不够,影响他们失业人数增加。自肉食供应紧张以来,有些地方扩大了国营牛羊肉零售,但没有组织回民肉贩代销、经销,这就是造成不少回民商贩失业的主要原因之一。因此,特作如下规定:(1)凡回民主要赖以为生的几个行业(如牛羊肉、面食、皮毛等业),在进行统购统销或社会主义改造时,必须对回民商贩认真安排。(2)根据有些城市的经验,对于与回民生活影响较大的牛羊肉业,国营公司在大城市和回民聚居区目前一般只应经营批发,不必经营零售。合作社零售业务也应在足以稳定市场零售价格的原则下尽可能少经营,尽量利用回民商贩为国营商业的代销店与经销店,以维持其生活。但国营公司对其销售价格,必须统一规定,并防止其投机行为。(3)在市场牛羊肉供应不足时,应首先供应回民牛羊肉商贩,以首先保证回民牛羊肉供应,并便于维持回民牛羊肉商贩的生活。(4)国营商业与合作社在吸收工作人员时,对回民商贩应注意吸收,不应因“怕麻烦”而不吸收或故意少吸收。(5)国营商业与合作社商业对回民的食品批发与零售工作应吸收回民干部担任,在食品生产、保管、运输、销售工作中,应注意民族习惯。在大城市与回民聚居区,应在现有批发部门与门市部中,专设回民食品供应部,专门负责对回民所需的牛羊肉和其他食品的供应工作。

1955年9月26日,《商业部关于牛羊肉经营中有关回民风俗习惯的几点注意事项的指示》中,又特别规定:为改进对回民食品的供应工作,贯彻民族政策,巩固民族团结,扭转不合理现象,对供应回民食用的牛羊肉的经营问题,特提出如下几点请注意。(1)凡供应回民的牛羊肉必须由“阿訇”执刀屠宰,如需急宰的“阿訇”不在场的,可由回民职工处理。剥皮、剔骨均应尽量由回民工人按照回民操作习惯进行。对于牛羊生殖器、衣胞、肛门、膀胱、胰子、脊髓、血液等回民忌食物必须完全割掉,并应指定专人负责进行检查,不得附带在肉体内。(2)羊的剥皮方法应逐步推行“架子剥皮法”代替“人工吹气法”,以重卫生。(3)外调自然冷冻牛羊肉,为保持清洁卫生起见,应用肚子(胃)包装,必须把肚子洗净,光面朝里,严防不洁之物混入,装后用绳子封口,并应在缝口处印上屠宰场面包装工人代号,检验人员的图章和“回屠”的戳记。(4)回屠牛羊肉,应配备回民职工负责掌握入库的检查,在调拨单和出入库单上,应注明“回屠”字样,以便同其他肉类分库保管,分车装运,分别出售。其苫布、席子、人力与兽力车、汽车均应专用,火车能取得铁道部门的同意,亦应专用或洗涮、消毒,不能洗涮时可用席铺垫。并应尽量用回民搬运。(5)在回民聚集的大、中城市,国营公司应专设经营牛羊肉的批发部,尽量利用回民零售机构销售,一般因回民较少,尚未建立牛羊屠宰场的地方,可采取委托回民肉商屠宰加工或批售活体等办法,以供其需要。(6)在大、中城市主要产区,对阿訇的屠宰工资过高的问题,应通过有关部门协助进行教育,提高其觉悟,并经有关部门的同意后,可适当降低现有的工资水平,使之与其他劳动工资大体吻合。由于各地信仰伊斯兰教的不尽是回民,故以上规定希各地结合当地情况具体研究执行。

1958 年 3 月 1 日发布的《城市服务部、民族事务委员会在副食品商业工作中贯彻民族政策,尊重民族习惯,做好副食品供应的联合指示》中又具体规定:(1)在经营副食品工作中,应认真贯彻党的民族政策,尊重少数民族的生活习惯。清真食品与一般食品在加工、储存、运输和出售的每个环节上,都必须严格的分开。(2)凡是供给信仰伊斯兰教各民族的食品,必须按照他们的生活习惯进行加工、制造;对一些清真食品或经营清真食品的商店,应注明"清真"字样,以便识别。(3)在大城市和回族聚居的中、小城市以及交通要道的候车站,应酌情设立清真食品门市部或流动售货车,专门经营清真糕点、糖果和各种复制熟食品。(4)在饮食业的清真饭馆中,应保留一些民族生活习惯的特点。大、中城市和回民较多的小城镇应该保留一定数量的清真饭馆,并注意培养本民族的厨师和服务员。(5)凡是国内供应紧张、少数民族又有消费习惯的特殊商品,如牛羊肉、烟、酒、红糖、茶叶、盐巴等,都应该贯彻尽可能优先供应少数民族需要的方针,尤其对少数民族重大节日的副食品供应,更应该引起极大的重视。以上各点,希各省、自治区、直辖市服务厅、局加以研究,结合各地情况认真贯彻执行。各级民族事务部门应积极协助作好这一工作。

1979 年 10 月 12 日《中共中央、国务院批准国家民委党组关于做好杂居、散居少数民族工作的报告》中,再次规定必须认真尊重少数民族的风俗习惯。报告指出,尊重少数民族的风俗习惯,是关系民族平等团结的大事,对风俗习惯的改革,必须尊重本民族大多数群众的意愿,坚持自愿原则,不得用任何行政命令或者其他办法,强迫改革。报告提出了下列规定:(1)商业部门要认真做好城镇中信仰伊斯兰教的少数民族的肉食和其他副食品的供应工作。要扩大货源,在市场供应上要尽可能满足这些民族的需要,保证对这些民族的肉食和食油的供应量,并力争在可能的条件下,逐步有所增加。各地要根据方便群众的原则,增加供应网点和人员。凡供应信仰伊斯兰教的肉食、糕点等,加工、储运、销售所需的工具、容器、车子、仓库等,都应与供应汉民的食品分开。在为少数民族生活服务的单位,要配备本民族的职工和领导干部,同时要教育在这些单位工作的汉族职工,认真尊重少数民族的风俗习惯。(2)少数民族的节日,应该受到尊重。民族节日放假办法,按国务院规定执行。对有的民族节日的油、面供应,可继续执行。(3)回族等信仰伊斯兰教的少数民族职工较多的机关、学校、企事业单位,应设清真食品或清真伙食,人数较少的可以几个单位联合举办。对没有清真食堂或清真伙食,又不能回家吃饭的信仰伊斯兰教的民族职工,应按照规定发给伙食补助费。(4)为了方便群众,在城市和回族等信仰伊斯兰教的民族来往较多的交通要道、饭店、旅馆、医院、列车等,应设清真食堂或清真伙食。(5)回族等群众实行土葬习惯的应当受到尊重,决不能强迫火葬。有些地区采取土葬深埋,不显著留坟头的做法,群众比较容易接受,可以按民政部和国家民委的通知认真推行。有条件的地方,可以划出一定地段作为这些民族的公墓。回族等民族较多的城市,要设立为这些民族服务的殡葬服务处。(6)要做好少数民族特需商品的生产和供应工作。为照顾少数民族长期历史形成的生活习惯,如回族吃牛、羊肉,朝鲜族的吃大米(商业部都有规定),蒙古族的吃炒米,藏族的吃糌粑等,要认真安排好这些商品的生产调拨和供应。

(三)民族自治地方自治机关制定的自治条例

如《延边朝鲜族自治州自治条例》第6条规定:各民族都有保持或者改革自己的风俗习惯的自由。第71条规定:自治州自治机关加强民族政策教育,教育各民族干部和群众互相尊重风俗习惯。湖南《新晃侗族自治县自治条例》第46条规定:自治县的自治机关尊重县内各民族的风俗习惯和宗教信仰,照顾各民族的特殊需要,支持各民族人民开展有益于民族团结和身心健康的传统节日活动。广西壮族自治区《隆林各族自治县自治条例》第6条规定:自治县的自治机关保障各民族都有保持或者改革自己的风俗习惯的自由,等等。

第二节　少数民族风俗习惯的保持原则

一、各少数民族都有保持本民族风俗习惯的自由

少数民族的风俗习惯,是各民族在长期的历史发展过程中,在特定的自然环境、社会历史条件、经济活动和生活方式下逐步形成的。体现了民族的历史传统和心理感情,为本民族人民所崇尚,各民族人民对本民族的风俗习惯有着深厚的感情。而一个民族风俗习惯的形成原因是多方面的,它传承着一个民族的兴衰成长的经历。

各民族都有保持本民族风俗习惯的自由,是因为,少数民族风俗习惯保持了与其经济基础相适应的形式。经济基础对风俗习惯的产生,起着决定性的作用。有什么样的风俗习惯,各民族不同的风俗习惯,本质上说是由于不同的经济基础决定的。因此,当原有的经济基础发生变化或消失以后,一些遗留下来的风俗习惯仍然要顽强地保留一定的时期。如在云南西双版纳生活的布朗族,直到解放前,其社会仍处在原始公社阶段,土地大都分属于村社公有和氏族占有,每年到了生产季节,要由头人、氏族长主持分配土地。集体砍树烧山后,再由各户分别播种,收获将归各户所有。这种刀耕火种、轮作抛荒的耕作方式,铸就了布朗族特殊的生活习俗。如每年从选地到收获粮食,每一个生产环节都要举行祭祀仪式。选地要打"米卦",选好地要举行"叫魂"仪式,薅第一次秧时,要请和尚叫"谷魂"等。

各民族都有保持本民族风俗习惯的自由,是因为少数民族风俗习惯联系着本民族的社会生活。也可以说一个民族的风俗习惯,就是一个民族社会生活的真实

写照，是产生于独特的社会生活，流行于独特的民族社会生活之中，没有民族社会生活，就不可能形成民族风俗习惯，离开了特定的社会生活，风俗习惯也就失去了生存的土壤。例如，有些少数民族至今仍然保留着古老朴实的婚姻传统，男女社交自由，通过对歌和自由交往，情投意合，即可结为夫妻。另外，在丧葬、起房架屋、人生礼仪，以及生产、生活中的各种信仰和禁忌，无不与本民族独特的社会生活相联系，有着深厚的群众基础。

各民族都有保持本民族风俗习惯的自由，是因为少数民族风俗习惯表现出一个民族对自然环境的选择性和适应性。常言说"百里不同风，千里不同俗"。一方水土养一方人，有什么样的山川地貌，就会培育出什么样的风俗习惯。如生活在广阔草原的蒙古民族，在"那达慕"等节日中，常以赛马、射箭、摔跤三项竞技活动为主，充满剽悍无畏，尚武精神；而西双版纳的傣族的"泼水节"，则只有在亚热带自然风光中才能形成，等等。

少数民族的风俗习惯，有些是从宗教仪式和宗教规范中演化而来。如回族、维吾尔族、哈萨克族、柯尔克孜族、塔吉克族、塔塔尔族、乌孜别克族、东乡族、保安族、撒拉族等信仰伊斯兰教的民族，有不养猪、不吃猪肉的习俗。就是由宗教教仪、教规演化成为一种有民族性和群众性的风俗习惯。这种习惯是从伊斯兰教的起源地阿拉伯半岛传入我国的。而云南傣族和西藏藏族的一些风俗习惯则是受小乘佛教与藏传佛教的影响而形成的。

少数民族的风俗习惯的承传，是靠本民族语言完成的。语言是人们交流思想、沟通信息的工具，也是风俗习惯承传的工具。另外，语言本身就是风俗习惯之一，如生活中带有禁忌性的语言、敬语和委婉语言，都是一种特殊的民族风俗习惯现象。从语言发展和产生的历史看，今天各民族所使用的不同语言，无论是从语音系统，还是表达思想感情的独特方式——语法来看，它都是历史发展的结果，都是在民族风俗习惯的氛围中形成的。

总之，少数民族在长期的历史发展中形成的许多优良的风俗习惯，是各民族共有的宝贵的精神财富，应大力弘扬，保持本民族的风俗习惯可以提高民族自尊和自信。而对少数民族风俗习惯的态度，往往是被看做是否对一个少数民族尊重的问题。马克思主义历来主张应该尊重各民族的风俗习惯，认为谁也没有权力用暴力干涉其他民族的生活，破坏其他民族的风俗习惯。因此，各民族都有保持本民族风俗习惯的自由，是宪法、法律赋予少数民族的基本权利，也是制定、实施少数民族风俗习惯法律制度的基本准则。

二、各民族都要尊重他民族的风俗习惯的保持自由

我国各民族的风俗，是一座蕴藏极其丰富的宝库，它深深扎根于各民族人民的生活土壤之中。尊重各民族的风俗习惯，是国家统一，民族团结，各民族兴旺发达的基础。少数民族都有保持本民族风俗习惯的自由，是建立在各民族彼此之间相互尊重各自风俗习惯的基础之上,这也是每个公民的基本义务。互相尊重各民族的风俗习惯,是民族平等的标志,是民族团结的前提。尊重各民族的风俗习惯有两层含义:一是汉族要尊重少数民族的风俗习惯,同样少数民族也要尊重汉族的风俗习惯;二是各少数民族之间要彼此尊重风俗习惯。

《宪法》第52条规定:“中华人民共和国公民有维护国家统一和全国各民族团结的义务。”在这里国家统一与民族团结紧密联系,成为宪法规定的公民义务。这是因为,只有民族团结,才能国家统一。而民族团结的首要条件,须各民族都要尊重他民族的风俗习惯。也就是说,各民族人民对本民族的风俗习惯有着深厚的感情,往往把其他民族对待本民族风俗习惯的态度,看作否尊重自己民族的大问题。对本民族风俗习惯的尊重,就是对自己民族的尊重;对本民族风俗习惯的轻视,就是对自己民族的轻视。任何不尊重少数民族风俗习惯的言行,哪怕是出于玩笑,也是容易刺激以至伤害少数民族的感情。至于故意歧视和侮辱少数民族的风俗习惯,就更是损害民族平等、破坏民族团结的错误行为,甚至能引起民族间的纠纷。可见,彼此尊重民族的风俗习惯,对于搞好民族关系,团结各民族人民进行建设社会主义现代化的事业,有重要意义。

已故总理周恩来同志是尊重少数民族风俗习惯的楷模。他不仅反复教育汉族干部和人民以及到少数民族地区工作的干部和青年,要严格执行党的民族政策,尊重少数民族风俗习惯,而且身体力行。如1961年4月13日的早上,正在西双版纳视察工作的周恩来同志,一早就换上傣族服装,兴致勃勃地来到一座村寨,和傣族同胞一起跳象脚鼓舞,一起相互泼水,共同欢度傣族人民的佳节——泼水节。当时的情景,至今仍在傣家人中传为佳话。1962年,周恩来同志在延边朝鲜族自治州视察工作,刚一跨进朝鲜族家门,马上就按朝鲜族人民的习俗,脱鞋上炕,盘腿坐下。这时,主人用双手捧出一只由朝鲜族妇女用手精心勾织的绣花坐垫,请总理坐,开始周恩来同志还谦逊地说:不用了,坐在炕上挺好。但一当陪同人员说明这是朝鲜族接待贵客的一种风俗习惯时,周恩来同志连连点头说:我坐,我坐。他随即拉着陪同的干部一起坐到座垫上。周恩来尊重朝鲜族风俗习惯的言行,深深感动着朝鲜族人民。

尊重各民族的风俗习惯,绝不是一句空洞的口号,它包含着十分丰富的内容,其中重要的一条,就是要向全国各族人民宣传、普及有关各民族风俗习惯的知识。大力宣传各民族悠久的历史和灿烂的文化,使大家认识到风俗习惯不仅联系着各民族的社会生活,而且影响着各民族的心理特征与审美情趣,增进相互了解,才能真正履行宪法赋予各民族公民的权利和义务。

第三节 少数民族风俗习惯的改革原则

一、各少数民族都有改革本民族风俗习惯的自由

少数民族都有保持本民族风俗习惯的自由,是和少数民族都有改革本民族风俗习惯的自由相联系的,这是一个问题的两个方面,不论缺少哪一条,这种自由权都是不完整的。这是因为,各民族的风俗习惯对于本民族的发展和进步有着重要的影响。进步的、健康的风俗习惯,可以发扬民族优良传统,提高民族自尊、自信,促进民族繁荣发展。消极、落后的陋俗,则不利于民族的发展繁荣,甚至阻碍科学技术的传播与民族社会的进步。因此,对待各民族的风俗习惯,既不能一概加以肯定,也不能采取虚无主义的态度。一概否定,应当进行具体分析。一般来说,就风俗习惯同本民族生存发展的关系来看,可以大体上分三类:一是健康的、有益的,也就是有利于社会进步、民族团结,和本民族人民生活和身心健康的。如许多少数民族在传统节日期间,举行摔跤、射箭、赛马、赛龙舟等体育活动。许多少数民族尊老爱幼、互相救助、大公无私等风俗习惯,都深受各族人民的欢迎。二是一般的,即对民族发展与社会进步,既无明显的积极作用,也无明显的消极作用。如一些属于饮食、起居、服饰等方面的生活习惯。三是消极的、不健康的陋俗。即不利于本民族生产、生活和人民身心健康的陈规陋俗。

这样,对待少数民族风俗习惯就存在一个继承与保持和淘汰改革的问题。但是,改革必须是由少数民族自己来进行,是各民族自己的事情,毛泽东曾指出:"少数民族地区的风俗习惯是可以改革的。但是,这种改革必须由少数民族自己来解决。"[1]这就是说,少数民族风俗习惯的改革,什么时候改革,怎么改革,均取决于少数民族自己的意愿。改革也有一个尊重的问题,其他任何民族或任何组织和个人都不能越俎代庖,即使是那些有害于各民族人民身心健康、不利于民族发展与民族团结的落后的风俗习惯,也要采取慎重态度,耐心等待,积极引导,而不能强迫命令,操之过急则往往事与愿违。

如何保障各少数民族都有改革本民族风俗习惯的自由,一般的原则是:第一,积极提倡,大力发扬健康的、优良的风俗习惯。我国少数民族大都热情,纯朴,好客。在哈萨克族中就有这样的风俗:如果在太阳下山时放走了客人,就是跳到水里也洗不清这个耻辱。生活在大兴安岭茫茫林海中的鄂温克族猎民,他们把食品、衣物、用具等放在森林中的仓库里,从不上锁。其他猎人如果断了粮,缺了用品,遇到

---

〔1〕《毛泽东选集》(第5卷),第23页。

仓库便可自取,事后,遇到主人如数归还即可。一些少数民族的传统节日,从形式到内容,就其整体而言是好的。但在有些内容上带有浓厚的封建迷信色彩。这些民族的人民,则根据社会发展的需要,舍弃了封建迷信的糟粕,保留了为本民族广大群众喜闻乐见的精华。如蒙古族的"那达慕"、壮族的"三月三",已演变为大型物质贸易交流、科技信息交流和欢庆丰收的喜庆佳节,给传统的民族节日注入了新的生命力和市场经济效益。第二,对于那些一般的,既无积极作用,也无消极作用的风俗习惯,如许多信仰伊斯兰教民族的禁猪习惯,及一些饮食、服饰、礼俗方面的生活习惯,则任其自然,并按国家的政策,在物质供应等方面予以必要的照顾。同时,作为民族的风俗习惯予以尊重。第三,积极倡导,由少数民族自由决定革除不利于民族繁荣发展,不利于生产发展,不利于民族团结的陈规陋俗。如直到20世纪50年代初期,云南佤族聚居区,还存在着"猎头祭谷"的习俗。这是原始社会残留的遗风旧俗。这种习俗在解放前为反动统治阶级所利用,每年都因砍头祭谷这种野蛮、残忍的风俗,使佤族社会不仅丧失一批青壮劳动力,影响了民族的发展进步,而且也破坏民族的团结,引起民族械斗。民主改革后,在政府与佤族头人的协商倡导下,坚决革除了这种陋俗,受到佤族人民和周边其他民族的欢迎。另外,在云南、贵州、湘西的一些少数民族中,过去有"男不捻穗,女不挑谷","男不插秧,女不犁田","不落夫家","不施人粪肥","刀耕火种"等的风俗习惯。解放后,在各级政府的教育、倡导下,随着各民族人民科学知识、文化教育的普及,人民觉悟的提高,民族关系的改善和发展,这些陈规陋俗,已由本民族人民群众自愿革除了。而且出现了新的喜好、风气和时尚。特别在社会主义物质文明和精神文明的建设中,在开展"五讲四美三热爱"等文明礼貌活动中,在为实现社会主义现代化的过程中,各民族良好的新风尚、新习俗在进一步形成,并不断得到发扬。

二、各民族都应支持他民族的风俗习惯的改革自由

民族风俗习惯的改革受社会发展和时代变迁的影响。虽然,风俗习惯同其他上层建筑一样,一旦形成就保持着相对的稳定性。它作为一个民族的传统文化,代代相承。有时,原有的经济基础消失了,社会制度发生了变革,但旧的风俗习惯仍然在流行。然而,尽管如此,风俗习惯一定随着社会变迁而发生变化,只不过变化的形式是渐变而不是突变,是在人们不知不觉中变化的,当你一旦觉得它变化时,已是"柳暗花明又一村"了。随着社会变迁,新的生产方式、新的生活方式必然要补充到原有的风俗习惯中,以适应变化了的社会生活的需要。当然,风俗习惯的改革是少数民族自愿、自主地进行。同时,也需要其他民族的理解、支持,支持一个民族改革风俗习惯的自由,才能保障改革的顺利实现。这是因为:

第一,各民族人民自古以来就有友好往来,和进行文化交流的优良传统。在多民族杂居的地区各民族之间还存在联姻通婚的传统。在这种交流中,不同民族的风俗习惯也在互相交流和影响。但是,这种交流和影响并不是无条件的。无论哪个民族，对外民族的风俗的传入，都要有一个选择、调整的过程，以适应本民族人民心理的需要，有时还要加以改造、变通。如农历八月十五中秋节，始于唐代，是汉族和许多少数民族共同的传统节日。既是丰收节，又是团圆节，“花好月圆人寿”寓意是很美好的。但在蒙古族中，就不过“中秋节”。一是因为蒙古族民族是游牧民族，本来就没有过农耕民族这一庆贺五谷丰收的节日，它是在农业民族地区流行的。二是汉族的中秋节，后来附会上“八月十五杀鞑子”的内容，含有民族间斗争和仇杀的意思，这就伤害了蒙古族人民的心理。所以，蒙古族是不过中秋节的。由此可见，风俗习惯的改革不仅是本民族的事情，还涉及民族间的平等、团结。因此，需要其他民族的支持。

第二，一些少数民族的风俗习惯，原来有自己特定的内容和形式，后来由于受其他民族的影响与交流，便在自己的风俗习惯中，吸收、借用了其他民族的风俗习惯的内容作为补充，使原来的风俗习惯发生变异。如广西龙胜一带的侗族，在立春这一天，要举行“送春牛”和“舞春牛”的庆祝活动。这一天要为耕牛修理牛舍，把耕牛从山上找回来，准备好青草、糯米粑、酒等，作为牛的美餐。用竹篾扎成牛的模拟像。晚饭后，敲锣打鼓，举行“送春牛”的游行。游行队伍浩浩荡荡，春牛（模型）在前，后面是扛着犁耙，挑着粪桶，送茶送饭的人，表示春耕。就这样把耕牛送到每家每户。每到一家，说一些吉利话：“春牛到得早，来年阳春好”，“春牛登门，风调雨顺”，“春牛游村，五谷丰登”等。主人则要鸣放鞭炮，献以红糖、粑粑、红封包等。所谓“春牛舞”，实际上是模拟生产事象的。在这样的盛会上，要唱《二十四节气农事歌》，还要唱“盘歌”。其中有些内容，也是受了汉族岁时习俗而形成的，但又有许多变化，增加或改变了春节原有的内容等。凡此内容举不胜举。这也说明一个民族改革风俗习惯，必然要影响到周边民族的风俗习惯，甚至影响与周边民族的关系，因此要取得其他民族的理解、支持，才能使改革风俗习惯得以进行。

第三，在风俗习惯的传播过程中，往往形成一定的风俗习惯圈，即某一区域内许多民族有着从内容到形式一致或基本相同的风俗习惯，这样地缘关系与民族关系联系起来了，形成一个文化圈。我们知道，风俗习惯的传播是一个复杂的社会现象，就其传播方式来说，主要有：一是民族迁徙造成的传播。历史上无论是战争还是其他原因，迫使一个民族的人群发生大规模迁徙，作为民族文化的风俗习惯，于是随着迁移。从这一地方迁入另一地区，并和迁入地区的风俗习惯混合在一起，逐渐形成新的风俗习惯。如西北地区的回、汉、东乡、撒拉、土、裕固等民族地区的“花儿”的习俗，并形成了不同民族地区的“花儿会”。无论各地区、各民族“花儿”的演唱风格有多大差别，但作为一种民歌演唱的风俗，各民族则是共同的。所以在西北地区就形成了一个“花儿”的文化风俗圈。二是由于采用借的方式，而造成某一民族的风俗习惯向其他民族扩散。这是由于一个民族的风俗习惯，引起周边地区和民族的注意。于是借过来，并根据具体情况加以改造，置入新的文化环境之中,而形成了“文化风俗圈”。如西南地区的“蜡染”,在苗、侗、布依、瑶、壮等民族中广为流行,成为这些民族服饰的一大特点。由此可见,由于风俗习惯的借用、共有现象,一个民族的风俗习惯的改革,也必须得到周边民族的支持,形成一种文化氛围,才能使改革顺利实现。这也是民族平等的体现,也只有这样才能保障少数民族有保持或者改革本民族风俗习惯的自由。

第四节　国家对少数民族风俗习惯的保护原则

一、扬弃选择与限制

任何事物的发展过程,都存在一个继承、扬弃和发展的问题,风俗习惯也是如此,不会永远不变。过去汉族妇女缠脚、男子留辫子,究竟是改好还是不改好?当然是改好,而且已经不可阻挡地改了。今天再提起这些习惯时,已是历史现象了,因为它不利于社会进步与发展。尊重少数民族的风俗习惯,各民族都有保持或改革本民族风俗习惯的自由。这是从民族团结、国家统一和各民族一律平等的基本国策出发的,是制定少数民族风俗习惯法律制度的立法原则。但是,从少数民族具体的风俗习惯的发展规律来看,存在着一个保持发扬风俗习惯中进步的、健康的、有益于民族与社会发展的精华;舍弃风俗习惯中落后的、不健康的、妨碍发展与民族团结的糟粕的问题。这也是世界上任何一个民族风俗习惯发展、演变的规律。只有不断地扬弃,才有强大的生命力。对于一些不健康的、迷信的,甚至是落后反动的陈规陋俗,国家和各级人民政府,要在维护国家统一、民族团结和本民族大多数人民要求的前提下,加以限制或革除。如曾经在一些少数民族中盛行的“赶琵琶鬼”“猎头”“吃牯脏”“童婚”陋俗,在国家与各级人民政府的倡导、说服下,现已革除。实践证明,对这些陋俗的限制与革除,是符合少数民族群众的根本利益的,深受少数民族的拥护,有利于民族的繁荣和发展。

二、追究法律责任

通过法律来调整民族关系,保障少数民族风俗习惯的自由权利,是多民族国家现代化进程的必由之路,也是社会主义市场经济的基本要求。

《刑法》第251条规定:国家工作人员,情节严重,处2年以下有期徒刑或者拘役。这是国家对少数民族风俗习惯自由权的重要司法保障。为此,最高人民检察院于1989年11月3日发出《人民检察院直接受理侵犯公民民主权利、人身权利和渎职案件立案标准的规定》中,就关于非法剥夺公民宗教信仰自由和侵犯少数民族风俗习惯问题的立案标准作了规定:即强迫少数民族改变风俗习惯或非法干涉、破坏少数民族风俗习惯,引起民族纠纷的;非法剥夺他人宗教信仰自由和侵犯少数民族风俗习惯,造成严重后果的,各级人民检察院均可立案。这是我国刑法首次规定,侵犯少数民族风俗习惯应承担的法律责任,使少数民族保持和改革本民族风俗习惯的自由权,有了司法保障,也是我国民族法制的进步。

例如,1997 年 10 月 11 日,被告人聂某某(系某乡民政助理)带领一班人到某村去清理账目,正赶上那里回民田某的父亲去世。按照当地回民的殡葬习惯不准实行火葬。聂某某作为该乡民政助理,对这里的少数民族风俗习惯应该了如指掌。但聂某某自称要破除旧习,树立新风,强制命令田某把死者遗体送火葬场火化,田不听,还是坚持把其父遗体按回族风俗习惯土葬。次日,聂某某竟命令村干部派人把尸体强行挖出,浇上汽油,就地焚烧。引来许多闲散人员和儿童围观,激起了全村回民和一些汉族群众的不满,纷纷上访控告聂某某。某县人民检察院以侵犯少数民族风俗习惯罪对被告人聂某某提起公诉,某人民法院以同罪判处被告人聂某某有期徒刑 2 年。

在我国的司法机关案件中,以侵犯少数民族风俗习惯罪定案,或涉及民事赔偿的案例还比较少。可能是在处理的时候因为种种因素,往往是采取绕道走的做法,这是司法实践中一个很值得认真探讨的法制问题。

第十九章　少数民族宗教信仰法律制度

第一节　少数民族宗教信仰法律制度概述

一、少数民族宗教信仰法律制度概念

所谓少数民族宗教信仰法律制度，是指国家关于规范和保障少数民族公民宗教信仰自由，以及调整少数民族正常的宗教活动和合法权益的一种法律规范。

宗教这一社会现象，是人类社会发展到一定阶段的产物，有它发生、发展和消亡的客观规律。信仰宗教也是人类社会的一个普遍现象。据1991年大英百科年鉴提供的数字，1990年全世界252个国家和地区的人口总数是52.9亿人，信仰各种宗教的总人口为41.9亿人，占全球人口总数的4/5。其中基督教徒17亿多（罗马天主教徒近10亿，新教徒即中国称之为基督教徒4亿多，东正教徒2亿多，其余为其他独立教会的信徒），伊斯兰教徒9亿多，佛教徒3亿多，印度教徒7亿多。还有许多民族宗教和民间信仰的信徒。

中国是一个多民族国家，也是一个多种宗教信仰的国家。佛教、道教、伊斯兰教在我国都有悠久的历史。鸦片战争后，基督教也获得了较大的发展。此外，有些地区还存在原始宗教。少数民族与上述宗教有着密切的联系。

佛教传入中国已有两千年左右的历史，在中国佛教中，少数民族信仰佛教的人数较多。藏传佛教也叫喇嘛教，在藏、蒙古、土、裕固等少数民族中几乎是全民或相当部分群众信仰。上座部佛教也叫小乘佛教，在傣族中是全民信教，在布朗、德昂、阿昌、佤、彝等少数民族中则部分群众信仰。

伊斯兰教是在公元7世纪中叶（唐中期）传入我国的，至今已有一千三百多年的历史。伊斯兰教有逊尼和什叶两大教派，我国伊斯兰教徒多属于逊尼派，回、维吾尔、哈萨克、柯尔克孜、乌孜别克、塔塔尔、塔吉克、东乡、保安、撒拉这10个民族基本上是全民信仰伊斯兰教。在这10个民族中，伊斯兰教的基本信仰、教义、教规是一致的，但在宗教制度、宗教活动方面，又大都适应各民族社会的实际情况，而具有民族特点和“政教合一”的历史特征。

基督教早在唐朝就传入我国，当时叫景教。鸦片战争后，它的几个教派天主教、新教、东正教等都传入中国。除俄罗斯族和少数鄂温克族信仰东正教外，傈僳、哈尼、怒、苗、壮、侗、景颇、朝鲜等少数民族中，有一部分群众信仰天主教或新教。

道教是中国土生土长的一种宗教，至今已有一千七百多年的历史。道教与西南的少数民族联系密切，白、彝、瑶、壮、侗、黎、仫佬、羌等少数民族中，有部分群众信仰道教。

原始宗教是原始社会自发产生的，以崇拜对象是自然力，是那些经常与人类日常生活有密切关系的自然现象，如日、月、山河、土地、石、雷电、风雨、火及各种动、植物。由于自然环境和生物种类的差异，各民族崇拜的对象也就不同。因而，在我国一些少数民族中，存在着形式多样、内容繁杂的原始宗教崇拜形式。东北、内蒙古地区居住的赫哲、鄂温克、鄂伦春、达斡尔等少数民族信仰萨满教；南方的纳西族信仰东巴教；锡伯、基诺、佤、傈僳、阿昌、独龙、怒、彝、羌、珞巴、苗、瑶、水、仡佬、侗、黎等少数民族存在各种各样的原始宗教。

总之，宗教信仰与少数民族的民族性紧密地联系在一起。因此，宗教作为一种社会组织和社会活动，必须在宪法、法律范围内活动，国家必须加强宗教法制的建设和完善，逐步建立起符合我国实际情况的少数民族宗教法律制度。

二、少数民族宗教信仰法律制度的基本内容

少数民族宗教信仰法律制度的基本内容，主要是由宪法、法律的有关条款和行政法规构成的，是中国民族法体系的重要内容。

（一）各民族公民有信仰宗教和不信仰宗教的自由

我国《宪法》规定：“中华人民共和国公民有宗教信仰自由。”宗教信仰自由，就是说，各民族公民既有信仰宗教的自由，也有不信仰宗教的自由；有信仰这种宗教的自由，也有信仰那种宗教的自由；在同一宗教里面，有信仰这个教派的自由，也有信仰那个教派的自由；有过去信教而现在不信教的自由，也有过去不信教而现在信教的自由。其中，既尊重和保护信仰宗教的自由，也尊重和保护不信仰宗教的自由。信仰不信仰是各民族公民个人自由选择的问题，是公民个人的私事，是公民基本权利的内容。依据我国宪法，各民族信仰宗教的公民与不信仰宗教的公民享有同等的权利和义务，任何国家机关、社会团体和个人不得歧视信仰宗教的公民和不信仰宗教的公民。在强调保障各民族公民信仰宗教自由的同时，也强调保障各民族公民有不信仰宗教的自由，这是同一问题的两个不可缺少的方面。任何强迫不信仰宗教的各民族公民信仰宗教的行为，如同强迫信仰宗教的各民族公民不信仰宗教一样，都是侵犯别人的宗教信仰自由的违法行为，因而都是不允许的。

由于，我国少数民族基本全民信仰宗教，宗教深入到这些民族社会生活的各个方面。因此，对于散居在多数公民不信仰宗教的地区，要特别注意尊重和保护少数不信仰宗教的各民族公民的权利，防止、纠正歧视和排斥不信仰宗教公民的现象和行为。党和人民政府一贯倡导,要在我们的社会生活中形成一种各民族平等团结的风气,信仰宗教和不信仰宗教的各民族公民之间要相互尊重,和睦共处。

在我国社会主义历史条件下,信仰宗教和不信仰宗教的各民族公民在政治上、经济上的根本利益是完全一致的,不能夸大他们之间在信仰上的差异。周恩来同志指出:"在中国存在着宗教信仰的人和没有宗教信仰的人,就是有神论者和无神论者,这两类人应该彼此相处得很好。我们从来不像有些国家那样在宗教问题上争执得那么厉害,甚至被帝国主义者挑拨引起战争。""我国信仰各种宗教的人,向来就是合作的。不信仰宗教的人应当尊重信仰宗教的人,信仰宗教的人也应当尊重不信仰宗教的人。不信仰宗教的人和信仰宗教的人都可以合作。信仰不同宗教的人也可以合作,这对我们民族大家庭的团结互助合作是有利的。"[1] 从实践来看,宪法规定的宗教信仰自由的法律内容,是符合我们国情的,也使宗教信仰自由的内涵得到更加充分,更加完整的体现。

(二)宗教必须在宪法和法律范围内活动

我国实行政教分离。我们不能用国家权力和行政力量去消灭宗教,也不能用国家权力和行政力量去发展宗教。各种宗教不论信仰多寡、影响大小,在法律面前一律平等,没有占统治地位的宗教。国家保护一切在宪法、法律范围内的正常的宗教活动,各宗教团体自主办理教务,并根据需要开办宗教院校,印行宗教经典,出版宗教刊物,举办各种社会公益服务事业。各宗教不得干预国家的行政、司法、学校教育和社会公共教育。

把宗教活动纳入法律、法规范围内,是正确贯彻宗教信仰自由政策,实现宗教活动正常化,使宗教与社会主义社会相适应的客观要求,也是适应的主要内容。公民在行使宗教信仰自由权利的同时,也要自觉履行公民应尽的义务,实现权利和义务的统一。要求不受任何约束的"宗教自由"是不可能,而且在世界上任何国家中也不存在,也不符合社会主义民主与法制。宗教不可能凌驾于国家法律之上,宗教活动是按照各宗教一定的仪规进行的,但当与国家法律相抵触时,就应以法律为准绳,对宗教仪规进行必要的改革。政府依法对宗教事务进行管理,依法保护一切正常的宗教活动,教育、制止超越法律、法规范围的宗教活动,防止和打击不法分子利用宗教和宗教活动进行破坏民族团结、分裂祖国统一和破坏社会秩序的违法犯罪活动。

实行政教分离,并不排除宗教界人士参与国家大事的协商和管理。宗教界代表人士和其他各界代表人士一样,参加各级人民代表大会和各级政治协商会议,在国家事务中发挥着相应的作用。党和政府制定宗教方面的政策、法律和法规等,都应特别注意征求宗教界人士的意见。平时,各宗教团体和宗教界代表人士经常给政府有关部门反映宗教界的要求,提出建议,从而把宗教工作搞得更好。

---

〔1〕 周恩来:《关于我国民族政策的几个问题》,载《周恩来统一战线文选》,第387页。

总之，宗教必须在宪法和法律范围内活动，必须以维护法律尊严、维护人民利益、维护民族团结和维护国家统一为最基本的行为准则。

（三）宗教团体和宗教事务不受外国势力的支配

《宪法》规定：宗教团体和宗教事务不受外国势力的支配。20 世纪 50 年代，我国天主教、基督教开展反帝爱国运动，实现了独立自主、自办教会和自治、自养、自传，成为中国各宗教共同遵循的一个原则。几十年来，中国宗教的这一原则立场，已越来越多得到世界上其他国家宗教组织和人士的理解和尊重。

坚持独立自主自办的方针，不但不排斥而且鼓励在平等友好的基础上与各国宗教组织和人士进行友好的往来。外国的宗教团体只要尊重我国宪法和法律，尊重中国宗教团体独立自主自办的原则，均可与中国的宗教团体和宗教界进行友好交往。1994 年 1 月 31 日，国务院总理李鹏签发的《境内外国人宗教活动管理规定》，就是根据宪法所规定的原则而制定的重要宗教行政法规。它充分体现了我国政府尊重在中国境内外国人的宗教信仰自由，保护他们正常的宗教活动。对他们应当遵守中国法律，不得损害中国社会公共利益，不得以任何方式干预中国宗教内部事务也作出了明确的规定。这就为外国人在中国境内行使宗教信仰自由权利，参与正常宗教活动，开展与中国宗教界的友好往来和文化学术交流活动，提供了法律保障。

要反对外国宗教势力干涉我国宗教的内部事务和重新控制中国宗教的图谋。尤其是在对外开放的形势下，我国宗教要坚持独立自主自办的原则，既积极正确地开展对外友好交往，又坚决反对国外敌对势力利用宗教对我国进行渗透。

第二节　国家对少数民族宗教信仰的法律原则

一、对合法的宗教信仰的保护

对合法的宗教信仰的保护，包括保护少数民族信教公民正常的宗教活动；保护少数民族宗教教职人员履行正常的教务活动；保护少数民族宗教团体和寺观教堂的合法权益。这是宗教信仰自由权利的主要内容。

（一）依法保护少数民族信教公民正常的宗教活动

1. 保护正常的宗教活动。宗教意识，包括宗教信仰、宗教感情等，主要是通过宗教活动形式和宗教内容表现出来。也就是说，具有一定内容和仪式的宗教活动是人们宗教信仰和宗教感情的一种外在表现形式。国家保护少数民族信教公民的宗教信仰自由，包括保护少数民族信教公民的正常的宗教活动。《宪法》第 36 条明确规定:“国家保护正常的宗教活动。”少数民族信教公民按照各种宗教的教义、教规和习惯,在宗教活动场所及在自己家里进行的拜佛、诵经、烧香、礼拜、祈祷、讲经、讲道、弥撒、受洗、受戒、封斋、终传、追思以及过宗教节日等,都属于正常的宗教活动。这些活动都应有各宗教的宗教组织和信教的少数民族公民自己来办理,受国家法律保护,不允许任何人加以干涉。

寺观教堂可以接受少数民族教徒出于宗教感情的捐赠。捐赠各教的名称不同,佛教、道教叫“布施”(小乘佛教叫赕佛),伊斯兰教叫“乜贴”,天主教叫“献仪”,基督教叫“奉献”。对信教的少数民族公民的这些捐赠,应坚持自愿的原则,不允许任何摊派勒捐,以免增加信教公民的经济负担。

吸收新教徒是宗教活动中一项重要内容。按照各种宗教的教义和传统习惯,吸收新教徒要经过一定宗教组织的批准,由有一定宗教职务的宗教教职人员主持,经过一定的宗教仪式进行(包括一定时期的培养、考验、审查)。但不允许强迫任何人特别是18岁以下的青少年入教、出家和到寺庙学校。

各种宗教团体和寺观教堂经政府主管部门批准,可以经售一定数量的宗教书刊、宗教用品和宗教艺术品等。我国各宗教组织和寺观教堂可与港澳台同胞、海外侨胞开展宗教方面的联谊活动,与国外宗教界开展友好交往活动。

国家保护少数民族公民正常的宗教活动,宗教活动必须在宪法、法律允许的范围内进行。安排宗教活动,包括时间、规模和次数等,要避免妨碍社会秩序、生产秩序和工作秩序。当与之发生矛盾时,宗教教职人员有责任主动地引导信教公民维护社会正常的秩序,这对社会的安定团结有利。

为了保证少数民族信教公民进行正常的宗教活动,要教育和引导信教公民和不信教公民之间互相体谅和理解。不信教的公民要理解信教公民对宗教生活的要求,尊重他们的宗教感情,不能到宗教活动场所内搞无神论宣传,或挑起有神无神的辩论;信教公民也不要因自己的宗教活动而影响其他公民正常的生产与生活,也不允许到宗教活动场所以外布道、传教,宣传有神论,或散发宗教传单和其他未经政府主管部门批准出版发行的宗教书刊。

为了更有效地保护正常的宗教活动,并进一步促进宗教活动正常化,从国务院到省、自治区、直辖市人民政府已经或正在根据宪法,按照法律程序,经过同宗教界代表人士充分协商,制定这方面的法律、法规或规章。

2. 划清宗教与封建迷信的界限。我国几千年的封建社会历史,尤其是少数民族,解放前,存在前资本主义的所有社会形态,封建迷信至今在少数民族中的影响还相当深,很难在短期内消除。一些少数民族地区的宗教行动中,掺杂进了不少封建迷信的内容。尤其是一些信仰原始宗教的少数民族,在他们的宗教活动中,在相当程度上模糊了宗教与封建迷信的界限。在实际生活中,一些基层政府工作人员分不清什么是正常的宗教活动,什么是迷信活动,要么把封建迷信活动当作正常的宗教活动,不进行必要的教育和制止;要么把正常的宗教活动当作封建迷信活动,进行干涉。

宗教与迷信,从理论上说有共同之处,都相信和崇拜超自然的神秘力量,是在有神论的思想基础上产生的。这是它们的共性。但它们有着很大的区别,主要表现在:第一,宗教是一种思想信仰,一种世界观。宗教是人类社会发展到一定阶段的产物,有它发生、发展和消亡的客观规律。是从原始宗教发展到人为宗教;从多神教发展到一神教;从氏族宗教、部落宗教、民族宗教发展到世界宗教。封建迷信则不同。所谓封建迷信,一般是指诸如巫婆神汉、占卦算命、揣骨相面、风水阴宅、驱鬼治病、扶乩降神、测字圆梦、神水神药、消灾祈雨等迷信活动而言。迷信活动有的产生于奴隶社会,但大多数产生于封建社会。迷信职业者正是利用这些活动骗人钱财,把它作为一种谋生的手段。不是一种思想信仰和世界观。第二,宗教在长期的发展过程中形成了自己的一整套宗教理论、教义教规,有严格的宗教制度、宗教组织、宗教仪式、宗教活动以及入教手续。而封建迷信则根本谈不上有宗教这一套完整的、系统的东西。第三,宗教是一种文化现象,包括了建筑、绘画、诗歌、舞蹈、音乐等诸多的文化艺术,是中华民族传统文化的组成部分。特别是各种宗教的典籍,如佛教的"三藏"、伊斯兰教的《古兰经》、基督教的《圣经》、道教的《道藏》,内容丰富,是集政治、经济、文化、艺术、道德、法律、哲学于一体的"百科全书",在世界文化史中占有极重要的地位,有着深远的影响。所有这些,封建迷信是无法相比的。第四,宗教具有群众性、民族性、国际性等特点,而封建迷信则根本没有这些特点。

总之,划清宗教与封建迷信的界限,才能对少数民族宗教实行信仰自由的政策,对正常的宗教活动给予尊重和保护;对封建迷信则采取坚决取缔的政策,对危害国家利益和各民族公民生命财产的迷信活动,给予坚决的打击。

(二)依法保护少数民族宗教教职人员履行正常的教务活动

切实保障少数民族宗教教职人员开展正常的教务活动,是保护宗教信仰自由权利的一个重要内容。宗教教职人员是指在某一宗教中担任一定宗教职务并履行其职责的信仰宗教的少数民族公民。在我国,主要是指佛教中的比丘、比丘尼、活佛、喇嘛;道教中的道士、道姑;伊斯兰教中的阿訇、毛拉、伊玛目;天主教中的主教、神甫、修士、修女;基督教中的主教、牧师、教师、长老等。这些宗教教职人员必须由依法成立的宗教团体或依法登记的寺观教堂认定,并向政府宗教事务部门备案。只有这样,他们的合法权益,包括他们开展正常的教务活动才受法律保护。

中华人民共和国成立以来,我国宗教教职人员队伍的状况发生了根本性变化。他们在独立自主自办教会、管理宗教场所、办好教务和内容事务、保障宗教活动正常化、团结教育信教的各族公民为社会主义现代化建设做贡献等方面发挥着越来越大的作用。据统计,我国目前约有教职人员 21 万多人,他们在已开放的 6 万多处宗教活动场所、2000 多个宗教团体、48 所宗教院校中担负着主要的职务和工作。他们不但对信教的各民族公民的精神生活有不可忽视的重要作用,而且还在履行宗教职务的形式下,进行着许多服务性劳动和社会公益方面的工作。

宗教教职人员履行正常的教务活动,是他们的义务,也是他们的权利。政府有关部门和工作人员,要支持他们的工作,及时帮助他们解决在工作中遇到的问题和困难,而不是去干预他们的教务活动和内部事务,更不能包办代替。只有这样,才能调动他们的积极性,使他们在宪法、法律和法规的范围内主动积极地开展工作,发挥其应有的重要作用。

(三)依法保护宗教团体和宗教活动场所的合法权益

1. 宗教团体和宗教活动场所都应依法登记。少数民族宗教团体是信教公民自己的爱国组织。成立宗教团体,是少数民族信教公民的一种民主权利,受到法律的保护。同时,如果滥用这种权利,也应受到法律的限制。因此,作为社会团体的少数民族宗教团体,必须依法进行登记。只有通过登记,宗教团体才能取得合法地位,得到社会承认;才能独立自主地开展活动,其民主权利和其他合法权益才能获得法律的保护。

由于宗教问题比较复杂,宗教团体具有与其他社会团体不同的特点,国务院宗教事务管理局与民政部依据国务院 1989 年 10 月颁布的《社会团体登记管理条例》的基本原则,联合制定下发了《宗教社会团体登记管理实施办法》。各级宗教团体须将依法进行登记。

宗教社会团体登记是一项细致复杂的工作。根据法律规定,宗教社会团体登记的范围是全国性和县级(含县)以上区域性宗教团体及天主教教区。县以下不成立宗教团体。在同一行政区域内不得重复成立相同或类似的宗教团体。在登记过程中要做好宣传教育工作,支持和帮助宗教团体进一步健全内部机构和规章制度,加强自身建设。对一时尚不具备登记条件的宗教团体,宗教工作部门要帮助其做好工作,待条件具备后再行登记;对于有违背本团体章程,并有非法活动者,应限期改正,然后视情况给予登记或暂缓登记;对于那些打着宗教旗号从事违法犯罪活动的团体,应依法予以取缔。登记机关为各级人民政府的民政部门。

宗教活动场所是少数民族信教公民集体进行宗教活动的处所,也是宗教教职人员生活和履行正常教务的地方。合理安排宗教活动场所,保障宗教活动场所的合法权益,是宗教活动正常化的重要物质条件。现在,全国各种宗教活动场所,包括佛教寺院、庵堂,道教宫观,伊斯兰教清真寺,天主教、基督教的教堂、会所和各教其他简易活动点共 6 万多处。一切宗教活动场所都应依法登记,经过登记的宗教活动场所,其权益受法律保护,任何单位和个人都不得侵犯。1994 年 1 月 31 日,国务院颁布的《宗教活动场所管理条例》明确规定:“设立宗教活动场所,必须进行登记。登记办法由国务院宗教事务部门制定。”根据此规定,国务院宗教事务局制定下发了《宗教活动场所登记办法》。到1994年，除国务院颁布上述两个法规外，已有18个省、自治区、直辖市制定了这方面的地方性法规和政府规章。

宗教活动场所登记，必须严格按照法律程序进行。宗教活动场所登记，是为了保护各民族信仰宗教公民的合法权益，使宗教活动场所均取得法律地位，使信教的各民族公民进行正常的宗教活动得到法律保障，真正落实宪法赋予的宗教信仰自由权利。同时，通过登记，使政府宗教事务部门依法行政，减少工作中的盲目性和随意性，这是宗教工作走上法制化、规范化的一个转折点。

2. 坚决纠正侵犯宗教团体和宗教场所合法权益的行为。要保障宗教团体和宗教活动场所的合法权益，其前提是，必须坚决纠正侵犯其合法权益的行为。党的十一届三中全会以来，落实少数民族宗教信仰宗教自由政策，依法保护宗教界的合法权益，取得了显著成绩。但是，由于长期受“左”的思想影响，加上某些历史和现实原因，有些地方仍然存在许多问题。如一些地方属于宗教团体和寺观教堂的房产至今没有归还；有些应当作为宗教活动场所开放的寺观教堂至今被占用，没有恢复开放；有的地方宗教事务部门或工作人员插手和包办宗教团体和寺观教堂的内部事务，管了一些不该管也管不好的事情；有的政府部门对宗教团体和宗教活动场所乱集资、乱收费、乱罚款；有的甚至占用或挪用宗教团体和寺观教堂的钱财。所有这些都是违法行为，应采取有效措施坚决纠正。同时，宗教团体和宗教活动场所也要学会用法律来维护自身的合法权益。

（四）依法尊重和保护民族地区外国人的宗教信仰

随着我国改革开放的不断深入和国家交往的日益扩大，尤其是我国有十几个民族是跨境民族，与境外同胞有着十分密切的联系和来往。除宗教组织、宗教界之间的对外交往活动外，大量的信仰各种宗教的外国人来民族地区探亲、旅游、访问、讲学、经商、打工，同少数民族地区进行经济、科技、文化、教育、卫生、体育等多方面的交流合作。中国政府尊重和保护这些来华外国人的宗教信仰，为了使他们能过正常的宗教生活，国务院1994年1月31日颁布了《境内外国人宗教活动管理规定》。第1条明确指出：“为了保障中华人民共和国境内外国人的宗教信仰自由，维护社会公共利益。”

在中国境内所有外国人，不论其是否信仰宗教，也不论信仰何种宗教，我国政府都予以尊重。外国人可以在中国境内的寺院、宫观、清真寺、教堂等宗教活动场所参加宗教活动。经省、自治区、直辖市以上宗教团体的邀请，外国人可以在中国宗教活动场所讲经、讲道。外国人可以邀请中国宗教教职人员为其举行洗礼、婚礼、葬礼和道场法会等宗教仪式。外国人进入我国境内可以携带自用的宗教印刷品、宗教音像制品和其他宗教用品。为满足外国人集体过宗教生活的需要，由有关单位申请，经县级以上政府宗教事务部门同意，可以为外国人指定宗教活动场所或临时地点，用以举行非中国公民参加的宗教活动。

外国人来华参加宗教文化交流活动的携带的宗教经典、宗教书刊和宗教音像制品,只要按我国海关总署 1991 年 7 月 10 日公布的《海关对外国人携带和邮寄印刷品及音像制品进出境管理规定》和关于执行这一规定的若干意见办理有关手续,由政府宗教事务部门出具证明,海关即予以放行。

二、对违法的宗教信仰的限制

保障各民族公民有宗教信仰自由和一切正常的宗教活动,就必须对违法的宗教信仰进行限制,“限制”是为了更有效地“保障”。

所谓违法的宗教信仰,即宪法规定的:强迫公民信教或者不信教,歧视信仰宗教的公民或者不信仰宗教的公民,利用宗教进行破坏社会秩序、损害公民身体健康、妨碍国家教育制度的行为,和国家宗教团体和宗教事务接受外国宗教势力的支配等行为。这些都是我国法律所限制和禁止的。因为任何违法的宗教信仰行为,都是侵犯别人的宗教信仰自由的权利。保障少数民族公民宗教信仰自由最有效的方法,就是把宗教活动纳入宪法和法律的范围。这样才能做到,国家既保护各民族公民信仰宗教的合法权益,也要求各民族公民爱国守法,尽公民的义务,决不允许利用宗教从事任何危害国家和社会公众利益的活动。

具体而言,违法的宗教信仰表现以下几个方面:

第一,国外敌对势力和国际极端宗教势力,一直加紧利用宗教对我国,尤其是边疆少数民族地区进行渗透活动。一是思想方面的渗透,主要是利用广播、偷运、邮寄、散发各种打着宗教幌子的政治宣传品。二是组织方面的渗透,主要是在我国非法传教、发展教徒、设立传教据点、建立非法宗教组织、争夺寺观教堂领导权、同政府和爱国宗教力量相对抗。三是打着“人权”的旗号,攻击我国宗教法律制度,利用合法身份,通过经济、文化、学术等国际交往,用宗教形式进行渗透活动。

第二,与境外民族分裂主义分子相勾结,打着宗教旗号,煽动宗教狂热,利用宗教进行分裂祖国统一和破坏民族团结的活动,在边疆少数民族造成不稳定因素,进行非法活动。

第三,利用宗教造谣惑众,蛊惑人心,破坏社会安定,破坏社会主义建设。如有人制造谣言,宣扬“世界末日”,搞集体“升天”活动,造成人心不稳,危害群众的生命财产;有的甚至利用宗教致死人命,奸污妇女,诈骗钱财;有的反动会道门骨干和道首,也在宗教的名义下恢复活动,兴风作浪。

第四,利用宗教干涉政府的行政、司法、教育活动和少数民族的婚姻、生产和生活。如在信仰伊斯兰教、藏传佛教和上座佛教的地区,利用宗教干涉当地政府行政、司法、教育和群众婚姻、生产和生活的现象时有发生。有的地方甚至恢复了早已被废除的宗教封建迷信和压迫剥削制度,使信教公民的宗教负担加重。有的地方教派之间发生严重冲突,造成流血事件;一些地方滥建小寺庵的情况屡禁不止,有的地方还有极端基督教派进行非法活动。

凡此种种，把宗教活动纳入法律法规的范围，限制违法的宗教信仰活动，是保障少数民族公民宗教信仰自由，实现宗教活动正常化，使宗教与社会主义社会相适应的唯一途径。

三、对违法的责任及追究

宗教信仰自由，保护各民族信教公民的正常的宗教活动，保护宗教团体和寺观教堂的合法权益，保护宗教教职人员履行正常的教会活动，是宪法和法律赋予各民族公民的一项权利，也是实现宗教信仰自由的基本保证。同时，又受宪法和法律的制约，即公民必须履行自己的义务。任何违反宗教法律制度的行为，都要受到法律的制裁。

违反宗教法律制度的责任及追究，主要有三方面：

一是国家机关、社会团体和个人违反宗教法律制度，强迫少数民族公民信仰宗教或者不信仰宗教；强迫少数民族公民信仰这个教派或者信仰那个教派；歧视信仰宗教的少数民族公民或者不信仰宗教的少数民族公民的行为等，属于侵犯公民人身权利、民主权利的问题，即是侵犯少数民族宗教信仰自由，违反了我国宗教法律制度。对此，我国《刑法》第251条规定："国家机关工作人员非法剥夺公民的宗教信仰自由和侵犯少数民族风俗习惯，情节严重的，处二年以下有期徒刑或者拘役。"

二是利用宗教进行破坏社会秩序、损害公民身体健康、妨碍国家教育制度的违反宗教法律制度的行为。极少数人打着宗教信仰自由的幌子进行破坏社会秩序的行为，不是宗教信仰问题，而是违法行为，构成犯罪的，得追究"妨害社会管理秩序罪"。《刑法》第290条规定："聚众扰乱社会秩序，情节严重，致使工作、生产、营业和教学、科研无法进行，造成严重损失的，对首要分子，处3年以上7年以下有期徒刑；对其他积极参加的，处3年以下有期徒刑、拘役、管制或者剥夺政治权利。"打着宗教信仰自由的"幌子"，损害少数民族健康的行为，构成"侵犯公民人身权利、民主权利罪"。根据刑法的有关规定，可根据情节，处以有期徒刑或者无期徒刑。对打着宗教信仰自由的"幌子"妨碍国家教育制度的行为，《义务教育法》第16条规定："不得利用宗教进行妨碍义务教育实施的活动。"

三是打着宗教团体或宗教事务的幌子与境外宗教组织或民族分裂主义分子联合或接受其指使，进行破坏民族团结，分裂祖国统一的活动，将构成危害国家安全罪和危害公共安全罪，可依《刑法》有关规定追究刑事责任。

在我们国家，任何人，任何团体，包括任何宗教，都绝对不允许违反国家法律，损害人民利益，制造民族分裂，破坏祖国统一。这是我国宗教法律制度最基本的立法、司法准则。

第二十章　依据少数民族特点变通法律制度

《立法法》第66条第2款规定："自治条例和单行条例可以依照当地民族的特点,对法律和行政法规的规定作出变通规定,但不得违背法律或者行政法规的基本原则,不得对宪法和民族区域自治法的规定以及其他有关法律、行政法规专门就民族自治地方所作的规定作出变通规定。"因此,民族立法由此前的"变通或补充法律制度"改为"变通法律制度"。[1] 变通法律制度是民族自治地方的自治法规体系的不可缺少的组成部分,也是民族法体系不可缺少的组成部分。

民族自治地方的变通("补充"不再采用)规定是一种中央与地方的立法分权方式。在今后的民族自治地方需要变通立法规定时,当由自治地方通过自治条例或单行条例予以变通,只有报经法定机关批准才能生效,而且,法定机关可以予以撤销。民族自治地方的变通规定在整个社会主义法律体系中占有一席之地。民族自治地方的立法变通权来源于:宪法、民族区域自治法、其他法律与行政法规。

第一节　变通法律制度概述

一、变通法律制度的概念和结构形式

(一)变通法律制度的概念

变通法律制度指民族自治地方人大及其常委会依据《立法法》和法律授权条款以及该法的基本原则,结合当地民族政治、经济和文化的特点,对该法进行某些变更,以便使该法在民族自治地方更好地得到施行的规定的总和。民族自治地方的法律变通与民族区域自治密切相关,要解决法律变通权的性质,就应正确理解自治地方的自治权。

我国《宪法》第4条明确规定:"各少数民族聚居的地方实行区域自治,设立自治机关,行使自治权。"民族自治地方的自治权,指民族自治地方的人大和政府,依

---

[1] 在法律形式上,立法法规定的民族自治地方规范性法律文件形式只有自治条例和单行条例,故只能采取自治条例或单行条例对法律和行政法规的规定作出变通规定,而不能作出补充规定。

照宪法、民族区域自治法和其他法律规定的权限，根据本地方的实际情况，贯彻执行国家的法律、政策，自主管理本地方各民族内部事务和地方性事务的权利。这种权利包括两个方面：一是每个少数民族都有宪法赋予的在自己聚居区实行自治的平等权利；二是每个民族自治地方都享有宪法和法律明确规定的自治权，包括法律实施自治权、语言文字自治权、人事管理自治权、经营管理自治权、财政管理自治权、文化教育管理自治权以及依法组织地方公安部队的自治权等。其中法律实施自治权，集中反映在国家法律在该地区实施实行变通的权利。法律变通权实际上是自治权的一个组成部分，来源于自治权，行使法律变通权，就是行使自治权的表现，所以，从性质上看，法律变通权属于自治权，自治权的性质决定了法律变通权的性质。

（二）民族自治地方法律变通规定的结构形式

根据宪法和民族区域自治法的规定，民族自治地方的法律变通，从结构上看由两部分组成：一是立法变通；二是法律实施的变通。[2]

1. 立法变通。指民族自治地方的人民代表大会，根据本民族的实际情况，对国家的基本法律和其他法律法规，在立法上作出变通规定。

立法变通权由民族自治地方的人民代表大会行使。民族自治地方的人大是行使立法变通权的权力机构，根据《民族区域自治法》第 2 条规定，民族自治地方区域划分为自治区、自治州和自治县三级。三级自治地方的立法机关都可根据实际需要和可能，对全国法律在立法上进行变通，并且享有平等的权利，不因民族区域大小，民族多少的不同，而在法律变通上有区别。

根据现有法律规定和立法实践，民族自治地方立法机关行使立法变通权的范围大致有三个层次。

第一，国家基本法律的变通立法。根据宪法和民族区域自治法的规定，民族自治地方的自治机关，根据本地方民族的特点和实际需要，对国家基本法律或其他法律作出的变通规定。其中，主要表现为对刑法、刑事诉讼法、民法、民事诉讼法、婚姻法等基本法律的变通立法。上述我国基本法律中都有专条规定民族自治地方可以根据本民族实际情况制定变通规定。

第二，国家一般法规的变通。根据全国人大常委会和国务院及各部、委制定的条例、章程、规定等法规，民族自治地方可以制定实施细则或变通规定。《宁夏回族自治区关于制定地方性法规程序的规定》第 4 条第 1 款规定："为了保证宪法、法律、政策、法令……的贯彻实施，按照本自治区实际情况，在政治、经济、民族、教育、科技、文化、卫生等工作方面制定的条例、决定、规定、细则、办法等。"自治区制定的条例、细则、办法等包括对国家行政法规的变通。

---

〔2〕 张晓辉主编：《中国法律在少数民族地区的实施》，云南大学出版社 1994 年版，第 66 页。

第三,对地方性法规的变通。民族自治地方对所属省、自治区权力机关及行政机关制定的地方性法规可以制定变通的实施办法、细则等,如《四川省土地管理实施办法》第 12 条规定:“建设用地正式划拨后六个月未破土动工的,视作荒芜土地,凡造成荒芜土地的单位和个人应当缴纳土地荒芜费。”位于四川省西部的甘孜藏族自治州,根据当地地处高寒,冰冻时间长,多数地区冬春季节不能施工作业的实际情况,在本州通过的《实施〈四川省土地管理实施办法〉的变通规定》第 4 条规定:“建设用地正式划拨后,不渠、争达…… 县境内一年未破土动工的,道孚、炉霍……新龙县境内十个月未破土动工的,泸定、康定……巴塘县境内八个月未破土动工的,视作荒芜土地,收缴荒芜费。”这一规定将划拨土地动工时间作了相应变通。

上述可见,民族自治地方立法变通的范围是广泛的,对于国家基本法律、法规、条例等有权根据本地实际情况实行立法变通。

2. 法律实施的变通。指全国法律在民族自治地方具体贯彻执行中,执行机关可根据当地民族实际情况作出适当的变通处理。

立法变通不可能包容民族的一切特殊情况,只能就本民族较突出的特点在立法上明确规定,调整范围有限,且立法具有较强稳定性,不能适应本民族出现的新情况和新问题,及时作出反应,因此,立法变通不能完全解决法律和民族特点的冲突。相对来说,法律实施中的变通能弥补立法上的不足。在法律实施中,对本民族的具体情况作出及时反应,将立法未规定的,或规定不充分的,实行变通处理,从而更好地解决法律冲突问题,保证我国法律在民族自治地方的正确实施。

法律实施变通的操作者是执法人员。变通的对象又是具体、可变的,故与立法变通相比,具有较大的灵活性和随意性,变通运用好坏往往取决于执法者的法律、政策水平和了解民族特性的程度,所以,变通的范围是有一定限制的。原则上,宪法性文件和基本法律涉及基本制度、原则的部分,是不能变通的。除此之外,一切具有普遍约束力的规范性文件都属于变通之列,具体包括以下三个层次:

一是基本法律的变通。司法机关或行政执法机关在执行刑法、刑事诉讼法、婚姻法、民法、民事诉讼法等基本法律中,对除涉及基本制度、原则之外的内容,依法可变通适用。对基本法律的变通适用,是法律实施变通的主要方面。我国民族自治地方绝大多数执法机关,在执行上述基本法律中,或多或少地采取了变通做法。

二是国家一般法规的变通。全国人大常委会和国务院及各部、委制定的条例、章程、规定办法等法规,民族自治地方的工商、文教、税务、海关、审计等行政执法部门,在执行中可变通适用。

三是地方性法规的变通。民族自治地方的行政执法机关,对所属省、自治区权力机关及行政机关制定的地方性法规可以在执行中变通适用。这是我国民族区域自治法确立的重要原则,也是促进民族自治地方经济、文化建设事业发展的重要措施。地方性法规在执行中的变通适用,具有更大的灵活性,在执行中为了既不违背宪法、法律的基本原则,又适应本地方的实际情况,应充分以党和国家有关民族地方经济、文化的方针、政策为依据,保证执行机关执法的正确性和有效性。

立法变通和法律实施变通同是法律变通不可分割的两个方面。法律变通权的行使不可强调一面而忽视另一面。两者相互结合,互为补充,共同促进法律在民族自治地方的正确实施。但两者由于性质和作用不同,又有主次之分。立法变通是实施变通的基础和前提,也是民族事务法制化的体现,具有重要地位;实施变通或是代替立法变通,或是立法变通在实施中的补充和发展,变通范围是有限的和次要的,虽然在立法变通不完善的情况下,实施变通具有重要作用,但从法制完善的长远利益来看,应坚持立法变通的方向,能够立法的要尽量立法,而不可依赖于实施中的变通,甚至用后者取代前者。

二、变通法律制度的依据

(一)变通规定的法律依据

民族自治地方制定变通或补充规定既有宪法依据,也有其他法律依据。

1.《宪法》第115条规定:"自治区、自治州、自治县的自治机关行使宪法第三章第五节规定的地方国家机关的职权,同时依照宪法、民族区域自治法和其他法律规定的权限行使自治权,根据本地方实际情况贯彻执行国家的法律、政策。"上述条文包含三层意思:(1)民族自治地方自治机关作为一级地方国家机关,享有一般地方国家机关的职权,它作为民族自治地方、自治机关享有法律赋予的自治权;(2)自治权在很大程度上表现为根据本地方的实际情况贯彻执行国家的法律、政策;(3)根据本地方实际情况贯彻执行国家的法律、政策包含两个意思:符合本地方实际情况的法律、政策,坚决贯彻执行,不符合本地方实际情况的法律、政策作某些变更后贯彻执行。

宪法的这一规定,是民族自治地方制定自治条例和单行条例的总的原则依据,也是民族自治地方制定变通规定的总的原则依据。

2. 刑法、婚姻法、民法通则等法律授权民族自治地方人大及其常委会制定变通规定。例如,《刑法》第90条规定:"民族自治地方不能全部适用本法规定的,可以由自治区或者省的人民代表大会根据当地民族的政治、经济、文化的特点和本法规定的基本原则,制定变通或者补充的规定,报请全国人民代表大会常务委员会批准施行。"这条规定确定了变通机关和变通原则:(1)制定变通规定的地方国家机关是民族自治地方(自治区)人大(及其常委会);(2)制定变通规定具体的做法是,依据授权法的基本原则,结合当地民族的实际情况;(3)制定变通规定的范围是,授权法的某些条款和某些内容;(4)制定变通规定的目的是,使授权法在民族自治地方得到通行。可以说,这条规定是民族自治地方制定变通规定的直接法律依据。但是,需要注意的是,1997年刑法在2000年立法法颁布之前实施,故规定有"变通或者补充的规定",按照"新法优于旧法"的原则,只能指定变通的规定。

(二)变通规定的客观依据

"当地民族政治、经济和文化的特点",是民族自治地方自治条例和单行条例制定的客观依据,也是民族自治地方变通规定制定的客观依据。

毛泽东在《关于中华人民共和国宪法草案》一文中指出:"少数民族问题,它有共同性,也有特殊性。共同的就适用共同的条文,特殊的就适用特殊的条文。少数民族在政治、经济和文化上都有自己的特点。"[3]少数民族问题的共同性是一种客观实际情况,是保证宪法、法律、行政法规在民族自治地方内遵守和执行,保障社会主义法制统一的客观基础。少数民族问题的特殊性也是一种客观实际情况,它是民族自治地方制定变通规定的客观依据。

三、变通法律制度的原则

依照宪法、民族区域自治法规定开展民族变通立法和变通实施工作,是民族自治地方的一项重要的职权。在加快改革、开放的新形势下,发展商品经济,加速发展民族自治地方的经济、文化,必将产生许多新的民族问题和民族矛盾,不进行变通立法,不变通地执行法律,新的民族问题和矛盾就没有处理的法律依据,党的民族区域自治制度就不可能贯彻落实,自治权就没有保障。在开展民族自治地方变通立法和变通执行法律的具体工作中,除了坚持党的领导,坚定不移地贯彻执行党的基本路线,坚持积极慎重的方针外,还应该坚持以下原则:

(一)维护宪法和法律的原则

1. 以宪法、法律为依据,维护国家法制的统一。社会主义法律体系是一个整体,自治法律是它的有机组成部分,维护法制的统一是我国宪法的一项重要原则,在地方民族立法实践中必须严格遵守。宪法是国家的根本大法,是制定各种法律的依据,变通规定不能同国家宪法、法律相抵触,在有自治条例的地方,变通规定不能同自治条例相矛盾,以保证地方民族立法的一致性。

2. 贯彻民族平等的原则,促进各民族共同进步。由于我国幅员辽阔,加上历史的原因,我国各民族的发展是不平衡的,汉族与少数民族之间,实行自治的民族之间,自治的主体民族与各散居的少数民族之间,形成了密切而又复杂的关系。能否正确处理好这些关系,直接影响到各民族之间的平等、互助关系及影响地区乃至全国的安定团结。因此在民族立法中,应当始终坚持宪法提倡的"各民族一律平等"的原则,正确处理好民族关系,既考虑到自治的民族又照顾到汉族和其他散居的少数民族的利益,使变通规定成为促进民族团结和社会稳定的有力保障。

民族关系的基本状况,归根到底取决于各民族之间的经济关系。随着改革开放步伐的进一步加快,以经济建设为中心的社会主义现代化建设向更深更广的方向发展,少数民族地区与先进地区经济上的差距日益增大,经济利益的矛盾会日益

---

[3] 《毛泽东选集》(第5卷),第128页。

突出，这种趋势如果任其发展，既不利地方和全国经济持续、稳定、协调地发展，也会影响民族关系，甚至成为新的民族矛盾的根源。因此，一方面，要大力发展民族经济，这既是一个紧迫的经济问题，又是一个严肃的政治问题。先进的赶在前面的民族给予落后的民族在经济上、文化上的真诚的帮助，不断提高他们的经济文化水平，才能实现民族间事实上的平等，实现共同进步。另一方面，要通过立法调整这种民族间的关系和矛盾，即在不违背国家统一的基本原则下，要注重维护民族自治地方的自治权，在开发资源、进行建设时，要照顾民族自治地方的利益，要作出有利于当地经济建设，有利于保护生态环境和生活环境的安排，充分照顾当地少数民族的生产和生活。

（二）从实际出发，增强变通法规的可操作性

民族区域自治法从内容来说，是对民族自治地方民族关系的法律调整。随着社会主义民主与法制建设的完善，民族自治地方的自治意识不断增强，依法管理自治地方各项事业的要求越来越迫切，需要解决的实际问题很多。但是如果不分轻重缓急，胡子眉毛一把抓就达不到应有的效果。因此，应深入学习和理解自治法，充分掌握法律给予的自主权，同时从实际出发，抓住自治地方的主要矛盾，先解决民族自治地方重大而迫切需要解决的问题，增强变通法规的可操作性，使民族自治地方的少数民族得到法律带来的实惠，通过立法调整民族自治地方的各种关系，推动民族自治地方社会进步。民族自治机关在制定变通规定时，在不违背国家法制统一的基本原则下，要注重维护民族自治地方和少数民族的经济利益，增强法规的可操作性。

1. 注重地方特点。变通规定的立法依据是“依照当地民族的政治、经济和文化的特点”，区情、州情、县情是地方立法工作的客观依据，只有符合当地实际，有地方特点，法规才有可行性，才能在社会实践中发挥积极作用。我国的少数民族地区，各种资源丰富；在约占全国总面积64%的民族自治地方；牧区、半牧区约占全国牧区、半牧区草原面积的94%，森林面积约占全国森林面积的41.6%，水力资源蕴藏量占全国52.5%，此外还有丰富的矿产资源，因此发展潜力很大。在立法和变通执行法律的过程中，应当注意从本地的资源实际出发，把民族区域自治法中有关加速发展民族自治地方经济的条文具体化，将开发地方资源，促进经济、文化和社会进步方面的成功经验以及进一步发展的方针、措施等，用法规的形式加以固定。例如在林区，自治地方就可制定变通执行《森林法》的办法，在该办法中明确写上林业发展的方针以及林业管理的措施等，使之方便操作而有效果。

2. 注重民族特点。自治法赋予民族自治地方诸多自主管理本民族、本地区各项事务的自治权，在制定变通规定时，要把这些自治权具体化、条文化。如果不善于变通，巧妙而充分地运用自主权而把变通规定或补充办法制定成国家法律和法规的“实施细则”和“实施条例”的翻版，那么就会失去变通法规应有的价值和效

果。这就要求深入了解和把握民族的特点,懂得现实中本民族存在并亟须解决的问题以及应采取的法律措施,并充分行使自主权,才能制定出有民族特点的变通法规。

3. 抓关键问题。要使宪法、法律在民族地区得以切实有效的实施,必须培养、造就一支德才兼备,密切联系群众的少数民族干部队伍,这同时是最终解决民族问题、保证国家长治久安的关键。民族干部由于掌握语言,熟悉情况,了解风俗习惯,因此容易疏通感情,无论是在民族事业的发展中,还是在全国和地方的现代化建设中,特别是在稳定民族地区,稳定大局方面,少数民族干部的特殊作用是其他人所无法替代的,但是在民族干部队伍建设上,还存在一些需要注意解决的问题,应该通过立法规定,采取特殊有效的措施,培养少数民族干部,提高他们的整体素质,及时选拔、使用,选配到各级领导机关工作,对符合条件的提拔到相应的领导岗位上,为民族自治法规的实施打好组织基础。

第二节　变通法律的法定机关和法定程序

一、法定机关

(一)变通规定的制定机关

行使制定变通规定的自治权的必备条件,首先是法律的明文授权。这一自治权是民族自治地方的人民代表大会的一项经常职权。在其闭会期间,行使这个自治权的经常工作只能由其常务委员会来行使,虽然法律没有规定由其常委会来行使,但人民代表大会不可能在会议期间从草案的拟制到审议通过都能同时进行。所以,变通规定的草案工作必须由人民代表大会有关工作委员会来承担,其制拟工作,还须召集有关部门如司法部门、政府的职能部门、专家学者共同磋商。

(二)变通规定的批准机关

根据有关法律的规定的不同,变通规定的批准机关也分为三种:一是须报全国人大常委会批准的有刑法、森林法、民法通则(指自治区)等;二是须报全国人大常委会备案的有民法通则(指自治州、自治县)、婚姻法、民事诉讼法、草原法、继承法等;三是其他的都须由省、自治区人民代表大会或常委会批准后才能生效。这就从立法制度上保证了自治与全国法制协调统一的原则。

二、法定程序

所谓变通规定的制定程序,就是指民族自治地方的人民代表大会制定变通规定,从始至终的活动过程。变通规定的立法程序,大体可分为准备、制定和批准三个阶段。

第一阶段:准备阶段,亦即起草阶段。这个阶段并未进入立法程序,但却是十分重要而又必不可少的阶段，因此只有拟订了一个较为成熟的变通规定草案，才能为人民代表大会审议通过奠定基础。这一阶段的主要工作是加强调查研究，组织人员起草。在起草过程中，要注意抓好几个环节：一要认真学习宪法、民族区域自治法和有关法律，起草中不能与宪法、法律相抵触；二要明确起草的目的，弄清主要解决一些什么问题；三要深入调查研究，召开各类人员座谈会，广泛征求意见，充分占有材料，提出解决问题的办法进行可行性研究；四要做好有关部门的协调工作；五要草拟初稿，可先搭大框架，由粗到细，然后起草说明；六要搞好初审，由起草人员、一府两院的有关人员以及专家、学者等参加讨论。与此同时，应送省人大民族委员会征求意见，必要时还可以送请全国人大民族委员会审查，尽可能使草案比较完善。

第二阶段：制定阶段。这是正式进入法定程序的重要阶段。参照国家立法程序，这一阶段又可分为两步：

第一步：提请自治地方的人大常委会审议，包括变通规定案的提出、审议、作出决定三道程序。

1. 变通规定案的提出。变通规定案是议案的一种，是正式提请本级人大常委会审议的变通规定草案，它是由具有地方民族立法提案权的机关和人员经过一定程序而提出的。实践中，变通规定案一般由民族自治地方人大具有专门委员会性质的民族委员会提出，如果没有设立专门委员会，由起草领导小组或起草委员会提出。

2. 变通规定案的审议。审议主要是对变通规定草案的实体内容和结构、文体等方面进行审查、讨论和修改。主要审查变通规定草案是否与宪法、法律相抵触、相违背，内容是否符合地方和民族的特点和实际情况，是否符合规范的要求等。

3. 决定提请代表大会审议。变通规定草案经过人大常委会审议修改后，在常委会全体会议上，采取举手表决的方式，以全体组成人员的过半数通过作出决定，提请人民代表大会审议。

第二步：提请代表大会审议制定，包括变通规定案的提出、审议、通过三道程序。

1. 变通规定案的提出。变通规定的议案可以由人大常委会提出，也可由经人大常委会决定成立的起草领导小组或起草委员会提出。

2. 变通规定案的审议。代表大会对变通规定案如何进行审议，根据地方组织法第 14 条规定，可先由提出机关向大会作该草案的说明，由大会主席团决定交各代表团（组）审议，或者并交议案审查委员会或有关专门委员会审议并提出报告，再由主席团决定提交大会表决。

3. 变通规定的通过。变通规定草案经代表大会审议修改后，举行全体会议，全文宣读草案，采取举手的方式进行表决，以全体组成人员的过半数通过。

第三阶段:批准阶段。这一阶段仍然属于法定的立法程序,包括批准、颁布、备案三道程序。

1. 变通规定的批准。须报全国人大常委会批准的有刑法、森林法、民法通则(指自治区)等,其他的变通规定须报省、自治区人大常委会批准。

2. 变通规定的颁布。经全国人大常委会批准的变通规定,可以由全国人大常委会颁布,也可以由该自治区、省的人大常委会颁布。经省、自治区人大常委会批准的自治区、自治县的变通规定,有的省、区规定由省、区人大常委会以公告或决议的形式颁布;有的省规定,由该自治州、自治县的人大常委会以公告的形式颁布。

3. 变通规定的备案,须报全国人大常委会备案的有民法通则(指自治州、自治县)、婚姻法、民事诉讼法、草原法、继承法等,这是必经法定程序。因为如果全国人大常委会发现变通规定与宪法、法律相抵触时,有权可以撤销,所以这是一道法定的程序。

第三节　变通规定的基本内容

综观我国民族自治地方的变通规定,民法变通规定较多,婚姻法变通规定最多,选举法变通规定不少,刑法变通规定略少。根据有关学者的统计,贵州省自1983年至1998年经省人大常委会批准的婚姻法变通规定便有4部之多。[4] 这些法律集中地对结婚年龄、结婚形式、禁止血亲通婚、禁止包办强迫买卖婚姻、婚姻登记、寡妇再婚做出了详尽的规定。

一、婚姻法变通规定的特点和内容

1. 婚姻法变通规定的特点。婚姻法变通规定有两个鲜明的特点:一是形式简短。婚姻法变通规定一般的只有10条左右:最短的只有一项内容,实际上只有一条,最长的也不过18条。二是内容集中。所有的婚姻法变通规定,都有一个共同的内容,就是男女双方结婚的最低年龄普遍降了两岁。

2. 婚姻法变通规定的主要内容。这些婚姻法变通规定具体到某一个规定,虽然形式简短,内容也不多,但是它们的内容综合起来也很丰富。主要有以下几个方面的内容:

(1)重申了婚姻法的基本原则和重要规定。一是大都重申了实行婚姻自由、一夫一妻、男女平等的婚姻制度;保护妇女、儿童的合法利益;其中多数强调实行计

---

〔4〕 刘淑芬:《对贵州民族自治地方婚姻法变通规定的几点看法》,载《贵州民族研究》1998年第2期。

划生育，奖励晚婚晚育。二是大都重申了禁止包办、买卖婚姻和其他干涉婚姻自由的行为；禁止借婚姻索取财物；禁止重婚；禁止直系血亲结婚；结婚、离婚必须履行法律手续等规定。重申婚姻法的这些原则和规定，保证了法制的统一和严肃性。

（2）变通婚姻法关于最低结婚年龄的规定。关于结婚最低年龄，婚姻法规定："结婚年龄，男不得早于22周岁，女不得早于20周岁。"所有的婚姻法变通规定都对此作了变通，规定："结婚年龄，男不得早于20周岁，女不得早于18周岁。"也就是把男女双方结婚的最低年龄各降了两岁。对结婚年龄做这样的变通，照顾了这些民族自治地方的少数民族中比较流行的早婚习俗。如果结婚的最低年龄一下子提高到婚姻法规定的年龄，目前还难以做到，这样反而影响了婚姻法的严肃性。同时，坚持了逐步提高结婚年龄的方向。现在规定的关于结婚的最低年龄，也不是实际上流行的最低年龄，而比这个年龄提高了1—2岁。总之，做这样的变通，既照顾了早婚的习俗，但又不完全迁就早婚的习俗；而是为了从实际情况出发，逐步过渡，最后消除早婚的习俗。

（3）对婚姻法禁止三代以内旁系血亲禁止结婚的规定作了变通。有6个民族自治地方对此作了变通。变通的内容有三种：第一种是对婚姻法禁止三代以内旁系血亲结婚规定的施行时间的变通。例如，宁夏回族自治区规定："婚姻法禁止三代以内旁系血亲结婚的规定，回族推迟到1983年1月1日起执行。"第二种是对婚姻法禁止三代以内旁系血亲结婚规定本身作了变通。如内蒙古自治区规定："大力提倡三代以内旁系血亲不结婚。"黔南布依族苗族自治州规定："推行三代以内旁系血亲不结婚。"这几个民族自治地方作这样的变通规定，是从这些地方回、蒙古、布依、苗等少数民族中长期以来不同程度存在的姑舅、两姨的子女结婚的实际情况出发的。从婚姻法施行之日起，完全禁止姑舅、两姨的子女结婚，实际上执行不通。完全禁止这种婚姻关系，还需要一个宣传教育、提高认识的过程。尽管几个地方的规定有所不同，关于禁止三代以内旁系血亲结婚，有的规定了期限，有的没有规定期限，但是都坚持了最终完全禁止三代以内旁系血亲结婚的目标。第三种是对婚姻法禁止三代以内旁系血亲结婚规定作了实质性变通。如《阿克塞哈萨克族自治县施行〈中华人民共和国婚姻法〉部分条款的变通规定》第3条规定："自治县境内的哈萨克族直系血亲和四代以内的旁系血亲（至重外孙）禁止结婚，并继续提倡七代以内的旁系血亲不结婚的传统习惯。"这是婚姻法变通规定中的唯一例外。

（4）对婚姻法的原则规定加以具体化。一是为了保证婚姻自由，松桃苗族自治县等民族自治地方规定，不同民族的男女结婚受法律保护，任何人不得干涉；西藏自治区等民族自治地方规定，禁止宗教干涉婚姻家庭；凉山彝族自治地方等民族自治地方则规定，保障丧偶妇女结婚自由，任何人不得干涉和歧视她们结婚，不许强迫她们"转房"等。二是西藏自治区等民族自治地方规定，废除"一妻多夫""一夫多妻"两种畸形婚姻关系。为了照顾事实上业已存在的这两种婚姻关系，同时又规定:“对执行本条例之前形成的上述婚姻关系,凡主动提出解除婚姻关系者,准予维持。”三是为了保证结婚、离婚履行法律手续,循化撒拉族自治县等民族自治地方规定,不准以宗教仪式代替法定的结婚、离婚手续;海南藏族自治州等民族自治地方规定,禁止一方用口头或者文字通知对方的方法离婚。这些规定都是从实际出发的,很有针对性。

(5)对婚姻法没有规定的内容作了补充规定。补充的重要内容:一是规定了婚姻法变通规定适用范围。果洛藏族自治州等民族自治地方对此作了专门规定。从规定的适用范围的大小来看,以上婚姻法变通规定可以分为三类:一类是只适用于当地少数民族成分的,对当地汉族成分不适用;另一类是只适用于当地农村、牧区的少数民族成分的,对当地汉族成分和居住在城镇的少数民族则不适用;还有一类是只适用于当地少数民族成分和与少数民族通婚的汉族成分的,而对其他汉族成分不适用。可见,婚姻法变通规定的主要适用对象是当地少数民族成分,而对当地哪些少数民族成分不适用,对当地哪些汉族成分又适用,都有一个附加的条件。这样规定,也是从当地实际情况出发的。二是关于不同民族通婚所生子女民族成分的规定。紫云苗族布依族自治县等两个自治地方对此作了具体规定:不同民族通婚所生子女民族从属,未成年时由父母商定;成年后由子女自定。这个规定符合有关法律和政策规定精神。三是关于少数民族结婚仪式的规定。凉山彝族自治州等民族自治地方对此作了具体规定,例如,凉山彝族自治州规定:“对各少数民族传统的婚嫁仪式,在不妨碍婚姻自由的前提下,应予尊重。”又如,黔南布依族苗族自治州规定:“在履行结婚登记,确立夫妻关系后,以本民族传统的婚嫁仪式,有保持或者改革的自由。”这些规定,既维护了婚姻法基本原则和规定,也体现了宪法和民族区域自治法关于各少数民族保持或者改革风俗习惯自由的规定精神。

二、选举法变通规定的内容

1. 关于差额选举问题。由于少数民族人民居住分散,交通闭塞,文化较为落后,加上各民族特点不同、风俗习惯各异,根据几届选举代表的经验,一般是选民只选举自己认识的本村、本队、本民族的候选人,对外村、其他民族的候选人不愿选举。特别是实行差额选举后,被推荐的候选人在落选后有不满情绪,很难做通思想工作,因之,一些民族自治地方自治机关认为差额选举不利于加强民族团结,不利于做到各民族、各地区、各方都选出适当的代表,也不利于照顾一些民族选民的民族感情,所以在自治地方选举的变通规定或实施细则上对差额选举问题普遍做了变通规定,即:可实行选举法规定的差额选举,也可以实行等额选举。如黔西南布依族苗族自治州的变通规定,规定自治州境内州、县两级人民代表大会在选举上一级人民代表大会代表时,各级人民代表大会主席团汇总大会代表、中国共产党和各民主党派、各人民团体提出的代表候选人名单,组织全体代表反复讨论、协商,根据较多数代表意见,确定正式代表候选人;或通过预选代表候选人名单,正式代表候选人名额可以多于应选取代表名额的五分之一或二分之一,也可以与应选代表名额相当。直接选举代表的县、民族乡、镇的人民代表大会的代表,也可以实行等额选举。

2. 关于代表名额。三个自治区的实施细则对于实行区域自治的民族和其他少数民族代表名额均作了变通规定,如西藏自治区的选举实施细则规定:自治区各级人民代表大会的代表名额藏族和其他少数民族的代表,不得少于80%(按西藏自治区内藏族人口占总人口96%左右的比例所确定)。内蒙古自治区在自治区选举实施细则中规定:"聚居境内的蒙古族人口数占境内蒙古自治区总人口数15%以上的,每一代表所代表的人口数应相当于当地人民代表大会每一代表所代表的人口数,不及境内人口数的15%的,每一代表所代表的人口数可以比当地人民代表大会第一代表所代表的人口数少二分之一。"(1982年选举法的规定是"少于二分之一")并规定:"对于上述规定的代表,经过充分协商,基本取得一致,蒙古族和其他少数民族的代表超过这个法定比例是可以的。"还规定散居的和其他少数民族应选当地人民代表大会每一代表所代表的人口数可以少于当地人民代表大会第一代表所代表的人口数;自治旗实行区域自治的民族代表,每一代表所代表的人口数可以比当地人民代表大会每一代表所代表的人口数少二分之一。《广西壮族自治区各级人民代表大会选举实施细则》规定:聚居境内的少数民族总人口数占境内总人口数10%以上的(1982年选举法规定15%),每一代表所代表的人口数应当相当于当地人民代表大会每一代表所代表的人口数,少于10%的,可以少于当地人民代表大会每个代表所代表的人口,但不得少于二分之一。

3. 选举工作机构。西藏自治区由于地域辽阔、居住分散,为了加强联系,在选举细则中规定,各地区可由自治区人大常委会设在各地的联络处同行政公署的领导人员组成选举工作小组,起上下联系作用。

4. 在自治地方内的其他少数民族(实行区域自治的少数民族以外的其他少数民族)选举问题。广西壮族自治区的实施细则规定,在少数民族聚居的地方,应根据当地的民族关系和居住状况照顾民族特点,合理划分选区,各少数民族是单独选举或者采取联合选举的方式应根据当地民族关系决定。在民族散杂居地区,可通过民主协商办法,将少数民族代表名额分配到各选区,以保证每个少数民族都有适当数量的代表。选举代表时,如有必要可在选票上标明候选人的民族族别。

5. 统战和民族团结方面。西藏自治区实施细则规定,在国外的藏胞,保留其选举权和被选举权,待其回国后行使。另外,西藏自治区和广西壮族自治区的实施细则中还规定,在选举过程中加强以民族团结、民族平等为中心内容的民族政策的教育。

三、继承法变通规定的内容

以阿坝藏族羌族自治州施行的《继承法》为例,可以分析此方面的变通规定。这个变通规定是四川省人大常务委员会1989年批准的,共19条。主要内容是:

第一,关于继承顺序问题。阿坝藏族羌族自治州的藏族羌族有这样的继承习惯:配偶未死之前,子女无权继承;而子女继承又是由留在父母身边生活,赡养父母,直到送终的子女继承。变通规定在重申继承法规定的继承顺序之后,强调了协商继承的原则:在具体贯彻这一原则时,照顾了以往的继承习惯,规定"继承人协商同意的,可以由继承人中数人或一人继承"。只要继承人协商同意,完全可以由留在父母身边生活并尽赡养义务的子女继承;也可以按继承法规定的继承顺序继承。总之,既没违背继承法的有关规定,又照顾了少数民族的继承习惯。

第二,关于丧偶的儿媳和上门女婿以及非婚生子女的继承权问题。在阿坝藏族羌族自治州的一些地区,丧偶儿媳和丧偶上门女婿再婚的,一般不能带走和处分所继承的财产,这实际上剥夺了其继承权。变通规定:"丧偶儿媳和丧偶上门女婿再婚的,有权处分所继承的财产,任何人不得干涉。"同时,变通规定还针对自治州内存在的非婚生子女一般不享有继承权的情况,规定:"非婚生子女对生父母的遗产有继承权,任何人不得干涉。"这些规定同继承法有关规定精神是一致的。变通规定的以上规定,是对原来继承习惯的重大改革。

第三,关于遗产的范围。遗产是公民死亡时遗留下来的个人合法财产,其范围继承法已作了明确规定。但是阿坝藏族羌族自治州各少数民族家庭中大都有世代相传、具有珍贵价值或收藏意义的祖传珍宝以及公民个人拥有较多的宗教用品。根据这一情况,变通规定对遗产的范围作了变通规定:"法律允许公民所有的家传珍宝和宗教用品可视为遗产。"

第四节 变通规定、自治条例、单行条例与变通执行、停止执行

一、变通规定与自治条例、单行条例

变通规定与自治条例、单行条例,同是民族自治地方自治法规体系的重要组成部分。但是变通规定与自治条例和单行条例有共同性,也有特殊性。

(一)相同之处

变通规定与自治条例、单行条例的相同之处主要有以下几点:

1. 制定机关有相同的方面。民族自治地方人大既有权制定变通规定,也有权制定自治条例和单行条例。由此派生出另一个相同之处,就是制定变通规定与制定自治条例和单行条例,都是民族自治地方自治机关一项重要的自治权。

2. 制定的宪法依据相同。宪法规定的"根据本地方实际情况贯彻执行国家法律、政策"是制定变通规定和自治条例、单行条例的共同法律依据。对于变通规定

和自治条例、单行条例来说,宪法的这一规定是它们立法的"总则"。

3. 制定的客观依据相同。"当地民族的政治、经济和文化的特点",是制定变通规定和自治条例、单行条例的共同客观基础。脱离当地民族的政治、经济和文化的特点,它们就成了无源之水,无本之木。

4. 制定法律的目的相同。虽然变通规定和自治条例、单行条例作了一些与国家和地方的法律、法规不同的规定,但是同宪法和法律的基本原则相比都是枝节性问题,而且这样做的根本目的,还是为了保证宪法、法律、行政法规、地方性法规在民族自治地方的执行,维护社会主义法制的统一。

由此可见,变通规定与自治条例和单行条例有不少相同之处,因此不能将二者截然分开。

(二)不同之处

变通规定与自治条例和单行条例也有不同之处:

1. 制定机关不完全相同。制定变通规定的机关比较广泛,除民族自治地方人大能够制定之外,民族自治地方人大常委会也能制定。而制定自治条例和单行条例的权限只限于民族自治地方人大,民族自治地方人大常委会则无权制定。

2. 制定的法律依据不完全相同。制定变通规定除宪法的总的原则依据外,还须根据某个法律授权条款,所以我们在刑法、民法、婚姻法、民事诉讼法中看见关于制定变通或补充规定的授权。制定自治条例和单行条例,只须根据宪法的总的原则依据,不需要其他法律授权。

3. 制定的具体目的不同。制定变通的具体目的是保证某个法律在民族自治地方的遵守和执行,所以变通是有针对性的。而制定自治条例和单行条例的目的,是为了依法组织自治机关和使自治机关依法运行,以解决民族自治地方政治、经济、文化发展中需要解决的问题,所以对于某个法律可以根据需要加以变通,但并没有针对性。

4. 制定的权属存在差异。前面已经说过,制定变通规定和制定自治条例、单行条例同是民族自治地方的自治权,在这一点上二者是相同的,并没有什么区别。但是,对于民族自治地方来说,制定自治条例和单行条例特别是自治条例是权力也是义务,因此应当制定,而且必须制定,以便使民族自治地方自治机关依法组织和依法运行。制定变通规定却不同了,民族自治地方制定变通规定是它享有的权利,但不是应尽的义务。它可以制定,也可以不制定,不存在失职问题。

二、变通规定与变通执行或停止执行

(一)变通执行、停止执行的概念

《民族区域自治法》第20条规定:"上级国家机关的决议、决定、命令和指示,如有不适合民族自治地方实际情况的,自治机关可以报经该上级国家机关批准,变通执行或者停止执行。"这是民族区域自治法在宪法规定的民族自治地方有权制定自治条例和单行条例的基础上,对立法自治权的扩展和延伸。因此,从广义上说,这项权力可以归属于立法自治权的范畴。民族区域自治法这一规定,对于民族自治地方正确贯彻执行上级国家机关的决议、决定、命令和指示具有十分重要的意义。

决定变通执行、停止执行自治权的定义,是指民族自治地方的自治机关,从本民族自治地方的实际出发,对于不适合本地方实际情况的上级国家机关的决议、决定、命令和指示,在征得上级国家机关同意后,有变通执行或者停止执行的权力。行使这项权力的主体是自治机关,既可以是人大,也可以是政府。其法律依据是《民族区域自治法》第 20 条的规定,其客观根据是本民族自治地方的实际情况。变通执行或者停止执行的规范性文件是上级国家机关的决议、决定、命令和指示,行为结果是变通执行或者停止执行的决定。

变通执行是经过对上级国家机关的规范性文件的变更、修改,使其符合自治地方的特点和实际。停止执行就是一种结果上的不执行,不存在变更、修改的问题。

(二)自治机关行使变通执行、停止执行权力的程序

根据《民族区域自治法》第 20 条规定的原则和精神,自治机关行使变通执行或者停止执行的程序,基本分为申请和批准两个阶段。

1. 提出变通执行或者停止执行的申请阶段。在申请阶段,自治机关根据上级国家机关的决议、决定、命令和指示,结合民族自治地方的实际情况分析具体规范性文件的适宜性,决定是否变通执行或者停止执行的意向。如果经过分析研究自治机关决定变通执行或者停止执行,就需要制作变通执行或者停止执行的申请书,写明变通执行或者停止执行的事实和理由。如果是变通执行还需要提出具体的变通方案或意见。

当上级国家机关下达的决议、决定、命令、指示,自治机关认为有必要变通执行或者停止执行的,在申请意见书未获批准以前,一般的仍应遵照执行。但若仍应遵照执行可能带来或造成一定的或严重的后果,应向该上级国家机关申述暂缓执行,待申请意见书是否获批准后再执行。以充分体现这种自治权的真实性。

2. 审查批准变通执行或者停止执行决定的阶段。制定决议、决定、命令和指示的上级国家机关,在接到自治机关提出的变通执行或者停止执行的申请报告后,要认真加以审查变通执行或者停止执行的事实和理由,必要时应及时派出工作组深入到民族自治地方进行调查研究。在此基础上,上级国家机关应对自治机关提出的具体请求事项做出合理的答复。

具体情况是,批准变通执行或者停止执行请求;不批准变通执行或者停止执行的请求;原则上批准变通执行或者停止执行的请求;但在具体事项上仍需要进一步协商和调整。但不论哪一种情况,上级国家机关在实施审查批准权的时候,应做到及时和合理。对此,民族区域自治法规定了 60 个工作日的审查批准期限。要求上级国家机关应及时审查,防止延误,以免影响上级国家机关的权威和自治地方的工

作。不论是哪一种审查情况，上级国家机关都应严格依照宪法和法律，结合民族自治地方的实际情况，在尊重自治机关自治的基础上，充分说明理由并慎重做出审查结论。

（三）变通规定与变通执行、停止执行的区别

1. 行使权力的主体不完全相同。变通规定只能是民族自治地方的人民代表大会和它们的常务委员会；变通执行或停止执行的主体是自治机关，既可以是民族自治地方的人民代表大会和它们的常务委员会，也可以是民族自治地方的人民政府。

2. 变通的对象不同。变通规定是根据国家的基本法和基本法以外的法律，即由全国人民代表大会及其常务委员会制定的法律。当然，变通法律必须要有国家具体法律的明确授权。变通执行或停止执行的对象不是国家的法律，而是上级国家机关的决议、决定、命令和指示。例如，国家行政机关做出的有关行政管理的决议、决定、命令和指示。

3. 两种权力的性质不同。变通规定是自治机关立法自治权的重要表现，是立法自治权的组成部分。变通执行或停止执行严格意义上不是一种立法自治权，其中立法的成分较弱。作为变通执行的明显特征主要是一种行政意义上的自治权。

图书在版编目(CIP)数据

中国民族法学 / 吴宗金,张晓辉主编. -- 北京:法律出版社,2004.8(2022.2 重印)
21 世纪法学规划教材
ISBN 978-7-5036-5061-1

Ⅰ.中… Ⅱ.①吴…②张… Ⅲ.民族事务-法的理论-中国-高等学校-教材 Ⅳ.D922.151

中国版本图书馆 CIP 数据核字(2004)第 081266 号

中国民族法学(第二版)
ZHONGGUO MINZU FAXUE(DI-ER BAN)

吴宗金 张晓辉 主编

责任编辑 刘 琳
装帧设计 于 佳

出版发行 法律出版社
编辑统筹 法律教育出版分社
责任校对 王 丰
责任印制 刘晓伟
经 销 新华书店

开本 720 毫米×960 毫米 1/16
印张 26.25 字数 470 千
版本 2004 年 7 月第 2 版
印次 2022 年 2 月第 12 次印刷
印刷 三河市龙大印装有限公司

地址:北京市丰台区莲花池西里 7 号(100073)
网址:www.lawpress.com.cn
投稿邮箱:info@lawpress.com.cn
举报盗版邮箱:jbwq@lawpress.com.cn
销售电话:010-83938349
客服电话:010-83938350
咨询电话:010-63939796

书号:ISBN 978-7-5036-5061-1
定价:52.00 元
凡购买本社图书,如有印装错误,我社负责退换。电话:010-83938349